HUMANITIES AND SOCIETY

黑格尔

Charles Taylor

[加拿大] 查尔斯 · 泰勒 著　张国清 朱进东 译

译林出版社

图书在版编目（CIP）数据

黑格尔／（法）泰勒著；张国清，朱进东译．一南京：译林出版社，2012.6（2023.6 重印）
（人文与社会译丛）
ISBN 978-7-5447-2704-4

Ⅰ.①黑… Ⅱ.①泰… ②张… ③朱… Ⅲ.①黑格尔，G. W. F.（1770～1831）－哲学思想－研究 Ⅳ.①B516.35

中国版本图书馆 CIP 数据核字（2012）第 054775 号

This is a simplified Chinese edition of the following title published by Cambridge University Press:
Hegel by Charles Taylor
ISBN 9780521291996

著作权合同登记号 图字：10-2020-255号

黑格尔 ［加拿大］查尔斯·泰勒 ／ 著 张国清 朱进东 ／ 译

责任编辑 宋 旸 张海波
特约编辑 陈秋实
装帧设计 胡 苨
责任印制 董 虎

原文出版 Cambridge University Press, 1975
出版发行 译林出版社
地　　址 南京市湖南路 1 号 A 楼
邮　　箱 yilin@yilin.com
网　　址 www.yilin.com
市场热线 025-86633278
排　　版 南京展望文化发展有限公司
印　　刷 江苏凤凰通达印刷有限公司
开　　本 880 毫米 × 1240 毫米 1/32
印　　张 26
插　　页 2
版　　次 2012 年 6 月第 1 版
印　　次 2023 年 6 月第 4 次印刷
书　　号 ISBN 978-7-5447-2704-4
定　　价 135.00 元

主编的话

刘　东

总算不负几年来的苦心——该为这套书写篇短序了。

此项翻译工程的缘起,先要追溯到自己内心的某些变化。虽说越来越惯于乡间的生活,每天只打一两通电话,但这种离群索居并不意味着我已修炼到了出家遁世的地步。毋宁说,坚守沉默少语的状态,倒是为了咬定问题不放,而且在当下的世道中,若还有哪路学说能引我出神,就不能只是玄妙得叫人着魔,还要有助于思入所属的社群。如此嘈嘈切切鼓荡难平的心气,或不免受了世事的恶刺激,不过也恰是这道底线,帮我部分摆脱了中西"精神分裂症"——至少我可以倚仗着中国文化的本根,去参验外缘的社会学说了,既然儒学作为一种本真的心向,正是要从对现世生活的终极肯定出发,把人间问题当成全部灵感的源头。

不宁惟是,这种从人文思入社会的诉求,还同国际学界的发展不期相合。擅长把捉非确定性问题的哲学,看来有点走出自我囿闭的低潮,而这又跟它把焦点对准了社会不无关系。现行通则的加速崩解和相互证伪,使得就算今后仍有普适的基准可言,也要有待于更加透辟的思力,正是在文明的此一根基处,批判的事业又有了用武之地。由此就决定了,尽管同在关注世俗的事务与规则,但跟既定框架内的策论不同,真正体现出人文关怀的社会学说,决不会是医头医脚式的小修小补,而必须以激进亢奋的姿态,去怀疑、颠覆和重估全部的价值预设。有意思的是,也许再没有哪个时代,会有这么多书生想要焕发制度智慧，这既凸显了文明的深层危机，又表达了超越的不竭潜力。

于是自然就想到翻译——把这些制度智慧引进汉语世界来。需要说明的是，尽管此类翻译向称严肃的学业，无论编者、译者还是读者，都会因其理论色彩和语言风格而备尝艰涩，但该工程却绝非寻常意义上的“纯学术”。此中辩谈的话题和学理，将会贴近我们的伦常日用，渗入我们的表象世界，改铸我们的公民文化，根本不容任何学院人垄断。同样，尽管这些选题大多分量厚重，且多为国外学府指定的必读书，也不必将其标榜为“新经典”。此类方生方成的思想实验，仍要应付尖刻的批判围攻，保持着知识创化时的紧张度，尚没有资格被当成享受保护的“老残遗产”。所以说白了：除非来此对话者早已功力尽失，这里就只有激活思想的马刺。

主持此类工程之烦难，足以让任何聪明人望而却步，大约也惟有愚钝如我者，才会在十年苦熬之余再作冯妇。然则晨钟暮鼓黄卷青灯中，毕竟尚有历代的高僧暗中相伴，他们和我声应气求，不甘心被宿命贬低为人类的亚种，遂把迻译工作当成了日常功课，要以艰难的咀嚼咬穿文化的篱笆。师法着这些先烈，当初酝酿这套丛书时，我曾在哈佛费正清中心放胆讲道：“在作者、编者和读者间初步形成的这种‘良性循环’景象，作为整个社会多元分化进程的缩影，偏巧正跟我们的国运连在一起，如果我们至少眼下尚无理由否认，今后中国历史的主要变因之一，仍然在于大陆知识阶层的一念之中，那么我们就总还有权想象，在孔老夫子的故乡，中华民族其实就靠这么写着读着，而默默修持着自己的心念，而默默挑战着自身的极限！”惟愿认同此道者日众，则华夏一族虽历经劫难，终不致因我辈而沦为文化小国。

一九九九年六月于京郊溪翁庄

目 录

前言与致谢

本书是阐释黑格尔的又一次尝试。在我看来,倘若我从一开始就竭力证明这种阐释的合理性,那么这种证明不仅多此一举,而且可能事与愿违。不过,我在此仍有必要扼要地解释一下摆在所有这些尝试面前的困难。

阐释黑格尔是一项艰巨的工作。本项工作将因如下错误中的任何一个而失败。其一是,阐释者以曲解甚至阉割黑格尔为代价来获得极其清晰的、听起来颇有道理的解释。其二是,为了让读者理解某种阐释且最终能够轻松地领会黑格尔的原著,阐释者的阐释虽然忠实于黑格尔,但没有吃透黑格尔。

本书读者必定能判断出我是否成功地避免了这两个容易犯的错误。我愿对本人所作的尝试作些说明。本书第一部分试图阐释黑格尔思想的中心线索,不过我的论述没有拘泥于黑格尔本人的观念。我承认这样做有很大风险。但我希望,把黑格尔哲学概况与其同时代人的主要渴望联系起来的做法并没有背离黑格尔的旨意。黑格尔的哲学见解以自身的独特方式与其同时代人的主要渴望融合到了一起。

所以,第1章致力于描述18世纪90年代青年浪漫派一代的渴望。黑格尔既源自于浪漫派,又把自己规定为反浪漫派。在第2章里,我扼要地介绍了黑格尔思想的发展脉络；在第3章里，我着力展示了黑格尔中心思想的大致轮廓。

在本书其余部分，通过阐释黑格尔工作的诸重要方面，我充实了这种提纲挈领式的描述。在第二部分，我着重阐释了《精神现象学》。在第三部分，我试着阐释了《逻辑学》。这是本书中最冗长而晦涩的部分。对于那些不怎么关心黑格尔论证细节的人来说，这是本书中最得不偿失的部分。那些只对黑格尔思想大致情况感兴趣的读者，尤其是那些对黑格尔政治理论、历史哲学或现代* 文化观念更感兴趣的读者可以跳过这一部分。不过，倘若人们想要理解黑格尔哲学如何以黑格尔本人的方式得到了论证，倘若人们真正想要理解在黑格尔看来这种哲学与其论证方式是如何地密不可分的，那么逻辑学这部分便非读不可。

在第四部分，我解析了黑格尔的历史哲学、政治哲学，并且透过我的眼光探讨了黑格尔对现代社会两难境况的见解。在第五部分，我简要考察了黑格尔的艺术哲学、宗教哲学和哲学史观。在结论性的一章里，我力图证明，黑格尔哲学以什么样的方式仍然构成了诸多阐释之基本冲突的实质性方面。通过那些阐释，我们试图把黑格尔哲学理解成一种文化。

我首先感谢以赛亚·伯林、斯图尔特·汉普希尔和A.J.艾耶尔。多年以前，是他们促使我下决心继续这项复杂的研究工作。在我从事这项研究工作过程中，他们给予我的帮助不胜枚举。我非常感谢以赛亚·伯林，他审阅了本书部分手稿，他的渊博学识，他对黑格尔得以产生出来的整个德意志思想和感伤情怀的理解，使我受益良多。

我也要感谢伯纳德·威廉斯。他对本书提出过一些宝贵的修改意见，尽管我未能完全采纳那些意见。因他们对本书手稿的某些部分作出

---

* 在本书中，由于“modern”一词在时间上跨越了自文艺复兴和宗教改革以来西方近五百年的历史，它既包括了“近代”，又包括了“现代”。为方便起见，我们一般译为“现代”，请读者在阅读时留意。——译注

了点评之故，我还要感谢赫尔曼·伯森斯坦教授、哈罗德·萨斯教授和杰弗里·钱伯斯教授。

第一部分

思辨理性的主张

第1章
新纪元的目标 3

黑格尔生于1770年。在当时德意志文化正在进行一场以Sturm und Drang(狂飙突进)运动而闻名的重大变革。将在18世纪和19世纪之交引发德意志思想文化革命的一代人正陆续地来到世上。后人有点笼统地称这一代人为“浪漫派”。黑格尔就属于这一代人。不过,上述划分派系的标签是令人误解的;然而,无论他们是否像黑格尔那样被人称作浪漫派,有些先入之见的确俘获住了这一代思想家和艺术家,这些先入之见甚至被浪漫派的尖锐批评家们所分享。因此,要是我们不了解引起黑格尔关注的究竟是一些什么基本问题和渴望——它们也是其时代的基本问题和渴望,那么我们将无法真正地了解黑格尔在将来的作为。

当然,这是一个革命的年代。因为我们对世界范围的革命几乎已习以为常,所以“革命”对我们来说已经是陈词滥调。但是在18世纪90年代,从巴黎波及整个欧洲的那场所向披靡的大革命产生了前所未有的双重影响:它使得年轻的德意志知识分子对革命既充满了热情,又搀杂着朦胧的恐惧。因此,黑格尔及其同时代人的许多著述可以通过想要同对法国大革命之痛苦的、纷乱的、隐藏着冲突的道德经历达成妥协的需要而得到解释。不过,我们还必须对这个划时代事件在其中得到回响的中介有所了解;正是在这种思想和情感氛围中,崛起了年轻而有教养的一代德意志人。

概述这种氛围的最便捷途径可能在于阐明一个核心问题，一个自始至终要求着这个时代的思想家们去作出回答的问题，有关它的那些方面对我们了解黑格尔将提供极大帮助。它就是关于人的主体性性质及其与世界的关系问题，就是如何把两个看似互相分离的人的形象统一起来的问题,即,如何把在一定层面上既具有亲和力但又无法最终融为一体的两个形象统一起来的问题。

4

一

这两种观点是对17世纪和18世纪在英国和法国发展起来的激进启蒙思想之主流思潮的反应,部分地也是对那股思潮的进一步发展。我所指的那股思潮发端于一场认识论革命。那场革命既得到了17世纪科学革命的启示,又利用了它的一些成果。它在培根、霍布斯、笛卡尔和洛克这样一些不同思想家身上得到了发展，并且为伽利略和牛顿的科学所证实。在18世纪,它不仅被世人接受为一种知识理论,而且被接受为一种关于人和社会的理论。就其对于人与社会的思考而言,它在其更加激进的倡导者手里,发展成了一种彻底的原子论和机械论,有时甚至发展成了一种唯物论并在伦理学上演变成为一种激进的功利主义。爱尔维修、霍尔巴赫、休谟和边沁可以看做这股主流思潮的不同流派的代表人物。

现在,存在着理解这场理念运动的许多方法;而最常见的是我刚才提到的方法:我们首先把它看做一场产生了人类学后果的认识论革命。不过,假如我们试着去关注从一开始就构成这场革命基础的主体观念,那么它将更加切中我们的目标。

作为认识论的革新者,17世纪的这些现代人蔑视在中世纪和文艺复兴运动早期已经变得晦涩难懂的亚里士多德的科学和宇宙观，并对它们发起了攻击。终极原因,以及与之对应的作为处于不同性质水平上有意义、有秩序的宇宙观,最初为柏拉图—毕达哥拉斯的算术秩序见解开辟了道路(例如在布鲁诺那里,在开普勒那里,以及部分地在伽利略那里),后来终于为在终极意义上是偶然关系的“现代”世界观开辟了道路,那种偶然关系潜在地取决于经验观察。从这种现代的观点看,这些较早时期的见解暴露了人的可悲而又可理解的一个弱点,即,人的随心所欲品性,人通过它而把其最渴望找到的一些形式投射到了事物身上,且从中感到了满足或适意。然而,科学的真理和发现需要一种严肃认真的品格,一种与培根称作“人的心灵幻像(Idols of the human mind)”进行英勇斗争的精神。

我们现代人都会怀着一种沉重的心情谈起如下这个典故。当读到下面这段话的时候,我们会感到既谦卑又不好意思。这是17世纪初世人对木星存在着卫星的伽利略发现的“拒斥”:

> 人的脑袋上都长有7个小孔,通过那些小孔,元气才得以流遍全身,并且给身体以启迪、温暖和滋养。那么,这个小宇宙的这些部分是什么呢?它们是两个鼻孔、两只眼睛、两只耳朵和一张嘴巴。因此,在天上,在大宇宙里,也存在着两颗吉星、两颗灾星、两颗发光的天体[1]以及一颗飘忽不定且不吉不凶的水星。从这件事情中,以及从大自然的许多其他相似物中,诸如7种金属等等(这是不胜枚举的)我们可以断定:行星的数量必定是7个。[2]

作为一个“神人同形的”假定,包含在这个推理中的似乎是一个有意义 5
秩序的见解。它之所以可以被称作有意义的秩序是因为如下观念的缘

① 这里指太阳和月亮。——译注

② 引自S.瓦哈夫特[编]:《培根著作选集》(多伦多,1965年),第17页。

故:在创世过程中,不同要素表现或体现了诸理念的确定秩序——这就是脑袋上的小孔、行星、金属和其他“不胜枚举的”现象都可以发生相互关联的原因。它们全部体现了反映在不同中介中的相同理念,诸如“天热”和“il fait chaud”以不同语言表达了同一个陈述。由于这种符合,我们可以从他物推断出某物的性质,正如我们可以通过学习得知,人用法语说“il fait chaud”的意思是“天热”。有意义秩序的理念不可避免地同某些终极原因的理念联系在一起,因为它断定:为了表现这些[大写的]理念,宇宙的必需环节就如其所是的那样地存在着和发展着:秩序是终极的解释。

根据意义范畴,把世界理解为是为了去表现或体现一个理念的秩序或原型的秩序而存在的,理解为是对于神圣生命的韵律、诸神的根本法则或者上帝意志的证明;把世界看做一个文本,或者把宇宙看做一部书(一个伽利略仍在使用的观念)——通过这种形式或那种形式,这种关于事物的解释性见解在许多前现代的社会中曾经起过重要作用,而对我们来说,它们是把人神同一性投射到世界的范式,适用于那些尚未完全发育成熟的人。假如这是我们看待发生在我们的思想文化史中的这场转向的惟一方式,那么我们必须把18世纪末对待机械论的各种反叛、歌德的见解、浪漫派的想像力、谢林或黑格尔的自然哲学通通看做一场鲁莽的失败,看做对于较早时期一些令人宽慰的错觉的一次怀古恋昔的倒退。

这种看待事物的方式并不少见,但是它严重忽视了这些反作用的寓意,给时至今日仍然是核心问题的那些问题得以提出的方式制造了障碍。我们不是把伽利略和意大利哲学家之间的论战、近现代科学和中世纪形而上学之间的争论看做自我身上两个倾向的斗争:一个倾向展示了一些令人赏心悦目的错觉,另一个倾向则面对着一些冷峻的现实,而是把它们看做我们用以理解自我的基本范畴的一场革命。这不是说人们在当时是以这种方式来理解那场斗争的,而是说这种说法最有利于我们去理解18世纪末的各种运动。

这些现代人这样来解读革新的先驱者和论敌：革新者为了摆脱一个古老传统进行着斗争，这些先驱者及其论敌曾经陷入了由他们自己设置的陷阱之中，因为他们随心所欲地把心中臆想出来的一些意义投射到事物上去。这种解读是可以理解的。但是它片面地坚信:正是现代革命的这种彻底性妨碍了我们对它所取代的那种观点的理解。尽管享乐主义观点在一定程度上预示着现代自我的产生，但是这种现代自我 6
观念——自我是纵欲(放纵)和禁欲(苦行)之争的发祥地——只有到了17世纪才得以真正产生。

这种本质差异也许可以通过这样的方式来处置：现代主体是自我规定的,而按照以前的观点主体是在同宇宙秩序的关系中得到规定的。

对人的主体的任何思考必将涉及经验的某些普遍方面:有时,我们会"关注"我们自身,"关注"我们的中心问题,我们知道我们是谁,知道我们的意图是什么;而在另一些时候,我们会感到迷惑,或茫然无知,或心不在焉,或无所适从,或纠缠于一些鸡毛蒜皮之事,或总是糊里糊涂地丢三落四。许多概念和形象可被用来描述这些对立的情况:和谐与冲突,深刻与肤浅,自我占有与自我丧失,全神贯注与心不在焉。当然,在如下意义上没有一个是中立的：每一个都提出了某种可以被反驳的关于事物的解释。因为不同的主体观念提出了非常不同的解释。

与"分心"或"心不在焉"相比,假如我们以"自我呈现"作为临时术语来表示这里的对立,那么我们可以说,这种来自古代主导传统的主体观是:当一个人同某个宇宙秩序打交道的时候,当他以最适当的方式把它作为理念秩序来探讨的时候,即,当他通过理性来探讨的时候,人最圆满地成为了他自己。这显然是柏拉图的传统;人的心灵中的秩序不可避免地来自关于存在秩序的理性见解。在亚里士多德看来,对于这个秩序的沉思是人的最高级活动。相同的基本观念也表现在新柏拉图主义见解中,奥古斯丁通过它而为中世纪许多思想奠定了基础。

根据这种观点,在宇宙秩序不在场的情况下,在对宇宙秩序一无所知的情况下,或者在同宇宙秩序不发生关联的情况下,逐渐自我呈现或日益清晰的主体观念是毫无意义的:去摆脱梦想,去解除迷惑和去纠正错觉也就是去了解事物的秩序。我们不妨说,根据这种观点,不存在现代意义上的自我观念,即,不存在现代意义上的同一性观念,我可以替自己规定那个自我、那个同一性,而不涉及我周围的各种情况以及我所在的世界。相反,我的确对……秩序或错觉具有某个见解。

不过,在17世纪革命过程中发生的那个转折也是一场现代自我观念的转折。这种观念是笛卡尔的“我思(cogito)”的基础。自我存在在笛卡尔那里得到了证明,而外在一切事物的存在,甚至上帝的存在,都受到了怀疑。相似地,这个观念为意义的摆脱找到了根据。假如人只是在对于宇宙秩序的理性见解中逐步地得到自我呈现,而那个秩序是诸理念的秩序;作为意识的最高级样式,假如科学以自我呈现为前提,那么,科学必须被认为是以对有意义秩序的见解为基础。它不是展开为一个论证,而是呈现为一个无须说明的思想疆界,它肯定强化了伽利略论敌的
7 论证。假如一定得有一个有意义的秩序,那么它们展示的那组符合将是完全地令人信服的,它们将比其他通常的假说要可行得多。但是从根本上说还是得有一个秩序,因为这是理性地把握我们称作科学的世界的一个条件,其假定是:那种合理性等同于对这个秩序的见解。当然,对于当代人来说,把这一点作为一个论证是不合时宜的。因为我们后康德主义者会把它看做一个脱离科学事实的先验论证。但是把它看做对于思想的不恰当限制并不是不一致的或不合理的。

不过显然地,这种观察关系也是成立的,去废除有意义秩序的观念也就是去重新规定自我。现在这种情况被颠倒了过来:充分的自我占有的要求是,我们让我们自身从把意义投射于事物之上的做法中摆脱出来,我们有能力从世界向后退,全心全意地投入到我们自身观察事物和思考事物的过程中去。这个古老的模式现在看起来像是心不在焉的一

场梦幻；而自我呈现此时从对我们所观察和判断的世界的分神过程中注意到了我们是谁以及我们正在做着什么。现代认识论的自我规定的主体因此自然地是由同一个运动产生的心理的和政治的原子主体性。正如许多当代作者指出的那样，这种主体观念在现代语境中产生了一层新的含义。③

当然，正如上面提到的那样，这个现代自我观念并不是史无前例的。古代伊壁鸠鲁主义者和怀疑论者提出了这样一种自我观念:自我被规定为摆脱了任何秩序的东西;毫不奇怪,古代的这个少数派传统给了现代革命以一定的刺激,或者说,许多启蒙运动者感到伊壁鸠鲁和卢克莱修具有强大的吸引力。但是现代主体引发了一场意义重大的新转折。

伊壁鸠鲁主义者和怀疑论者通过从世界上的退缩而获得了一个自我规定的观念;他们的武器是对宇宙秩序的怀疑,或者是对上帝的无相关性的肯定。相比之下,向着自我规定的主体的现代转向是同对世界的控制——首先是思想的控制，然后是技术的控制——的含义联系在一起的。也就是说,现代确定性断定:世界不是一个文本、一个意义实体,这种确定性不是以世界的令人困惑的不可捉摸性为根据而确立起来的。相反,通过清晰的数学推理,再加上后来日益增加的多重控制,它随着人们对事物规则的把握而得到了加强。这就是最终被确立起来的作为一个中立的、偶然关联的场所的世界图画。尽管古代怀疑论者否认我们具有了解事物本质的能力，但是他们仍然声称人有足够的能力一下 8
子把握住自己的生活处境。虽然17世纪的人们有时采取了相同的形式,但是他们却大大改变了它们的内容。同终极原因知识不可相提并论的直接相关知识获得了越来越高的声誉。它逐渐被人理解成了知识的范式。

随着现代科学技术的发展,对事物的控制也发展了起来。这种控制往往被人看做隐藏在科学革命和现代观念发展背后的主要动机。经常

③ E.G.海德格尔:《世界形象的时代》,载于《路标》(法兰克福,1950),第81—85页。

被人引用的培根的格言“知识就是力量”很容易给我们留下这个印象。与笛卡尔和伽利略一起，关于17世纪革命的这种“技术学的”观点是培根之所以经常被赋予了一种比他所能起的作用要大得多的作用的原因之一。不过，甚至在培根那里，由于他坚信这样一种哲学的无效性：那种哲学无法“引导出一个将支持或改善人的境况的单一实验”，④我们也可以用不同方式来理解他的动机。同它对于事物的确定性证明相比，我们可以把控制本身看做没有多大的价值：这种世界观不是把世界看做一个意义场所，而是看做一个偶然的、实际的关联的场所。正如以前那样，世界的可操纵性肯定了新的自我规定的同一性：人与有意义秩序的适当关系将使他自身同那个秩序协调起来；相比之下，在更加明确地拒绝这个见解方面，没有一种做法像把世界看做一个控制对象来处理那样来得成功。操纵既证明了，又似乎赞美了对entzaubert(祛魅的)——引用马克斯·韦伯的一个著名术语——事物的见解。

技术进步大大改变了我们的生活，创造了我们一举一动须臾不可离的诸多事物，以致我们可以轻而易举地根据这些优点来思考17世纪革命的“红利”(假如它们仍然没有被算清的话)。但是在17世纪，这种“红利”是非常微薄的。对培根及其同时代其他人来说，控制对它所证明的事物来说显得更加重要。就在前面引用的同一段话中，他谈到了对人的境况的维持和改善。培根说：“成果和著述是追求哲学真理的保证。”后来他又对这两种考虑的相对重要性进行了明确比较：“同对生活的慰藉有所贡献相比，作为真理的保证，著述本身具有更大价值。”⑤我们没有理由认为这是一种虚假的科学信念。

培根后来把这个目标规定为“本身比所有发明成果更有价值的东西”，它“是摆脱了崇拜、欺瞒、谬误或混乱之后对事物存在自身的

④ 培根：《新工具》，第1卷，第LXXIII页。

⑤ 培根：《新工具》，第1卷，第CXXIV页。

沉思”。[6]我的见解是，早在它在技术学上得到“回报”之前，这种朴素见解的强有力和迷人之处在于这样一个事实：祛魅的世界是同自我规定的主体相关的世界，彻底地赢得一个自我规定的同一性伴随着某种兴 9
奋感和权力感，主体再也不需要根据外在秩序来规定他的完美或缺憾、他的心理平衡或失落。随着这种现代主体性观念的产生，还产生了一种新的自由观，一个新的核心角色被赋予了自由，那种自由似乎已经证明了自身是确定的和必然的。

在前面诸页中，我们一直在讨论哲学观念的一次转变，这种转变只是触动了17世纪欧洲的少数人。但是，在欧洲社会中，确切地说在世界上，现代主体观念可以说已经是无孔不入和无人不知的了。部分地，我们可以把它看做起初发生在少数几个国家，后来影响到整个欧洲以及社会其他的政治变革、经济变革和社会变革的结果。但是从欧洲的情况看，还存在着似乎已经在同一个方向上运动着的另一股强大的影响力。对于不懂哲学的大多数人来说，根据一个较大的秩序来规定的意思是由他们的宗教意识来完成的。对于绝大多数人来说，它通过他们对于神圣的感悟而得到了最强有力的完成。在这里，那种感悟指的是在特许的地点、时间和活动中神圣的崇高的在场。在这个意义上，无论在其自身的圣礼活动中，还是在可以适当地“被施洗的”某些异教徒节庆活动中，天主教仍然是神圣的。但是新教尤其是加尔文教把它同偶像崇拜归结在一起，并且对它发起了无条件的攻击。也许，由加尔文及其追随者发动的打着全心全意地献身于上帝的名义的这场世俗化世界的不间断斗争有助于摧毁这样一种意义：造物主是意义的所在地，人通过它才得以规定自身。当然，这个运动的目标不仅没有导致自我规定的主体的产生，反而让信徒们惟一地依赖于上帝。但是，随着新教信仰的衰落，世俗化了的世界有助于培养与其相对应的人的主体性，它现在已经到了为

⑥ 培根：《新工具》，第1卷，第CXXIX页。

其播种者播下的种子进行收割的季节了。

无论如何，在哲学革命和宗教改革的影响下，我们可以目睹现代主体观念在这些国家的发展，我认定这种主体是无与伦比地自我规定的，它与这样一种关于事物的见解相关联：由于固有意义的空洞性，作为通过观察而得到追溯的偶然关联的所在地，世界也是空洞的。在前面谈到关于世界的这种见解的时候，我使用了韦伯的术语“祛魅的(disenchanted)”，而在谈到宗教发展的时候，我使用了术语“世俗化了的(desacralized)”。也许在这里我可以引入一个艺术术语“对象化了的(objectified)”来表示对于固有的意义世界的否定，即，这种否定是，世界将被看做实体化了的(embodied)意义的世界。使用这个术语的目的在于表明这样一个事实：现代人认为，意义和意图范畴只能应用于人的思想和行为，却无补于他们对世界的思考和活动。用这些术语来思考也就是筹划出主体的范畴，因此，抛弃这些范畴也就是“对象化(objectify)”。这
10 表明了与新的主体性(subjectivity)相对应的一个新的、现代的客观性(objectivity)观念。

这个新的客观性观念反对求助于终极原因，就惟一地依赖于充足理由律而言，它是机械论的。与此相联系，它又是原子论的。因为它不是借助于全体的或整体的属性来考虑复杂事物的变化，而是借助在诸要素中间的充分的因果联系来考虑复杂事物的变化。它倾向于同质性。在其中，那些性质上看似不同的事物将被看做对于相同的基本要素或基本原理进行不同构造的结果。这种新物理学的最伟大成就之一是摧毁了亚里士多德在探讨行星运动以及落体运动中运用同一个公设所作出的天上和地上的区分。因此，这种科学是机械论的、原子论的、同质论的，自然地，它认为事物的样态是偶然的。

但是，这种客观性观念不只局限于外在的自然。人既是知识的主体，也是自然中的一个对象。因此，新科学培养了一种实现人的样式，即机械主义地、原子论地、同质地、以偶然性为根据地去实现人的样式。休

谟为我们提供了有关这种人的观念的一个出色例子。在其最初的样式里，观察的中介是内省法；但是这些相同的观念为后来在人的科学方面的“行为主义”尝试奠定了基础。在激进的启蒙运动者的诸如此类的科学尝试中，在爱尔维修那里，在霍尔巴赫那里，在孔多塞那里，在边沁那里，都可以找到这种客观性观念。启蒙运动时代产生了一种人类学，它是如下两个观念的混合，但非完全由其所构成：第一，与新的客观性相对应的自我规定的主体性观念；第二，作为自然的一部分并因此完全受这种客观性支配的人的观念。这两个方面确实并非总是相协调的。在原子论的支持下，它们确实各自都得到了加强。原子论是一种关于自然的原子主义科学，它可以同一种政治理论相媲美，那种理论的出发点是在自然状态下的个体。但是，它们在诸如决定论这样的问题上似乎是冲突的，例如，作为主体，人的自由似乎协调于严格的自然必然性，而作为自然的一部分，他务必服从于那种必然性。这种情况在自然对实践理性之切中的不同观念中也得到了反映。例如，对康德来说，自然的刺激坚持着对自由的要求的压制。而对启蒙运动主流来说，作为客观现实之整个地相互关联的体系——在其中，所有的存在(being)，包括人，都有一个自然的实存(existence)样式，使它与所有其他的样式相吻合——自然替作为自然的、有目的的存在的人提供了一个基本模式，为幸福和善提供了理性蓝图。

尽管这种混合产生了紧张，但是部分冲突和部分一致的这两种观
念以不同方式的结合将产生大量五花八门的观点：从强调精神自然和
人的命运的温和自然神论到最激进的唯物论；从对普通人的启蒙能力 11
持着最深刻的悲观主义态度，到以科学来重建世界的最狂妄的乌托邦
希望。这些就是我们所知道的启蒙时代的观点。

二

这种人类学是德意志思想中两个主要倾向的攻击点，更精确地说，是德意志思想中两个主要倾向的交汇点。那两个倾向的交汇*是黑格尔这一代人面临的关键问题。但是，这不是说激进的、机械论的、唯物论的启蒙运动在德国是强大的。恰恰相反，如果我们把法国唯物论者看做启蒙运动得到充分发展的形式，那么德国的启蒙运动只是以一种脆弱的形式得到了展开。

就激进的启蒙运动假定了在人的主体性和人的力量方面的强烈信心而言，也许我们可以把这种德国变种看做德国落后的结果、三十年战争的遗产：德意志被分割为大量极小的公国，明哲保身的资产阶级的缓慢发展，相对于西欧诸国的经济落后以及德意志本土最近的文化发展。显然地，启蒙运动在德国所采取的这种形式可以从其宗教背景中得到很好的解释。路德派教会从来没有击中其对手的要害，从来没有同启蒙运动者开展尖锐而持久的斗争，而其法国的天主教会却迅速地做到了这一点。就这一方面而言，德国非常相似于新教英国。不过除此之外，发生在德国的启蒙运动以及对那个运动的反应部分地取决于一个重要的宗教复兴运动，那个运动被人笼统地称作虔信派。

虔信派——它与英语世界的美以美教派具有一些相似性——是一场精神生活的再生运动。它发端于17世纪，在18世纪达到鼎盛。虔信派反对正规路德派的形式主义、它对正确信仰的重视以及对国教的关注。虔信派认为，所有这一切对于信仰的主旨来说，对于与基督的内在的心灵感悟的关系来说，都是次要的。在这个意义上，虔信派是古老的德国

* 此处的原文是reconcile。它具有“调和、和解和妥协”之意。此处译为“交汇”。在其他地方这个术语一般译为“和解”。“和解”是黑格尔哲学最终追求的目标和境界。——译注

精神传统的另一个产物。那个传统可以追溯到中世纪的埃克哈特*和丢勒的神秘,经过波墨**——路德本人与之相近的一个传统——而把灵魂和上帝的内在冲突变成了核心问题。

它转变成了一种心灵的宗教、一种热忱地虔诚的宗教、一种Wiedergeburt(再生)的宗教。在其中,人对圣灵充满了热爱。结果,尽管在它们之间的精神基础方面存在着深刻的差异,但是在许多重要见解上,它自身与启蒙运动结成了联盟。因此,虔信派也倾向于无视与信条和告解差异相关的问题。它还以替个体、个体的虔诚信念以及他自由选择的与要求教徒们表示忠诚的较大的正规国教相对立的教会作辩护结束。 12
它还倾向于激励人们去从事改良、教育和社会福利工作。强调心灵宗教的虔信派起初并不像Aufklarer(启蒙运动者)⑦那样留意阶级差异和教育差异。

除了这个一致性以外,在虔信派和启蒙运动(Afklarung)的精神之间当然存在着一条明确的精神鸿沟。以牺牲心灵的自发回应为代价,后者与虔信派的正统对手们都强调要坚持正确的主张,强调真理是得到正确阐明和证明的东西。因此,正如我们将在后面看到的那样,在对启蒙运动作出反应方面,虔信派是一个非常重要的因素。

但是甚至在作出这些反应之前,它就已经对德国启蒙运动的风气和格调产生了影响。尽管有许多虔信派信徒强烈地怀疑理性——兄弟会领袖青岑多夫*声称:“谁希望以他的精神去理解上帝,谁就是无神论

---

* 埃克哈特(约1260—1328),中世纪欧洲最有影响的神秘主义者之一、德国的多明我会会士。——译注

** 波墨(1575—1624),德国神秘主义哲学家、所谓神智学家,著有《遗著》。——译注

⑦ 德文Aufklarer,意指“启蒙运动者(Men of the enlightenment)”。德语有幸用一个词汇就表达了英语要用四个词汇才能表达的同一个对象。由于这个原因,我有时在正文中使用德语Aufklarer及其表示“启蒙运动”的变体Afklarung。

* 青岑多夫 (1700—1760),奥地利新教贵族、萨克森的摩拉维亚兄弟会创始人。——译注

者。”[8]——然而，虔信派却促成了一些德国最伟大的启蒙运动者如莱辛和康德的思想。莱辛的《智者纳坦》是对超越教条差异、独立于“冷漠的书本知识”[9]的某种理性的和人道教的一份呼吁书，那种宗教既有来自启蒙运动的理性因素，又有来自虔信派的灵性因素。正如我们将看到的那样，《智者纳坦》对青年黑格尔产生了重大影响。由于这种相互交错的关系，德国的宗教和启蒙运动决不可能像在法国那样是两个对立的阵营。

但是，无论出于何种理由，德国启蒙运动形成了自己的思想风气。这种风气与其说愿意接受激进的唯物论，不如说更愿意接受自然神论。当然，18世纪的自然神论反映了自我及其与世界的关系的新意义。这一点在它的如下上帝观念中得到了最清楚的反映：作为一个至高无上的建筑师，上帝建造宇宙是遵循了客观的因果律的。如此被建立起来的宇宙秩序不是一个意义秩序，即这个秩序不是借助于体现它的诸理念才得以确立起来的，而是借助于它的诸要素才得以确立起来的，那些要素完美地融入了它们的交互作用之中。因此，宇宙的形象好像是一只钟表。随着人越来越多地掌握宇宙的法则，随着他越来越有能力以他自己的智慧来安排自然秩序，人注定地要向着作为超主体的上帝接近。

但是欧洲的自然神论在德国却表现为一种不同的特殊形式：莱布尼茨体系的形式。按照基督徒沃尔夫*的解释，那种形式支配着18世纪
13 的德国哲学界。从某种观点看，这个哲学也可以被看做某个宇宙秩序哲学和激进的启蒙运动之间的一种折中，尽管从一个更加富于成果的观点看，它显然地是重要的后启蒙运动发展的萌芽，那种发展开创了黑格

[8] 引自科佩尔·S. 平松：《在德国民族主义崛起过程中作为一个势力的虔信派》(哥伦比亚大学出版社，1934)，第23节，第52页。

[9] 其原文为Kalte Buchgelehrsamkeit，第五场，第六幕，为出自蕾霞(Recha)之口的一个语词。

* 沃尔夫(1679—1754)，德国哲学家、德国哲学术语的创造者。——译注

尔时代的风气。莱布尼茨的确向我们提供了一个宇宙秩序。在那里，最后解释是根据终极原因作出的，即，世界是“所有可能世界中最好的世界”；不过秩序是由诸存在、诸单子构成的。那些单子是自我发展的，在现代意义上，它们实际上就是主体。在这里，莱布尼茨式的事物秩序并不是想要举例说明关于诸理念的某个确定秩序，而是想要实现可以同最伟大的秩序或和谐相媲美的这个最伟大的变体。这意味着，我们将不是通过把世界解释为一个文本那样去了解事物，而是通过观察单子的意图是如何相互吻合的那样去了解事物。这是一个可以同数学物理学相媲美的理解框架（另一个折中，沙夫茨伯里的自然的和谐秩序，曾经受到剑桥柏拉图学派的重大影响，在德国也极为流行）。

无论如何，根据这个德国变体，随着对由法国人和许多德国人所共同具有如下假设的反驳的进行：法国启蒙运动是后人应该给予遵循的范式，法国文化是其他文化应该学习的模式，在德国同时发展出了一种后启蒙运动的风气，这种风气既对现代革命的一些主题提出了批评，又要千方百计地融合它的许多因素。在这样一个特定背景之下，我想要对两种思想倾向作出区分。

第一种思想倾向在18世纪70年代逐渐得到了表现。这是一个所谓的“狂飙突进”运动的时代，那个运动是发生在德国文学和批评领域的一次革命，那次革命对德国文化产生了决定性影响。也许，因其思想之故而在此最值得一提的一个人物是赫德尔。赫德尔是狂飙突进运动的主要理论家和批评家。在歌德的生活处于关键的成型时期，赫德尔对他产生了重要影响。

赫德尔反对启蒙运动的人类学，反对我在上面称作人性的“对象化”的东西，反对把人的精神分解为不同的官能，反对把人瓜分为肉体和灵魂，反对脱离情感和意志的精细的理性观念。他是主张有责任去发展出另一种人类学的主要代表,是关注表现范畴的主要代表。[10]

我很想更密切地考查根据这些范畴建立起来的一种关于人的理
14 论。这些范畴对理解黑格尔或黑格尔时代来说是至关重要的。其核心观念是:人的活动和人的生活被看做各种表现。现在,我们从上文已经知道:自我规定的主体模式还伴随着事物的对象化过程,即,它禁止把诸如"意义"、"表现"、"意图"之类的观念作为对客观现实的不适当描述,并把它们完全限制在主体的精神生活范围里。例如,从霍布斯到孔狄亚克的语言学意义理论都把有意义性看做对我们而言某些符号、声音、事物或理念(表象)所具有的外在关系。也就是说,这种关系存在于主体的精神中,并且构成了被我们在涉及其他事物时所思考或使用的符号、声音,等等。在世界上存在着某些事物,我们可以根据意义范畴来谈论它们。这就要求存在着这些范畴无法应用的另一些事物。第一类事物(符号、声音、理念,等等)之所以只适用于这些范畴,是因为它们对第二类事物具有推论关系。进一步地,可以用意义范畴来描述的那些事物并不是它们的"客观"事实,即,独立于人的精神的特殊内容和信念的事实;产生意义的联系是主观的。在上面的意义中,这种语言学意义理论是一种彻底的"对象化过程"理论;它严格地把意义和存在隔离开来。中世纪和文艺复兴运动初期人们把世界看做一个文本,现在它把这种观点变成了一个前后不一致的论证。无论我们有没有掌握这个观念,作为表现某个理想秩序的世界中的物的观念是没有意义的。这种早期现代理论是中世纪唯名论得出最遥远结论的一次毫不妥协的扩张。

---

⑩ 这里的"表现"(expression)必然是一个艺术术语,但是我在这里采用的是以赛亚·伯林在其《赫德尔和启蒙运动》中的用法。那篇文章收入厄尔·沃瑟曼[编]:《18世纪面面观》(巴尔的摩,1965)中。在那篇文章中,他把它等同于赫德尔用术语"表现主义"(expressionism)来表示的某个新理念。我以为我现在正试着以一种不同的方式来阐明这个相同的见解,尽管如想避开由20世纪运动所带来的混乱我使用术语"表现主义"——伯林(在私人通信中)也提到过的一个术语——会更好些。

那么，表现的人类学难道只是简单地意味着现代主体性革命的一次回复，一次再生吗？正如上面提到过的那样，许多人是这样认为的；但是，这是一个严重的误解。因为在这里涉及了一个不同的表现观念。在上面谈到给伽利略论敌以触动的主导模式的时候，我说过，我们可以看到这些相互符合的术语——脑袋上的小孔与行星、金属等等，它们之所以是相符的，是因为它们表现了或体现了相同的理念秩序。在这里我把表现作为表现所呈现的一个理念来谈论。这就是这个术语的含义，或者是同这个术语的含义相关的东西。用这个术语，我们谈论我们在言说中表达的思想。但是还存在着另一层含义，我们把表现作为意义的赋予活动来谈论，它在外在现实中实现了我们感觉和欲望的某物。这是这样一层含义，在其中，我们可以谈论起我用诅咒来表达的我的愤怒，或者与冒犯我的人的争斗。现在，在后一层含义里，被表达的是主体，是主体的状态，或者是与主体相似的最小单位的生命形式（当我们谈论表达情感的生命的时候）。

现在，当说这种新人类学的核心观念是作为表现的人的活动或生命的时候，我是在更接近于第二层含义上使用这个术语的，尽管实际上我们将看到第一层含义也是它的组成部分。就由赫德尔及其追随者发
展起来的这种人类学而言，无疑地存在着对某些基本的亚里士多德概 15
念的重建工作；把生命看做一种表现，也就是把它看做一个意图的实现，就这个意图不是终极盲目的而言，一个人可以谈论某个理念的这种实现。但是这也被理解为一个自我的实现；就这一方面而言，这种观念是现代的，它超越了亚里士多德，显示了与莱布尼茨的关系。

在这里，谈论自我实现也就是说适当的人类生活将不只是确定地独立于实现它的主体的某个理念或筹划的完成，如亚里士多德的人的形式那样。相反，这种生活必须具有附加的维度，主体可以承认它是他自身的生活，承认它从他自身内部而得到展示。但是，这个自我相关的维度完全被亚里士多德传统忽视了。在这个传统中，一种适当的人的生

活只有在如下意义上才是“我自己的”:我是一个人,这是适合于我的生活。赫德尔和表现主义者从他那里发展起来的人类学增加了如下划时代的要求：我的人的本质的实现是我自身的，并因此提出了这样的理念:每一个体(以及在赫德尔的应用中,每个民族)都有自身的做人方式,它不会以失真和自残为代价,用它去同任何别人期望的方式相交换。

但是,更恰当地说,当我们也把它看做对自我的展示的时候,究竟是什么东西被加到了关于某个形式之实现的亚里士多德观念上去了呢？在这里存在着两个线索值得作进一步追溯。

首先,实现人的形式包含着把它自身注入到外在现实中去的,也许与外在障碍相对抗的一股内在的力量。因此,在亚里士多德哲学把人的成长和发展以及人的形式的实现看做从不断受到紊乱与不和谐威胁向着秩序和平衡趋近的地方，表现主义者的观点进一步把这种发展看做是对于一种内在力量[11]的证明,那种力量竭力地实现和维持它自身的形态,抵制周围世界强加于它的那些形态。因此,理念的实现过程不仅是一个与理念相一致的过程,而且是一个被内在地创造的过程;的确,在如下情况下,这两种要求是不可分离的:一个人的适当形式具体表现为自由主体性的观念。

显然,卢梭在这种理论的发展过程中起着重要作用。他出色地把善
16 与恶的传统对立重新解释为依赖自身和依赖他者的现代对立。不过,在其著述中,关于人的这种符合理论只是被偶尔提了一下,且其提法也是前后不一致的。于是,发展围绕自我展示的主体观念的人类学任务便留给了德国的思想家们,尤其是赫德尔。

显然,莱布尼茨也具有关键的重要性。他的单子观念是自我展示的主体观念的胚胎。但是,赫德尔及其同时代人以及赫德尔之后的一代人也受到了斯宾诺莎的重大影响。如下情况可能让人感到有点奇怪:斯宾

⑪ 赫德尔的“力量”(Krafte)。

诺莎是一位反主体的哲学家,在西方传统中,他似乎是一位让我们最远离主体性的哲学家。但是在接受他的那个时代里,人们把一些认识强加于斯宾诺莎的身上。他的哲学不是被人们看做是对于作为自我展示的人的生命的理解的否定;相反,人们从这样一个方面去理解斯宾诺莎关于一切事物都想保留自身的自因观念。斯宾诺莎所提供的东西,他让歌德着迷且迷惑了那么多人的东西,似乎是一个关于生命方式的如下见解:通过那个生命方式,有限的主体迎合了普遍的生命主流。在这个过程中,斯宾诺莎被推向了关于普遍生命力的某种泛神论。换言之,他被重新解释为提倡自我展示的一类人,那种自我展示现在被人看做某个普遍生命的法则,那个普遍生命大于任何一个主体,不过作为自我展示的生命,它又非常像是一个主体。接下来,我想要探讨的是,同这个普遍的生命主流相联系,人们为什么会感到有这样一种强烈的需要。

在表现主义方面的第二个重要线索是这样一种观念:一个形式的实现澄清了或决定了那个形式将是什么东西。假如我们返回到我们的指导性推论方法,在其中一个活动或姿态可以解释一个人的特征,我们可以知道存在着能够在这个理念中被统一起来的两个方面。在把这些感情或意图向他人或自我自身清楚地表达的意义上,自我所做的或所说的某件事情可以表达自我的感情或意图。在这个意义上,只有当他终于公开地——也许这是第一次——表达他的感受或要求的时候,自我才可以谈论表达着自己的某个人。在另一个意义上,当他实施他的要求或者实现他的意图的时候,我们可以把人的行为当做是对于他的感情和意图的表达来谈论。这两个方面是可以被分开的:自我可以用“君子动口不动手”的方式来表示自我的意图,自我也可以对自己和他人不作任何张扬地、悄无声息地行动。但是,这两者往往是并驾齐驱的。我们通常喜欢对自己和他人品头论足,而在我们付之于行动之前,我们并不真正知道我们的感觉和希望究竟是什么。因此,一个主体之最充分、最令人信服的表现是当他既明确了他的意图又实现了他的意图的时候。

这个更加充分的主观表现模式是以我在此称作表现主义理论的东西为基础的。假如我们把我们的生命看做对于某个本质或形式的实现，那么这将不仅意味着这个形式在现实中的具体化，而且意味着以一种决定性方式去规定这个形式为何物。它以另一种方式显示了表现主义模式和亚里士多德传统之间的重要差异：对前者来说，人所实现的理念不是完全事先决定的；它只有在被完成过程中才得到了完全的确定。因此，赫德尔的如下理念：我的人性是独一无二的，而不是均等于你的人性的；这种独一无二性只有通过我的生命自身才能得到揭示。“每个人
17 都有自己的尺度，正如每个人各自都有特别适合于自己的情感一样。”[12]这个理念不只表明了人是不同的；因为这种说法几乎没有什么新意；它想要表达的意思是：差异规定了我们每个人都要求给予去实现的这种独一无二的形式。这些差异包含着道德含义；因此，人们第一次提出了这样的问题：某种给定的生命形式是否是某些个体或某个民族的本真表现。这是由某个自我实现理论加上去的一个新维度。

这样，作为表现的人的生命观念不仅把它看做意图的实现，而且把它看做对这些意图的明晰。它不仅是生命的圆满，而且是意义的明晰。在如此得体的生存过程中，自我不仅完成了自我的人性，而且澄清了自我的人性所涉及的意义。作为这样一个澄清活动，自我的生命形式不仅是意图的实现，而且是意义的具体化、理念的表现。这种表现主义理论放弃了在意义和存在之间的启蒙二分法，至少在涉及人的生命领域的那种启蒙二分法。人的生命既是事实，又是意义的表现；它的存在表现并不归结为与某个他物相关的一种主观关系，它表现了它实现的理念。

它对作为理性动物、作为其本质是理性意识之存在的传统的人的观念作出了新的解释。现在，这个理念形成于自我意识的一个新概念

---

⑫ 此处原文为：“Jeder Mensch hat ein eignes Maß, gleichsam eine eigne Stimmung aller seiner sinnlichen Gefühle zu einander.”参阅赫德尔：《赫德尔全集》(柏林，1891)，第13卷，第291页。

中。如我们看到的那样,在澄清我们是什么的意义上,我们的生命也被看做自我表现。这个澄清过程期待着得到主体的承认,如艺术家或作家认为他的作品完全得体地表达出了他想要表达的意图而达到了他的目标那样,当他认识到他的生命是独一无二的,是对他潜在之在的真实表现的时候,作为有意识的存在,达到了他的最高点。在诸如此类的情况下,在它得到表现之前,那“玄机”是无法为人所知的。在表现主义那里,传统观点获得了新形式:人通过表现他的所是并因此澄清他的所是以及在这种表现中承认自身而逐渐了解了自身。通过表现,人的生命的这个特殊属性将在自我意识中达到顶峰。

因此,表现主义人类学旗帜鲜明地放弃了现代科学对自然的对象化运动,至少在人性领域是如此(我们将在后面看到它是如何跨越这一步的)。在把人的生命看做表现的过程中,它反对意义和存在的二分法;它再次引入了亚里士多德的终极原因和整体论概念。但是在另一方面,它是典型地现代的;因为它融入了某个自我规定的主体性理念。它的本质的实现是主体的自我实现;因此它不是根据同某个彼岸理念秩序的关系来规定自身,而是根据从它自身中展示出来的某物来规定自身,它是它自身的实现,是在那个实现过程中第一次重大的创造。这是为18世 18
纪末革命奠定基础的关键理念之一。但是它还远不止如此;它是从那以后成长起来的文明的根本理念之一。在不同形式里,它是改变了当今世界的重要观念力量之一。因此,我们有必要对其所蕴含的内容作进一步探讨。

显然,这种理论不得不放弃启蒙运动对语言和意义的考虑。它需要这样的意义理论,那种意义理论不仅惟一地关注语言学意义,而且不把有意义性限制于针对某个主体而言的简单推论关系之中。对于作为这场革命继承者的我们来说,清楚的一点似乎是:艺术为我们提供了必需的范式,因为我们知道,艺术对象被理解为某些事物的表现,那些对象除了自身之外并不必然地有所推论。

但是在18世纪，这种对艺术的理解还有待于得到规定。占主导地位的艺术观是根据亚里士多德模仿说作出的：艺术主要被理解为对现实的模仿或模写。像发生在思想中所有深刻的变化一样，关于人的表现主义观点不得不创造出自己的范式。它需要一种作为表现的艺术理论，一种意义理论，在其中，语言的意义和符号的意义脱离了意义的其他形式便无法得到明确的指示。与之相对应，它同表现的艺术意义具有连续性。不过，它之所以需要对语言学表现和艺术表现具有这种新的理解，不仅是为了使作为表现的人的生命的新模式获得理解；问题不仅在于把生命看做一个艺术作品，尽管这毫无疑问是这一阶段的重要遗产之一。假如人的生命之所以将在如下意义上得到表现，即它既是意图的实现又是意义的澄清，那么，这是因为人不仅仅是一个生命的存在，而且是一个具有表现活动能力的存在。使人具有表现能力的东西是语言和艺术。因此语言和艺术不仅为作为表现的人的生命提供了模式，它们还是一些特许的中介，通过它们表现才得以实现。

在这里，西方传统和被传递给它的某个激进的新转折都存在着一种连续性。这种连续性依赖于这样一个事实：语言对人来说仍然是至关重要的，自从古人把人规定为"理性动物"以来都是如此。这个新转折是：作为理念的手段，语言不再具有至关重要性——的确，对于这个阶段的一些作家来说，它不再是如此，如赫德尔，在这方面他可以算是一位唯名论者——只有作为自我的表现，语言才具有了那种至关重要性。结果，现在它面临着被作为模范的人的活动的艺术所取代的危险。人的重心从逻辑学（logos，理性的语言）转向了诗学（poesis，诗意的语言）。

这三个相互联系的转折：新的语言理论、对艺术的新理解以及对它们的中心地位的新理解，贯穿于赫德尔、狂飙突进运动其他作者以及后来的"浪漫派"一代人的作品之中。因此，在赫德尔写于1772年的重要论
19 文《论语言的起源》中，我们看到，随着启蒙运动语言理论模式从霍布斯发展到孔狄亚克，他放弃了那种启蒙运动语言理论模式。赫德尔激进地

提出了这一问题。他引用了孔狄亚克对语言如何可能从处于荒漠中的两个小孩之间产生的问题的思考。孔狄亚克认为,由于他们逐渐地学会把一些符号同一些对象联系起来,便产生了语言。在让我们想起大约两个世纪之后维特根斯坦反对某种相似理论时阐发的某些见解的一段话中,赫德尔指出,这种考虑把实际重要的步骤假定为已经采取的步骤;但是这些孩子怎么样才能第一次地把某些事物和另一些事物联系起来,以便让像符号之类的某物可以存在呢?换言之,它们是如何从动物意识走向语言学意识,并因此走向人的意识的呢?

赫德尔自己并没有真正回答这个问题,它引导许多人断定,那篇论文的题目是令人误解的。但是重要的在于赫德尔改变了我们对语言的理解。因为他的启蒙运动前辈的再现的(representative)意识,关于某物为他物而存在或者指示他物的理解,被当做是理所当然的。它自然地产生于主体经验的关联游戏之中。语言的制定,即独断随意的符号的制定,只是发挥着迫使我们去控制关联之流的作用,使我们把秩序引入思想中,如赫德尔指出的那样,以便拥有"超越经验的想像"。[13]根据这种观点,语词是一组符号,它们之所以具有意义完全是因为它们被赋予了同事物的推论关系。

但是在赫德尔看来,这个再现的或语言学的意识的实存是一个核心问题。是什么东西使我们对事物具有明确的、全神贯注的注意成为可能,而动物却仍然陷入梦幻般的、令其沉醉的经验之流之中呢?是语言,是语言使这一切成为可能的。因此,语言必须从一个完全不同的观点来给予探讨。它不只是通过推论某物而具有意义的一组符号,而且是意识的某个确定形式的必要手段,它是特别地针对人而设置的对事物的明确把握。赫德尔称那种把握为"反思(Besonnenheit)"。换言之,语词不仅是有所指涉的,而且是某个活动的沉淀物,在那个活动中,人的意识形

---

⑬ 赫德尔:《论语言的起源》,第1部分,第4章,§46。

式逐渐地形成。因此,它们不仅描述了一个世界,而且在上面指出的双重意义上表现了一个意识样式,即,它们既实现了那个意识样式,又决定了它是一个什么样式。

这是赫德尔的伟大的基本理念之一。假如人是一个将在表现范畴之下得到理解的存在,假如人的本质特点是意识的某个确定形式,即反思,假如它惟有在言语中,然后在思想中,在反思中才能被实现,那么这
20 种明确的人的活动不是可以在一个空洞的要素中被处理的某物。它只能存在于一个中介中。语言对于思想来说是至关重要的。[14]假如思想或本质意义上的人的活动只能处于语言的中介之中，那么不同的自然语言表现了每个独一无二的特殊方式，某个民族通过它而实现了人的本质。一个民族的语言是它的人性的特许镜子或表现。研究语言是理解人类多样性的重要的必由之路。赫德尔的工作因此起始于这个时代哲学研究之伟大成长的开端。[15]

因此，与启蒙运动的先驱者相比，赫德尔从不同的维度来研究语言。语言不仅是推论符号,而且是表现。在这一方面它同艺术是连续的。因此赫德尔的见解是:在其起源时语言不能同诗歌分裂开来(诚然,这不是他的独创,不过狂飙突进运动对它作出了一个新的区分),最适当的语言把关于世界的描述和关于情感的表现统一了起来。尽管它已经开始出现在他们讨论艺术的一些作品中，尤其是像狄德罗这样的人物对“天才”的讨论中——但是从严格意义上说,作为情感表现的这种语言观念在启蒙运动关于人和意义的理论中并不占有一席之地。例如,作为情感的自然“流露”,在使情感得到自然宣泄并在后来被选择为一个符号的意义上,这种理念曾经风行一时。但是,作为严格意义上的表现理念,那种理念也规定了情感,只会随着一种关于人的新理论的产生而

[14] 赫德尔并没有总是看到这个理念的含义。但是,正如我们将在后面看到的那样,这些含义对黑格尔来说具有重要的意义。

[15] 赫德尔也是发端于这个时期的对民谣和民间文化发生重大兴趣的开创者。

产生。语言描述了世界,但是它还务必去认识人,并通过这一点而澄清人是什么。

就这一方面而言它与艺术是连续的，至少同对于艺术的某种新理解是连续的,那种理解由狂飙突进运动那一代人发展起来。按照那个时代的标准观点,艺术的作用主要地要么是模仿的,要么是辩证的,要么是令人愉悦的,要么是为了描写世界而存在的,要么是为了改善人而存在的,要么是为了给人带来愉悦而存在的。狂飙突进运动者提出了作为表现的艺术观念,艺术被当作是艺术家的深刻情感的表现,在这个过程中,艺术成就了艺术家,艺术扩张了艺术家的实存;歌德用表现来达到"升华(Lauterung)"。如歌德的这个术语所意蕴的那样,这种表现不仅为情感的表现开辟了道路,而且把它们转变成为更加高级的形式。出于相同的理由,这种情感表现在如下严格意义上不是主观的:它没有道出任何真理。相反，最高级的艺术之所以如此是因为它道出了大自然的真情;但是不是在模仿的意义上,而是在对其潜能的最高级的和最充分的表现的意义上,它道出了大自然的真情和真相。

在这个新的意义上,由于艺术被看做表现的艺术,一个新的推动力 21
被赋予了18世纪关于天才的主题,对于这个力量以前谁也没有讨论过,它只有在其展示过程中才得到了揭示。

在狂飙突进运动者看来,作为人的最为本真的表现,艺术也是人们用来恢复与他者的共同性、与自然的和谐性的主要途径。我将在下面讨论这个话题。

因此,在18世纪70年代的德意志,人们看到了一种新的语言哲学和一种新的艺术理论。它们成为一种新发展起来的人的理论的组成部分。作为这种发展的一个结果,在实现人性的过程中,在人走向圆满的过程中,艺术被赋予了某个核心的角色。从此以后,艺术开始发挥类似于宗教的作用,并且在一定程度上取代了宗教。就艺术的这种准宗教作用是当代文明的一个根本特点而言,18世纪70年代可以被看做现代世界发展中的一个分水岭。

艺术的核心重要性同情感的某个丰富角色具有密切的联系。如我们看到的那样,人的实现蕴含着,在某个澄清过程的意义上,对人之为人的某个表现。这是在表现活动中达到了最高圆满的原因。正如我们在上面看到的那样,由于在其最高级样式里,主体性是自我意识,所以在其最高形式中,这个表现必须得到他的承认,并且成为一个自我意识的样式。但是,由于某个主体的生命也是有情感的生命,他的自我实现,或者没有自我实现,并不是一件无关紧要的事情,而是一件伴随着快乐或痛苦体验的事情。在这里,情感涉及的不单纯是一个消极的精神状态,而且也是一个意志姿态。因此,这种自我意识不仅是关于自我的一个见解,而且是一种自我感受,并因此也蕴含着保持或成为自身的渴望。所有这一切是互相联系在一起的。因此,最高级的表现活动是把意见和情感联结起来的手段,这就是语言为什么不仅在起源上而且在最高级作用方面同艺术是相联系的原因。

这里的情感不是为启蒙运动的主流而存在的东西,它是一种消极的影响状态。一方面,它只偶然地同引起它的事物相联系,另一方面它又触发了某个行动。相反,正如如果思想是真正与现实相符合的话,它就离不开情感一样,我们具有在作为离不开思想的孕育者意义上的情感观念。因此赫德尔说:“正是在最高级的知识里,所有的[激情和感觉]都可以是且必须是操作性的,因为这种知识完全地从它们中成长而来且只能生活在它们之中。”[16]只有空洞的思辨才可以无须情感的陪伴。只有“Lugner oder entnervte(撒谎者和无能者)”才会满足于这种状态。

既然我们是表现的存在,我们的生命是一个统一体,因此它不可能被人为地划分为不同的水平:生命与思想相对立,感觉和理性相对立,知识和意志相对立。人不是附带理性的动物,而是一个全新的不可分割

⑯ 赫德尔:《关于人类精神的辨识和感知》,《赫德尔全集》(柏林,1891)第8卷,第199页。

的形式。[17]因此,情感是注意的样式,它们的思想内容是内在于它们的, 22
它们可以从性质上区分于它们所体现的思想或注意。因此,情感的层系同注意的层系具有某种不可分割的联系,同意志立场的层系具有某种不可分割的联系,因为“驱动力(Reize)是我们的实存的驱动力,甚至在我们的最崇高知识里,它也要维持这种力量”。所以,“爱是最崇高的知识形式,因为爱是最崇高的情感”。[18]

人的最高级实现的本质要素是一种确定的情感,一种关于自我的情感。那种情感也是关于自我的一个见解,那个情感/见解表现在我们的最高级活动——语言和艺术——之中。在其最圆满的形式里,人不仅作为生命得到了实现,而且作为具有表现活动能力的,并因此达到了自我澄清和自由的生命而得到了实现。这就是赫德尔在其作为人的一个重要属性的Besonnenheit(反思)观念中想要表达的东西。在对人的圆满性的这个规定中,我们再一次看到了对古典传统的扬弃。人是一个理性动物:赫德尔把Humanitat(人)定义为Vernunft und Billigkeit(理性和公正)。[19]但是理性不是一个与宇宙秩序相一致的原理。相反,它是自我明晰的,是Besonnenheit(反思)。达到了这一点,我们便成为了我们自己,我们表现了我们的圆满自我,并因此是自由的。

这样,对于我们的实现来说至关重要的一点是,作为自然存在和精神存在,作为自然欲望的主体,作为对自我明晰、自由和表现形式具有最高渴望的主体,以及作为在和谐统一中所有这一切的主体,我们拥有在最圆满条件下的关于我们自身的情感和见解。这就是作为手段——通过它这种情感/见解才得以产生——的艺术可以扩张我们的实存并且升华我们的原因。

---

[17] 赫德尔:《论语言的起源》,参阅《赫德尔全集》(柏林,1891),第5卷,第28—29页。

[18] 赫德尔:《关于人类精神的辨识和感知》,参阅《赫德尔全集》(柏林,1891),第8卷,第199—200页。

[19] 赫德尔:《赫德尔全集》(柏林,1891),第14卷,第230页。

为了揭示18世纪90年代的问题，让我们来考查一下从这个关于人的新理论中引发出来的一些渴望。表现主义人类学是对机械论的、原子论的和功利主义的人类生命形象的一个回应。假如我们可以把启蒙运动的人类学看做通过对自由的含义甚至兴奋的含义的自我规定对自身的展示，那么对这种人类学的反叛则把这幅人的形象看做干巴巴的、死气沉沉的、正在摧毁着生命的形象。因为作为一个自我规定活动的这种自由的含义，通过对象化自然，甚至通过——就我们是我们自身的对象而言的——对象化我们自身的自然，理性的主体将取得胜利。它取胜是以有知识、有意愿的主体和被给予者——作为自然物——之间的隔阂为代价的。这个被给予的王国不仅包括了世上的外在事物，而且包括了主体中被给予的东西，他的欲望、情感、嗜好和吸引力。

启蒙运动发展了某种把自然，包括人性，看做一系列对象化了的事实的观念，那些事实是主体务必在求知和活动过程中去处理的事实。当然，作为其各个部分完美地交织在一起的和谐的全体，自然既代表着关
23 于人的某个模型或蓝图，又为它的实现提供了素材。但是，在无论是作为筹划还是作为手段的自然和实施这个筹划的意志之间的隔阂仍然存在着。

表现主义理论的创始人——卢梭、赫德尔以及后来的浪漫派——无法容忍这种隔阂。他们感到，关于事物的这种见解破坏了事物的统一，在那个统一中，自然原本是思想和意志的愿望和动力。自然为意志提供蓝图仍然是不够的，自然的声音还必须通过意志而得到传达。[20]

---

[20] 显然地，启蒙运动之作为人的活动的模式的自然观提供了向着关于自然之声的表现主义观念的一个转折。像霍尔巴赫之类激进的启蒙运动思想家赞美自然的某些段落似乎接近表现主义的感伤。但是，我称作表现主义创始人的那些人——卢梭、赫德尔以及以他们为出发点的那些人——发展了同这种自然之声观念相一致的一种人的理论。当然，这种情况也部分地由沙夫茨伯里和道德情操理论家们所提供。

这样,从一个主体的观点看,自我肯定的经验被他者感受为异在的内在分离。对象化的世界是对主体的自我拥有的证明,而对他者来说则是对其主体生命的否定,对他与自然的交融的否定,对他在自己的自然存在中的自我表现的否定。

对作为异在的对象化世界的经验解释了表现主义的反应既部分地被人看做又部分地把自己看做对于某个较早时期的缅怀的原因。在当时,世界被看做一个文本,自然是意义的中心。不过,正如上述讨论说明的那样,其渴望并不是真正想来一次倒退。因为,正如我们将在下面看到的那样,甚至在强调主体性理念的前提下坚持与周围世界相交流的表现主义观点,并不是在对某个理念的宇宙秩序的沉思形式中被追求的,而是作为适合于主体性的一个交融被追求的。

我们来考查一下从这种观点引申出来的渴望。首先,存在着对于统一性和全体性的热忱要求。表现主义的观点激烈地驳斥了启蒙运动思想家们在对象化人性过程中对人的剖析以及因此造成的对人的生命的真实形象的歪曲;他们分裂了心灵和肉体、理性和情感、理性和想像力、思想和意义、欲望和谋划,如此等等。所有这些二分法都歪曲了人的真正性质,他要么应该被看做一股单一的生命之流,要么应该被看做某件艺术品的原型,在其中每一个部分都不可能脱离于其他部分而得到规定。因此,这些区分被人看做脱离于现实的。但是它们还远不止如此,它们是对于人的肢解。这些虚假的观点远非只是一些思想错误。因为人是一个自我表现的主体,在艺术和语言表现中,他部分地通过他给予他的情感和渴望的确定样式来实现他自己,这样的虚假观点是达到人的圆满的一个障碍。把他的情感看做分裂于思想的另一类的人,正如关于他的事实可以得到机械地解释的人一样,无法从较高的意义上成为它们 24
的某个被改造了的表现。因此,正如我们发现赫德尔对各种官能心理学理论进行了讨伐那样,这个思想错误将受到道德激情的抵制。

顺着对人的这种二分法的攻击,我们发现,主流启蒙运动有时指责另一种抽象，那种抽象引入了一个虚假的再现世界，那个世界让人断绝了与实在生活源泉的联系。这是卢梭的以及通常归之于他的影响的主题之一。我们可以看到它是如何从这个相同的理念秩序中引导出来的。人的自我表现受到了曲解，他的生命没有表现他，而是表现了有关他的真实情感和渴望的某个虚假替代者。

就这一点来说，我们可以看到表现主义理论的强大冲击力，那股冲击力对我们理解黑格尔的工作具有首要的重要性：它就是强有力地反对二元论的冲击力，它千方百计地想要扬弃肉体和心灵的二分法，或者精神与自然的二分法，那个二分法是笛卡尔的遗产。它更多地转向了介于这种划分中间的生命范畴，并且以我们在上面看到的那种方式同亚里士多德挂起钩来。如我们将看到的那样，对于任何一个脱离肉体的精神现实的拒斥成了黑格尔哲学的基本原理。

其次，表现主义理论使自由成为人的生命的一个价值，纵使不是其核心价值。如我们看到的那样，自由变成了一个具有重要价值的自我规定的现代主体性观念。但是表现主义理论既改变了自由概念，又大大地加强了它的重要性。它修改了这样一种自由观，标准的启蒙运动的自由是摆脱了外在控制的，主要是摆脱了国家和宗教权威控制的，自我规定的主体的独立性。新自由被看做本真的自我表现。它不仅受到外在侵犯的威胁，而且受到了危及表现所有曲解的威胁。它可能因在终极意义上通过外在根源的畸变而失败，但是也可以在自我身上定格下来。卢梭就向我们提供了这样一种理论。

自由之所以具有核心重要性，是因为它相似于作为人的基本目标的自我实现。在这个意义上，它可能只是核心价值之一而不是最最核心的价值，那个自由只是我们规定这个目标的方式之一：我们可以把它作为统一、大圆满、和谐等等来谈论。不是每一位作家都愿意使自由成为其目标的这种特许描述的，但是它总是一种有用的描述。

第三，表现主义理论包含着一个与自然融为一体的渴望，而启蒙运动坚决地破坏了那种融洽性。我们从上面看到一个对象化了的自然是如何被经验为一个异在(an exile)的。诚然,对生命的苛求被想像为表现,它无法忍受肉体和心灵、思维和感觉的二元划分,无法局限于肉体的各种疆界。假如自我不满意于作为面对着内在的和外在的自然的精神的我自己的形象,而必须把自我自身看做一个生命,其自然通过思想和意志而得到了表达,假如因此作为一个主体的自我是一个拥有自我 25
的肉体的自我,那么自我务必考虑这样一个事实:自我的肉体与更大的外在自然处于一种相互交换关系之中。自然不知道肉体具有的固定疆界,因此自我作为一个主体必须与这个更大的自然处于相互交换关系之中。

但是,假如自我的生命充分地在自我的表现活动中得到了反映,假如这个活动表现的关于自我自身的情感/见解适合于自我的实际实存,那么这种情感不会局限于自我的自我疆界;自我务必向着穿越它的强大生命之流开放。自我是这样一股更强大的生命之流,它不仅仅是自我自身的肉体的生命,假如存在着自我中的统一的话,那么那个生命之流务必同达到自由和表现的较高渴望统一起来。这样,我们的自我情感必须是同我们对于这个更大的生命之流的情感相连续的,后者涌遍了我们全身,我们是它的一部分;这股情感之流必须不仅从物质上而且从精神上滋养我们。因此它必须远不只是一件有用的相互转换的事情。它必须作为一个交融来经验。

因此赫德尔写道:"看看自然的全体,领悟造物主的伟大相似物。每一事物都感悟到了它自身、它的相似之点,生命与生命息息相关。"[21]人,作为上帝的形象,"ein Auszug und Verwarlter der Schopfung(造物主的一

---

[21] 此处原文为:"Siehe die ganze Natur, berachre die groβe analogie der Schopfung. Alles fuhlt sich und seines Gleichen, Leben wallet zu Leben."引自赫德尔:《关于人类精神的辨识和感知》, Suphan, viii, 200.

个缩影和仆人)”，被给予了这样的称呼，“按照它们同上帝的关系的尺度，在造物主的所有有生命的事物中，他变成了他的上帝的感觉器官”。[22]

这样，这种表现主义观点的核心渴望之一是：人在与自然的交融中达到统一。他的自我感(Selbstgefuhl)和对所有生命的认同，对作为有生命的自然的认同(Mitgefuhl)统一起来。我们可以看到，那个对象化了的宇宙，那个只允许同自身，同主体保持机械关系的宇宙，是如何作为死寂的宇宙，作为一个流放地，作为在两个生命之间获得的那个普遍认同的否定被经验到的。

我们还可以看到，这个要求是如何才与返回到主张“世界即文本”的那个前现代观念的要求混同起来的，但是这个等式又是如何并不真正地成立的。这两种观点都反对关于某个对象化了的、对人来说没有意义的宇宙的现代见解。但是，在某种情况下，世界被看做体现了一系列理念的意义，我们与之打交道的方式是对于诸理念的沉思；在另一种情况下，自然被看做一股强大的生命之流，我们是其中的一部分，因此，我们与之接触的方式是富于同情地介入这股洪流之中。在这里我们渴望的是同一个更大的生命相交汇，而不是关于秩序的合理见解。

26 如果我们考查一下在这个阶段世人怀念前现代的最重要形式，对古典希腊的敬佩甚至崇拜，我们就能明白这一点。在18世纪的后30年里，在德意志文献中，这是一个最强有力的且最动人的主题之一。温克尔曼的研究引起了深刻而持久的反响。如果我们在关于人的表现主义理论的语境中来理解这个反响，那么我们将会有所收获。对于这个时代的人来说，由于古希腊人代表了人在最崇高状态下的生命样式，其塑造、表现和呈现的渴望与他的自然融为一体，与自然的一切融为一体。它是一个自然与人相统一、相和谐的时代。在那个时代里，思想和情感、

---

[22] 此处原文为：“daβer Sensorium seines Gottes in allem Lebenden der Schopfung, nach dem Maβe es ihm verwandt ist, werde.”出处同上。

道德觉悟和感知能力是浑然一体的。在那个时代里，人对其塑造的生命形式，无论是道德的、政治的，还是精神的，都源于他自身的自然存在，而不是由某种原始意志力强加于他的。当然，在那个时代里，自然中的生命洪流并不疏离于人的精神；相反，它被具有人的形象的诸神所持存。人同诸神保持着融洽性，而诸神从人那里取得了他的丰功伟绩。

因此，许多狂飙突进运动者在古希腊人身上看到的不是一个本真的前现代意识，人在同某个秩序的关系中得到规定，那个秩序超越于他之上并且在许多方面同他处于不相称的关系之中，而是他们自己所渴望的东西，与自我的统一，与自然的交融。这种交融是情感的交融。在席勒的一部最著名的此类怀旧之作《希腊诸神》里，我们可以读到：

Da der Dichtung zauberische Hülle
Sich noch lieblich um die Wahrheit wand,
Durch die Schöpfung floβ da Lebensfülle,
Und was nie empfingden wird, empfand,
an der Liebe Busen sie zu drücken,
Gab man höhern Adel der Natur,
Alles wies den eingeweihten Blicken,
Alles eines Gottes Spur.

当诗用充满魔力的伪装，
依旧快乐地把真理重重包围，
生命的圆满便由创造而展示，
以至无以复加的境地。
人承认大自然的高贵，
她倾注其所有的爱意；
在初创者眼里，

处处显示着神的踪迹。

但是由于人站在了一个“没有上帝的自然”的面前,这种交融现在受到了严重的破坏。

Unbewuβt der Freuden die sie schenket,
Nie entzückt von ihrer Herrlichkeit,
Nie gewahr des Geistes, der sie lenket,
Sel'ger nie durch meine Seligkeit,
Fühllos selbst für ihres Künstlers Ehre,
Gleich dem toten Schlag des Pendeluhr,
27 Dient sie knechtisch dem Gesetz der Schwere,
Die entgotterte Natur.

她无意识地施与着欢乐,
从不因自身的高贵而狂喜,
从不留意引导着她的精神,
从不因我的天恩而更感恩,
她感受不到创造者的荣耀,
宛如一钟摆无休止地敲打,
她谦卑地服从着重力法则,
一个被剥夺了神性的自然。

什么是这种交融思想得以成立的本体论基础呢?在上面这首席勒的诗中似乎并没有道出什么东西,相反,自然中的神界是诗(Dichtung)的创造。如我们将看到的那样,席勒对待表现主义理论的态度其实是极其矛盾的。但是在另一首著名的诗《快乐颂》(贝多芬曾用它作为他的交响乐的结尾)中,他把快乐作为历经沧桑的生命的伟大统一过程。

在被表现主义理论的影响力深深地打动的那些人中间，都可以多多少少地看到这个基础。例如,由于赫德尔,它似乎并没有比某个普遍的认同观念走得更远,那个理念在狂飙突进运动之前,如在沙夫茨伯里那里,就已经得到了流行。但是其他人进一步走向了超越自然的某种普遍生命的观念。他们以斯宾诺莎的观念为基础,转向了生命范畴。歌德似乎曾经拥有过此类观点。后来,我们看到了一种走得更远的本体论假说,它把这个普遍的生命赋予了主体性;黑格尔的解决方案将是这种假说的一个变体。

在这种情况下,我们再一次看到了这样一种理论,它让人回忆起了前现代的、世界即文本的观点。按照那种观点,自然的不同方面被看做体现了不同的理念。因此,谢林和黑格尔的自然哲学似乎是重提往事。但重要的是,对自然意义的这些解读受到了某种宇宙主体观念的支持;意义自身来自于由这些作者发展起来的主体性观念。在这一方面,他们丝毫没有放弃现代的主体性原理。㉓

第四，关于与自然融为一体的所有说法带着相同的力量一致于他们的说法。在这里,带着惊慌和恐惧,表现主义的观点也对启蒙运动的 28
社会见解作出了回应。那个社会由原子论的、在道德上自负的主体所组成,那些主体相互之间建立了外在的关系,要么寻求个体权利的好处,要么寻求个体权利的保护。他们寻求与感性统一建立一种更深刻的联

㉓ 有人会以为哈曼的情形不适合于这个时代的这幅图画,在把自然作为上帝的语言来谈论的时候,他重提了视世界为理念之体现的某个前现代观点。但是,除了不是这个运动的典型人物之外,哈曼还是一个极其正统的基督徒,他没有在赫德尔身上得到明显表现的那种斯宾诺莎—泛神论倾向，那些倾向在像歌德这样公然自认为非基督徒的身上仍然得到了更多的表现;他的上帝在自然中的语言只是一个具体化的理念秩序,它就是上帝向人讲述的人生哲理;它不是langue,而是parole de Dieu;在这一方面,它可以同《圣经》相提并论。

系，那个联系将有效地把人和他们的最高自我情感统一起来，在此过程中，人们关心的最高问题为大家所分享，并且转变为融合的生活，而不是仍然保留为个体的持有。

还有，在这里，古希腊城邦似乎提供了现代人已经令人惋惜地失去的榜样。这个时期的许多德意志人——黑格尔就是其中之一——从这种古代城邦中看到了至今仍然无与伦比的人类成就顶峰。他们从中看到了这样一个社会，它的公共生活是所有人关注的焦点，公民们把它看做最重要的事务。因此，这些公民不仅具有最高程度的孟德斯鸠意义上的美德（vertu），他们时刻准备着为了他们的城邦而奉献出他们的一切；而且他们还精于安排他们的生活，并且在生活中找到表现自己的机会。同一于城市，在城市中得到表现是同一枚硬币的两面。因此，古代城邦把最充分的自由和最深刻的公共生活统一了起来，它因此成了表现主义者的理想。

要求统一，要求自由，要求与人相融合，要求与自然相融合，这四个要求反映了表现主义意识的渴望。这些要求和反对现代社会的各种抱怨可以说是相互联结在一起的，它们不是以我这里追溯过的方式而是以其他方式联结在一起的。

因此，在其《美育书简》第六封书信中，席勒追溯了在从古希腊向现代社会演进过程中人所遭受的各种分离之苦。现代人已经分割为各种官能，那些官能在古典时代的人身上是统一的。在分离过程中，人已经变成了专门化的人，每一个人不能表现全体，只是人性的一个Bruchstuck(片段)。作为知性二元化的成果，这种专门化又反过来同社会的阶级分化相联系，那种分化使得每一个阶级的职能都受到了限制。这种向阶级的分化过程把社会的生活统一性转变成了一种机械的独立性。对现代社会复杂机器的驾驭无法给成员的自发创造力留下地盘，却要求各成员遵从自上而下的程式。人不再作为一个具体的存在来对待，而仅仅是思想的建构，反过来，他们无法感受到与国家的同一性，国家最终丧失了所有的权威,并且沦落为惟一的统治权力。

席勒的这段话让我们注意到了，表现主义理论的基本理念是如何以不同的形式一而再地发生并延续至今的。对启蒙运动的抱怨,对在现代发展起来的社会的抱怨,现在被指向了技术社会。技术社会在许多方面都是启蒙运动的继承者。在当今时代，也有人谴责理性和感性的分离、思想和情感的分裂,谴责束缚人、压制人的创造力的各种做法,谴责 29
在这个过程中丑化人、在阶级社会中导致人与人相互分离并因此否定人与社会的融合性的做法，人可以同一于那种融合性，面对那种融合性,而不是同一于否认他们的自由的赤裸裸的权力。

因此,在1968年5月的巴黎,那股熊熊燃烧的渴望是对于一个"开放的(decloisonnee)"社会的渴望。在那样的社会里,生命不同方面之间的诸多界限,工作和游戏、爱情和政治统统被打破了,并且通过相同的办法，阶级之间的界限也被打破了；这个开放运动既由某股创造力来实施,也释放了那股创造力;因此,被超越的最后的界限是艺术和生命的界限。显然地,人们对表现主义的人的观念的兴趣远非只是历史的。

我们已经描述了作为逃避某个窘境之渴望的表现主义意识，主体在那个窘境中全力抗争着一个对象化了的世界，试图扬弃主体和客体之间的鸿沟,把客观性看做对于主体性的一个表现,或者与客观性的一个交换。但是想与世界相统一的这个专横目的难道没有威胁到主体的实存吗?这是会不可避免地产生的一个问题或两难。在我们试着去讨论它之前，我们还应该去看一下主体性观念是如何在与自然的对立中被这个时代所发展的。

三

针对启蒙运动的激进对象化过程,存在着另一个强有力的反作用,这个反作用指向的矛头是人性的对象化活动以及以道德自由名义进行的对象化活动。无论从内部看,还是从外部看,假如人被作为另一个对象化了的自然来对待,那么他的动机将务必像其他事件一样从因果关系上得到解释。接受这个观点的人主张,这与自由并非不可两立,因为无论出于何种原因,一个受自己的欲望驱动的人难道是不自由的吗?

但是从一个更激进自由观的立场来看,这是无法接受的。道德自由必定意味着有能力为了维护道德权利而置所有见解于不顾地去作出决定。这种更加激进的观点当然同时拒斥了对道德的功利主义定义。道德权利不能由幸福来规定,并因此不能通过目的来规定。道德上自由的主体不是通过他的各种愿望和见解而得到传播的,他必须能够一如既往地鼓足勇气对自己的整个事业作出决定。

现在,在这场关于激进自由的革命中,其主要人物无疑地非伊曼努尔·康德莫属。尽管卢梭在某些方面预见到了这个理念,但是,康德,这位哲学家中的巨人,提出了一直流传至今的这个理念。在像康德的批判
30 哲学这样既有力又精深的哲学著作中,对于任何一个单一论题的追溯都必定会有过分简单化之嫌,但是,如下说法并不算过分:重建这个激进自由的道德主体性是康德哲学的主要动机之一。

康德的批判理论采取了一种新的策略,一个立即产生影响的策略:试着通过先验论证来定义主体。像休谟这样的启蒙运动者认为如下情况是理所当然的:主体只有作为另一个对象才可以被研究。诚然,如下情况是特殊情况:人通过"反思"而不是普通感知来获得对它的证明,那种感知保证了我们关于外在事物的知识;但是在另一种情况下,人正在处理的是被给予物,是使它们自身在我们眼前呈现的一组现象。因为休谟正在处理的是作为一组现象的自我,所以他才会说出如下令人恼怒的话来:自我仅仅是"感知的组合",它并不具有可见的统一原理。

另一方面,通过先验论证。康德的目标是:不是把主体规定为向内心注意呈现的被给予物,而是规定为我们必须断定它那样地存在的某物,它认可了我们拥有的对象的经验图式。先验论证试图从经验回溯到

那个经验主体：为了拥有我们确实拥有的那种经验，我们必须像什么东西呢？通过这种方式，它可以断言：关于主体本质之类的事情决不可能在经验的对象中被找到。康德对休谟的自我组合理论的回答表明：主体不会被由在内省中被给予的现象所消解，既为观察自我奠定基础又为观察外在世界奠定基础的是从事这种观察的主体。在某种程度上，他是观察者而非被观察者。但是主体的这个领域只有通过推论才能被达到，只有通过如下反复论证才能被达到：如果这个经验是可能的，那么经验就是像主体的结构所必定是的那样的东西。

这就是先验论证。在涉足这个领域的过程中，康德在哲学史上开辟出一个至今仍然没有终结的新纪元。但是康德没有像他的后继者——费希特、谢林、黑格尔——那样高远地提出他的新的论证路线。通过先验论证，他证明了：经验主体务必是一个统一体、一个“我思”主体，它务必潜在地伴有自我的所有表象；他证明了：休谟想要否认现象世界具有的那种必然联系必定会必然地占据那个世界，因为它们形成了它的必不可少的结构。但是在康德看来，只有当人明确地在现象和自在之物之间作出分裂的情况下，关于现象必然性的这种断言才可以被惟一地作出，因为如下断言将是毫无道理也毫无根据的假定：从主体的本质来证明事物的必然性样式，甚至在事物独立于主体的情况下也是如此。

因此，康德的经验世界是分裂于终极实在的。它部分地从主体那里，从我们的精神样式那里获得它的样式，这些结构可以通过先验论证而得到考查；但是正是由于如下事实：它的样式部分地是由我们给予 31
的，它才使得我们对作为自在存在事物的样式不能得出任何结论。这些事物是肯定存在的，因为作为有限的主体我们受到了它们的影响，我们的直觉从外在于我们的世界中获取了它的内容；但是这个终极实在的本质是一本没有向我们打开的书，并且是一本永远不会向我们打开的书。

我们将直接地看到，对于康德的直接后继者来说，同终极实在的这种分离是如何难以容忍的。在他们看来,康德是半途而废的。但是在康德看来,这种立场不仅是一个妥协,那个妥协促使他去探索在为莱布尼茨形而上学的所有巴洛克结构奠定基础的过程中启蒙运动的各种弱点,而且同时挽救了道德主体的核心统一和自由。当康德说他想要清理关于上帝的思辨知识的各种断言以便为信仰留下地盘的时候,他不仅仅提供了一个安慰奖。在这里,他的主要兴趣在于主体的道德自由,并且在某个激进意义上,这种兴趣指的是:人应该从他自身的意志而不是从任何外在来源来引导出他的道德知觉,而这正是上帝自身。因此在《实践理性批判》[24]中,康德提出了这样的观点:就我们的思辨理性无法让我们走得更远而言,我们是幸运的。假如我们可以令人信服地看到上帝并且看到不朽的前景,那么我们将总是既诚惶诚恐又充满希望地行动,并且决不可能发展出关于职责的内在驱动力,那个驱动力是道德生活的顶峰。

在这第二个批判中康德提出了他的道德自由观。道德将完全地分离于幸福或快乐的驱动力。一个道德律令是义务性的,它无条件地束缚着我们。但是我们的幸福的对象全都是偶然的,其中没有一个可以是无条件义务的根据。这个根据只有在意志自身中才能被发现,在束缚我们的某物中才能被发现:因为我们是理性的意志,而不是出于其他理由的意志。

因此,康德主张:道德律必须具有先验的约束力。这意味着,它不可能依赖于我们所欲求的对象或我们所实施的行动的特殊性质,而必须是纯粹形式的。一个形式上必然的法则,即一个其矛盾为自我矛盾的法则,束缚着理性的意志。康德在此使用的论证引起了许多争论,并且它正确地表明了:康德对形式法则的吁求,那个吁求尽管给我们应该做些什么的问题作出了一个决定性的回答,似乎总是有点儿像是在做着某

---

[24] 康德:《实践理性批判》,第2卷,第9节。

件不可能的事情。但是,已经产生了极其广泛影响的这种道德哲学的要点是激进的自由观。在受某个纯粹形式法则的决定的过程中,束缚着自我的完全是一个准理性的意志,自我宣布自我独立于,可以说,所有的自然思考和动机,独立于统治它们的自然因果关系。“这种独立性,无论如何,在严格的意义上,即在先验的意义上,可以被称作自由。”[25]在某个激进的意义上,自我是自由的;不是作为一个自然存在,而是作为一个纯粹的、道德的意志,自我是自我决定的。

这就是康德伦理学之核心的、令人振奋的观念。在由道德意志自我决定的这个激进意义上,合乎道德的生活等同于自由。这就是“自律”。对它的任何偏离,根据某种外在的考虑,根据某种嗜好,甚至对最令人愉悦的善行的嗜好,根据某个权威,甚至高贵如上帝自身的权威,而作出的任何一个意志决定,都注定是他律。道德主体不仅必须做到举止得体,而且必须做到动机得当,并且得当的动机只是因为道德律自身才受到尊敬,他给予自身的那个道德律是理性的意志。 32

关于道德生活的这个见解不仅导致了对自由的高扬, 而且导致了对虔敬或宗教敬畏的一个改变了的意见。实际上,这个意见的对象发生了变化。令人敬畏的那个微妙之物不仅是上帝,而且是道德律自身,是自我给定的理性命令。因此,不是当他们祷告的时候,而是当他们以道德自由活动的时候,人被看做最接近于上帝,最接近于要求无条件地敬奉的事物。

但是,这个严格的令人激动的学说也需要对它作出某种估价。自由是在同嗜好的对比中得到规定的,显然,康德把道德生活看做一场永恒的斗争。由于作为一个自然存在,人必须依赖于自然,并因此具有各种欲望和嗜好,而正因为他们是依赖于自然的,那些欲望和嗜好便无法被期待着去迎合道德要求, 那些道德要求在纯粹理性方面具有极其不同

㉕ 康德:《实践理性批判》,第2卷,第1部分,§5。

的来源。[26]但是进一步地,人会有一种不愉快的感觉:理性和嗜好之间的终极妥协是得不偿失的。因为,假如不存在更多对比的话,谁知道自由将会有一个什么结局呢?康德从来没有真正解决这个问题。为此他一再受到黑格尔的嘲讽。这是一个令人难堪的问题,因为一个有道德的人的部分义务在于努力地求达完美,即在于扬弃嗜好的矛盾驱动,并因此达到一种神圣状态,如康德称呼它的那样,在那里,迫使我们偏离道德律的欲望的可能性将再也不会产生,在那里,我们将总是乐意遵守道德律。

当康德坦然确信在尘世里这种神圣性是不可能的,相反,我们将面对着为达到完美而斗争的无止境任务的时候,康德可以更容易地回避这个问题。但是对他的后继者来说,这个问题变成了最敏感的问题。因为他们既被康德的激进自由深深地吸引,又被关于人的表现主义理论深深吸引。

经过再三考虑之后,这是一点也不令人奇怪的;在这两种观点之间存在着深刻的亲和力。表现主义理论把我们引向了在自由状态下的人的圆满,那种自由正是自我决定的自由,而不单单是独立于外在的影响。但是,最高级、最纯粹、最无条件的关于自我决定的自由的见解是康德的见解。因此,难怪它成了整整一代人的指导思想。费希特明确指出
33 了对哲学而言的两个基础之间的选择:一个以主体性和自由为基础,另一个以客观性和实体为基础,并且他富于同情地接受了第一个。假如人的圆满是一个自我决定的主体的圆满,假如主体性意味着理性的自我明晰和自我拥有,那么康德呼吁达到的道德自由务必被看做一个顶峰。

但是这个亲和力路线也以另一种方式发挥着影响。康德式的自我决定的自由要求达到圆满,它必须竭力扬弃它在其中确立起来的各种界限,并且成为决定一切的。它不会只满足于某个内在的、精神的自由的各种限制,而是必须努力把它的意愿强加于自然之上。总而言之,这

[26] 康德:《实践理性批判》,第1卷,第3部分,§ 149。

就是年轻一代感受这个原创性理念的方式，他们在其可塑的青年时期读到了康德的批判著作，无论其主要人物有没有感到它的陈腐或智慧，他们都充满热情地把握住了这个理念。

但是，在这两个观点之间的这个深刻亲和力——它引导这些人走上了轨道——之外，还存在着一个明显的冲突。激进的自由似乎只能以同自然的决裂为代价才成为可能，那是在我自身内部发生的理性和感性的一次分离，其激烈程度超过了唯物论者、功利主义者和启蒙运动者曾经梦想的程度，因此它是一次同外在自然的分离，自由的自我必须激进地独立于外在自然的因果律，尽管从现象上讲他的行为是令人宽慰的。这个激进自由的主体被迫反过来依赖于自身，它似乎依赖于它的个别自我，那个自我对立于自然和外在权威，依赖于他者无法分享的决定。

对年轻的以及有些已经不太年轻的18世纪90年代的德意志知识分子来说，两个理念，表现和激进的自由，呈现出了一股强大的力量。这种情况之所以发生，部分是因为，对于德国社会变化的确信使得所有年轻知识分子更迫切地感到了对于某个新的同一性的需要。但是就如下意义而言，这股力量得到了成倍的增强：受法国大革命影响，旧秩序正在被打破，新秩序正在孕育之中。在大恐怖之后，这场大革命开始在其从前的崇拜者中间产生了一些爱恨交加的情感，甚至产生了敌意，这个事实难以抚平在人们心中产生的时局的动荡感。相反，存在着这样一种感觉：一个伟大的转变既是必然的又是可能的，这产生了在别的时候似乎是过分的渴望。人们感到，一个伟大的突破已经迫在眉睫，鉴于德国局势和法国大革命的演变，这个希望很快放弃了政治领域，在文化和人的意识领域发生了更加紧张的情况。如果说法国是政治革命的祖国，那么在德国是否能够完成一场伟大的精神革命呢？

那场革命的渴望是，人们将逐渐地把两个理念，激进的自由和必要表现统一起来。由于上面提到的两者之间的亲和力，如下情况几乎是不

34 可避免的：如果一方具有深刻而强烈的感受，那么另一方也会如此。较老一代的成员可能脱离于两方中的某一方；因此赫德尔从来没有对康德思想的批判性转向表现过热情，并且赫德尔在柯尼斯堡学习期间就已经结束的这两者在18世纪80年代多少已经变得生疏。赫德尔在康德的先验探索中只看到了划分主体的另一个理论。而康德对赫德尔的历史哲学不屑一顾，并且似乎对关于表现主义理论的这种有力陈述提不起兴趣。

诚然，康德的第三个批判表明了受到Zeitgeist(时代精神)触动的某些迹象。它的一部分致力于检验审美判断，并且这种判断被康德看做纯粹事实判断和纯粹道德判断之间的中介，另一部分致力于研究神学概念，那些概念以某种方式把物和形式更加紧密地统一了起来。在他讨论美的过程中，康德似乎从以我们的直观能力和知性能力为基础的美的观点转向了这样一种观点，它把美的对象看做对于某个更高的实在的朦胧而片段的再现，那个实在在经验中无法得到充分的呈现。他在回忆哈曼的一段话中甚至谈到了“一种说法(……)按照那种说法，大自然通过它的美的形式形象地向我们诉说”。㉗

尽管出于这个理由，第三个批判对于所有那些试图把这两个理念统一起来的人来说是至关重要的，但是真正地担负起这项使命的是18世纪90年代的一代人。这两个端点被以各种各样的方式同一了起来。对于年轻的弗雷德里希·施莱格尔来说，其使命是把歌德和费希特统一起来，前者代表了美与和谐的最高境界，后者的哲学是对自由和自我的崇高的最充分陈述。正如施莱格尔在一个时期以为他看到它们统一在《威廉·迈斯特》里那样，统一这两者将把人带到意识和艺术的某个新高度。在法兰西人革命化了政治世界的地方，德意志人开创了一个新的更高的文化纪元。

㉗ 康德：《判断力批判》，§42，第170页。（参阅中译本，上卷，商务印书馆，1985，第146页。）

其他人，如施莱尔马赫和谢林，谈到要把康德和斯宾诺莎统一起来。如上面提到过的那样，后者被转换成了生命范畴，并被当做是表现主义理论所要求的主体与大全(the All)的那个统一的典范。

但是，作为在古代生活和现代生活中的一个最伟大的统一问题，陈述这个问题的最基本方法之一是根据历史。我们在谢林、弗雷德里希·施莱格尔、青年黑格尔、荷尔德林以及许多其他人身上发现了这一点。如我们在上面看到的那样，古希腊人代表了表现主义完美的一个典范。这一点有助于解释自温克尔曼以来的一代德意志人对于古希腊推崇备至的原因。当时的人们猜测，古希腊曾经达到了自然和最高级的人类表现形式之间的最完美统一。做一个人似乎只要顺其自然就行了。但是这 35
个美丽的统一已经死亡。而且，情况不得不如此，因为这是理性向着自我明晰的更高阶段发展的代价，那个阶段对于我们实现作为激进的自由的存在是至关重要的。如席勒指出的那样，[28]“理智不可避免地被迫使自己脱离于情感和直观，以期达到精确的论辩知性……”他接着说：“假如人的多重潜能想要获得发展，那么除了驱使它们去相互斗争以外，不存在其他的途径。”[29]

换言之，这个美丽的古希腊综合不得不死亡，因为为了成长，人不得不被内在地分离。尤其是理性以及激进的自由的成长要求摆脱自然和感性的束缚。现代人不得不向他自身开战。这种表现模式的完美是不够的，它务必同激进的自由统一起来，这层意思鲜明地表现在达到如下实现的一幅历史画面中：原始统一的丧失是无法避免的，那种复兴是不可能的。对于丧失了的古希腊之美的强烈缅怀一直延续了下来，以致逐渐演变成了一个复兴筹划。

为了让人发展到他的最圆满的自我意识和自由的自我决定，这个

---

[28] 席勒：《美育书简》，第6封书信第11段。

[29] 席勒：《美育书简》，第6封书信第12段。

牺牲是必要的。尽管不存在复兴的希望，但是仍然存在着这样一个希望：人曾经充分地发展了他的理性和他达到某个更高综合的能力，在那个综合中，和谐的统一和充分的自我意识将被统一起来。假如早期古希腊的综合是非反思性的，并且不得不如此的，因为反思开始于人自身的内在分离，那么这个新的统一将充分地使它获得反思意识，将真正地赋予它这种反思意识。荷尔德林对此作了如下表述：

> 存在着关于我们的实存的两种理念：一个是最伟大的简洁性状态，在那里，我们相互适应的需要，我们的力量，我们与每一事物的联系，只是通过自然组织来进行，不掺杂我们的任何行为。另一个是最高的教化状态，在那里，这种一致性将是通过我们有能力给予我们自身的组织来达到无限多样化的和不断加强的各种需要和力量之间协调。[30]

人被要求去为从第一个状态进入到第二个状态开辟出一条道路来。

关于历史的这种螺旋式见解——我们不是返回到了我们的出发点，而是返回到了统一的某个较高变体——一下子就表现出了这两个理念和支撑着某个希望的关于这两个理念应被统一起来的要求之间的
36 对立含义。思想和情感的首要任务在于扬弃曾经是必然的但是现在务必给予超越的深刻对立。这些对立最精确地表现出了激进自由和必然表现这两个理念之间的分离。

---

[30] 此处原文为："Es gibt zwei Ideale unseres Daseins; einen Zustand der höchsten Einfalt, wo unsre Bedürfnisse mit sich selbst, und mit unsern Kräften,und mit allem, womit wir in Verbindung stehen, *durch die bloße organisation der Natur*, ohne unser Zutun, gegenzeitig zusammenstimmen, und einen Zustand der höchsten Bildung, wo dasselbe stattfinden würde bei unendlich vervielfältigten und verstärkten Bedürfnissen und Kräften, *durch die Organisation, die wir uns selbst zu geben im Stande sind.*"

这些对立的一边是思想、理性和道德，另一边是欲望和情感；一边是最充分的自我意识的自由，另一边是社会生活；这是自我意识和与自然融为一体的对立；此外，还有有限的主体性和弥漫于自然之中的无限生命的分离，康德的主体和斯宾诺莎的Deus sive natura(实体)，或者用莱辛的短语“Hen kai pan(太一和大全)”表示的事物之间的屏障。

四

这个伟大的重新统一过程将以什么方式来完成呢？人的希望可以建立在什么基础之上呢？这个希望的基础是一种日益名符其实的唯心主义，一种十足的唯心主义。费希特开创了这种唯心主义。费希特最初被公认为康德最具天分的年轻弟子，甚至康德自己也是这样认为的。他在时代的深刻影响之下形成了整个体系。对于康德哲学来说，不能容忍的一件事情是与自在之物的分离。费希特拒绝自在之物。在终极意义上，不存在这样一个主体性，它遇到了从来无法被充分地认识的陌生的实在世界：相反，主体性是每一事物的基础；对象世界是由“我思”设定的，因此在终极意义上是依赖于它的。

当然，这不是普通有限主体注意到的某物：它务必通过某个“心智直观”而得到确认。设定这个世界的主体性也不可以被思考为同一于有限的主体性；它更像是一个包罗一切的主体，有限的主体是它的流出物。从1800年一直到他英年早逝的1814年，费希特发展了他的思想的这一方面。作为终极主体，上帝扮演了一个更加重要的角色。但是，费希特体系的核心见解是依据康德道德主体对于至上性的宣扬。当他的《科学学说》在1794年出版的时候，这个见解大大地影响了他的那个著作。二元论不仅应该被扬弃，而且这件事应该通过抛弃限制知识和意志主体的所有界限而得到完成。

费希特理论是极其振奋人心的。也许，分离的痛苦可以通过把原初分离的自我意识推向其最充分的发展而得到扬弃，在那里，它包容了其对立面。但是它最终不可能达到尽善尽美。尽管与康德发生了壮观的决裂，但是费希特实际上也是一个想把这两个理念统一起来的片面的康德主义者。就是说，他的兴趣仍然是惟一地追求着道德的自由。费希特把主体对世界的设定过程理解为为了让知识和至上意志的主体存在而
37 发生的一个过程。知识主体需要一个被认识的对象，意志需要把它给激发起来的一个障碍。主体的最高活动是自由意志，这是“我思”设定活动的最高目标。但是后来费希特遇到了康德遇到过的相同问题：如果我们只有在同自然障碍的斗争过程中才是自由的，那么我们的斗争将是一个无穷的斗争；带着后者消失的痛苦，我们从来不可能达到自然和自由意志的统一。因此，尽管费希特让我们返回到本体论意义上的一元论，但是他并没有指出重返和谐的前景。自然和道德合而为一的圆满境界一直是我们孜孜不倦地追求的目标，但是它永远是可望而不可及的；我们可以不断靠近它，但是永远不可能达到它。它总是属于应然（Sollen）的领域，从来不属于实然的领域。费希特从来没有把这两个理念统一起来；他无法满足必要表现的要求。

在其发表在《美育书简》上的那些著名信件中，席勒采取了另一个同样基本的方法。席勒年长于黑格尔、荷尔德林、施莱格尔这一代人。也许这同如下事实具有一定关系，他没有走向一元论的本体论，没有到存在中去寻求某个统一的基础。席勒仍然大体上保持着康德对主体性的考虑：我们作为主体形成了我们通过感觉而接收到的质料。作为人，我们有一个“sinnlicher Trieb(感觉驱力)”，它引导我们去经验感性事物，以及一个“Formtrieb(造形驱力)”，它千方百计地把秩序和形式带给经验。这两者对知识是至关重要的，但是又是相互限制的；在实践领域，作为欲望和自由，它们是相互对立的。

但是，席勒看到了第三个驱力的可能性，那个驱力将把不可分离的这两项功能统一起来，在那里，在我们面前的感性物质自身自然而然地

便获得了形式，而形式在物质中找到了表现；在那里，欲望自发地满足了自由的迫切需要。这第三个驱力的对象把生命和形式统一了起来，它就是lebende Gestalt(生命形式)。席勒说，这就是美的形式。在美中，我们的自然的两边和谐地融合到了一起。美的对象是一个感性形式，即，在美的对象中，每一点感性内容都相关于这一个形式，这一个形式只能采纳这一个内容，并且这一个内容只能具有这一个形式；与对于在概念之下某个被观察现实的假定相比，在那里，只有它的某些属性证明了那个假定，而其余的属性具有偶然性。在大多数情况下，这后一个假定总是随意的。但是在美的对象里，形式要求的正是这一个内容，而在我们感知它的时候，内容不期而遇地、了无挂碍地采取了这一个形式。

第三个驱力使我们超越了对立的限制，在那里，形式和感觉驱力相互限制，并且反复地相互把必然性强加于对方。第三个驱力是对于努力的严肃性的超越，它就是游戏。席勒由此而称之为“Spieltrieb(游戏驱 38
力)”。他指出，这个驱力的重要性是不容抹杀的，它将是人及其自由的完美实现。我们可以在这里看到表现主义理论的理念，一个表现的和谐，在那里，自然欲望和最高人类形式单凭一股热情便不期而遇地得到了统一。在必不可少的、不可分割的、没有冲突的自我表现意义上，它就是自由。它就是所有这一切，是自然而然，是和谐，是自由创造，是席勒想要用语词“游戏”去表示的东西。

因此，“只有当人成为‘人’这个语词之最完美意义上的人的时候，他才会游戏，只有当他游戏的时候，他才是完美的人。”[31]

在上面讨论了表现模型之后，如下见解便不会让人感到不可思议了：人在审美维度上揭示了他的统一。在这里，席勒显然以康德的第三个批判为基础。但是他显然比康德走得更远。美的经验不仅是我们的官

---

[31] 此处原文为：“Der Mensch spielt nur, wo er in voller Bedeutung des Wortes Mensch ist, und *er ist nur da ganz Mensch, wo er spielt.* ”（席勒：《美育书简》，第15封书信第9段）。

能的无须努力的同意,不仅是对理性的[大写的]理念在世界上的实现的一个朦胧见解，而且代表了在我们身上达到的知觉力和自发力得到揭示的统一。在游戏驱力里,自然和精神发出的是同一个声音。

当然,《美育书简》中关于劳动的终极学说并非讲得毫不含糊;在一些地方,席勒提到,审美是通往道德自由之路上的一个阶段,它对于达到道德自由是有益的;在另一些地方,他又提到,它是对道德自由的修饰。但是在像上文引用那段话之类的某些地方,在游戏驱力里达到的统一似乎是人自身的完美实现。它不是说它取代了道德自由,而是说,当它不再冲突于自然的时候，当游戏驱力能够提供对冲突的这种扬弃活动的时候,道德自由达到了它的最完美状态。已经实现的人类将完全生活在对美的创造和爱之中。

无论如何,对于那些渴望把自由和必要表现统一起来的人来说,这就是产生于《美育书简》的见解。但是,席勒本人并没有为这个过分的渴望开辟道路。相反,他结束于某个完全康德式的前景:不是得到了实现的人类,而是向得到实现的人类的逐渐趋近。

为了回答把两个理念必须统一起来的要求，费希特开始提供席勒所缺乏的东西:这个统一的本体论基础。

如果人的最高精神方面,他的道德自由,想要达到的远不只是与他的自然存在保持偶然的和谐,那么,自然自身务必倾向于精神,甚至提出我们也须超越康德的观念的要求。我们务必不是像康德在绝大多数
39 情况下考虑自然那样地考虑自然，即不是作为现象意识的对象来考虑自然,那个对象的终极本体论基础,自在之物,隐藏于不可捉摸的神秘之中;而是相反,追随于表现主义理论之后,我们把自然看做一组基础力量,它们在现象中证实了自身。[32]

[32] 康德本人在第三个批判的某些场合也有这样的说法,例如他说道:“主体中的自然”赋予“艺术以规则”。康德:《判断力批判》, § 46,第182页。

于是,统一的要求变成了:在这个意义上的自然逐渐具有了或逐渐被看做具有了去实现精神目标的倾向。当然,在自然中与生命洪流合而为一的这一渴望可以通过一个自然主义见解得到满足:自然的、无法得救的人是这样的人,其自发的欲望和情感与自然相一致。自然与他融为一体,并总是能满足他的欲望。其他的有生命存在以这条相同的交感力之链把他联结了起来,那种交感力弥漫于全体之中。

这种见解在19世纪末并不缺乏其代表人物,正如在今天并不缺乏其辩护者一样。但是它不可能让浪漫派一代满意,他们的目标是让人返回去与自然相统一,与无论是内在的自然还是外在的自然相统一,与此同时,保持他的最高的精神成就——意识和道德自由——未受损害。但是必须达到统一的这些事物却受到了自然主义的影响。由于人必须如此多地依赖于外在于他的自然的伟大过程,以致他必须接纳自然以达到和谐。在这个不平等的统一体中,"精神的"存在是较为逊色的一方。他不得不接受无意识的、无反思的力量,那些力量超越了理性的召唤;只有通过倾听内在于他的最无意识的、最无反思的事物的召唤,倾听本能的呼声,他才能达成同它们的和谐关系。

既然我们是根据盲目驱力或非理性事实来考虑自然的,那么它决不可以同人的理性和自主性混淆起来。我们必须要么选择向自然主义投降;要么让自己满足于偶然地部分一致于我们自身,要么通过不懈努力赢得那种一致,要么通过与我们周围不可改变的自然的集中呈现来不断地威胁那种一致,我们与那个自然持续地不可避免地交换着。如果实现激进的自由的渴望以及与自然的必要表现的统一的渴望将一起完全地获得实现,如果人将在自身身上以及在宇宙里与自然融为一体,与此同时将最充分地成为一个自我决定的主体,那么如下情况将是必然的:首先,自我的基本的自然倾向将自发地趋于道德和自由;其次,既然自我是某个较大自然秩序的依赖性部分,那么内在于自我的以及它自身不是倾向于某些精神目标的这整个秩序将倾向于达到某个形式,在其中,他可以与主观的自由相统一。在自我与自然发生交互作用的过程中,假如自我想要维持一个精神的存在,不过同时又不与之相对立,那么这种交互作用必须是一个融合,在其中,自我与某个精神存在或力量建立了联系。

但是,这就是说,精神性,去实现精神目标的倾向,是自然的本质。为自然现实奠定基础的是竭力实现它自身的某个精神原理。

现在,为自然设定一个精神原理接近于去设定某个宇宙主体。这是
40 费希特正在做的事情,但是他却忽然半途而废了。像康德一样,费希特的主要关注点是人的道德职责和自由。因此,在费希特的主观唯心主义中,尽管自然界是由"我思"设定的,但是这个自然仍然是知觉的对象或意志的原始材料。它还不是一个独立的现实,还不是它自身的潜在力量的创造物。自然在本质上相关于主体性。但是它的关系是一一对应于那个实质性的他者的,一个主体必须通过斗争才能实现他自身的那个他者;它不是对于某个主体的肉体表现。诚然,费希特的绝对主体不同一于这个个体。相反,它是个体竭力想与之统一的普遍。但是正是由于这个缘故,它必须被同一于普遍的道德主体,而不是同一于一个宇宙主体,后者的生命将呈现在自然洪流之中。在这一方面,费希特的理论仍然是康德的先验唯心主义,但是是一种没有自在之物的先验唯心主义,在那里,由"我思"造就的现象构成了惟一的客观现实。客观世界是没有深度的。它仅仅为道德表演提供了舞台。

如黑格尔在他发表的第一部哲学著作中清楚地阐明的那样,关于自由和自然的这种观念决不允许这两者中的一个圆满地得到实现的统一。[33]因为自我设定了它竭力地想要给予扬弃的非我。但是主体性为了成为主体性必须相关于某个他物。结果,假如自我自身不消失的话,那么对非我的扬弃活动决不可能被完成。因此它必须被看做达向某个目

[33] 参阅黑格尔1801年完成的《差异》,当时他仍然在谢林的影响之下。

标的一个无限的自我实现过程。那个目标应该被实现,但是从来没有被充分地实现过。

黑格尔认为，只要我们把大自然看做自我在其自我实现过程中的衬托那样地被简单地设定的,那么情况便必定如此。只有当自然是主体性的适当表现的时候,甚至可以说,只有当自然是以自己的方式逐渐实现了与自由相统一的一个独立的精神现实的时候，主体和客体的实在统一才会产生。

在费希特那里被忽略的东西，以某个宇宙精神原理对自然的奠基活动,可以在斯宾诺莎那里被找到。斯宾诺莎提供了与某个宇宙实体的统一。但是这个体系由于其相反的错误而受到了损害,在那个体系中,有限的主体性似乎陷入了一个无底的深渊之中。

在有限主体性和宇宙精神原理或主体的统一过程中，假如其任务在于为自由和自然的统一找到本体论基础。那么必需的东西是费希特和斯宾诺莎的综合。通过某个形式或另一个形式(对弗雷德里希·施莱格尔来说是费希特和歌德的综合，对施莱尔马赫来说是康德和斯宾诺莎的综合),这是18世纪90年代这一代人,浪漫派这一代人一再提起的论题。

青年浪漫派，例如施莱格尔和诺瓦利斯，受到了费希特的很大激 41
励。他们从他那里吸取了自由的、创造性的主体性理念,甚至出色地从它自身的创造物(例如,弗雷德里希·施莱格尔的“讽刺”学说)中摆脱了出来,那个观念并不完全符合费希特哲学的严格的道德意图。但是他们很快发现这种哲学是不适当的。因为他们当时也正在寻求与自然的融合,与外在于人的更伟大生命的融合。追随于狂飙突进运动之后,特别是后来追随于对席勒的《美育书简》的主导直观之后,他们把这个融合看做通过艺术来实现的某物。他们依凭雅可布·波墨、斯宾诺莎和歌德来发展出作为表现的大自然的见解,某种关于宇宙精神的诗学:人可以通过他们自己的诗意表现与之达到统一。这必然促使他们去超越费希特。他们想要把费希特的关于创造的主体性的激进观念同他们自己的关于自然的诗的见解统一起来。谢林就是满足了这个需要的哲学家。

谢林是一位少年奇才。他比黑格尔小5岁(生于1775年)。不过在耶拿学习时期,他是黑格尔的学长。他在1800年把黑格尔叫到了耶拿。他不到20岁便开始出版著作,在大约10年时间里出版了大量著作。

要想细述谢林思想的演进是一件困难的事情，不过其大致方向是明确的。他起初是一位费希特主义者，接着想以斯宾诺莎去补充费希特。他采纳了费希特的命题:主体性设定世界,并把它扩张成为一种主体性观念,那种观念把主体性看做在自然中表现自身的基础原理。在做这件事情的过程中,他提出了关于宇宙精神之原理的诗意见解,并把它发展成为一种自然哲学。

在其1800年发表的《先验唯心主义体系》中,谢林提出了这样的观点:自然是主体性的无意识产物。但是在这个意义上,它具有想去实现主观生活的内在倾向。这个内在倾向解释了自然在不同水平上的组合,从时间和空间中最低层次的无生命实存,经过机械法则和化学联系,到对有机自然的服从。因为生命证明了客观世界中的主体性,它向我们展示了自然,它也是目的论的,引向它自身的目标的。因此它在某个层次上实现了必然性和自由之间的和谐。

这就是谢林的自然哲学原理：自然中的无意识的主体性竭力地想要再介入到充分的主体性中来。这是至关重要的。因为能够随心所欲地活动的最佳自然是生命。尽管它把必然性和自由统一了起来,但是这并没有产生意识。肯定还存在着某个更高的统一,在那里,有意识的主体性向外扩张以融入自然之中,这一点在艺术中被获得。

谢林采纳了席勒的观点,并超越了席勒和康德的第三个批判。他们
42 的两个主要话题:美和目的论,被置于体系的顶点。但是,席勒关于作为自由和必然性之间被揭示的统一的地位的审美观点现在已经被给予了一个本体论基础。艺术是无意识和意识的交汇之点,是有意识活动同来

自我们的无意识自然中的深层渴望的交融之点，并且是两者如此这般地超越对立而达到和谐之点。所以它是自发性和自觉性、自由和自然合而为一之点。可以说，这个交汇之点由如下本体论事实所注定：自然和意识在终极意义上具有一个相同的来源：主体性。

因此可以说主体性衍生出了两个世界：一个是自然的无意识世界，另一个是由道德活动和历史所构成的意识世界。具有相同基础的这两者竭力想要相互介入对方。自然的存在等级序列显示了前者与后者的联系以及后者向前者展开的历史。上面提到的历史的精神见解被给予了本体论的基础。

这样，谢林对浪漫派的诗意见解给予了哲学表达。来自施莱格尔和诺瓦利斯的那个见解把自然看做被遮蔽的精神。他似乎终于满足了把这两个理念圆满地结合到一起的要求：激进的自由和必要的表现；因为激进的自由的自我意识现在不可能看到自己被表现在整个自然之中，无论是在其之内还是在其之外，它只能在艺术中与这个伟大的自然洪流统一起来。

在这个合题里，同这些浪漫派思想家一起，谢林不仅把后康德思想的发展路线同表现主义理论联结了起来，而且对各种宗教思想流派作出了新解释，那些宗教思想流派已经流行了很长时间，但是一直没有得到知识界的多少承认。我们已经看到他们受到了波墨的影响。与此同时，他们对历史的螺旋式见解给历史的古老先知图式以新说法，那种先知图式把历史划分为三个阶段：圣父、圣子和圣灵。这个螺旋式见解自身是对基督事迹：天堂——堕落——得救的转述。这些联系不仅仅是随意凑合的结果。浪漫派对这些神秘的、末世论的典故非常熟悉，并且他们对宗教术语的使用既反映且又丰富了他们的如下想法：一个重要的转变已经迫在眉睫。[34]就此而言，正如我们将看到的那样，黑格尔同浪漫

㉞ 参阅M.H.亚布朗士：《自然的崇拜》(纽约，1971)，第3章和第4章。

派一代是一致的。

但是,黑格尔不可以被称作浪漫派成员。席勒从总体上讲也不可以被划归为浪漫派,尽管他和浪漫派分享着对于统一的渴望;这部分是因为,无论作为哲学家还是作为作家,他都没有采取本体论步骤走向神圣化的自然或者绝对的主体性。不过这不是黑格尔和浪漫派之间的分歧所在。相反,他的体系是以如下观念为核心的:绝对是主体。使他和浪漫
43 派区别开来的是其思想中的某种确定的严峻性和影响力;他以某种独特连贯的方式始终贯穿着把激进自由和必要表现统一起来的要求。因为实际上,谢林的合题,甚至浪漫派的更多合题,都远远没有实现这些要求。

假如我们更仔细地考查一下主体性和自然之被欲求的合题所引发的东西,那么我们可以看到黑格尔与浪漫派的距离,看到浪漫派解决问题之尝试的不适当性。

这个合题要求的是:如我们以前看到的那样,我们设定了一个宇宙主体。但是这个宇宙主体对有限精神——即人——的关系是什么呢?总之,宇宙精神可以被看做等同于在其最高状态下的人的精神;因此在其终极圆满中,人类自我可以被看做所有客观现实的基础。这似乎曾经是费希特的绝对自我观念:带着这个重要的限制条件,这个终极圆满从来也不会到来,也决不可能到来,但是我们一直在努力地向着它逼近。

另一方面,假如自然远远超出了人的意识和意志的必要立足点之外,假如我们因此把宇宙精神考虑为内在的力量,它在所有自然的不同层面上,包括在人的层面上,寻求表现,那么采取"泛神论的"观点便具有了强大的诱惑力。因为假如表现统一——肉体和精神的统一——原理也将应用于宇宙精神,那么整个自然都是他的"肉体",即都是他的必要表现。

但是,根据一般理解,泛神论起不了这样的作用。因为人仅仅是弥漫于整个自然之中的神圣生命的一个微不足道的部分。与自然之神的

融合将仅仅意味着屈服于生命的洪流而放弃了激进的自主性。因此,这一代人的这种观点,它来自赫德尔和歌德,不是某种简单的泛神论,而是文艺复兴运动关于人——那个小宇宙——的观念的变体。人不仅仅是宇宙的一部分;他以另一种方式反映了全体,他把自身表现在外在自然现实中的精神逐渐达到了在人身上的意识表现。这是谢林早期哲学的基础,它的原理是:有创造力的自然生命和有创造力的思想力量是同一个。[35]因此,如霍夫迈斯特指出的那样,从歌德到浪漫派到黑格尔,我们看到了以不同形式展示的两个基本理念:第一,我们之所以能够实在地认识自然是因为我们就是由这同一个实体所组成的,诚然,只有当我们尝试着与之融为一体的时候,而不是当我们尝试着去支配它或剖析它以便迫使它屈服于分析知性范畴的时候,我们才能恰当地认识自然;[36]第二,我们知道自然,因为在一定程度上我们与造就自然的事物、在自然中表现自身的精神力量相一致。 44

那么,什么是作为有限精神的我们与构成所有自然之基础的这个创造力的关系呢?说它同一于我们身上的有创造力的思想力量是什么意思呢?它是否只是意指这是在意识中反思在自然中已经被完成的那个生命的力量呢?假如是的话,那么在什么意义上这可以同激进的自由相提并论呢?理性将不是为我们而制定的自动的规则来源。相反,我们的最高成就将是去充满信心地表现我们属于其中的较大秩序。假如通向激进自主性的渴望可以得到保存的话,那么这个微观理念务必被推进到这样一种观念:人的意识不只反映自然秩序,它还完成了或美化了

---

[35] J.霍夫迈斯特:《歌德和德国唯心主义》(莱比锡,1932),第10页。

[36] 所以歌德写道:

Wär nicht das Auge sonnenhaft,
Die Sonne könnt'es nie erblicken;
Läg nicht in uns des Gottes eigne Kraft,
Wie könnt'uns Göttliches entzücken?

那个秩序。根据这种观点,隐藏在自然中的宇宙精神正竭力在意识的自我认识中完成自身,这个自我意识的场所就是人的心灵。

因此,人不仅全面地反映自然自身,而且是宇宙精神借以完成自我表现的手段,宇宙精神的那些尝试起初在自然中向我们呈现。正是从表现主义观点看,人在某个生命形式中达到了圆满,那个形式也是自我意识的表现;因此,在这里,为自然奠定基础的力量,作为精神,在自我意识中达到了最充分的表现。但是,这不是在超越于人之外的先验王国达到的。如果那样的话,那么与宇宙精神的同一将要求那个人压抑其意志以臣服于某个较高存在,那么他将接受他律。相反,精神在人身上达到了自我意识。

所以,尽管自然倾向于去实现精神,即自我意识,但是作为有意识的存在,人倾向于去把握自然,在把握自然的过程中,他将把它看做精神,把它看做同一于自身的精神的东西。在这个过程中,人逐渐对自我获得了新的理解:他们不仅把自身看做宇宙的个别的片段,而且看做宇宙精神的手段。因此人可以马上同自然实现最伟大的统一,即同隐藏在自然中的精神实现最伟大的统一,达到最充分地自主的自我表现。既然人的基本同一性是精神的手段,那么两者就必须走到一起。

假如我们要想对它的意义做些规定的话,那么这种宇宙精神的观念只能是一个同义反复,即,它可以提供有限精神和宇宙精神之间的统一的基础,那个统一满足了如下要求:人被统一于全体,不过仍然没有牺牲掉他自身的自我意识和自主意志。它是浪漫派一代竭力想要达到的一类事物,它是谢林在关于有创造力的自然生命和有创造力的思想之间的同一性观念中想要给予规定的东西;就像如下公设一样:“die Natur ist der sichtbare Geist, der Geist die unsichtbare Natur(自然是看得见的精神,精神是看不见的自然).”

这是黑格尔最终给予澄清的观念。黑格尔的精神或Geist并不是传统有神论的那个上帝,尽管他通常称之为“上帝”,尽管黑格尔声称要清理基督教神学；他不是这样一个上帝：作为在创世记之前的亚伯拉罕、以撒和雅各的上帝，他可以完全独立于人而存在，甚至在人不存在的情况下存在。与之相反，他是一个精神，他作为精神只能通过人而活着。作为意识、理性、意志，他们是他的精神实存的手段，是那必不可少的手段。但是与此同时，上帝无法被还原为人，他不等同于人的精神，因为他也是为作为一个整体的宇宙奠定基础的精神现实；作为一个精神存在，他具有各种意图，他实现着有限精神，因其有限之故而不能归之于自身，而是反过来有限精神只能为其服务的各种目标。对于成熟的黑格尔来说，当人把自身看做某个较大的精神的手段的时候，人终于成为了他自己。 45

我们将在第3章里考查黑格尔的观念。但是必须清楚的一点是：要想自始至终把某个宇宙精神观念贯彻到这个模式之上，或者清晰地坚持它所要求的那些主张，是不容易的（纵使它是可能的）。而且，浪漫派的确从来没有成功地做到过这一点。它至少要求做到两件事情：第一，作为“凝固化了的精神”，作为某个宇宙精神在其通往更加圆满的自我意识之途中的沉淀物，我们对自然能够作出一个说得通的解释。我们必须在自然中找到“精神的历史”。[37]这不只是意味着我们在大自然中找到了一系列形象，它们允许我们以这种方式去描绘它。反过来，它还必须是：关于自然作为精神导向自我实现的最初不全面尝试的这个见解提供了关于自然之在终极意义上是真实的和基本的考虑，并且说明了它之所以如此的原因。第二，从对应意义上说，我们必须发展出对人来说成为精神之手段——那个手段同其理性的自主性职责是不相匹配的——意义的观念。

浪漫派借助于自然诗学，关于礼仪的神秘“物理学”，以及在终极意义上借助于谢林的自然哲学，实施了第一个任务。但是在第二个任务方

[37] 霍夫迈斯特：《歌德和德国唯心主义》（莱比锡，1932），第18页。

面，他们最严重地误入了歧途。[38]因为，如果我们关于精神的自我意识的
46 观念——我们是那个精神的手段——确实迫使我们放弃了有意识的自
我拥有，使我们更深地跌入我们无法通过理性充分把握的生命洪流之
中，那么我们将怎么样呢？我们将再一次地处于他律之中；这个小心翼
翼的合题再一次滑向泛神论，人通过它而使自身跌入更广大的全体之

---

[38] 在这里也许得给歌德及其与浪漫派的关系说上几句。诚然，歌德是浪漫派一代创始者之一，甚至是其典范。毫无疑问，他们从他那里吸取了这样一种自然观念：自然是某个精神生命的流射物，在其中，人可以发现他自身的秘密。其原文是："Suchet in euch,so werdet ihr alles finden und erfreut euch, wenn da drauβen, wie ihr es immer heiβen möget, eine Natur liegt, die ja und Amen zu allem sagt, was ihr in euch gefunden habt."[霍夫迈斯特：《歌德和德国唯心主义》(莱比锡，1932)，第7页。]

但是，歌德的古典主义也远离着浪漫派没完没了的抗争，且缺乏浪漫派鲁莽轻率的热情。因为尽管歌德的工作在表现主义的人的理念方面具有深刻的根基，但是他一直不为这帮青年人的渴望的另一个来源——康德和费希特的激进道德自由理念——所打动。曾经打动过费希特，通过费希特又打动了18世纪90年代一代人的康德的那一方面却一直打动不了歌德。歌德不为激进自由欢欣鼓舞。这并不意味着对他来说自由和理性理念没有意义。恰恰相反：只是他不想根据康德的自主性，人类理性的一个给定法则来解释它们而已。

结果，歌德满足于事物的这样一种见解，人在其中并不是中心。他可以不作反对地接受如下理念：人是相关于某个较大生命的，那个生命创造了他而他却从来不可能充分地理解它，甚至在某种意义上人是它的最高实现。他可以直观人和全体的表现统一，而没有强烈地感觉到其中某处是为激进主体性所设定的。"古典主义"结束于某个讽刺，与千方百计地确保主体的不受限制的自由的浪漫派的轻率见解——))因为，如果我如弗雷德里希·施莱格尔在描述他首先发现在《威廉·迈斯特》里得到实现的浪漫派诗歌时指出的(海涅：《论浪漫派》，第256页)那个"daβdie willkur des Ditchters kein Gesetz über sich leide"的识见——相比，那个讽刺在歌德的这种平和心境之下是比较好理解的：为理性和自我明晰找到一个比较可靠的地盘。

只有黑格尔成功地达到了创造力和形式之间的相对均衡并且在总体上被歌德看好——不过，必须指出的是，歌德是从浪漫派和谢林自然哲学来一般地了解这些尝试的，尽管他们的唯心主义标记没有赢得他的欢心。

中。最后，如果我们沿着这条道路一直走下去，那么人将再一次发现自己正面对着一个外在于他和超越于他之上的全能的上帝，那个上帝更相似于传统信仰的上帝。

而实际上，在经历了一个更加“泛神论的”阶段之后，绝大多数浪漫派一代以成为或多或少的正统有神论者而告终：首先是施莱尔马赫和诺瓦利斯，接着是弗雷德里希·施莱格尔改宗为天主教徒，甚至谢林后来也改宗为正统基督徒。

无论这个发展是否不可避免，事实是浪漫派合题从一开始就是不适当的。首先，他们深深地被这个合题所吸引，被有限的宇宙精神的这个交汇点所吸引，作为一个过程或活动，它具有无限的创造力，它不断地创造着新的形式，并且决不会呈现为某个确定的具体样式；它也不是这样一个活动，它抵达了某个最后样式，那个样式被包容于关于事物的某个见解、某个艺术品或某种生活方式（或所有这些加在一起）之中。在弗雷德里希·施莱格尔的“讽刺”观念中，或者在诺瓦利斯的“魔幻唯心主义”中，蕴含着这种持续创造的见解。借此，他们把作为宇宙精神的手段的人的职责看做完全地一致于他的自由的主体性，因为自由主体性的本质正是创造性，无限的创造力。无论如何，这是他们从费希特那里吸取的理念，也是在唯心主义方面令他们激动的东西。

但是，无限原始创造力的观念矛盾于自主性与表现、主体性与自然达到完全统一的要求。全力以赴地创造新形式的主体性，顾名思义，决不可能达到必要的表现，决不可能找到真正表现自身的形式。这个浪漫派的无限变化理念在终极意义上受到了费希特的无穷奋斗哲学的启发，并且具有相同的不适当性，黑格尔将用术语“恶的无限性”来谴责它。黑格尔将在他的美学讲演[39]中给予讨论的浪漫派的“讽刺”观念否定了精神的任何外在表现的终极严肃性，在具有无限创造力的“自我”面

---

[39] 黑格尔：《理念和观念》，第95—102页。

前，所有的表现都毫无意义。但是这个“自我”与此同时正在寻求着，实际上是渴望着外在的表现，并因此对“讽刺”的胜利自我肯定为失落感，
47 为Sehnsucht(渴望)开辟了道路，[40]为从被精神抛弃的世界退缩回来开辟了道路，浪漫派曾经经历过那个世界，黑格尔在对“优美的灵魂”的描写中规定了那个世界。根据黑格尔的观点，浪漫派主体对无限创造力的断言以及他对作为被上帝所抛弃之地的世界的经验之间存在着内在的联系，黑格尔不断地以他自己关于实在之合理性见解的名义对那个断言发起攻击。

随着费希特转向幻想的领域，如其在浪漫派的创造力观念中或在诺瓦利斯的“魔幻唯心主义”观念中那样，这个困难便产生了。因为主体的活动，想像力的无穷创造活动——那活动运行于有意识生命和无意识生命的中介地带——是不能完全被主体自身所理解的活动。但是这矛盾于自主性、理性自我意识的主要要求。这股注定丰富多彩的想像之流决不可能被理性完全把握，更不用说能够被理性用一个单一见解来统摄了。但是假如理性在这个王国里是没有深度的，在那里它是带着相当多的梦游者本能来运动的，那么要求那个理性提供规则的道德自主性将变成何物呢？

这把我们带到了第二个基本问题。那个问题使黑格尔分裂于浪漫派，那个问题恰恰是关于理性在合题中的地位问题。对浪漫派来说，主体性和自然之间的统一是通过直观或想像达到的。理性被看做分裂、分解和分析的能力，它只能使我们更远离自然的统一。对理性的这种终极排斥在一定程度上也蕴含在谢林的解决方案中。只要最高的合题，无意识和意识的统一，还有待于在艺术中被发现，那么它肯定是没有得到充分理解的某物，没有转化为理性的某物，是决不可能得到充分揭示的直观的对象。如康德曾经指出的那样，我们无法给出关于艺术创造力见解

[40] 黑格尔：《理念和观念》，第99页。

的公设。[41]

但是如果我们接受了这一点，那么我们将牺牲在我们的合题中的某物。因为对于理性理解的充分澄清也就是对于自我决定的自由的本质的澄清，毕竟，那个本质知道纯粹理性在那里给出了法则。想要在纯粹直观中实现与自然的统一，对于那种直观我们无法给出理性的考虑，也就是让自身失落于强大的生命之流中，这不是自主性和表现之间的一个合题，而是我们在其中放弃了自主性的一次投降。它是向被反思所打破的有机统一的一次回归，而不是这个螺旋上升所达到的更高合题。 48

换言之，假如人既要做宇宙精神的手段，又要保留他的自主性，那么我们关于精神及其自我实现的观念必须为理性开辟一个地盘。这是在这一代人中间只有黑格尔一个人完全清楚理解并得出充分结论的一个核心见解。由于没有这个见解，浪漫派要么陷入了对在被上帝所遗弃的世界里的流放状态的绝望，要么只是在直观和幻想的昏暗地带恢复了自然和上帝的统一。

但是，这不是说浪漫派只是对此失误感到歉疚而已。实际上，就在我们接受理性的核心角色的时候，我们的困难便开始产生，这些困难促使我们离开了理性，而走向了幻想、杜撰和艺术。

因为，如果我们放弃了作为无穷创造力的精神观，如果我们认为主体和自然的合题具有确定的样式，那么我们不就否认了自由主体性的本质特性了吗？因为我们似乎想要设定一个最后的、固定的状态，而主体的生命是持续不断的活动。在寻求以可包容一切的形式进行的解决方案过程中，我们似乎过分地限制了主体，使他仅仅是有限的，而宇宙

---

[41] 后来，当谢林超越了《先验唯心主义体系》之后，他进一步从费希特走向了斯宾诺莎的光学理论。他不再把自然和心灵的来源规定为主体性，而是规定为超越主体和客体的绝对："非差异性(Indifference)"。但就这个绝对而言，如下说法似乎更为真实：自由主体性在其中不留痕迹地被派生出来。黑格尔对这一见解的反驳——"在黑夜里所有的母牛都是黑的"——是他与谢林在1807年决裂的根源。

主体却该是无限的。

我们的合题要求似乎把我们逼到了一个两难境地。黑格尔并非对这个两难一无所知。他声称要提出一个两全其美的解决方案。他没有心慈手软地对待浪漫派关于幻想力量和无穷创造力的见解。他主张,最后的合题将是理性能够统摄的合题。但是与此同时,他提出了作为实质地活动的、无限地活动的主体观念。其解决方案依赖于他的无限性观念。那个无限性产生了有限性,又循环往复地返回到自身。我们将在后面考查的正是这个观念所包含的内容，但是只有这个观念能够解决把无限活动限制在其所蕴含的形式里所产生的两难。

于是再一次地,如他实际所做的那样,黑格尔赞成浪漫派对理性的重要反驳,因为理性(或者用他自己的术语来表示的话是“知性”)干了些分裂、分解、个体化、扼杀的勾当。[42]换言之,要是对主体和客体、自我和他者、理智和情感之间的分裂没有清楚的意识,合理的知性是不可能的。正因如此,黑格尔才坚持,这个终极的合题既促成了分化又促成了统一。再一次地,黑格尔断言要把看似无法结合的事物结合起来。他断
49 言要达到“同一和非同一的同一”,[43]单纯的生命之流和蕴含在合理意识中的主体和客体之间的分离的统一。这也许是黑格尔体系中核心的、最“令人头痛”的理念,我们将简短地试着探讨这个理念。它使他最清晰地从与其分享着某些渴望的那整整一代人中脱颖而出。

艺术的合题没有受到拒斥。黑格尔什么都没有丢弃掉。但是艺术被贬为绝对精神通往宗教之途中以及通往澄明之顶点的哲学之途中的更

---

[42] 在《精神现象学》前言里,黑格尔把知性的这种分解力量比作死亡力量,把事物从生命统一体中肢解出来的力量。不过他主张,通往与精神和解的道路并不像某个确定的“柔弱无力之美”那样回避着这种死亡,而是“迅速地把握它”,“敢于承担死亡并在死亡中得以自存”,并“停留住”它。“这个停留过程就是一种魔力,这种魔力把死亡转化为存在。”(第29—30页)[参阅贺译本,上卷(商务印书馆,1983),第21页。]

[43] 黑格尔:《差异》,第77页。

高实现的第一阶段。因此,作为概念的澄明,理性在他的合题中起了核心作用。通过直观或理性,这个见解从实质上讲不可以被考虑为仅仅是关于我们的确证样式的事情。因为实际上,正如在所有表现主义理论中一样,实体和表现样式在这里是无法被分离开来的。它是作为理性的精神的必要组成部分,它逐渐达到对它自身充分合理的理解。但是我们对精神的理解最终不能分离于它的自我理解。因此,假如我们只能对合题具有不明晰的直观,精神对自身的理解因此是相似的不明晰的和直观的,那么宇宙主体性的自然将是非同一的;它将产生不了理性。

这样,在其成熟体系里,黑格尔发展了一个在时间上和抱负上与其所属的那一代人针锋相对的创造性立场。他没有放弃他们的渴望——把主体的最圆满道德自主性同内在于人的、人与人之间的以及人与自然之间的最高表现的统一性结合起来。他分享着这样一个希望:只有当人能够成功地确立为自然奠定基础的某个精神现实、某个宇宙主体——人可以把自身同它相联系,并最终可以在其中发现他自身——的见解之后,他才能实现这个史无前例而又承前启后的合题。

但是,黑格尔以令人难以置信的毅力和感人至深的彻底性坚定不移地探索着这个合题的各种要求。结果,他创造了一些鸿篇巨制来迎合他的时代——那是现代文明的初创时代——的渴望。诚然,如果人们断言这些渴望已经得到了实现,那么这个断言只有根据黑格尔体系才能被作出。黑格尔的宇宙主体观念、精神观念、造就无限的无限观念,以及他对理性的持之以恒的全面辩护,表明他已经成为在终极意义上的严肃论战者。

牢记这一点,我们便可以着手探讨黑格尔合题在我们的文明中激起经久不衰的兴趣的原因。由于两个强有力的渴望——表现主义的统一和达到激进的自主性——一直是现代人的核心关注点。把它们结合起来的希望一再地以这样或那样的形式产生着,譬如,它要么是马克思主义的,要么是彻底无政府主义的;它要么是技术乌托邦主义的,要么

50 是回归于自然的；如此等等。浪漫派的反叛仍然此起彼伏地发生着，它甚至正以一些让人料想不到的新形式卷土重来：达达主义、超现实主义、对“嬉皮”的向往、对非压迫意识的当代教化。在所有这一切的重重围困之下，我们不可避免地要回过头去参考一下旨在解决我们的核心两难的第一个伟大合题；那个合题尽管已经失败了，但是它仍然或多或少地是不可超越的。

在前面诸页中，我试图对黑格尔哲学思想所追求的基本目标给出一个理念。不过，我所呈现的这些目标在一般形式里为其同时代人所具有。在描述黑格尔尝试实现这些目标的途径之前，简要探讨一下他的个人生平，探讨这些哲学目标在其心中确立起来的经过是有益的。而这就是下一章想要做的工作。

第2章 51
黑格尔的旅程

在18世纪80年代，青年黑格尔最初就读于斯图加特文科中学，后来进入图宾根修道院神学院深造。他被当时的表现主义思潮所深深地打动。在古希腊的古典过去中，一幅人与人自身同一，人们在社会中相互同一的、全体和谐的生活画面也为他拟定了一种典范的生活形式。

不过，他的思想和渴望还存在着其他两个重要的端点，那两个端点在当时就已一目了然，并且在许多转折关头对他具有重要意义：第一个端点是启蒙运动的道德渴望，即人通过理性终将达到自我引导的自由。后来，他逐渐把康德看做这个渴望的模范先驱，但是在开始时门德尔松和莱辛对他来说更为重要。第二个重要端点是基督教。神学是他全力探讨的对象之一，这一点可以从如下事实中得到证明：他在神学院接受了高等教育。但是他对基督教表现出了更深刻的兴趣。诚然，他在图宾根所受到的神学教育引起了他的反感。它是消极的端点之一。他把其早期著作的地位规定在那个端点的反面。在通往成熟体系的道路上，他的基督教观念尽管已经发生深刻变化，但是，它对他的基本观点来说仍然是至关重要的。这个事实说明了，这个立足点不是某个短暂影响的结果。

这三个端点潜在地处于深刻的冲突之中，而黑格尔的成熟思想是调和它们的大胆尝试。但是，在其图宾根早期，他感到这三个不相上下的渴望正朝着相同的方向推进着。黑格尔及其许多同时代人把这个时代看做自发性被分解、被压制的时代。他们渴望着把它重新置于表现的统一的全体性之中，因此人的道德活动和社会生活造就出一种统一的生活经验，使它们受到善的指导，而非僵死的俗套的约束。

但是，在他们看来，从根本上说，渴望表现与启蒙要求不谋而合，即人依照自己的理性来生活，而非依照基于过去特权的、外在的、非理性的权威来生活。在两种情况下，它是确保人的自主性，反对外在权威的问题，通过自我生活和感觉的某物反对着外在的、仅仅是知性的对象的某物。在两种情况下，革命既影响了个体的生活（它揭示了自主性和全体性），又影响了社会中人与人之间的关系（统治关系让位于自发的平等的契约）。

52

因此，在图宾根时期的黑格尔和青年激进分子没有看到，他们想要恢复古希腊理念的渴望无论如何都与他们对启蒙运动的忠诚相冲突。伯里克利、苏格拉底、莱辛和康德都被人看做以这些相同的理念为基础。但是这些理念在他们所处的时代只能被看做与现存的基督教相冲突。那种宗教替超自然的权威做辩护，支持精神的和世俗的等级序列，鼓吹在人固有罪恶的自然和精神之间的激进分化。

由于这个缘故，黑格尔时代的一些青年激进分子采取了一种完全对立于基督教信念的立场。例如，青年谢林就是这样的，尽管他后来改变了他的思想。但是，黑格尔，还有荷尔德林，尽管对现行的基督教持着一种批判态度，却从来没有抛弃过基督教。

在他们看来，耶稣的基本教导不仅与表现的统一和理性的要求相一致，而且从根本上讲是相同一的。这位先知教导说，真理在什么时候受到压制，心灵就在什么时候获得生命。他通过兄弟情谊的自发性来实现那个法则。

从1788年到1793年，黑尔格的图宾根时期显然是年轻德意志的一个关键时期。启蒙运动的发展，对古希腊理念的同情的最近恢复，伴随狂飙突进运动而来的文化动荡，所有这一切现在都因在巴黎发生的划时代事件而变得黯然失色。因此，毫不奇怪地，在年轻人头脑里萌发的最高希望是，他们可以看到甚至带来德国的转变，一个新版雅典的伟大时代。同黑格尔有来往的图宾根青年激进分子在关于他们自身以及他们的理想的语言中反映了所有这三个端点。“Hen kai pan (太一和大全)”，荷尔德林的一个伟大口号，表现了这股所向披靡的伟大生活潮流。“太一和大全”——一个因莱辛使用而得到流行的术语——的观念在对斯宾诺莎谈到的一个较早段落的表现主义解读中找到了根据。“理性和自由”是在当时语境下一个家喻户晓的口号。但是，喜爱古希腊的这同一个启蒙运动团体把他们自身看做一个“无形的教会”，并且一本正经地把他们的目标说成是“神的王国”。[①]

因此，在青年黑格尔的头脑里，德意志迫切地需要来一次再生，那
次再生同时将是启蒙的自主理性的胜利，是古希腊精神之精华的再生， 53
是耶稣纯粹教导的回复。黑格尔早期未发表的作品可以看做是受到由三个部分组成的这个渴望的影响而触发的研究。从18世纪90年代到19世纪初，在当时，他的体系假定了它的最终形式的某些东西，他的体系发展可以部分地看做是对于两个压力的反应：第一个是失败的外在事实，期望中的再生并没有发生；第二个是三个端点之间的内在张力，它迫使黑格尔对所有三者及其关系样式重新进行规定。

来自其图宾根时期的一个早期手稿[②]表明了，黑格尔的再生观念，不是后来改变了法国社会的世俗革命观念，而是包含着在最根本水平上复兴宗教生活的观念。但是，黑格尔的宗教远不是传统的虔敬宗教。在这个阶段，它大体上是由康德规定的一种关于启蒙的宗教。

自康德以后，人们开始从道德角度来看宗教，而不是相反。“我应该

① 参阅H.S.哈里斯：《黑格尔的发展》(牛津，1972)，第2卷，第4页。

② 由H.诺尔编辑出版：《民族宗教和基督教片段》，参阅黑格尔：《黑格尔早期神学著作》(图宾根，1907)，第1—72页。

做什么”不是由自我的宗教信仰或者上帝的命令来决定的,而是由作为理性存在的自我给予自己的命令来决定的。实际上,宗教的理性果核,对上帝和永生的信念,是确立在对道德的要求基础之上的,假如最高的善要想得到实现的话,那么那种信念便是必要条件。黑格尔的早期论文就带有我们在康德那里看到的这层意思, 即当他充当一个纯粹道德意志主体的时候,人是最接近于上帝的。

但是,在充分的意义上——而非在仅仅持有上述“理性的”信念的意义上——宗教仍然是人所绝对必要的。人不仅是一个理性的生命,而且是一个感性的生命。尽管我们可以提出我们的最高理念是按照道德律的纯粹方面活动的人的理念——黑格尔还没有对康德伦理学的这个核心见解提出挑战,可是,这远不是人的实际境况。实际上,通过心灵,通过与感受性纠缠在一起的两个意向,人是反思地趋向于善的,那两个意向构成了善行的不同形式:爱心、友谊、同情。③在这里,黑格尔更加接近于卢梭。

现在的宗教,不是作为对一些超自然假定的唯名论信念,也不是作为对实施外在实践的信念,而是作为对生命的虔敬,是导向整个的人的善的伟大动机源泉。因此,黑格尔是以作出客观宗教和主观宗教的分裂开始这个残片的写作的。前者就是神学,各种规则外在地得到了审视。后者是人的以及作为其作者的上帝的善的生活的经验, 无论这一点在信念和仪式中是如何表现自身的。④

---

③ 参阅黑格尔:《黑格尔早期神学著作》,诺尔版,第18页。

④ 这个观念表现了在这个时期虔敬派对许多德国思想的那种保守影响的迹象,表现了它与启蒙运动的某些渴望的部分混同。这种结合在莱辛那里也可以被看到。似乎对作为文科中学生和大学生的黑格尔的思想产生了重大影响。参阅《黑格尔早期神学著作》,第12页。黑格尔的主观宗教也可以在莱辛的《智者纳坦》中被蕾霞斥为一种“冷血的书本学识”的对立面中得到规定。在黑格尔的早期著作中,莱辛的《智者纳坦》是经常被引用或被提到的作品。

因此，从一开始，黑格尔就没有采纳苛刻的启蒙运动的宗教立场，54
即除了理性所认可的事物之外，任何事物都不可被人所确信。但是，他的确谴责了崇拜。在崇拜中，人根据超自然的反应来行动，譬如，牺牲是为了安慰发怒的上帝。但是他不主张，例如，只要它是在某个虔敬的感激精神中完成的，作为对上帝的坦诚依赖的表现，而不是作为回避惩罚的手段，这样的牺牲在纯粹宗教里是没有存在理由的（如黑格尔相当不实事求是地看待古希腊人的牺牲那样）。⑤

这个手稿作出的另一个重要区分是私人宗教和“Volksreligion(人民宗教)”的区分。前者涉及在其人格和家庭关系中的个人生活，后者涉及一个社会的公共生活。显然，在黑格尔看来，人民宗教的最重要样式是由古希腊公共宗教提供的。那种宗教是社会生活的必要组成部分。它不可分离于城邦公共存在的其他方面，并且对于其同一性来说是至关重要的。

人们可以轻易地了解到这些区分对黑格尔意图的重要性。他所追求的复兴是这样一种状况，人在其中达到了道德自决的自由，同时恢复了某种全体性或和谐性。在那里，理性不再只是偶尔同情感相一致，精神不再只是偶尔同感性相一致，相反，这个全体的人自发地趋向道德的善。

这个全体性将不仅关心人们内心的区分，而且关心人与人之间的区分。因此，黑格尔追求的复兴也是且必然是一个政治复兴：它是这样一个社会的再现，在其中，人们是自由的，是不作区分的，像古希腊人那样，公共生活是公民的一个表现，一个共同体的表现，而不存在强加于主体身上的任何不可挑战的权威因素。因此，黑格尔在其早期对法国大革命表示了深刻的同情——实际上，1789年的理念是贯穿其一生的政治思想的重要组成部分。

---

⑤ 参阅黑格尔：《黑格尔早期神学著作》，诺尔版，第25—26页。

换言之，黑格尔持有对表现的统一的渴望；这个渴望当然不是对人的可堕落性——那种可堕落性使人无力完全接受康德在理性和感性之间作出的分裂并相当偏执于卢梭的见解——的一个简单估价，这个渴望最终将促使他起来反对康德。

就黑格尔已经提出的问题来说，现在的这种复兴，涉及整个人类的这种复兴，只有通过宗教才能被实现。但是，为了达到这个目的，宗教必须充分地主观化。就是说，宗教必须不仅是对于某些学说和教规的外在忠诚，而且要转变成为强烈的热忱，以便在人自身内部达到自我统一。假如宗教想让人与人统一起来的话，那么它必须不仅是某些个体的宗
55 教，它还必须渗透到人民的生活中去，并且同改革的政治制度联系起来。[6]需要的是一种主观化的、民间的宗教，那种宗教决不会矛盾于启蒙

---

⑥ 我们可以从这一点上看到卢卡奇在《青年黑格尔》中对于早期黑格尔著作的标准解释所作的攻击，那种解释把黑格尔早期看做以对于宗教的反思为中心展开的活动，卢卡奇的攻击在很大程度上歪曲了黑格尔在这个阶段的思想。卢卡奇称理解青年黑格尔的这个“神学的”途径是“一个反革命的传说”。黑格尔的早期著作在很大程度上应该被看做去探讨政治革命和变革问题的尝试。

当然，对黑格尔早期宗教观点的特殊解释，像赫尔林、华尔、克罗纳的那些解释一样，是向着批评开放的。但是卢卡奇的全盘攻击意味着把一个虚假的二分法引入到黑格尔思想中来。我们无法反对人们为了支持政治改革和自由而表现出对宗教的中心关注，而在18世纪90年代的黑格尔思想正是通过某种宗教观得到规定的，这种宗教观从表现主义理论中汲取营养，并且受到了古希腊人的启示，在古希腊人那里，宗教生活和社会关系是不可分离的。当然，尽管青年黑格尔希望能看到道德自主性和政治自由的恢复，但是对他来说，这是不可分离于某次深刻的宗教复兴运动的，因此，要是没有某次深刻的宗教复兴的话，这是不可能实现的。

从一个不同的立场，瓦尔特·考夫曼也反对把黑格尔的早期著作设定为是“神学的”，并且把它们完全看做反神学的论文[参考《青年黑格尔和宗教》，载于《黑格尔》，A.麦金太尔编(安乔，1972)，第61—100页]。但是这种说法也是令人误解的。黑格尔是强烈地反对与主观宗教即强烈的热忱相反的在死板的条条框框意义上的宗教的。但是这些著作最好被

运动,也不是一种崇拜的宗教。

为了达到这份早期手稿的这个目标,黑格尔提出了三个要求,这种复兴的宗教必须是:

> 1. 它的学说必须是以普遍理性为根据的。
>
> 2. 与此相应地,想像力、心灵、感性不应是空无内容的。
>
> 3. 它还必须以这样的方式被建立起来:所有的生活需要,所有的国家公共事务都与它相联系。⑦

这些要求明确表达了黑格尔思想的两个端点。第一点反映了对启蒙运动的忠诚。宗教不得传授同关于超自然的理性学说相矛盾的任何东西:上帝的存在、不朽以及它们与人因自身之故(不是为了抚慰上帝)而应予追求的某个善的关系。另两点反映了对表现主义统一的渴望。第二点辩护的是,整个人,不仅理性,还有"想像力",那种以感性形象方式洞悉

理解成是去寻求恢复同大写的上帝、大写的精神、大写的生活或大写的无限的某个联系的方式的尝试(黑格尔的设定以及他的概念在这10年里发生了变化),在这个尝试过程中,这个强烈的热忱可以再一次获得其应有的声誉。

把青年黑格尔描写成同浪漫派相反的启蒙运动的着迷者也是一种有点儿草率的做法(考夫曼,第72—74页)。黑格尔分享着对"知性"的表现主义怀疑,那个"知性"是在抽象公设中把握生命并且打碎那个生命的尝试。这使他向着像赫德尔和歌德这样的思想家靠拢,他们在某种观点看来也可以被称作启蒙运动者。但是这种表现主义理论也变成了浪漫主义的一个本质因素。因此,断定它们彼此之间是互相反对的也是非常令人误解的。

⑦ 引自哈里斯:《黑格尔的发展》,第499页。引文略有改动。其原文为:

I. Jhre Lehren m ü ssen auf der allgemeinen Vernunft gegründer sein.

II. Phantasie, Herz und Sinnlichkeit m ü ssen dabei nicht leer ausgehen.

III. Sie muβ so beschaffen sein, daβ sich allen Bed ü rfnisse des Lebens, die öffentlichen Staatshandlungen daran anschlieβen.(参阅黑格尔:《黑格尔早期神学著作》,诺尔版,第20页。)

更高现实的力量,“心灵”或道德感情,以及感性,人的本质的感性方面,
56 都应该具有一定的立锥之地。第三点提出的要求是,全体的人与理性的这个统一过程是一个共同的、公共的实现过程,它不是局限于私人领域或生活的某一方面,而是渗透到了满足“生活所有需要”的事务之中,渗透到了“城邦公共活动”之中。换言之,第三点提出了建立一种人民宗教的要求,如古希腊人曾经享有的那种宗教。

但是,这怎么样才能同黑格尔思想的第三个端点——基督教相协调呢?诚然,这是很难协调起来的。这个张力将占据18世纪90年代的黑格尔的整个身心。另有一些未出版的手稿探讨的就是这个问题以及其他相关问题。其中,在波恩时期写于1795—1796年的一篇文章用了《基督教的成文性》[*]这样的标题,在法兰克福时期写于1798—1800年间的一个手稿则用了《基督教的精神及其命运》这样的标题。

当然,由于它已经变成了一种鼓励崇拜的宗教,在其变种天主教那里尤其如此,制度化的基督教甚至不是一个创始宗教。不过问题在于,纵使是原创的、纯粹的基督教能够在多大程度上满足这三个要求。黑格尔认为,它很好地满足了第一个要求。在18世纪90年代早期和中期手稿里的耶稣像是一个康德式的先知,但是它体现了全体性,也成全了全体性。与犹太教法则的道义相反,他确立了一个基于理性和心灵的教旨。他的圣经原则是上帝意志,但这同时是“他自身的心灵的权利和义务的生命意义”。⑧

这个耶稣令人惊奇地设法把康德伦理学和表现主义理念结合了起来。在确立与被假定为来自上帝的某个外在命令来接受的法则相反的

---

* 此处的原文为“The Positivity of the Christian Religion”,有人将它译为“基督教的权威性”。在这里,“Positivity”一词具有“肯定性”、“实在性”、“成文性”等含义。——译注

⑧ 此处原文为:“das lebendige Gefühl seinen eigenen Herzens von Pflicht und Recht。”参阅黑格尔:《黑格尔早期神学著作》,诺克斯版,第75页;另请参阅黑格尔:《黑格尔早期神学著作》,诺尔版,第158页。

"他自身的心灵的生命感觉"的过程中(或者在把这个法则转变为心灵的法则从而"实现"它的过程中),黑格尔的耶稣用自主性代替了他律性。但是,在"他自身的心灵的生命感觉"中寻找上帝意志的过程中,他回避了理性和感性的对立。他过着某种作为人性之必要表现的道德生活。他既超越了外在的律令,又超越了干巴巴的抽象程式。我们指出过的这一代作者们和思想家们正在竭力地构思出来的这种结合,在这里却轻而易举地得到了实现;正如我们将看到的那样,黑格尔不愿意在这一点上滞留太长的时间。

在某个意义上,《基督教的成文性》一文的主要目的在于解释在关于耶稣的宗教领域发生的什么事情使得它蜕变为今天的基督教。在答案中的核心概念正是"成文性"这一概念。一种"成文的"宗教是以权威为根据的宗教,而不是依据我们自身的理性推演出来的(当然地由对理性推演出来的东西的感觉的反应——如我们对上帝的忠诚的形象和礼仪——来补充的)宗教。当我们拥有"一个被设定对我们具有真理力量 57
的信仰命题体系,因为我们接受了我们的信念不得不屈从的权威命令去相信那个体系"[9]的时候,我们便有了一个成文的宗教。"成文的"这个术语显然来自法律领域。在法律领域,"成文法(positive law)"以权威命令为基础,并且是对立于"自然法"的。[10]

现在,基督教的悲哀之处恰恰在于:由于人们受到律法主义如此大的影响,并且人们以合法性作为服从的出发点,因此耶稣的教导便无法让成人心诚口服。所以他不得不求助于弥赛亚神话。根据那个神话,作为一个伟大的导师,他务必被他的信徒所接纳。他的反应是千方百计地赋予这个神话某个较高深的含义。但是其最终结果是,无力过理性和灵性完全统一生活的人们提倡一种关于基督的宗教,那是另一种成文的

⑨ 参阅黑格尔:《黑格尔早期神学著作》,诺尔版,第233页。

⑩ 但是,如他在(1800年)修改后的这个手稿开头指出的那样,黑格尔认为与"自然"宗教对立的成文宗教产生了严重的问题。

宗教。在那种宗教中，对基督的信仰，而非上帝意志在人心中的恢复，是基础；在那种宗教中，善必须得到完成，因为善在基督身上得到了揭示，而非仅仅出于对道德律的尊重。[⑪]

这个说法尽管为耶稣的原始教义开脱了罪责，但是它实际上向原来打算把那种教义理解为一种复兴的人民宗教从而满足三个要求的根据的每个人提出了一些深刻的问题。黑格尔对这些问题是非常关注的。首先，当人们实际上无法获得这种统一的时候，通过提倡一种自主性和全体性的宗教，人们究竟得到了什么东西呢？一个人有所得便有所失，而实际上失去的更多。因为自主的必要性理念曾经一再地从人身上失落，成为某个外在的东西：人们为之祷告的基督，或者超越今世的来生。但是，绝望感和无能感在如下情况下变得更加残酷：理念高于以前的一切东西，它不仅构成了外在观察的法则，而且是一个纯粹意象，违背了它的人肯定会感受到心灵的不洁，一种意志的恶。

这是黑格尔反思“苦恼的意识”主题的生长点。在《精神现象学》中，在以那个标题为一节的内容中，那个主题得到了最为强有力的表达。黑格尔开始考虑在波恩时期的这个问题的深度。基督教在一定意义上是一种失败的宗教，因为我们一度把握了耶稣的原始教导。在这样一个事实中，人们可以最富于戏剧性地看到这种失败：耶稣不得不死，而世人却没有为接受他的福音做好准备。这标志着基督教的后继生活带有一定的忧伤，被钉在十字架上的上帝对福音来说是最为重要的，而这与古希腊宗教形成了鲜明的对比。在古希腊宗教中，神圣性被渗透到了社会的自我肯定中。

但是，这种忧伤可以被进一步理解为源于一个深刻的分化。这个分化同如下分化相连续：基督教意味着痊愈，那个分化意味着人的精神使
58 命及其自然生活之间的分离。随着他对这个分离的深刻性和重要性的

⑪ 参阅黑格尔：《黑格尔早期神学著作》，诺尔版，第212页；另请参阅黑格尔：《早期神学著作》，诺克斯版，第144页。

意识的加强，这个观念在黑格尔思想中得到了发展。这不得不导致他去重新评价康德。在一定意义上，是康德使得它变成了一个绝对的分离。

在一部写于1799—1800年的名为《基督教的精神及其命运》的手稿中，这些主题都得到了展开。这部手稿开始于这样一项研究，对黑格尔来说，已经变成“苦恼的意识”原型的是由亚伯拉罕创立的关于犹太人的宗教。亚伯拉罕使自己摆脱了同自然的原始统一性，摆脱了同其部落的原始统一性。对他来说，自然已经变得如此中立，不仅不可能与精神相统一，而且不得不接受精神的支配。黑格尔用来表示人类精神的这次重大转折的关键术语是“决裂(Trennung)”：

> 亚伯拉罕之所以能够成为一个民族的始祖，其第一个行动就是同共同生活和爱之纽带的决裂(Trennung)。这是同他前此和人与自然一起生活的关系之实体性的分离；他一脚踢开了他青年时期的这些美好关系。⑫

另一个相关的术语是支配(Herrschaft)。引导着亚伯拉罕的精神是：

> 这种自我维持的精神以严格对立态度对待任何事物，他的思想产物被提升为一个统一体，那个统一体支配着被他看做无限的和敌对的自然界（因为敌对实体之间惟一可能的关系是一方对另一方的支配）。⑬

---

⑫ 黑格尔：《黑格尔早期神学著作》，诺克斯版，第185页。（参阅贺麟等译：《黑格尔早期著作集》[上卷]，商务印书馆，1997，第354—355页，译文略有出入，以下凡所引这个译本都简称为“贺译本，1997”。）

⑬ 参阅黑格尔：《黑格尔早期神学著作》，诺克斯版，第186页。（参阅贺译本，1997，第355页。译文略有出入。）

黑格尔把亚伯拉罕精神解释为我们前面称作“对象化”的精神，这是一种对自然的“祛魅”。自然由此不再被看做人必须与之相关才能得到自我规定的某个神圣秩序或精神秩序的具体化，并且自然逐渐地被看做有待于人的意志去给予塑造的原始质料。在从自然的分离和我们同作为有待于被支配的某物的关系之间的这个对象化过程中，黑格尔看到了这种实质性的联系。黑格尔于是从这位犹太人信仰之父的身上找到了现代意识的一条核心线索。从历史上讲，这是难以站得住脚的；但是，假如我的如下观点是正确的：基督教，尤其是它的加尔文形式，在形成对象化的现代意识方面曾经起过重要作用，那么黑格尔在这里的论证纵使是不适当的，但也是富于洞察力的。[14]

无论如何，黑格尔当然不主张亚伯拉罕关于自然的意识是一个现代的对象化意识。对自然的这种支配不是由亚伯拉罕赋予人的（与宁录相反，宁录是巴比伦塔的承包人，他如后人所知那样逐渐地向着一个非
59 分的目的靠近），而是被投射到纯粹的精神——上帝——身上去的。人只有通过忠诚于上帝才能同反对自然的这个纯粹的统一体发生关系，为了达到这个目的，选民们不得不严格地使自己同其他人分裂开来，同自然的诸神分裂开来。但是，把自己奉献给主上帝也就是使自己服从于上帝的意志，也就是变成上帝的奴仆。因此，假如人想要自己来统治自然，那么他自身也是且必然地是自然的一部分的人将不得不处于去达成某个支配关系之行进的目的之中。作为“(feindseliges 敌对的)”自然只可以要么被人所统治，要么统治他自身。人的惟一选择在两种苦役之间作出：受死亡的事物的役使，或者受有生命的上帝的役使。因此，上帝给以色列人后代的许诺不是古希腊人达到的那种与自然的表现的统一，而是任由他们处置的、服务于他们的需要的、“牛奶和蜂蜜充盈的”

---

[14] 黑格尔曾经谈到过作为一个祛魅的代理者的基督教。参阅黑格尔：《黑格尔早期神学著作》，诺尔版，第215页。

大地。

正如黑格尔后来称呼它的那样，这是产生了“苦恼的意识”的原创性痛苦，这是一种从自然中分离出来的意识。在这种意识中，人与自然之间，自然和精神之间，最后作为人与人之间的一个后果，统一性和相辅相成性被支配和奴役所代替。对于像黑格尔这样持着表现的统一的渴望的人来说，这种意识只能是苦恼的意识，一种断肠的离别。耶稣的福音是激起人们恢复这个失落的统一的一个召唤。它号召他们以心灵的声音取代从外面强令他们执行，使他们分离于自然并且相互分离的法律。那个声音是在爱中逐渐成长起来的精神和自然的亲和力。

但是，如我们看到的那样，这个福音是无法被听到的。它甚至不可能肯定地被耶稣的使徒们所理解。同《基督教的成文性》一文相比，在《基督教的精神》手稿中，黑格尔对这个失败的思考遵循的是一条相当不同的路线。那里的核心观念是退缩的观念、向内转的观念。

这个新思考是在康德发出新批评吁请的语境下确立起来的。黑格尔终于逐渐地看到了康德的道德自主性理念和对表现的统一的渴望之间的分离。我们看到，这些比较早的手稿中的耶稣，例如《基督教的成文性》和《耶稣传》，把两者统一了起来。他是一个康德式的先锋人物。他也提倡道德回应的全体性，理性和心灵的统一。同康德的冲突从一开始就潜在于如下方面：黑格尔拒绝接受道德和嗜好的分离。那种分离对于康德的立场来说具有根本的重要性。但是现在这种冲突被公开了：在这个核心问题上，《基督教的精神》中的耶稣正好同康德形成了对比，即他不提倡在康德意义上的“道德”，而是提倡嗜好与善的自我统一，那个统一因而超越并“实现了”那项法则。[15]

同康德把义务和意图分离开来的做法相反，黑格尔把耶稣的见解 60
看做两者的统一。在其中，和解[16](versöhnlichkeit)是这样一种精神，它恢

[15] 参阅黑格尔：《黑格尔早期神学著作》，诺尔版，第266页。

[16] 参阅黑格尔：《黑格尔早期神学著作》，诺尔版，第269页。

复了人与自身的统一,人与他者的统一,人与自然的统一。

相比之下,康德的道德仍然是一种分离的道德。在这里黑格尔使用了一个等式,它后来变成了他对康德的批判的一个核心等式:在把权利概念同我的嗜好的现实分离开来的过程中,康德的道德只是表达了某个"应然(Sollen)"。但是把两者统一起来的耶稣的宗教是建立在某个"实然(Sein)"、某个"对生活的修正"的基础之上的。⑰精神以其特殊的、慎重的规定取代、超越并因此实现了那项法则。心灵的这个嗜好已经不再是特殊的和唯我论的,而是返回其权利之中的生活自身,作为实在地归属到一起的诸对立的统一,它就是"爱"。⑱

但是,黑格尔对康德的主要批判是不讲情面且带有偏颇的。康德的主要道德观念是:它只捍卫自主性,并且回避了任何一个"成文的"道德。但是黑格尔认为,通过对人作出分裂,即通过让理性的一边高于感性或嗜好的一边,康德的道德仍然是一个"成文道德之无法被祛除的残余"。所以,在成文的宗教信仰者和康德式的道德人之间的差异并没有像康德所断言的那么大。相反,实际的情况是:前者"有外在于他们自身的主人,而后者是他自己的主人,不过同时也是自己的奴隶"。⑲

黑格尔关于道德论者是"自己的奴隶"的断言远不只是对康德的论证所做的一次聪明而带有偏颇的曲解。它源于他的一个实质性立场。自主性观念把我们带到了对具有这种品格的自我的思考。康德的自我在终极意义上等同于这样一种天赋能力,它赋予我们自身、理性以法则;因此人是自由的,纵使在违反嗜好的情况下也是自由的。但是黑格尔基本上主张一种表现主义的人的观念:自我是内在的单一的源泉,它在理

⑰ 参阅黑格尔:《黑格尔早期神学著作》,诺尔版,第266页;诺克斯版,第212页。

⑱ 参阅黑格尔:《黑格尔早期神学著作》,诺尔版,尤其是第327页。

⑲ 此处原德文为:"Jener den Herrn auβer sich, dieser aber den Herrn in sichträgit, zugleich aber sein eigener Knecht ist."参阅黑格尔:《黑格尔早期神学著作》,诺克斯版,第211页,并参阅黑格尔:《黑格尔早期神学著作》,诺尔版,第266页。

性和嗜好的展示过程中表现了自身。因此,把某个异己法则强行注入我们的存在的每一边都是一种(部分的)奴役。

以一种更加直接的方式，对康德的这种抨击是符合黑格尔在这篇手稿中提出的论点的逻辑的。起初,在他讨论亚伯拉罕的过程中,他便提出了这样的观点:分离只会导致支配和奴役的关系。从自然的分离使我们面临支配自然或者被自然所支配的选择，精神从作为自然存在的我们的分离使得我们成为上帝的奴隶。相似地,理性和嗜好的分离使得我们成为理性规则的奴隶，由于脱离于我们具有的贯穿于感性和感觉 61
之中的我们的处境和关系的活生生的意义，那些规则必然是抽象的和僵死的。康德的道德人是亚伯拉罕的继承者,他贬低了令人羡慕的具有立法能力的上帝,并称之为“理性”。[20]

从亚伯拉罕到康德，法律的精神可以做到因为人违法而对其作出判决并给予惩罚。它的原则是:我违法,所以我放弃了我的权利。因此，无论它是由人或者是由上帝给予的,由法律给予的惩罚是正当的。但是法律无法扬弃违法，因为去执行法律就是让人因实质性的违法而感到愧疚,那违反了生活的统一。

这样，当我们依法受到惩罚的时候，我们从来没有忘记我们的罪恶。因为依法判决就是依照概念进行判决,而概念是脱离生活且违反生活的——在人类的社会水平上还假定了一个法定的分裂：有权作出判决并且执行判决的人和被判决的人。因此,纵使我们服满刑期也无法让我们自己同我们所违反的那个法律取得和解。或者,纵使它得到了内在

---

⑳ 一个更加不公平的诋毁是法利赛派对康德的道德主义的诋毁。(参阅黑格尔:《早期神学著作》,诺克斯版,第211页。)黑格尔在此关于康德道德哲学和亚伯拉罕宗教之间的亲和性观念也可以在赫德尔把康德和摩西相等同的做法中找到。他在给他的兄弟的一封信中写道:“康德是我们的民族的摩西。”(赫德尔:《关于人类精神的辨识和感知》,第3部分,第367页。)康德使我们从睡梦中清醒过来,但是这种分离使我们陷入了痛苦之中。荷尔德林在这里看到康德的分离是必然的,并且在这里他采取了与黑格尔相同的立场。

化，它在我们身上呈现的也是一种恶良知。无论在哪一种情况下，分裂仍然保留着。

同有关人与上帝、人与自己的良知，以及人与社会的关系的这个观念相反，在这个手稿里，黑格尔确立了另一个观念。它的核心概念是“命运”。从对于古希腊戏剧的研究中汲取营养，黑格尔提出了一种命运观念。根据那种观念，发生在我们身上的为我们的力量所不能驾驭的事件，把我们卷入历史中去的事件，都应该被看做我们自身因违反生活而对我们作出的反作用。违反生活当然地分离了、分化了内在于人的生命全体，人与人之间的生命全体，人与自然的生命全体。摧毁生命就是与生命为敌，因为“生命是不死的，如果生命受到了摧毁，那么它就表现为它的可怕鬼魂，这个鬼魂要……放出它的复仇女神进行报复。”[21]因此，例如，犹太人的命运是一再地遭受奴役的命运。他们一旦与自然分离开来，便只能与周围的自然和人类保持一种统治关系或奴役关系。

如果我们在这个模式里而不是在法律模式里了解了我们与上帝（以及历史上的人类）的关系，那么我们将看到一个和解是如何可能的，那个和解完全地把我们的违犯抛到了脑后。因为我们从命运那里得到的惩罚是对被伤害的生命的惩罚，它为和解开辟了道路；通过承认我们的命运正是我们的行动的另一方面，我们可以走上这条道路。在承认这
62 一点的过程中，我们能够恢复这个统一，停止以分离的方式来行动，并因此不再把一个看似异己的命运强加于我们身上。在做这件事情的过程中，我们恢复了生命的单一性。我们整个地扬弃了由违犯导致的分裂，并因此来自命运的违犯和分离便完全地被我们抛在了脑后。命运是惩罚，但是不像来自法律的惩罚，它是由伟大的生命洪流作出的。因此，我们能够同它取得和解，能够逐渐地把它看做与我们同一的，能够把它

---

[21] 参阅黑格尔：《黑格尔早期神学著作》，诺克斯版，第229页。（参阅贺译本，1997，第397页。）

作为生命一起来给予修复。“在命运中……人认识到了他自己的生命”。[22]而“生命可以重新医治它的创伤。”[23]

现在这个观念受到了古希腊宗教的太多启示，而根本不是基督教的启示。那么它是如何帮助人们去理解关于耶稣的宗教的呢？因为认识到我们自己的生命在我们的命运中受到了伤害的精神，医治了那些创伤并且扬弃了分离的精神，是黑格尔称作爱的东西，在这个手稿里，这是对基督教的神恩的解释。

耶稣的教导是关于这种爱的教导。他的生命活在由那种爱带来的同全体的完全和解之中。通过这种方式，他在一定意义上逃避了命运。就是说，他没有违反生命的统一，因此从来没有遭遇过敌对的命运。那么，耶稣后来是否真的为完美的宗教提供了榜样，他的教导既是理性的又触及到了全体的人，那个教导现在被人看做高明于康德的分裂的理性了呢？不，因为在另一层意义上，耶稣无法逃避命运。命运甚至会逮住无辜者。迫使他去违反自己的意志。假如我受到了攻击，那么我要么不得不为我的权利而斗争，要么任由非正义事件发生。在每一种情况下，我都必须违反生命的统一，要么我以我的行动违反了那种统一，要么因为我所遭受的攻击而破坏了那种统一。

避开这个两难的惟一途径是愉快地、自愿地牺牲我的权利，从它们中退缩出来，甚至愿意放弃一切，以便不失去他者，从而不失去爱；既要忍受攻击者的侮辱，又要与迫使我遭受苦难的人离心离德，因此同我的作恶者保持一种“坦然的和解”，逾越我们之间横亘着的受到伤害的权利的樊篱。[24]

㉒ 参阅黑格尔：《黑格尔早期神学著作》，诺克斯版，第231页。（参阅贺译本，1997，第399页。）

㉓ 参阅黑格尔：《黑格尔早期神学著作》，诺克斯版，第230页。（参阅贺译本，1997，第398页。）

㉔ 参阅黑格尔：《黑格尔早期神学著作》，诺克斯版，第236页。

这是耶稣所走过的一条道路,一条退缩的道路。黑格尔称之为“灵魂的美”。[25]这种退缩不是偶然的,而是全心全意的。因为耶稣的福音是在一种人们不知道它的气氛中流传开来的。在那里犹太人的守法主义精神占据着主导地位,摩西之律法渗透到了生活的每一个方面,不仅渗透到了公共生活之中,而且渗透到了家庭关系之中。耶稣正在倡导的生命的圆满性不可能在这种守法主义的界限之内生存下来，由于无法争取到犹太人摆脱这种精神，耶稣本人被迫放弃了一种圆满生活的常规表现。不仅他的新的宗教意识不可能在犹太民众的公共生活中找到表现,以致耶稣不得不只满足于去聚集跟随在他左右的一个小团体,而且他甚至不得不放弃了常规的婚姻和家庭关系，而纠缠于它们是否具有他本想超越的合法精神的问题。

63 换言之,耶稣被迫走上了一条退缩的道路,以便保持他的福音的纯粹性。这个退缩的逻辑结论是崇高的自制,在那里,他把他的生命让给了敌对的权威。

在黑格尔描写的肖像中,耶稣的退缩仅仅是一种战略上的退缩,而不是终极意义上的退缩。他接受了死亡,他接受不用他的世界的武器来进行斗争,以期生命通过牺牲而保留了纯洁,可以在以后的教会中得到兴盛。不过当然地,在他死后迫使他退缩的条件更不允许这种兴盛了。教会仍然是一个受迫害的团体，在这个民族的公共生活中没有立锥之地,它焦急地捍卫着它的爱的纯洁性。

通过产生一个新的成文[宗教],对基督教失败的这种新思考不是取代而是补充了这个早期的宗教。信徒们不仅做不到,甚至耶稣也做不到,把新生活植入他们的社会之中,他们不可能像他那样在他们中间圆满地维持这种生活。他们仍然依赖他,依赖现在死去的基督。耶稣之所

㉕ 这里的这个观念基本上相同于《精神现象学》中的“优美的灵魂”。在其对耶稣及其宗教的这项研究中,黑格尔对于“心灵的美”所表现出来的好恶相向性已经预示了他对“优美的灵魂”的批判态度。

以接受早死，不仅是因为这次死亡是一次爱的牺牲，本身无法利用分离的武器，甚至不能用来自卫，而且是因为他希望这个经历将医治好他的追随者们的依赖心。但是即使在这个方面，他的希望也没有实现。

从这种考虑我们可以引导出基督教的一些永久不变的特点。首先，不像古希腊人的宗教，它从本质上是一种私人宗教。它放弃了公共的表现，从一开始就标明了君王事物[国家]和上帝事物[教会]之间的差异。不过其次，这种公私之别正是一个更加深刻的隔阂的证明：它源于从所有纷繁复杂的生活方面退缩出来的一个更深刻的倾向，在那种生活中，爱的圆满性无法必不可少地获得生存，因为它们受制于“这一个世界”，包括家庭和财产关系。

通过财产公有，早期教会试图避开这些方面，黑格尔还暗示，只是因为缺乏勇气才使得他们没有去实施公有婚姻。不过当然地，他们是永远无法逃避的，并因此基督徒注定是比犹太人有更加深刻的苦恼的意识。犹太教的精神曾经把自然和生活的关系造就成为对象化的现实。但是就此而言，作为服从上帝的成果，去享受它们并没有什么过错。但是基督徒意识要求的是，这些关系是爱的表现，除了对象化爱以外仍然无力经验那些表现的做法肯定要么在屈辱中放弃了它们，要么在某种感知的恶的良知中享受了它们。隔阂仍然存在着，正如犹太人没有恢复古希腊人的美的意义一样，基督徒的意识也没有恢复古希腊人的美的意识。[26]

这个隔阂把悲伤的特点注入了基督徒的祷告之中，这个隔阂是祷告以一个被钉死在十字架上的上帝为中心的原因，并且把耶稣看做通 64
往天国的一个暂时必然性的那个终将被抛弃的苦难转化成为对于教会来说最为重要的东西。

㉖ 参阅黑格尔：《黑格尔早期神学著作》，诺尔版，第313页；另参阅黑格尔：《黑格尔早期神学著作》，诺克斯版，第266页。

不过当然地，这是耶稣的使命的失败，正如我们看到的那样，教会不得不依赖于一个要么是被钉上了十字架的基督，要么是一个复活的基督，把他作为一个权威，作为一个持续的源泉。耶稣曾经想要让他们去拥有这样一种精神，以便他们能够像他看到的那样过上一种独立的和解的生活。向成文性的这个回归过程是发展中的基督教的第三个重要特点。

黑格尔暗示，由于教会的成长并终于在世界上"建立起来"，堕落便是不可避免的。早期教会的这种退缩的成文性一面在于，它们确实过着一种紧张的教会生活，它们非常焦虑不安地维护着它，防止它遭受世俗的侵害。当教会成长起来并且不可避免地介入世俗事务之后，于是恶的良知便随着后来不可避免的伪善的增长而增长了起来。一个来世的教会一旦断定它在现世中的权力，那么它只能必然败坏了现世和来世。正义与邪恶的较量，由于前者已经渗透进了后者，是一件"恐怖的(graβlich)"的事情。[27]进一步地，为了保持纯洁性的这场斗争，一旦转变成为一个成文宗教之后，便变成了一场保持信仰的清白的战斗，并引发了充塞于宗教历史中的所有的宗教迫害和清除异端的活动。

这样，基督教并没有真正地逃避命运。或者相反，存在着一个特定的命运，它等待着那些试图超越命运的人，试图从世界的分裂中退缩回来的人。在某种程度上，这似乎比它取代的东西更加糟糕。基督教似乎是一个失败。黑格尔似乎不仅仅是为了要把他的忠诚的三个端点统一起来。不仅基督教似乎无法同古希腊统一起来，而且康德的道德自由也是同两者相左的。

㉗ 参阅黑格尔：《黑格尔早期神学著作》，诺尔版，第329页。

二

但是，指向某个新解决的一些暗示，指向这三个因素之全新综合的一些暗示已经出现在手稿《基督教的精神》之中。

对一种全新综合的要求与如下洞见一起成长起来：精神同生活的这种分离不是人类规范的一次天然堕落。存在着一个确定的必然性，至少是关于它的一个不可避免性。因此，尽管基督教作为一种爱的宗教从本质上说是一种私人宗教，尽管它不易于同常规的社会关系之网相协调，但是这种情况并不表明两千年以前的犹太人没有能够接收到耶稣的福音。在一个写于1797年或1798年的讨论“爱”的手稿里[28]，黑格尔指出，由于它们从本质上具有排他地支配物的性质，财产关系给了爱人之间的完美统一以一个限制。通过一个相同的见解，他解释了在早期教会中财产公有的要求。在这里他看到，教会的要求冲突于市民社会的要 65
求。在一个同教会具有相同疆界的市民社会里，正如在中世纪的和现代的欧洲的情况下那样，存在的只能是各种紧张的关系。[29]

黑格尔在另一个手稿[30]中再一次指出，在基督教以前的非基督教的衰弱显然是缘于古代社会的一个内在弱点。关于美的古代宗教曾经把精神和自然统一了起来，因此精神对于自然的支配随着古代自由的衰弱而衰弱了。当所有市民都认同的城邦向一些阶级对另一些阶级的统治作出让步并且终于向大帝们屈服的时候，人们再也无法把国家看做自己的一个安身立命之所了，相反，他们只是国家的手段。但是，当人们

---

[28] 参阅黑格尔:《黑格尔早期神学著作》,诺克斯版,第302—308页;另参阅黑格尔:《黑格尔早期神学著作》,诺尔版,第378—382页。

[29] 在谈到轻视财富的报复性禁令时,黑格尔说道:“财产的命运对我们来说变得过于强大,以致我们无法对它作出宽容的反省,无法去发现它的废除也是可以考虑的”(参阅黑格尔:《黑格尔早期神学著作》,诺克斯版,第221页)。

[30] 参阅黑格尔:《黑格尔早期神学著作》,诺尔版,第219—230页。

不再在政治领域给自己立法的时候，自主的景象便从神圣的领域消失了。人们接受了一种成文宗教，并且与此相应地接受了一种关于他们自己堕落的学说。[31]这种学说因此并没有在代替旧宗教的过程中被人们天然地接受；但它获得了信任，因为在某种意义上堕落就是现实，它"认可了经验"；一种奴隶的宗教很自然地得到了奴隶们的接受。

那么以什么方式关于分离的不可避免性的这些暗示指出了超越基督教失败的道路呢？因为它们是晚期黑格尔的如下学说的萌芽：犹太教和基督教的分离不得不发生，因为它对于人的充分实现是至关重要的，这种实现不仅远远地超出了对古希腊统一的恢复，而且是古希腊的统一和自主精神之自由的综合。

如下情况是不太可能的：黑格尔作过如下考虑，时代的使命只是在于简单地恢复已经失落的古希腊社会的统一，或者他确实想过这种恢复是可能的。从一开始，如我说过的那样，他的思想就受到了他自己的时代、启蒙运动和基督教的巨大成就的感染。但是这不是说他从一开始就认识到了，是什么不可逆转的变化使我们分裂于古代人，在古代和现代精神之间的对立究竟有多么深刻。

诚然，我试图在这里给予阐发的观点是，当他试图深化他的重建的社会的见解的时候，那个见解将把古希腊人的表现的统一和启蒙运动的合理性的自由在一个得到升华的基督教的语境下结合起来，这一点在他眼前渐渐地明朗了起来。他逐渐地充分考虑了其忠诚之不同端点之间的根本对立。在检验如何把基督教恢复到原始水平，以便让它同表现的统一和自主性的渴望相一致的过程中，他开始看到这些渴望之间的隔阂是多么地深重。因此，在其法兰克福时期末，他逐渐认识到，耶稣
66 的宗教，它对一个普遍的爱的社会的坚定的渴望，多少都难以同自信的公共宗教相结合。后者维持着一种城邦的生活。它的要求也过于高远，

[31] 参阅黑格尔：《黑格尔早期神学著作》，诺尔版，第225—226页。

并且它务必培养起一种对城市的不满情绪,并从城市退缩出来。成熟的黑格尔的论题在这里的萌芽是：作为把人和宇宙精神调和起来的一个尝试,基督教不得不超越城邦的各种限制,在那里人和神的统一是以一种确定的教区狭隘主义观念为代价的。

相似地,我们可以从《基督教的精神》这个手稿中预见到一种较晚的观点:即古希腊城邦不可能也不应该被重建起来,因为它无法同现代的个体主义的自由精神相结合，那种自由反映在市民社会的内在差异及其财产关系中。这个萌芽在如下见解中已有所表现:以相互的爱为基础建立起来的共同体容不得私人财产的存在。

现在,最重要的一点是,他看到,康德的自主性道德的要求和表现的统一的要求是对立的。

因此,当他逐渐地认识到这种分离是不可避免的之后,人不得不抛弃古希腊人的优美的灵魂，他还逐渐地认识到，这种分离是非常重要的,人不得不去经历这样一个过程,以便去实现作为自由而理性的存在的使命。

因此，认识到康德的自由无法同古希腊的表现的统一结合起来并没有引导他去放弃他的思想端点中的某一个端点：即康德作了最佳阐发的启蒙运动的理性自由观。相反,黑格尔仍然坚持着他起初提出的三个端点。这种划分,加上我在前面提到过的那些划分,引导他对使命作出一个基本的重构。

到1800年末,黑格尔放弃了在法兰克福的教师工作。他到了耶拿。在他的青年朋友谢林的勉励和帮助之下，他在耶拿大学谋得了一份作为一个大学教师的新工作。在法兰克福的这最后一个学期,以及在耶拿的第一个学期,他对时代处境的看法发生了变化,他提出了像它的终极形式之类的某个东西。

从一开始,像我们看到的那样,黑格尔考虑了内在于人的、人与人之间的统一得到恢复的时代的再生。那种恢复同时是自主性的获得。一点也不冲突的这两个目标将达到同一，即是对于相同的成就的不同描述。但是正如他开始看到激进的自主性的要求是以理性为基础的那样，表现的统一或全体性的要求是对立的。他的关于一起实现它们的使命的观念逐渐地得到了改变。在他起初把那项使命看做恢复统一和扬弃分离的地方,他现在把它看做一个和解对立的过程。较早时期的分离是
67 一次简单的抛弃,并且已经得到了完成,在成熟的体系中,它被看做同自由的发展具有摆脱不了的联系。所以,不仅存在着人类的圆满要求和人的历史局限之间的冲突，而且存在着人的认识的不同要求自身之间的对立。因此,问题不可能通过一方对另一方的胜利而获得解决,不可能通过在一个统一精神中对分离的某个简单放弃而获得解决。相反,双方都必须被多少地导向统一，而每一方的要求都必不可少地得到了满足。这个任务将成为黑格尔成熟体系中的一个任务——也许是一个不可能完成的任务。

在这个意义上,在世纪之交提出了这样一个问题,我认为它是浪漫派一代的核心问题:如何把表现的全体性和激进的自由统一起来,把康德和斯宾诺莎统一起来。尽管他走过了浪漫派旅程的绝大多数驿站,但是他是凭着自己的旅行计划抵达目的地的:对古希腊的热衷、康德的时兴、对1789年的企盼、斯宾诺莎的影响、对重建基督教的渴望。但是他想要非常明确地找到他自己的道路。而这正是他何以在今天仍然值得我们去给予研究的原因。

但是,在写作《基督教的精神》手稿时期,尽管黑格尔已经在考查他的思想的这三个端点之间的张力，但是他的再生观念仍然是一个扬弃分离的统一的观念。爱是这种愈合的统一，它没有为分裂留下任何地盘。“去爱上帝就是在生命的‘全体’之中去感受他自身,没有任何的限制,在无限中——只有爱是没有限制的。”[32]

---

[32] 参阅黑格尔:《黑格尔早期神学著作》,诺克斯版,第247页。

甚至更加不容争辩地，

> 既然神圣是纯粹的生命，谈论它的任何一个事物和每一个事物都必须是摆脱了任何对立(的含义)的。[33]

我们在黑格尔谋取大学哲学教师这个新岗位之后的第一部出版的著作——1802年的《差异》——里看到了这种转变的视野。黑格尔主张，哲学的正式任务是“die Aufhebung der Entzweiung(扬弃分裂)”。但是他明确地指出，去解决这个问题并不是去“消灭对方中的某一方并且把另一方提升到无限性”。分化和同一(Trennung and Identitat)都必须被给予它们的权利。所以，在一个著名的公设里，

> 但是绝对自身因此是同一和非同一的同一；对立和统一都在它之中。[34]

在这个视野的转换过程中，黑格尔对于分离的产生的所有较早分 68
析——他对亚伯拉罕萌生的宗教意识的研究——并没有被抛到一边。它们被吸收进了成熟的立场之中。但是它们远不只是被看做不幸而已。它们被看做必要的发展，并且是我们在前面划出的两个意义上的发展；即它们是不可避免的，但是它们对于人的认识也是至关重要的。它们是至关重要的，因为作为一个精神的存在，因此作为一个自由的理性的存在，人的认识是要求他打破部落的原始统一。通过给予自身以惟一的理性的思想并且拒绝所有其他的忠诚，人变成了一个自由的理性的主体。这肯定意味着同并非相似地忠诚于理性的其他人的决裂，同某个所在

---

[33] 参阅黑格尔：《黑格尔早期神学著作》，诺克斯版，第255页。

[34] 在1800年的一个手稿中，黑格尔谈到了对于合题的寻求，生命是“结合与非结合的结合”(参阅黑格尔：《黑格尔早期神学著作》，诺尔版，第348页)。(参阅贺译本，1997，第475页。)

社会的千年福音传统的决裂，同无法接受普遍理性的人所在共同体的狭隘习惯的决裂。人们必须放弃神秘的思想并坚持空洞的概念，因为在那神秘的思想里人们在自然中发现了神圣的或精神的形象。这意味着人内部的一个决裂，因为理性的尺度的形成是独立于推动着人们的一大堆欲望和情感的。为了成为一个自主的活动，理性不得不抽象了、统摄了在概念之下的生活现实，那些概念大大地偏离了我们的生活经验。

黑格尔似乎比他的同时代人更加迟缓地采纳了这个观点，即分离对于自由是至关重要的。这也许是因为他觉得费希特和18世纪90年代Wissenschaftslehre(学者们)的影响力难以同谢林、浪漫派甚至荷尔德林的影响力相提并论；也许是因为他远离了它的中心，成了在波恩的旁观者的缘故。但是，一旦拥有了这个见解之后，黑格尔比他那一代人中的任何一个人都更加一致地、顽固地和彻底地把它坚持了下来。正如我们在下面的章节中将看到的那样，这个见解在终极意义上把他同浪漫派区分了开来。也正是通过这个见解，他才得以超越了谢林并且在耶拿时期末结束了同谢林的合作。这个决裂在《精神现象学》的“序言”中得到了完成。在那部著作中，他把谢林的绝对描述为一个“深渊(Abgrund)”。在其中，所有的差异都消失了，那是一个没有差别的夜晚，看起来，“在其中所有的母牛都是黑的”。[35]

黑格尔逐渐地把从自然的分离既看做不可避免的又看做本质的。但是他把它看做都是无法分隔的。换言之，沿着这个新的视野，他发展出了这样的一个历史观，历史是对于某个确定的人类命运的必然揭示。这是黑格尔对天佑*的重新解释。18世纪无忧无虑的乐观主义天佑观念主张把一个井井有条的宇宙完美地结合到上帝为人筹划的意图中去，这是黑格尔从来没有给予轻视过的一种见解，与此相反，黑格尔发展了这样一种历史观，即历史是对于从内部产生的某个意图，经历悲剧性冲

[35] 黑格尔：《精神现象学》，拉松版(洪堡，1952)，第18—19页。

* 此处原文为Providence，也可译为“上帝”。——译注

突而达到某个较高的和解的揭示。分离之所以不可避免地发生,是因为
它对人是重要的。但是人也需要统一,需要同社会相统一,同内在自然
和外在自然相统一。他们因此被驱动着去引发一场悲剧性的冲突,在其
中人们表明了对两个不可调和的目的的忠诚。但是如果这个冲突是因 69
为其本质性才不可避免的,那么这样一个更高的和解也肯定是不可避
免的和本质的。在那个和解中,这两个目标都得到了实现。历史逐渐治
愈了它制造的创伤。[36]

因此,黑格尔以自己的方式提出了一套思想范畴,我们看到那种思想在浪漫派一代身上已经得到流行:作为一个循环的历史,或者螺旋式上升的历史,在其中统一让位于分裂,然后在一个更高的水平上得到恢复。[37]

这样,在他迁到耶拿前后,黑格尔也更多地关注起了由浪漫派思想家们作出的对这个时代的两难诊断。因此,迁到耶拿也就是闯入了当时正如日中天的青年谢林的势力范围。它还导致了黑格尔思想的一次转变,即转向了后康德的哲学术语。[38]在这里我们达到了第二个转变,这个

㊱ 我们已经看到,这个观点在手稿《基督教的精神》中的命运观念中就得到了预示。发生在我们身上的事件是生活对于我们对它的违犯的报复,但是恰当地说,是因为它开启了和解的可能性。在发展其历史哲学的过程中,我们还看到了古希腊悲剧对于黑格尔的重要性的另一个例证。

㊲ 这一点也在《基督教的精神》手稿中得到了预示(参阅黑格尔:《黑格尔早期神学著作》,诺尔版,第318页;另参阅黑格尔:《黑格尔早期神学著作》,诺克斯版,第273页)。在那里,它是一个统一被失落和被重建的问题。黑格尔与此相应地提出了与三位一体的人物圣父、圣子和圣灵相呼应的三个阶段。在他的成熟著作中,这是一个重要的论题。

㊳ 当然,在18世纪90年代的黑格尔著述中哲学术语是很常见的。在对亚伯拉罕的分析中,他谈到了统一性和多样性的对立,与此同时他在《基督教的精神》(诺尔版,第318页;诺克斯版,第273页)中对康德的批判部分是通过借用普遍性和个别性术语来进行的。他还多处提到了主体性和客观性,自然和自由,等等。不过在耶拿时期的新东西是他认真地探讨了后康德的哲学语言,认真地探讨了费希特和谢林,认真地探讨自我及其与非我的理论和实践关系。

转变对于最后的体系具有确定的意义。

因为这个转变不仅是中介的转变，不仅是由于黑格尔的新职业才偶然地发生的；它一致于在黑格尔立场方面的另一次重要转变。在早期手稿中，并且在手稿《基督教的精神》中，黑格尔认为，在爱中恢复的统一无法适当地表达在概念思想中。在这个意义上，它超越了知性。在1796年他献给荷尔德林的一首名为《赞歌》的诗中，黑格尔清楚地表达了这一点：

这里没有对你赞颂的辞章，
也没你神圣的音容和迹象。
献身给神的儿子啊，
你正是智广学深，你那沉浑的情感过于神圣
难于用枯燥的符号加以述论。
思想并没有能把握
那时空之外的灵魂，
它在那无限报偿的
轮回中沉沦，
现在他醒过来了
又将回返到意识之门。
若谁想把此情对人言讲，
纵使生就天使的舌儿如簧，
也会感到语言的贫乏。[39]

70 在法兰克福时期的一个残片中，黑格尔再一次谈到了宗教的统一

[39] 参阅苗力田编译：《黑格尔通信百封》(上海人民出版社，1983)，第16—17页。译文略有改动。——译注

或爱，是“我们无法把握的一个奇迹”。[40]

但是在黑格尔的最后立场中，哲学占据了最高的位置，而这正是因为它是对最高统一的惟一圆满而适当的表现，因为它是精神完全地达到自身的中介，因此，哲学思想的发展对于这个最高合题的完美是至关重要的。[41]

真实的情况是，存在着一个重要的连续性线索贯穿于这个变化之中。在谈到“基督教的精神”的思想限制的时候，黑格尔谈到了超越“知性(Verstand)”之上的爱的统一，他把那种“知性”等同于“绝对的区分，对生命的摧毁”[42]，“每一个反思都抹杀了爱”。[43]

现在，这些术语继续标明了恰好被纳入到成熟体系之中的那些无法把握对立统一的思维模式。诚然，贯穿于从其早期开始的黑格尔思想发展的整个过程，术语“知性”具有鲜明的稳定性。它总是代表着这样一种知性，它抽象于经验，分析并保持着被如此严格地抽象和分离开来的环节，首先是作出了明确区分并且使得它们无法沟通的思维形式，因此那种思维形式不能理解全体。“反思”设定了这样一种思维样式，它在分

㊵ 参阅黑格尔：《黑格尔早期神学著作》，诺尔版，第377页。

㊶ 他如此晚才去从事这项哲学事业，尽管这使他暂时落后于——并且受到了——比他更年轻然而在哲学上更早熟的谢林的庇护，但是这种情况反而帮助他超过了谢林和他的其他追随者。他如此长久地思考着人的宗教和社会发展，这个事实使得他能够去利用后康德的唯心主义的范畴，使他涉足于一个更加广泛的参照领域，并且产生了无与伦比的影响。费希特和谢林都完全地拘泥于——过于拘泥于——自我和非我、主体性和客观性等行话。谢林还从歌德和浪漫派那里吸取了诗意的自然观，把那种观点移植到了他的自然哲学中。但是在黑格尔那里，哲学被用来论证人类历史的整个领域——政治、宗教、哲学和艺术。这是空前的。尽管费希特是一个名符其实的知识分子，但是他几乎不了解他的时代的重大事件的历史意义和哲学论题。

㊷ 此处原文为die absolute Trennung, das Töten。参阅黑格尔：《黑格尔早期神学著作》，诺尔版，第311页；另参阅黑格尔：《黑格尔早期神学著作》，诺克斯版，第264页。

㊸ 参阅黑格尔：《黑格尔早期神学著作》，诺克斯版，第253页。

裂和对立范畴之下描述了人和世界,或者由于被应用于概念领域,它设定了一个两相对立的领域。因此,从本质上说它是一种关于Trennung(区分)的思维。

但是,通过语汇的这种一致性而发生的变化是,在其早期手稿中,黑格尔确实没有看到一种超越知性和反思之上的概念思维的可能性。或者,如下说法也许是更加恰当的,随着如下直观的日益增长:表现的统一和康德的理性是无法结合的理念,黑格尔对于这样一个更高级的概念思维样式的信念便消失了。不过,当他来到耶拿拥有了一个新立场
71 之后,那个信念成功地重新确立了起来;诚然,他不会同意称它为"信念";它是他的哲学体系的基础。它就是黑格尔式的Vernunft(理性)概念。

在至少部分地同前面提到过的那种变化的联系中,我们可以迅速地了解这种变化。黑格尔逐渐地认识到,最后的合题肯定既为分离也为统一留下了地盘。分离对于合理的自主性是至关重要的。正如我们在前面那一节提到的那样,把合理的自主性包容进来的一个合题不得不用理性的语言来表达。因此,黑格尔赋予了作为对立于知性的理性以一个新的含义,并且寻求在哲学上达到最圆满的合题。黑格尔看到,把自由和必要的表现的对立调和起来的一个合题,作为仅仅是返回到原始的、无差异的统一的反面,就必须要有哲学命题。就这一点来说,他同浪漫派是一致的。

在他初到耶拿后的这个转折时期,黑格尔的观点的第三个变化体现在他的思想重心从人转向了精神。

我们在《精神现象学》最后一章里看到,黑格尔终于达到了一种精神观念,那个精神既不是有神论意义上的超验的上帝,也不是简单地等同于人的精神。这个精神是一个宇宙精神,但是人只不过是它的精神生命的手段。

现在,这代表着在黑格尔方面的一次演进。他从图宾根时期就持有一种实际上是有神论的立场,因为他赞成康德的如下命题:上帝的存在

是实践理性的一个必要假定。但是到了18世纪90年代中期前后，部分地在谢林的影响之下，他似乎放弃了一个人格的超验的上帝的观念，并且反过来接受了某种精神观念，或者至少是某种生命观念，那种精神或生命无论如何都不会像有神论的上帝务必被设置起来那样地被与人和世界相反对地高高地设置起来。

在这个时期，尽管黑格尔没有在一个地方对他的绝对概念下过定义，同时他也不想把它简单地等同于被恢复的人，但是无论如何，在波恩时期和法兰克福时期，他的宗教概念，即人与这个绝对的关系，恰恰是以人为中心的。因此，他首先接受了康德的如下观念：道德律可以被完全地从人的(即终极意义上的个体的)理性要求中引申出来。他把同自然以及内在于人的被恢复起来的统一看做等同于自主性的这种恢复。它是这样的一个统一，在其中，人仍然处于中心位置，他从自己身上引申出渴望，而不是千方百计地去适应外在于自身的一个较大的秩序。尽管在《基督教的精神》手稿中表现出了对康德的道德主张的批判姿态，但是如下情况仍然是真实的：重新建立了爱的联系的人从他自己身上引申出了感觉和行动样式，而不是在一个较广泛的秩序里发现了它们，尽管他因此正同一股较大的生活潮流建立了联系。耶稣被描述为一个在精神上自满的人。不适合于这幅图画的《圣经》的这些方面——耶稣关于他为之"祷告"的一位"父亲"的谈论，他对"原罪"和"宽恕"的谈论——所有这一切都以一种"非神秘化的"方式得到了解释，因为他不 72
得不用语言来同他那个时代的人们进行交流。黑格尔非常清楚的一点是：尽管悲剧性地产生的结果是，耶稣确实是一个与众不同的人，但是从理论上讲他并非如此。[44]他的理念是：由于他和他们同化在爱的精神之中，在他死后，他留下的共同体将完全地取得独立；诚然，这是他接受早死的理由之一。

---

[44] 参阅黑格尔：《黑格尔早期神学著作》，诺克斯版，第268页。

撰写了早期神学手稿的黑格尔因此具有一个以人为中心的人类再生的观念。[45]诚然，它多次表现为：人是惟一的精神存在，尽管他必须同一个更大的生命统一起来以便恢复全体性。[46]

成熟的黑格尔已经同这种观点决裂，他采纳了一种作为精神的绝对的观念。人作为一个精神的存在同一个较大的精神活动图式相联系。康德的形式主义，他把义务内容从理性的必然形式中抽离出来的企图，不断地被攻击为徒劳的和空洞的，而这恰恰是因为人只能通过把他们自己看做一个更大的图式的一部分来惟一地发现伦理生活的真实内容。这不是被设定为是向他律的倒退，在那个他律中，正如我们在上一节看到的那样，这个较大的图式是精神图式，人逐渐地把那个精神等同于他的必要手段。这个解决方案究竟有多么好是我们在下面必须给予考查的对象。这里的见解是：在主张避开他律性的同时，黑格尔已经抛弃了其较早时期的、受康德影响的、以人为中心的自主性见解。自由已经不再只是从人自身中引申出来的爱的法则或爱的渴望。

情况很可能是这样的：我们在上面讨论的这个转变同别人具有密

---

[45] 在黑格尔死后，在对他的体系及其影响的解释过程中，在他的思想继承人中间发生了以人为中心的观念和以神为中心的观念之间的争论。“老年黑格尔派”把他的哲学推向了正统神学的方向，“青年黑格尔派”则作出了一个以人为中心的解释，在其中，精神变成了同一于人的东西。这种情况在费尔巴哈和青年马克思的著作中达到了顶点。这两种解释当然都没有揭示出黑格尔的合题的本来面目。那个合题所揭示的既不是有神论也不是无神论；但是，我认为我的如下见解是正确的：青年黑格尔同受到成熟黑格尔庇佑的较晚的青年黑格尔派具有某种相似性。这在当时当然是无法为人所知的，因为那些早期手稿直到很晚才得以出版。不过令人并不感到奇怪的是，具有早期马克思那样的相似性的马克思主义者将发现研究青年黑格尔是一件很有趣的事情，例如，卢卡奇的《青年黑格尔》就是如此。

[46] 似乎被以“在某个非亲在的生命之美中找到平和”为目标的统一的描述所蕴含。参阅黑格尔：《黑格尔早期神学著作》，诺克斯版，第301页；另参阅黑格尔：《黑格尔早期神学著作》，诺尔版，第342页。

切的关系。在逐渐地认识到人的自主性要求从与全体相统一的要求推向了一个不同方向的过程中，他被迫去重新评估以人为中心的自主性在他对各种事物的整个见解中的地位。恰当地恢复与一个较大的生活潮流的统一现在对于一个精神存在来说是不够的。相反，与全体的重新统一必定意味着重新获得与某个宇宙精神的接触。但是这个合题必定把以人为中心的自主性的分裂性和与自然的表现的统一性统一起来。它不可能是简单地等同于双方的任何一方，而必须高于双方的任何一 73
方。因此，这个以人为中心的自主性再也不可能是绝对的目标。它必须在一个更加广泛的合题中被确立起来。这就是成熟的黑格尔断言要去做的工作。

当然，在黑格尔思想中的这个发展不可以被看做是简单地受他的思想目标之间的这些逻辑联系所推动的。它可能还受到了他所在时代一连串事件的影响。我们之所以不能肯定这一点，是因为我们缺乏证据。情况也许是这样的：早期黑格尔在政治上是非常激进的。在图宾根的那些早期岁月里，青年激进分子带着兴趣和热情关注着巴黎事态的进展。尽管他们想要在德国重演法国大革命是不可能的，并且以雅各宾的方式重演法国大革命定然是行不通的——因为反动派把他们通通打上了“雅各宾”的标签——但是无论如何如下情况是可能的：他们赞成通往平等和大众代表方向的广泛的政治变革。甚至在1789年，黑格尔就写了一个小册子（从未出版过），以表明他有意于参加就他的家乡符腾堡的宪政未来而展开的一场争论，它似乎已经在呼吁无论如何都带有很大特权的州议会选举。

另一方面，成熟的黑格尔根本不是一位政治激进分子。无论怎样，对这场变革作出误解是容易的。把它简单地看做一次从左到右的转变也是过于简单化的和令人误解的。首先，这是可能的：源于古希腊的“有机的”国家观念，对于在体制框架外面行动的“暴民”的不信任，对不同的职能的强调，在其晚期政治理论中具有如此大的重要性的所有这些观念从一开始就已经在那里萌发出来。与此对应地,成熟的黑格尔吸收了1789年的大量原则,而不只是吸收了后人一再地指责他为其辩护人的当时普鲁士国家的原则,假如人们考虑到黑格尔对资本主义经济动力的预言性不信任,那么他在许多方面也不同于许多当时的资产阶级作者。

这种变化在很大程度上依赖于他的坚强的政治变化行动角色的观念。他在18世纪90年代盼望的那种再生似乎是一件大体上将不得不由宗教和政治变革来给予完成的事情。在较晚的体系中,人的注定的圆满是一个处于过程中的事情;它赋予人以承认和生活在同它的关系之中的使命。当然,在这里我们也很容易误解这种差异。承认人同精神的联系,也就是改变人自身,改变人的行动方式以及人的许多重要方面。意识的变化无法恰好对立于现实中的某个变化;它们是相互制约的;两者之间的这个联系从黑格尔思想之初就是重要的。对于那个思想来说,宗教变革处于核心地位。但是无论如何存在着两个观点之间的一个差异:一个观点把广泛蔓延的坚强的社会变革和政治变革看做由将获得再生的人来给予完成的一件事情,另一个观点把当时的社会变革和政治变革看做是应该先给予辨别然后给予接受的事情。并且它就生存于一定的精神之中。

74 这是黑格尔立场所发生的第四个主要变化,并且这个变化比其他人都要晚熟些。不过,尽管其走向成熟的步伐是不同的,但是它同第三个变化具有清晰的联系。以人为中心的再生观念自然地呼应于为了实现预期目标而进行的坚强制度变革的前景。但是随着作为一个比人更加强大的主体精神观念的发展,黑格尔提出了一种历史过程观念。那个过程不是通过自觉的人类意图而能得到解释的,它只有通过精神的更大意图方能获得解释。假如人将要实现他的命运,那么肯定会发生的政治制度、社会制度和宗教制度的变革将再也不被看做人们必须自觉地给予完成的任务;相反,尽管它们是由人来完成的,但是在他们把那些任务完成之前,这些人并不知道他们所扮演的角色。这就是关于"理性的诡计"及其对历史的事后理解的成熟的黑格尔学说。黑格尔把这种学说发表在《法哲学原理》前言的那个著名短语中,即"密纳发的猫头鹰要到傍晚时分才会起飞"。[47]

换言之,在黑格尔思想中,人与某个更大宇宙主体相联系的观念同历史主体的更替相一致,那个主体不再简单地是人——如确实如此,那么他已经清醒地认识到了这一点——而成了精神。在通过意向性行动而得到实施的意义上必须被完成的事情因此不是历史的制度变革,因为这些变革再也不会有意向地被包含于这层意思之中,而是承认处于过程中的精神以及人自身同那个精神的联系。当然,当青年马克思抱怨"哲学家们"只是解释世界,而任务在于改变世界的时候,这是青年马克思所反对的东西。青年黑格尔比这位成熟的哲学家*将更加赞成青年马克思的观点。

这样,大约发生在他去耶拿并且经历耶拿时期进入他的成熟立场这个时间的黑格尔立场的这四个转变是有联系的:把分裂接受为终极统一的一个部分,转向作为一个决定性中介的哲学,从以人为中心的理论转向以精神为中心的理论,人的实现不是由人筹划的而只有在事后方能被认识到的观念。前两者是通过分裂和自主性、自主性和合理性的联系的黑格尔意义而联系起来的;自主性和表现的统一的对立引导他获得了作为比人更伟大的精神的观念,以及作为历史主体的精神改变了他的历史观。现在,人的任务在于承认,在于明确地承认,而不是通过某个多愁善感的直观,哪一个将否认他通往理性自主性的旅程;因此,人类实现的那个顶点,它证明是精神的实现,在于哲学的自觉性。

从这个有利之点出发,我们可以更加清楚地看到,在黑格尔思想中 75

---

[47] 黑格尔:《法哲学原理》,第13页。

* 这里指成熟的黑格尔。——译注

发生的这个复杂的转变也许还受到了当时政治事件的触动。在18世纪90年代初，许多年轻而激进的德意志人曾经怀抱着其祖国获得革命发展的希望。在18世纪末,这些希望通通化作了泡影:德意志的古老制度明确地成了抵制任何内部变革的武器。对变革的主要希望便寄托在法兰西军队及其主要领导人拿破仑的身上。黑格尔似乎曾经是这样一些德意志人中的一分子，他们对19世纪前十年的拿破仑独裁的结果作出了良好的评判。但是此后发生的那些变化并没有像18世纪90年代初那些德意志人梦想的那样激进，这场革命也没有从外面引入某个自我主动性的意义。在18世纪末和19世纪初,在法兰西革命军队的打击之下,德意志似乎无力对这个帝国的瓦解提出挑战，无力找到一个恢复元气的形式。它不是这样一个有利的出发点,人们从它出发便容易相信,人们自觉地、有意识地创造着自己的历史。

当然,这远远不是黑格尔所牵涉到的全部故事。在耶拿战役拿破仑击败普鲁士之后,还存在着另一些希望,并且德意志似乎正在萌发一股以斯泰因男爵改良为先锋的革新精神。黑格尔似乎相对地对这场变革无动于衷。也许他已经提出了一个确定的模型;在这个领域里,一些早期的经验比较晚期的经验更加重要。无论如何,革新运动在复辟之后被粉碎了。让我们接下来考查黑格尔的成熟立场。

第3章
自我设定的精神 76

一

在前面两章中，我们已经试着呈现了黑格尔哲学将要去面对的一些基本问题和渴望。我还提出了这样的建议:我们最好根据黑格尔时代对找到某种生活方式的愿望来理解这些问题和渴望,并且我还认为,这些问题和渴望将把既互相对立又互相联系的两个强有力的渴望统一起来。一个渴望是与自然的统一,与他人的统一,以及与作为表现的存在的要求的人自身的统一；另一个渴望是在康德和费希特那里达到模范表达的激进道德自主性。

我曾经指出,在19世纪初,黑格尔逐渐认识到,这两个渴望是深刻地相互矛盾的。尤其是,他逐渐认识到,自由要求打破表现的统一,要求打破人内心、人与人之间以及人与自然之间原始的未分化的全体性。像许多同时代人一样，他把那种全体性归之于一个较早时代——主要是古希腊时代。一个死亡的、机械的宇宙和社会的残片的意义,在那个宇宙和社会中被流放的意义，是如此多的当时作者曾经经历过和论证过的,它并不是某个较早时期天国的一次神秘而全盘的失落。相反,它是不可避免的发展的结果，它对于作为理性和自由代理者的人的充分实现是至关重要的。

但是这个故事并没有到此为止。这个必然的分化将盼望着一个更高的和解。这个和解已经处于过程之中,它是历史所揭示的意图的理性展示的成果,那个成果要求被哲学所识别和把握,并因此而被完成。因为把理性包容进来的和解只有在理性语言里才能得到适当的阐述。黑格尔与许多同时代人一起认为,他的时代是一个承前启后的时代。这个时代将看到这种和解的曙光。“此外,我们不难看到,我们这个时代是一个新时期降生和过渡的时代。”[①]黑格尔还进一步地在这个段落里谈到了“ein qualitativer Sprung(质的飞跃)”。

因此,对黑格尔来说,哲学的主要任务可以被表达为扬弃对立的任务。[②]这些对立源于原始表现统一的被打破。因此,第一,作为认识主体,人从自然中分化出来,他现在把自然看做一个赤裸裸的事实,而非某个理念或意图的表现。这样,与心灵相区别的自然不展示任何理性必然性或表现形式。一旦我们从这个区分得出了最远的结论,我们便不得不同意康德的如下做法:我们在经验中发现的必然形式的程度无论有多么高,我们都把它归之于我们的知性,而不是归之于影响着这个知性的现实。既然一定程度的必然形式对经验是至关重要的,因此我们不得不承认,作为自在存在的现实,即不受我们施加于它之上的任何建构的改变的现实,是永远超越于我们的视野之外的。人从自然的异化使得世界在终极意义上成为他的一个未开垦的知识领域。

77 这个分离随着人对他自身思想之自我意识的发展而发生。在如下意义上,它变成了一个对立:无物被允许成为消解心灵和世界之隔阂的

① 黑格尔:《精神现象学》,拉松版(洪堡,1952),第15页。引自瓦尔特·考夫曼译本:《黑格尔:文本和解释》(纽约,火炬图书,1966),第20页。(请参阅贺译本,《精神现象学》,商务印书馆,1983,第6—7页。)

② “扬弃对立”,如他在《差异》第75页中指出的那样。

中介和桥梁。每一事物都处于非此即彼状态。[③]但是在如下较强意义上，它也是一个对立：心灵和世界之间的这种分离是与认识心灵的性质和意图背道而驰的。因此，黑格尔将经常地郑重声明说：康德的自在之物观念是前后不一致的，按照那个观念，运用这个术语的这位哲学家正在设置为他的心灵所达不到的某物，但是，他的心灵与此同时无法超出他正在设置它时所设定的那个观念。（当然，一个康德主义者将郑重声明说，这忽视了可以被经验之物和只能被思维之物之间的区分，但是黑格尔的观点正是要挑战这个区分。）因此，这个对立在这里得到了尖锐化。它逐渐地介于诉诸于认识主体的两个要求之间：在对他的作为具有充分自我意识的情况下，他逐渐地把自己区分于他的对象；他还彻底地知道它，以致似乎达到了它的本质。

在他们的理性意志和他们自身的本性、他们的欲望、意向、亲和力之间，在人的内部产生了一个相似的对立。人们再一次逐渐地区分了他们的意志在日益成长的自我意识过程中的理性决定作用，并且这对于理性自身和自由的成长似乎具有重要意义。这个分离变成了这样一个对立，在其中，理性和自然不仅被考虑为互不相干的十全十美的范畴，而且，随着它们为我们的意志所控制，它们便处于冲突之中。但是，这个冲突是把我们当做代理者的两个要求之间的对立的反映。一方面，我们被要求成为自由的理性的代理者，并因此遵从理性。另一方面，自由意味着根据源于自我的而非由外界注入或引入的动机去行动。但是由于 78
自我也是一个自然的存在，排斥甚至对立于自然倾向的自由观肯定是有缺陷的。

自由和自然之间的这个对立也可以被表现在一个神学样式中，作

③ 当然，在他的第三个批判中，康德采取了某些通往中介的策略。但是康德是非常谨慎的，他决不允许自己跨越二元论的边界。因此，关于有生命存在的目的论知性是我们用来规范现象的一个途径，“似乎”它们就是终极的原因。康德的继承者，包括黑格尔，超越了这一点。

为人的行为的两种解释，通过自然的必然性和通过自由地被选择的目标，那些目标似乎既是无法避免的又是相互冲突的。

第三，自我意识的成长导致个体把自身区分于他的部落或共同体。这个不断成长的个体性意义再一次导致了人和社会之间的实践对立和利益冲突，它反过来是建立在自由冲突要求基础上的。人要想获得自由就必须成为自己的主人，因此就不应该屈从于任何一个他者。但是与此同时，一个只为自己考虑的人是软弱的，并且必然地要依赖于外界的帮助。赤裸裸的个体自由因此是一件极受限制而含糊的事。此外，作为文化存在，人只有在同他人交往中才得以敞开心扉，发展他的各种意图；达向个体自由的这种渴望是在这个交换过程中滋长起来的，并且通过交换而变得迟钝和衰败。因此那个必要的自由无法由单独个体获得。它必须在社会中为人们所分享。那个社会保持着这样一种文化，它滋养着那种自由，并且合法化对它产生影响的那些方面。自由似乎既需要个体的独立性，又需要融入更大生活之中的协调性。

个别的人不仅是更大的社会全体的一部分，他和他的社会反过来处于一个更广大的框架之中，处于人类以及整个自然之中，他们同自然处于交换关系之中，并且他们依赖于自然。自我意识的发展意味着从这些较大框架中分离出来，这些框架从前被看做有意义的秩序，现在被看做我们的活动的一系列实际限制和条件。我们从上面看到，对认识主体来说，这个分离产生对立的方式。但是，对作为自由表现的存在的主体来说，它也产生了对立。自我的自由受到自我所依赖的某个更加广大的自然框架的限制。但是，正是在自我的理性同自我的欲望的关系中，或者，在自我的自由同自我的社会的关系中，这种依赖性产生了一个两难。或者更正确地说，它根据某种人的表现主义理论的假定产生了一个两难，按照那种理论，人努力保持同更广大自然秩序的合一状态。如果它对我们来说是真实的，那么我们似乎既得分离于这个较大的框架，又得协调于这个较大的框架。

我们在上一章看到，既融入自然之中又保持为精神性生命的这个双重要求似乎已经在某个潜藏于自然背后的宇宙精神的观念中得到了兑现。但是我们还看到,这只是替换了这个两难,这个两难现在集中体现在人与宇宙精神的关系上。现在的对立发生在有限精神的依赖自我性和自主性之间，那个对立似乎被迫把那些有限精神看做理性的并因此是自由的代理人，并且与宇宙精神相统一的要求，要是没有那种统 79
一,他们便仅仅是一些残缺的存在,处于达向他们自身之必要表现之旅程的对立之中。

第四个对立因此可以被描述为有限精神和无限精神之间的对立，人类的自主性要求和参与到无限生命洪流中去的要求之间的对立。正如我们在上一章看到的以及我们将在下面作简短考查的那样，黑格尔在他的精神观念中看到了解决这个对立的答案。但是这个对立也可以根据命运概念而得到表达。从自主的、有限的主体的立场来看,影响着他的更广大的事件过程区别于恰好发生在他身上的事情,即他的命运。这个命运是完全不同于他自身的。在如下意义上，它根本不是他的表现:人只能在他的作为中去发现某个事情。从这个观点来看,分离的命运,在较早时期把自身同命运调和起来的命令,逐渐地了解了它的必然性,并因此与它和平相处,只可以被理解为是走向屈服的一次呼吁,而非导向更加深刻的洞见的一次邀请。

但是,在一定程度上,事物的过程是宇宙精神的表现;因此,把它看做完全不同的他者,也就是把自身规定为与宇宙精神相对立的某物。另一方面，与无限精神相统一，甚至进一步地把自身看做无限精神的手段,也就是承认在人的命运中的现实表现,人无法让自己摆脱那个现实。

因此，有限精神和无限精神之间的对立也可以被描述为自由人肯定自己以反对命运的需要和把自身同命运调和起来的要求之间的对立。前者用迪兰·托马斯的话可以表达为:“不要被那美好的夜晚所迷醉/怒吼吧,向着那暗淡的夜光怒吼吧。”至于后者,则如尼采说的那样:我们可以"把'如此这般'的每一事物改造为'为我所有'的事物"。[4]

因此,这是哲学家必须给予扬弃的认识主体和他的世界之间、自然和自由之间、个体和社会之间、有限精神和无限精神之间、自由人和他的命运之间的对立。想要扬弃它们的哲学当然得去识别这些对立是如何被它们自身所扬弃的。在这里"扬弃"并不意味着简单的"抛弃";不存在返回到主体和自然分离之前的原始意识的问题。相反,其渴望在于保存分离的成果,自由的理性意识,与此同时恢复统一,即恢复与自然、社会、上帝和命运的统一。

但是,由于每一方都与另一方处于对立之中,这些对立如何才能获得和解呢?而这确实是我们的问题。在分离于自然、社会、上帝和命运的过程中,人只获得了他的自我意识、理性的自主性。黑格尔非常清楚地看到了这一点。这也就是他之所以瞧不起简单地抛弃对立并返回到原始统一的任何企图的原因。

80 黑格尔的回答是,在这些基本的二元分立中,一旦它们被彻底地理解了之后,每一方都表明自己不仅是对立于对方的,而且是同一于对方的。当我们更加深入地考查了事物之后,我们将看到,情况之所以如此,是因为从根本上说对立和同一关系是不可分割地互相联系在一起的。它们无法被全然区分开来,因为每一方都无法依靠自身而存在,也就是说,在一组给定的术语之间,把自身作为一个单一关系保持下来。相反,它们处于一种循环关系之中。某个对立产生于某个较早的同一。这是必然的:同一无法依赖自身而维持下去,而不得不滋生出对立。由此而来的是:对立不是单纯的对立,每一方与其对方的关系都是一个特殊的亲密关系。它不仅相关于某个他者,而且相关于它的他者,并且这个隐藏的同一将必然地在统一的恢复过程中重新肯定自身。

这就是黑格尔主张如下观点的原因:普通的同一性观点不得不在哲学中被人们所抛弃,以便去支持这样一种思维方式,它可以被称作辩

④ 尼采:《稣鲁支语录》,每人版,第126页。

证法,在那种思维方式中,它向我们呈现了根据某个单一命题或一组命题无法被我们所把握的某物,它并没有违反矛盾律:-(P.-P)。可以实际地公平对待现实的最小集是三个命题:即,A是A,A也是非A,而非A表明它自身将终究是A。

要想掌握这个思辨真理,也就是去了解自由的主体性是如何扬弃它与自然、社会、上帝、命运的对立的。这是一个相当庞大的论题。在许多时候,人似乎都在做着初看起来非常像文字游戏的工作。玩弄"同一"和"对立"、"同一"和"差异"之类的语词有什么意思呢?确切地说,这个论题肯定了什么呢?人是如何来支持它的呢?或者,难道我们对黑格尔式术语的使用正表明了我们对它的支持吗?

二

为了弄清黑格尔在这里谈论的究竟是什么东西,我们不得不去理解他的精神观念或宇宙精神观念。当我们简单地谈论"同一"和"差异"的时候,在这些抽象物中似乎存在着一些令人不可捉摸的东西;而当我们谈论"精神"的时候,我们所感到的这个不可捉摸性要少一些。现在,对成熟的黑格尔来说,主体提供了无限精神的基本模式。我们看到,在较早时期,他试着考虑借助于爱或生命扬弃了分离的现实。但是在其成熟的观点中,理解绝对的关键术语是"主体"。⑤

在观察这个术语是如何应用于精神之前,有必要考查一下什么是黑格尔的主体观念。更值得考查的一点在于,他的观念从哲学上讲本身就是一个至关重要的观念,即作为一个人类的主体观念,它打破了自从笛卡尔以来在唯理论和经验论中间变成了哲学主导的二元论。在现代哲学人类学的思想连环中,黑格尔实际上是最重要的环节之一。那种哲 81

⑤ 参阅黑格尔:《精神现象学》,"序言",第19页。

学人类学既对立于二元论,又对立于机械论,并且我们在马克思主义和现代现象学中看到了它正以不同方式延续着。

黑格尔观念是建立在表现主义理论之上的。赫德尔和其他人发展了那种理论。如我们看到的那样,这种理论恢复了亚里士多德的范畴,我们在那些范畴中看到主体、人是正在完成着一定形式的东西;但是它还加上了另一个维度,在那个维度中,它把这个被实现的形式看做在明晰意义上无法事先被人所知的主体的表现。它是亚里士多德的形式和现代表现这样两种模式的结合,它使我们可以在这里谈论自我实现。

黑格尔主体理论是一种自我实现理论。因此它是激进地反二元论的。因为这种表现主义理论对立于后笛卡尔哲学的二元论(包括经验论),反对它的谱系的每一支旁系。这种二元论把主体看做意识中心,主体认识着外在世界和自身;那个中心是非物质的,是异质于肉体世界的,包括主体自身的肉体。思维、知觉、知性等等的"精神性"功能被赋予了这个非物质的存在。这个"心灵"有时被思考为是完美地自我明晰的,即能够清楚地看到它自身的内容或"理念"(这似乎曾经是笛卡尔的观点)。

现在,首先,这个观点没有为在亚里士多德传统中被理解的生命留下地盘。即,生命是自我组织、自我维持的形式,它只能在它的物质实体中运行,并因此不能分离于它的物质实体。这种生命在二元论中消失了,因为它的整个自然将对二元论开启的鸿沟抱着骑墙态度。它是物质的,并且仍然处于对形式的维持中,它揭示了这种目的性,有时甚至是我们把它同心灵联系在一起的智能。我们之所以感到自己被诱导着把有生命事物考虑为能对其周围环境作出精确"考虑"的事物,是因为它们可以从智能上去适应新奇的环境。

另一方面,二元论把智能的所有官能归结为异质于肉体的心灵。因此,物质是有待于被纯粹机械地理解的某物。沿着这条道路,笛卡尔经验论的二元论同机械论具有密切的联系。笛卡尔倾向于对心理学作出机械论的解释，现代机械论的心理学在历史上同经验论具有紧密的联系;它倒向了发育不全的二元论。

但是二元论的现代诱惑产生于可以追溯至亚里士多德的一个极其不同的哲学环境。它部分地是由这样一个意志观念促成的,那个意志观念源于犹太教—基督教,而相左于古希腊思想;它同一个自我规定的现代主体观念一起成长起来,我们在上一章曾经讨论过那个主体观念。简言之,它与对纯粹理性和激进自由的现代关注具有密切联系。 82
正如我们看到的那样,黑格尔不打算抛弃这些观念并返回到某个较早阶段。

实际上,当我们关注纯粹思维的时候,当我们关注正在思考某个科学问题或数学问题,正在推敲某些道德原理的心灵的反思活动的时候,那个心灵似乎是最不受外在控制的约束的——在某种意义上,例如,它确实不会表现在我们的情感生活中。正是在这个领域里,二元论的论题似乎是最受欢迎的。既然我会对要不要向敌人表示我的愤怒感到犹豫不决,我会在我的肉体中,在某个空洞的避难所里,“感受到”那种愤怒,那么我能到哪里去确定我对某个逻辑问题或道德行为问题纯粹内在的反思呢?

这是涉及表现主义理论的另一方面。我们在第1章里看到,赫德尔如何发展了一种语言表现主义理论。它确实变成了人的表现主义理论的重要部分。根据这个理论,语词之所以具有意义不是简单地因为它们将被用来指示或推论世界或心灵的某些事物，而且因为它们表现或体现了对我们自身或事物的某种意识，对于作为语言使用者的人来说尤其如此,赫德尔用词汇“Besonnenheit(深思熟虑)”来说明这一点。语言不仅被看做一组符号,而且被看做表现某种观察和经验的方式的中介;因此它同艺术是连续在一起的。所以,不可能存在没有语言的思想。诚然,不同民族的语言反映了他们对事物的不同见解。

所以,这种表现主义理论也是反二元论的。不存在没有语言、艺术、姿态或某个外在中介的思想。思想无法脱离于它的中介,不仅在前者没有后者便不成其为前者的意义上是如此，而且在思想取决于它的中介的意义上是如此。也就是说，从某个观点可以被描述为相同思想的东西,在某个新情况下,因表现在某个新的中介中而发生了变化。例如,把一种语言译成另一种语言就是如此。换言之,我们无法把一个思想的内容和由中介“附加上去”的东西清楚地区分开来。

这样，亚里士多德的质料和形式的关系观念，或者质料与形式学说,如人们一直称呼的那样,给出了一个生命存在观念,在那个观念中,灵魂离不开肉体，所以这种表现主义理论给了我们一个关于思维存在的观点,在那个思维存在中,思想离不开它的中介。所以,它具有纯思、反思、沉思的官能，人们最有可能把这些官能归之于某个非实体的心灵,并且它对于实体化了的实存来说,它对它们作为必然地表达在某个外在中介里的东西给予矫正。

因此,作为质料和形式学说同这种新的表现观念的结合,表现主义理论是激进地反二元论的。黑格尔的主体理论也是如此。黑格尔思想的
83 一个基本原则是:主体,以及他的所有官能,无论是多么地“精神的”,都必须实体化。并且,这表现为两个相关的维度:其一是,作为一个“理性动物”,一个思维着的生命存在;其二是,作为一个表现的存在,一个总是在思维着并且必然地把自身表现在某个中介中的存在。

正如我们将称呼它的那样，这个必然实体原理是黑格尔的精神观念或宇宙精神观念的核心。但是在我们进一步考查这个精神观念之前,让我们先了解一下，这种表现主义的主体理论是如何为我们讨论同一和对立的统一提供某个基础的。

我们可以看到，黑格尔的表现主义理论确实没有看到我们在笛卡尔主义—经验论的二元论中发现的生命和意识之间的脱节。对于后者来说,诸肉体官能被归属于广延的、物质的存在世界,并且将被机械主义地得到理解；与此同时心灵的诸官能属于一个分离的、非物质的实

体。因此,笛卡尔可以把动物看做复杂的机器。但是对于亚里士多德的任何一个追随者来说,这种二分法是难以成立的。因为生命存在是一个官能的统一体,而不仅仅是各部分的连结。进一步地,在维持某个确实的形式去经历各种变化的条件的过程中,它在适应新环境过程中显示出了一种初始意图,甚至一种初始智能,它相似于自我意识的存在,以明显的形式显示在他们对于各种目标的追求中,显示在他们在这样做的过程中他们把握自我和外在环境的能力中。换言之,生命存在不仅是一个官能的统一体,而且是处于某个代理者之自然中的某物,这使它处于一个发展序列之中,那个序列在人类主体那里达到了它的顶点。

通过这种方式,黑格尔重建了被笛卡尔主义毁坏的生命存在的连续性的意义。不仅存在着我们自身和动物之间的连续性,而且存在着内在于我们自身的肉体官能和心灵官能、生命和意识之间的连续性。从表现主义者的观点来看,在人身上的这些东西都无法被分离为或划归为两个部分或机能。黑格尔赞成赫德尔的观点,我们从来无法把人理解成是一个附加上理性的动物;相反,他是一种完全不同的全体,在其中,反思意识的事实没有留下未受改变的任何东西;某个反思存在的感觉、欲望,甚至其自我保持的本能,肯定不同于其他动物的感觉、欲望和本能,更不用说他的行为举止、他的身体结构、他屈从的各种不幸等等了。对于把生命存在看做全体,即看做在其中的每一个部分都相关于其他部分并相关于这个全体的实体的任何一个人来说,不存在看待事物的其他方式。亚里士多德的质料和形式学说以及表现主义理论都使我们把它们看做一些全体。

因此,这种观点不仅主张生命存在的连续性,而且主张质的非连续性。作为一个生命存在,人不仅极其不同于其他动物,而且他与此同时不仅仅是一个加上理性的动物,他是一个全新的全体。这意味着他不得 84

不根据完全不同的原则被理解。[6]因此沿着连续性观念,我们具有了关于存在层次的等级序列观念。我们可以在这里谈论某个等级序列而不仅仅是不同的种类,因为“较高的”种类可以被看做在较大程度上实现了较低的种类不完美地体现的东西。

黑格尔主张这样一个存在的等级序列,它的顶点是意识的主体性。较低的生命种类展示了看似主体性的某些原初形式：因为它们显示在对程度意图的提升中,显示在作为生命形式的自我持存中,显示在对周围事物的认识中。简单地说,它们变得日益像是代理者,最高级种类的动物惟一想拥有的是成为奴隶的表现力量。黑格尔扩展了这个等级序列,如我们将看到的那样,他使它超出了生命存在的范围而把它推广到了整个宇宙。我们可以看到无机界现象中间的一个等级序列,那个等级序列指向一个较高的生命阶段，正如动物指向人类的主体性那样。因此,正如生命是意识的某个原初形式一样,太阳系的统一可以被看做生命的某个原初形式。

至此为止，黑格尔的理论同其他表现主义思想家——如赫德尔——的理论并没有多大差别。不过他的理论还吸收了康德唯心论的一个贡献。意识不仅以被描述的方式那样地是生命的连续和中断;它还在一定意义上“否定了”生命。因为正如我们知道的那样,作为有意识的、认识着的、理性的存在,人把目标指向理性思维的清晰性和自足性,

⑥ 这种关于形式的等级序列观念是对于还原主义解释的否定。那种解释希望着能够用相同解释概念和原理去探讨有机体的较高官能，人借助那些概念和原理可以去探讨较低级的官能,并且诚然将把这种解释的同质性扩张到无机物上去。

黑格尔的理论正好是对还原论的颠倒。因为在一定程度上,某个层次说明了其他层次,正是较高层次衬托出了某些较低层次,它能够较为充分地认识到什么是较低层次正指向的目标。但是我们不可以把这一点讲得太过头,因为较低的层次不会被更丰富更复杂的较高层次所考虑。它们是通过贫乏而同较高的层次发生关系的。因此它们是不同种类的实体。无法像还原论假说那样适用于相同的基本原理。

而只有通过使自身分离于不仅是外在的自然而且是内在的自然，他才能获得那种思维的清晰性和自足性。因此，他被引诱着把理性思维同他的各种欲望、学识、亲和力分离开来，并似乎能使它与之隔绝；尽可能地使之免受无意识意向冲动的摆布。理性意识于是有了一次分裂，人走上了一条使其自身与生命对立的旅程；当然，这一点在其他地方，在笛卡尔二元论理论中，得到了表现。

人因此不可避免地成了自身的累赘。他是一个理性动物。这意味着他是一个有生命的有思想的存在。他可能是惟一有思想的存在，因为他是有生命的。不过，思想的迫切性把他带到了生命的对立面，带到了在他身上的自发而自然的方面的对立面；所以他被引导去分裂自身，在原本统一的他自身内部制造出某个差别、某个不一致性。

展开的理性以及随之而来的差别并不是人与生俱来的，而是后来才逐渐地产生的。这意味着两件事情：首先，除了生命形式等级序列之外，还存在着一个思维样式等级序列。随着人对自身的理性意识的成长，他的这种自我意识的表现样式也肯定发生了变化。他的语言、艺术、 85
宗教和哲学肯定发生了变化；因为要是它的中介不发生转变，思想便不会变化。因此肯定存在着某个表现样式的等级序列，在其中，较高的样式比较低的样式使得某个更加精确、明白而前后一致的思想成为可能。

这种等级序列概念在黑格尔思想中起着重要作用。它在对艺术、宗教和哲学作出区分的关联中最为人所知。艺术、宗教和哲学都是理解精神的手段，但是它们在等级上是有高下之别的。在一定意义上，我们用这三种样式来表现相同的真理。这三种样式只存在着适当性层次的差异。这就像这样一个等级序列，在其中，较低的层次包含着较高的层次的原初形式，也就是说，它们揭示了同一种统一的贫乏表现。

其次，理性不是人的起点，而是人求达的某物。这意味着人有一个历史。为了逐渐地达到清晰性，人不得不去历经各种磨难，去经历较低级的、带着较多失真的意识的各个阶段。他起初是一个原始存在。他不得不痛苦地、缓慢地获取文化和知性。这不是一个意外的不幸。因为，如我们已经看到的那样，思想或理性只能存在于得到实体化的一个生命存在中。但是，生命自身的过程是无意识的，是受非反思的驱动力支配的。所以，为了实现有意识生命的潜力，就需要作出长期的努力、内在的分化和转变。我们于是可以看到，这个漫长的转变远远地超出了意识样式等级序列的攀升之外。它还需要人同驱动力进行斗争，并且赋予他的生命以外形，那种外形将把驱动力铸造为某种表现理性和自由之要求的文化。所以人的历史也是对于某个文化形式之梯的攀升。

也许我们现在可以对上一节末尾处提出的一些令人困惑的断言有所领悟：同一和对立是联系的，它们是相反相成的一对术语。黑格尔的主体观念开始着手了解这种说法的意义。

思维着的理性主体只有通过实体化才能生存。在这个意义上，我们可以真正地说主体是他的实体。也就是说，自我，那个主我，作为思维着的存在，是自我的生命肉体。不过，与此同时，在生命中这个实体有一个迫使我们去顺应意向之流的倾向，去顺应通向同我们自身达到非反思的统一，同自然达到非反思的统一的本能之流的倾向。理性不得不同这个倾向作斗争，以便实现它自身。在这个意义上，他的实体不仅是思维着的理性主体，而且在一定意义上是他的反面、他的限制、他的对手。

因此，我们可以说，主体既同一于他的主体，又对立于他的实体。之所以如此，是因为黑格尔不是通过一个维度，而是通过两个维度来定义主体的。他具有某些实存的条件，具有某些实体的条件；但是与此同时，
86 主体受到了目的论意义上的规定，因为它倾向于某个确定的完美，理性和自由的完美，这个完美既同亚里士多德理论相联系，又同表现主义理论相联系。这个完美的要求至少首先同他的实存条件相违背。

正是这种内在的复杂性使得它同它的自我和他者的双重关系成为可能。为了成为一个有意识的存在，主体必须被实体化在生命中；但是为了实现意识的完美，它必须同作为某个限制的自然的生命纽带进行

斗争，并且扬弃那个纽带。它的实存的各种条件冲突于它对完美的各种要求。对它来说，生存就是为了追求完美。那么我们可否说：主体因此必然地是一个内在冲突的领域，一个矛盾的领域呢？黑格尔对此是毫不犹豫的。

因此，两个关系，同一和对立，可以说是相反相成的。但是，由于一方是在实存的不变条件下被确立起来的，与此同时另一方来自主体实现的各种要求，那些要求的实现需要作出持久的努力，我们便可以把两者的关系考虑为处于一个暂时样式中的联系。原始的同一必须让位于分化，由于主体不能不包含内在于自身的分化的种子，那种分化是不可避免地要产生的。

但是，在这个暂时的样式里，在和解的样式里，这第三个阶段又将如何呢？在上一节结尾处我曾经说过，黑格尔主张得到充分理解的对立显示了统一的恢复。而这一点也可以在黑格尔的主体理论中看到。人不会永远维持在思想和生命、理性和自然之对立的阶段。相反，双方都将被扬弃，以逐渐地达到一个更高的统一。原始的自然，本能的生命，将是理性的一个表现。另一方面，理性停止使自身狭隘地同一于一个被设定为较高的自我，那个自我把自然逼迫到了没有退路的境地。相反，它看到，自然自身是一个合理性筹划的一部分，那个分化必须是为了让人达到一个较高的统一而准备的。理性的主体把自己等同于这个较大的理性，隐藏着全体的这个合理性筹划，并因此不再把自身看做对立于某个自然的东西，那个自然已经扬弃了自身，以便成为理性的适当表现。

人类的历史因此并不终结于分化。它超越了分化，以达到一个较高的文化形式，在那种文化形式中，我们的自然，就是说，处于同我们的周围环境相互交换过程中的我们的个体生命和集体生命，同自主的个体筹划相比表现出某个较大的理性筹划。它还达到了一个较高的意识样式，在其中，我们逐渐地看到了这个较高的筹划，并认同了它。黑格尔用术语“Vernunft(理性)”来表示这个较高的样式，并且称这种关于事物的见解为分裂的或对立的“Verstand(知性)”。

这个统一是非常不同于起初的那个无差别的统一的。它是“居间的”;它保留了分裂的意识,那种意识是自然教化和理性发展中的一个必要阶段。它是充分自觉的,并且(被设定为)本质地合理的。

87 因此,人类主体塑造了黑格尔的同一和对立关系的论题。他既同一于又对立于他的本质实体;但是这个双重关系可以被表现在一个暂时的样式中:超出原始的同一,对立必然地产生。这个对立自身导致了一个更高的统一,那个统一是以对于这个对立的不可避免性和合理必然性的承认为基础的。

三

但是这种关于人的理论是如何替作为“同一和非同一之同一”这样一个令人吃惊的等式作辩护的呢?纵使我们承认黑格尔的主体理论使我们认识到了在人身上的某个不可避免的冲突,我们将被引诱去称之为“矛盾”,但是这怎样替有关同一和对立之间的单纯联系的谈论作辩护呢?

其答案是,这种主体理论不仅应用到了人身上,而且应用到了宇宙精神或精神的身上。诚然,我们已经在上一节的结尾看到,解决人身上的对立的要求是:我们指望他达到一个较大的理性筹划,即精神的筹划。

我们原来就知道,对黑格尔来说,绝对是主体。那个在所有现实中以自身为基础并证明自身的东西,那个斯宾诺莎称之为“实体”的东西,那个后来被狂飙突进运动看做贯穿于一切事物之中的神圣生命的东西,黑格尔把它理解为精神。但是精神或主体性必然地被实体化。因此精神或上帝无法分离于宇宙而存在,他维持着那个宇宙并且在其中证明了自身。反过来,这个宇宙是他的实体,正如没有我的实体,我便不成其为我一样,没有那个实体,他便不成其为他。我们于是可以看到,黑格尔不得不去领受被人指责为斯宾诺莎主义者或泛神论者的原因。在这一点上,他同在这个时期受过狂飙突进运动或浪漫派思想影响的许多其他思想家是一样的。为了理解他所作出的答复,我们不得不更详细地去考查他的精神概念,那个概念的确是为他所独有的。

我们已知道,存在着两种实体模式,它们在黑格尔以之为基础的表现主义主体理论中被归并到了一起。一个模式是来自亚里士多德的生命形式观念,那个生命形式只能是一个生命实体。另一个模式是需要一个中介的思想表现模式。它们在某个生命样式观念中被归并到了一起,那个观念适当地表现了作为一个人的我的所是;或者从一个表现主义观点来看,它可以更精确地表述为,那个观念适当地表现了作为这一个人,作为这个共同体的成员的我的所是。生命样式既是实施哺育、生殖等生命之必然职责的一个方式,也是一种文化表现,它显示着并决定着我们是什么,我们的“同一性”。夫妻之间的婚姻关系,一个社会的经济 88
生产样式,可以——从某个表现主义的观点看,肯定——在这两个维度中被看到。它们是维持生命和再生产的相互交换的样式。但是它们也是对角色、价值、渴望、成功和失败、公平等等的具体规定。要是不具体化为这些规定,那么将不可能存在我们承认为人类婚姻或生产样式的任何东西。换言之,没有语言,这些关系是不可能的。

尽管实体化的这两个维度对于理解人来说是必要的,但是它们不是完全地重叠的。存在着人的这样一些方面,我们必须把它们简单地理解为生命官能,而非文化表现,例如人的消化;我们在任何情况下都可以主张,存在着某些文化表现,在不把它们相关于生命官能的情况下,我们也可以理解它们(尽管马克思主义者和弗洛伊德主义者对此持有异议)。这些生命官能务必同婚姻习惯和生产样式相并存,并且这只有在这样的情况下,才能使两者都得到理解。

无论怎样,这两者同精神完美地结合了起来。宇宙是上帝的“生命官能”的全体性的实体化，即是它的实存条件的全体性的实体化。它也是上帝的彻底表现，即是上帝为了确证自身而由上帝确定的某物。因此，宇宙必须既被把握为类似于某个生命形式的某物，又要通过来自亚里士多德的“内在目的论”范畴而获得理解。它被读作相似于这样一个文本的某物，在其中，上帝说出了他的本质。

在上帝身上完成的生命和表现的这个完美结合表明他是一个不同于作为有限精神的我们自身的无限精神。我们必须把宇宙看做上帝实存的条件，并且上帝就是这样设定他的条件的。上帝可以被思考为对于他自身的实存条件的设定。在这个意义上，宇宙似乎可以被人看做由上帝筹划的，直到我们小心翼翼地把某个筹划者的形象抛到一边，他可以脱离于他的创造物而存在。我们不妨说，宇宙是一个必要的结构。在我们继续探讨关于没有独立筹划者的一个被设定的宇宙的这个困难的观念之前，让我们先来看一看这个必要的结构的情形。

假如宇宙被设定为上帝或精神实存的条件，那么我们可以从精神的自然中得出它的一般结构。现在，如我们看到的那样，精神或主体性，要从目的论上被理解为旨在实现理性、自由、自我意识，或者在自由中的理性的自我意识。我们可以看到这三个术语是如何在一个表现主义主体理论中被联结起来的。理性的自我意识是对自我的理性意识。那种意识已经表现在生命中，因此具有至关重要性。当这个表现作为自我所胜任的东西而得到承认的时候，自我意识的圆满性便得到了实现。如果它没有得到实现，如果它被看做残缺的、失真的，有待于进一步变化的，那么这种自我意识便是不完整的，对于这种非胜任性的知觉无论是多么清楚，从表现主义观点来看，我们实际的存在状况无法在其表现的演进中为人所知。这个残缺的存在只能继续走向一个更加充实的表现，以便随后承认他的实际状况。

89 但是，从表现主义的观点看，自由是自我得以适当地表现的条件。因此，在没有自由的条件下，充分的自我意识是不可能的。如果我们在这一点上加上这样的观念:自我意识是主体的本质,那么倒过来的假定也是真的:在没有自我意识的条件下,自由(即,充分的自我表现)是不可能的。现在黑格尔在这一点之上加上了表现主义理论的共同基础。其命题是:主体性的本质是理性的自我意识,那个自我意识必须借助于概念思维的清晰中介,而非处于不明确的直观或难以言语的见解之中。所以,合理性对他来说,是自由的必要表现的条件,反之亦然。

现在让我们把这一点从人转向神,看一看就世界的必然结构来说,它向我们呈现了什么。假如作为主体的精神要在自由中达到理性的自我意识,那么,对于意识来说,要达到这一点,就必须得到确定,且必须在地点和时间上得到确定。但是假如一个意识是在某个地点、某个时间的意识,那么它就不是在其他地点和其他时间的意识。这样,它就有了一个在自身和非自身之间的限制,因此它是有限的。

这样,从精神将被实体化的要求中,从实体化在外在的时空现实的自然中,我们证明了有限精神的必然性。但是,从意识自身的要求还存在着另一个论点,这是黑格尔经常引用的论点。黑格尔从康德和费希特那里采纳了这样一个观念:意识必然地是两极的,即,它要求主体和客体的区分。在康德的先验演绎中,这起着重要作用。那种演绎以一种形式转向了对于客观性的要求,也就是说,存在着两类现象之间的差异:一类现象只有通过我们的经验才能连结到一起,另一类现象则是普遍地、必然地连结到一起的。康德的第一批判的杰出成就在于恢复经验内部主体性和客观性的这种区分的名誉,把那种经验看做是不同于物自体的东西。相对于经验的客观一端的这种必然性也奠定了康德拒绝唯心论的基础。

费希特采取了相同的原则。自我设定了非我,因为这是意识的条件。黑格尔使得这个原则成为他自己的原则,并且它是他采取的如下一般观点的组成部分:理性的意识需要分裂。只有当主体作为对象的对立面被确立起来的时候,意识才是可能的。但是一旦与对象相对立被确立起来，也就是受到某个他物的限制，并因此是有限的。它表明，假如宇宙精神要想获得充分的自觉，那么它只有通过如下手段才成为可能，那些手段就是有限精神。因此，有限的、受限制的主体是必然的。一个宇宙精神将直接地注意到它自身，而不对立于由有限的主体设定的某个对象，
90 这种宇宙精神的观念是前后矛盾的。这样一个精神的生命将至少是一种具有双重自我感觉的生命。在其中，将不存在以“意识”相命名的东西，更不用说“理性的意识”了。这种泛神论见解支持着浪漫派对直观的狂热，但是它同黑格尔的精神没有关系。

这样，精神必然地被实体化在有限的精神之中。在关于这个论断的如下语境中，这一点是相同的：精神超越对立和区分返回自身；或者，他的自我意识合并了意识。黑格尔确实经常地用语词“意识”来推论在精神生命中的这个两极维度之一维。[7]他将反对千方百计地回避这个两极性的任何一种关于人的理论，任何一种作为在自我符合中达到顶点的意识理论。[8]

因此，精神在有限精神方面，在宇宙某些片段里一定拥有着某个手段。而且，不可能只存在这样一个手段。因为精神无法被限制在任何一个有限精神的特殊地点和时间之中。它似乎不得不通过经历许多有限精神，以弥补它的必然的局部化。

这样，精神必须把自身实体化在有限的存在之中，实体化在宇宙的某些片段里。这些存在肯定是这样的存在：它们能够实体化精神。它们必须是有生命的存在，因为只有有生命的存在才具有从事表现活动的能力，才具有展开一个外在的中介的能力，那是一个关于声音、姿态、标记或任何别的事物的中介，在其中意义才得到了表达。只有具有表现活动能力的存在才能实体化精神。因此我们可以看到，如果精神要成其为

---

⑦ 例如在黑格尔《精神现象学》中所作的区分。

⑧ 或者如他指出的那样，“自我”等于“自我”的观念，这个等式显示了费希特对这个主体所作的反思的背景。

精神的话，那么宇宙肯定包含了理性的动物，也就是我们自己。

存在着有限的精神，它们肯定是有生命的存在，因此是有限的、有生命的存在。有限的、有生命的存在同外在的世界处于一种交互关系之中。因此，除了无生命的自然之外，宇宙肯定还包含着多种有生命的存在。其他种类和无生命的自然必然地是有限的生命得以生存的背景和基础。但是人们也许可以辨别出在黑格尔那里的另一个论断以赞成许多种类无生命自然的必然存在。如我们看到的那样，有待于实体化的精神需要外在性，也就是说，需要在空间和时间中的扩张，需要生命、有意识的生命。当然，所有这些都存在于人身上。但是，在其中只有有限意识的精神存在着的某个宇宙，那些精神纯粹地生活在交互关系中的某个宇宙，将在丰富性和变化性方面不同于在没有意识情况下生命也能获得自身生存的那个宇宙，外在性以外在于那两个宇宙的无生命自然的形式自在地存在着。最丰富的宇宙是这样的宇宙，在其中，所有的这些层次（以及其他层次，黑格尔在其自然哲学中对无生命自然所作出的划分）都依自身而存在着。

看到如下情况似乎是有点令人奇怪的，一个莱布尼茨的原则在黑格尔那里得到了重现：实在的世界是所有可能世界中最丰富的世界。但是实际上，黑格尔是根据自己的立场把它确立起来的。如我们看到的那 91
样，宇宙就是实体，就是精神之实存条件的实现，而它的表现，就是关于什么是精神的一个命题。在这后一方面中，无疑地存在着这样一个世界的优越性，在其中，差异得到了最大的揭示。它是一个更加充分、清楚的命题。⑨。

⑨ 试比较黑格尔在《逻辑学》结尾提出的关于宇宙的外在联结的论断。它是）转向自然哲学的转折点。理念，作为自由，也给它的实体留下了"自由"。它没有被实体化于某个外在的现实中，它严格地控制着那个现实，但是那个现实仍有待于发展外在性的充分限制，以到达"空间和时间的外在性，在没有主体性条件下绝对的自为存在"（黑格尔：《逻辑学》，第2卷，第505页）

宇宙的一般结构(在这里只能对它作最简单的提示,其细节将在自然哲学和精神哲学中给出)由此取决于它的实体化过程以及精神的表现。它包括这样一个存在的等级序列:从最低级的无生命形式,经过各种生命种类,再到人。接着,当然地,如我们在上一节看到的那样,为了精神的实现,人不得不发展下去。因此,还存在着一个文化形式和意识样式的等级序列,它们在时间上相互承接,并造就了人类的历史。宇宙在空间和时间上的关联可以从宇宙精神的需要推导出来,那个宇宙精神必须在宇宙中被实体化,并在宇宙中得到表现。如有必要的话,甚至人类历史的不同阶段也可以从人在原始的、非教化的实存的出发点的自然中推导出来,从他正在求达的成就中推导出来。[10]

那么对于精神来说,什么是在自由中达到的理性的自我意识呢?假如现行的宇宙结构是为了精神的实体化或表现,那么,精神在这一点得到承认的时候便达到了自我意识。当然,这只能由我们自己所承认,由有限精神所承认,因为我们是意识的惟一手段。但是在承认这是事物的结构的过程中,我们同时改变了我们自己的同一性的重心。我们看到,有关我们自身最基本的东西是,我们是精神的手段。所以在获得充分的洞见的过程中,我们的宇宙科学发生了转变;就我们作为有限精神对一个不同于我们的世界的知识来说,它已经变成了宇宙精神的自我认识,

---

⑩ 由于没有在达尔文之前的半个世纪采取某个进化理论,黑格尔输了一着。相反,他认为,尽管人类文化具有了某个连续的发展,但是自然的整个秩序,包括动物在内,都不拥有一个连续的发展。在自然中,事物之联系的上升的秩序将被理解为不是暂时地,而是永远地,带有历史的形式。黑格尔作出这个区分的理由足以让"黑格尔主义"站住脚跟:即,只有精神可以拥有一个历史。但是实际上,假如他相信从其他根据出发它是真的,那么他本来可以为接受某种进化理论找到一些根据。然而,更好的情况将是,在自然哲学中的所有转折都是暂时的。正如在这个领域中谢林之类的作者一样,这是黑格尔的自然哲学依赖于(他对)他的时代的科学(的理解)的另一个例子,尽管他关于人和历史的哲学大大地超越了他的时代。

而我们则是那种宇宙精神的手段。

在达到充分自我意识的过程中，精神还达到了它的充分的自我表现,并因此达到了自由。它把它的手段铸造为对它自身的一个完美的表现。由于那个手段的本质,人,将成为精神的手段,他也是并且知道自己是充分地自我表现的,即自由的。 92

但是，精神的这种自我表现和自我意识是无限地高于我们自身的表现和意识的。当人达到对他的完美的自我表现的充分意识的时候,他在这个过程中认识到了在终极意义上被给予的某物。人的本质,对所有的人都是共同的那个东西,是作为一个基础存在的,或者,对每个人的原始创造物来说具有决定性意义。甚至我的原始创造物,在生命中似乎把我表现为与一般意义上的人相反对的那些事物，甚至在我看来作为我既难以控制又无法充分地给予满足的渴望之类的事物,也是如此。如我们看到的那样,这就是人的所有生命并非都可以被看做表现的原因;但是,正如我们对没有表现力的动物的处理那样,我们的许多作为,发生在我们身上的许多事情，必须根据我们的生命形式而获得纯粹的理解,甚至我们的表现活动也是由这种生命形式设定条件的。

而对于精神却该另当别论了。它的整个实体也被假定为它的一个表现。宇宙,作为这个实体,被思考为由精神所设定的。精神设定了它自身的实体。所以,可能存在仅仅是给定的无。作为一个人类的存在,我具有认识某个被给予的自然的使命;甚至在我被看做原创的情况下,以这种方式去认识我自己,也就是独特地设定了我自身,虽然如此,正如我的原创性得以确立起来的关于我的那些独特特点一样，这个原创性范围是作为人类自然的一个必要部分被给予的。因此对人来说,自由意味着某种大体上被给予的使命的自由实现。但是在某个激进的意义上精神应该是自由的。作为一直被完成着的东西，它所认识的和承认的东西,不是被给予的,而是由它自身决定的。

因此,黑格尔的精神似乎是原始的存在主义者,在激进的自由状态下，他从仅仅是被给予的某物中挑选他自身的性质。实际上，黑格尔替从克尔凯廓尔到萨特之类被称作“存在主义者”的所有现代观点奠定了概念基础。但是黑格尔本人不是存在主义者。相反，纵使我们想要了解在存在主义意义上他的激进的自由观，我们也难以看到黑格尔的精神可能会如何开始，或者他本来会选择这个世界而非那个世界。因为他不会像人类主体那样地从某个情景开始。

但是对黑格尔来说，精神的激进自由并非矛盾于事物的必然结构；相反，这两个观念在本质上是联系的。假如精神要成其为精神，那么在设置世界的过程中的精神得受制于理性的必然性，受制于事物的必然结构。但是这对于他的自由是没有限制的。因为作为主体性的精神从本
93 质上讲是理性。当人在思想和行动中遵从理性必然性路线，也就是遵从概念必然性路线的时候，理性便得到了最充分的认可。假如人具有完全以理性概念必然性为基础的行动路线，而没有放弃任何一个仅仅是给定的许诺，那么，我们将拥有作为理性主体性的某个纯粹表现。在其中精神将以一种完全的、纯粹的方式承认自身得到了表现，并因此是自由的。

但是在这里似乎还存在着一个疏漏。现在可能存在一条完全地奠基于理性必然性之上的行动路线吗？诚然，肯定存在着被当做出发点的某个目标，甚至在被完成的每一件事情受到由这个基本目标的严格推理决定情况下也是如此。否则的话，推理怎么可以从自身得出某个结论，以便采取相应的措施呢？但是接下来，这个基本目标是不是被简单地给予的呢？

在某种意义上，回答是肯定的。但是，在必须否定精神的激进自由的意义上，回答是否定的。像那个精神，那个理性的主体性一样，因为精神可以被思考为简单地拥有它的基本目标。精神之外的东西也可以被思考为遵从必然性的东西。假如实体化原则——在没有异议的情况下这个原则已经在这里得到了如此广泛的讨论——可以被证明为必然地

真的,假如我在上面简要地勾画出来的从实体化原则到有限精神、生命事物、无生命的自然等等的实存的那些论断是站得住脚的,那么宇宙的筹划将遵循来自单一基本目标的必然性:成为理性的主体性。我们可以用其他语言表述为:假如理性地知道自身,即在概念意识意义上知道自身的某个主体性将要成为它自身,那么所有这一切都是必然的。

但是接下来,惟一输入这个理性必然性之中的东西将是这样一个目标:让理性主体性产生。一旦这个"决定"被采取之后,其他事情将随之而来。但是实施这个"决定"无法被思考为对于精神的自由的一个限制。那个主体性将要成就的东西也不是对于它的自由的一个限制,而恰恰是它的自由的基础。在黑格尔看来,它之成为理性的,即在概念意识中得到表达的东西,恰恰属于主体性的本质。因为,要是我们不包括意识、自我意识、认识能力的话,我们所指的主体性还能是什么呢?但是,意识、知识只有在概念思维中才能达到完成。

所以,一旦我们从成就理性主体的基本目标——这个目标不是对于精神的自由的限制——出发,那么,精神设置世界的"活动"完全地遵循着理性必然性的路线,这个事实并不是对于他的自由的一个限制。完全相反,正是它使他以一种不受限制的方式,即无限的方式,达到了激进的自由。因为作为一个理性主体性,在遵循理性必然性的过程中,他只遵循他自己的本质。不存在外在的环节,不存在决定着他的被给予者。假如世界的基本结构被显示为是偶然的,[11]那么不是理性必然性,不 94
是理性主体性的那个本质,而是某个其他东西,将决定它是甲而不是乙。但是它不一定是对于这个主体性的本质的一个表现,他也不是无限自由的。

但是,因为根据第一个"决定",每一事物都伴随理性必然性而来,

⑪ 我们在这里必须强调的是,它是一个基本结构问题;黑格尔不主张世界在细节上似乎没有偶然性。相反,按照事物的结构,偶然性是存在的,必然性也是肯定存在的!我们将在下面看到这一点。

我们无法实在地说，精神面对着某些被给予物。我们可以通过反复比较他的和我们的方方面面看到这一点。人有一个被给予的自然；它是关于一个世界——在这个世界上还存在着大量的他物——的事实：我们时刻具有性欲，而不像动物那样只是周期性地具有性欲；我们只能生活在某些暂时的界限之内，等等。对我们来说，自由蕴含着假定这个自然，并随之而来地在原创性界限之内实施革新。但是对于精神来说，在这个意义上，即作为一个赤裸裸的事实，无物是被给予的。惟一的出发点是成为主体性的要求。牵涉到这个主体性的惟一“肯定的”内容是合理性的内容，并且这恰恰属于它的那个本质。

对于其余部分来说，如其存在的那样，世界的整个结构实际上是由理性必然性引发的这个要求产生的。

我们必须避免在这里最容易产生的一个误解。黑格尔没有说过存在的和发生的每一件事情都来自于必然性。他说的意思是，事物的基本结构，存在的层次的链环，世界历史的一般形态，这些是必然性的证明。但是在这个结构的内部，不仅存在着偶然性的地盘，而且偶然性可以说是必然存在的。因为我们已经看到，存在的所有层次是独立存在的。但是较低层次的显著标志之一是，它们只是不完美地证明了潜存于事物中的必然性，它们只是以一种相当外在的方式显示了必然性；在它们身上还存在着许多纯粹偶然的因素。所以事物的许多属性，例如，鹦鹉种类的确切数量，无法从世界的概念推导出来。[12]

但是，这种不连贯的偶然性的作用似乎并没有引入一个简单的被给予环节，上帝没有从自身引导出那个环节。相反，偶然性及其在宇宙中的地位是由必然性从绝对主体性的要求引导出来的。

---

⑫ 黑格尔：《逻辑学》，第2卷，第462页；另请参阅黑格尔：《精神现象学》，第193—195页。

四

95

这个理性必然性的性质是什么呢？在较早些时候，在谈论“概念的意识”或“必然性”时，我把“概念的”等同于“理性的”。在黑格尔那里，这个等式是重要的。但是在当代盎格鲁—萨克逊哲学语境中，它容易引起人们的误会。我们从经验论和实证论那儿发展了一种概念的必然性观念。在今天的英语哲学中，那种观念决不是惟一的概念思潮——它甚至正在走向衰落——但它是众所周知地令人误解的。这是作为同偶然的、因果的必然性相对立的，作为依赖于语词的意义的、概念的必然性观念。某些命题是必然的，其他命题是矛盾的，因为它们以这样一种方式把语词结合了起来：根据它们的意义，它们只能是真的，或者只能是假的。分析命题被思考为这类命题的真命题；但是对于怀疑分析的人来说，逻辑的真理（如，“马是马”）可以作为实例而成立。

其观念是：借助于同世界事实相对立的语词的意义，这些必然真理得以确立。一个语词的意义赋予一个符号以语义的力量和句法的力量。当然，这是会发生变化的，并且随着某些变化的发生，一些原来的必然真理将不再站得住脚。“单身汉是未婚的”现在是成立的，但是假如我们决定用语词“单身汉”来指示那些不是在教堂里结婚的人，即使他们是具有世俗婚姻的人，那么它是不能成立的。总之，世界上没有东西是不需要变化的。

这当然不是黑格尔的概念的必然性观念。假如我们考查一下上述论断，我们就能看到这一点。在那里，其目的在于证明，对于实体化了的精神来说，如此这般的结构条件是必然的。我们还可以看到，与之平行的事物将证明这一点。像许多论断一样，它当然可以以演绎的形式被确立起来，但是这并没有揭示出它的实在结构。这非常近似于康德的先验演绎。像康德一样，我们从一个被给予物——在康德那里是经验，在这里是上帝的实存——出发，然后反推出它的必要条件。但是正像康德的先验论证一样，这些必要条件不是单纯地从在开始时使用的那些术语推导出来的，当然也不是通过检验因果关系推导出来的。

因此，康德从经验事实出发，然后提出了这样的见解：除非我们为客观存在物和为我们而在的事物之间的区分提供一个地盘，否则的话，我们便无法具有关于世界的经验。他进一步证明：除非这些范畴是成立的，否则的话，我们便不能作出这个区分。但是这个论证的这些步骤既不是单纯地演绎的，也不是以因果推理为根据的。经验要求在“客观地存在的事物”和“为我们而存在的事物”之间作出的区分，不是我们从经验概念引导出来的某物，如我们从“单身汉”引导出“未婚的”那样。在康
96 德的意义上，这种推理是分析的。当然，我们可以决定我们将把“经验”当做把这一点结合到它的意义中去的过程，并且把这个论证转变为一个分析推导。但是这将忽视关于它的一个重要见解：必然性不是依赖于分析关系，而是依赖于某个其他的事物：我们在这里处于一个概念的限制之中，以致我们无法形成一个确实不包含这个区分的连贯的经验观念。作为经由一个主体且关于某物的整个经验结构都将瓦解。这从根本上不相似于“因为是单身汉，所以未婚”的例子。在那个例子中，我们可以篡改我们关于“单身汉”的概念，如我们在上面看到的那样，以致导致了推论的失败。但是先验的论证断言：没有人能够以切中的方式篡改“经验”，并继续谈论前后连贯的某物。

我们在上面描述过的黑格尔的论证，如要是没有有限的精神，那么精神便不成其为精神，就属于这一种类型的论证。在这里，一个关键的步骤是，被实体化了的精神必须被设置在某个地方，并因此必须是受到限制的、有限的。但是这不是从“被实体化了的”之中分析引导出来的。相反，它求之于另一种概念限制，我们由此才不至于产生某个前后不一的意思：“实体化了的但又不在某处存在的”某物。

不过，在这两种情况下，谈论“概念的必然性”并没有什么过错。因为清楚的一点是：我们在这里处理的不是因果的不可能性，而是一个概

念的限制。谈论“概念的”必然性强调的正是这一点。

现在,这种概念的限制不仅告诉我们关于术语的意义;它还告诉我们关于事物的结构。正是它讨论的东西留下了有待争论的大量余地。像康德那样的如下论证是可能的:它告诉我们关于我们的心灵的限制的某件事情。但是黑格尔主张,世界是按照理性必然性由精神设置的,即那种必然性取决于这些概念的限制。他把这些完全地看做对于宇宙轮廓的追溯活动。一个按照概念必然性构造的世界只有在概念必然性的命题中才能得到充分的揭示。用黑格尔的话来说,事物的结构将从概念 97
中被推导出来。[13]

假如世界是由概念的必然性设置的,并且只有在概念必然性的思想中才能得到适当的理解,那么精神的整个自我理解,它等同于我们对世界的充分适当的理解,肯定是一个关于概念必然性的见解,一件天衣无缝的合理性外衣。

现在,尽管人们沿着我们的这个思路已经走得很远,但是这种思考也许是不可能的。我们关于世界的见解不可能恰好是关于理性必然性的见解。因为我们知道,肯定存在着一个目标上的出发点,依据那个出发点,那个理性的主体性才得以成为自身,尽管这不包含着对精神的无限自由的减缓,但是,在我们关于事物的最后见解中,它确实必须被看做一个基本的假定,而不是通过推理才得以建立起来的。

但是,这不是黑格尔看待它的方式。在精神对自身具有的见解里不存在绝对的出发点;相反,存在着一个循环。因此,我们不仅假定了如下出发点:精神将是什么,并且从这个出发点将引导出世界的结构;而且我们还将证明这个见解。假如我们略作反思,我们便能看到从另一个观点来看,这是必然的。它不仅是一件达到天衣无缝的必然性外衣的事

⑬ 黑格尔的辩证论证,如我们将在下面看到的那样,当然比上面例子中的先验类型的论证要复杂得多,尽管它们吸收了后者的论证。但是它们是依赖于同一种的概念必然性的。

情,而且是一件能够证明我们的论题是有效的事情。

因为它还不足以证明,假如精神想要成其为精神,如果我们想要断定这个世界是由作为它的实体的精神设置的,那么世界必须具有它实际地具有的筹划。事情都是由筹划安排的,这个事实决不足以证明一个筹划者,因此也决不足以证明一个筹划过程。我们在此最易于抵达的将是高度的可能性,并且我们关注的是必然性。现在更加要紧的是:我们想要着手去考查这个世界,以证明它实际上是由精神设置的。

这就是黑格尔声称要去完成的工作;诚然,它是他的主要著作的核心线索。它声称要去证明:当我们考查世界的摆设的时候,我们肯定会看到,它不能不是精神的一个派生物。我们是通过辩证的论证来证明这一点的。我们逐渐地认识到,世界上的事物不可能依据它们自身而存在,因为它们是矛盾的。所以,我们只能把它们看做某个更加伟大、更加深刻的现实的一部分,依据那个现实,它们才得以确立起来,或者它们是那个现实的诸部分或诸方面。如我们前后相继地攀越这个自我持存者或绝对现实会是什么的各种令人不满的观念那样,辩证法经历了几个阶段;直到我们达到惟一令人满意的精神本身的观念,一个精神性现实,它永久地把世界设置为它的必然实体,并且永久地否定那个实体,以便返回自身。

接下来,我们将考查辩证的论证。因为,在一定意义上,如下说法是有益的:来自矛盾的论证是成立的,因为现实涉及了某些内在的复杂性,因此,在现实本身和现实的意义之间存在着某个冲突。黑格尔论证之伟大天才的一部分将在于:在任何一个起点,在每一个起点,去发现这种复杂性,而不管那个起点初看之下是多么地简单和贫乏。在下面,我们将看到一些实例,不过我们已经在黑格尔的主体观中看到了这种冲突,主体对立于或"矛盾"于它自身,因为他的存在条件摧毁了他的目的。

这样,从有限的现实出发,黑格尔声称要去证明一个宇宙精神的实存,那个精神按照理性必然性设置了世界。纵使它是迷人的,但是这无疑难以在其证明过程中做到自圆其说，我们也不再依赖于某个概率论的“来自设置的论证”。但是它是否将使我们更接近于彻底地以理性必然性为根据的事物的某个见解呢?诚然,我们恰好取代了我们的无来由的起点。精神设置了世界,以便精神得以成其为精神,我们已经让这个 98
精神的实存返回到了某个有限物的实存，我们从那里可以借助于辩证的论证达到精神。但是,为了让事物有一个出发点,我们仍然不得不把这个有限的事物当作是被给予的。

但是,按照黑格尔的观点,这个起点也不是一个终极的起点。因为正如我们看到的那样，这个有限的现实的实存可以由它自身而得到证明。那么这是否意味着在证明过程中我们被迫要无限地向后倒退呢?这无疑没有达到我们的关于某个完全理性见解的目标。因为尽管不存在我们将不得不停下来的任何一个地方，但是带着一个没有驱策力的假定,我们仍会在某个地方停顿下来。

不过事实上,我们通过一个循环避免了无限的倒退。我们用我们的上升的辩证法证明了,有限的现实只能是精神的一个派生物,所以对于那个被给予的有限的现实来说,精神肯定是自我设置的。但是后来我们还证明了,正如上面罗列的那样,一个自我设置的精神,一个宇宙精神,是他自身实存的条件,他必须设置我们所知道的有限事物的结构。在这两个运动中,即一个是上升运动,一个是下降运动(在黑格尔的说明中,它们实际上是相反相成的),我们的论证返回到了它的起点。有限的现实的实存,我们起初仅仅看做被给予的那个东西,现在证明是必然的。起初仅仅是一个质料,它现在已经在必然性循环中得到了成长壮大。

但是,我们可能会问:这是一个解决方案吗?一个循环论证难道不是无效论证的范式吗?但是,这个反驳是错误的。黑格尔的必然性循环同循环论证无关。我们所谈的循环论证是结论出现在对于推导出那些结论来说是至关重要的前提中的论证。这种循环是谬误的。因为使结论成立的论点是以这样的方式得到证明的：它直接地来自某个更易于被确立起来的论点，或者某个已知的论点。因此，当我们发现结论只是来自于我们用结论本身对前提的补充的时候，我们便知道整个论证都是错的，因为我们并不更接近于确立这个结论，使它同另一个更加可靠的真理建立联系。

现在，黑格尔的论证不是运用这种方式的循环论证；或者，假如它们是循环论证的话，那也不是因为黑格尔的论证的循环的缘故。在我们不必假定精神的辩证法中，自我设置的精神的必然性来自于有限事物的实存，或者至少声称如此。而有限事物的必然性来自在我们不设定有限性条件下的精神的需要。我们所拥有的东西可以被看做两组非循环的论证，它们互为对方确立了起点，或者采取了互为对方澄清的策略。

但是实际上即使这也不是完全正确的。因为这两组论证并不真正
99 地相似，循环也不精确地返回到它的起点。我们从一个有限的现实开始上升的辩证法。通过证明这个有限现实是必然地存在的，我们封闭了这个循环。“必然性”在这两个阶段具有不同的意义。

在上升的辩证法里，我们正在处理着一个推论的必然性。如果有限的事物是存在的，那么它们依赖于精神，并由精神所设置。这是一个假设性命题。与此相应，我们会提出针对如下结果的另一个假设性命题：如果宇宙主体性是存在的，那么世界的摆设肯定是一组确定的摆设。但是黑格尔的循环包含着比仅仅把这两者加起来的意思更多的意思。

因为在上升的运动过程中，黑格尔声称要去证明的不仅是理所当然的有限的实存，而且还肯定存在着精神。他将证明：这个有限的实存只能由宇宙精神来设置——那个宇宙精神的性质在于设置它自身的本质实体。所以，上升的运动向我们证明了，有限的现实是由一个主体按照一个必然的筹划设置的。我们称作下降的运动的东西泄露了这个筹划，即宇宙精神的充分条件，那些条件因此在世界上得到了暂时的确定。整个循环的结果是，有限的现实证明不只是偶然地被给予的，而是

一个筹划的完成，那个筹划的明晰性取决于理性必然性。

但是现在，必然性观念已经发生了变化。我们不仅处理着一个推论的必然性：假如甲，那么乙。当说何物存在，根据一个理性的必然筹划存在的时候，我们把必然实存赋予了它。黑格尔的论证所得出的这个必然性涉及的是事物实存的根据。它是本体论的必然性。

如康德在先验辩证法中攻击的那样，本体论的必然性这个概念可以作为前后不一致的概念而受到攻击。关于这一点的最后判断将不得不留给我们对于黑格尔的详细论证——尤其在《逻辑学》中的详细论证——的研究。但是毫无疑问地，这个概念对于黑格尔的结论来说是至关重要的。所以黑格尔的循环的结尾包含着比其起点更多的东西。我们不仅处理着两个相似的结合在一起的假设性论证。相反，我们回到了并采取了起初仅仅是被给予的某个起点，并且因（本体论的）必然性而把它恢复了起来。

因此，我们的上升运动开始于一个假定，并且通过必然的推论而前进。但是它推出的是本体论的必然性，是这样的一个假设：存在着的每一个事物都是由精神按照一个理性必然性公设设置的。这个循环因此不是一个单一的推论之流。相反，它包含着对起点的逆转。我们所开始的那个上升运动是一个关于发现的运动。我们的起点是有限的实存，它起初处于发现的秩序之中。但是我们揭示的是一个普遍存在的本体论的必然性。这证明了，我们的原始起点是实际地次要的。有限的现实本身是由精神、上帝、绝对设置的，这是存在的秩序的实际起点。

所以，通过把它提升为把它包容进去的关于本体论的必然性的某 100
个见解，我们解决了某个偶然的或仅仅是被给予的起点的问题。我们达到了一个纯粹必然性的见解。从这个有利之点出发，我们看到，我们的原始起点，同每一事物一起，是这张相同之网的一部分。所以无物被遗留在外面，无物仅仅是被给予的；在精神不与有限精神平行不悖的意义上，作为完全自我设置的精神是真正地自由的，真正地无限的。

五

这种黑格尔的自我设置的上帝观念是一种什么观念呢？我们看到，当我们把黑格尔的(以及在终极意义上表现主义者的)主体观念——主体是必然地被实体化的，主体的实体既是他的实存的条件，又是对于他的存在的表现的条件——应用于上帝的时候，这是不可避免地会产生的一个问题。如我们看到的那样，对于上帝来说，不像人，表现是毗邻于实存的条件的，并且被表现的东西是完全地取决于作为上帝的某物的东西，它没有一个部分是仅仅被给予的。

因为它无法适合于我们用来思考上帝和世界的某些本来有用的范畴，所以这种上帝观念是很难把握的，也很难前后连贯地给予阐明——纵使它在终极意义上是前后连贯的。所以，存在着两种清楚规定并且相对易于理解的观点，但是对黑格尔的那种观念来说，这两种观点可能是错误的。

第一种观点，我们不妨称之为有神论，把世界看做是由一个既隔离于宇宙又独立于宇宙的上帝创造的。这个观点使得如下观念变得易于理解：世界将被看做是被筹划的，看做是具有由意图决定的某个结构。但是这无法被黑格尔所接受，因为它违反了实体原则。没有世界而可以存在的某个上帝，没有任何外在实体而可以存在的某个上帝，是一个不可能性。

所以，尽管黑格尔采用了创世的观念，正如他采用了所有的基督教教条一样，但是他对它作出了重新解释，他把创世作为必然性来讨论。说世界是由上帝创造的，也就是说它必然地存在着，以便精神能够存在。它同说精神设置了某个世界是一回事，正如这意味着我们试图在下面作简要阐明的意思一样。但是，它不是正统有神论的那层意思，即上帝自由地创造了世界，上帝本来是没有必要做这件事情的。或者如他在

《宗教哲学》讲座中解释的那样："没有世界的上帝就不是上帝。"[14]

我们把我们通过它而试图去理解黑格尔的说法的另一个图式称作自然主义。在自然主义那里，我们抛弃了关于创世的所有说法，不管对那种创世作怎样的解释。我们把世界作为一个实际存在来考虑，不过这个世界具有这样一些属性，存在根据它们而得以演进，那些属性是理性生命的手段，此外，他们渐渐地视自身为某个理性生命的手段，那个理性生命比他们自身要大得多，宁可说比他们的全体要大得多。这将避免把这种理性生命，或全体的精神，思考为分离于世界的一个上帝而带来的所有危险。但是在这里，我们也遇到了不能为黑格尔所接受的一个图式，因为这样一个宇宙的实存在终极意义上将是一个粗鲁的事实。诚 101
然，某个理性意识碰巧知道了这个秘密，它在某种程度上可以被称作全体的秘密（例如人的精神活动不仅反映了人的独特性，而且反映了所有其他生命的共同性——这似乎是弗洛伊德在某个时期聊以自娱的一个观念）。但是这是偶然运气而已。宇宙不是为了体现这种理性意识而在那里存在着的。在认清事物结构的过程中，这整个心灵将认不出他自己的所作所为，那是为了与理性必然性相一致并因此与作为理性主体的他自身的本性相一致而存在的某个做法；相反，他将认出某个被给予者，正如当我们沉思自己的本性时，作为有限的心灵我们所发现的那样。因此他并不是激进地自由的和无条件的。我们不能把他作为绝对来谈论。

黑格尔不能接受其中任何一种观点。他需要的是这两者的特点的结合。像有神论者一样，他想要把世界看做被设置的，是为了实现某些确定的筹划，为了达到精神的具体化的需要而存在的。不过像自然主义者一样，他不会允许上帝从外面来设置世界，不会允许上帝先于世界和独立于世界而存在。因此，他的上帝观是，上帝永远地造就着他自己的

---

[14] 此处原文为："ohne Welt ist Gott nicht Gott."参阅黑格尔：《宗教的概念》，第148页。

实存的条件。通过运用黑格尔经常使用的术语“(设置 setzen)”,这是我一直试图表达出来的意思。对这个术语的这种用法实际上来自费希特,费希特把类似于自我创造的必要条件之类的某个东西归之于自我。

实际上,通过采纳与费希特方法相似的方法,我们能够最佳地表达出黑格尔的观念。我们用来同黑格尔观点进行比较的两种观点最终依赖于某些实存的假定:某个基本现实存在着,由此出发,每一个其他事物才能得到解释。在某种情况下,这个现实就是神;在另一种情况下,它是一个具有一定特点的世界。但是在黑格尔的观念中,基本的东西不是某个现实的存在,而是那个精神提出的要求。结果,由于其他两种观点最终都以偶然性为根据,要么以世界存在的偶然性为根据,要么以上帝存在的偶然性为根据,或者以他创造世界的决定的偶然性为根据,而黑格尔的意思是,应该以完全的必然性为根据。精神不仅是那个必然性,而且不得不是那个必然性。他的存在条件取决于这种必然性。

黑格尔哲学中的某个内容让人情不自禁地想到了闵希豪生男爵*讲的一个故事。我们还记得,从马背上掉到沼泽地里的那个男爵通过竭尽全力使自己重新回到马背上而获救。黑格尔的上帝就是闵希豪生式的上帝;但是很难说他在如此困难状况下创造的丰功伟绩是否会像那个男爵的功业那样受到相同的怀疑。

102 无论如何,清楚的一点是,黑格尔既不是一名通常意义上的有神论者,也不是一位无神论者。无论他断言自己是一位正统路德派的真诚性达到了什么程度,清楚的一点是,黑格尔只接受一种基督教,它作为他自己的哲学的一个手段而得到了系统的重新解释。我们将在后面的章节中对此进行追溯。这样,纵令在他的时代里,他就受到了许多误解(或者也许是受到了太好的理解),并且经常地被谴责为具有异端的见解;而他的一些追随者则从正统的有神论方向上来重新解释他,这也就毫

* 闵希豪生男爵(1720—1782),德国乡绅,以擅长讲故事闻名。——译注

不奇怪了。在某种意义上,黑格尔的立场介于有神论和某种形式的自然主义或泛神论的狭缝之间。其气氛是如此地微妙,以致很容易向着某一方面倾斜。

但是,指责它是一种泛神论又该作何评说呢?泛神论既不是无神论也不是有神论,它似乎非常适合于他。当然黑格尔断然地否认了这种指责;犬儒主义者可能对他产生了不良影响,甚至犬儒主义者以用其他方式便不可能获得柏林教席来解释他对于路德教派的辩护。但是在两种情况下,他们都没有公平地对待他。黑格尔的确使用了术语“泛神论”,把它应用于一视同仁地把神圣性归之于有限事物的某个立场。在这一意义上,黑格尔不是泛神论者。世界不是由于上帝而变得神圣的,世界的任何一个部分也都不是如此。相反,上帝是在世界上确证自身的理性必然性的主体。

按照黑格尔自己的观点, 使他的立场区分于泛神论的是理性必然性。诚然,要是不存在作为有限事物之全体的世界,便不存在那种理性必然性,但是在这一意义上,它优越于世界。它按照自己的迫切需要来决定它的结构。这样,黑格尔的精神决不是这样一个世界的灵魂,像我们的灵魂一样,无论它多么伟大和令人敬畏,它的本性是被给予的。正是对于理性必然性的如此坚持使他的观点区别于某些浪漫派的观点,其深不可测的宇宙精神观念, 或者无止境创造过程的观念相似于理性不可知的世界灵魂观念。

黑格尔的理论也被人称作“万有神论”或“派生说”*,并且在这一方面相似于普罗提诺的学说。两者之间确实存在着一些相似性。一旦我们认真地对待他对创世教条的重新解释,那么像古希腊人一样,黑格尔似乎确信像永恒宇宙之类的东西。不过,在这里确切的对应是不存在的。

---

* 此处又可译为“流射说”(古希腊时期的一种本体论学说或宇宙生成理论)。但联系上下文似乎译为“派生说”更加妥当。——译注

从派生说的观点看,有限的事物来自于太一(the One)的某个坠落过程。它们从他派生出来,也许是不可避免地从他那里派生出来,正如以一种显著的方式,太阳光从太阳放射出来。但是反过来,它们在他的生命中发挥不了本质的作用。它们对太一的重要性远不如太一对它们的重要性。不过,对黑格尔来说,有限性是无限生命存在的条件。其联系不可能在表现主义理论发展之前得到揭示。它确实同某些古代学说具有相似性,但是它是一个完全现代的观念。

103

六

但是这如何帮助我们去理解黑格尔提出的关于“同一性和差异性的同一性”的一般见解呢?为了澄清这一点,我们不妨从考查黑格尔的主体观开始。当我们看到人类主体陷入某个内在冲突之中,在那种冲突中他的存在条件不一致于他的本质目标的时候,我们便得到了某种提示。我们简要地知道,这种冲突将通过向着一个更高视野的转变而得到解决,按照那个新的视野,人把自己看做精神的手段,而不单纯是有限的精神。

现在,相同的基本冲突影响了绝对主体。绝对主体也有不一致于其目的的存在条件。因为它必须具体化在外在的有限的现实中,具体化在生活在一个有限的物质的世界的有限精神中。不过它的生命是无限的和不受束缚的。它的手段是一个有限精神,那个精神起初对他自身只具有最轻微的意识,并且面对着一个决非直接地一目了然的世界,它的理性结构是深深地隐藏着的。不过它的目的是关于理性必然性的清晰的理性知识。它是精神和物质的统一,思想和广延的统一;不过在世界上,思维存在面对着作为另一物的外在现实。

像有限的主体一样,绝对主体必须经历一个圆圈,一个戏剧。在其中,它遭受着分离的痛苦,以返回到统一。它忍受着内在的对立,以便战胜那个对立,并且通过它的手段,达到了对于作为理性必然性的自身的意识。这场戏剧不是与发生在人身上的对立和和解的戏剧相平行的故事。从一个不同的更广阔的视野来看,这是同一个故事。因为人是精神的精神生活的手段。

两者以这种方式被联系了起来,宇宙主体身上的最伟大的对立是在人身上产生的对立的出发点。当他竭力克服主体和世界的这种原始对立的时候,尽管他并不清楚地知道他的所作所为,这种对立在人身上发展了起来。原始的对立,对于精神来说最伟大的对立之点是它具体化在与它自身不一致的一个世界中,在那里,用来消除这个对立的任何事情都还没有被做过。人们起初远没有关心这一点,他们仍然浸淫于自然之中,对其天职浑然不知,根本不可能对精神有真正的了解。这是人的一个原始统一之点。但是为了在克服世界和精神的对立中发挥作用,人不得不训练自己,使自己成为具有理性的存在,打破浸淫于自然的受本能支配的生活,超越直接而狭隘的视野,确立理性的眼光。在这样做的过程中,他们在自身内部产生了分化,在他们自己的生命中表现出了精神与自然的对立。当人们进一步超越这种对立的立场,看到更加伟大的理性必然性,以及他们在其中的作用的时候,和解便产生了。于是,他们 104
超越了精神和自然的对立,因为他们看到了,每一方都是为另一方所必需的,双方都来自于相同的理性必然性。那个必然性既决定着它们的对立,然后在承认这种潜在的必然性的过程中,又决定着它们的和解。

不过现在我们已经知道,绝对,每一个事物的基础,是精神或主体。而且这不只是一个事实问题,即,世界是以这种方式被造就出来的,以致在世界中存在着一种单一的生命之流,我们称之为世界灵魂。相反,它是因为理性必然性才如此的。所以,在主体性中的同一性和对立性的辩证法不是一个局部的利害问题。按照黑格尔的图式,它具有本体论的重要性。如果绝对是主体,如果每一事物都只能处于同这个主体的联系之中,那么每一事物只有在同一性和对立性的相互作用之下才能被把握。那种相互作用构成了这个主体的生命。但是在这种情况下，如果我们谈论同一性和对立性之间的某个必然联系，那么我们就不会只在词汇上打转转，或者去说一些夸大其辞的话。

让我们看一看黑格尔这一个和其他术语是如何在这种世界观语境下找到一般应用的。

绝对，那个终极实在，那个每一事物的根据，是主体。这个宇宙主体是这样一个主体，他既同一于世界，又不同一于世界。存在着某个同一性，在其中，精神没有世界便无法存在。反过来也是一样；因为作为外在性，世界再现了某种安排，某种无意识，精神务必扬弃它才能成为自身，才能达到作为自我意识的理性的目标。

绝对主体的生命在本质上是一个过程，一个运动；在其中，它确定了自己的存在条件，然后克服这些相同的条件的对立，以实现它的自我认识的目标。或者如黑格尔在《精神现象学》“序言”中指出的那样：“活的实体，只有当它是建立自身的运动时，或者说，只有当它是自身转化与其自身之间的中介时……才真正是主体。”[15]

因此，精神无法简单地存在，黑格尔说它不能“直接地”存在。它只能通过扬弃它的对立而存在。它只能通过否定它自己的否定而存在。这是黑格尔在刚才引用的《精神现象学》“序言”的那段引文之后马上阐明的见解。他在那里说道：绝对从本质上说是一个结果，“只有当它实现了并达到了它的终点它才是现实的。”[16]精神本质上是在一个自我失落和复归过程中产生的某物。

但是精神是每一事物的根据，并且因此中介成了一个宇宙原则。可以声称直接存在的只能是物质，即纯粹的外在性；就其表现来说，它是

---

⑮ 黑格尔：《精神现象学》(拉松版，1952)，第20页；瓦特·考夫曼译本，第28页。(参阅贺译本，1983，上卷，第11页。)

⑯ 黑格尔：《精神现象学》，瓦特·考夫曼译本，第32页。(参阅贺译本，1983，上卷，第11页。)

矛盾的,并因此只能作为全体的一部分而存在,那个全体是精神的体现。

按照黑格尔的用法,当它不与他物发生必然联系而只根据它自身存在时,我们便可以称某物是"直接的(unmittelbar)"。否则,我们便称它为"中介的(vermittelt)"。假如在普通谈话层次上,而不是在思辨哲学层次上,我把人作为一个人来谈论,我就是把他作为"直接的"某物来谈论,因为(在这个层次上,无论如何)一个人都可以根据自身而存在。但是,假如我说他是一个父亲、一个兄弟或一个儿子,那么他必须被看做"中介的",因为他之成为其中的任何一种情况,都离不开他与他人的关系。 105

黑格尔的观点是,通过较为严格的考查,把事物作为直接事物来描述的所有描述都是不适当的;所有的事物都表明了它们与其他事物的必然联系,并且最终表明了与全体的必然联系。全体自身可以被规定为直接的,这是黑格尔有时所持的一个观点;但是他曾经接着说过,在这个直接性之中包含着中介性。这是基于如下明显的理由:要是不先陈述它正在扬弃的二元论,全体便无法被陈述。为了陈述全体,我们不得不带入对立的并且仍然处于必然(并因此是中介的)关系之中的两个术语,并且把全体规定为对于这个对立的扬弃(并因此也是中介的)。

这样,每一事物都是中介的。因为它不能依靠自身而存在。但是,它的这种不能依靠自身存在的无能性被断定源于内在的矛盾。所以,对黑格尔来说,矛盾也肯定是一个普遍地可以应用的范畴。

黑格尔在一段著名的话中说道[17]:对于现实来说,矛盾和同一都是重要的。诚然,假如他不得不对在两者之间究竟哪一个更加重要作出选择,那么他将选择矛盾,因为矛盾是一切生命和运动的源泉。

这听起来自相矛盾。黑格尔认为,矛盾是运动的源泉,因为处于矛

---

⑰ 黑格尔:《逻辑学》,第2卷,第58页。(另请参阅黑格尔:《逻辑学》,杨一之译本,1996年,下卷,第55—59页,第65页。)

盾中的任何一个事物都肯定要转化为他物，无论这个过渡是在存在的同时存在着的两个水平之间的本体论过渡，还是在人类文明不同阶段之间的历史过渡。但是，它要两者兼而有之似乎是不可能的。如果矛盾是一个阶段走向另一个阶段的根源，那么这是因为它对于持续的存在是致命的，或者如人们从常理推断的那样，矛盾的事物是无法存在的。当他以这种方式解释辩证阶段时，黑格尔似乎正是使用了这个常理。不过另一方面，甚至在证明事物是矛盾的之后，(在存在之链中，如果不是在历史中)事物确实继续存在着，并且矛盾当然被说成是无处不在的。那么我们怎么样才能使得这些断言一致起来呢?

答案是：按照黑格尔对那个术语的使用，矛盾不是完全不兼容于存在的。矛盾本身也许确实名不符实。当我们说全体处于矛盾中时，我们指的意思是，它统一了同一和对立，它对立于它自身。也许人们希望通
106 过以这种方式对它进行修正，以克服其表面的悖论。例如，我们或许会说，“同一”和“对立”不是被看做不兼容的东西。但是这种说法没有说到点子上。因为通过某种方式，黑格尔试图保留“同一”和“对立”之间的某种撞击力。因为精神处于自我斗争过程中，处于同他的必然体现进行斗争的过程中，并且只有通过这种斗争，它才能逐渐地得到实现。所以我们将不得不说，“对立”既兼容于“同一”，又不兼容于“同一”。

正如我们在前面看到的那样，在这里运用“矛盾”的力量在于，为精神所必要的东西对于它的作为充分自我意识的合理性的实现来说是一个障碍。也许我们可以把术语“本体论的冲突”运用到这一点上。接着我们可以同意黑格尔的如下见解：这种本体论的冲突是运动和变化的根源；因为通过那种冲突，除了斗争之外，除了从其对方发展它自身之外，无物能够存在。

现在，就全体而言，这个本体论冲突不是致命的，因为它仍然把全体作为精神保留着。但是就任何一个部分而言，那个冲突对它确实是致命的；因为部分无法依赖自身而存在。我们可以在某种比较严格的意义

上说存在着一个矛盾，它千方百计地想要把全体的任何一个部分——有限精神或事物——规定为自足的。因为部分从本质上相关于全体。它只能作为全体的表现,并因此只能作为它的对立的表现。这样,在惟一地坚持有限的自我同一的过程中，我们呈现的是在本质意义上的本体论冲突,尽管它回避着那个冲突。在某种较为可以理解的意义上,这是一个矛盾。按照黑格尔的观点,借助“知性”的逻辑把事物看做“自我同一的”,因此不对立于它们自身的任何一个尝试都包含着一个(致命的)矛盾。因为,每一事物都处于(在本体论冲突意义上的)矛盾中,把事物看做简单的自我同一的尝试使我们处于(在更加普通意义上的)矛盾之中。换言之,当我们完全接受它的时候,矛盾便不是致命的,但是当我们仍然固守着我们关于“同一”和“对立”的旧观念的时候,它是致命的。

但是上述说法仍然不适用于黑格尔的观点。因为其言下之意仍然是,矛盾对于理论来说是致命的,即对于看待事物的局部方法来说是致命的。然而,我们在黑格尔那里多次看到了这样一个观念:因为矛盾,实际的存在瓦解了。这对于历史形式来说是真实的，它对于各种有限精神、动物和事物来说也是真实的。但是人们仍然会辩护说,尽管后面这些仍然可以继续存在下去,但是历史的形式却已经消失。于是黑格尔回答说,是的,它们作为类型将继续存在下去,但是个别的样本将消失;它们都是要衰败的。并且这种可朽性是必然的;它是本体论冲突的一个反映。

我们从上面看到,以一个有限事物的名义,声称独立的实存,摆脱与全体的关系，并因此摆脱与它的他者的关系的任何一个企图都在严格的因而致命的意义上蕴含着矛盾。但是黑格尔指出,我们把一个有限事物的这种外在存在,物质对象、动物或有限精神,看做一种独立的存 107
在。物质的属性是,它是由各部分相加而成的,物质的存在物具有一种独立的实存性。这样,物质存在不只向我们表明了独立性;它本身就是一种独立实存形式,一种能够自圆其说的断言。如我们看到的那样,这种断言具有实质性意义；因为为了成为精神，精神必需外在于物质存在。但是,废除这个断言具有同样的实质性意义,因为精神只能存在于这样一个世界中,在其中,部分以这种方式发生着实质性的联系。这就是决定着有限事物的命运的东西。它们必定转变为实存，不过与此同时,它们是某个内在的矛盾的牺牲品,那个矛盾表明它们也将被淘汰。它们是必然地可朽的。但是与此同时,在衰败过程中,它们不得不被其他相似的事物所取代。

我们现在可以更加清楚地看到那些上升的辩证法的运行原理。根据那个原理,黑格尔将证明,有限的事物无法根据自身而存在,而只能作为某个较大全体的部分而存在。这些辩证法的动力是矛盾。这个矛盾是,正是通过在空间和时间中的外在存在,有限的存在作出了成为独立的断言，而它们存在的根据恰恰在于它们表现了无法容忍这种独立性的某个精神。这种上升的辩证法揭示了事物中的矛盾,并且从矛盾的性质表明了,只有当事物被看做绝对的自我运动的情况下,它才能得到理解和和解。

矛盾包含着本体论冲突与其否定的结合,在这一强有力的意义上,矛盾是可朽的。但是,由于这个“否定”不只是一个由我们观察者所犯下的思想错误，而且对于使自身处于本体论冲突中的全体来说也是至关重要的,因此我们可以看到,在这种强有力的意义上,矛盾导致了事物的运动和变化。它是它们的内在的可变性；而在这个本体论冲突意义上,矛盾是这种可变性的根源。

因此,对部分现实而不是对全体来说,矛盾是致命的。不过这不是因为全体逃避了矛盾。相反,按照黑格尔的理解,全体依靠矛盾而生存。这确实是因为它融合了矛盾，并且使矛盾与它得以生存下来的同一相和解。这是部分现实——物质对象或有限精神——所包容不了的。它沉迷于自己的独立的实存之中，并且由于这种独立性摧毁了它的实存的根据,它陷入了矛盾之中,并且必定死亡。它之所以必定死亡是因为它只同一于一个观念:肯定,而无法包容否定。

但是,全体并非如此。绝对借助于有限事物的肯定和否定而生存。它通过这个肯定和否定过程而生存;它依赖于有限事物中的矛盾而生存。因此,绝对本质地是生命、运动和变化。但是与此同时,贯穿于这个运动过程,它仍然是它自身,仍然是同一个主体,仍然是被表现的同一个本质思想。通过把自身维持在依靠本体论冲突而生存的生命过程中,它和解了同一和矛盾。在《精神现象学》"序言"中,黑格尔以一幅鲜明的图画描绘了不断变化和静止的这种结合:"这样,真理就是所有参加者都为之酩酊大醉的一席豪饮,而因为每个参加豪饮者离开酒席就立刻 108
陷于瓦解,所以整个的这场豪饮也就同样是一种透明的和单纯的静止。"⑱

从上面这段话中,首先通过运用关于断言和否定的语言,接着转向其本体论的相似物,我们发现它对于解释黑格尔的本体论基本观点——有限的可朽性——是有用的。在这里,我们跟随黑格尔之后,用像"矛盾"这样的逻辑学术语来表达他的本体论。但是在讨论了前面各节之后,我们能够更好地了解被称作黑格尔的"泛逻各斯主义"的东西。

因为绝对是主体,是设定它自己的肉身的主体,并且是按照理性必然性来设定它的主体。这意味着,如我们看到的那样,宇宙将不仅被看做一个宇宙生命的肉身,而且处于表现主义的范畴之下。它的结构表现了或显示了理性必然性的轮廓。因为它不只是为了具体化精神而被设置的,而且通过它自己的自我意识被精神所理解。⑲所以,宇宙以两种方式反映了理性必然性。它既与它相一致,又表现了它。在比拟为一个命

---

⑱ 黑格尔:《精神现象学》,拉松版,第39页。(参阅贺译本,上卷,第30页。)

⑲ 这样,上帝为了在其中思考自己而设置了世界。作为自我思考着的思维的这种上帝观念表明了黑格尔对亚里士多德的借鉴。这种观念确实足够明显地贯穿于他的工作之中。黑格尔的上帝是《形而上学》的上帝的直系后裔,但是它现在扩张到包容了每一事物。

题的意义上，我们可以看到这一点。

比喻当然是很不全面的。我们在正常条件下把一个命题含蓄地表达在一个中介中，一种语言中，那个命题的绝大部分是事先存在的，对它所指称的某个外在于语言的现实产生了影响。这里的“中介”指的是外在现实的各种秩序，以及同时在其中产生的概念。必然性命题被给出的不是外在于中介的某个现实；因为理性必然性不仅在外在现实中确证了它自身，而且只有在这个具体化过程中才能逐渐地成为它自身。

在表现活动中，在艺术品中，我们可以找到更加贴切的比喻。一个原创作品会部分地加工它的中介，或者深刻地改造原先存在的表现语言。主体的表现活动，他表现愤怒、快乐或别的心情的方式，在一个重要意义上，并不是“关于”某个外在的事物的。表现不仅证明了情感，而且有助于决定它是一种什么样的情感。

这样，尽管我们可以用这些比喻来说明它，但是这是一种为它自身所独有的方式，理性可以被看做理性必然性的表现。这是黑格尔在本体论语境里运用逻辑学术语的基础。

越出命题和否定的纯粹逻辑领域，扩张像“矛盾”这样的一个语词用法，使之进入假定的行为领域，当然是一点也不做作的。假如一个人
109 作出了一个确定的姿态，既想达到某个确定的结果，又要否定那个结果；假如他想要保持这种姿态，那么我们说他的行为是矛盾的。精神也可以作如是观。它只能在外在的有限现实中设置自身，而这又否定了它，使之反过来再被否定。

但是，当这种意图本身被看做一种自我认识的意图的时候，这种关系便变得更加亲密起来；因为在这种情况下，这种意图要是不用肯定和否定的“逻辑”语言便无法得到恰当的陈述。假如精神要想千方百计地表现自身，那么作为在其成长的各个阶段，存在的所有的部分形式都可以被看做同肯定有关系。一种给定的文明形式同一个给定的上帝和绝对观念相联系，并因此同一种给定的精神的自我认识形式相联系。但是

通过一种比喻的方式，有限现实的外在实存可以被看做像一个断言这样的某物。因为它是由精神设置的，精神的基本目标似乎是逐渐地获得关于他自身的一个确定命题。在设置世界的过程中，精神证明了他自身。这样，把有限的物质作为真正独立的物质来抛弃实际上是在找岔子。所以精神被迫通过“收回它”来否定它。有限的实存性和可朽性都是必然的。在这种语境下，这两者可以很自然地被看做肯定和否定；所以语词“矛盾”的使用也可以被看做是很自然的。

“世界是被设置的”观念将允许黑格尔以这样的方式来使用某种语言，通过那种语言，他谈论的不仅是与他者同一的事物，而且是向他者转变的事物。外在的肉体显然是如此的，那个肉体在精神那里逐渐达到内在的自我意识。但是因为世界被看做被设置的，黑格尔实际上将不是把精神——这个语词由于主体性摆脱它的肉体向它自身的回归而保留了下来——而是把理念说成是向其他者的转变，向外在性的转变。如我们将在下面看到的那样，作为一个必然联结的链子，理念是全体的惯用语。这显示了作为必然地被实体化的全体；正是这种必然性是黑格尔的“设置”语言的基础。理念变成了它的他者，然后在精神中转变为自我意识。

七

这就是黑格尔所说的绝对唯心主义。具有矛盾意味的是，它非常不同于所有其他形式的唯心主义。那些唯心主义都倾向于否定外在现实或者物质现实。在贝克莱哲学的极端形式里，借助于对心灵——当然是上帝的心灵而不是我们的心灵——的激进依赖，我们获得了对于物质的否定。黑格尔的唯心主义不仅不否定外在的物质现实，而且在最强烈的意义上肯定了它；它不仅存在着，而且必然地存在着。

我们这里所说的“唯心主义”也不是指笛卡尔主义者或经验论者的

110 “观念”，即作为心灵的内容的观念；而是指同柏拉图的理念相似的东西。在其理性观念中，在同柏拉图相联系的意义上，康德已经恢复了这个术语；黑格尔采纳了这种用法。

绝对唯心主义意味着，存在着的任何一个事物都是对于理念即理性必然性的证明。每一事物都为了一个目标而存在，那是一个逐渐地成为理性的自我意识的目标，这要求所有的存在都是对于理性必然性的证明。这样，绝对唯心主义便相关于柏拉图的理性秩序的本体论优先性观念——那个秩序构成了外在存在的基础，外在存在竭力地达到那个秩序——而不相关于现代后笛卡尔的关于依赖于认识心灵的观念。

“否定性”是黑格尔另一个基本术语，它的使用密切地相关于上面关于矛盾的讨论。对立的双方互相否定，因为对立存在于每一事物之中，所以我们也可以说否定性存在于每一事物之中。尤其是，黑格尔把否定性同主体性联系起来，主体性的本性在于通过对方返回到它自身（自我意识）。就宇宙精神而言，主体性的本性在于设置它的对方。所以黑格尔说，主体“作为主体是纯粹的简单的否定性”。[20]

我们可以考虑这样一种运动，它把另一个存在或外在现实作为像否定性，像“无比巨大的否定力量”[21]那样的独立者来设置和持有。我们也可以考虑这样一种运动，通过它，特殊的外在形式走向衰微，并且转化为作为否定性的作品的他者。因为否定就是对立，而对立对于每一事物来说都是至关重要的，每一事物都处于矛盾之中，都包含着否定性，并因此都处于运动之中。

这个术语允许黑格尔把两个命题联系起来：（因为包含着否定）一切存在的事物都是矛盾的，因此是可朽的；一切存在的事物只能在概念中被描述，肯定的概念包含着否定。［黑格尔在这里采纳了斯宾诺莎的 omnis determinatio est negatio(完全的肯定即否定)的命题。］对肯定的描

[20] 黑格尔：《精神现象学》，拉松版，第20页。（参阅贺译本，上卷，第11页。）

[21] 黑格尔：《精神现象学》，拉松版，第29页。（参阅贺译本，上卷，第21页。）

述概念的这种使用包含着对他者的否定。因为这些概念只能在衬托它们与其作比较的他者的背景方面具有肯定意义。黑格尔称“否定”和Dasein(定在)之间的这种联系为对于否定性的证明,那种否定性在本质上存在于定在之中并且构成了定在。[22]

由绝对唯心主义论证的在本体论意义上对于逻辑语言的使用也明确地体现在黑格尔对于术语“概念”的使用中。因为他把世界看做被设置的理性必然性,看做对理念的外在证明,所以关于世界的概念之所以为真,不仅是因为它们对偶然的、意外的事实来说是真的,而且是因为它们提供了世界据此被设置的根本筹划。所以,我们从把概念看做一个正确地得到应用的描述性术语转向了把它看做使它应用于其上的事物得以存在的根本必然性。当黑格尔谈到这一个概念,然后谈到关于全体 111 的概念的时候,他通常在成熟作品中谈到一个概念,那个概念也就是主体性,因为躲藏在全体背后的理性必然性是自我认识的主体性的理性必然性。这是“der sich begreifende Begrff(自我知觉的概念)”。[23]

不过,存在着另两种黑格尔对“概念”的使用。它们同观念的这种循环相联系。如我们看到的那样,黑格尔的观点是一种发展的现实观。绝对从本质上说是结果;在其真实形式中,它是成长的过程的目的。黑格尔喜欢以植物作比喻,使用了亚里士多德关于潜在性和现实性(actuality)的语言。尤其后者是一个很常用的黑格尔术语。在一般德语中,它可以被译为“reality”;但是在黑格尔的用法中,它不仅应用于某个现实,而且应用于关于理性必然性之得到展开的证明。

但是对植物比喻的这种用法以及向亚里士多德范畴的求助需要一个同现实(Wriklichkeit)相对应的术语来表示潜在性,在它前面的内在必然性的萌芽得到了充分的实现。术语“概念”也常常起着这个作用。接

[22] 参阅黑格尔在《逻辑学》(拉松版)第3卷的讨论。

[23] 参阅黑格尔:《逻辑学》,拉松版,第2卷,第504页。

着,在这第二层含义中,当它们处于萌芽状态的时候,当它们刚刚开始发展的时候,事物被说成是处于它们的概念之中。这种用法比第一种用法更加常见,并且似乎是《精神现象学》中的标准用法。例如在该书的"序言"中,黑格尔说我们的时代是"一个新时期的降生和过渡的时代"[24]。这个新时期还处于襁褓之中;它向前迈出的一步还仅仅是它的"概念"。

在通过理性必然性形式为展开的全体奠定基础的过程中,概念不仅是自我认识的主体性,而且也被看做与现实性相对应的处于萌芽状态的这种必然性。因此,它很容易被扩张到第三层含义,这层含义同普通意义下的现实(Realitat)形成对比,或者相反,同在它被塑造和发展为现实性之前关于外在现实的更严格意义形成对比。由于这种外在性总是存在的——并且在这里植物的比喻是不恰当的——甚至当"概念"处于萌芽状态时也是如此;在这个阶段,它完全没有成形。它还不能充分地证明理性必然性:例如,我们可以在人类历史的早期社会体制中看到这一点,那些社会体制后来将成为建立在理性基础之上的法制国家。在这一点上,在它们的充分展开的形式的意义上,它们的"现实"可以同它们的"概念"作比较。"概念"在这里因此是它们的充分展开的阶段的原则。它们被引向那个阶段,这是仅仅作为萌芽蕴含在"概念"中的东西,并且那个阶段可以同当前阶段的原始的、未成形的现实形成对比。

这些发展阶段也为黑格尔的另一组名声不佳的术语奠定了基础。一个过程的潜在阶段,仍然处于萌芽状态之中的现实,通常用术语"自
112 在(an sich)"[25]来规定。黑格尔说,胚胎是"自在的人"。[26]相比之下,充分展

[24] 黑格尔:《精神现象学》,拉松版,第15页。(参阅贺译本,上卷,第7页。)

[25] "an sich"在字面上译成"自在"("in itself"),但是就其在普通德语中的意思而言,它最好被译成"独在"("by itself")或"本身"("as such")。

[26] 黑格尔:《精神现象学》,拉松版,第22页。(参阅贺译本,上卷,第13页。)

开的形式被规定为“(自为 fur sich)。”[27]但是有时存在着第三个阶段;因为如我们看到的那样,事物的基础将被理解为一个理念,它设置为了它的实现所必要的外在现实,然后在外在现实中达到了这种充分的实现。在这个过程中,第一个阶段被规定为“自在”阶段,第二个阶段被规定为“自为”阶段,第三个阶段被规定为“自在自为”阶段。

隐藏在这种语言背后的似乎是这样的意思:自在之物是潜在之物、尚未展开之物、自我同一之物;而“自为之物”是充分呈现的、外在化了的事物,因此它存在着,就像“在自己面前”那样地存在着。在一个比较简单的关于植物的例子中,这些只表现为两个阶段;先是处于萌芽状态,然后是充分展开(entfaltet)。但是,在黑格尔关于理性必然性之被设置的确证的全面的现实理论中,存在着三个阶段。处于萌芽状态的这种必然性,似乎仍然是自我同一的,是理念。它必须被外在化,被呈现,因此成为自为的。但是这意味着它将丧失它最初的自我同一性;精神失落在外在的现实之中。但是在返回适当的自我认识的过程中,精神实现了前两个阶段的一种结合,在与充分展开的外在现实中,它返回到了自我同一;并因此可以被看做达到了自在自为。

在黑格尔那里存在着“自在”的另一些用法。通常它具有自给自足的、不依赖于任何外在事物的意思。当然在这一意义上,只有全体真正地是自在的,尽管在辩证法的不同阶段,部分现实也表现为如此。在这个阶段,“自在”通常同“为他者而在”(“fur anderes”),即对他物的依赖作比较。或者,当我们考虑同“为意识而在”之物相比较的某个“单独的”事情的时候(例如在《精神现象学》“序言”中“自在”和“为意识而在”的比较),“自在”也可以在一种密切相关的意义上被使用。[28]

---

[27] “fur sich”在字面上译成“自为”(“for itself”),这些术语用英语听起来太别扭了,所以我在正文中继续用德语表示法。

[28] 后一种用法非常接近这个术语的康德含义。康德把术语“自在”应用到了超出我们对它们的知识的关系之外的那些事物上。把康德的术语“Ding-an-sich”译为英语“自在之

这个相同的观念循环为黑格尔对术语"普遍"的使用奠定了基础。为现实奠定基础的是理性必然性,那种必然性同达向自我认识的主体性的所有形式相联系。或者如黑格尔经常说的那样,在这里替现实奠定基础的是思维(Denken);存在和思维(Sein und Denken)是同一的。这个思维就是概念,并且"概念"引导我们自然地到达了"普遍"。

113 但是像概念一样,与发展的不同阶段相联系,普遍可以呈现为不同的方面。尽管概念是外在现实的基础,但是由于它是在这个现实之外或"面前"呈现的,普遍是"抽象的"。它非常相似于视普遍为某类给定事物之共相(common formula)的传统观念,那种共相抽象于物的实体的特殊属性。当然,如我们现在知道的那样,这种抽象是不可能的;概念体现在外在现实之中,在那里存在的外在现实将认识那个概念,表现蕴含于其中的理念。

不过,作为具体的普遍,这个普遍再也不可能被考虑为区分于特殊且仅仅外在地同特殊(das Besondere)发生联系的东西。作为实体化的东西,它并不一定得同某些其他属性等等一起发生。因为我们仍然可以把普遍思考为同它的实体的特殊属性不具有任何内在的关系。我们不能用这种方式来看待黑格尔的具体的普遍。因为具体的普遍的体现是对于包含在理念中的必然性的证明,它更可以被看做一个必然的证明,即由理念所设置的一个必然的证明。出于这两个理由,黑格尔使我们以思维和表现的关系为榜样来探讨普遍和实体的关系。具体的普遍是得到表现的普遍或思维。它不应该被看做只是无差别地把某些特殊的特性

物"("thing in itself")似乎是正确的。"自在"(an sich)在这里对立于"为我们而在(fur uns)"。黑格尔某些用法显然与之有关。而"an sich"译为"自在(in itself)"也是一种不算太坏的翻译。但是显然地,在黑格尔的第一层意思中,这个术语是很不相同的,因为在这里,它是同"自为"作比较的;"自在"的意思不是来自于同他物的关系(我们的认识能力),而是相反相当"潜在的"(如它有时在英语中被译出的那样)。换言之,对康德来说,"an sich"的有效的英译应该是"独在"("by itself"),但是这将丧失黑格尔术语的本质含义。

结合起来而已，后者也应该被看做为了实体化它而得到处置的东西。

在此得到呈现的普遍同特殊具有内在的联系(das Besondere)；有时它同个别(das Einzelne)具有联系；而有时同特殊和个别都有联系；由于黑格尔在一个大的语境中展开对普遍的这种分析，像许多黑格尔术语一样，它用多种变体表现了一个主题。

其中一个变体转向了关于体现的两个领域之间的密切关系。一个领域把思维和表现联系了起来，另一个领域把生命和有机体联系了起来。我们刚才在第一个领域中看到了普遍和特殊；而它们出现在第二个领域中也是并不让人感到惊奇的。因为，随着它们的特殊特性的逐渐削减，抽象的普遍可以被看做同事物的多样性相通的，所以主体的“主我”可以被看做一个普遍，那个普遍同他的心灵的所有特定的变化着的内容以及他的人格属性具有联系。

这个抽象的普遍可以被说成一致于人类发展的某个确定阶段。在其中，人向后退缩，试图把自己从所有特殊的偶然依附中解脱出来，从关于他的本性和传统的简单给定的事实中解脱出来，以便由一些普遍标准来决定。当然，这种筹划是行不通的。只有在一种预先得到筹划的外在的存在样式和生活方式中，人才能逐渐地通过体现自由的理性而达到自由。这最后一个阶段一致于具体的普遍。我们可以说，除了通过 114
特殊之外，个别无法获得普遍。

在另一个更严格的变体中，作为集体精神的现实，普遍是同个别正相对应地被确立起来的。这两者不得不达致和解。在这里，与“抽象”相符合的阶段是这样一个阶段，在其中，普遍不仅仅是“自在”，只是它尚未发展成为将促成市民去接受这种和解的一套惯例。当然，在个别一方存在着一个平行的演化，那个演化已经在上一个段落中作了简要的勾画。

实在性在已经存在的某个外在现实之内展开，并因此不得不成为内在必然性的一个恰当证明，这种观念是对于内在和外在进行悖谬性反思的基础，黑格尔非常热衷于那种反思，并且那种反思常见于他的著作中。

随着现实发展为实在性，即，随着政治制度发展为法制国家，或者随着我们从无生命的物过渡为生命，我们可以把它看做一个不断地“内在化的”过程，因为它的不同特点越来越密切地相关于某个核心筹划，并且它显示了一个越来越强大的统一，那个统一最终必定达到强有力意义上的“内在性”：意识。但是与此同时，我们可以把那个现实看做一个内在化过程；因为从证明的意义上讲，从前隐藏在未成形的外在现实之中的必然性现在得到了外在化。

同样，我们可以把最初的阶段看做这样一个阶段，在未确证的意义上，在那个阶段的每一事物都是“内在的”，并且在如下意义上我们也可以把它看做一个“外在的”阶段：现实是更加相互分裂的（partes extra partes），就其尚未受制于某个内在必然性的明确约束而言，它的各个部分是互相外在的。

黑格尔曾给予特别曲解的最为重要的概念之一是有限的概念。如我们看到的那样，黑格尔哲学的基本动机之一是让有限与无限相和解；实际上，黑格尔的主题是，真的无限不是简单地对立于有限，而是实在地同一于有限；正如人们将会说的那样，真的精神不是简单地对立于外在现实的，而是同一于它的。

这显然地需要一个特殊的且相当奇怪的无限性概念。黑格尔的起点是，无限是不受束缚的，是完全不可预测的；但是他所谓的束缚指的是受外在于它的某物的限制。如我们看到的那样，对黑格尔来说，有限是某物具有的属性，超越有限也就是“否定了”某物，并因此赋予某物以它的决定性质。

因此，诚如当我们把上帝考虑为越超于且独立于作为有限存在的我们而存在着的无限生命的时候我们所做的那样，我们不能把无限看
115 做隔离于或“超越于”有限的某物。因为这将意味着无限除了不同于有

限之外并因此受到有限的束缚。无限将是外在于有限的某物,因此将不是真正地无限的。

真的无限因此必须包括有限。那么我们是否可以把无限思考为无边无际性,如把所有对象都置于浩瀚无边的空间之中,把每一个永不休止的有限序列都囊括于自然数的序列之中呢?决不能。黑格尔把这种无休止的前进作为“坏的无限”来反对。这不是一个无限的有效样式,而是对于某个有限的噩梦般的知觉。因为它意指无论你在哪里选择停顿,都总是存在着被超出的某个东西,也就是说,你有一个全体,它受到了一个他者的束缚,即无限前进的下一步的束缚。你总是处于被限定之中。

因此,在从外边给予限制的意义上,需要的是不受限制的某物;但是在被无休止地可以扩张的抵达不到某个边界的意义上,某物仍然不是完全地不受限制的;无限仍然是人们可以包容的一个全体,或者无限与有限相同一。

它似乎是一个宏大的秩序,不过黑格尔声称要去建构的也就是这个东西。因为在黑格尔看来,宇宙就是既不受外边限制的但又不是完全没有限制的这样一个全体。相反,现实的全体有确定的结构和广延,在其中每一个部分都有其必然的地盘,在那个意义上我们可以说它是有边界的。但是与此同时,它是不受外界约束的,因为外界是不存在的,宇宙像一个圆圈一样向自身回复。也就是说,所有存在着的事物的边界都是同宇宙的其他构成要素相关的边界:每一个存在层次被另一个更高级的存在层次所束缚,所决定,所否定,并因此转化为那个更高级的存在层次。当精神反过来变成外在现实,即设置了外在现实的时候,精神便达到了它的顶点。有限的对象受到他者的限制,但是它们是循环往复的存在之不同层次链条上的一部分。宇宙,因此没有外在的边界,只有内在的边界;黑格尔赋予了这种形而上学的层次的一个观念,那个观念同对于爱因斯坦物理学的某些通俗化理解具有某种奇特的相似性。

对黑格尔来说,一幅关于无限的适当图像因此不是一条无限延伸的直线，而是一个圆圈。我们可以看到，按照这种观念，有限不是脱离于无限的某物；而无限是一个有序的全体。有限把自身转化为无限；因为我们已经看到，假如我们从任何一个局部的现实开始，我们都会涉及去超越那个现实，并最终达到整个体系的问题。因此，作为一个全体，有限与无限相同一。无限发现自身只能表现在有限之有序的全体之中。

因为，现实是一个圆圈，作为发展的一个结果，它只能在它的真形式中呈现自身，它的过程本身可以被看做由来自于它的结果所设置的东西，我们只能在一个体系中呈现关于绝对的真理。科学本身肯定是一个圆圈，它反映着且适当地思考着存在之相互连结的不同水平，它们对
116 于全体来说是至关重要的。如黑格尔指出的那样："只有作为科学或体系，知识才是真实的（wirklich）知识，才是可以得到考查的知识。"[29]

以任何一个原理或命题来表达这种哲学的企图都内在地违反着它的本性。因为作为建立在矛盾基础之上的现实的本性确保了对这个命题的否定也是真的：精神从本质上讲是实体化了的。它也对立于这个实体。外在的现实作为外在的处于相互独立的分裂之中；但是这种独立性也是矛盾于它的本性的，所以，它是内在地易逝的。如此等等。我们只能通过了解肯定和否定相互适应及其必然联系的方式才能接近真理。科学只能是一个体系。

黑格尔称替这种科学形式奠定基础的思维类型为理性，即"（理性 Vernunft）"；理性思维是在现实的矛盾中对于现实的思考，因此它可以看到，现实是如何从一个水平向着下一个水平转变的。在这个意义上，理性同知性（Verstand）形成了对比。知性是为绝大多数人所具有的诉之于同一性原则的习惯。G.E.穆尔在《伦理学原理》开篇描述的著名的巴特勒分界线——"每一事物都只能是它自身而不能是任何一个他物"——就是知性的要义所在。显然，按照黑格尔对知性的理解，知性不仅不能

[29] 黑格尔：《精神现象学》，拉松版，第23页；瓦尔特·卡夫曼译本，第36页。（参阅贺译本，上卷，第14页。）

真正地把握哲学，不能真正地把握“思辨哲学”，而且把哲学真理看做不可思议的胡话。黑格尔一再地谈起知性的这种偏执的顽固性。这是思维的必然阶段。在这个阶段，它设法保持自身的明确性和严格性，以抵制“表象(vorstellung)”模糊的易变性，但是它不得不被提升到一个新的易变性。

我们可以再一次看到已经被改造的某种康德式的区分。对康德来说，同仅仅拘泥于当下语境来运作的知性相反，理性是一种试图去思考全体的能力；但是黑格尔通过自己的理论大大地丰富了这种区分。

八

我们现在可以看到这个思维体系是如何实现扬弃在上一节提到的对立的希望的。它没有付出浪漫派当时愿意付出的放弃自由理性的代价。黑格尔的绝对观念确实赋予了他的“同一与差异的同一”论题以某个意义。这似乎意味着允许他以两种方式一起来拥有它；既在充分意义上保持这两个术语的对立，又把它们看做同一的；把它们看做由对立而趋于同一的过程。

我们在上一节概述的主要对立是人与自然的对立——人既作为一个主体又作为一个代理者从自然中分离出来；个体与社会的对立；以及有限的精神与无限的精神的对立。最后的这个对立也反映在人与命运的关系中。

人与自然的认识论鸿沟通过康德在现象和物自体之间作出的区分以一种最为人们所知的形式得到了表达。后者是永远地且原则上地不可知的。黑格尔对康德的自在之物发起了强有力的抨击。其明确的判断是：因为精神终将同一于现实的全体，怎么可能存在超越知识、超越心灵或超越精神的某物呢？

在更特定的意义上，这种对立在如下事实中得到了扬弃：我们的知 117

识终将转变为精神的自我认识。因为我们逐渐地发现,假定地超越于思维之上的世界实际上是由思维设置的，它是对于理性必然性的一个证明。与此同时,被设定为与世界对立的思维,即作为有限的主体的我们的思想活动,转变为宇宙本身,宇宙主体或上帝的思维,我们是它的工具。站在思辨哲学的更高角度来看,世界把它的他性丢给了思维。主体性超越了有限性,因此两者相遇到了一起。在把世界看做思维的必然表现的过程中,我们扬弃了主体与世界,认识者与自然之间的二分法,尽管我们把我们自身看做这种思维的必然工具,看做这样一个场所,在那里它变得自觉。(并且它必须成为自觉的,因为事物的理性必然性秩序包括了这样一种必然性:这种理性必然性秩序表现了它自身。)

这意味着我们逐渐地不是把我们自身仅仅看做大体上具有自己的思想的有限主体,而且看做某个思维的工具,那个思维不仅仅是我们的思维,在一定意义上,它是作为一个全体的宇宙的思维,或者用黑格尔的话来说,是宇宙的思维。

这样,通过使有限主体的知识在无限主体的自我认识中达到顶峰,黑格尔对康德的自在之物学说的回答突破了人和世界之间的藩篱。但是他确实没有突破由于某个浪漫派的弃置活动而产生的一道障碍,在那道界限之内，主体和客体终将在一种对统一的难以言语的直观中达到一致。

相反,通过他的理性观念,黑格尔在没有丢弃自由的情况下解决了有限精神和无限精神的统一问题。如我们在第1章结尾看到的那样,没有一位黑格尔的浪漫派同时代人解决了这个两难。他们要么主张某种无拘无束的自由创造主体观，但是这种主体是以被放逐于某个神圣世界之外为代价的;要么超越理性以寻求与神圣的统一,但是,它是以把他们的自主性放弃给超越他们自身的理解力之上的某个较大秩序为代价的。对于黑格尔来说,有限的主体也必须是一个较大秩序的一部分。但是由于这是被某个无条件的理性必然性所布置的秩序，作为理性主体,我们对它并不陌生。其中没有一个一定得作为赤裸裸的"肯定的"事实来接受。在逐渐地接受他作为宇宙必然性的工具的使命的过程中,这位理性的代理人丝毫没有丧失他的自由。 118

同宇宙精神的这种统一并没有以牺牲我们较低级的、经验的、可欲的自然为代价来协调作为理性思维主体的我们;因为它也是事物之必然秩序的一部分。无限的主体为了能够这样存在着,他必须要有一个外在的实体;谁谈论外在的实体,谁也就是在谈论在空间和时间中的实体,它涉及了在某地和某时以特定生命形式存在的实体的方方面面。无限的主体只能通过一个有限的主体而成为它自身。

所以,当我们逐渐地断定作为精神工具的我们的圆满角色时,我们的任何东西都没有被抛弃掉。由于我们作为其一部分的那个秩序由其本质为纯粹的理性必然性的某个精神来呈现,由于这个精神必然地把我们设置为有限的主体,我们可以一下子便同一于它。借助于绝对理性的这个见解,在没有事实根据的给定条件下,黑格尔自以为已经解决了浪漫派一代的这个两难。

由此产生了黑格尔的解决方案的两个相互联系的本质特点。第一个特点是,人与世界的统一、有限与无限的统一并没有消除差异。这个统一不仅千方百计地与差异作斗争,就像人为了在他所把握的统一中提升其地位而斗争一样;但是这个终极的统一仍然在它的内部保留着差异。纵使我们逐渐地认识到这个特殊的存在是一个更宏大筹划的一部分,纵使我们逐渐地成为某个较大的自我意识——精神的自我意识——的工具,我们仍然是与世界和上帝相对应的有限的主体,仍然是具有我们的时间、地点和条件的所有特殊性的人。精神向着统一的复归必然包容着双重性。

第二个特点是,如黑格尔在《精神现象学》"序言"中坚持的那样,绝对必须在概念(Begriffen)中得到理解,而不是在感觉和直观(Gefuhl und

Anschaung)中得到理解。[30]人们无法放弃知性,放弃这种“无比巨大的力量(ungeheure Macht)”[31],人们借助它分析了世界,使自己区分于自然,并确定了物与物之间的划分。在一定意义上,它像是把事物从生命之流中排除出去的一股死亡的力量。但是我们无法通过逃避它来扬弃它,而只能通过把这种清楚的思维力量推到它的极限来扬弃它。在理性的辩证思维中,那个极限得到了扬弃。知性的强大力量在于“保持住死亡了的东西(das Tote festzuhalten)”。精神的生活是“敢于承当死亡并在死亡中得以自存的生活”。它只是在绝对的支离破碎(absolute Zerrissenheit)中能保全其自身。[32]某种“柔弱无力的美(kraftlose Schonheit)”不能做到这一点,并且它不能达到一个真正的统一观,因为它决不把“否定物的严肃、痛苦、容忍和劳作”包容进来。[33]

黑格尔不愿意放弃对思维的明确区分。不过他声称他可以通过提
119 出他的新的理性概念而对它们兼而有之。这一点可以在如下本体论论题中被找到:这些对立自身既来自于同一又返回到同一;所以标志着最清楚的区分的思维也是把那种区分统一起来的思维。对立自身,被推向极端,便转变为同一。在完成作为一个理性存在的使命的过程中,人从自然分离了出来。但是,正是得到充分实现的这个使命,正是合理性的充分展示,向他证明了他自身就是精神的工具,并且和解了那种对立。

这种被扬弃而非抛弃的双重性观念在黑格尔的两个关键术语中得到了表达。第一个是“扬弃(Aufhebung)”。这是黑格尔提出的关于辩证飞跃的一个术语。在辩证飞跃过程中,一个较低阶段在一个较高阶段中既得到了废除又得到了保留。德语“aufheben”实际上可以同时包含这两层含义。黑格尔把它们结合起来以形成他的艺术观念。

[30] 黑格尔:《精神现象学》,拉松版,第13页。(参阅贺译本,上卷,第4页。)

[31] 黑格尔:《精神现象学》,拉松版,第29页。(贺译本,上卷,第21页。)

[32] 黑格尔:《精神现象学》,拉松版,第29—30页。(参阅贺译本,上卷,第21页。)

[33] 黑格尔:《精神现象学》,拉松版,第20页。(参阅贺译本,上卷,第11页。)

其次,因为统一不仅仅是消除差异,所以黑格尔经常称解决为“和解(Versohnung)”;这个语词意味着这两个术语仍然保留着,但是它们的对立已经得到了克服。

如我们可以设想的那样,在涉及人与上帝的对立、有限精神和无限精神的对立时,“和解”是一个经常出现的术语。只要谈到理论的对立,它的对立便已经蕴含在前面关于人与世界之双重性的讨论中了。因为后者是通过我们证明上帝的自我认识与人对世界的认识的终极统一而得到扬弃的。也就是说,在终极意义上的艺术、宗教和哲学,黑格尔称作“绝对精神”的东西,给予我们精神的自我认识。作为必然地隐蔽的和不可知的上帝观念因此得到了扬弃,尽管像自在之物的观念一样,它属于人类发展的一个必然阶段。

但是,作为代理的人和自然的对立,人和国家的对立,人和他的命运的实践对立又将如何呢?

人不得不转而去反对内在于他和外在于他的自然,去直观内在于自身的自然,并把周围事物作为同他的意志具有一定关联的工具来处置。他不得不突破与自然的较早统一和共享状态。[34]他不得不“世俗化了(entgottern)”世界。这是走向自由的一个实质性步骤。

但是在这里,被推向极端的对立也导致了和解。独立于嗜好的、竭力按照纯粹实践理性命令来行动的道德主体最终受理性本身的驱使,达到了一种视他自身为精神的工具的观念,并因此同事物的自然取得了和解,从思辨的意义上理解,那个自然也是精神的表现。这个和解并不意味着返回到原始统一,而是保留了理性自由。

与此同时,为了实现他的意图,在劳动中,在对外在自然的活动中, 120

[34] 根据黑格尔的历史观,确实存在着多个这样的突破。因为那个最为杰出的“早期统一”时期,18世纪晚期最伟大的怀旧对象——古希腊时期——本身是黑格尔的塑造自我和塑造自然的人的观念的产物。那个时期产生了以人的形式为中心的艺术。它是一些更原始阶段的延续,并且本身就已经是一种成就。

人改造了自然和自身,并且引导双方导向了最终的和解。这种关于劳动的至关重要性的观念——它是马克思理论的核心——起源于黑格尔。例如在《精神现象学》第二部分讨论主人和奴隶的时候,他专门谈到了劳动。但是在这两个观点之间存在着一个重要的差异。显然,这两位作家都认为,人形成了他自身,在尝试支配和改造自然的过程中逐渐地认识了他自身的本质。但是其主要的差异是:对马克思来说,先在自然领域继而在人造环境领域发生的实际改变具有重大的意义,而对于黑格尔来说,劳动及其产品的作用主要地在于创造并保存了在人身上的一种普遍意识。这当然反映了这样一个事实:在马克思看来工业革命是人类历史的一个主要事实,而黑格尔的思想仍然大体上停留在某个前工业世界里。当然,它也反映了每一位作家对于究竟什么是人类本质的看法的(有关的)主要差异。

就人与国家的对立而言,我们已经能够看到这在黑格尔的体系中将如何被克服的。作为人类生活中的普遍实体,国家起着重要的作用。在作为普遍理性之工具的个体的形成过程中,国家具有一种不可推卸的责任。在属于国家的过程中,个体已经超越自身生活。在某个更加广大的生命中,作为普遍理性在法律形式里的一个表现,随着国家逐渐地达到它的"真理",它引导个体去完成他的终极使命。

这样,在其更原始的形式里,国家可以处于也正处于同人的对立之中,那个人想要成为一个自由的自我意识的个体。但是这个对立注定地要被扬弃。因为自由的个体最终必定把自身看做普遍理性的工具;作为这个理性的实体,当国家达到它的圆满发展的时候,那么这两者便得到了和解。诚然,自由的个体不能认为自己是外在于国家地自由的。因为它同如下黑格尔的原则相一致:不可能存在没有实体化的精神生活,他无法接受斯多葛派的自由定义。斯多葛派把自由看做人不受外在命运影响的一种内在状态。一种纯粹内在的自由只是一个意图,一个幽灵。当他逐渐地拥有这个意图、这个观念的时候,它是人类发展的一个重要阶段。但是它不应该同真实的事物相混淆。只有当它被表现在某个生命形式中的时候，自由才是真实的（wirklich）；既然人不能独自生活，这必定是一种集体的生活形式；但是国家是一种集体的生活样式，它受到社会的全力支持；所以自由在国家中得到实现。

最后一个实际的对立是有限生命和无限生命之间的对立，通过对命运的思考，人对这种对立有了最强有力的认识。正如我们把人，理性的动物，看做普遍理性的工具时所做的那样，我们会赋予人的生活以同样多的意义。这是对于人所具有的最大力量的赞美。但是正在发生着的 121 荒诞性，包括一切荒诞性中的最伟大的荒诞性——死亡，又该当何论呢？我们如何把这一点容纳于一个有意义的全体之中呢？换言之，我们如何证明（对命运负有责任的）上帝对人的做法是正当的呢？

黑格尔也准备来探讨这个问题。他称他的历史哲学是一种“神正论”，并且我们能够知道他之所以要这样称呼的原因。正如他的成就一样，人的命运在必然性链环中占有一席之地。[35]正如任何动物的死亡一样，正如任何外在现实的最终消失一样，在事物的图画中，死亡本身，特定的人的死亡是必然的；因为作为外在的事物，所有的这些事物都处于自我矛盾之中，且都必须被消亡。

但是黑格尔的历史哲学不仅考虑了人的死亡，而且考虑了文明的死亡。那些看起来没有意义的和在终极意义上不合理的东西，某种优秀的较早文明的破坏和衰弱，[36]证明了它是通往精神在法治国家和理性中

---

[35] 黑格尔成熟的“神正论”发展自他在18世纪90年代手稿中探讨的命运观念。他称那种观念为“基督教的精神”。我们在上一章对此作过讨论。但是它现在包含了更多的内容。使自己与之和解的人的命运现在既包含了分裂又包含了统一。

[36] 黑格尔在他的历史哲学讲座中谈到了忧郁和感伤，当我们看到古代文明衰弱的时候，我们便会情不自禁地产生那种情感，并且反思“许多最高贵的民族和国家，以及最纯正的仁人和圣贤所遭受的不幸，这便构成了一幅最为可怖的图画，激起了最深切、最无望的愁怨别绪，而绝不能找到任何安慰”。（黑格尔：《历史哲学》，德文版，第34—35页；上海书店，王造时译本，第21页。）

得到实现的道路中的一个必要的阶段。也就是说,不仅死亡本身,而且在历史中的特殊命运的发生,证明是这项有意义的筹划的一部分,作为理性,人能够同它取得充分的和解。

人们对究竟是否相信黑格尔的这种神正论也许会踌躇再三。诚然,人们难以明白,一个人怎么样才能同命运相和解,他怎么会没有把它看做一次“否定”。甚至当我们接受了历史的一般筹划之后,甚至当我们同文明的死亡取得了和解之后,我们又怎么能够把完全地非世界历史的个体——例如孩子——的夭折看做有意义的呢?人们不一定要有伊凡·卡拉马佐夫的经历,不必去领受世界历史强加于一个无知的稚童的强大苦难,以便去体会黑格尔未曾遇到的困难。

但是在黑格尔看来,个体命运的这些实例还不配进入必然性的视域;他们坠入到了一个相互交错的偶然性领域,如我们已经看到的那样,他们的实存是必然的。如果我们认清了我们自己的本质是普遍理性,那么我们就能够同这个命运相和解,也能同世界历史相和解。如果我们真正地把自己看做普遍理性的工具,那么死亡也就不再是一个“他者”;因为它是筹划的一部分。在那个意义上我们已经超越了死亡;死亡已经不再是一个界限。它融入了正在超越它的理性生命之中。

122 当然,对黑格尔来说,在关于灵魂不朽的传统学说中,这是表达在“表象(Vorstellung)”样式中的真实意义。虽然黑格尔常常说这种学说是真正的宗教的标志之一,并且只有在人类宗教发展的高级阶段才会产生,但是他实际上不相信个体的来世生活;假如保留下来的是非实体化的思维,那么按照黑格尔的原则,这是决不可能的。不过人格永恒观念仍然表达了一个深刻的真理;它不仅表达这样一个平庸的观念:虽然我死了,但是理性的生命仍将继续下去;而且表达了一种更加深刻的思辨观念:纵使死亡也是由主体性设置的必然实体的一部分;死亡不是对主体性的外在否定,而是由主体性,由精神,为了自身生存而设置的一部分。

九

在这里，我就黑格尔自以为已经解决了二分法的方式作了最简要的勾画，在他的时代里，那些二分法引起了最深刻的关注，并且为他自己的哲学努力提供了最强有力的动力；简言之，我对他为回答把最伟大的理性自主性同与自然的最圆满的表现主义统一性的统一的时代渴望而作出的思考作了最简要的勾画。关于这些解决方案的详细讨论提供了有关黑格尔工作的一些最为丰富的篇章。在接下来的部分中，我将对其中的一些篇章进行考查。

到现在为止，我们一直在做着呈现黑格尔体系的一般轮廓的工作。但是，它来自于它在这里得到呈现的本质，作为一个体系，它声称要通过理性本身把主要的对立调和起来，那种和解不仅需要被呈现，而且还必须得到论证。反过来，我们不妨说它的惟一适当的再现是一个论证。

我们该如何来看待一个论证呢？一个论证必须能够让我们走出我们对于事物的普通理解，并且表明那种理解是站不住脚的，它必须让位于黑格尔对于事物的见解。所以，刚开始时，它将从我们视之为世界的一个没有联系的外在混沌出发，并且迫使我们获得关于一个必然性体系的见解，那个体系的顶点是精神。

所以，一条明显的论证路径将开始于存在的等级序列。我们已经观察了那个序列，并且在前面以一种粗线条勾画的方式证明了它在体系上具有的联系。我们将证明，关于存在的这个等级序列将是一个理性必然性公式的实体化和证明，在那个公式中，每一个层次都占有其必然的地盘。我们将开始于最低级的和最外在的层次，物质在时间和空间上扩张，我们将揭示它的潜在的概念及其与较高的层次的必然联系。通过这种方式，我们将经历无生命存在的各个阶段，经历生命的各个层次，而到达精神，精神反过来将证明在人类历史中的一个发展。

这种论证占据了自然哲学和精神哲学；因此这种论证在《哲学全 123

书》的后面两个部分中以及在各种著作中才得到了阐发,那些著作扩充了这部著作的这些部分,如《法哲学原理》、《历史哲学》、《宗教哲学》、《哲学史讲演录》、《美学》等。*

但是我们不妨考虑一下在一定意义上先于这个论证的另一个论证。在上面论证过程中我们穿越的存在之链是对于某个理性必然性之链的证明,诚如我们说过的那样,理性必然性的公式表现在[大写的]理念中。但是为什么不是像上面论证的那样通过直接地研究各种现实,而是通过单纯地研究我们用以思考世界的范畴来达到这一点呢?在考查每一个范畴的过程中,我们将发现它本身是矛盾的。它促使我们去超越它自身,并且在最终意义上,能够自我持存的惟一范畴将是[大写的]理念。于是我们可以理解一个从最贫乏的、最空洞的范畴开始的论证,一个从"存在"开始的论证,那个论证显示了它的内在矛盾,并因此转化为另一些范畴,它们反过来也显示为矛盾。这样一直向着日益复杂的更高的阶段运动,直到我们达到[大写的]理念为止。这就是我们在《逻辑学》中发现的论证,并因此是我们在《哲学全书》第一部分中发现的论证。

那么是否存在着另一个论证的地盘呢?在某种意义上,它是不存在的,也就是说,在相同层次上是不存在的。因为前面的两个论证形成了一个完整的圆圈。这种逻辑展示了我们对于范畴的理解,直到我们抵达理念。理念向我们表明,这些范畴必然体现在外在现实之中;我们于是转而去考查这个外在现实,起初是以其最外在的"形式"呈现的现实。我们先抵达自然哲学领域,然而达到了精神哲学领域。最后我们获得了一种关于绝对精神的见解,一种作为对全体的完美自我认识的上帝生活的见解。但是,在认识他自身的过程中,上帝认识了什么呢?显然地,理性必然性之链在逻辑中得到了揭示,并且在理念中达到了顶点。所以我们达到了圆满的圆圈。

* 为了让读者不致产生误解,黑格尔著作的译名一律采用学术界认同的译法。——译注

但是，无论这个推理的价值是什么，事实是黑格尔确实给了我们第三个论证。我们可以在《精神现象学》中找到那个论证。我们可以把它看做其主要体系的一个“序言”，一个“序曲”。黑格尔在1806—1807年完成了这部著作，它在时间上要比他完成其确定的体系形式早好多年；所以我们可以惊奇地发现他后来赋予它的地位。这一点特殊地表现在标题“现象学”重新出现在对某个精神哲学章节的设置中，这一节确实重复了在这部较早著作中得到揭示的某个论断。

但是，（在通常有点贬意的且非黑格尔的意义上）对这一点作出的回答只能是思辨的。在《精神现象学》这部黑格尔最强有力的和最激动人心的著作中，我们确实找到了这种回答。它的原则是，不是开始于存在形式，或者开始于范畴，而是开始于意识形式。正是在那个意义上，这种论证最佳地实现了黑格尔的主要目标之一。那个目标贬低了我们现 124
在所处的实际境况，并且引导我们抵达某个体系的见解。

这样，理念开始于关于什么是意识的最贫乏、最基本的观念，开始于显示这一个观念是站不住脚的，它被内在的矛盾所撕毁，并且必定为另一个更高的观念开辟道路；这一个观念反过来显示为矛盾的，我们因此作进一步涉猎，直到我们把意识真正地理解为自我认识的上帝或绝对知识。

不是通过任何一个外在的思考，不是通过从外面来拒绝我们的观点，而是纯粹地借助于我们自己的出发点的内在逻辑，黑格尔想通过论证带领我们从我们的观点达到他的观点，黑格尔也许在《精神现象学》中最清楚地表述了这一观点。所以，《精神现象学》是我们关于我们自身的观念的旅程，更确切地说，是由黑格尔发动的我们关于我们自身的观念的旅程。为了突破他的同时代人的观念而达到他自己的精神观念的一次斗争，在人的精神旅程中，那些观点是必然要产生的，但是它们现在必须被抛弃，并且必须全力以赴地与之作斗争。《精神现象学》首先是一部自我澄清的著作，充满着一种强有力的内在张力。这赋予它以独特的力量和动人之处。

我们接下来的任务将在于探讨黑格尔哲学的这三个主要的论证。按照优先性秩序，即从刚才提到的那个逆向的秩序来探讨它们是最为明智的。所以,我们将从这个体系的序曲《精神现象学》开始。

第二部分

现 象 学

第4章 127
意识辩证法

一

写于耶拿时期末（1806—1807年）的《精神现象学》可以看做黑格尔体系的一个“导论”。它的职责本在于引导读者摆脱惯常意识偏见的束缚，以抵达真正科学的入口处。但是这并非整个故事的真相。黑格尔思想体系的真正本质在于，所有的局部现实都依赖于绝对，那个绝对反过来必然产生这个局部现实。从这个观点看，无论它是多么卑微和琐碎，不存在可以被思考为处在体系之外的现实，不存在对它的揭示可以被看做一种餐前小吃（hors d'oeuvre）的现实之不同层次之间的过渡。

绝对就是精神。这要求人们从容面对这个体系中的各种意识样式。精神逐渐认识了自身；这种自我认识的工具是有限的精神。精神向着自我认识的发展过程经历了关于人的各种原始混乱、各种错觉和各种断章取义的见解。这一切都不是处于体系之外。相反，这种原始黑暗反映了绝对的本质方面，即，它必须努力地为了达到自我认识作斗争。所以，不可能轻易地存在其本身不是绝对的科学的一部分的一个导论，不存在仅仅清理了地基，而那个地基却不是该建筑的组成部分的情况。

这部分解释了《精神现象学》的地位会有如此多争论和不确定性的

原因。黑格尔似乎把它看做导向《逻辑学》的一个导引,在这一意义上,它的确是一个导论。但是与此同时,他把这部著作描述为一个"科学体系"的"第一部分"。这个体系将包括《逻辑学》以及后来发展为《自然哲学》和《精神哲学》的东西,他在耶拿时期已经完成了它的最初变体。当他逐渐赋予这些科学以最终形式时,在《精神现象学》中得到处理的某些事情在《精神哲学》中得到了更加深入的探讨;由于对精神发展的思考不可避免地要去考虑意识的各种形式,这是免不了的。由于混乱的不断滋长,在《哲学全书》中便存在着致力于探讨主观精神的称之为"现象学"的部分章节。

128 但是，只有当我们把黑格尔体系看做每一事物在其中都占有自身地盘的具有某种必然性秩序的严格划一的体系的时候，这种要求才会使我们陷入混乱之中。通过以一种大三合一的方式把《逻辑学》、《自然哲学》和《精神哲学》呈现为一部科学的百科全书,黑格尔全力以赴地完成着他的体系。确实存在着把这些学科呈现为三合一的某个见解,但是它不是与他的哲学立场相一致的惟一秩序。相反,正如我们在上一章描述过的那样,其见解是,人们可以从任何地方开始,并且会回到他的原始出发点上来。存在着展示体系之必然联系的不同方式,那种展示依赖于人们从什么地方开始。

《精神现象学》倾向于从我们关于事物的惯常意识(das naturliches Bewuβtsein)开始,并且把我们从那里带到了关于精神的真见解。这本书之所以称为"现象学"是因为它探讨的是事物向意识呈现的方式,或者是意识的形式。但是"表象"在这里不是同"现实"进行比较的;最真实的东西,绝对,从本质上讲是自我表象。现象学不是一门关于可以被抛弃的次要事物的科学,而是通往绝对知识的一个途径,是使绝对成为"表象的"绝对的一个途径。

我们的惯常意识使我们成为同世界处于对应地位的个别的、确定的主体。另一方面,精神的境况使我们呈现为同样地在世界上得到表现的某个精神的工具，以致这个世界同我们不再区分彼此。但是我们怎样才能引导惯常意识，以便使它从它的境况中超拔出来并达到一个更高阶段呢？单单肯定我们的立场是无济于事的，因为不存在让一个明白人来相信我们的立场的理由。诚然，没有一个建立在某个绝对知识基础上的否定惯常意识的论断将是有用的。因为按照作为一个论断的事实，它将进入不了这个意识。

黑格尔想在这里给予利用的这个论断是完全不同的。它是蕴含在他的体系中的一个形式：它将证明得到仔细考查的惯常意识是如何陷入矛盾的，并且它自身是如何超越自身达到一个更加适当的形式的。当然，只有关于这个形式的一个论断将一致于黑格尔的结论。如果惯常意识不得不被证明为是从外部达到绝对知识的，如果它不得不通过它自身无法得到的被给予的信息或洞见而接受教导，那么它将不是知性样式之那个先行序列的组成部分，那些样式构成了精神关于他自身的知识；它将是外在于绝对的。

顺着这一条思路，黑格尔在《精神现象学》“导论”中从一开始便攻击了这样一些人，他们的研究工作开始于对我们的认识官能的批判，那个批判把我们的认识官能看做我们用来抵达现实的一个工具，或者看做现实通过它才得以向我们呈现的一个中介。①这不仅使关于知识的问题无法得到解决，因为我们无论如何也无法抵达作为自在存在的、我们的工具触及不到的或者在我们的中介中没有得到反映的某个现实。而且，这种途径断定了，绝对，那个有待于被认识的东西，是完全区分于我们关于它的知识的某物，“绝对站在一边而知识站在另一边，知识是自 129

① 黑格尔的原话是：“如果有人觉得在哲学里在开始研究事物本身以前，即在研究关于绝对真理的具体知识以前，有必要先对认识本身加以了解，即是说，先对人们借以把握绝对的那个工具，或者说，先对人们赖以观察绝对的那个手段，加以考察，这乃是一种很自然的想法。”（黑格尔：《精神现象学》，贺译本，上卷，第51页。）

为的与绝对不相关联的，却倒是一种真实的东西。"[②]黑格尔指出，这将对这个论题产生不良影响。在这样的情况下，这是他不愿意去做的一件事情。因为他想要得出一个同这个普通断言恰好相反的结论。

于是，正如这个秩序已经逐渐地在黑格尔和马克思主义传统中为人们所知那样，其方法便是从惯常意识开始，不从外面注入任何东西，并且作出了一个"内在批判"。这意味着我们必须遵循意识的辩证运动。

在这里重要的在于强调黑格尔不曾说过要使用某种辩证的"方法"或"途径"。如果我们一定要对他的方法作些规定的话，那么跟随肯莱·多佛之后，我们不妨称之为"描述性的"方法。[③]因为他的目的是简单地遵循他的研究对象的运动。哲学家的任务在于"使他的自由为[内容]所浸没，并让它依其本性那样地运动"。[④]如果论断遵循着某个辩证运动，那么事物一定是以自己的方式运动的，而不是以我们推断它们的方式那样地运动的。

我们在上一章已经看到，由于它们处于矛盾之中，事物的内部存在着一种辩证运动。每一个局部现实都被绝对或全体设定为这个绝对实存的必然条件；因为这个绝对只能实体化在由外在的、物理的事物和有限的精神所构成的世界里。不过，这些局部现实，正因为它们是外在地存在着的，每一个现实都并列于其他现实，它们作出了想要求达独立性的明确主张，而那种独立性依赖于那些现实作为全体的工具才得以确立起来的地位。

我们之所以在这个语境下来谈论"矛盾"，是因为每当我们讨论事物时我们便会把意义给予关于断言和否定的语言。但是我们之所以会把某个意义给予这种语言，是因为我们不仅把事物看做在那里存在着

---

② 黑格尔：《精神现象学》，拉松版，第65页。（贺译本，上卷，第52—53页。）

③ 参阅肯莱·罗伊斯·多佛在马丁·海德格尔《黑格尔的经验概念》中的译文(纽约，1970)，第10页。

④ 黑格尔：《精神现象学》，拉松版，第48页。

的东西,而且把事物看做为了实体化和表现精神而被设置起来的东西。换言之,它是意图、表现的意图范畴的终极的本体论状况。它赋予了本体论矛盾理论以意义。整个世界之所以存在就是为了体现精神,就是为了证明他在本质上是什么,即自我认识的精神、自我思维的思想、纯粹的理性必然性。

但是表现这个思想的必不可少的中介是外在现实，这个中介无法完整地承载这个信息。它必定会歪曲它,正因为这个现实是外在的,它的各个部分是独立于每一个其他部分的,并且是屈从于偶然性的。这就是为什么外在现实与其说通过维持事物的某种稳定联系表现了理性必然性思想，不如说通过事物在其中逐渐产生和消亡的进程表现了理性必然性思想。它们之所以必须消亡,是因为它们矛盾于它们实存的那个基础,那个基础将表现理性的必然性;但是在如此消除它曾经设定的事 130
物的过程中,精神毕竟逐渐地透露了什么是它想要的东西。在外在实存中无法得到表现的东西在运动中得到了表现,通过那个运动,这些实存逐渐地产生和消亡。外在现实强加于精神信息的“歪曲”得到了它的必然死亡的匡正。精神从来没有达到把一切都给予说清的某个不变的表现,它无法在肯定和否定的游戏中去证明它自己是什么东西。

所以,从终极意义上说,由于我们按照黑格尔理论把现实看做为了说明或证明某物而被设置起来的东西，所以我们可以谈论它的某些普遍的和难以避免的特点——如自相分离的实存——把它们作为“歪曲”来谈论,把它们说成是不同于它们的本意的东西,因此把它们作为“矛盾”来谈论。

但是这种见解无助于我们去探讨我们现在正着手探讨的一种上升的辩证法。因为我们赞成,我们不应该从外边来训斥惯常意识;相反,我们应该从惯常意识开始,并且遵循着它自身的运动。我们没有去证明一旦我们把世界作为精神的实体或表现来接受，所有的部分现实是如何必定地矛盾的。我们不得不以指出在有限实存中的矛盾开始,从那里出发去揭示出如果我们把这些有限事物看做精神实体的一部分这个矛盾只能被给予的意义的方式。如我们在上一章看到的那样，这种上升的辩证法对黑格尔的立场来说是至关重要的，这不仅是因为他想要让人们相信，而且是因为理性的精神观被假定为是一套无可挑剔的理性论断。证明精神需要有限的实存是不够的，我们还必须证明这些实存需要精神。通过细心的考察，它们务必表现出对全体的依赖。否则，黑格尔的观念，它也是精神对他自身的认识，只是以信仰为根据的另一种观念而已，或者只是以完全自说自话为根据的另一种观念而已；要是精神真是[大写的]理性，那么这是无法接受的。

但是在有限事物中我们怎样才能发现矛盾呢？就它们自身而言，如惯常意识认识它们那样，物质对象或有限精神只是被给予的。我们只是知道，要想把它们看做处于矛盾之中的，那么我们不得不把它们看做被设定的。但是要是我们没有用未经证明的假定来论证并且背离了我们的方法，那么正是这一点从一开始就不允许我们去做我们想做的事情。我们似乎陷入了一个怪圈之中。我们该从何入手呢？

黑格尔主张，无论我们考虑的是什么现实，无论它们是受限制的还是看似独立的，它们都将表现出为矛盾所必需的内在联系。如我们在上一章看到的那样，我们在这种内在联系中可以作出这样的区分：一方面，相关事物想要达到的是什么目标，或者它意味着什么；另一方面，它实际上是什么。一旦如此，那么在实在和指定目标或标准之间将存在冲突，并因此该物将屈从于矛盾。这样，我们所辨别的目标不一定就是在第一种情况下表现精神的目标。我们可以从一个次要标准开始，并且通
131 过证明实存无法满足这个标准，从而证明了矛盾。

这就是黑格尔在《精神现象学》中探讨辩证矛盾的方式。我们开始于由某物起初决定要去实现的某个意图，或者，我们开始于某物一定要达到的某个标准。我们接着证明此物无法有效地实现这个意图或达到这个标准(并且在这里“无法”是一个概念必然性)。我们于是面临着一

个矛盾。

这个矛盾可以采用两种形式。它可以是,意图在物的实际存在中无法得到实现,并且在这种情况下,由于在进一步实现自身的过程中,意图抵消了它的不充分的实现形式,现存的现实将必然地走向式微或得到改造。或者它的标准已经得到了满足。于是这个矛盾将迫使我们去改变我们的标准或意图观念,去改变我们的那个标准或意图在其中得以实现的现实观念,以便对这种实现作出前后一致的考虑。

在黑格尔那里,我们确实发现了辩证法的这两种形式。他的历史辩证法属于第一种形式:要么因为它们注定实现不了它们为之而存在的那个意图(例如,主人和奴隶的关系),要么因为它们必然地产生不同条件之间的内在矛盾,那些矛盾对于那个意图的实现同样是至关重要的(如黑格尔将在第6章讨论的古希腊城邦的命运),一些生命的历史形式受尽了内在矛盾的折磨。因此这两种形式注定要走向式微,要被其他形式所取代。

但是黑格尔还提出了另一种辩证法。我们可以称之为“本体论的”辩证法。在《精神现象学》开篇中,以及在《逻辑学》中,我们可以看到这种辩证法的范例。我们在这里讨论的不是历史的变革,或者至少主要地不是历史的变革。相反,我们正在加深理解我们关于某个给定标准的观念以及满足那个标准的现实观念。对于这种辩证论证至关重要的一个观念是,这种标准已经得到满足。正是因为我们知道这一点,所以我们才知道,关于被证明为无法实现的意图或标准的任何一个观念都肯定是一个错误的观念。正是这一点使我们从辩证法的一个阶段走向了另一个阶段。

这个区分仅仅涉及了某个辩证论证得以开始的基础。它同它处理的那种矛盾无关。因此,把这个区分看做在处理现实矛盾的辩证法和处理我们关于现实的观念的矛盾的辩证法之间的区分将是非常错误的。因为在黑格尔最重要的本体论辩证法中,在《逻辑学》中,我们将看到,我们将予以遵循的辩证运动的矛盾概念得到了实际应用。它们与现实矛盾相符合。那些现实本身证明它们对某些更高范畴给予描述的某个较大全体的依赖。换言之,我们关于现实的观念中的矛盾将不是通过把
132 它们化解为一个不具有矛盾的见解而得到克服，而是通过如下见解而得到克服:它们反映了在一个较大合题中得到和解的现实中的矛盾。

相似地,《精神现象学》中的意识辩证法将带领我们去完成对于视知识为现实标准的各种不适当知识观念的批判。不过与此同时,曾为人们所持有的我们所考查的所有定义,甚至是那些最不适当的定义,在此时或彼时(对于某些人来说包括当前)也都是真的。它们由是必然地对实践产生着影响。这意味着,知识的完备性,关于世界的知识与自我认识相一致的那种完备性,并不总是被达到。知识实践,譬如,不同于打曲棍球的实践,无法分离于我们的知识观念。要是关于知识自身性质的见解是错误的,那么由此可见知识是不完备的。因此,只有当人们具备了一种适当的知识观念之后,才能获得完备的知识。⑤

所以知识理论的辩证法同意识历史形式的辩证法相联系。

与此相应地，因为历史辩证法探讨某些历史形式与在它们中追求的基本意图之间的矛盾，所以这也密切地相关于人的观念中的某个矛盾。诚然,人们所了解的人类基本意图对于任何一个给定历史形式及其不适当性的规定来说都是至关重要的。在历史之初,人们认识不到人的潜力,这种情况同人们无法适当地了解人(和精神)的目标具有密切联系。

正是由于依附于某个给定历史生命形式的关于人的基本意图的观

---

⑤ 这并不意味着存在着可以被正确地规定为感性确定性、知觉等等的一些关于知识的历史形式。因为这些早期的、不适当的观念的基本属性是,它们对自身存在着错误见解。它们的自我理念和它们的实际现实之间的这种冲突是辩证法的动力。但是就它们是错误的,它们是对于知识的曲解而言,那些曲解既无法通过它们自身的自我形象也无法通过关于完备知识的观念而得到适当的探讨。

念是不适当的,在这个阶段的人们必定会扬弃这些意图。所以对于矛盾来说,这个不适当的观念是至关重要的;因为矛盾不是来自于这样一个事实:人们的意图出了差错;而是来自于这样一个事实:在尝试着实现它们的过程中,人们扬弃了那些意图。所以我们可以说,任何一个历史社会或文明中的矛盾都是这个矛盾。按照这种社会观念来理解,人的基本意图便注定是自我扬弃的。因此,正如历史现实的变化那样,变化着的观念对历史辩证法来说是至关重要的。观念与现实之间确实具有密切的联系。

在黑格尔著作中,我们可以从这里看到这两种辩证法是如何密切地联系在一起的。每一方都包含着对于他方的解释。黑格尔的历史哲学有助于我们去探讨他的本体论;而他的本体论又需要历史的展开。

我在上面把辩证运动说成是由意图或标准同其意欲实现之间的冲 133
突所引发的。不过我们从上面可以看到,我们不妨把它理解为不仅包含着两个环节而且包含着三个环节的关系:基本意图或标准、不适当的现实以及同那个现实具有密切联系的不适当的意图观念。在历史辩证法条件下,这一点是一目了然的。存在着这样一个意图,它被关于这个意图的不适当观念所阻挠,那个观念不可避免地产生于关于生命的某个确定历史形式。

但是,本体论的辩证法也包含着三个环节:我们从包含于其中的某个不适当标准开始。但在开始时我们还具有关于这个标准或意图是什么的某些非常基本而正确的观念,具有它必须满足的某些标准属性。正是这些标准属性实际地促使我们去证明关于这个标准的某个给定观念是不适当的。因为我们证明了,这个观念无法以满足标准属性的方式而得到实现,所以,这个定义无法接受为所涉及的标准或意图的定义。但是我们通过尝试去"实现"它,即按照它建构起某个现实,来证明这个错误等式的不适当性。这个现实与标准相冲突。所以,现实是我们的第三个环节。

通过追溯到柏拉图,我们可以证明这一点,并同时证明黑格尔之所以称这种论证为“辩证”论证的原因。因为柏拉图的论证有时可以按照这个模式而得到理解,即理解为发现公理中的矛盾,那些公理作为某个确定理念或标准的定义而被提出来,它们后来被更适当的公理所取代。

因此,在《理想国》第1卷中,当克法洛斯提出正义的定义是说实话和欠债还债的时候,苏格拉底举例反驳了他的观点,即如果原主[债主]头脑不正常,就不应把代管的不论什么东西都归还给他。这个例子足以推翻克法洛斯的定义。这是因为公理“说实话和欠债还债”是作为正义的定义提出的。不过在这场对话的这个阶段,我们现在仍然不知道正义的真正定义。但是我们确实知道某些关于它的标准属性。例如我们知道,正义的行为是好的行为,是应该去做的行为。但是当我们随后证明符合上面公理的某行为却是一个不应去实施的行为的时候,譬如显然地一个人不应该把他的债还给一个疯子的时候,他便使得那个正义定义站不住脚;因为一个人如想继续保持那个定义,那么他将使其所言和所行发生矛盾。

苏格拉底所做的工作在于证明,为了满足克法洛斯公理中规定的标准将很有可能发生的事情,即按照那个公理去做将很有可能发生的事情。他从这个例子证明了克法洛斯的原则无法完全符合关于正义的标准属性。所以它不可能是一个正义定义。

因此,这种辩证法包含着三个环节:它始于(1)某个正义定义,接着
134 是(2)关于正义的某个标准属性,以及在某个一般实践中当我们尝试
(3)去实现这个定义的时候证明这些属性是冲突的。在黑格尔的辩证论证中,无论是历史的辩证论证,还是本体论的辩证论证,我们将看到相似的情况。黑格尔的论证总是采用三个环节:真正的意图或标准,关于那个意图或标准的不适当的观念,以及使它们冲突并导致分裂的现实。

由此我们可以看到黑格尔式的辩证法能够在我们起初不一定接受黑格尔整个见解的情况下得以开始的方式。我们只需找到某个起点,某

个确定的现实。由此将被看做(尝试着的)某个目标的实现或者某个标准的实现。我们起初所认同的这个目标或标准不一定是正在返回自身的精神的目标或标准。由于这个历史意图足以超出人们对于他们自身的目标的主观知性的范围，所以后者可以被看做对于前者的一个自我扬弃的错误观念。或者我们拥有一个标准,它同实现了的精神分享着某些标准的属性。

于是,(以我们论证所持的观点为条件)一个辩证法可以进行下去,在其中,被证明为不适当的我们的第一个观念(或第一个历史形式)被另一个观念或历史形式所取代。黑格尔主张，一旦辩证论证开展了起来,那么在其中将不仅不存在随意的作为,而且每一个阶段都取决于前一个阶段。由于影响我们第一个阶段或观念的矛盾具有一个确定样式,因此为了扬弃那个阶段而需实施的变化是明确的。这确定了下一个阶段的性质。但是这第二个阶段本身将被证明陷入了矛盾之中,因为它的实现以另一种方式无法同标准的属性相结合，在企图具体化它们的过程中,它陷入了矛盾之中,或者以它自身的方式阻碍着历史意图。于是辩证法朝着一个新的阶段运动。这样,黑格尔主张,伴随辩证运动之后的论证不可能展示为一个怀疑论的论证,在那里,形式处于矛盾中的论据使我们无所适从。每个矛盾都有一个确定的结果;它使我们具有一个肯定的结果。⑥

所以,从一个得到实现的标准或意图的现实的起点出发,在认可所有论证都起作用的情况下，我们可以一步一步地攀登到作为精神的某个全体观念。惟有那个精神成功地融合了矛盾。

但是，这种考虑并没有让我们对黑格尔的螺旋式上升的辩证法的前景表示太多的乐观。因为我们能够看到像某个本能目标的实现之类的事物仍然是不够的,这是我们能够观察事物的一种方式。这样一个有

⑥ 黑格尔:《精神现象学》,拉松版,第68页。

争议的起点可能会通过辩证论证而屈从于关于事物的某个观点，那个观点借助它的花言巧语令我们信服,但是它不是一个有约束力的论证,它无法让我们完全心悦诚服。如果黑格尔想要做这项工作,那么这个起点务必是无可争辩的。这似乎是一个信口开河的大话。

但是这确实是黑格尔着手去完成的一项工作。我们将在后面看到,正是论证这个主张的困难在摧毁着整个体系。他的论证之所以站不住脚，通常是因为它们转变成为并非无可辩驳地被确立起来的某个假定的内在意图或标准。在后面,我们还将在黑格尔身上看到两种不同辩证法之间的一个重要区分,那个区分取决于起点的性质。

但是,就《精神现象学》所关注的问题而言,黑格尔确实为他的起点
135 作了辩护。因为我们现在正在探讨的是意识问题。我们的起点将是认识主体。但是,不像一块石头或一条河流,这一个已经是必须根据已经被实现的意图,根据某种成就,甚至根据“自然”意识的眼光而得到规定的某物。“认识”,如我们将会主张的那样,是一个完成动词。但是紧接着,我们关于这个意识之粗俗的、普通的意识可以是某种辩证法的起点。因为假如我们能够证明,如他们解释它那样地,知识(依据必然性)确实是可以认识的，使得他们的公理得到实现的东西根据自身的标准不能被称之为知识。在这种情况下,我们应该揭示在普通意识中存在的一个深刻的矛盾或不一致性,那种意识将必需作些修正。

这实际上就是黑格尔在《精神现象学》“序言”中呈现事物的方式。[7]为了检验知识断言的有效性,我们必须有一个尺度或标准(Maβstab)。但是假如这个标准是来自外面的，是来自主张关于事物运作方式之优先知识的某个人的,那么它将违反我们在这里的程序原则。但是,黑格尔主张,在这种情况下,这不是必然的。认识中的意识在它自身内部把我们的知识同被认识的对象区分了开来(unterscheidet)。意识是两极的:它

---

⑦ 黑格尔:《精神现象学》,拉松版,第70—73页。

是关于某物的意识;这意味着它的内容不仅是中性的,而且影响着外在的某物。作为一个认识主体,我们的思想、知觉等等也是知识断言。

现在,我们无法对我所看到的世界(the world-as-I-see-it)或我断言我所认识的世界(the world-as-I-claim-to-know-it)同作为尺度而自在存在的世界(the world-in-itself)进行比较。但是,能起尺度作用的是这样一种观念:什么使得一个断言成为成功的断言,即什么是真实的知识。这包含着不诉之于外在于意识的某个标准。相反,我们诉之于它自身的真理观念。“因此,被意识宣布为它自身以内的自在或真理的那种东西,就是我们所用的尺度,意识自己把这个尺度建立起来,用以衡量它的知识。”[⑧]我们可以与“这一个”相比较的是它的实际知识。如果我们可以证明“这一个”无法满足它自身的标准,如果我们还证明在尝试满足这个标准的过程中,我们只能产生与之不相一致的某物,那么我们也就揭示了无法对我们的知识观念置之不理的一个矛盾。

在证明我们的实际知识无法满足现行标准的过程中,我们似乎证明了这种知识的不适当性。但是实际上,它对标准提出了更加根本的批判。因为如果我们证明它是无法被满足的,那么要么我们弄错了,要么从来就不存在知识。但是第二种情况是我们所无法接受的;在推演它的 136
过程中,我们将拒绝这种命题。知识是存在的,它是一个成就,是一个标准的实现。假如我们所构想的标准是无法达到的,那么我们不得不重新进行构想。所以,如黑格尔说的那样,“考查不仅是对于知识的一种考查,而且也是对于考查的尺度的一种考查。”[⑨]

因此,黑格尔在这里苦心经营的一个起点必须被看做一个已经实现了的标准,并因此能够开始于最自然且最贫乏的认识主体观念的一

---

⑧ 黑格尔:《精神现象学》,拉松版,第71页;另外请参阅多夫译本,第20页。(参阅贺译本,上卷,第59页。)

⑨ 黑格尔:《精神现象学》,拉松版,第73页。(参阅贺译本,上卷,第60页。)

种螺旋式上升的辩证法，黑格尔称那个主体为“感性确定性”。他很好地践行着他的诺言，至少在著作的开端部分，他没有从外面注入任何知识或见解，而只是遵循着普通意识自身的运动。这个运动将在普通意识中引发矛盾。随着普通意识的标准同其实际存在的两相对置，那些矛盾将日益明朗。

但是我们或许仍然被声称要作出一个内在批判的这种主张所迷惑。对《精神现象学》作出著述和解读的哲学家们确实看到了为许多门外汉所看不到的许多事物。某物使他们有别于普通意识。如果它不是某种更深刻的见解或知识的话，那么它是什么呢？黑格尔的回答是，哲学家区别于门外汉的惟一一点是，他们清楚地知道在普通意识所承认的知识中已经存在着不足。他们对他们自己的知识并没有作出什么贡献。[10]换言之，他们的贡献仅仅在于以一种沉着的眼光坚持普通意识不连贯地经验到的事物，并把它们联结起来。[11]

这种辩证法依赖普通意识而生存，并且被普通意识所经验到。而这确实是黑格尔在《精神现象学》中定义术语“经验”的方式。矛盾导致一种意识样式的毁灭，并且被另一种意识样式所取代。但是为这种普通意识所缺乏的并且呈现在哲学家的考虑中的东西是联结，是对于第一种形式毁灭的原因以及它被其后来者所取代的方式的了解。普通意识经历[经验到]了变化；而我们哲学家把变化看做一个辩证运动。

从关于知识的普通概念出发，这种知识是一个贫乏的有限的主体具有的自我认识，在经历了几个阶段之后，黑格尔希望能够攀登到这样一种意识形式，它将不再是对于矛盾的屈从，而是能够在它自身内部持存那个矛盾。这将是真实的知识或绝对的知识。

《精神现象学》将是那种知识的最初的所在地。在那里意识将经历
137 各种磨难，终于克服了断定自己似乎正被某个陌生事物所纠缠的见

⑩ 黑格尔：《精神现象学》，拉松版，“补充”，第72页。

⑪ 黑格尔：《精神现象学》，拉松版，“补充”，第74页。

解，[12]并且逐渐地把它自身看做精神的自我认识。通往且超越被孤立的依赖于存在的这个表象(Schein)的道路是现象学。它的各个阶段向我们呈现了一系列意识形式(Gestalten des Bewuβtseins)。

已经清楚的一点是，这项工作将涉及相当广泛的领域。但是它实际探讨的领域比上面讨论所隐含的内容仍然要广泛得多。黑格尔的目标不仅是要带领我们去经历认识意识(狭义的认识)的各种形式；他而且要追溯作为行动和欲望主体的意识的各个发展形式，去追溯意识的自我认识或者意识为了成为主体（黑格尔称之为“自我意识”即“Selbstbewuβtsein”)所作的努力。这对于他的意图来说是至关重要的；因为在他把我们从作为孤立意识的主体观向着作为精神自我认识手段的主体观转变过程中，他不得不一再地改变我们的知识观念，他还必须使我们改变我们的自我观念。但是导致这种转变的某些关键转折不是由我们的认识方式中的矛盾推动的，而是由我们作出的关于世界、作为代理者的他者以及我们自身的断言中的矛盾所推动的。

这样，与认识的辩证法、“意识”的辩证法相并列，我们看到了一种欲望和满足欲望的辩证法，一种“自我意识”的辩证法。这后者的基础是黑格尔称作我们的“自我确定性(Selbstgewiβheit)”的东西。这是一个丰富的概念，它一下子指明了我们的自我观念以及我们与之抗争的境况。这个概念可以从表现主义背景来理解黑格尔的思想。人为了一个能够表现他的外在实体而奋斗，并且当他为了生存所依赖的现实反映为异化于他的某物的时候，人在实现这个目标的过程中遭受了挫折。自我确定性是这样的一种确信，我们所依靠的每一个事物都不是异化[陌生]的，我们“栖居于(bei sich)”其中。人们或许把它看做在最广泛意义上我们关于我们的完整性的规定。但是由于我们是生活在与外在现实保持持续关系中的生命，并且我们须依赖它才得以生存(因为一旦我们呼吸

⑫ 黑格尔：《精神现象学》，拉松版，第75页。

和吃喝便必须依赖于某物),所以关于自我确定性的每一个观念都对这个现实作出了确定的断言;假如这种自我确定性要想得到实现的话,那么就离不开周围世界的某些事物。这是人们斗争所导致的结果。

但是,假如某个给定的自我确定性观念不仅实现不了而且有悖于常理,假如周围现实无法合理化我们的这种自我观念,那将会怎样呢?[假如真是这样,]那么,由这种理念而引发的行动将处于某个感性矛盾之中。它阻碍着本想要实现的事物。如黑格尔称作我们的实际困境那样,我们的“真理”(Wahrheit)无法与我们的确定性相一致。我们于是具有了这样一种辩证法。在其中,我们的自我确定性起着尺度(标准)的作用,在其中,我们的“真理”与之相反相成。假如它们从理论上讲是不一致的,那么如上所知,这个尺度必须改变。

关于这种形式的辩证法的最著名例子当数主人和奴隶的例子。我们将在下面讨论这个例子。在证明了人必需他者的承认以合理化他的
138 自我确定性之后(即,在证明了不包含承认的自我确定性诸形式的矛盾本性之后),黑格尔揭示了去完成它的这种企图是如何注定要失败的。因为从另一方夺取胜利的斗争要么以他的死亡而告终,要么以他的受奴役而结束,并且在任何一种情况下,得到承认的目标都受到了阻碍。

这样,这个辩证运动导致了我们的自我观念的发展。在《精神现象学》中,这一运动向着认识的辩证法转移。后者占据了讨论“甲意识(Bewuβtsein)”的内容,前者占据了讨论“乙自我意识(Selbstbewuβtsein)”的内容。这两部分内容在一定程度上在讨论理性的第5章中结合到了一起。因为我们再一次从意识的辩证运动开始,但是这个辩证运动是建立在如下确定性基础上的:人的理性将在世界中达到自足(reason will meet itself in the world)。而在关于自我意识的另一种辩证法中,我们在个别性观念中达到了一个更高的综合,它没有转化为另一种更加丰富的辩证法,即关于精神的辩证法。

在《精神现象学》中,这意指后来被称作“客观精神”的东西,并且我

们在这里得到了这样一个自我观念,它不再是孤立的个体,而是寄生于人类共同体中的个体。作为回报,这使得通往宗教形式中的绝对精神的阶段(第7章)成为可能,在那里,我们为向着作为精神之自我意识的意识观念的过渡作好了准备。在这两种情况下,辩证法再也无法被简单地看做关于知识的辩证法或关于确定性和真理的辩证法,而是看做两者之间的协调。这就是我们看到的在历史地起作用的辩证法。

我们在这一点上可以看到《精神现象学》的独特之处。它开始于一种关于直接知识的理论,并且终结于一种历史和宗教发展的简明哲学。不过后者已经隐藏于由前者导向的目标中,即经历人类意识的不同样式,直到我们抵达能够维持自身同矛盾相抗争的某个概念。所以,纵使我们沿途发现把人看做个体的人的意识的那些样式是极其不适当的,纵使我们不得不把人看做一个更广泛的意识的工具,一个政治社会的工具,并且最终地看做精神的工具,纵使我们将发现一种不因自身之故而毁灭的人了解自我和世界的形式,我们也找不到给予反对的理由。因为黑格尔主张的是,关于人的意识和知识的惟一前后一致的观点是把它看做精神的自我认识。因此,只要我们继续维持着与彼岸世界相对应的孤独的人的观念,就不存在产生一个能够自圆其说的后果的希望。但是一旦我们把人看做一个超个体主体的工具,诸如国家的工具,那么在国家机构的形式之间将存在着某些重要的过渡,因此伴随于它们之后,我们将侵入历史哲学领域。从理论上讲,我们对此不会感到奇怪,因为正如我们与黑格尔一起看到的那样,不存在把现象学作为一个预备学科同他的哲学体系隔离开来的办法。令人惊奇的惟一之处在于它的范围,在于《精神现象学》对黑格尔体系的某些主要部分作了简略表述。

但是情况远非如此。黑格尔撒了一张比我们认为是必要的要大得 139
多的网。正如被黑格尔体系的所有著作打动那样,许多读者曾经被《精神现象学》中的倾向所打动,它由于每个新章节的缘故而表现为一切从头开始。这是使得黑格尔的许多过渡变得难以遵从、也变得比它们所必须遵从的更成问题的原因之一。在揭示了转向看待问题的新方法的必然性之后,黑格尔没有停留在他已经达到的概念论辩的水平上,而是着手展示在其最原始形式中存在的这种新探索方法,愿意缓慢地向后倒退,并且在这个新领域里再一次创造出他以前已经获得了使用权的论辩语言。

这样,黑格尔洋洋洒洒地完成了它的第一部分,意识。他在其中揭示了,意识必然要转变为自我意识。在这个过程中,他展示了他的先进思辨理论的某些语言,诸如“无限性”、自我同一的分裂,等等。不过,在讨论自我意识那个部分的开头,他没有用过此类先进的装饰语。之所以如此似乎是因为它是一种关于生命和欲望的研究。曾经展现为意识行装之必要部分的普遍性必须重新表现在与自我意识的联系中。

再一次地,黑格尔以自我立法的个体概念完成了讨论理性的这一章,并且过渡到了(客观)精神,或者在政治共同体中的人的生活。这可以看做在一个相当先进的水平上证明了我们对这个领域的把握。但是黑格尔选择古希腊人作为起点。在讨论宗教的一章里,他从波斯人开始。

这个习惯——在所有黑格尔的其他体系著作中可以找到许多例子——似乎表露出一种强烈的百科全书派倾向。它无疑使黑格尔式过渡不如他有时假装的那样具有严格的联系。但是在这些看似散漫的行文中存在着某种方法。它务必时时把握住的一点是,这些练习的目的将从我们的普通意识、日常范畴或有限事物的实存(依靠受质疑的工作)中得到演示,借助纯粹内在的论证,即遵照一种无前提的辩证法,我们必定以黑格尔式的自我认识的精神观念而告终。

但是,实际上,这样一种论证的起点是随意的。终于,每一事物都将证明是从绝对派生出来的。但是在开始论证的时候,人们不得不把某个事物看做给定的,并从那里开始展开论证。为了强化他的个案,黑格尔尽可能地选择从远离他的目的的现实、范畴或观念开始。但是关于“距离”的这种判断是相当笼统和直观的，至少在这个体系被推导出来之前是如此。

为了使他的论证显得令人信服，黑格尔不得不去展示其所有的方面；他没有提出通往目标的捷径，而是千方百计地证明从某个给定起点出发人们将抵达的地方。更重要的在于，这种论证不仅旨在建立基本的 140
黑格尔观念，而且旨在证明每一事物是如何成为它的组成部分的。因此在黑格尔的主要论证工作中，存在着某种趋向于包罗了全体性的驱力。因此，在某些主要的观念或现象中，常有一些令人惊奇的迂回方法，因此，当初入某个新领域的时候常有这种倾向。

用以表现黑格尔体系的图画不是一条单纯的小溪，而是一个江河般的体系。在追本溯源过程中，他涉过最细小的小溪，接下来，他没有在主流上进行探索，而是坚持从它的源头开始考察，如此等等；直到他能够证明这个巨大水系的所有支流全都汇入了绝对精神的大海之中。

诚然，没有一项工作可以是包容一切的。总是存在着某个取舍的原则。绝大多数读者都发现出现在《精神现象学》中的各种论题初看之下是令人费解的，诸如它对各种知识理论和历史文明理论的处理，对像斯多葛派那样对我们的文明具有重要影响的获得重大发展的人的理论的处理，它对像骨相学那样一些当时流行的荒谬时尚的蔑视。有人断定，其取舍原则是一个自传性原则：这些阶段代表了黑格尔采取过或反省过并促使他成功地导向他的成熟见解的关于历史的各种理论、态度、目的或阶段。在这里当然存在着某个东西。但是自传性解释说明不了多少问题。不存在黑格尔曾经信奉过骨相学的证据。另一方面，除了在苦恼意识的论题中有所涉及之外，对犹太教和基督生平的丰富研究没有在《精神现象学》中得到表现。

一个更加令人信服的解释是黑格尔受到了时代的各种思潮、信念和目的的影响。这一点表明创作这样一部著作是有意义的。在其中，人们将认识到他们将从哪里达到关于绝对科学的见解。这将说明他对一些浪漫派立场的着迷,对康德的道德理论论题的着迷。

实际上,正是由于《精神现象学》的过于丰富,使得我们纵使不被其细节所纠缠,也难以系统地把握它。此外,许多章节涉及了黑格尔后来给予探讨的问题。我想做的工作是只考查有利于揭示其立场的某些章节,并且简单地给出在其他章节中的论证的一般方向,以便揭示这整项工作的运动。在后面几章中,我们还会重新讨论我们在此一笔带过的一些章节。

二

《精神现象学》的开篇论证是对于黑格尔内在批判的一个很好证明。黑格尔以之作为他的辩证批判起点的意识观念是他称作"感性确定
141 性"的观念。这是一种关于世界的注意(awareness)的观念。按照这种观念,先于任何心理活动,尤其是概念活动,当我们打开我们的感性器官去感知世界,去接收各种印象的时候,感性便处于它的最圆满和最丰富的状态。"我们对待它也同样必须采取直接的或者接纳的态度,因此对于这种知识,必须只像它呈现给我们那样,不加改变,并且不让在这种认识中夹杂有概念的把握(von dem Auffassen das Begreiffen abzuhalten)。"[13]于是,按照所谓的感性确定性的观点,这个纯粹接纳被假定为给了我们最丰富和最真实的知识,并且这两者都是出于相同的理由,即"它对于对象还没有省略掉任何东西,而让对象整个地完备地呈现在它面前。"[14]

这种观点显然与经验论具有一定的相似性。但它不等于经验论,因为它无论如何还没有得到充分的专门化。但是,正如如下主张那样:同

---

⑬ 黑格尔:《精神现象学》,拉松版,第79页。(参阅贺译本,上卷,第63页。)

⑭ 黑格尔:《精神现象学》,拉松版,第79页。(参阅贺译本,上卷,第63页。)

我们以之为基础而作出的任何判断相比，这种接纳性的决断达到了一个更高程度的确定性，先于任何智力(即概念)活动的原始接纳性的意识理念是一个得到认可的经验论论题。

现在，黑格尔由此进入辩证运动的途径在于提出了感性确定性主题，对感性确定性说出其经验到的东西提出了诘难。要想对他的这一见解表示异议是很难的。我们可以在这里看到由赫尔德初创的一个相同的基本理念正在起着作用，人类的、反思性的意识必然是语言学意识，它必须用符号来表达。但是假如我们着手去支持这种论题，那么我们不正违犯了我们的方法并且从外部的普通意识注入理念、信息和理论了吗?

在这里，黑格尔显然不以为然。相反，他把言说能力看做认识的标准属性之一。而要想对他的这一见解表示异议是很困难的。因为显然地，在这里就相关意义而言，隐含在认识中的是对于被知之物的一定注意。我们毕竟没有探讨如何去认识的问题，没有探讨无意识的巧计或诸如此类的东西，而是探讨了我们在清醒经验中获得的知识。假如我们在这一意义上认识了某物，那么我们肯定能够说出我们所知的东西。纵使我们没有表述它的(恰当的)语词，纵使我们说得又笨拙又糟糕，并且纵使我们被迫用“难以形容地言语”描述它，但我们毕竟还是言说了的。其关键在于，对注意来说只要有被知的对象就足够了。只要有了那个对象，我们便可以尝试着去实施描述它的任务。关于某个根本无法言说的某物的经验，对于它纵使不是不可描述的但也是难以描述的某物的经验，将低于注意的下限。我们认为，那个下限对于知识来说是至关重要的(在这里指对于当下被经验的事物的知识)。它将要么无意识地活着，要么是如此地肤浅，以致我们不会去主张它。

所以在追问感性确定性主体说出的内容过程中，他知道我们正在要求他产生得自于这种意识样式的些许有效的知识正是在这里产生了 142
矛盾。同概念意识相比，感性确定性被假定为无限丰富的。因为还没有东西被筛选、抽象或置于某个范畴之中过，还没有产生其他现象现在不被呈现的情况。以其丰富性和特殊性,整个景象都得到了呈现。但是现在我们看到,为了认识某物,我们不得不对它说些什么;而为了能够对它说些什么,我们不得不把注意力放到在我们面前的现实的这一维度或那一维度上去。这个意识形式的伟大丰富性转变为纯粹地表面的:随着我们"弄清了"在我们面前的这幅景象,我们可能会误以为我们正在弄清细节的无穷丰富性,因为我们对这幅景象确实能说出无数的细节。但是我们应说出我们所知道的东西的要求证明了,我们实际上注意的东西是对于这个无穷资源的一次筛选,因为通过某些描述,在把握事物的过程中,我们排除了(在当下)通过其他描述而获得的对于它们的注意。请看在我们的普通描述之下在我的研究中作为使用对象的那些对象(打字机、桌子、椅子等等),我不能把它们只看做纯粹的形状而已;或者如果我把它们看做纯粹的形状,那么我就无法把它们看做不同材料的组合,如此等等。

换言之,注意的迫切性在于,我们关注在我们面前的对象的某些维度,使得观看它们的某些方式占有优势。自觉意识是筛选性的。一旦我们被要求去说出我们所知道的东西,就肯定会发生这种情况。

所以,黑格尔说,感性确定性远不是最丰富的意识形式。它实际上是最贫乏的形式。正是因为它非常缺乏筛选性,人们便指责它是空洞的。在"熟悉每一事物"的尝试过程中,要想超越筛选性,也就只能落回到无意识之中,落回到一种恍恍惚惚的睇视之中。(在《逻辑学》中,对"纯存在"的注释提出了相似的论断。)所以,去认识感性确定性的有效知识的企图冲突于感性确定性的基本条件。假如存在着这样一种非选择的直接的意识状态,那么我们不得不把它清除掉以便获得认识。因此,作为一个知识观念或"尺度",感性确定性受尽了矛盾之苦。一旦我们企图去认识它,我们便肯定会看到,它冲突于知识的某些标准属性。它从原则上讲是无法实现的。

不仅当它主张拥有非筛选性知识的时候,感性确定性是无法实现的,而且当它主张与感性特殊直接打交道的时候,感性确定性缺乏一般术语的中介。假如对某物的注意就是能够对它说出些什么,那么它意指通过它们与他物具有或可能具有的共同方面,而不是它们自身的特殊性,来把握在我们面前的对象。关于特殊的赤裸裸的知识的这种不可能性,而不是筛选的必然性,正是黑格尔在这第1章里给予最多关注的方面。

黑格尔对通过一个概念或普遍来获得知识的必要中介的论证可以分为两个基本阶段:在第一个阶段,他想象出感性确定性的主人公正在通过纯粹的指示代词("这一个"、"这里"或"这时")对言说的吁求作出答复。黑格尔在这一点上论证说,这些指示代词肯定对我注意到的东西作出了不适当的表述。由于像"这一个"或"这时"这样的术语可以被毫 143
不相关地应用到许多不同的内容中去,它本身起着普通的作用,所以由此表明,不可能存在关于特殊知识(the particular-knowledge)的直接知识,即不以一般术语为中介的知识。其实,在黑格尔对这个术语的特殊用法中,这种相似性足够把这些指示代词划归为普遍(如他还对"我"作为这样的归类)。"一个这样的,通过否定作用而存在的单纯的东西,既不是这一个,也不是那一个,而是一个非这一个,同样又毫无判别地既是这一个又是那一个——像这样的单纯的东西我们就叫做普遍的东西。"[15]

这个阶段是借着感性确定性的名义对可能的反驳思考的连续:通过把"这里"和"这时"加到我正在思考的这里和这时之上,我们可以确认特殊的时间和地点。但是,如黑格尔指出的那样,在这个语境下的"我"是像"这一个"那样的一个"普遍"。当然,我意指一个特殊的人。但是,正如当我说那个特殊物是"这一个"时我没有说出什么那样,当我说那个说着话的特殊的人是"我"的时候,我并没有说出什么东西来。

---

⑮ 黑格尔:《精神现象学》,拉松版,第82页。(参阅贺译本,上卷,第66页。)

不过这当然不会让感性确定性的主人公感到满意。“我”对在前面讨论过的指示代词的黑格尔式同化作用正好给人带来了不快。我不能以对任何一个无视语境的人都将是有用的某种方式说“我”或“这一个”或“这时”意指什么。并且出于相同的理由，包含着这些语词的语句不能脱离它们的语境而仍然保留着相同的真理价值。但是当我说“我”或“这一个”的时候，我知道我说的是什么意思，并且我能够向你说明，如果你恰好将使自己处于相同的语境中的话。

在这里，我们逐渐地抵达了潜伏于感性确定性观念之下的真实理念。作为同特殊的一个纯粹接触，它当然只在语境中才是有效的，并且作为一个不以概念为中介的知识，它当然只能被呈现出来。在他的论证的第二个阶段，黑格尔触及了如下实在的论题：

> 我们必须让自己把这时指出来；因为这个直接关系的真理性是把它自己限制在一个这时或一个这里上面的这一个自我的真理性。如果说我们后来才来检验这一真理或者站在距它遥远的地方或时间来看，则这一真理就完全没有意义了；因为我们就会取消对于它有着本质的重要性的直接性了。[16]

我们在这里以另一种形式遇到了关于口头定义的常见主题。这是这个论证的要点。

黑格尔的回答同维特根斯坦在《哲学研究》中的回答并无二致，并且它遵循的是上面勾画出来的路线。假如我所能说的是“这一个”或“这里”，那么我甚至无法知道我在这个语境中所意指的是什么。因为这些术语究竟包含着什么意思呢？就拿“这时”来说，它难道就是意指这个瞬间、这个小时、这一天、这10年或这个时期吗？它可以意指所有这些事

⑯ 黑格尔：《精神现象学》，拉松版，第85页。（参阅贺译本，上卷，第69页。）

物,而在不同语境下它可以意指所有其他的事物。但是,由于它对我而言意指的是某件事情,而非一个空洞的语词,所以肯定存在着我说到的某个事物,它把一个样式、一个范围给予了这一个"这时";让它成为表 144
示一个时间段的一个术语,诸如"天"或"小时",或者成为对某个事件、过程或活动的某种描述,它们引起了我的注意并因此规定了我当下的维度。

所以,黑格尔得出结论说,不存在关于特殊的无中介知识。感性确定性最终说出了它所意味的事物相反的东西。[17]并且这是关于它的矛盾本性的证据。对特殊的有效注意的任何一次尝试都只能被对于描述性术语即一般术语的使用所替代。单纯的特殊是"不能达到的"。超出描述的东西是"不可言说的东西,不是别的东西,只不过是不真实的、无理性的、仅仅意味着的东西。"[18]同样地,特殊是潜在地无止境的描述的主体;因为无论如何,一般术语的描述都将捕获不到它的特殊性,并且为了表现这种特殊性,除了用一般术语作更多描述之外,仍然没有别的事情可做。

许多当代的哲学家对这里提出的这个论题似乎并不感到陌生,或并不以为是错误的。但是黑格尔是以如下方式来作出论证并得出结论的,它反映为对他的哲学来说具有特殊意义的一些主题。这样,赤裸裸的特殊的无用性不仅是一个认识论的真理;它还反映了这样一个本体论的真理:根据其本性,特殊是注定要消亡的。它从原则上讲是必死的。永存的是概念。所以特殊的不可言说性完全是对它的如下本体论状况的表现:它是无法持存的,它是必定要消亡的。与此相应,外在的特殊实存是暂时的,因为它无法表现在概念中。

黑格尔说,这就是一些哲学家可能继续坚持把特殊的感性现实作

⑰ 黑格尔:《精神现象学》,拉松版,第88页。(参阅贺译本,上卷,第72页。)

⑱ 黑格尔:《精神现象学》,拉松版,第88页。此处原文是:das Unwahre, Unvernunftige, bloss Gemeinte.(参阅贺译本,上卷,第72页。)

为知识的最后根据的做法之所以令人感到震惊的原因。甚至动物也比这种做法要聪明得多：

> ……因为动物并不把感官事物当做自在的存在，对它们抱静止不动的态度，而是对它们的实在性感到绝望，有充分信心把它们消灭，它们[动物]毫不客气地去对付它们，把它们吃掉。⑲

但是，在黑格尔本体论中，假如特殊真是必死的，那么它也是必定真实地存在的。概念、理念无法处于(一系列)特殊的实体之外。概念把自身显示在特殊过程中，显示在特殊的生成和消亡中。

这个理论背景使黑格尔用来阐明特殊之不可言说性的论断的方式对他自己来说具有了特殊意义。这个论断不仅反映了关于特殊的单纯直接知识的不可能性，而且反映了潜伏于经验本身中的运动。作为特殊的感性存在，我们遇到了特殊事物，我们似乎用我们的感官去碰触它
145 们。但是，可以这么说，一旦我们试着去把握它们的时候，它们便消失了；我们只有通过把它们纳入到概念之中才能把握它们。用黑格尔的语言来说，我们要想在知识中把握事物的企图首先否定它们是特殊；接着，否定这个否定，我们借助中介的概念意识来把握它们，从而把它们又恢复了起来。

黑格尔用来阐述这个论断的关联性术语是“这时”；尽管有些方面是无法为这个特殊例子所能表现的，其论点显然地是指向一般的。在最直接意义上，感性确定性的“这时”可以理解成是对于暂时的当下的设定。但是它并不比过去的设定更加迅速，所以它一旦被设定之后，又马上“被否定了”。但是当我们返回到给我们当下划定范围的某个描述，譬如“今天”或“这个小时”的时候，转瞬即逝的当下便得以缓和，并且重新

⑲ 黑格尔：《精神现象学》，拉松版，第87页。(参阅贺译本，上卷，第72页。)

被纳入到这一个更大的“这时”之中；于是第一个否定得到了否定。

这个例子没有像它初看起来那么明了，因为时间的特殊流动性——它的暂时瞬间消逝在成为过去之中——在讨论“这里”或“这一个”中无法被轻易地把握。但是其一般的见解似乎是这样的：在经验中我们遇到了特殊；只有通过某个感性的“指示”活动，我们才能把握这些特殊的事物。那个指示活动无论是字面的，还是指向某个事情的，我们都只能通过使用某个指示代词或关系词才能做到。但是指示活动(Aufzeigen)经验本身是这样一种活动，在尝试把握事物的过程中，我们证明了特殊的流动性和无法衡量性。似乎只有通过把它统摄于某个普遍，我们才能复原它并且把它呈现在我们的面前。

换言之，“指出这时也就是使我们经验到‘这时’是一个共相(das Aufzeigen ist das Erfahren, daβ Jetzt Allgemeines ist)”。[20]黑格尔所指的术语“是(ist)”的意思是，这个经验使人们认识到关于物质的本体论真理，特殊，只能是概念的一个工具。但是，从我们这里的观点来看，恰当的情况是，黑格尔不仅论证了关于特殊的直接知识的不可能性以及概念的必然角色，而且还提出了这样一种观点，当我们遇到特殊，竭力去把握特殊，并发现我们只有通过普遍概念的中介工具才能实际地把握特殊的时候，作为对把握特殊的企图的描述，这个论断既使我们的经验失败了，也反映了我们的经验本身。

我之所以相当详细地阐述黑格尔在这第1章里论证，部分是因为它非常符合他本人对于上升的辩证法的描述，部分是因为在这里所采用的观点——选择的必然性、特殊的流动性——是一些基本的黑格尔式论题。遗憾的是，我不能详细地探讨在另两章中的论断，它们构成了《精神现象学》称作“意识”的部分。我只能在此笼统地谈一下。[21] 146

[20] 黑格尔：《精神现象学》，拉松版，第86页。（参阅贺译本，上卷，第70页。）

[21] 关于第2章的论断的一个讨论，以及《精神现象学》这部分同某些当代争论的关系，请参阅我发表在阿拉斯戴尔·麦金太尔主编的《黑格尔》一书中的文章：《〈现象学〉中的开放性论断》(纽约，1972)，第151—187页。

黑格尔看到，从感性确定性辩证法中产生的形式是一种关于作为具有各种属性的某个物的对象的观点。关于知识对象的这个观念，黑格尔称之为“知觉”，把我们把它作为某个特殊来理解的活动同我们刚刚获得的洞见——它只有通过一般的描述才能被把握——结合了起来。

这是新的辩证法的一个起点。在那种辩证法中，黑格尔试图证明，根据这个对象来规定的经验再一次表明了自身是矛盾的，因为对象自身正在遭受着内在的矛盾之苦。为了得到关于经验的对象的某个一致的观点，我们不得不重新回到一个机械观念，它把对象看做因果力的场所。

于是，黑格尔以作为力的场所的对象的这个新观念当做第3章的起点。这一章考虑了了解此类对象的各种方法。借助于关于力的观念的介绍，我们拥有了一个具有双重性的对象观念，它的外在的明确的属性可以看做某个内力或各种力的产物。黑格尔探讨了了解这种内外关系的诸多方法，如，把现象的内在根源规定为“超感觉”，或者借助法则来理解这个根源。他声称要去证明，所有这些都被中断了，并且导致我们不可避免地达到这样一种对象观念，它把对象看做对于某个必须证明自身的内在必然性的外在证明。它的不同特点和属性仅仅偶然地通过自然法则联系在一起。那些特点和属性呈现为某个必然地区别于自身的内在同一性的诸多差异。

于是，我们就达到了黑格尔的关于概念的观念，关于必然性的理念。那个理念必然地设定它自身的外在证明。由于这个概念向自身表明它拥有主体性的结构，我们便完成了从意识向自我意识的过渡。当谈论使自身分裂的同一或必然地被包含进去的理念的时候，我们正在使用着属于主体的公式。

所以，我们在这里发现，已知的对象结构和主体结构是同一的。因此我们的意识不是关于某个陌生的现实的意识，而是“一般讲来，这样的对于一个他物，对于一个对象的意识，实际上，必然地是自我意识，是

意识返回到自身,是在它的对方中意识到它自身。”㉒

遮蔽超现象之物的帘幕因而消失了,我们发现,躲藏在它的身后的 147
原来就是站在它面前的东西(意识)。“这就表明了,在这个据说遮蔽着内在世界的所谓帘幕之后,什么东西也看不见,除非我们自己走进它的后面,我们才可以看得见。然而同时也很明显,人们并不是不经历任何困难笔直就可以走进那后面去的。”㉓

显然,对黑格尔来说,这是一个重要的转折。但是出于两点理由,我不想详细探讨这个论断。首先,因为这个转折在《逻辑学》中得到更好的、更彻底的阐述。《逻辑学》从“本质”篇之成双成对地一一对应的概念向“概念”篇运动。其次,因为这个论断,无论它在作为一个整体的黑格尔著作中具有什么样的最高效率,就在这里的表现来说是完全不令人信服的。因此(受休谟影响),我们关于作为偶然关联的自然法则的普通见解被判定为不令人满意的,并且这一点在这个论断中起着重要作用。它矛盾于这样一种“法则概念”,那种概念必须具备相关术语之间的某个内在联系。支持这个见解的黑格尔的根据是,表现在不同术语关系之中的法则也必须被看做某个单一的运行力量或必然性的派生物。但是这一点毕竟没有令人信服地得到证明。读者具有这样一种感觉,这是一个循环论证:仅仅因为内在必然性被假定为是一个必要条件,在黑格尔结论中便得出客体的本质。

黑格尔在这里似乎为辩证论证所陷入困境的某个危险而苦恼,那是在研究活动中把某个尺度或标准归咎于客体的危险,那项研究实际上是向问题开放的,并导致我们从一开始就以死守住确定性为代价来正确无误地得出我们的结论。在这种情况下,我们的自然法则概念必须为内在必然性观念找到地盘的要求似乎就是这样一种归咎。

让我们进而讨论《精神现象学》的第2部分。

㉒ 黑格尔:《精神现象学》,拉松版,第128页。(参阅贺译本,上卷,第113页。)

㉓ 黑格尔:《精神现象学》,拉松版,第129页。(参阅贺译本,上卷,第114页。)

148

第5章
自我意识

一

在意识辩证运动中，在确定的知识规则和我们试着完成它的过程中实际地能够知道的事物之间存在着张力。有了自我意识,辩证法将介于我们关于我们自身的观念，即我们声称自己能够成为什么的观念和我们实际上是什么之间。这些是黑格尔称作自我确定性和真理的两个环节。在较早的辩证法中,关键的观念是知识;在这里,兴趣的核心转向了欲望和欲望的实现。在我们关于我们自身的观念中,我们的自我确定性的对象不是我们对其保持中立的某物;相反,我们将满怀激情地执着于它。由于我们的真理掩饰了这一点并迫使我们去追逐另一个自我确定性模式,因此在没有痛苦的情况下,这种转变是不可能发生的。

这个转变本身属于一种不同的类型。它不应该用心智术语来理解，某种自我观念已经变得难以自圆其说而不得不给予抛弃。相反,正是去演绎关于我们自身的某个确定观念的尝试导致了某些后果;在其中,由于目标没有达到,那个原始观念必定走向衰落。不过那些后果不像通过为人创造一个新情景那样地通过竭力拒斥以前的确定性而引发了下一个阶段。

因此,自我意识的辩证运动是人类渴望和目的的辩证法,是它们的兴衰的辩证法。那么它替什么奠定了基础呢? 是什么目的形式、什么自我确定性才最终得到了实现并且将导致这种辩证法的终结呢?

它所指向的目标是整体表现,是某种完成。在那里,外在现实把我们包容了进去,并且我们依赖于它才得到充分表现且把任何异己之物都囊括了进去。这个目标,我们称为总体的圆满性状态,黑格尔把它等同于他的无限性概念,是一种主体不受任何外物束缚的状态。对黑格尔来说,先是在对目标作了赤裸裸的无法实现的表述之后,接着是当人在经历了实际事务受到冲突与矛盾的教化和升华之后,正是对于总体圆满性的这种渴望才奠定了自我意识的奋斗基础。

只有当人们逐渐把自身看做普遍精神的派生物之后,人们才能认清实情。因为只有到了那个时候,人们才会把包罗万象的宇宙不再看做一个限制、一个他者。由于人务必依赖于这个包罗万象的宇宙,因此只要那个宇宙被看做他者,他就决不可能感到圆满。由于人起初就具有把 149
自身看做一个有限存在的观念,并且具有某个反映这种状况的原始的未发育的生命形式,所以在他能够实施将把他提升到对普遍的把握的改造之前,这种对圆满的渴望注定是要落空的。

因此在这里,黑格尔的精神观念是至关重要的。精神必然被实体化。因此通过某个内在的倒退——在那个倒退中自我意识将使自身脱离与实体的关系——是达不到圆满的。但是,一旦我们承认自我脱离自我的肉体便是无,那么我们也就不得不看到这样一个事实:自我的肉体依赖于周围世界,自我的生命依赖于同这个环境的一系列交换。于是,黑格尔作为目标设置起来的圆满性便是对于对他物的依赖性的否定,它是对于自我的承认,那个承认对自我来说是至关重要的。随之而来的是,不存在可以给我们以圆满性的倒退策略。不存在如下关于我们自身的限制性规定,无论把我们规定为人类,规定为个别的人,还是把我们规定为我们在其中感到自己可以整体地拥有我们自身的纯粹精神性灵魂，都是如此。或者相反，假如我们确实这样做了，那么这种感觉必然是一个错觉。因为实际上，正如定义的那样，我们无论是从本体论上还是从事实上都依赖于某个他物；我们受制于异己的现实。包含着这种倒退的所有历史解释都被黑格尔斥之为错觉；在以斯多葛主义为例子的如下讨论中我们将看到这一点。

为这个影响极其广泛的圆满性观念奠定基础的是黑格尔对命运的关注。在所有事物当中最难以克服的当数行为与命运的对立。一方面是人们使自身成为对他们自身来说具有某种意义的样子，另一方面是发生在他们身上的看似愚蠢的事情。对他们来说，死亡是最终的解脱。在这个二分法得到扬弃之前，黑格尔总是感到不满意。正是这种渴望反映了对圆满性的追求。

有了这个目标之后，并且在牢记了黑格尔的精神观念之后，我们便能够看到自我确定性较早阶段所遭受的这种不适当性之苦。首先，存在着某种境况，在那种境况下，我们依赖于某个不反映精神的外在现实。其次，存在着这样一种处境，在其中我们在对于这个他者的依赖中暂时地感到了幸福，因为我们没有意识到那种依赖；我们对自身的认识太原始、太迟钝，以致认识不到那个缺憾。这就是处于主人—奴隶关系中主人的处境。这是一种主人拥有着他的世界转变为主人通过奴隶的劳动来反观他，但是主人仍然把他自身限制在他的自我确定性中的境况。在另一种意义上，古希腊城邦的幸福阶段是这样一个阶段。在其中，人们感到自己是自由自在的，因为他们还没有把他们自身看做普遍的。尽管人们感到自己是自由自在的，但是他们实际上并不是真正自由自在的，由于这个矛盾，这些阶段是迟早要衰弱的。

150 第三个处境可以产生于对前两个处境的任何一个处境的回应；它是建立在倒退的基础上的。通过把自身规定为一个内在的精神性存在，通过自我愚弄，人把自己等同于某个灵魂或精神，从而达到了自我同一的错觉。黑格尔常常用费希特的等式“自我等于自我”来表示这种错觉；

在这里得到表现的错误恰好是对单纯的自我一致性的确信。因为我们已经知道,主体必然是这样一个存在,他融入了他的他者(他的实体)并且通过他的他者而“返回自身”,就是说,他在他者身上逐渐达到自我意识。因此,要想达到作为精神存在的自我一致性在本体论上是不可能的;或者说,它的实现只能是主体的废除。换言之,主体不仅是“自我意识”;他而且必然地具有“意识”结构,必定具有主体和独立客体之间的两极。

但是,常常由于第一种处境的痛苦,即对某个异己现实的依赖,他们仍然经常被卷入求助于这个错觉才得以生存的漫长历史发展过程中。不过,我们也可以从第二种处境中逐渐认识到这一点,某个外在表现的彬彬有礼不适合于作为主体的我们。我们在其中一直是自由自在的某种确定生活形式不适合于我们,这种认识采取的是某些人同这种形式相异化的形式;但是既然他们的外在生活仍然束缚于这种社会形式,因此他们会情有可原地在一个纯粹精神性中来规定他们最新发现的普遍自然。于是,这两个发展似乎都为斯多葛主义的出现奠定了基础。

黑格尔以关于自我意识与生命的关系的讨论开始了自我意识的辩证法。我们在第一部分看到了自我意识只能产生于生命存在的原因。黑格尔现在似乎采纳了这个观点,不过他是以拐弯抹角的方式来进行的。他说,自我意识的对象(Gegenstand)是一个有生命之物。

无论如何,这个“对象”观念可以用两种方式得到解释。在《精神现象学》第一部分中,自我意识产生于“使自身与自身相排斥”的某个内在现实,结果是一个外在的证明或者对象,它反过来必定被看做同一于内在理念。按照这个见解,人们将这样来思考外在对象,自我意识必须把外在对象作为它自己的实体来扬弃。正是在同某个参照物的关系之中,那个参照物可以回溯到较早时期关于“自我排斥”[①]的观念,黑格尔谈到

① 黑格尔:《精神现象学》,拉松版,第125页。(贺译本,上卷,第106页。)

了这样一个概念,它"使自身分裂为自我意识与生命的对立"[②]。

但是,对象必须被某个自我意识所扬弃,这种对象观念也可以应用到其他事物,应用到欲望的对象上。在这里开始了黑格尔对于欲望(Begierde)的著名分析。对黑格尔来说,在如下事实中,对于圆满的冲动甚至明显地表现在某些较低级的生命形式中;它们从外在世界中去寻求它们所必需的东西,尊敬它,也就是说,把它包容于它们自身之中。在这样做的过程中,它们"消灭了它的他者性"。这个过程对于它们的持存
151 来说(在因果关系上)是至关重要的。但是黑格尔把这种因果必然性等同于所有主体的本体论处境。那些主体必须消灭某个外在实体的他者性。而一旦我们把总体的圆满作为目标来接受,那么这个等同是正确的,因为假如这反过来是依赖于陌生的现实的,那么我们还不能说在我的实体存在中真正达到了自由自在。因此,欲望不仅反映对某个对象的实际需要,而且是谋求圆满的根本动力。

自我意识因此有两个对象。一个是它的实体,一个是欲望的对象。它的持存包含着它的扬弃或超越两者"返回自身"。但是这两种返回形式是相互联系的:从第一个的返回包含着对第二个的扬弃。这似乎就是黑格尔在下面这段话中所道出的东西:

> 从现在开始,意识作为自我意识拥有双重对象:一个是直接的感觉和知觉的对象,这对象从自我意识看来,带有否定的特性的标志,另一个就是意识自身,它之所以是一个真实的本质,首先就只在于有第一个对象和它相对立。自我意识在这里被表明为一种运动,在这个运动中它和它的对象的对立被扬弃了,而它和它自身的等同性或统一性建立起来了。[③]

② 黑格尔:《精神现象学》,拉松版,第135页。(贺译本,上卷,第117页。)

③ 黑格尔:《精神现象学》,拉松版,第135页。(参阅贺译本,上卷,第117页,译文略有改动。)

自我意识只能处于有生命的存在中,这一点反映了这样一个事实:生命本身是通往这种统一性的道路上的一个阶段,那种统一性在主体的最完善的形式中得到了揭示。讨论生命的这个段落是对于黑格尔在法兰克福时期的某个早期观点的回响,按照那个观点,是生命而不是主体提供了差异的同一性范式。生命惟有以某个关节(Gliederung)存在于实存的个别形式(bestehende Gestalten)之中。他们看似独立无靠,不过他们只能存在于生命自身过程之中。他们最终会消亡,并因此丧失这种独立的实存,但是这个消亡过程与新的个体的创造相联系(这个阶段依赖于黑格尔的如下观念:死亡和重生在终极意义上是结合在一起的)。

因此,生命是这样一个过程,它只有在孕育个别生命存在过程中才能维持自身。不过这个过程总是远非仅仅是这个外在的实存;它决不实在地等同于这些存在,因此他们必然地走向衰微。但是既然生命只有在有生命的事物中才能生存下来,那么他们必定同时被取代。所以生命的最圆满的证明是处于死亡和重生的连续循环之中。作为一个只有在实体化的条件下才能生存的内在现实,并且作为一个为了生存而必须消灭这个实体的内在现实,生命是精神的预示。

但是它仅仅是一个预示而已;生命无反思地经历了这个过程,生命体因其死亡而遭受着否定外在实体的无言痛苦。另一方面,人的意识能够超越个别的生命,并且在某个自觉的生命形式中表现它与普遍的联系。换言之,对外在实体的否定,从特殊向普遍的回归,被人们以一种新的方式实施着。人不仅意识到了自己死于普遍之中,而且意识到自己生活于普遍之中。这促成了一种肯定的否定。它没有像死亡那样地清除被 152
否定的东西。在生活于普遍的过程中,人甚至可以说超越死亡地生存着(这是黑格尔赋予不朽性的意义,如我们在第一部分中看到的那样,他不接受在普通意义上的死亡)。

我们现在将要考察自我意识的辩证法。这个自我意识是一个主体,那个主体注定使这个有意识的生命处于普遍之中，并且是一个有生命之物。这个双重性对辩证法来说是至关重要的。上面提到过的黑格尔的看似不明确的观点，即自我意识的“对象”是一个有生命之物，必须在意指两个对象的意义上去理解。因为自我意识把自身实体化在生命中，并且作为一个有生命的有机体，它的欲望对象是一个有生命之物；它依赖于生命。

因为人必需外在的事物、外在的生命才得以生存，所以人无法维持一个简单的“我”、单纯的自我同一。他是一个有欲望的存在。但是在消费他欲求的事物的过程中，他似乎扬弃了这个外在的现实并且恢复了圆满性。只是这个圆满性不适合于他的当下处境（上面的第二个标准处境）。因为在这里涉及的对他者性的否定只是做着清除工作的单纯否定；纵使在它是完美的情况下，它也只是简单地让人返回到自我同一性，那种自我同一性就是主体性的死亡；欲望的终结就是人的终结。但是实际上它从来没有被完成过，新的欲望总是不断地产生着；所以在这个层次上的人的生命是在两种情况之间的一个抉择：要么处于完全陌生的另一个生命面前，要么完全地把这一个包容进来，在其面前空无一物。

作为一个依赖于外在现实的存在，只有当人发现了可以起肯定的否定作用的某个现实的情况下，只有在他的他者性可以被否定而不被消灭的情况下，人才能达到圆满。但是，不自我消灭地对他者性的否定，这是人的特权，而非动物的意识。所以自我意识的基本欲望只有通过另一个自我意识才能得到实现。“自我意识只有在一个别的自我意识里才获得它的满足。”④

我们在这里获得了将在主人和奴隶辩证法的下一章节得到探讨的如下基本理念：人们寻求且需要其同伴的承认。主体依赖于外在的现

---

④ 黑格尔：《精神现象学》，拉松版，第139页。（贺译本，上卷，第121页。）

实。假如他要想达到完全的自由自在,那么这个外在现实必须把他的真实存在状态向他揭示出来。在欲望辩证法中,我们面对着我们随后将给予摧毁并纳入于自身的陌生客体;必需的东西是一个仍将持存下去的现实,一个将淡化它自身的陌生性的现实,在那个现实中主体无论如何都找不到他自己。只有当他们承认(Anerkennen)他是一个人的时候,他才从别人那里找回了自己。

这是自我意识的真正实现,因为这才是真正的"Einheit seiner selbst in seinem Anderssein(它自己和它的对方的统一)"[5]。这就是通往承认人的道路为什么会是如此的原因:世人都在演着相互承认的戏剧,这是人自身获得他人承认的最基本模式。正如我们接下来对主人和奴隶的分 153
析将看到的那样,通往相互承认的道路经历了对于普遍的承认。这正是这种相互承认把我们带到了精神的现实的原因。因为精神是

> 这种绝对实体,它在它的对立面之充分的自由和独立中亦即在相互差异、各个独立存在的自我意识中作为它们的统一而存在:我就是我们,而我们等于我。意识在自我意识里,亦即在精神的概念里,才第一次找到它的转折点,到此阶段它才从感性的此岸世界之五彩缤纷的假象里并且从超感官的彼岸世界之空洞的黑夜里走出来,进入到现在世界的精神的光天化日之下。[6]

黑格尔以著名的主人和奴隶的辩证法开始了自我意识的辩证法。包含在这个辩证法中的矛盾是:人们为了得到承认而斗争,因为只有通过这种方式,他们才能获得圆满。但是承认必须是相互的承认。在算计我时承认我的那个存在必须是我承认为人的存在。因此相互承认是一个由我们双方共同给予完成的过程。黑格尔说,每一方为了自身而完成着对

⑤ 黑格尔:《精神现象学》,拉松版,第140页。(贺译本,上卷,第122页。)

⑥ 黑格尔:《精神现象学》,拉松版,第140页。(参阅贺译本,上卷,第122页。)

方在实现与他建立关系时想要做的事。我的中项在我看来成了对方的中项，但是它并不是在我之外的，它同一于他自身；但是我的他性的这个抵消过程也是我必须设法给予完成的过程。

在一个原始的未展开的历史阶段，当人们试图在不承认对方的情况下从对方获得承认的时候，辩证法便产生了。这是人们没有认识到自己是普遍的阶段，因为要是承认自己是普遍的，那么也就是看到，对我的承认，对我的所是的承认，也就是对人本身的承认，因而也就是在原则上对于所有的人的承认。但是在这里，我们有作为特殊个体(Einzelnes)的一个人，他驱使自己，千方百计地要想获得外在的肯定。

这导致了战斗。黑格尔说，战斗是必然的。但是，由于每一方都寻求对方的承认，人们不仅对立着，而且需要冒着生命的危险去获得对方的承认。我们在前面已经看到，自我意识不是仅仅为了活命的意识。之所以如此，是因为它不愿意无意识地度过它的生命，而是想要在思想上超越它。因此接下来，在争取别人把自己作为自我意识来承认的尝试中，只有通过证明他们不依恋他们自身的这一个特殊生命，人们才能证明他们超越了生命，才证明他们被承认为“自为的存在”是更加重要的，他们才愿意为了它而去冒生命的危险。

这场斗争很容易导致参加者一方或双方的死亡。而这显然地没有达到目标。纵使在对手死了而我仍然活着的情况下，我也并没有赢得承认。如黑格尔说的那样，我对他的“否定”是一个自然的否定。[7]如我们在前面看到的那样，它是一个单纯的否定，而现在需要的是一个肯定的否定，在那个否定中，我的对手的他者性得到了扬弃，与此同时他仍然维
154 持着他的生命。因此问题在于，尽管每一方都拼死相争，都表示抛弃了对于生命的执着和迷恋。但是生命仍然是至关重要的。导致看起来像是

⑦ 黑格尔：《精神现象学》，拉松版，第145页。（贺译本，上卷，第126页。黑格尔的原话是：“死亡就是意识之自然的否定，有否定性而没有独立性，因而这种独立性就没有得到承认所应有的意义。”——译者）

了结这场斗争的惟一结果是认真地考虑生命的重要性。

这是表现奴役之绝好结局的一个例子。在它死亡之前,一方表示投降,承认自己对生命的留恋,并且臣服于另一方。胜利者恕宥了被打败的一方,以便把他贬为一个奴隶。于是双方都活了下来,但是以不同的方式活了下来。胜利者达到了他的目的。对他来说,他达到一种自为存在(Fürsichsein)状态,获得他的自我感,那种自我感是至关重要的,而生命本身反倒退居其次。不过对于奴隶来说,生命是至关重要的,屈尊于超出他的控制能力的某个外在实在的自我感现在反倒退居其次。

主人和奴隶的全面关系必须通过引入第三个术语物质现实(Dingheit)。主人与奴隶发生关系是以这个现实为中介的:通过运用锁链,通过对物的这个指令,主人使奴隶臣服。但是与此同时,主人通过奴隶才与物发生关系。主人与他周围事物的关系是一种单纯的消费者的关系。改造物并且为消费物作好准备的艰苦工作是奴隶的工作。主人的经验缺乏物的坚实性(Unselbstβndigkeit);而当奴隶作用于物的时候,他经验到了物的独立性和抗拒性。

尽管这个结果比战斗到死要好些,但是它作为一个结局也是致命的。承认是单方面的;奴隶被迫承认主人,但是主人却不承认奴隶。不过正因为这个缘故,对主人来说这个结局是没有价值的。他的对方没有被看做真实的另一个自我,而是被还原为物的附属品。得到他的承认因此是没有价值的。主人无法真正地从他者那里了解他自身。相反,他被还原为被诸存在所包围的危险状况,而他自己却没有认识到那个危机四伏的状况;所以他一直依赖的周围世界无法反过来把他呈现为一个人的形象。正当它看起来是确定无疑的时候,他的圆满性遭受了根本的摧毁。

但是如果这个结果对主人来说是一个终极意义上的失败,那么对奴隶来说,它为最后的成功奠定了基础,并且在这个关系内部,一次颠倒正在慢慢地发生着。奴隶在自己的面前至少有一个自为的存在,纵使在这个主人不承认他的情况下也是如此。他的条件不能像主人的条件那样被还原为人的附属品(sub-human)。

不过,奴隶改造的重要起源在于对死亡的恐惧和惩罚性劳动。黑格尔用简短的3页篇幅讨论了这个问题。[8]这是《精神现象学》的最重要段落。因为这些论题不仅对黑格尔哲学来说是至关重要的,而且在马克思
155 主义那里以不同形式变成了一项漫长的事业。如下理念明确地保留在马克思主义中:奴役为奴隶的最终解放,实际上是为所有人的解放作好了准备。在这里马克思主义的劳动作用观念也已初见端倪。

不过,在后继的哲学中,一个没有被采纳的黑格尔论题是对死亡恐惧的作用。主人和奴隶的致命关系产生于视野受限制的、发育尚不健全的两个人之间的一场战斗。他们还没有顾及他们与普遍的关系。他们之所以甘愿冒犯他们的外在实存,仅仅是为了赢得他们的自我感。他们的这个自我仍然是一个特殊个体的自我,一个受限制的自我。但是,正如我们已经看到的那样,为了对这场为了赢得承认而进行的斗争有一个真正的了结,人们还必须把他们自身看做普遍的。

对黑格尔来说,在人的教化中,在把人培养成为普遍的人的改造中,一个重要环节是对死亡的恐惧。死亡的景象震撼着他们,似乎整个地粉碎了他们的生命的特殊性。黑格尔在这里以一种确定的形式对生命画面作了刻意的描绘。死亡的威胁因此使意识把那种恐惧"浸透进他的内在灵魂,震撼着他的整个躯体,并且使它固定起来的一切事物都受到了动摇。"[9]

相同的观念重现在《法哲学原理》的某段话中。在那里,黑格尔谈到了一而再、再而三地把人带回到某个普遍的必然性。在普通生活中,人们也陷入于日复一日的特殊事务之中。他们不再同体现在国家中的普

---

⑧ 黑格尔:《精神现象学》,拉松版,第148—150页。

⑨ 黑格尔:《精神现象学》,拉松版,第148页。

遍打交道。战争和死亡的危险震撼着他们,使他们从这些狭隘事务中解脱出来,从而返回到普遍。无庸赘言,这段话丝毫没有使黑格尔在当代自由主义者中间赢得好名声。

但是,根据我们在黑格尔哲学中看到的东西,恐惧死亡的作用并不让人感到惊奇。返回到普遍的精神包含着对于那个精神在其中被实体化的一个特殊外在存在的扬弃。正如我们看到的那样,这就是死亡必然地发生在有生命的事物之上的原因。当然,对于他的外在存在的最高否定是通过人在思想中达到的,即是在当仍然活着时达到的。但是他通过正面地面对死亡,通过最终的外化否定,来达到这个内在的否定。因为在他的生命中,这证明了所有的外在特殊性的真实状况,它证明了他必然地是暂时的,是注定要被否定的。因此它在思想中引发了否定。那个否定是向普遍的回归。如约翰逊博士说过的那样,心灵不仅关注着眼前的事物,而且关注着普遍的事物。

于是在这里发生了一次倒转。是奴隶真正地遭受着对于死亡的恐惧,因为他曾经并且在现在仍然任凭他者的摆布。所以正是他从他的特殊自我感中摆脱出来,与此同时,得意扬扬的人恰好拘泥于他的自我感中。但是仅有这种恐惧是不够的,因为假如奴隶没有通过劳动而改造自 156
身,那种劳动是他在侍候主人过程中被迫做的,那么除了产生暂时作用之外,便产生不了别的作用。

这把我们带到了这样一个论题,它后来成为马克思主义的核心论题之一。我们在上面看到的那个主人利用着他与事物的关系,那是一种单纯的享乐(Genuβ)关系,是奴隶才经受了它们的抵抗力和独立性。但是随着时间的推移,这些优势发生了倒转。面对着没有为他提供有效抵抗力的世界,主人倾向于倒退到一种自以为是的恍惚状态。他死抓住"我就是我"的一端不放。他是一个单纯的消费者。

无论如何,奴隶不得不为了改造它们而与各种事物进行斗争。他们迟早会成为它们的主人。在这样做的过程中,他们把自己的想法注入了那些事物之中。人造的环境因此逐渐地衬托出了他。而那个环境就是由他的创造物所构成的。

这样,在人追求圆满的过程中,劳动起着重要的作用。我们在前面就看到,核心的问题在于,主体总是“外在于他自身的”。他总是依赖于某个周围的宇宙;因此他必须在这个环境中逐渐地认清他自己。这就是通往圆满的道路在于被他者所承认的原因。在人类环境中,一个人能够通过他人而认识自己。但是现在我们看到了另一条重要的途径。人能够通过按照他的筹划改造自然环境来逐渐地认识自己。因为在这样做的过程中,我们抵达了另一个肯定的否定,抵达了我们自身得以持存的一个反思。

抵达圆满同时包括着经历这两条道路。从终极意义上讲,相互承认是最为重要的。但是为了达到它,我们必须把我们自身从有限的个体改造为普遍的自我意识的实体。这把我们带到了劳动的第二项重要的功能:在改造事物的过程中,我们改造了自身。通过创造出对作为普遍存在的我们自身的一个肯定的反思,我们成为了那种存在。

这个理念深深地扎根于黑格尔的整个观念中,扎根于他的主体观中。正如我们看到的那样,它是他的哲学的基础。主体必然地被实体化。因此主体身上的任何变化,诸如从有限的个体性向普遍意识的转变,必须以在他的实体中的某个变化为中介。正如我们在真实的历史阶段中看到的那样,这就是人的思想的成长与他的生命形式的发育相一致的原因。我们称那些生命形式为文明。但是这些生命形式包含着不同的人为环境。正如黑格尔在描述主人和奴隶关系中看到的那样,每一方都通过与物的关系相关于另一方。所以,人类共存的较高形式,那些形式使我们更加接近圆满性,每一种形式都与同事物发生关系的特殊方式相联系,即都是一种确定的人为环境。所以这两条道路都是必不可少的。两者都牵涉到了较高的生命形式的成长,那些生命形式体现了人的较高的精神状态。

这样,在这里的黑格尔的观念是,奴隶通过劳动变成了普遍意识。157 对死亡的恐惧和劳动惩罚都是必要的。单单对死亡的恐惧纵使能够使奴隶从特殊中超拔出来,却无法使奴隶确立起肯定的普遍意识的实体。然而,单单劳动本身,在不具备对死亡的恐惧的情况下,只能产生某些特殊能力(Geschicklichkeit),却产生不了关于自我的普遍意识。

正如在下一章节变得明确起来的那样,奴隶通过劳动而把他自身作为自由的思想来把握。他在改造事物的力量中认识到了思想的力量,认识到了按照概念的力量塑造事物的力量,从而认识到了按照普遍模型铸造事物的力量。在不惊扰这种意识的情况下,本来也应该能够发展出这些特殊的能力。但是,通过对死亡的恐惧,已经达到普遍的奴隶在他的改造能力中看到了一种意识力量。奴隶具有思考能力和计算能力,能够制作模型和摹本,并且按照模型和摹本来塑造事物。这样,在由奴隶制造的对象世界中,奴隶看到了他自身作为普遍、作为一个思维着的存在的映象。这个段落表明了黑格尔的历史哲学在多大程度上预示了历史唯物主义。在概念中对事物的思想把握[同在英语和德语中的"把握(grasp)"具有认识论关系的一个术语]在这里被看做产生于劳动中对事物的物理塑造。概念思维产生于改造事物的后天能力。在尝试把这个物同我们的谋划联系起来的过程中,我们逐渐地认识了物质现实世界,并最终认识了我们自己的心灵。概念的思想产生于这种交流活动。

因此,主人和奴隶的关系发生了倒转。仅仅作为消费者的主人的特权导致他处于一种迟钝的自以为是的状态。而屈从于物的难以驾驭的存在的奴隶反而使局面逐渐发生了改变。通过把他自身作为普遍意识来进行肯定的反映,奴隶改造了这种抗拒。当奴隶把他的改造斥之于他的屈从性的时候,这种倒转便完成得更加彻底。只有在劳动惩罚的约束下,奴隶才能完成超越他的原初局限性的工作。

二

主人和奴隶的辩证法发展到了一个更高阶段。黑格尔把它等同于斯多葛主义哲学。通过劳动、惩罚和对死亡的恐惧,奴隶逐渐认识了普遍,认识了概念思维的力量。这已经赢得了一定的自由。首先,作为精神的存在,人在变得具有普遍的反思能力的过程中达到了较大的自我认识。其次,由于思想是一切事物的基础,当人用普遍范畴思考的时候,人
158 越来越接近于扬弃物的异化本性。与形象中的表象(Vorstellung)相比,概念思维是我们可以自由运用的中介,因为我们真正掌握了它("概念对我说来直接地就是我的概念"[10]。与此同时,它真正地就是事物的基础。这样,"在思维里,我是自由的,因为我不是在他物中,而纯全保持在我自身中(Schlechthin bei mir selbst),并且那对我是客观存在着的对象也是为我而存在的(mein Fürmichsein),与我有不可分离的统一。"[11]

但是,斯多葛主义意义上的自由是极其不完整的。因为我们现在仍然面对着一种奴隶的哲学。通过与主人打交道,奴隶们逐渐认识到思维是一切事物的基础。但是正如奴隶们无法改变他们的处境,尤其是他们的社会那样,为了表达这种直觉——因为合理的政治结构和法律只有在更高的历史阶段才会到来——奴隶们仍然没有能力通过他们的观念来劳动,从而证明对于他们的世界的特殊处理是对于普遍的(在黑格尔意义上的)、概念必然性的确证。

这两种无能,实践的无能和理论的无能,在黑格尔的历史哲学中是一起发生的。当人们有能力按照这种必然性即实践理性来改造他们自己的人类现实的时候,他们只能逐渐地把世界看做在现实中得到确证的精神或理性必然性。获得自我在他者中得到反映的实践经验对于这

⑩ 黑格尔:《精神现象学》,拉松版,第152页。(参阅贺译本,上卷,第133页。)

⑪ 黑格尔:《精神现象学》,拉松版,第152页。(参阅贺译本,上卷,第133页。)

种理论洞见来说是至关重要的。我们再一次看到，关于精神必然实体化的论题如何导致了与历史唯物主义的局部趋同。

因此，黑格尔把斯多葛主义等同于一个政治无能的阶段。这个阶段表现在对思维的迷恋上。用我们前面的术语来说，他对它的批判是一种退缩策略。斯多葛主义是建立在如下直观基础之上的：意识是一个思想着的本质。*但是它仍然没有能力从这个原则引导出对世界的重大改造。它无法辨别事物的合理性。它的思维观念仍然是抽象的。它仍然还没有(并且显然地不可能有)这样的观念：思维必然地“转变为”它的实体(如黑格尔将在自然哲学和精神哲学中做到的那样)，我们能够从中引导出很多世界构造。

这引导我们进入了某种形式主义。思维为现实奠定基础。但是人们不能详细地说出它是如何为现实奠定基础的。所以，既然它是被给定的，那么关于世界的特殊内容必然地被看做是随意的。斯多葛主义只能执着于普遍范畴，诸如真和善、智慧和德性，但是不能为它们从中引导出某个确定内容。

现在，尽管它是应用于斯多葛主义的，但是这里的分析让我们想到了受到黑格尔批判的其他形式主义，尤其是黑格尔对康德的批判，对康德的二元论的批判。在康德那里，经验形式从知性中推演出来，但是质料是被给予的，并且形成了一个永远不可知的根源。在他对斯多葛主义的批判中，黑格尔也明确地对这种二元论进行了抨击。

无论如何，对斯多葛主义无力从思维中引导出现实内容的回应是 159
一个退避策略。它将把这个内容看做次要的。思维是自由的。作为思维着的主体是自由的。但是对黑格尔来说，自由意味着自在，在他的他者或对象中的自在(bei sich，栖居)。在与世界的确定性现实的关系中，斯

* 黑格尔在此处原话是：“意识是能思维的东西，只有思维才是意识的本质。”黑格尔：《精神现象学》，参阅贺译本，上卷，第133—134页。——译注

多葛主义主体不可能是“自在的”,因为这是异己的某物,是无法从思维中引导出来的某物。其策略是从这个现实退避出来,把对象重新规定为单纯的思维对象。

因此，就他从其生命的外在环境中超脱出来而言,“不论在宝座上或在枷锁中”,斯多葛主义者作为一个思维着的主体是自由的。“自我意识的这种自由对于自然的有限存在是**漠不关心**的。”[12]

但是这个论点显然是站不住脚的。退回内在的自我同一性不能为一个实体化的主体带来自由。因此主体的自由必须以一种生命方式外在地表现出来。斯多葛主义因此是自相矛盾的。它是自由的虚假实现。那种实现实际上是对自由的否定。因此它必定走向衰弱。其核心直观——概念思维是事物的基础——是一个永久的成就。但是其关于内在自由的断言却难以成立。

在考察这个断言的衰微以及向下一个阶段过渡的过程中，黑格尔把我们带到了另一种历史上的哲学,古代的怀疑主义。他把它看做斯多葛主义基本观念的完成；在斯多葛主义者把事物的主要内容看做不相关的或次要的地方,怀疑主义者反过来对它进行了攻击,对它表示了质疑。它是斯多葛主义的论辩的结果。

但是这恰好更精确地揭示了潜在的矛盾。因为作为实体化了的主体,我们持续地生活在外在的现实中。尽管我们可以明确地称它为无,但是它不停地且不可避免地发生倒转。所以实际上我们拥有的是介于我们自己的自我同一性感觉和我们对变化着、转换着的外在现实的依赖的某种同样真切的感觉之间的摆动。为了把我们自身作为不变的和自我同一的东西来经验,就我们对这个变化着的现实表示质疑来说,我们自己的内在空虚性迫使我们承认，我们实体化在可变的和外在于自

[12] 黑格尔:《精神现象学》,拉松版,第158页,原文有重点号。(参阅贺译本,上卷,第135页。)

我的世界中。

但是这个摆动发生在某个单一意识之中，并且在把这两个环节合拢来的时候，我们便引导到了一个新的辩证法阶段。在那个阶段，主体不得不接受内在分裂(entzweiung)的事实。在那个阶段，内在自我自身痛苦地分裂着，一边是理想的、不变的和自我同一的存在，另一边是陷入于某个混乱的、变化的世界之中的存在。这是苦恼意识的阶段。在这个阶段，主人和奴隶的关系，斯多葛主义者声称回避了的这种关系，再一次出现了。但是现在它产生于主体内部，产生于这互不相容的双边关系之中。

讨论苦恼意识的那些段落把我们引导到了黑格尔宗教哲学的某些 160
基本观念。我们识别出了黑格尔在18世纪90年代宗教著作的论题，尤其是关于孤独的论题。在那里，人把他的失落了的统一托付给了某个先验的精神。正如在亚伯拉罕的宗教中那样，他让自己绝对地服从于那个精神。

在《精神现象学》中，黑格尔把苦恼的意识呈现为这样一种意识。它是深刻地分裂的。因为它既是不变的自我同一的思维主体，又是屈服于可变世界的个体。但是，主体所生活于其中的这种境况是这样一种境况，在其中，他把作为特殊的他自身等同于非本质的东西和可变的东西。那不可变的东西被设定为一个彼岸。他与它的统一只有在失落[堕落]感中才能体会得到。这是这样一种感觉，他务必超越他的当前状况，并且同一于这个不可变的东西。但是在当前的这个阶段，只要特殊的和不可变的东西被规定为是不可相互分离的。那么这个企图便永远注定地失败。既然我不能不是一个特殊的个体，我就决不可能获得与不变之物的统一。

作为与先验现实的某个关系——自我不可能对那个现实无动于衷，而是必须千方百计地把自身统一于那个现实——，苦恼意识可以被看做一种宗教意识。[13]为黑格尔在这里的研究奠定基础的是他对犹太教和基督教的历史发展的反思以及对宗教和哲学关系的反思。我们在考察《精神现象学》第7章时将探讨这些反思的某些方面，并且在本书第18章里我们将再一次探讨这个问题。

不过，就在此研究的这段话来说，黑格尔的辩证发展只是(潜在地)指称中世纪基督教的某些阶段。我们无法在此对它作详细的探讨。它包括把十字军东征解释为恢复与历史上的基督的联系的一次徒劳尝试。那个基督必须作为一个特殊人物在时间中消失，甚至被我们日渐淡忘。这次冒险的失败迫使人们去面对基督教的真实命运。基督教将把上帝和人真实地统一在Gemeinde(社会)中。

于是，黑格尔接下来讨论的显然是中世纪教会，尽管他谈到的某些事情也显然适用于还没有实现人与上帝完全统一的任何一个宗教。在分裂意识支配下的教会生活是这样一种生活，在那里人们仍然把外在于他们的普遍看做他们必须给予屈从的某物。中世纪教会的等级性反映了这种从属关系。但是正如较早阶段的奴隶那样，受某个外在戒律支配的这种奴役状态造就了人并且改造了人，使他能够认识到在他自己
161 身上的普遍。我们在这里以一种更内在化的方式复述了从外在屈从到与理性相认同的这个过程。

这个转变使我们超越了苦恼意识，并且升华到了一个更高阶段。由于这个转变，《精神现象学》的"自我意识"部分走向了终结。这个更高阶段——黑格尔似乎在一定程度上把它等同于文艺复兴运动——是这样

⑬ 我们在这里可以看到费尔巴哈和马克思的作为异化的宗教意识概念的起源。当然，费尔巴哈和马克思并不具有与黑格尔相同的宗教观。这些继承者"人类学化了"(anthropologized)黑格尔的精神。代替黑格尔的精神的是人，类的人。另一方面，在黑格尔看来，人必须逐渐地把自身看做精神的工具，看做某个更加广大的现实的工具，那个现实的整个实体便是宇宙。所以，纵使他的发展达到了极致，人也仍然是比他自身更加伟大的某物的呈现而已。

一个阶段:在其中,人们已经认识到理性是一切现实的基础。换言之,他们逐渐具有了一种为斯多葛意识所缺乏的见解。其意思是,不仅思维是一个比外在事物更高的现实,而且理性思维决定着事物的过程。所以我们相信,作为理性的存在,他们将在现实中认识自身,他们的所思和所行都将协调于宇宙的理性基础。于是一个新的更高的圆满观念诞生了,并且那是一个现在务必把它揭示出来的观念。

在这里,我们逐渐走到了讨论"自我意识"这一章的终点。正如第一部分使我们超越了认识主体和他的世界之间的对立那样,第二部分探讨了起初看起来似乎与他所依赖的世界相对立的行动和欲望主体,并且揭示了这种对立是如何被扬弃的。在第一部分中,这要求我们以最原始的观点——即感性确定性——为起点,来展开和规定我们的知识对象观念。在第二部分里,我们不得不使这个代理者从作为对立于他者的某个特殊个体的最原始阶段过渡到对他的普遍本性的认识。那个本性等同于为世界奠定基础的思维。代理者与世界之间的相互异己性于是得到了扬弃。但是像第一部分一样,这一部分也恰好确立了统一原则。在后面的诸部分中,它仍然追溯着它的发展。

三

我要对讨论"理性"的这个第三部分的展开作些最简要的说明。如我们看到的那样,它的起点是人达到的如下直观,理性,即他们自身的思维原则,决定着一切实在,因此他们必定"栖居于"世界之中。或者像黑格尔在一段精雕细琢的话中指出的那样:"理性就是意识确知它自己即是一切实在这个确定性 (Die vernunft ist die Gewiβ heit des Bewuβ tseins, alle Realität zu sein)。"⑭

⑭ 黑格尔:《精神现象学》,拉松版,第176页。(贺译本,上卷,第155页。)

这一章结束于某个过渡。在其中，个体意识呈现为精神的一个不适当的工具。这为《精神现象学》的基本变化奠定了基础。那种基本变化将在后面伴随诸多超个体的主体性实体，先是政治社会（第6章），然后是宗教（第7章）。因此对从个体开始的意识的考查表明了所有这些观念的不适当性，并且迫使我们转向某个更加广泛的精神。

162 1

这一节划分为3小节。第1节讨论“意识”开篇部分的引论。在那里它探讨了不同的科学理论。它的基本主旨是企图证明理性的如下允诺是正确的：我们可以达到一种充分由理性决定的事物的见解。对于某种理性必然性的科学探索使“观察的理性”经历了不同的科学思维模式：从对规范事物的简单观察到对自然规律的探索。它引导理性把它的注意力从无机自然界转向了有机自然界。在有机自然界里，它的有机生命体以为——正确地说是黑格尔认为——它将日益了解自我持存的形式。但是即使在这里它也没有发现彻底的理性必然性。

黑格尔明确地指出，这不是因为关于无机自然界或有机自然界的科学中存在着某种不适当性。正如他含糊其辞地指出的那样，偶然性是它们的一个必然特性。⑮因此在它们的水平上，这些知识科学是完全有效的知识形式，它们探索着各种规范和规律，而不试图在终级意义上根据理性去给以证明。在这里，对观察的理性的渴求实际上只有通过思辨哲学才能得到缓解。那种哲学说明了世界为什么必须那样子地被构造起来，它为什么会有不同的偶然性程度。

最后，观察的理性被引导着去考察人。在那个领域里，理性的必然性最有可能被看做作品。但是这一次又失败了。失败的原因在于观察的

⑮ 尤其请参阅黑格尔：《精神现象学》，拉松版，第193—195页。

理性自身的本质。观察的理性试图把人看做一个对象那样来理解人，并且无法把人的本质把握为同时造就着自身的某个生命。观察的理性无法真正协调好Einheit des vorhandenen und des gemachten Seins (给定之物和人的自我生成)之间的关系，[16]而是试图把这两方面相互隔离开来。它像处理物那样地处理人。这就是为什么黑格尔认为把这 节的讨论放在考察骨相学之前多少是适当的原因。骨相学在18世纪末曾经风行一时。在骨相学中，人的典型性格相关于某种死气沉沉的物质，相关于他的头盖骨的凹丘和颅骨。[17]

当然，黑格尔在这里看到了某个思辨的见解。精神确实不等于物质，因为精神必须被实体化。但是这个关系必须表现在“无限的判断”中，[18]那个判断既肯定了精神和它的实体的同一，又肯定了两者的差异。首先，它把这个实体描述为由精神设定的东西。观察的理性缺乏对作为代理人的人的理解，所以我们重新回到了与“自我意识”相平行的理性阶段，我们在那里紧跟在理性代理人之后。

2 163

关于理性的普遍统治权的洞见也改变了人的自我确定性。正如观察的理性对在自然中发现理性必然性充满了信心那样，理性的自我意识对在世界中获得满足充满着信心。

在这里，自我意识的辩证法以追求快乐的个别研究者的形象出现。但是这是不能自圆其说的。不同于上一章中的欲望主体，这个个体的后面紧跟着这样一种发展，它把我们带入了理性。所以，他具有这样一种

---

⑯ 黑格尔：《精神现象学》，拉松版，第227页。

⑰ 关于黑格尔在这里的讨论与当代解释问题的关系，请参阅麦金太尔的《黑格尔论面相和颅骨》，载于麦金太尔编：《黑格尔》(纽约，1972)，第219—236页。

⑱ 黑格尔：《精神现象学》，拉松版，第227页。

理性确定性:他将在把他包围起来的实在中发现自身。人和世界是为幸福而设定的。人似乎只要坚持下去就能采摘到幸福的果实。不同于前面欲望的辩证法中的消费性的外在实在，确信与实在具有自在同一性的主体正从“他在的形式”[19]中撤退出来:快乐的对象保持为一个独立的存在。如果欲望辩证法范式看起来是一种损耗的话,那么这种辩证法范式似乎是一种性快感。

这一节(总是在未作说明的情况下)多处参考了歌德的《浮士德》,包括一处有出入的引文。不过黑格尔显然也清楚,关于人性本善的启蒙学说在如下意义上显然是一个先进的观念：人性之善只能产生于人类文化的漫长发展过程中。人性本善并因此在人自身的自然欲望(它们的实现就是快乐)中发现权利,标准的人性启蒙学说是建立在作为一个理性和谐全体的自然观基础上的。它为科学事业(观察的理性)奠定了基础。就此而言,黑格尔在这里作出的引申是有意义的。

尽管处于一个无与伦比的较高水平上，但是自我意识的这个原始形象显然没有解决问题。因为人仍然寻求着作为一个个体的满足,即使现在他把自身规定为普遍的类的情况下也是如此，并因此把所有人都看做同自己一样的作为一个纯粹的个体,他必须把他周围的实在,既是自然实在,又是社会实在,看做异己于他的。他的自我认识与他人的自我认识不是共相的一致,而是一个特殊(殊相)。

但是所有的特殊(殊相)都必定失败。诚然,如我们看到的那样,存在着对某个特殊物的充分肯定和它的必然死亡之间的某种内在联系。因为外在的特殊虽然是精神或普遍的本质表现，但是总是矛盾于精神或普遍,因此它必定会消失其最充分展示之际正是其矛盾达到顶点之时。

这样,黑格尔看到了作为一个特殊(殊相)在快乐中达到的个体的

---

⑲ 黑格尔:《精神现象学》,拉松版,第263页。

圆满与他的死亡之间的内在联系。把人的圆满性规定为由作为一个特殊的人所体验到的快乐的实现的人面对着他的作为总体虚无性的不可避免的死亡。既不是快乐导致了死亡,也不是通过避开快乐人就可以避 164
开死亡。黑格尔的见解不是说快乐是可以回避的,而死亡则是无论如何都无法避免的;相反,其见解是,如果人的圆满性被规定为纯粹的快乐,那么人会把这种死亡体验为某个戛然而止的彻底了结。

相比之下,从其圆满性在于一个更大普遍目标那样来规定自身的人不把死亡看做虚无。因为他同一于使他生存下来的某物。但是这种比较还包含着更深刻的含义。对于我们正在这里研究的人物来说,死亡不仅是彻底的死亡,而且是盲目的、外在的必然性,是命运。

由于上面提到的理由,死亡的命运必然与生命相联系。但是它之所以是盲目的,是因为作为一个纯粹的特殊,人无法看到这个内在的必然性。由于这个纯粹的内在必然性是纯粹地内在的,因此它是纯粹地"外在"于他的。在他看来,它是盲目的和无理的。把自身看做普遍的工具的人不仅没有把死亡看做全体,而且了解到它必须通过那个普遍精神才能认清自身的原因。他因此双重地与它相协调。

那个潜在的目标,人与命运的那种协调,在这里被简单地描述为这样一种状况。在其中,"意识在它的命运里……认识……它的目的和行动,在它的目的和行动中认识它的命运,在这个必然性里认识它的本质。"[20]由于人把他的圆满规定为特殊的快乐,结果只是"ein reiner Sprung in das Entgegengesetze(向其反对方面的一个纯粹的飞跃)"。[21]

这个形象因此处于矛盾之中。他以达到快乐为目的,但是他得到的却是最绝对的不圆满。在现实中发现自我的确定性化为乌有(annihilation,虚无)。于是自我意识应运而生;下一步显然地要把这个外

⑳ 黑格尔:《精神现象学》,拉松版,第263页。

㉑ 黑格尔:《精神现象学》,拉松版,第265页。(参阅贺译本,上卷,第243页。)

在必然性包容于自身之中。由于这个必然性把特殊和普遍联系了起来，所以这意味着它把普遍包容于自身的圆满观念之中。所以他不是单纯地寻求他自身的快乐，他的自发欲望现在被看做以一般的善为目的。于是我们得到了这样一幅人的图画，他自发地寻求着善，他的内心具有一个道德律。

无论我们对这个转变的严厉性作何思考，我们显然地在这里遇到了启蒙思想的另一股重要主流（它以各种不同的方式被人重新续写着）。因为与在他的朴素唯我论中作为本质上善的功利主义的人的观念
165 差不多一起，产生了本质上善的自发利他主义的人的观念。这确实是许多人从卢梭著作中获得的观念。尽管法国大革命在一定程度上否定了这种学说，但是它在18世纪末仍然获得了广泛流行。黑格尔显然注意到这个广泛的运动，尽管他多处（仍然不明确地）参考了席勒的《强盗》。

在这个形象中，人相信他的自发的感情的善。他起来反抗充满着苦难和错误的世界。既然人从本质上是善的，因此肯定只有社会或文明才把这诸多错误的或不公正的强制强加于人。其解决的办法便是把人从这些强制中解救出来，使他们返回到他们的真实状态，使得世界秩序真正地遵循良心的法则。

但是这也是行不通的。人必须被提升到普遍性的高度，他的目的才能同普遍的善相一致。但是这需要一个漫长的熏陶和规范过程，需要经过一个艰难的改造（塑造）过程。以为我们的未经雕琢的自发情感将同一于普遍的想法是愚蠢的。黑格尔指出这里的统一是还没有中介的统一。

由此而来的矛盾以两种方式产生。首先，我从内心里感到，由在注入法律事务过程中产生的世界不是真正普遍的。它充满着纯粹是我的想法和目的，以及我无批判地为普遍所设想的想法和目的。于是，别人无法认出在这个世界中他们自身的内心法则。因此，以这种方式重建世界的企图不是导致统一与和解，而是导致了人与人之间的疯狂斗争。

但是其次，即使事物的过程反映了普遍，即使社会结构和法则反映了理性的规范，这个意识仍然无法认识它。因为真正的普遍是这样一种普遍。如我们看到的那样，在其中人只有根据原则才能达到它。因此，理性的法则将总是表现为对于只相信他们自己的自发的善的人的外在的强制。内心的法则因此从原则上决不可能成功地改造世界。因为一旦它获得了对事物的某个改善，正如它正在攻击的另一种形式的外在限制那样，它的作品便表现为陌生于它的东西，表现为它的敌人。

黑格尔说，这种确信实际上导致了一个虚幻的假定。在其中，每一个人都以为世界将按照自己的要求而得到改造。随后的斗争、苦难和挫败恰好是人们假定想要获得的和解的对立面。因此这种意识形式恰好矛盾于它自身。在这个矛盾中，它为维持自身而斗争。黑格尔把这种斗争称作疯狂。它绝望地痛斥受僧侣和君主统治的世界的罪恶，并且错误地寻求着要把普遍同假想的善的心灵相和解。但是这种解释的软弱性恰好暴露了其潜在矛盾。实际上，它不得不承认在世界秩序中的“所有的心灵的法则”，所有人为了实现他们的目的而进行的斗争的错综复杂的结果。

但是这为一个新的辩证转变打下了基础。如果世界秩序是所有心 166
灵的法则，那么它可以被看做潜在地具有表现普遍的能力。照此看来，必需做的将是完全地清除个别的自我寻求。于是情况发生了逆转。不是希望通过向世界注入我们自己的个别性来挽救世界，我们现在的想法是通过清除我们行动中个别目的的所有踪迹来净化我们的世界。

黑格尔称这种意识姿态为去实现“德性”的企图。但是他明确地指出，这不是古代人的德性，它格格不入于一个人的民族按照其习惯进行生活的那种德性。这是一种个人主义的德性，它建立在自我否定的基础之上；现在明确的一点是，黑格尔将发现它是无法接受的。

实际上，它是我在前面曾经讨论过的那些倒退策略中的另一种策略。在讨论自我意识的开头，我曾经讨论过那些策略。它让人想起了斯多葛主义。通过放弃我们的外在的肉体现实,那种较早的形式把自我规定为内在的自由。而现在的这种形式试图在道德中中立化它。对于个别的特殊表现必须受到压制,除了成为普遍的表现之外,他不能成为任何别的东西。

这个阶段的特殊性在于人对于他自身的无价值感的感受,在于他为他自身的存在而愧疚,在于他企图压制他的特殊性而一心一意地成为普遍意志。在《精神现象学》中,它具有一定的重要性,因为它出现了三次。第一次是在苦恼意识那里,第二次是在这里,第三次是在第6章讨论罪恶及其宽恕那一节的结尾。这后一个是辩证法的一个重要阶段,因为这再一次引起了向绝对知识的过渡。

但是压制人的特殊性的企图是注定要失败的。一个简单的理由是,除非在特殊的人的活动中,普遍无法成为真实的普遍。在这样的活动中,人无法脱离于他们作为人所具有的特殊需要和欲望。换言之,人无法压制他的特殊性,并仅仅作为普遍的一个工具来活动。因为他根本无法出于迎合普遍公理那样地去协调他的行为,而把他的其他动机全部置之不理。拒绝其他所有的活动形式就是什么事也不做。这就是我们之所以把对于特殊性的压制看做一种退缩形式的原因。它是对于外在的特殊存在的条件的拒绝。

作为反对自我节制的德性的哲学,黑格尔哲学是一种自我实现的哲学。成为普遍的工具也是一种人的实现——或者,当他完全形成的时候,它应该是如此。不过显然地,在通往这条完全成形的道路上,他的"低级的"本性将冲突于这个普遍的使命。二元论哲学反映了这一点。但是更进一步地,它们证明了对于达到更高阶段的统合来说所必需的纪律和规罚。例如我们把这看做对苦恼意识的遵从。

无论如何,在当前的背景下,一种关于自我否定的德性的哲学再也
167 无法得到证明,黑格尔在讨论这种哲学的时候带上了一种严厉的和讽刺的口吻。他的观点是,除了通过特殊个体的生活和行动以外,普遍无

法找到实在的表现(Wirklichkeit)。但是这是在一幅精巧的图画中实现的。在其中,关于德性的意识被描写为一个骑士,一个唐·吉诃德,他无法有效地与充满着自私的各色人等的世界进行斗争,而这恰恰是因为这个世界以他为之战斗的名义提供了实现普遍的惟一条件。黑格尔嘲弄道,他最关心的事情是保持他的剑的清白。简言之,有德性的骑士被指责为因他过于追求德性的纯粹性而变得无动于衷(冷漠)。他无法有效地干预历史以便实现善,因为这离不开对他的特殊性的肯定。

这个矛盾的结果将是一个新的阶段。这是讨论理性这一章的第三个主要阶段。在前面的段落中,我们已经学会把事物的过程看做个体的自我实现行动的结果。在这里我们已经知道,普遍只有通过这种自我实现的行动才能产生。因此现在我们进入了一个更高的水平,在那里我们把个别的自我实现看做普遍的表现。于是,辩证法的下一个阶段将是一个自我意识的形象,它把自身看做在它的行动中对于普遍的实现。

3

在"理性"的最后一节,我们了解了这样一些意识形式,在其中,个体把他自身看做统一于普遍的东西。我们已经超越了个体目的和反对它们的现实之间的对立。现在,个体在他的行动中达到了与外在现实的统一。而那个外在现实反映了理性。

这种统一在客观精神中才真正地得到了实现。那个客观精神是在一个民族的生活中得到反映的精神。黑格尔称之为伦理实体(ethical substance)。但是在这最后一节里,我们还在其他一些个别意识形式中暂作逗留,那些形式使黑格尔有机会来思考其他的当代观念和道德信念。但是这个逗留也弄清了这个过渡的重要性。在某种意义上,《精神现象学》可以看做由两个部分所组成。这两个部分的边界就在这里。在第一部分,我们探讨了个别意识的各种形式,甚至当我们探讨处于交互关系中的人的时候,例如当我们探讨主人和奴隶的辩证法的时候,我们探讨了个别意识的各种形式。

但是在接下来的两章中,即在讨论精神和宗教的两章中,我们把精神看做一个超人格的(supra-personal)主体。首先是把它看做一个民族的精神。然后在宗教中把它看做对于世界精神的自我意识。假如我们要想达到绝对知识,在其中精神统一于它的世界,那么在辩证法中的这个转变当然是必然的。因为只有世界主体(world-subject)才能被看做如此统一的,个体和个体是决不可能的。

到了这个确定的点之后,我们不得不改变我们的重心;作为一个外
168 围事实,我们务必把个体不再看做具有他的社会关系的中心,而是把社会全体看做中心,个体则是对它的证明。黑格尔想要达到的这个后来的平衡表现在他接下来对术语"实体"的使用上。全体社会的精神就是基础性现实。人的行动从那里才得以产生。但是这不是说他们是它的毫无益处的附属物。相反,他们在它那里认识了自身。[22]此外,这个精神不是脱离于他们的某物,它无法没有他们而存在。"伦理实体(sittliche Substanz)"只能被思考为"自我意识的本质;而自我意识则是伦理实体的现实(Wirklichkeit)和定在(Dasein),是它的自我和意志。"[23]

这样,一个民族的精神只能在个别的主体性中成为现实。并且,当它没有在个体身上得到反映的时候,它仍然没有达到它的最圆满的发展,它仍然是无意识的和部分地不完备的。不过当然地,这是介于古希腊城邦的衰亡和现代法制国家的充分发展之间的一整个阶段的现实。因此这后者需要双重的发展。个体和精神在法律和国家制度中的公共表现都必须变化和成长,以便前者逐渐地在后者中认识自己。

黑格尔似乎看到,这最后一个过渡就发生在他的时代。他在这里研

㉒ 黑格尔:《精神现象学》,拉松版,第310页。

㉓ 黑格尔:《精神现象学》,拉松版,第312页。(贺译本,上卷,第290页。)

究的这些人物,都可以看做当时的观念,因此反映了这个过渡。不过当然地,在《精神现象学》中,他在这里的兴趣不在于促成国家的最终形式,而只在于证明,要是没有从个体向“实体”的这个转变,我们便无法理解意识。在从古希腊开始的下一章里我们将着手探讨“实体”的发展。

这一节的形象反映了一个意识,那个意识确定了它的行动的普遍意义。在整个著作中,像在这一章中的其他地方一样,这种讨论反映了黑格尔对他的时代的各种思潮的思考。这是无须论证的。但是我们还得简要地探讨一下黑格尔对康德的处理。康德是在“审核法律的理性”这一节中最后被讨论的人。

在这个形象的身上,理性要求去审核各种法律,通过应用一个自我一致的标准,那些法律声称具有道德的联系:在遵守一条给定公理的时候,是不是存在着矛盾?

黑格尔指的显然是康德。黑格尔的反应不难猜到。他作出了广为人们所熟悉的反驳:任何公理都证明是前后一致的,但是一旦加上对这个公理的曲解之后,我们便证明某个公理,如善的共同体,是矛盾的。不过,那个矛盾在私有财产制度中可以用完全相同的方式得到证明。在黑格尔看来,这个矛盾不构成问题。他完全赞成康德和整个资产阶级新纪元的如下见解:私有财产制度是法权制度;但是这一点无法从根据这个原则要求人们应该更强有力地行动一致那里得到证明。

但是在最终向精神的过渡过程中,我们从这最后一个形象得到了 169
如下观念:起来反抗社会的自由个体无法为他的道德理由找到任何真实的内容;他无法根据道德规则来推出确定的结论。诚然,道德的基础是人们按照普遍公理行动,换言之,按照精神行动,那个精神是我们的真正本质,是普遍(并因此我们把康德和亚里士多德统一了起来)。但是如果说我们抽象地理解这一点,那么我们便具有了一个空洞的标准。在这个抽象中,理性仅仅被看做对形式的具有,仅仅处于某种思维方式之中,于是每一事物都可以得到证明,每一个公理都可以被普遍化。只有当我们把理性看做需要某个本体论,需要某个外在现实,某种人类社会现实的时候,尤其是需要表现在政治制度中的普遍法则的要求的时候,我们就能为实践理性提供一个内容。我们的道德职责的样式产生于社会现实的本质。为了实现精神,那个社会现实必定产生出来。而且精神的实现对我们来说是一种道德职责。因为我们的本质就是这一个,就是这一个精神,用一种古老的说法来说,就是理性生活。

所以最终,真正的道德人是不希望纯粹从他自己的内在意识来给予自己以自己的法则的人,而是相反,他感到有一种来自他的社会的职责。千方百计地纯粹按照人的理性行事,也就是没有标准地行事,因此是野蛮地行事。"直接出现的法律,乃是一种武断的胡作非为,它把任意武断当成为法律。"[24]所以黑格尔似乎完全颠倒了康德的说法。康德使自主性成了所有道德的根基。

但是实际的情况确实要复杂得多。存在着一个起初没有反思意义的义务,普遍的个别推理必须为了自身而摧毁那个义务;并且在外在权威和自主性之间后来发生的斗争中,黑格尔没有毫无保留地站在其中的任何一边。自主性是对的,因为它是人的形成的一个必要阶段。不过到了最后,在那个完全理性的人的身上合而为一的这两者将看到,人自身的圆满已经体现在法制国家中,他对法制国家的国家制度表示了忠诚。但是他后来将逐渐认识到康德的见解是片面的。他将把它看做他自己的一个先行者;但是它只是为他的当前的成就作准备的一种发展而已。这个成就的另一个必要条件是国家制度本身的缓慢发展。除了启蒙运动的哲学家之外,无论它们是宗教制度还是政治制度,大量的人们决不会中止对它的绝对忠诚。

所以,甚至在黑格尔声称他要去"完成"康德的地方,黑格尔与康德的决裂是深刻的。并且,在纯粹自主性和社会道德性之间的差异还伴随

㉔ 黑格尔:《精神现象学》,拉松版,第309页。(贺译本,上卷,第287页。)

着另一种差异:由于完全有伦理的人是生活在社会中的人,他除了对社会尽义务之外没有别的事情可做,最高的伦理也就是得到了实现的伦理。它不仅是"应该",某种有待于被完成的东西;我们遵循的规则是在国家制度中生存下来的东西。那些制度生存于我们的社会中。并且我们通过我们的忠诚维持着那些制度。一个伦理的人向我们呈现着一种应 170
该成为什么样的人的模范。正是那个人总是引起了黑格尔的沉思。这是黑格尔既拒斥康德的道德哲学又拒斥费希特的道德哲学的基本出发点。因为他们都向我们呈现了一种纯粹"应然的"伦理学。

黑格尔说,相反,生活在一个民族中的精神向我们昭示了这样一些法律,它们同时是实存(Sein),是真实的存在。我们在这里也没有为信仰留下地盘;自我意识生活在精神的精神现实之中,随着古希腊城邦的衰亡,人们已经丧失了那个精神,而现在人们渴望着重新去获得那个精神。在一种与普遍理性相似的形式中,我们现在正在重新恢复它,但是我们首先应该返回去看一看它在最初的无意识的美中的表现。

第6章

171 # 精神的形成

在我们现在进入的“精神”领域中，我们将第一次来探讨实际的历史形式。黑格尔称这种精神为“客观精神”。在前面诸章中，我们只是探讨了这些形式的抽象方面。例如在“自我意识”的展开中，我们看到了斯多葛主义。现在我们将返回到客观精神的充分的历史形式。在这一章里，除了特定的观念、世界观或理念（它只有根据精神才能获得最终的理解）之外，我们还拥有着一整个社会政体，一整个文明生活的方方面面，作为我们的各个阶段。

《精神现象学》是一部非历史的辩证法，具有一种螺旋式上升的力量。我们返回到了同一个现象之更高的（更深刻的，如这个隐喻所喻示的那样）水平。如果从“主人和奴隶”的辩证法到“理性”的结尾，其隐含的参照物（指称对象）具有一个大致的历史秩序，那么我们现在便返回到了开端。在这一章的结尾，我们将重新从讨论“宗教”那一章开始。

讨论“精神”的这一章使我们经历了历史哲学的某些重要阶段。我们从古希腊开始。古希腊具有一个自为自在的完美社会，那是黑格尔及其许多同时代人都为之流连忘返的社会。如我们仍然记得的那样，这个社会的特点在于公民和社会之间的完美统一。公民的最完美的道德和精神愿望在社会的公共生活中得到了表现。这种公共生活因此就像是一种公共实体。作为它的一部分,个体找到了生活的意义和目的。一旦斩断了个体与公共实体的联系,个体便会变得萎靡不振。但是对于公共实体的这种依赖性并不意味着个体只能成为它的附庸。因为公共生活也是"Das Tun Aller und Jeder(一切个人和每一个人的行动)"[①],它是公民的作品。如果实体保留了个体,那么个体的活动也保留了实体。

但是这个早期的统一不得不走向解体。[②]这一章遵循的就是这个辩证运动。完全普遍的个体必须产生出来,并且他只有通过突破城邦的狭隘城墙才能做到这一点。于是形成了一个漫长的异化阶段。在那个阶 172
段,个体起来反对没有表现他的社会。这是一个充满艰辛的阶段。而在黑格尔那里,它也是一个孕育的阶段。从它那里将产生一个更高的阶段。在历史哲学中,这个阶段被规定为现代法制社会。不过在《精神现象学》中,我们进入了当时德国哲学的新的道德意识。它预示着一种新近得到哲学解释的宗教意识。这种意识[③]的缘由也许可以在如下事实中被找到:尽管在这一章里明显地存在着重复,但是与历史哲学相比,《精神现象学》具有不同的目的。我们在这里的目的是引导意识把自身规定为在终极意义上与世界精神相一致的东西。所以不存在在客观精神哲学中停留很长时间的理由;我们应该迅速地进入后来在《哲学全书》中被称作"绝对精神"的领域。

---

① 黑格尔:《精神现象学》,拉松版,第314页。(参阅贺译本,下卷,第2页。)

② 如黑格尔在《精神现象学》中较早指出的那样:"Die Vernunft mu β aus diesem Gl ü cke heraustreten."黑格尔:《精神现象学》,拉松版,第258页。

③ 有人也作出了这样的解释[参阅Fr. 罗森茨韦格:《黑格尔和国家》(慕尼黑和柏林,1920),第1卷,第217—220页;第2卷,第1—5页]:在拿破仑征服的影响下,黑格尔一度放弃了如下信念:在一个现代国家里精神能够返回到与自身的完全和解,那个现代国家曾经是他早期的愿望之一,并且无疑地是他的1815年的成熟的体系的组成部分。按照这种解释,对这个阶段的黑格尔来说,只有在宗教和哲学中,历史才将达到它的顶点,精神将达到它的和解。但这一点无法令人信服地确立起来。

一

这一章第一部分探讨的是古希腊城邦的原始统一及其解体。这是《精神现象学》中最优美的片段之一。在其中,强有力的充满诗意的描绘为黑格尔哲学的展开作了铺垫。他的形象的力量在如下情况下得到了强化:借助于索福克勒斯的悲剧,黑格尔阐明了古希腊社会的内在张力和冲突。

用最笼统的话来说,蕴含在原始统一中的冲突是:个体完美地统一于他的共同体之中,因此个体同一于一个更大的主体,同一于一个普遍。他感到自己就是由那个普遍造就的。这一切似乎理应如此。但是这个普遍并非如此地完美无缺。它是一个民族的精神,仅仅是众多民族中一个民族的精神。它是地方性的。在个体身上的真正普遍性的直观因此日益地把他从这个共同体中分离开来。随着对这个普遍的公共表达与奠定了它的基础的那个普遍使命发生冲突,它导致了人的内心和共同体内部的一场斗争。

因此,市民与城市的幸福统一依赖于人所处的一个较早发展阶段,一个"沉入自然之中"的阶段。这是一个必然走向衰弱的阶段。换言之,作为一个特定的存在,城邦必然走向衰落:假如它是一个真正的普遍意识的表现,那么这后者就应该既把它保留下来,又已经超越了它;而它应该通过摧毁对它的这个表现来保持它自身。但是作为一个地方性的意识,城邦的生活与它一起走向了衰落。它"findet ... ihre Aufhebung an einer andern(通过他者发现了……它的死亡)"。④

173 但是通过扩大这一章的篇幅,在另一个层面上,在一个更加详细的层面上,黑格尔探讨了社会伦理生活的辩证法,或者如他称呼的那样,他探讨了Sittlichkeit(伦理)的辩证法。这个单词借自古希腊的悲剧家。两

④ 参阅黑格尔:《精神现象学》,拉松版,第342页。

个普遍之间的冲突现在被看做人的法律和神的法律之间的冲突。人的法律是公然的自觉的国家伦理,公民发现自己在其中得到了体现。神的法律反映了真正的普遍,因此它在这个阶段表现为非反思的法律,表现为一个非成文法,它不是由人确立的,它是一直存在着的。[5]作为真正的普遍,神的法律关注个体本身,而不仅仅关注个体与国家的关系。作为这个法律的维护者的制度因此是家庭,家庭也是直接统一的领域。在这两个制度中,这两个法律都有其典范的表现。黑格尔进一步得出了关于性角色的结论:男人主要关心人的事务和政治事务,女人主要关心神的事务和家庭事务。

神的法律关注个体本身,而不关注他的存在的任何一个特殊。但是鉴于处于他的有效的外在生活惟一地取决于他在国家中的角色的阶段,他的真正的普遍存在只能惟一地直观为对于这种生活的超越。他在他的冥府中找到了表现,在那里,由于"对单纯普遍性的依赖"[6],他留下了生命的无常。

于是,黑格尔对古希腊的死亡葬礼作出了一个引人注目的解释。死亡是自然的否定,是发生在人身上的事情,是自然对人的打击。但是我们还看到,死亡在思辨意义上被理解为一种必然性,被理解为人的精神的真正普遍性的表现,因此那个普遍性无法胜过任何外在的表现。葬礼的目的在于把死亡从这第一个现实提升到第二个现实,在于把它重新解释为似乎死亡是偶然降临到人身上的某件事情。葬礼保留了肉体。在其他情况下,那个肉体将在所有自然界的盲目驱力之下化为尘土,尸体在野狼的撕咬和秃鹰的叼啄之下散落遍地,并且注定要化为尘土。于是

---

⑤ 黑格尔的说法让我们(禁不住)想起了安提戈涅的话:

亘古不变的天条啊,
它们不是诞生于今天或昨天,
它们是永恒的,无人知道它们来自何处。

⑥ 黑格尔:《精神现象学》,拉松版,第321页。

肉体的死亡成了一种有意义的活动。所以,甚至死亡(死者)也因自我意识而获得了新生。

当然,在原始阶段,恢复中的自我意识并不等同于被否定的自我意识。在这个阶段,超越了他的死亡的个体的存在依赖于在埋葬他的过程中他的家庭的行为。在一个较高的阶段,在那里,真正的普遍表现在社会的公共生活中,甚至在我们走向死亡之前,我们都已经超越了作为普遍意识的死亡。但是埋葬是在这个阶段人的真正普遍性必须具有的表现。因此它是神圣的。这个阶段是为安提戈涅的悲剧而设立的。

174 对于国家和家庭来说,神的法律和人的法律必定发生冲突。但是在揭示这一点之前,黑格尔证明了它们是如何相互纠缠在一起和如何相互需求的。国家保留了社会,所以国家维护着家庭;但是家庭为国家造就了公民。所以,替家庭奠定基础的神的力量必定为了国家的善而受到供奉。与此同时,正是国家留意着这种仪式,并因此留意着对诸神的供奉。而受地上诸神力量庇佑的来自家庭的人进入了政治的光天化日之下。他们被号召着冒着生命危险去保卫国家,并因此去保卫这些家庭。在重新化为尘土的过程中,他们成为阴间的纯粹个体性,长眠于地下。家庭从那里继续获得它的力量。与此相对应,家庭,尤其是女子,在操办葬礼的过程中,把阴间的法则带入到了光天化日之下,并且给予了公开的表现。通过这种方式,维护家庭也就起着维护国家的作用。这两个法律因此处于完全的和谐之中。

但是,它们实际上并没有处于和谐之中。实际上,它们是冲突的。因为人的法律并不是真正普遍的。这个冲突发生在历史事件中。在这里,我们接近了黑格尔的另一个基本问题。去行动,在影响外在世界某些重要变化的意义上去行动,必然会产生内疚。黑格尔对于原罪学说的解释就源于此。只有在从哲学上得到重新解释的如下意义上,一种罪恶才是“原始的”罪恶:那是从原则上讲人必然会犯的一种罪恶。它是必然的,因为人是实体化在一定的时间和空间之点上的有限的精神。所以,他只能作为一个特殊去行动。正如我们看到的那样,无论精神将成为什么,这反过来都是必然的。但是无论怎样,我们都必须把对于这个特殊的这种自我肯定看做“有罪的”,因为尽管它对精神的存在来说是至关重要的,但是它仍然处于它的完全实现路途之中。因此它不得不被扬弃。我们已经看到,死亡是一条它在其中被扬弃的道路。而完全普遍意识的获得是神所召唤的道路。

因此,在黑格尔看来,原罪对拯救是必要的。这正是黑格尔提出如下基本问题的另一种方式:精神只有通过返回到超出它的实体的它自身才能存在。外在化或异化是它的实现的一个实质性阶段。它的意思是,达到圣洁或与精神相统一的任何企图都伴随着对特殊性的肯定。我们注定只能作为有限的精神而特殊地存在着。我们所能做的一切是度过这个特殊的存在,以便实现一种能够承载起普遍意识的生命形式。我们不得不先犯下原罪,然后再去赎罪;原罪是无法避免的。

这样,应该给予拒斥的是从行动中的退缩;那是我们不得不给予抛弃的那些倒退策略中的另一种形式。在上一章里,这一点已经得到了探 175
讨。在那里,善的灵魂千方百计地从事物的过程中返回到他自己的自私行动中。在这一章的结尾,在讨论错误及其遗忘的那一节里,我们将再一次看到它。《精神现象学》一再地重现了这个主题。在这里,黑格尔重复道:“因此只有寂静无为才是无罪的,像一块顽石存在着那样地,但是纵使一个孩童的做法也不是纯然无辜的。”⑦

但是在这里,我们仍然没有达到这种充分的和解。就共同体来说,在世上的行动仍然不吻合于真正的普遍。在使特殊生效的过程中,行动因此在伦理自身内部开展了一场斗争。这场斗争是悲剧性的。我们站在这场斗争外面可以看到这场冲突;我们看到了索福克勒斯的《安提戈涅》。我们可以理解安提戈涅的论点和克瑞翁的论点。假如我们身临其中,我们便会拿不定主意,我们究竟应该去支持哪一边。

⑦ 黑格尔:《精神现象学》,拉松版,第334页。

但是,对我们来说,这是一场价值冲突。因为我们不想让自己纠缠于这种冲突之中,所以我们最终置身于喜剧王国之中。当两种善发生冲突的时候,我们便让我们自己遭受着由这些冲突而带来的痛苦;但是我们没有让自己陷入任何一种冲突之中,因为我们具有一种能够把这两者全都包容进去的普遍意识。它能够评估出两位主人公的着重点和主张。无论我们是否对这场争论作出裁决,我们都保留了这种普遍意识,并且把它表现在我们的行动中。

这位悲剧性主人公的情况便大不相同。他同一于斗争的某一方,同一于人的规律或神的规律。他不了解他者的见解,只把它看做一个“rechtlose Wirklichkeit(没有得到证明的现实)”。[8]并且,由于我们现在正处于原始阶段,男人们无法达到这种意识,他们对法律具有一种直接的无批判的认同。由于法律在这里具有两面性,我们便遇到了两种“人物”(character)。这两种法律在两种不同的人(即男人和女人)身上得到了表现。每一种人都完全地无批判地认同了他或她那一方的法律。所以安提戈涅和克瑞翁就埋葬波里尼西斯问题发生了争论,每一方都认定自己是完全正确的。

属于无反思的伦理这个阶段的悲剧人物就是这样一类人。他对于当前的境况只是一知半解而已。他知道一部法律;但是他不知道与之相关的另一部法律。对后者的违反就是对前者的执行。就像俄狄浦斯不知道他杀死的那个陌生人原来就是他的生父,他娶的皇后原来就是他的生母那样,纵使在光天化日之下,他也是茫茫然地视而不见的。[9]

虽然如此,但是在这里仍然存在着某种联系。冒犯神灵的主人公无法否认自己的行为。这的确是他的所作所为。他承担起了由此而导致的所有后果。他对他的行为负有全部责任,因为尽管他无法看到它的全部

⑧ 黑格尔:《精神现象学》,拉松版,第332页。

⑨ 黑格尔:《精神现象学》,拉松版,第335页。

意义，但是他是全力以赴地去做的。但是由于这些后果是他没有料想到的，他也就把它们看做命运的预示(denouncement)。正如在上一章关于快感的讨论中得到反映的那样，我们再一次看到了黑格尔的作为未被把握的必然性的命运观念。命运之神(Moira)在古希腊思想中之所以起着重要作用，恰恰是因为男人们还没有达到普遍意识，还无法把必然性 176
的整个领域全都包括于他们的视域之内。所以那种必然性表现为是意欲从外部注入的东西。

在宗教哲学中，黑格尔以另一种方式提出了相同的见解。正如古希腊城邦是个体和政治的完美结合一样，古希腊神灵是神的形式和人的形式的完美结合。但是在两种情况下，其代价是相同的。就诸神以变成杂多和特殊为代价成为人，城邦以相同的代价成为真正的伦理实体而言，人并没有作好与真正的普遍达成和解的准备。相反，在同一个阶段，真正地把握了精神的充分普遍性的一个民族，犹太人，感受到了与神圣的最大异化。但是普遍的精神必须找到某个表现；而既然神是特殊的，那么甚至神也要服从于作为一个命运的必然性的普遍的再现。

但正是这种必然性经历最终抛弃了把自己无批判地等同于一个法律的主人公。他走向了毁灭。他是被他自身的矛盾所毁灭的；人们从这种痛苦的经历中得到了一种意识，那种意识领略了整个冲突。但是这是一种普遍意识，即这种意识并不更无批判地等同于一个特殊的社会和伦理，而是从普遍的观念来思考它。换言之，对矛盾的体验使人们猛然醒悟过来，使他们从与其特殊城邦所处的自发的天经地义的忠诚中摆脱出来。不过这必定意味着城邦自身的衰落；因为它的整个力量都是以市民和伦理实体的完美统一为基础的。现在个体不是把自身看成普遍的，而是认为自己是脱离于其社会的个体。不再受到支持的城邦便先于普遍帝国走向了衰落。那种普遍帝国适应于新的阶段。但是这是一个异化的阶段：新帝国无法在它的制度和规范中表现它的人民的最高价值和渴望。并且，它过于庞大和多变。通过使之全都服从于同一个权力，它只不过是从外部把人们统一了起来。城邦的衰落并没有给它留下什么地盘。早在遭到普遍帝国袭击之前，它就已经走向了衰落。不过，这意味着一个异化时代的到来。在那个时代里，具有普遍意识的个体与不能反映他的国家相抗衡。那个国家仅仅被经验为一个外在的权力和限制而已。

在这一章里，关于这种毁灭所实际采取的具体历史形式的讨论是相当含糊其辞的。在另一些地方，在历史哲学和哲学史中，黑格尔通过讨论智者派和苏格拉底提到了普遍意识的产生。在《精神现象学》的下一章里，我们将继续探讨宗教形式的相关演变。[⑩]

在这里，黑格尔似乎并不想要给出一幅完整的图画。他没有尽力去阐明悲剧冲突如何导致了历史的衰落。只是在一个充满诗意的段落中，
177 黑格尔作出了这种努力。在那里，他反复强调"实证的精神在低级世界里有其权力基础"，[⑪]而在对死者的侮辱中它毁坏了它自身的权力的根基。接着黑格尔向我们呈现了这样一幅画面，狗和乌鸦玷污了坚持不给死者下葬的这些人的祭坛，且这些邻邦对这个城邦进行了复仇。不过，对这个段落之美的赞叹并没有使我们对这段解释的粗线条性质视而不见。

黑格尔接着加上了另一个推论，他从那个推论出发，探讨了家庭和国家之间、男人和女人之间、两种法律的制度主人公和个体主人公之间所发生的斗争。在国家的压迫之下，家庭，尤其是女人，以一些微妙的堕落形式进行了报复。女人们引诱男人们不是为了共和国福祉而是为了王朝才去进行权力斗争。她们使年轻人无视老年人的智慧；并且由于年轻人反过来必定充当国家的炮灰，她们的堕落产生了灾难性后果。

无论如何，由于发生的这些事件，伦理精神走向了衰落，并且为一

---

⑩ 在一个未发表的写于18世纪90年代的一个神学手稿中，借助于贫富之间日益增长的两极分化，黑格尔对城邦的衰落作出了一种孟德斯鸠式的探讨。黑格尔：《神学手稿》，参阅诺尔版，第214—231页。

⑪ 黑格尔：《精神现象学》，拉松版，第339页。

个异化的时代开辟了道路。神圣的法律,以前由作为影子的个体来代表的神圣的法律,现在作为普遍“自我”或“自我意识”进入光天化日之下。不过,作为普遍,个体现在生存于这样一个社会之中,那是一个无法反映他的社会,那是一种纯粹的外在权力。因此,他对于作为普遍自我意识的自我的肯定是一个抽象肯定。他的生活的外在现实超出了他的控制,而完全受制于纯粹外在的权力。诚然,权力要想得到实施就必须被集中到某个地方。皇帝因此处于国家的顶端。但是这个新生的普遍的国家已经摈弃了伦理实体,已经摈弃了人们曾经全盘认同的根本限制感。除了赤裸裸的权力以外,它不拥有任何别的东西。皇帝的权力于是成了不受监督的独断意志的权力。

统治者也是一个普遍意识,不过在这个阶段,这仅仅意味着他已经完全摈弃了对一种公共生活方式天经地义的忠诚感。普遍性成就的获得以牺牲政治伦理为代价。前一种伦理已经丧亡,而新的伦理尚有待于经历痛苦的分娩。我们于是处于一个赤裸裸的权力王国之中。对同国家分庭抗礼的作为纯粹个体的主体的规定与赤裸裸的国家权力相对应。通过武力,那个国家权力使他们服从,并且通常在这个过程中摧毁了他们。

因此,自我意识只能通过一种策略上的退缩才维持了它的完备感。因此,这是一个斯多葛主义的时代。我们现在把它看做一种充分的历史
形式。也就是说,只有通过把自身规定为一个纯粹内在的精神世界,自 178
我意识才能把自身看做普遍的和自由的。斯多葛主义的自由是思想的自由,它抽象于各种外在条件。但是正如在讨论自我意识的上一章里那样,这种退缩立场是难以忍受的,并且必须经过相应的演变,经过怀疑论,以达到一种苦恼的意识。

罗马时期看到了个体财产权的发展:从法律上讲,我们开始承认一个人与生俱来的某些权利。但是这个人,作为主体,任凭国家的摆布。所以,他赋予他的生活的外在内容,他的财产,是完全地任凭独断意志摆

布的。所以,正如怀疑的意识体验到了的那样,人体验到了他对于偶然事物和无常事物的完全依赖,体验到了他的完备性的终极匮乏。

结果是,正如通过早期辩证法所看到的那样,主体逐渐地用外在于他自身的某物取代了他的完备性,他既瞧不起那个东西,又竭力地想要得到它。换言之,他“异化”了他的完备性。在这个异化原则之下,他完成了一次教化,那个教化将为在一个更高水平上的自由的恢复奠定基础。

二

这一章接下来一节探讨的是一个异化和教化时代。它从罗马帝国开始,一直延续到[黑格尔所处的]当前的时代。但是由于黑格尔并不试图在历史哲学中展开一种详尽的研究。相反,他的趣味集中在这个时期的成就上,即18世纪的启蒙运动和法国大革命上。我们在这里已经以一种简要的形式获得了黑格尔对这两个划时代的社会现象所作出的复杂而丰富的解释。下面我们就来探讨一下这两种社会现象。

这个时代充满着异化。人们不再试着把自身规定为纯粹的思想。他们接受他们对外在社会现实的确认。在这个时代里,他们同(古希腊)城邦的公民相似。不过与这些公民不同的地方在于,他们把这个社会现实作为他者传来的经验。他们在其中感到很不自在。这种被异化了的确认,恰好与古希腊人的快乐的确认相反,因此并没有在对与社会相一致的明确意识中表现它自身。相反,它逐渐产生了这样一种感觉,他们必须竭力地消除他们自身与这个社会现实之间的隔阂。他们必须放弃他们的个体的特殊性。在从事一项更加雄伟的事业(如国家)的过程中,他们逐渐地接近他们的生活的本质实体。他们的生活的实体超越于他们之上,这种感觉是异化的本质。它所引起的服役、纪律(训诫)和自我改造是下一个阶段用来教化人的东西。

在通往精神的最后实现道路上,这种异化是一个必要阶段。异化本身成为真实和假相的混合物。实际上,人们的确依赖于一个更伟大的事物,依赖于不仅仅是人的精神的精神,而且人还必须去确认这个精神。不过与此同时,这个精神是人在其中将充分地认识自身的精神。在其中,一旦他把作为有限精神的自身看做精神的产物或手段,那么他便将产生一种充分的自在感。异化是这样一个阶段,在其中依赖关系是清楚 179
的,而自我承认是暗昧的和含糊的。在绝对中的自在感的本质只呈现在一个隐晦的形式中,即只呈现在宗教意识中,并且在从此岸向彼岸的转变中得到了展示。

因此,我们现在正在讨论的这个阶段和我们在前面讨论过的苦恼意识阶段处于同一个阶段。它有一种和解感,那是一种不在场的、处于另一个世界中的、久违了的并且非常遥远的感觉。在我们常常依恋的另一个地方,我们曾经达到过那种和解。这就是异化的意识的一部分。

由于没有看到我们与绝对的统一,我们不妨称这种意识为虚假的意识。不过与此同时,人们正确地否认了它。因为在这个阶段人还没有作好准备;他们仍然没有达到能够充分地反映他们与精神的统一的普遍意识。作为在另一个世界得以完成的统一意识,它因此具有了关于一个真实事实的一幅失真图画:人还没有改造自身以便充分地认识这个统一。异化的作用在于为这种改造提供动力;它是一种辅导,在辅导时,人接受教化,以便超越异化。

异化的基本态度是,在异化时,人感到他们的实体依赖于外在于他们的某物,所以他们只有通过克服他们的特殊性,并且确证这个现实,才能认识他们自身。这种必然性,既被愿意承认它并且试图按照它行动的人所感觉到,也被反对它、攻击它的人所感觉到。黑格尔分别称之为"高贵意识(edelmütig)"和"卑贱意识(niederträchtig)"。在人因此而能够与之发生关系的外在现实中间,黑格尔提到了国家权力和"财富",并进而涉及到了整个经济的运行;不过从结局可以知道,其他机构,例如教会,也在起着作用。

现在,在异化条件下的发展的本质是,人为了克服异化而接受着教化。其结果是,从这种异化最终产生了一种意识,那种意识已经“看穿”了这些外在现实(我在这里略去了在辩证法中大量有趣的细节)。人发展到了这样一个阶段。在那里,他们能够把握他们为之而存在的这些现实,他们能够把国家权力和财富看做像其他事物一样的在这个世界中的现象。像任何一个别的事物一样,它们是注定要灭亡的事物,是受到了相同法则约束的事物。而且,正像看起来美好而神圣的事物被发现原来同邪恶、卑贱和异端纠缠在一起那样,它们遭受着相同的被颠覆的命运。这种“见解(Einsicht)”最初表现为对各种狂妄主张的揭露,它在启蒙运动时期达到了顶峰。

启蒙运动代表着异化的终结的开端。在启蒙运动中,被异化了的意识的虔诚所针对和确证的现实是在范围上受到很大限制的现实。所有外在现实都被对象化了,都被取消了精神意义,并且都被看做一个展现
180 在普遍科学意识面前的、由可以感觉到的物质事物所组成的世界。国家和宗教机构不再是人必须向其确证自身的令人敬畏的现实,而仅仅成为世界的中介,成为向着科学意识的考察开放的,且任由其处置的世界的中介(neutral stuff)部分。人再一次成为重要的现实,或者说,普遍的科学意识再一次成为重要的现实。人已经逐渐从思想上主宰了世界。

自我再一次成为万物的中心,我们于是有了一个非常不同于斯多葛主义的阶段,斯多葛主义也关注作为普遍意识的自我。不过,由于斯多葛主义是一个倒退阶段,自我置身于外在现实之外,且在不考虑外在现实的情况下发现了自身。与此相反,科学意识声称已经看穿了这个现实,已经从思想上支配了它。并且很快地,我们将在法国大革命中看到,通过按照普遍意志改造现实,它将从行动上支配它。在斯多葛主义和启蒙运动之间存在着一整个异化和教化的阶段。在其中,人学会了了解、掌握控制自然世界和政治世界。现代科学意识为启蒙运动奠定了基础。

启蒙运动把现实限定在可以感觉得到的物质事物的范围之内。按

照启蒙运动的这种观念，我们可以了解黑格尔指出的启蒙运动的两个基本特点。首先，绝对或上帝被还原为关于最高存在（黑格尔使用了法国人的表达方式“être suprême”）的空洞观念，对于这个观念无法作出更进一步的描写。由于所有特殊现实现在都被看做仅仅是物质的和可感觉得到的东西，所有特殊描写所给予的意义只能根据这个现实来理解。所以，通过把上帝描述为圣父和造物主，并把历史事变全都归结于他的做法，以诸如此类的方式来阐发关于上帝的观念的任何一个企图，都注定是完全不适当的。因为它们依赖于我们把我们所探讨的关系或行动看做体现了某种精神意义的东西。我们不得不把自然之父看做（从理想意义上讲）天生具有爱心和精神关怀的，以便把这个形象加诸上帝。我们不得不把上帝在历史上的事迹也看做象征，看做一种语言，而不仅仅是一系列物理变化。但是启蒙运动的意识把世界看做由纯粹物质的、可以感觉的事物所组成的一个大杂烩。因此它找不到一种语言来谈论上帝，也理解不了上帝对历史的干预。假如它来思考上帝的话，那么它不得不是一种自然神论，一种对最高存在的崇拜。

当然，许多启蒙运动者根本不相信上帝。不过黑格尔没有对这些唯物论者同相信有一个超感性现实的启蒙运动者作出什么区分。因为他们都把诸如自然、物质之类的抽象物看做处在变化中的感性世界现实
的基础。但是，“物质”这个抽象物并没有对世上事物作出特殊描写，因 181
此它无法区分于某个精神本源；一个没有特殊描写的精神本源无法区分于纯存在。我们在这里再一次听到了黑格尔在《逻辑学》开头“有”和“无”的辩证法中的著名说法，其意思是相同的：简言之，所有的抽象都是相似的。实在的精神也是物质的。

启蒙运动意识形态的第二个观念——黑格尔把它作为这一章的中心主题之一——是“有用性”的观念，蕴含着功利主义的观念。认为某物是“有用的”也就是认为它不具有某种与生俱来的意义。相反，它的意义是为个别事物的目的服务的。这个“有用性”观念起源于启蒙运动的世

界观,并且自然地流行了起来。因为这个观念把世界看做由物质事物构成的,不具有任何其他的意义。这个中性的世界对人来说没有什么意义,人要么表现了某个更高的事物,要么体现了他为了认识自身必须给予确认的某种形式。由于它们是中性的,世上的事物只有通过服务于人类目的才能被赋予意义。对人来说,就它们的意义而言,事物被归之于其下的惟一范畴便是有用性。

所以,功利主义是启蒙运动的道德规范。功利主义是这样一种道德规范,它依照行为后果来判断行为,依照与某个外在目的的关系即行为的有用性来判断行为。它对立于这样一种道德规范,那种道德规范根据某个固有品质来判断行为,诸如它体现了某种特定的德性,它遵从了某种道德律等。这些固有属性被启蒙运动作为无意义的东西抛弃掉了。启蒙运动只接受物质现实以及它的类似于法律(规律)的联系,它没有为诸如德性这样的标准属性留下地盘,也没有为诸如从推论意义上为自然法奠定基础的标准秩序留下地盘。

但是对黑格尔来说,在这个道德规范中隐藏的矛盾是,“有用性”范畴是没有中止点的。它在应用上是普遍的。有些事物对我的目的而言可能是有用的;但是我也是世上的一个特殊现实,不存在把我的目的作为终极目的来考虑的理由。我和我的目的反过来可能被看做有利于别人的目的,或者妨碍了别人的目的;也许,我和我的目的可能有利于一般的社会目的,或者妨碍了一般的社会目的。并且,这些其他人或者一般社会也有利于或不利于其他人的目的,如这个社会的成员的目的。如此等等。我们于是有了一个“坏的无限”。

通过如下说法,黑格尔表示了这一见解:每一事物都可以被看做自在存在的,但是它也是为他者而存在的,也就是说,它仅仅具有手段的意义。不存在这样一种有意义的现实结构,它迫使我们在某个地方驻足不前,而那个地方恰好表现了最后的目的。如黑格尔说的那样,这条外在的证明之链没有返回到自我,没有返回到将包容了整个发展的主体性。每一个实体都服务于另一个实体,如此等等,以致无限;而且我们现在知道,对黑格尔来说,这种情况是极其令人不满意的。必须得有一个所有的局部目的都为之服务的最后的事物秩序,它把所有这一切全都包容了进去。而且我们能够与之相等同。而只有当我们在宇宙中真正处 182
于自为状态时,我们才能达到这一点。在功利主义的局部目的的无止境之链中,我们每个人都发挥着作用,但是我们以服务于我们无法给予认同的一个外在目的而告终——就像我们认同我们是其派生物的一个精神的宇宙秩序那样——所以在我们的面前仍然存在着一个陌生的宇宙。

启蒙运动的基本错误在于,它只是抓住了真理的一半。它正确地揭露了关于国王和教会的种种谬论,正确地看到了普遍的科学意识能够完全地了解外在现实,并因此考虑到那种意识具有更加伟大的意义。它正确地认识到,终极意义上的理性主体性是主宰。但是它的错误在于,它认为这个主体性就是人,除了给最高存在留下一个空洞的位子以外,它没有给宇宙精神留下地盘。因为实际上,人类主体性只有作为这个更伟大主体的手段才取得了支配地位。人务必承认在他们之外还存在着一个有意义的现实,他们只有停止把自身仅仅看做人,而且要把自己看做绝对主体的手段,他们才会产生充分的自在感。启蒙运动的基本错误在于拒绝这种超越性,千方百计地单独依靠人来达到这种圆满。它千方百计地使得人的主体性单独地成为主宰,而不是参与到绝对主体的主宰中去。

现在,启蒙运动受到了与其旗鼓相当的另一种世界观的挑战,黑格尔称之为"(信仰 Glaube)"。这是一种宗教意识形式。信仰假定了精神和现实的真正和解,不过那是在另一个世界的真正和解。它把握了这样一个事实,精神和思维是整个现实的基础(黑格尔在这里指的当然是基督教信仰),但是它又不知道它的作为思维的对象。相反,信仰通过隐喻和形象来了解绝对,那是一种黑格尔称作表象(Vorstellung)的意识样式。

所以，它把与现实具有偶然联系的彼岸世界看做此岸世界应该真实具有的必然结构。

现在，信仰与启蒙运动处于对称关系之中，因为它渴望承认绝对精神和我们对它的依赖，而在这一方面启蒙运动却是美中不足的。但是信仰没有看到人类主体性的本质作用，而关于人类主体性的本质作用是启蒙运动的核心观念。信仰的超验世界是确定的，为积极的人类理性所不能超越的。理性无法像启蒙运动声称要去把握自然界体系那样轻易地把握信仰体系。因此这两种观点是互相补充的。但是，由于没有认识到这一点，它们相互陷入了冲突之中。

在给这种冲突定位时，黑格尔也把信仰看做异化阶段的产物。这看起来似乎有点奇怪。因为这种宗教意识是异化时代的组成部分。难道这种“推论”仅仅是一个人为的手段，它使黑格尔得以去讨论启蒙运动和信仰之间的斗争，并把这场斗争看做同一个阶段两种形式之间的斗争，而不是未来和过去之间的战斗？在我们得出这个结论之前，有两点必须
183 给以说明。第一点是，宗教信仰从一开始就包含着我们在启蒙运动的见解中看到的对此岸结构给予揭露的因素。只不过是它这样做不是为了开启人类的意识，而是为了赞美另一个更高级的彼岸现实。第二点是，黑格尔在此讨论的不是一般的基督教，而是更加精神化的新教信仰形式。那是他在当时的德国所了解到的形式，并且在一定程度上受到了启蒙运动影响的形式。在一段开宗明义的话中，[12]黑格尔谈到了启蒙运动的精神是如何无意识地潜入当代神学的，因为神学思想家们开始用由启蒙运动提出的范畴来构造他们的思想和回答问题。

对于在这两种当时的观点之间的渗透和对话的这种描述对我们来说似乎是多余的，因为我们更关心的是法国的境况。在法国，在启蒙运动和天主教会之间真正存在着一场你死我活的战斗。启蒙运动是一种

[12] 黑格尔：《精神现象学》，拉松版，第387—388页。

新的意识形态,而天主教会则以维护古老而悠久的观念自居(其神学究竟是否真地如此悠久是另一回事)。在德国的境况便全然不同。不过它仍然对那场对话作了引介。黑格尔无法回避对这场对话的讨论。

在黑格尔看来,对话以如下事实为条件,双方都持有相同的真理,但是双方又不同且片面地看待这个真理。双方具有相同的基础,这个事实助长了启蒙运动对信仰的渗透;并且就它不仅平静地向信仰渗透而且与信仰展开了论战而言,双方具有的根本同一性使得它的攻击皆能击中要害。不过与此同时,它也要求启蒙运动作出相同的应答。

由于启蒙运动没有使自身在其对手那里得到承认,启蒙运动既理解了信仰又误解了信仰。它的基本结果是同与信仰在本质上相统一的事物决裂。宗教象征、境界、圣体、圣坛等等被信仰看做既是物质对象又是更崇高事物之载体的一切都被启蒙运动还原为它的质料的可感觉维度。它指责信仰就是对石头或面包的崇拜。那种信仰当然是可笑的。它的批判击中了信仰的要害。因为在当时信仰千方百计地检验在神圣和他的惟一外在存在之间的这个统一的本质。信仰发现它无法理解其本质,尤其是无法用它当时已经逐渐地接受了的启蒙运动的思想结构去理解其本质。于是信仰被迫求诸一种更加"精神性的"宗教,在那种宗教中,上帝的诸事物可以更加清晰地分离于此岸世界。

以一种相似的方法,启蒙运动把圣经还原为一系列历史文献,因此证明它们并不具有多少论证[上帝存在的]价值。但是它没有看到的一点是,它们的价值在于,宗教意识理所当然地承认它们是有效的,而不是把它们作为历史证据来确立其他力量。不过圣经本身是有问题的,因此在启蒙运动的攻击下便变得不确定起来。通过相同的方法,启蒙运动既误解了信仰的牺牲观念和苦行[禁欲]观念,又改造了信仰的牺牲观 184
念和苦行[禁欲]观念。

在与信仰的斗争过程中,启蒙运动的长处是,它把信仰在其意识中给予区分开来的各种观念结合到了一起。黑格尔说,当它指责信仰杜撰了它的对象时，它便注意到了一种见解，按照那种见解，人在绝对那里认可了自身，在绝对那里产生了一种自在感，并因此在某种程度上可以说，他自身的主体性创造了那个绝对。这个事实使得信仰难以通过全盘地拒绝它来反驳启蒙运动的指责。当然，如下情况也是真的，绝对超越于人之外；这是一个重要的组成部分。没有它，我们便只能拥有一半的真理。当它把信仰当做要弄阴谋的祭司暗中塞给民众的货色的时候，启蒙运动也极其令人奇怪地对此作了暗示。黑格尔说，不过这另一半真理本身甚至更为荒唐。实际上，一个民族不可能在这样一个根本问题上受人欺骗。[13]把人们一直相信的宗教看做一种纯粹杜撰是荒唐的。除非一种宗教真正地能在人们心中引起共鸣，人们是决不会接受它的。按照黑格尔的观点，宗教必定一直被看做对真理之模糊的不清晰的再现。

不过现在，正是启蒙运动没有理清它的宗教观思路。在指责宗教的片面性时，它没有看到自身的片面性。

就宗教而言，结果是一种“开明的”神学。在那种神学中，上帝是一个隐而不露的至高存在。但是那种神学与不信教的启蒙运动不同，它渴望找到上帝并与上帝相统一。黑格尔显然指的是当时像耶可比和施莱尔马赫之类思想家的神学。这些神学家感受到了启蒙运动的批判的分量，试图通过情感和直观来找到接近上帝的另一条途径。

但是，黑格尔在这里似乎还主张，一个成熟的启蒙形式实现这两者的综合，它为在法国大革命形式中付诸实施作好了准备。但是这种设想的更成熟形式难以区分于其较早的形式。黑格尔说，在它的面前，它有一个按照“有用性”范畴来理解的世界，这个世界为它提供了以前受到忽视的独立的外在现实。[14]但是由于这个尚未成熟的启蒙运动具有根据“有用性”来规定的特点，它难以看到已经发生的变化。

---

⑬ 黑格尔：《精神现象学》，拉松版，第392页。

⑭ 黑格尔：《精神现象学》，拉松版，第412—413页。

假如我们对此不作发挥，而把注意力集中到启蒙运动向革命行动的过渡上，那么这一段话的见解将更加清楚。因为一目了然的是：这种 185
意识把世界看做中立的，看做为了适应人类的目的而形成起来的。在其中不存在必须给予尊重和保存的固有意义；为了满足人的需要和目的，一切都可以得到改变和改造。

此外，这种意识不是特殊个体的意识，它是一种已经具有这种见解的普遍理性意识；所以，它在改造世界方面的目的将是单一的、理性的和普遍的目的；不存在世界将成为不同目的之战场的理由，理性和普遍性将流行起来。

由此产生了通过一个共同意志的行动创造一个确定的、完美的人类社会，让天国降临人间，并且在此时此地建立绝对的观念。[15]黑格尔认为，现在，这种企图是建立在上面提到的相同错误的基础上的。启蒙运动不承认外在于人的有意义的现实，其后果将表明，这个矛盾多么可怕地暴露了自身。

黑格尔在这里一本正经地阐述了《精神现象学》中最有趣的一段话。普遍认识主体把整个外在世界看做中立的客体且完全理解其作品，这样的普遍认识主体只有根据其按照普遍理性改造世界的野心才能得到衡量。这是一种绝对自由的观念，任何障碍都阻挡不了这种自由，甚至其他人的意志也阻挡不了这种自由，因为这是一种普遍意志，所以，就所有人都是自由的而言，它是所有人的意志。“[对这种意识来说]世界就是它的意志，这个意志是普遍意志。”[16]

此外，这个普遍意志将不是由其他人为我而作出的某种一般认定的同意。在这个绝对自由的世界里，将不存在代表，但是所有人都将步调一致。黑格尔在这里指的显然是卢梭的一般意志学说。

现在，这种绝对自由的梦想是不可能的。我们已经知道，这就是基

⑮ 黑格尔：《精神现象学》，拉松版，第413页。

⑯ 黑格尔：《精神现象学》，拉松版，第415页。

本理性。它不承认在它自身意志之外的某个独立的有意义的现实,所以它注定要走向自我毁灭。在讨论法国大革命这段话中应用这种辩证法的方式是非常有意思的。通过这种方式,它表现了黑格尔的本体论和政治哲学之间的联系。

绝对自由的梦想无法容忍社会中的任何结构和差异。有了那种结
构和差异,人们便将对国家发挥不同的作用,国家将因此而划分为不同
的社会等级。实际上,在卢梭的《社会契约论》中,我们看到了这样的要
求:从法律上说,公民与公民之间不存在差别。所有的人都是平等的。在
卢梭的国家里,不存在法律结构(尽管允许存在行政机构)。但是黑格尔
认为,这意味着没有一个建设性的[运作性的、执行性的]国家可以被创
立起来。他进一步认为,为了适当地发挥不同的职能,就必须存在社会
等级差异(Ständte),也就是说,必须存在在总体上具有特殊职能和角色
的阶级。换言之,为了在历史上能够真正地存在下去,就算是产生于一
186 般意志的一个人类政治共同体也必须在一些制度中得到体现。但是制
度意味着差别,意味着与权力具有不同联系的人与人之间的内在关系。

这反过来意味着,尽管在如下意义上那个结构独立于每个人而存在,每个人无法控制正在发挥着别的作用的其他人和其他意志,它们和他们对于全体来说具有同样重要的作用,并且也影响了他的生活,但是每个人必须承认这个结构并忠诚于这个结构。他生活中的每一件事情并非全都能够产生于他的意志。有些东西不得不作为现成的东西来接受。并且,像他向他自己的创造物作出让步那样地带着一种忠诚和认同的心情来接受。

但是,这是对于绝对自由的观念的否定。因为按照这种观点,每一个人都将按国家意志那样地做事,因此将以他的意志创造出他生活于其中的整个政治和社会条件。这不相容于给予每个人以地位和职能的那种继续保持差别的结构。

显然,我们在这里牵涉到了一场远没了结的极其激烈的现代争论。

在对激进地参与民主的要求中,在对“自由讨论”的要求中,在对自发的群众集会的要求中,卢梭的理想在我们的时代又卷土重来了。黑格尔所持的论断并不一定得同某些特殊的黑格尔观点——诸如对社会等级之必然性的确信——扯上关系,那些观点在今天显然是站不住脚的。[17]在第四部分里,我们将更充分地讨论这个问题。不过,在这里应该指出的是,黑格尔的观点具有深刻的本体论基础。作为一个一般意志的人类政治共同体,其需要将在一个有差别的国家结构中得到体现。对于作为精神之手段的人来说,这种需要是一种根本本体论的必然性。

作为这个根本观念的一个结果,黑格尔看到了一种必然性。借助于这种必然性,对绝对自由的渴望导致了大恐怖。既然它无法得到肯定的实现,那么,它的惟一行动便只能是摧毁:首先摧毁现存国家制度和社会等级,接着,当没有任何其他旧有的残余可供摧毁的时候,它惟一留下的是普遍意志和与之不相一致的特殊个体意志之间的对立。由于它的惟一行动只能是破坏性的,它只能去强制这些意志。但是由于没有留下任何结构,在这些离经叛道的意志和国家的意志之间不存在任何中介,存在的只是绝对的对立。国家对于这些意志的否定只能是完全直接的清除式否定。并且,这种清除甚至剥夺了它的令人震惊的戏剧性力量,因为正在被处理掉的(被假想为)仅仅是在终极意义上无足轻重的特殊意志。“Er ist also der kältest, platteste To, ohne mehr Bedeutung als das Durchhauen eines Kohlhaupts oder Schluck Wassers.(这因而是最冷酷最平淡的死亡,比劈开一棵菜头和吞下一口凉水并没有更多的意义。)”[18]

此外,必然存在着有待于被清除的东西。因为绝对的普遍意志是一 187
个抽象;实际上,政府受某个集团,某个派别控制,它是全体的一部分。它具有某个特殊的观点,它被其他集团和派别所反对。当这个派别得势

⑰ 我们也不应该把它等同于黑格尔的英国追随者布拉德雷在其“我的地位与责任”中所作的以统治为目的巴罗克式构造。

⑱ 黑格尔:《精神现象学》,拉松版,第418页。(贺译本,下卷,第119页。)

的时候,所有其他的派别都被宣布为特殊意志的手段。甚至在不存在公开对立的情况下,一般意志理论也要求所有的意志都是国家的行动意志。它因而变成了公民甚至从其内心里给予规避的一种犯罪。但是这种规避只能被隐藏起来。于是,甚至在不存在公开对立而只存在疑虑的情况下,体制也施行着对人民的压制。[黑格尔由此引导出了著名的loi des suspects(怀疑论法则)。]

黑格尔对大恐怖的研究也触涉及了超越于他的时代的一个问题。斯大林主义恐怖同黑格尔指出的雅各宾派恐怖时代的大恐怖具有一些相同的属性:变质的清洗运动,对意图和其他主观倾向的审查,自取灭亡的破坏性。

无论如何,对黑格尔来说,渴望绝对自由的冲动在大恐怖的矛盾中走向了终结。那是一种破坏性的狂暴。它摧毁了它原先把他们解放出来的个体。如我们在上面的主人和奴隶的辩证法中看到的那样,尽管公民们以不同方式经历了接近死亡的体验,但是死亡使他们更加接近普遍,其结果是有组织有结构的国家在一个层面上(在拿破仑的领导下)重构了自身。从这里黑格尔本可以推导出国家的更高形式的发展。

但是,在《精神现象学》中,这不是他的趣味所在。因为在这里,他的主要趣味在于经历意识的不同形式,尤其是在他的时代里得到相当流行的那些意识形式,进而去说明它们是如何把自身发展成为他自己对于事物的见解的。所以,他不是从大恐怖着手走向另一种政治形式,而是从由大恐怖产生的政治走向了退缩的一种新类型。

大恐怖可以看做异化和教化(Buldung)的最后完成。因为它蕴含着自我的最后牺牲和否定,那个自我超越了以前的否定而走向了死亡,这种对自我的否定是作为绝对(simpliciter)现实的否定。它不仅是对自我的改造,例如,把特殊的自我改造为国家权力政权的公务员,而且是对于循规蹈矩的个体自身的压制。而且,这种压制不是经过外在必然性,而是经过普遍意志,才得以产生。普遍意志自身渴望成为那种压制。

黑格尔现在采取的超出了这个矛盾的步骤是这种场面的内在化。这种新的意识形式承认，普遍意志只有通过对于循规蹈矩的个体的强制才得以成其为普遍意志。通过依照普遍理性来生活，并因此通过放弃其个别特殊性，个体现在逐渐从内心来认识这一点。

于是，一场颠倒发生了。意识的新形式不是竭力确保它的个别意志在普遍中得到有效重视，而是号召放弃个体的个别意志，放弃它的羞耻感，以便让自己彻底地向普遍屈服。我们从《社会契约论》的政治道德走到了《实践理性批判》之纯粹意志的道德。

在这里，我们遇到了一个转变，它相似于从殊死搏斗到主人和奴隶的关系那样的转变。在那里，对死亡的直接否定被一个长期有效的否定所取代。也许，一个比较贴切的类比是从主人和奴隶的关系向着这种关系在斯多葛主义中得到内在化转变的步骤。

这样，绝对自由离开了"它那摧毁着自身的现实王国"，朝内转向一种新的道德意识。但是这种背离也是一种地理上的背离。绝对自由"in ein anderes Land des selbstbewuβten Geistes (过渡到另一个有自我意识的精神的王国)"。[19]显然，黑格尔在这里所指的既有字面的含义，又有形象的含义。在讨论"精神"这一章的最后一节，我们从法国大革命过渡到了德国哲学的已经觉醒的道德精神。

三

讨论"精神"这一章的第三部分把我们带到了德国，带到了从康德开始且经过费希特进而转向德国浪漫派的思想运动。我们似乎返回到了从前面诸章尤其是讨论"理性"的那一章里已经熟悉的一些形象。

但是黑格尔把这些形象作为一个更高阶段的形象来探讨。我们已

---

⑲ 参阅黑格尔：《精神现象学》，拉松版，第422页。（贺译本，下卷，第123页。）

经不再把主体仅仅作为个体来处理。贯穿于讨论"精神"始终的,我们一直在处理着一个更大的主体,一个民族主体或一个社会主体,并且我们一直从个体与这个主体的关系来处理个体。我们将过渡到最后一章,论"宗教"。在那一章里,我们将考察什么是真正的宇宙精神的自我认识,尽管那种认识采取的是一种隐晦的有时是不完备的形式。在这里,具有宗教意识的个体被看做绝对主体的手段。他在那里达到了他的根本同一。那是一种比他与一个社会或一个民族的同一更加根本的同一。因为既然公民是他的民族或社会的精神的更广大生活的手段,那么在历史上的不同的民族精神(Volksgeister)便可以看做绝对精神的生命的手段。绝对精神在宗教中(正如我们将在下面讨论的那样,也在艺术和哲学中)走向自我意识。

在讨论道德的这一节里,我们正从表现在他们的法律和国家制度中的一个民族和社会的精神(黑格尔后来称作"客观精神")过渡到绝对精神。我们正在考察各种世界观。在世界中,个体——也许不知不觉地——成了更大的自我意识的手段。我们现在就站在了宗教的门口。

因此,这一节从讨论康德和费希特的道德哲学开始,在前面诸章中,那种道德哲学已经得到了极其认真的探讨,正是这种道德世界观
189 (die moralische Weltanschauung)成了核心主题。"道德世界观"这个术语特别适合于康德和费希特的观点。因为两人都主张实践理性的至上性。对康德来说,在其实践应用中,即在道德应用中,理性是主宰。它无论如何都不必让其公设依赖于思辨理性的判决。相反,作为假设,实践理性能够证明某些重要真理——关于上帝、自由、不朽——的必然性,而思辨理性在确立这些必然性的尝试中却一无所获。费希特更激进地从实践理性的要求推导出了整个事物结构。

所以,康德和费希特的世界观可以称作道德的世界观。它是建立在一种道德基础上的,并且它是从他们的道德观引导出来的。与此相应,他们的道德要求在世界观上得到实现。康德认为,关于上帝存在和灵魂

不朽的实践理性公设是必然的,它们是道德要求所必需的。

要去实现那个道德推理是一种完全自主的推理，是一种不依赖于关于世界或上帝意志的任何事实的推理，而不是一种低声下气地求诸某个至高存在和人格不朽的推理。黑格尔认为,这种需要表明了康德主体观的根本不适当性。在这些页的字里行间得到审查的是康德和费希特以其极端片面的形式表现出来的对于道德自主性的渴望。在那里,它决不向与自然相统一的渴望作出任何让步。

黑格尔与这种需要的决裂便让我们一下子回到了18世纪90年代。尽管如我们看到的那样,在没有充分了解康德所谈话题意义的情况下，黑格尔在他讨论基督教的早期著作中对康德表示了拥护，但是从某种意义上讲,这决不是黑格尔的观点。从早年开始,尽管黑格尔仍然接受了康德的自主性道德理念，但是黑格尔对康德替实践理性假设所作的论证感到不满。[20]而这些论证的确反映了康德的道德哲学的深刻的二元论。

我们务必设定上帝的存在，因为这对于认识至上的善来说是必要的。康德把至上的善定义为幸福或圆满(Glückseligkeit)得以与德性相协调的条件,也就是说,按照其德性在人们中间作出区分的条件。但是,在当前的邪恶者往往得势和善良者常常受苦的处境之下，这显然是行不通的。在自然中,也不存在这样一个基础,我们大家在将来都可以去分享它,并且它将给予我们以幸福和德性的希望,因为自然和道德意志是完全互相独立的。但是我们不得不相信,假如我们愿意义无反顾地追求它,那么至上的善是存在的。因为惟有作为一个更高力量的上帝才能带来苦难和回报之间的这种和谐。信仰上帝是一个道德要求。

当前的这种论证不仅是建立在道德意志和自然的极端分离基础之上的,而且是建立在德性和幸福之间的一条鸿沟基础之上的。正是这种

---

⑳ 黑格尔:《黑格尔早期神学著作》,诺尔版,第70—71页。

190 反古希腊的二律背反引起了上面一段话中提及的青年黑格尔的不满。古代战士献身于城邦生活,愿意与城邦同命运,共存亡。这是他的真正德性,不过与此同时,这也是他的成就所在。他视城邦的生命高于自己的生命。他看重自己的名声,而置生死于度外。这就是幸福。他不因德性而寻求报答,不因德性而寻求安慰(Trost)或补偿(Entschädigung)。德性本身决不是奖赏。对这种补偿的需要产生于现代的堕落(Verdorbenheit)。只有那些丧失了政治德性的人,只有那些把自己规定为个体的人,才把死亡看做全盘的丧失。古代战士乐意为了城邦而献身,乐意生存于城邦的记忆中,而现代人只是为了善的事业才敢于正视死亡,他们把善看做可怕的损失,行善只是为了获得来世的回报。

所以,纵使我们没有考察康德的如下断言:至上的善需要上帝,关于至上的善的观念、关于相互协调的幸福和德性的观念,便假定了一个深刻的区分。按照那种区分,善和人的圆满是彻底分离的,只具有偶然的联系。这种区分不为表现主义的人的见解所欢迎,我们可以在古人中找到那种人的模范。

在《精神现象学》的这部分里,在不作归属情况下,康德—费希特的立场以一种重构的形式得到了呈现。在那种形式里,这些实际的假设并不确切地符合康德的假设,但是黑格尔仍然对康德的假设进行了批判。他基本上通过表明它们如何产生于一种深刻的二元论来攻击那些假设。那种二元论是康德道德哲学既不可避免又无法接受的。我们从一种彻底地区分于自然的道德意志开始。因为假如不是如此,那么它便不是完全地自主的,便无法真正地从自身推导出它的公设。不过与此同时,道德与自然、德性与幸福之间的和谐被看做必然的,所以务必作为上帝的作品被设定起来。

但是,这个区分不仅仅存在于道德和外在于自我的自然之间,即存在于道德和世上诸事物的过程之间。自我的道德意志也同在自我身上的自然、自我的欲望中的自然以及在诸意向中的自然处于对立之中。这也是一种必须给予扬弃的对立,因为自我被号召去尽自我的责任,去实践它,去兑现它。在自我自身的自然得到扬弃以符合责任的要求之前,这个意志决不可能是完美的,并且自我拥有着一种真正神圣的意志。所以,关于不朽的假设打开了向着神圣的无限前进的前景,但是自我现在无法在感性世界里得到它。

黑格尔认为,在这里便产生了矛盾。不朽的假设是必要的,因为我们必须超越我们起初的难堪境况,那是道德意志与自然相对立的境况。但是这种境况不只是一种最初的境况,按照康德对它的规定,它是道德的一种必然境况。因为道德意志在与意向的对立中得到规定,假如把它同自然欲望相混淆,那么它就会消逝掉。 191

> 因为假如它[道德意志与欲望的完全和谐]真地出现了,则道德意识就会把自身扬弃掉。因为道德只是一种作为否定性本质的道德意识,对于道德意识的纯粹义务而言,感性只具有否定的意义,只是一种[与纯粹义务]不符合不一致的东西。[21]

因此,无止境地向着完美进步的观念反映了一个深刻的矛盾,一个分裂的目的。在神圣意志那里,似乎要求达到道德意志和欲望的这种统一。不过假如真有这种统一,那么它将导致道德的终结。其折中办法是,把那种统一指称为一个无限的未来,纵使我们无法抵达那个未来,但是我们一直在朝着它前进。在"dunklen Ferne der Unendlichkeit(无限的渺茫辽远中)"[22],这个矛盾是再也无法明确分辨了。

---

[21] 黑格尔:《精神现象学》,拉松版,第428页。(贺译本,下卷,第129页。)

[22] 参阅黑格尔:《精神现象学》,贺译本,下卷,第129—130页。其原文是:"由于目标的达到要推之于无限渺茫的辽远,那么在这样模糊的无限辽远中是不再可以明确分辨了。"

这是关于人的二元论观念的矛盾。我们把人的实质性因素,道德意志,规定为与自然相对立的东西。我们处于最极端的分裂状态。但是,这是难以持久的。主体从本质上要被实体化。因此道德意志务必与其实体相协调。它务必外在地得到实现。康德对此有所暗示。所以他提出了至上之善学说和实践理性假设。但是他又不让自己去拯救它。因为他根据区分来规定道德,所以实现道德的渴望只能是矛盾的。凡是将要实现的东西道德意志都要给予摧毁。

这种观点是知性(Verstand)的僵化的思想活动的结果。知性迅速地对事物作出分类和区分,看不到这些被划分开来的术语也展示了它们的统一。知性是一种思维方式,它古板地看待事物,把它们要么看做是一成不变地有差异的,要么是同一的。只有理性(Vernunft)才看到了差异产生于同一并且将重新返回到同一。

康德的思想代表了在其最坚定样式里的知性。这就是他坚持二元论且无法超越它的原因。所以,当他试着考虑道德的实现时,他的思想必定陷入矛盾之中。不过,当我们试图赋予道德责任以内容时,这个矛盾便会以另一种形式产生出来。为了捍卫自主性,康德坚信,道德意志只能由自身决定。它不是从某个外在事实或权威,而是从自身,引导出它的公设。所以康德主张,使得某行为成为具有道德联系的行为的公设,与该行为的实质性内容无涉,而只与其形式相关。而只有当它具有可以普遍化的形式时,它才是那样的公设。所以它反映了理性意志。它就是责任。

192 黑格尔在许多地方主张,康德的形式标准没有产生任何重要的结果。他在讨论"理性"的那一章里,也在其他地方,阐明了这一见解。[23]当然,许多哲学家认为,康德的标准是空洞的。但是在黑格尔看来,这个缺

㉓ 参阅耶拿早期论文:《自然权利探讨的科学方法》,收录于黑格尔:《政治哲学和法哲学手稿》,拉松版,第349页;黑格尔:《法哲学原理》,§258;以及黑格尔:《黑格尔全集》,第19卷,第588—596页。

点产生于相同的基本原因。它就是上面提到的矛盾,就是道德自主性和自然之间的二元论。康德坚持认为,为了捍卫意志的自主性,标准必须是形式的。意志只能转向理性作为它的指导。但是康德的理性观念并不是这样一个真正的理性观念:在理性中,理念转变为它的对方,自然,并找到了呈现它的实体。所以康德的理性观念是抽象的、纯粹形式的。而且正是由于这种分裂理性的做法并没有告诉我们该如何去行动的任何东西。对黑格尔来说,理性与事物的本体结构具有必然的联系。这将为我们去塑造我们的道德活动的需要提供指导。但是对康德来说,正如道德意志完全区分于自然一样,理性完全区分于事物的自然。因此,它是纯粹形式的,正因为如此,理性无法提供任何实质性的指导。

我们于是陷入了第二个矛盾之中。黑格尔称之为义务矛盾。人受纯粹义务原则的约束。他按照普遍规则行动。但是为了行动,我务必知道以我们必须做的特殊义务为例子而得到说明的这个一般义务原则。但是这是一条无法跨越的鸿沟。因为普遍化的原则实际上只有通过每一件事情才能得到满足,所以没有任何一个特殊的行为可以被证明为是有约束力的。黑格尔看到,道德世界观的主要人物在这里不得不引入另一个假设以弥合这条鸿沟,于是求诸上帝。这一次是从属于纯粹义务的神圣性性质来商讨我们的特殊义务。

把后面这个假设归属于康德是相当可疑的。不过,黑格尔在这里与其说想要严格地解释康德(从来没有出现过康德的名字),不如说他看到了康德和后来的费希特所表达的道德世界观的内在逻辑。并且,他在这里的观点同在其他地方是一样的:这种见解充满着矛盾。它是建立在它既无法接受又无法克服的分裂的基础上的。而且,这个矛盾总是在两个地方发生着:一个是每当我们考虑道德的实现的时候,另一个是每当我们试着把一个重要内容赋予道德责任的时候。

这个矛盾的结果是,从作为其核心观念的自主性原则出发的这种道德被迫求诸一个工于心计的上帝(a deus ex machina)。它的实现被置于一个彼岸世界的遥远的未来。它的当前的经验是分裂的经验。它是苦恼的意志的另一种形式。正如黑格尔在这里指出的那样,我们从肯定存在着道德意识出发。但是当我们发现这个道德意识从原则上无法同自然相容,并且它无法肯定某个特殊行为是不是一个真正的义务的时候,我们便不得不承认,在人中间,必须在特殊行动中实现他们自身的感性存在中间,不存在任何道德意识。存在的只是表象。然而,由于表象没有去揭露它的矛盾,表象无法成为清晰的概念思维。

193 这就是把道德从自然分离开来,只关心应然事物,不以实然事物为根据的任何一个道德观的命运。就黑格尔提出超越这种道德观的途径而言,我们将在第四部分里作进一步的探讨。

黑格尔在长达10页的段落里[24]系统地探讨了道德世界观的诸多矛盾以及它所经历的种种演变(Verstellungen)。黑格尔接下来又考察了部分地源于康德的浪漫派良心理论。这个话题之所以放在这里来讨论,是因为它至少部分地产生于黑格尔在康德道德哲学中找到的可以给予反驳的某种意义。浪漫派抛弃了康德在意向和道德之间作出的严格区分,提出了一种自发的道德意向见解,按照那种见解,心灵法则和伦理法则是相同的。

但是,这不仅仅是向着主观道德确定性的更早阶段的回复,在讨论"理性"的那一章里,对那个阶段作过描述。因为在这里,主体确定它的直观不仅仅是作为个体的直观,而且是接触到了某个普遍,接触到了上帝的个体。对浪漫派来说,良心是宗教良心。它不仅超越了意向和道德之间的鸿沟,而且超越了人和上帝的鸿沟。这些良心的共同体便是上帝的生命的居所。[25]我们于是具有了一种与黑格尔的见解离得很近的见解。

㉔ 黑格尔:《精神现象学》,拉松版,第434—444页。

㉕ 黑格尔:《精神现象学》,拉松版,第460页。

我们在第1章就已经知道，尽管他们具有所有这些相似的抱负，但是黑格尔显然不同于浪漫派。黑格尔无法接受浪漫派的与普遍直接统一的观念，无法接受渴望着与上帝来一次难以言状的相遇的浪漫派的直观信念。这个统一只能通过理性而产生，理性能够承受统一内部的否定和分离，并因此维持见解的明确性。

从其个别的令人鼓舞的特性入手，黑格尔开展了对这种理论的批判。这种理论允许良心具有某种相应的令人振奋的内容。但是这与假定的这个良心所具有的性质相矛盾，即，良心被假定为普遍的代言人。它的灵感普遍地得到了承认，并因此产生了对与其相等的自我的普遍承认。与此相反，由这些灵感所引发的行动是相互冲突的。

结果是一场辩证的转变。我们不再看纯良知在外在行动中的表现。良心可以是冲突的根源。我们总是可以从许多观点来看，从许多立场来判断，作为外在现实的良心。例如，出于某一方面的考虑，一个人可以把它看做一个道德行为，而出于另一方面的考虑，其他人却可以把它看做一个非常自私的行为。然而，黑格尔在这里再一次提到，良心的模范表现因语言而异，语言是精神的外在存在的形式。上帝的外在存在决不可能一直都是明晰的。这种存在形式不具有外在现实的那种令人目不暇 194
接的丰富性质，它让我们看到了在后者中存在的完全不同的和非预谋的事物。这是自我的明晰表现，是自我的纯粹同一，但是是已经注入了客观性的自我的纯粹同一。[26]

所以，自我的纯良知从行动转向交谈，转向在关于它自身的内心信仰的文献中的表现，但是由于担心丧失它的纯粹性和普遍的这个意义，它从来也无法付诸行动。这就是优美的灵魂的形象。它当然恰好代表着另一种退缩策略。黑格尔很冷漠地对待它。它产生了它自身的空虚感，"als ein gestaltloser Dunst, Der sich in Luft autlöst(如同一缕烟雾，扩散于

㉖ 黑格尔：《精神现象学》，拉松版，第458页。

空气之中)”[27],消逝得无影无踪。

但是，与上文所蕴含的意思相比，黑格尔实际上对待优美的灵魂——这里的关于优美的灵魂的肖像似乎是专门为诺瓦利斯而画的——态度显得更加暗昧。因为这个形象让我们想起了在讨论“基督教的精神”的法兰克福《基督教的精神》手稿中的耶稣。我们由是回想起黑格尔并非一直以如此苛刻的态度来评判优美的灵魂的。

相反,黑格尔说明了,在经过对纯粹性和功效性两难的反思而向绝对知识过渡的过程中,这个思想阶段对他所具有的重要性。尽管我们首先还得从其开端来追溯这个更高的宗教见解，但是它贯穿于这一章的剩余部分之中,并为通往绝对知识铺平了道路。

纯粹性的两难不可避免地产生于作为特殊实存的我们与普遍的关系。人作为个体行动,他的个体性必然地渗入他的行动中。纵使具有最伟大的普遍意义的利他主义的行为也是当事人在其中找到了某种满足的行为,是以某种方式带有其特殊主体性色彩的行为。我们已经看到,这是黑格尔的最基本的观念之一。所有的精神现实都必须被实体化,实体是存在于一定的时间和空间中的,因此是特殊的。精神只有通过被实体化在有限精神中才能成其为精神。那些有限精神是特殊的精神。因此,实存的代价是特殊化。

如优美的灵魂所做的那样,为了维持它的纯粹性,千方百计地保持特殊的普遍自由,便注定地以非存在(non-existence)而告终。普遍价值不得不承认,普遍价值要想得到实现,就必须体现在特殊的生命中。不过与此同时,特殊必须牺牲它自身。我们已经知道,特殊是暂时的、可朽的。所有的特殊事物都要死亡和消失。不过,人必须从内心里死亡以便获得普遍;他必须承认,在他的行动中,重要的在于体现普遍的精神。他承认，体现在他的生命中的特殊性是非实质性的，因此注定是要消亡

---

[27] 黑格尔:《精神现象学》,拉松版,第463页。(参阅贺译本,下卷,第167页。)

的。他本应与这种消亡过程相调和。这种情况并没有把他的趣味和确认限定在这些特殊性上。

在讨论“精神”的最后几页中,以在我们刚刚看到的两个阶段——确信自身且活动着的纯粹意识和首先要维持其纯粹性的优美的灵魂——之间的一种对话的形式,黑格尔呈现了牺牲普遍和牺牲特殊这个相辅相成的必然性。这条道路就是邪恶及其宽恕。为什么是邪恶呢?因为特殊及其肯定是邪恶的本质,正是邪恶斩断了人与普遍的联系。但是这种邪恶是无法避免的,因为精神必须被实体化,而这意味着特殊化。这种邪恶的必然性观念为黑格尔解释原罪学说奠定了基础。原罪之为原罪,不是在某种准历史意义上说的,而是在如下意义上说的:特殊的实存是有限精神的根本,有限精神必须为了精神的存在而存在,不过它们的有限性在于,产生分离的因素还有待于给予超越。使人与上帝分离是原罪的本质。因此,人与上帝的统一只有通过产生于原罪状态的某个和解才能达到。肯定存在着邪恶,存在着特殊的实存,但是通过人对它的否定,通过超越于它之上的生活,或者用神学的术语来说,通过请求对它的宽恕,并且在如此活动过程中,他融入了精神的普遍生命之中,并因此受到了宽宥。 195

这种相辅相成的必然性产生于两种意识的对话。它表现为,普遍开始指责主动的特殊良心出卖了普遍。它指责良心把普遍当做它自己的目的,因为它总是可以在由主动的良心所完成的任何一个行动中辨别出特殊的趣味。因此,它指责良心的表面不一、夸夸其谈的伪君子,指责它只是在口头上做到了道德。黑格尔当然对这种观点极为不满。他马上反驳道:既然优美的灵魂无法使自身融入于实际的普遍法则之中,就其本性而言,它要求如此,我们可以说,正是优美的灵魂的这种良心,其所谓的完全献身于道德是纯粹口头的,它是虚伪的。通过抛出一句出其不意的刺耳之语——引用拿破仑时代的一句谚语“il n'y a pas de heros pour son valet de chambre (侍仆眼中无英雄)”——黑格尔明确地表示他不赞成这种立场。这不是因为侍仆不是一个英雄，而是因为侍仆除了服侍英雄之外别无所能。[28]

解决的办法是，双方都承认自己是错误的，都承认相互需要对方。特殊的代理人必须请求原谅，即，不再重视他的特殊性。但是与此同时，普遍必须作出这个宽恕之举。一旦它承认了宽恕，那么这个特殊代理人便无法拒绝它，因此它注定地得到宽恕。结果是一个新的意识，在特殊和普遍之对立中的最高的统一。我们现在走上了一条通往绝对知识的大道。因为我们有一个特殊主体准备放弃他的特殊性，生活于他的特殊性之上；我们还有一个普遍，它现在还不能被看做完全地超越的普遍，但它是需要特殊主体的普遍。

现在仍然有待完成的工作是去阐明关于精神的这样一种本体论见
196 解：精神必须得到实体化且向自身回复。这是思辨哲学将给予我们的见解。但是这个见解也已经包含在宗教的一种不太明显的形式之中。绝对的自我认识已经在人类的宗教演变中得到了发展。所以在结论之前的最后一章将讨论宗教；为了与整部著作的习惯保持一致，我们将从头底部开始，从源头开始，从自然宗教开始。

㉘ 黑格尔：《精神现象学》，拉松版，第467—468页。（参阅贺译本，下卷，第172页。）

第7章 通往实证宗教之途 197

一

伴随在前面我们所了解的那些阶段，即意识、自我意识、理性和（客观）精神之后，我们由于宗教而进入了一个新的观点。这个观点可以看做精神的展开。但是这个观点并不简单地等同于其他观点。相反，宗教是精神的立足点，或者说，宗教是精神自身的绝对意识。

我们已经看到，对黑格尔来说，终极现实必须经过历史才得以逐步走向成熟和充分的自我呈现。这个现实就是上帝或宇宙精神。它的实体是宇宙。因此，它既等同于宇宙，又不等同于宇宙。这个自我呈现的充分性将在思辨哲学中达到。不过，像精神的终极成熟的其他方面一样，这个绝对的自我意识是存在的，通过历史，我们可以在更加早期的朦胧形式中发现它。

这个形式就是宗教。绝对的这个自我意识，像它在思辨哲学中的终极实现一样，必须体现在人的意识中。但是黑格尔认为，我们应该把宗教在人类社会中的演变不仅仅看做人的意识的演变。这当然是对的。在我们对自我意识和精神——如苦恼意识、超感性世界——的考察中，我们已经注意到了这个宗教意识的各个阶段。当然，对这种意识的证明同黑格尔精神观念本体论现实的有效证明相一致。

精神的自我意识不可避免地是一种绝对的意识。绝对为所有现实奠定了基础。不过在其不完备的早期形式中,这个绝对并不被看做等同于现实的东西。在某种意义上它的确如此。因为,就其人将经历在历史中的发展而成为绝对的适当反映而言,这个现实仍然没有形成自身。所以,宗教意识保持着神圣和世俗之间的某个区分,保持着两者之间的张力。并且通过相同的途径,这个自我意识仍然不知道自身,因为它的手段,人的意识,被看做脱离于宗教的对象,并且无限地低于宗教的对象。

但是,人们感到在神圣和世俗(天国和人间)之间存在的鸿沟越广
198 大,便越得不到关于绝对的适当概念。宇宙的无限主体处于现实之中,他的生命体现在有限主体的身上。所以道成肉身的宗教是惟一真正适当的宗教,甚至基督教也必须经历一次进化,并且向着思辨哲学转变,以便扬弃一种持续的异化;那种异化把基督看做有限精神和无限精神的惟一交汇点,而不是把整个教会看做那个交汇点。但是,先于这种宗教,在历史上我们还有过一系列不是很适当的宗教,包括把作为圣灵的上帝看做异在且脱离于有限精神的上帝观念(犹太教、伊斯兰教),具有人的形式,但是不具有普遍性的众神观念(古希腊宗教),以及倒退到绝对不再被看做圣灵的观念。所以我们将从黑格尔称作“自然宗教”的宗教开始,去展开宗教发展的辩证法。自然宗教以某些自然形式象征化了绝对,而不是把绝对看做自由的主体性。

就它们不得不向着象征化过程回复来说,这些较低级的宗教也区别于较高级的宗教。从终极意义上说,在无限精神的教会中,上帝呈现在我们的面前。在那里不存在象征过程。上帝是完全在场的和明显的。这就是黑格尔称作“天启宗教”(或“实证宗教”)的特征。但是,当上帝不是如此明显的时候,那么他必须从象征意义上得到证明。宗教意识的阶段越是低下,其象征也越是不适当。在把上帝作为精神来把握之前,人将用自然现象作为他们的象征。

我们在这里再一次看到，宗教意义水平同人的发展水平相联系。在早期阶段，人(有限精神)是精神(无限精神)的一个极其不适当的反映。例如，在我们称作感性确定性或主人和奴隶的辩证法相适应的阶段，由于尚处于描写的其他水平上，人的意识仍然有待于成为普遍思维的手段；上帝必须被看做一个完全的他者。在这个阶段，精神或主体性甚至并不被看做高于自然的盲目力量，因为它还没有被看做普遍的。所以，借助于自然中的某个象征来描写绝对是很自然的。这样，从一个更加总括性的观点来看，我们能看到，宗教的发展将重演我们在其他水平上看到的那些发展。意识、自我意识和精神诸阶段对应于宗教的诸阶段。这样，《精神现象学》不断地返回去揭示同一个基础；并且相应地从一个更加核心的立足点去揭示同一个基础。精神表现了立足点的变化，在那个变化中，我们已经不再满足于和顺从于在普遍意义上的意识形式的演变，而是把它们看做深入于集体生命形式之中的东西。所以，我们所指出的那些较早阶段可以看做精神诸阶段的某些方面。在这里，我们再一次转变立场，以便去关注所有的最根本的发展，在精神的自我意识中的成长。在黑格尔看来，描述的其他层次似乎向我们展现了这些发展的诸 199
方面。因为正是在这一层面上，发展的基本动力得到了揭示。换言之，正是在这一层面上，我们能够看到隐藏在历史阶段背后的终极理性——精神通往理性的自我揭示的驱动力。这也许就是黑格尔的如下说法的意思：在这些其他层面的描写是对断言主体的宗教意识的描写。①

“主体”和“断言”之间的这层关系也使我们了解了黑格尔最后一章在宗教和信仰之间所作出的区分。信仰是人的意识的一种形式，人感觉到了某个既超出他自身而他又多少与之相联系的现实。宗教包括了可以被理解为精神的自我理解的我们的意识的那些方面。于是相同的意识形式有时可以被看做产生于两种相同的观点。一方面，作为个体的信

① 黑格尔：《精神现象学》，拉松版，第479页。

仰，他把他自身看做远远低于绝对的东西，并且苦苦地探索着一个遥不可及的现实；另一方面，作为宗教的一个阶段，意识仍然介于神圣和世俗（天国和人间）之间。

但是两者常常不相一致。黑格尔认为，宗教是更加包罗万象的。精神自我意识的给定阶段反映的是整个宗教现实，也就是说，不仅是绝对的观念，而且是生活于其仪式之中的社会的宗教生活。所有这一切，而不仅仅是神学，反映了绝对的某个确定理解。②作为个体的精神状态，信仰仅仅是在特定文明阶段一个社会的宗教生活的环节。它只是一个描写的方面，一个"断言"。因为对于精神的惟一适当的反映是通过众多有限精神的共同生活，宗教生活总是一个共同体的生活，但是作为一种心理状态，尽管许多个体具有这种状态，信仰只是个体的状态而已。

从这一点我们可以猜想到，黑格尔并不怎么关心信仰的戏剧性。实际上，个体把他自身看做脱离于绝对的人（并因此也是脱离于绝对生活于其中的教会的人），作为这种个体的意识形式，信仰是一种仍然没有得到实现的宗教生活的反映。在精神领域完整地得到自我展示的终极宗教里，将不存在信仰的地盘。从观念上讲，宗教将超越信仰。

200

二

我们从自然宗教开始。对自然宗教来说，绝对是一个纯存在。作为绝对的存在，它脱离于所有的特殊事物。它是所有事物的主宰，不过，它尚未受到事物的特殊性的侵扰。因此，黑格尔认为，它在早期琐罗亚斯德教中得到了表现。那是一种关于光和火的宗教。光是抽象于所有特殊性的纯存在。火是吞噬所有特殊性的纯存在。

② 如我们在本书第2章讨论图宾根时期的《神学著作》残篇时看到的那样，作为整个生命形式的宗教和神学之间的这种区分从一开始就在黑格尔思想中起着重要作用。

从黑格尔的观点来看，这里缺乏的显然是绝对和世界之间的联系，那源于第一原理的必然发展；没有这种联系，世界便缺乏必然的结构，只是“纯有”，这等于说这个实体不是主体。因为我们知道，主体性具有这种必然结构。它的外在现实通过它而表现了它的内在本质。

不过作为摧毁一切特殊性的否定力量，这个实体从本质上讲已经是一个自我，我们因此而正常地发展了一种自为的宗教。不过我们仍然没有达到一个普遍自我的观念；我们处于许多神圣事物的一个阶段，这些事物是很不完备的主体；人们把他们的神看做植物和动物图腾。

但是遵从于这些不同的神的民族之间的继起斗争之后，人们却一无所获。作为否定的力量，主体性只能走向毁灭。因此我们必须向一个更高的阶段运动，在那里，对主体性的改造力量通过它的创造而得到了持续的表现。因此我们具有了一种手工艺人的宗教。这个过渡让人回想起了奴隶在惩罚性劳动中的改造。实际上，在外在刺激下，奴隶从事着对他自身的改造活动。

所以，在这里，借助于手工艺人的宗教，黑格尔出色地探讨了古埃及宗教。

手工艺人不是在自然中寻求他的上帝的形象，而是在石头中，在建筑中，在雕塑中，去创造出他的上帝。通过这种方式，他走上了一条通往一个较高的上帝观念的道路，因为一个被改造了的现实使我们创造了一个形象，它比单纯的自然存在更接近精神的形象。但是在处理他的质料的过程中，手工艺人起初并不知道，能够满足他的研究的惟一适当的形象是自由主体性的形象。他历尽坎坷，在他终于抵达他孜孜以求的精神的清晰再现即人的形式之前，他呈现了一些半人半兽的怪物（色芬克斯）。在某种驱力的推动之下，手工艺人同他的中介进行着斗争，他所明白不了的事情是，像奴隶一样，他后来对物的改造也就是对自我的改造。那种改造使他达到了一种较高的宗教，艺术宗教。在那里，人们明确 201
地祈求着一个充分适当的精神形象。换言之，在对他们的质料的改造过程中,奴隶和手工艺人都达到了一种较高的意识,使他们能够反过来理解他们正在做的工作的意义,并且清醒地意识到他们以前只是出于本能或在外在驱力之下工作的。

这种新宗教就是希腊宗教,就是艺术宗教。我们在这里遇到了黑格尔最为珍爱的一种解释。古希腊阶段是一个独一无二的幸福阶段。在那时,人与绝对达到了和解,人与自然达到了和解,人与社会达到了和解。这三个层次显然地是相互联系的。人把绝对看做一个拟人化的存在,具有人的形式而永远受人敬重。这反映了这样一个事实,他们感到神不是终极的他者,不是从根本上神秘的和不可知的某物。相反,对陌生之物和冥冥之物的这种感觉反映在其他早期文化赋予众神的千奇百怪的人兽形式中。黑格尔说:在希腊人看来,这些动物形式已经被抛弃,或者被明确地赋予了单一的含义。[③]但是与此同时,这反映了自然界中的一种无拘无束的感觉,具有人形的神灵给早期的守护神形象划定了界限。那些守护神形象产生于其他的自然形式,表现了他们的他者性。所有这一切在对众巨灵的胜利中得到了反映:

> 这些各自自由存在着的因素之杂乱的东西和彼此之间混乱的斗争、众巨灵之非伦理性的王国被克服了并被放逐到自身明晰的现实性的边缘,到在精神中可以寻得的、自身安静的世界的昏暗的边境去了。[④]

但是,这种"自在"感密切地联系于与一个人的社会相统一的感觉。在探讨精神那一章的开头,我们探讨过那种统一。实际上,个体感到自己完全反映在了他的社会中,他感到他的活动就是社会理念的具体化。这个

③ 黑格尔:《精神现象学》,拉松版,第493—494页。

④ 黑格尔:《精神现象学》,拉松版,第494页。(贺译本,下卷,第200页。)

理念是他所依赖的实体。现在,与他的社会合而为一的这种感觉促成了与神圣事物的亲和感。因为上帝既表现了某个宇宙现实,又反过来成为某个特定民族或城邦的神。对城邦的亲和同对上帝的亲和走到了一起。并且相互起着强化作用。两者都反映了一种生活形式,在国家里的自由公民的生活形式。所以我们现在要考察与最后一章"真正的精神"相伴随的宗教意识。

但是,这两种亲和形式是对同一个状况的反映。那个状况最终是一个致命的缺陷。正因为人只有把这一个城邦限定为一个特殊的国家,通过成为一个受地域囿限的人,他才能同一于那个城邦。所以他不仅感到自己与某个并非是绝对主体的神灵合而为一,而且感到那个神灵仅仅是许多神灵中的一个神圣的主体性。希腊历史的和解不是终极的和解,而仅仅是终极和解的一个先兆。随着普遍意识的成长,它注定要走向衰 202
落。在通往精神与自身全面和解之途中,那种意识是一个不可避免的下一个更高的阶段。

在讨论"宗教"这一章的这一节中,黑格尔揭示了普遍的个体的起源。而普遍的个体就是这样成长起来的。正如我们在其他地方看到的那样,一个地方性的普遍观念密切相关于命运观念。在诸神之上,这个单一的绝对在这种宗教中受到了惟一的半信半疑的对待。那个绝对作为一股比诸神更加强大的力量出现,但是它必然作为一股非人格的力量出现,它从外面即以命运限制着诸神。正如这股力量将在希腊悲剧中发挥重要作用那样,它将在这一节的普遍个体的起源中发挥重要作用。

隐藏在这些起源背后的一个基本观念是:如我们已经看到的那样,普遍必须具体化在某个特殊形式中,但是这个形式总是暂时的,所以普遍既设定了它又否定了它。当特殊形式完全理解并一致于这个过程的时候,当特殊个体认识到它的暂时性本身如何成为他竭力给予体现的秩序之不可分割的组成部分的时候,那惟一的和解才会到来。在这种情况下,死亡不是来自外部,超越于它之上的不是从根本上是他者的和不可理解的某物。相反，它完全处于这样的感觉中，它是这种具体化自身的意愿的完成。

但是，在某个受地方性囿限的普遍的情况下，我们有一个必须被实体化的实体，而且它的实体化必定走向衰败。但是由于它是地方性的，这个普遍无法理解内在于自身的关于它自身的死亡法则。因此，它将被某个异己的无法理解的东西所消灭；它把这种死亡理解为不可思议的命运。

由于希腊的地方神灵与某些短暂现实，如某个给定城邦，相一致，它们没有充分地同一于普遍精神。假如它们充分地同一于普遍精神，那么将不受某些给定城邦消亡的侵扰，而实际上，将把这种消亡理解为对于普遍精神的展示来说是必要的。但是一个受地方囿限的普遍受制于他与生俱来的现实，不像真正的普遍精神，他无法把它保留下来。所以，正如人屈从于一个盲目的命运一样，诸神被看做屈从于一个盲目的命运，但是后来在基督教神学中，这将被看做一种神圣的天意，即“命运”不再是盲目的，上帝驾驭着命运。

相似地，如我们在前一章看到的那样，悲剧的主人公是受地方囿限的，是狭隘的、片面的；每个角色只是表现了普遍的某一方面；所以在他们无法理解的必然性面前，他们也走向了消亡。而且，主人公、家庭和国家伦理的这种狭隘性同城邦的狭隘性联系在一起。因为只有建立在普遍法则基础上的城邦里，这两个权利源泉才会停止冲突，而达成和解。

古希腊文明的和解因此注定要瓦解。不过在黑格尔看来，它仍然具有一种特殊的美和魅力。因为不像那些后继的较高解决，它不依赖于完全明确的理性思维。只有经过理性意识的艰苦征战之后，在人的生活中
203 的理性的普遍规则才得以趋于成熟。诚然，这种和解也存在于继承于古希腊宗教的基督教表象中；但是它在历史中无法达到充分的表现，甚至缺乏明确理性思维源泉的意识也是如此。

相比之下，古希腊人的暂时和解能够并且实际地完全体现在了自

发的情感之中。不像我们这些较高阶段的文明,我们的文明的基本理念必须表现在宗教和哲学中,希腊文明的基本理念则表现在艺术中。艺术是处于感性形式中的理念。这是最适合于希腊文明的形式。它使希腊人在无反思的情感的基础上与自身达成了和解。它的宗教因此是艺术宗教。从前,宗教仍然包含着深邃的神秘,无法在它的艺术形式中得到表现;到后来,较高级的宗教更适当地在神学中,而实际上在哲学中,得到了表现。只有古希腊才拥有一种其范式表现为艺术的宗教,所以,“艺术宗教(Kunstreligion)”的年代具有一股永不凋谢的魅力。

黑格尔的分析依如下阶段而展开:这种艺术宗教走向了衰落,它的神圣形象失去了它们的实体,并且一方面被普遍精神所吸收,另一方面被普遍的自我意识所吸收。这两者都得到了相互发展,不过黑格尔在这里把它们区分了开来:古希腊宗教的发展被看做自我意识的成长,那种自我意识识破了关于神圣的所有主张,识破了关于公共生活的所有相关的伦理主张,并且逐渐地看到了在人的意识背后支撑着所有这些假定的更高级力量。它达到了一个类似于启蒙运动对人类的上帝起源的识见。黑格尔认为,这种意识是阿里斯托芬时代的悲剧意识。它以反讽的态度对待更早时候作为终极主张的关于诸神和平民的主张。

另一方面,在犹太教中,普遍精神得到了发扬光大。在这里,它也要求与主体性达成和解,那个主体性终于道成肉身。这是第二步,它必然在第一步之后,第一步在前面希腊宗教的发展中得到了表现。因为它还不足以借着自由的自我意识的名义来戳穿虚假的地方之神;除非它能够找到某个外在现实,那个外在现实充分地反映了它,并且在那个现实中它能够认出自身。否则,那个自我意识是空洞的。它只能使自身沉浸在无限的失落感之中,那是一种失去一个世俗世界的失落感。但是它能够接受的惟一外在现实是反映普遍精神的现实,更进一步地,是普遍精神与自我意识相统一的现实。它在道成肉身中发现了这个现实。

但是,在下一章里,在讨论“启示宗教”的一节里,这一步被颠倒了过来。让我们先讨论艺术宗教的阶段。被设置的第一个现实是神圣的表现，这一次它以人的形式表现了出来。这是人感到与之相亲和的作为自由主体性的神圣形象。但是，这一点还不够，因为它只是与以之为上帝的人相对应的对象。人竭力通过祷告以达到与上帝合而为一。并且在这
204 里黑格尔再一次强调祷告是心灵的外在存在的中介。不是在把已经存在的某个现实向内在转移的意义上，而是在实体化某个内在主体现实的意义上，以其他途径，那个现实便不再是现实，祷告是心灵的外在存在的中介。神圣的形式与其祷告者的赞美诗的统一造就了一个新现实，一件“充满生命力的艺术品”。[⑤]它更贴切地再现了作为自我意识的主体性的上帝。正如我们在上面所说的那样，我们在这里可以看到，对黑格尔来说，宗教探讨的上帝观念比神学探讨的神学观念涉及了更广泛领域。在这里，我们正在探讨的是作为生活在教会中的上帝，是由其祷告者打扮起来的上帝，而不仅仅是一个静止的形象。

宗教不仅仅是神学。当我们认可崇拜的时候，这一点就变得更加明显。在黑格尔看来，崇拜是宗教的本质维度。[⑥]崇拜是这样一个维度，人通过它努力地达到与上帝同一。由于所有宗教都包括某种暗示：它是普遍精神的自我意识。因此有限意识既分离于它所祷告的无限意识，又同一于它所祷告的无限意识。所以，有必要克服分离，向潜在的统一复归。而这就是崇拜的作用。

黑格尔在这里以古希腊宗教的牺牲作为崇拜的例子。牺牲揭示了所有崇拜的双重交汇。为了与无限相一致，有限的精神抛弃了他的有限性；但是无限也从其仅有的普遍的因此是不真实的实存屈身向下，接受在有限精神中的他的实体。这两个运动都是必然的。因为通过扬弃他的特殊性，有限的精神才能成为无限精神的适当体现（实体）。我们自身向

⑤ 黑格尔：《精神现象学》，拉松版，第496页。（贺译本，下卷，第201页。）

⑥ 如我们将在本书第8章中看到的那样。

众神作出牺牲是我们放弃我们的特殊性的行动。神屈尊而向牺牲者,牺牲者反过来向我们索要我们的费用,这是从有限实体进入无限实体的步骤。

这样,宗教超越了神圣的观念,为体验我们与神圣的统一,享受我们与无限精神的亲和提供了各种形式。但是单纯地享受牺牲是不够的。因为被耗尽的牺牲消失了。我们重新寻找着永久性的东西。我们在整个民族的持续崇拜活动中找到了它。我们在这里遇到了黑格尔称作有生命的艺术品的东西,例如,在整个民族的节日里,在发了疯的酒神的疯狂中,在体育运动中。

但是这也迅速地让位于第三个阶段;因为有生命的艺术品仍然缺乏充分的意识,缺乏内在的觉悟。或者,尽管存在着内在性,但是它体现了狂乱的寻欢作乐者的极度迷茫,体现了他们的极其神秘的深邃性。于是我们进入了第三个阶段,由文学所表现的"精神的艺术品"阶段。

在这个阶段,我们终于取得了我们一直在追求的结果。因为文学的三个阶段,史诗、悲剧和喜剧,呈现了我们前面称作地方性普遍的东西走向其不可避免的结局的景象和辩证法。

在荷马史诗中,我们拥有着各种各样的神,他们的个体性大多是不 205
真实的,因为他们容不得真正的相互冒犯。他们是不朽的。其根本观念是,他们的普遍性只有当具体化在人的活动中的时候才是真实的。这个观念导致了在史诗中人的行为和神的行为的紧密交错,所以许多结果似乎都是以这样一种方式发生的:这一方或那一方似乎是多余的。在这里,众神是地方性的普遍,他们缺乏个别自我的具体现实。在这里,被重新描写的英雄也缺乏个别自我的具体现实。与此同时,他们不一致于真正的普遍自我;因此,由于我们在上面看到的理由,他们任由命运的摆布。

与此同时,真正具体的个别,吟唱着史诗的吟游诗人,是在故事之外的(置身事外的)。因此,下一个阶段是:在其中,这两个极端,必然性和具体的个体，走到了一起。这发生在悲剧中。在悲剧中，个别的主人公遭遇了命运，命运不是偶然的或外在的，而是他的行为的必然结果。在这里，黑格尔分析了我们在讨论精神那一章里看到的悲剧。每一个主人公都体现了一种基本价值，城邦的价值或家庭的价值，一旦它付之于行为，便必然地发生相互冲突。再一次地，那一般的根本原则是：在历史中，一个人要想得到具体化，因而一个人要想有所作为，也就是去遭受致命的死亡；但是当按照真正的普遍原则行动的时候，这种死亡似乎是来之于行动，而不是对行动的否定。无论怎样，在这里，情况并非如此：行动不仅导致了致命的毁灭，而且导致了与行为原则不一致的毁灭。那个毁灭没有与行动达成和解。相反，行动导致了犯罪。在行动中，它保护了这一条法律，却违反了另一条法律。

换句话说，有人会说，所有的行动在一定意义上都会产生内疚，因为行动是对特殊的肯定，所以行动截断了他与普遍的联系。但是，在行动过程中，遵循某个普遍的原则，这个特殊性环节被消除了，其过错部分由于如下事实得到了弥补，他们是遵从原则行动的，部分地通过不可避免的和已经得到认可的当事人的行动的中止和自身的死亡而得到了调和。在我们具有某个地方性原则的地方真正地存在着一种犯罪。行动不仅以一种肯定某个特殊存在之意志的一般的方式，而且以一种特殊的方式违反了权利。在这里惟一可能的补偿办法是放弃行动或中止行动；但是由于这受原则的禁止，当事人处于一种欲罢不能的境况中。他走向了他没有与之调和起来的死亡，因为它标明对他的状况的否定在于他的状况是一种尚不圆满的状况。

现在，正因为它处于囿于地方之见的褊狭的普遍之中，那些普遍是万神殿里的众神，所以，这个外在否定蕴藏于褊狭的行动中。这个内在的必然性是一直存在着的，而只有在悲剧中，它才得到了探讨。不过，这种探讨尚不是完全明确的，而是在以艺术形式表现出来的必然性的意义上进行的。我们无法完全向我们自身把它解释出来，不过我们感受到

了犯罪的不可避免性。这也在已知之物的辩证法中得到了反映。主人公 206
依照他所掌握的情况或他被告知的情况来行动；但是就在他被告知的过程中，已经存在着一种模糊性，那是他本来应该给予察觉的模糊性。他的行为的另一方，那受到他侵害的权利，因此并非为他所全盘无知的；在某种层面上，他感觉到了它，正如我们感受到了这种联系那样；所以他并不是完全无辜的。

当这种必然性被充分掌握之后，我们便提升到了一个普遍的主体性。但是对于这个主体性来说，旧的众神已经丧失了他们的敬畏之情。悲剧已经开始；而现在他们仍然相安无事。自然被享用它的真正的自我意识还原为可以被消费的东西。当普遍意识看穿了褊狭的公民虔敬心理之后，甚至对城邦和家庭效忠的断言也受到了损害。人们看到了各种各样的领袖和乌合之众的野心。当然，被观察到的这一切不是意识变化的结果，而是公民生活本身随之而来的转变的结果。

因此，艺术宗教结束于自我意识的胜利，自我意识的自我确定性是它所考察的一切事物的主体。所有的普遍性都复归于它，它不承认外在于它自身的任何本质。

三

现在，这种宇宙意识首先是一种幸福意识；但是，它实际上是，并且将向它自身揭示为是，一种苦恼意识。我们在这里具有了一种宗教意识，它随着城邦向法权国家的转变而产生，这种普遍的国家统治着原子个体，个体的境况受他们的权利的规定。这也吻合于斯多葛主义的意识形态，斯多葛主义已经在讨论“自我意识”那一章作了探讨。

无论怎样，这一阶段的基本问题是：人已经达到了自我确定性，其代价是向自身倒退。但是，既然作为精神，人必须具有一个外在的实体，那么在外在的社会和政治形态中没有得到表现的自我确定性便没有什么价值。自由的普遍个体实际上是命运的玩偶,是政治暴行的不受约束的武力的走卒。他的自我确定性是向内在的避难所的撤退。即自我等于自我。这个等式在终极意义上是站不住脚的。所以它导致了苦恼的意识。

在宗教领域,这个基本困境可以用如下方式来描述,由于世俗化了外在于他的世界,自由的自我意识处于一种两难境况中,因为他仍然得依赖于这个外在世界。这个外在世界决定着他的生活形式,并因此决定着他的生活形式实际上是什么东西。正如古代的宇宙意识和启蒙运动的揭露性见解所做的那样,简单地把神圣还原为自我意识是一种自欺欺人的做法。自我意识无法保持神圣——精神——的特权。在其他者身
207 上,神圣将是充分的自我,神圣将成为替理性世界秩序奠定基础的令人鼓舞的必然性。相反,自我意识只能感到自己被弃于一个陌生世界中,并且,只要它把拯救看做一项遥遥无期的事业,它便作为一种苦恼的意识出现。

因此,我们必须恢复一种得到更新的神圣感,那种神圣感不仅是我们的自我意识。我们不得不重新发现我们可以与之发生关系的某种宇宙精神。但是我们将不会简单地返回到我们在自然宗教中的起点;我们有所收获,这是隐藏于宇宙意识背后的真理环节,这个宇宙精神没有自我意识的其他落脚点,没有其他的手段,有的只是作为有限精神的我们。他生活于我们之中。我们是他的体现。诚然,作为特殊的个体,我们也对立于上帝或宇宙精神,我们是一个实体,那个实体也是一个否定。但是这个对立在如下事实中得到了超越:我们是可朽的;我们每个人尽自己所能地表演着,而终于曲尽人散。但是精神却继续着。通过把这些存在抛弃于他的道路两旁,他超越了任何一个存在,超越了所有的存在。他过着一种永恒的生活。这样,上帝弥补了他的实体的不完备性,那种不完备性在如下事实中得到了表现:这个实体处于有限的特殊存在之中。上帝的生活是普遍的生活,它超越了个体;所以,他只能体现于社

会之中,体现于众人之中。而且,它得到了超越于时间之上的体现,并因此在众多的教会中得到了体现。

精神的终极自我理解将产生于这样一个教会(共同体),那个教会充分地把自身理解为他的手段。对这个教会来说,上帝既是孤立的和高高在上的;又是不孤立的和内在的。通过思辨理性,他们能够把这些假定作为真的假定来把握。这个教会还将探讨务必如此的原因,探讨上帝不能以别的方式存在的原因。所以,人需要上帝,有限的精神只有通过被纳入于他的宇宙的更伟大的生命之中,才能达到圆满。同样地,上帝也需要人,除非体现在一个人类共同体的生命之中,无限的精神只能是一个抽象物。

我没有弄清楚的一点是,黑格尔是否认识到了,建立在思辨思维之整个明晰性基础上的这样一个人类共同体将会产生,而这正是在上一段落中我既把它作为将来来使用,又把它作为现状来使用的原因。但是它的确提供了一个成长过程的最后期限。假如一个人要想知道以前发生的事情,他必须把这个过程给以牢记。在我们目前达到的这个阶段尤其如此。因为绝对宗教或启示宗教,即基督教,以一种不明确的晦涩的形式反映了这些基本真理。那是一种把“表象”看做与思维相反对的形式。那个共同体就是基督教。它使上帝的生命充满了光辉和荣耀。因此,基督教的盛行至少是精神发展的倒数第二阶段,以致我们决不可能完全成功地超越它。

这为我们现在将着手探讨的过渡提供了背景。继艺术宗教的消亡之后而产生的普遍的自我意识感到有必要重新发现宇宙精神,但是它 208
无法简单地返回到把这种精神作为前主体存在并进一步地作为如下存在的原始见解:精神是完全脱离于人的。与此同时,存在着另一种宗教形式,在《精神现象学》中,黑格尔只是略微提到了它一下,但是在他的《宗教哲学讲演录》中,它占据着重要的地位,它就是犹太教。这种宗教也表现了对受到地方性囿限的普遍的超越。不过其代价是人与上帝之间一条不可跨越的鸿沟。在一定意义上,犹太教和希腊宗教是互补的宗教:一个达到了人与上帝的亲和,但是其代价是片面性和狭隘性;另一个达到了真正的普遍性,但是其代价是否定了所有的亲和。

但是这个上帝,作为完全分离于人的精神,不能成为神圣的最后的栖居地。把上帝看做如此分离的,也正是苦恼的意识的教条(黑格尔在其早期神学著作中也这样来看待犹太教本身);实际上,上帝必须通过人来生活。所以,一方面,需要一个艺术宗教之后的人们以一种不是与自我意识不相干的或对自我意识起着摧毁作用的方式来恢复绝对;另一方面,旧约的纯粹的普遍精神需要在人类历史中找到一个手段。这两个需要在道成肉身那里相遇。正是道成肉身满足了人与上帝双方的需要,以致道成肉身被看成是上帝与人类(通过玛利亚)合作的产物。

黑格尔坚信道成肉身的现实是一个历史事件,并且把它区分于各种神秘宗教,那些宗教仅仅想象出了精神在世界的在场。相比之下,在基督教的道成肉身中,我们使上帝真正地出现在一个特定的主体中。他是“一个被赋予了感性的直观、真正的个别的人”。⑦信徒们可以“看到、感觉到和听到”这个神圣的存在。⑧

人们或许想知道,黑格尔怎样才能在他自己的历史观念之内作出这种区分。因为自在的上帝从一开始便现形在所有人身上,在这一意义上,人是上帝的自我意识的手段。在历史上,在最早的自然宗教和在哲学中的最终知性之间发生的变化是人注意到了这一点,或者上帝通过人而达到了对这一点的自觉。但是接下来,一个人怎样才能把仅仅是想象的道成肉身(在神秘宗教中)和真正发生的道成肉身区分开来呢?作为一个事实,一个自在存在,道成肉身并没有发生过,这一直是千真万

⑦ 黑格尔:《精神现象学》,拉松版,第528页。

⑧ 参阅黑格尔:《绝对宗教》,拉松版(莱比锡,1929),第133、141页。黑格尔在那里也认为,对人来说,上帝必须采取“直接的‘感性直观’”的形式,他必须“在这个世界中被看到和被经验到”。

确的。并且尤其对于一个人，对于基督来说，它真地没有发生过。但是作为一种认识，一个自我存在，的确有过这么一回事，道成肉身确实是人类历史上的一个事件。那么我们如何才能把想象的道成肉身和真正的道成肉身区分开来呢？

但是黑格尔认为，道成肉身的独特之处在于人并不是一下子就那样子看它的，而是实体自身“因它自身之故外在化了它自身并且成为了 209
自我意识”。[9]

在下述方式中，道成肉身是独一无二的：因为对于早期宗教来说，神圣通常被看做在某种意义上呈现在世界之中，以某种神秘的方式栖居于不同的凡人身上；而对基督教来说，耶稣就是上帝，在这个人和上帝之间存在着某种同一，它反映在如下神学假定中：这一个人具有双重本性。所以，神秘宗教想象出来的东西同使徒们看到的不是同一回事。这些早期的宗教从来没有达到这样一种至关重要的洞见：上帝作为精神就是人；他们从来没有超越把神圣看做表现在各种显现之中——并且这些显灵发生在各种动物身上，发生在各种场合，也发生在人的身上。所以，对基督教来说，上帝是真正地在那里存在着的；上帝是一个真实的人。这在某种意义上是没有先例的。[10]

现在这一点只有通过一个独一无二的上帝一人的出现才得以成立。在整个思辨思维中，我们现在可以把握的真理是：上帝同一于每一个人，但是又不同一于他，因为他的特殊性同上帝的普遍本质不相匹配。但是在人与上帝相同一的阶段，上帝和人的统一将不得不表现在直接的感性直观之中。对感性直观来说，人与上帝的同一只有通过某个惟一的上帝一人才能达到。在那里，神圣主体性的单一性表现为圣子的惟一性。在这个阶段，人们在许多化身中看到一个上帝就是把这些化身归

⑨ 黑格尔：《精神现象学》，拉松版，第526页。

⑩ 黑格尔：《精神现象学》，拉松版，第527页。

结为“实体在偶然的场合所佩戴的和不断变换的面具”，正如我们在“印度唯意志论”中看到的那样。[11]

无论怎样，这一点可以把道成肉身仅仅看做神圣的教育学。通过这种方式上帝向人呈现。黑格尔的如下断言没有什么意义：确实发生了某件事情，那个实体自身变成了自我意识。为了理解这一点，我们不得不记住，在历史上宗教的发展所要求的不仅仅是人注意到了他与上帝的同一。换言之，自觉性的这种成长本身所要求的是，人的发展超出了他的起初的原始状态，对自身进行教化，获得一种表现了普遍的生活形式。所以对人来说，为了了解道成肉身的真理，他们务必达到某个确定的成熟阶段。这才是实际发生的事情，才是由上帝已经变成了人的信念所产生的客观关系。并且，像历史上的任何其他事件一样，由于这是精神的作品，是诸事的实体，所以我们可以说这个实体自身真正地变成了自我意识。

但是这还不够。因为我们正在讨论的不仅是对上帝和人是同一的这样一个真理的认识，而且是这样一种看法：这个人，耶稣，是上帝。难道黑格尔能够把这一个作为一个客观事件来谈论吗？这似乎是难以置信的，尤其是因为——假如我是对的——他甚至不相信在通常意义上的道成肉身，因为在终极意义上，在任何其他的人都不是上帝的意义上，耶稣不是上帝。

210 我们于是想起了黑格尔早期讨论耶稣的作品。尽管难以肯定，但是仍然有这种可能性：黑格尔想把耶稣作为一个独一无二的模范人物来看待。在其早期作品中，耶稣被描写成为这样一个人，通过某种远远地超越于其时代之上的方式，耶稣设法把神和人、主观事物和外在事物统一了起来。正是这一点导致他走向了十字架。如下情况是可能的吗：黑格尔把人性中客观成长的一个重要组成部分看做这个新的宗教意识的

---

[11] 黑格尔：《绝对宗教》，拉松版(莱比锡，1929)，第137—138页。

本质条件，那个重要部分存在于这个独特的史无前例的个体的诞生之中，那个个体真的以一种为当时任何一个别的个体所不具有的方式生活在与普遍的同一中？基督教后来需要的不仅是在它的信徒中的某种成熟，而且是一个以为他的同时代的人所不具有的某种方式达到了真正地与上帝同一的人的存在。

这种观点很可能为黑格尔在《精神现象学》中对道成肉身的处理奠定了基础,它甚至可能在他的成熟体系中也得到了保留,尽管其着眼点已经不再是耶稣这个人物。假如果真如此,那么我们可以看到从这早期著作的重要转变,它解释了注意力的这个变化。因为我们不再具有一个以人为中心的观点。与此相反,我们确立的是这样一个观点,精神是历史的终极力量。戏剧已经不再围绕这一个人的决定,围绕耶稣的决定而展开,而是转向了这样一个事实:在这里实体变成了自我意识。

在这个意义上道成肉身是一个真实的事件，并且是我们的宗教历史上的一个重要阶段。但是我们不得不超越这个阶段。因为尽管上帝真正地是同一于作为有限精神的人的，但是上帝也是真正地不同一于人的。此外,上帝不仅同一又非同一于这一个人,而且同一又非同一于所有的人。

超越道成肉身的这个必然性反映在基督教自身的教义中。因为基督死了,又复活了,又升到了天国,并派遣了天使。黑格尔认为,所有这些事件都是相互联系在一起的。它们反映了上帝与人的统一无法在一个个体身上达到尽善尽美。因为在普遍精神和任何一个特殊的实体之间肯定总是存在着对立。正如我们看到的那样,当这个特殊的实体死亡时,这个对立便得到了消除。所以这个个体必须得死。不过在这种情况下，基督的死也表明了上帝和人之间的这种统一从一个特殊事实向一个普遍事实的转变。这就是这种死亡和复活同耶稣升天和Pentacost具有密不可分的联系的原因。因为死亡的整个意义在于精神的莅临,那个道成肉身之地由此而成为教会的场所,成为“基督的肉身”。因此,从道成肉身向Pentacost的整个运动可以在某个层面上看做，在上帝和人的统一中，存在于上帝在这些特殊存在中的体现（实体）和他超越这些存在以
211 延续其生命之间的必然张力。但是在另一个层面上，基督的死具有某种特殊的含义。它反映了对于最后分离的超越，对于精神与自身最后异化的超越。作为一个纯粹抽象物，在成为肉身的过程中，上帝已经向人迈出了重要的一步。但是为了在人中被充分地认识，他不得不采取了另一步骤，让作为一个带有肉身的上帝去死的步骤，并因此消除了他在某个特殊时间和空间中的固有品质，于是上帝的肉身得以成为一般的人的教会的肉身。

只有根据教会的这个最后的阶段，黑格尔对基督教和神学的解读才能得到理解。这个阶段是精神的自我意识的手段。这个教会是真正人与上帝同一的教会。但是基督教仍然没有充分地认识到这一点。相反，它只是潜在地生活于这种统一之中，但是还没有充分地认识到这种统一。由于精神是理性，精神对于与它自身的统一的圆满性必需要有一种明确的自我认识。但是基督教仍然以一种模糊而晦涩的方式延续着这种统一，仍然生活于黑格尔称作"表象"的意识样式中。也就是说，那是一种用形象和象征来进行运作的意识样式，还不具备完全清晰的概念思维。换言之，基督教延续着这种统一，却没有真正地认识这种统一，并因此必然地无法充分地认识这种统一。而这就是它之所以仍然片面地生活在苦恼的意识之中的原因。所以，那个统一在时间上被看做遥远的，它要么被置于基督复临的未来中，要么被置于基督生活的往事里。

但是，作为终于表现了上帝的真正本质以及他与人的真正关系的宗教，尽管那种表现是以不甚清晰的形式进行的，基督教可以被称作"启示宗教"。因为正是在这种宗教中，精神真正地启示了他自身，把自身启示为其本性就是自我启示的存在。[12]因此，黑格尔在基督教神学中

[12] 在这里再一次涉及到了宗教和信仰的区分。作为一个总体的生活形式，生活于教会中的基督教在这里是人和上帝的统一。但是信仰的意识仍然把上帝看做分离的。

看到了思辨哲学呈现在形象里的整个真理。

在这一章的这一节里，黑格尔从这个意义上对基督教神学作出了他的解释。正如我们已经看到的那样，思辨哲学的基本观念是，理念必然要实体化自身，通过在这个外在实体中认识自身，进而超出这种陌生化状态并返回自身。不过，基督教神学所表现的这一点进一步从三个层面上得到了表现。并且在思辨哲学的这个运动中，每一个层面都有与之对应的三个阶段。

对黑格尔来说尤为幸运的是他按照三个阶段来确立他的体系：第一，使理念脱离于它们的实体，把理念作为纯粹范畴关系来处理（《逻辑学》）；第二，从外在现实的可见事物中对内在必然性进行研究（《自然哲学》）；第三，通过精神，追溯自然向充分的自我意识的回归（《精神哲学》）。与这三个阶段相对应，黑格尔区分了神学的三个阶段。他先把那种神学等同于约阿希姆的弥赛亚语言，后来那种神学被波墨所采纳，那种神学相应地探讨了圣父、圣子和圣灵的王国。

在第一个层面上，我们具有三位一体的学说，这一学说似乎表现了 212
上帝与自身的关系；而且这似乎反映了这样一种思辨的三一式运动：上帝圣父使圣子作他的他者；圣父通过圣灵在爱中与圣子达到了统一。

但是这一层次引发了另一层次，由圣子的诞生而得到表现的外在化要求一个真正的对等者，一个真正的外在创造物，这导致了世界的创造。这包括了有限精神的创造。但是，有限的精神，为了成为真正的精神，必须走向insichgegen（自我意识）。[13]而且在走向自我意识的过程中，他留意到自己是与世上其他人和无限精神相对立的自我。这种对自我的肯定就是原罪。它是恶的诞生。不过与此同时，它是无法避免的，因为否则的话便不会有有限精神了。并且，它处于上帝的筹划之中。因为没有有限的精神，便不可能有无限的精神。对有限的精神来说，这是必然的。

---

⑬ 参阅黑格尔：《精神现象学》，拉松版，第537页。

因为精神必然地是对自我的意识,并且因为它体现在了特殊性之中,它的自我意识将不可避免地提升到对于特殊性的分裂意识。对于人来说,避免这种情况的惟一途径是继续沉迷于自然之中,像动物那样对自我茫然无知,并因此处于不辨善恶的天真状态之中。[14]这就是人明白善恶之日正是人走向堕落之时的原因。

堕落在上帝的筹划中是如此地处心积虑,以致消除对自我的迷恋的罪恶的惟一办法只有一个,那就是不断深入地进行自我反省,直到人们真正把握住了普遍。不过我们逐渐地来到了神学的第三个层面。那是探讨救赎的层面。在这里,正如我们已经看到的那样,和解从两端推进:上帝竭力地与人统一,人竭力地克服他们的特殊性以便与上帝统一。正如我们看到的那样,对这个过程的反映表现在关于道成肉身、死亡、复活、基督升天、天使的派遣和教会的永生的神学中。上帝通过道成肉身和死亡向人接近,人通过对他的生命在教会中进行自我改造向上帝接近。但是我们仍然没有完全地完成这个运动,因为分离仍然存在着,并且反映在如下事实中:这种统一只是被表象所把握,它被推延到了未来和过去中,而不是在当下被人所认识。

不过,隐藏在这个表象的背后,我们可以认出真正的思辨学说。必然性的思辨关系通过"被创生"或"被创造"之类形象所歪曲。不过,无论如何,这些关系得到了认可。并且在人与上帝的相互接近中,纯粹的普遍为了成为有效的普遍,必须承认与特殊的统一,而特殊必须超越它的特殊性以达到普遍,我们承认这两个意识的关系,这种关系是上一章的
213 结果。它就是恶与恶的宽恕的关系,违犯意识和审判意识的关系。违犯意识不可避免地导致罪恶。这是原罪学说的本质。但是除非以此为代价,否则,被冒犯的普遍便不可能存在。所以它必须接受个体的认错,对这个个体所具有的个体性表示宽恕,后者则对其过失表示忏悔。通过这

---

⑭ 黑格尔在此说的是"无知"而非"善良"。参阅黑格尔:《精神现象学》,拉松版,第537页。

种方式两个极端走到了一起。

在这一章得到展开之后,这两个极端现在被看做上帝和人。而且我们看到,恶和宽恕的辩证法是一种宇宙的辩证法。它的解决为我们通往现实提供了一把终极的钥匙。这个终极的现实就是自我认识的宇宙精神。我们因此抵达了意识的最高级形式,或者说,抵达了这个最高形式的门口。在启示宗教中,通过表象而得到再现的东西仍然必须被表达在完全明晰的思辨思维中。要达到这一步也就是要达到绝对知识。

第8章

214 # 作为解释性辩证法的现象学

一

绝对知识可以看做两个最高阶段的结合。它是主体与世界的最终统一。换一个角度看,它是有限主体和无限主体的最终统一,是绝对实体和主体性的最终统一。但是,在宗教那里,这个统一是潜在的(自在的);由于道德意识是讨论“精神”这一章的最高阶段,这种意识明确地(自为地)包含着这样一种观念:主体的意志一致于普遍的意志。

结果便是自我与事物的本质的统一,或自我与事物的实体的统一。从每一方来看,那个统一都被看做是可以达到的。通过把自身看做上帝的手段,自我被提升到本质的高度。而在逐渐地把自身作为主体来把握(并因此需要一个有限的主体作为它的手段)的意义上,本质或实体“屈身地”去迎合自我。

当这个统一达到充分意识之后,便产生了一种知识形式,黑格尔称之为“绝对意识”。绝对意识究竟是什么呢?绝对意识无法表现在一个命题里,因为它是对于事物的真正本质的全面把握。这种把握只能辩证地得到表现。绝对知识是这样一种充分的自觉:实体必须成为主体,主体必须超越自身,必须成为分裂的,必须超越作为客体的自身,以便重新回复到与自身的统一。

人们于是会说“绝对知识”就是《精神现象学》的全部内容；最后一章只是对于所有其他内容的复述而已。这种说法有一定道理。初见之下，好像是这么一回事。但是这种说法只是部分正确。实际上，关于“绝对知识”的见解也可以用一种完全不同于我们在《精神现象学》中所遵循的方式来得到阐明。《精神现象学》呈现的是在主体和客体、意识和自我意识、自我确定性和真理之间发生的一系列戏剧性的不幸事件。这种不幸在这部著作的结尾终于得到了扬弃。

不过，我们也可以把我们由差异的最终统一而获得的升华不仅呈现为意识的不同形式的斗争，而且呈现为通过那些基本类概念我们试图去表现对对立中的这个终极统一的一次追溯。那些基本概念是“存在”、“实体”、“主体”、“思维”等等。假如我们是正确的，假如其中的每一个概念只有在其他概念中才能得到终极理解，那么这可以通过对这些概念自身的考察而得到证实。

当然，这将是《逻辑学》要去尝试的工作。在这个意义上，《精神现象学》可以被看做《逻辑学》的一个序言。从“存在”开始，我们将着手去考 215
察这些类概念，而且我们将看到，每一个概念都引导我们去超越它自身而指向其他概念，直到它们最终形成一个体系。那个体系表现了精神与它的世界在对立中的统一。这个体系被称作“理念”。黑格尔以如下说法阐明了这一点：我们将不再研究主体和世界之分离和统一的种种不幸；相反，我们将把它们当做已经是存在和自我的统一的主体概念，正因为它包括了自我并因此在其中包含着否定性，每一个特殊概念才都被搅得“seine Unruhe, sich selbst aufzuheben(无法安宁，使它以自我否弃收场)”。[①]于是，这门纯粹的科学将伴随于这些概念之后进入理念领域的内在运动。在通常情况下，科学将无法在一个单纯的命题中得到表现，而

① 参阅黑格尔：《精神现象学》，拉松版，第562页。

只能在一个自我展开的体系中得到表现。但是在这里,它将呈现在一个不同的中介中。在《精神现象学》中,我们一直向着那个中介接近。精神将向着“它的生命的另一种样式”[②]接近,也就是说,它将生活在概念中间,概念就是它自己的中介。

但是这种《逻辑学》不可能是科学的全部。精神的基本直观使得如下工作成为必要:它必须在自然中得到外在化,因此,必定存在一个外在的、物理的、广延的现实。并且这个精神必须超越这种异化返回自身;这个回复假定了另一个外在化,那是时间的外在化。此外,在时间上向自身的这个回复意味着要经历一系列阶段,每一个阶段都外在于另一个阶段,并依次前后展开。这些阶段便构成了历史上集体生活的真实形式。这种回复便是正在被完成的纯粹科学的一个前提。这个纯粹科学便是精神向自身回复的内在的真正的科学。

但是接下来,精神的这种自我意识必须超越纯粹的概念科学。精神是经历了一系列历史阶段,超越自然的异化,才得以向自身回复的。为了完成这种回复,他必须在自然和历史中把握自身。而这意味着他必须看到自然和历史中的内在必然性;看到替外在性并因此相应表现为偶然性的诸形式——时间和空间——奠定基础的必然性。

> 时间是在那里存在着的(der da ist)并作为空洞的直观而呈现在意识面前的概念自身;所以精神必然地表现在时间中,而且只要它没有把握到它的纯粹概念,这就是说,没有把时间消灭[扬弃],它就会一直表现在时间中。[③]

所以,精神的自我认识必须包括对自然和历史的内在必然性的这

② 黑格尔:《精神现象学》,拉松版,第562页。

③ 黑格尔:《精神现象学》,拉松版,第558页。(参阅贺译本,下卷,第268页。)

种把握。和平时一样，他的最后的自我认识无法分离于他在这里所走过的道路；但是现在，这些历史阶段已经内在化于Erinnerung(回忆)之中。于是内在化的自然和历史摆脱了外在的偶然性、广延和时间的形式。在 216
die begriffene Geschichte(概念中被把握的历史)[4]的结果是绝对精神的内在现实。《精神现象学》结束于引自一段（略有改动的）席勒的诗句。

二

作为一个不断上升的辩证法，那么《精神现象学》是如何连成一体的呢？通观被研究形象的极其多样性和丰富性，我们难以找到其论证的统一线索。实际上，它对政治历史和宗教历史中的某些阶段的解释而非论证给人留下更深刻的印象，且具有更强烈的说服力。

撇开黑格尔的意图，为了弄清之所以会如此的原因，我们应该再一次考察他的辩证法论证的本质。在本章的开头，我们区分了两种辩证法，一种是本体论的辩证法，另一种是历史的辩证法。

本体论的辩证法开始于这样一个基础：我们只有通过某些标准属性才能辨认出来的一个确定标准得到了满足；并且，这种辩证法经历了关于这个标准的不同观念，向着日益适当的形式运动。在《精神现象学》第一部分“论意识”中，我们看到了这种辩证法的一个例子。我们以这样一个基础为开端：存在着一种知识，那种知识是一个成就。我们所不知道的是，假如我们可以用这种方式来获得知识，那么满足成为知识的标准将是什么。相反，我们所知道的仅仅是，这是一些极其模糊的批判性属性。这样，我们开始于一个简单的、从直观上具有说服力的观念：知识就是获取质料，满足知识的标准就是最大的开放性和兼容性。这是隐藏在感性确定性背后的观念。由于这使我们陷入矛盾之中，我们于是改变

④ 参阅黑格尔：《精神现象学》，拉松版，第564页。

了关于什么是知识的观念。由此开始了这种辩证法的第二阶段,如此等等。在这里,辩证运动的关键在于,既然我们知道了标准被满足的方式,那么我们便可以断定,使自身表现为无法认识的关于那个标准的任何一个观念都肯定是错误的。

另一方面,历史的辩证法开始于这样一个主题:一个确定的目的被追求着,甚至在它尚未被认识的情况下也是如此。在这里,目的和有效现实之间的冲突不是引导我们重新去规定那目的,而是引导我们与相关的现实决裂,并且以一个更加适当的现实取而代之(尽管这当然需要根据历史上的有效力量来重新规定目的)。在讨论"自我意识"的那一节中,例如在"主人和奴隶"的辩证法中,那一节在讨论"理性"的那一章中居于举足轻重的地位,我们看到了这种辩证法的展开,并且,这种辩证法导致了讨论"精神"和"宗教"的那几章的整个运动。由于他们没有达到他们为之而生存的目的,一些历史上的生命形式遭受着内在矛盾的痛苦。主人和奴隶的关系挫败了它竭力要想获得承认的目的。由于它的受地方囿限的本质矛盾于真正的普遍性,作为普遍的一次实现,城邦走
217 向了衰落。革命的国家摧毁了自由,因为通过废除所有的社会联系,它试图在绝对形式中实现自由,但是没有那些社会联系自由便无法存在。

这种区分不仅具有分类学的趣味。因为与这个区分纠缠在一起的是,在黑格尔辩证法论证的基础中存在着一个重要的差异。我们在第一种辩证法里看到,辩证法论证的起点必须源于自身,它多半是这样一种观念:一个目的的实现肯定是不可避免的。此外,其论证的结论仅仅在假设上有效。

我们看到,黑格尔在获得这样一个没有问题的起点的过程中如何成功地运用了意识的本体论的辩证法。因为我们很难反映如下观点:知识是一个成就,它包含着一个标准的实现。我们将在下一章中看到,他如何希望替作为范畴的科学的《逻辑学》找到一个相似地没有问题的起点。但是历史的辩证法遇到了一个比较困难的问题。它们牵涉到我们对

于某个确定目的的追求，牵涉到对历史上的人们提出的愿望，或者牵涉到通过历史上的人对精神提出的愿望；那么这样一个追求怎么样才能成为无法被否认的呢？

假如我们观察一下黑格尔最成功的历史辩证法，那些给人以最大启示和最令人信服的辩证法，那么我们将发现，它们的确令人信服地论证了任何一个优秀的历史探讨所得出的结论，因为它们作为一种解释也是非常“适当的”。[⑤]

也就是说，我们对一个特定阶段的知识可以使这种考虑讲得通，使它前后一致，或者使它在与其他竞争性解释比较时显得较为可信。但是这些阐释性解释的问题在于，它们不具有绝对确定的起点。诸如把一个确定目的的起源归之于行动者、与诸事件的某个确定联系、关于某个情景的确定逻辑之类的解释都是难以自圆其说的。但是，只有当这种归因被作出之后，所有其他的归因才会随之而来，只有当这些归因被看做与事实相符合且完全讲得通的情况下，我们才会充满信心地接受它。

这样，黑格尔对古希腊城邦的衰落的考虑揭示了去认识一种普遍 218
的意识和生活方式的基本目的。城邦既实现了这个目的，与此同时，由于受其地方性本质的囿限，又没有实现这个目的。但是是什么让我们信以为真地接受把事件的主要原因归之于人（或精神）的做法呢？只有当它能够让我们把这个阶段发生的事件，它与智者的时尚发生关系的方式，古希腊文学和文化的发展，古希腊宗教的变化，城邦的衰亡等等全都放到一起来考虑的时候，那种考虑才是有意义的，我们才能弄清发生的事件的真正含义。人们对黑格尔的众多历史解释的经久不衰的趣味正是基于如下事实：它们确实阐明了事件之间的相互联系，那些联系足

⑤ 在关于历史解释的争论中，我在这里当然赞成某种解释性观点而反对“遮蔽法则”模式。尽管我在我的论文《解释和人的科学》（载于《形而上学评论》，XXXV 3—51，#1，9月号，1971）中对此类问题已经作了一些论证，但因简明起见，我不在此论证我的立场。不过也许人们也可以从其他角度得出关于黑格尔的历史思考的相同观点。

以引导我们认真地对待它们,纵使在我们务必改造它们的情况下(如马克思令人注目地做的那样)也是如此。但是对目的的归因决不可能自我证明为一个起点。

这个问题从总体上困扰着黑格尔的历史辩证法。本体论的辩证法从一个得到认识的目的或标准开始。其最初的任务在于表明,当下的客体将依据对于一个目的的认识而被理解。一旦这一点得到了确定,辩证法就可以着手去规定其目的了。既然我们知道标准得到了满足,那么,我们可以抛弃任何一个证明自身是无法认识的目的的观念。我们可以从任何一个规定开始,通过证明它如何冲突于它自身的实现,向着更加适当的概念运动,直到我们抵达一个完全适当的概念。或者采取另一条途径,从当下正被研究的对象的性质,我们知道了它的某些标准属性。我们务必了解到,对于一个目的的更确切规定确实揭示了这些属性。

但是我们的历史辩证法却不是这么回事。在历史全部展开之前,我们按假定并不认识展现在我们面前的目的。所以我们无法把其运作标准尚有待于我们去发现的任何一本历史小册子看做一项成就。我们也无法从任何一本历史小册子中读出某种确定性，甚至在对人正在竭力地追求的目的的一般描述中,我们也无法读出某种确定性。我们无法保证我们是否已经掌握了人的终极成就的某些标准属性。

由此看来，正如我们把本体论的辩证法和历史的辩证法区分为是两种辩证法的发展那样,我们不得不区分出两种方法,通过那些方法,一个辩证的阐述才得以令我们赞同。有一种严格的辩证法,它的起点是无法否认的,或者从合理的意义上说是无法否认的。还有一种解释性的或解释学的辩证法，它们通过它们给出的解释的花言巧语而令我们信服。黑格尔似乎替第一类辩证法准备了几个候选者——如我们看到的那样,最值得注意的当数《逻辑学》——而他的历史辩证法属于第二类辩证法。它们不是通过严格的论证,而是通过它们的解释的花言巧语才令人信服的。

那么黑格尔对此将作何解释呢？他会承认这一种区分吗？在目前所呈现的形式，他肯定不会承认。并且黑格尔决不会同意如下说法：他的 219
体系的某些部分依赖于花言巧语（似是而非）的解释而非严格的论证。因为这将抛弃作为整个合理性的精神观念。但是在另一种形式里，我认为这种区分确实为黑格尔体系找到了一个地盘。撇开《精神现象学》不论，《哲学全书》的最后体系开始于一种严格的辩证法，《逻辑学》。它证明了，不存在独立的限有，一切皆统摄于理念，那理性必然性的公设，它创造了自身的外在证明。并且这个结论适用于关于自然哲学和精神哲学的后来的辩证法。而黑格尔确实用这些辩证法勾画了它。

因此我们可以说，在黑格尔看来，历史目的的确定性无法从其最早阶段的任何一个形式中获得明晰性，而只能从整个戏剧中的多少带着真真假假因素那样地被人们所把握，不过它仍然可以因我们对它的开端的考察而被得到，因为这些目的以前是由严格的辩证法确立起来的。因此，对我们理解历史来说，它们作为一些起点是适用的。而且，随之而来的辩证法可以被说成是紧随于绝对确定性之后的。

所以在他的《历史哲学讲座》的“导论”中，黑格尔谈到这样一些原则：“理性统治世界”，[⑥]世界的最后目的是自由的实现。[⑦]他把它们当做在研究历史时必须给予假定的前提，并且“在哲学中已经得到了证明”的东西。[⑧]黑格尔在这里显然指的是《逻辑学》。因为《逻辑学》注定要去证明的主题是理念。这是这部著作贯穿始终的概念。其结果因此是对历史哲学的一次“输入”。它们是历史哲学得以开始的预先假定。

但是紧接着这个段落之后，黑格尔谈到了这样一个信念：在历史中存在着理性，“它不仅是研究的一个预先假定，而且对我自身来说，因为我已经知道整个事变的原委，它是我正要去研究的那些事件的一个结

⑥ 黑格尔：《历史哲学》，第28页。

⑦ 黑格尔：《历史哲学》，第63页。

⑧ 黑格尔：《历史哲学》，第28页。

果。所以，只有对世界历史进行研究本身能够证明它是依照理性前进的，它代表着世界历史的理性的必然的进程。”[9]他继续说道：“历史本身必须作这样理解；我们务必从历史上从经验上取得进步。”

这段话蕴含着这样的意思，除了《逻辑学》的严格的概念证明以外，还存在着另一种证明方法，它证明理性在历史上起着作用。这是一种考察整个历史“从经验上”来证明的方法。那么这是不是部分地承认了存在着对同一个主题的两种不同的证明呢：一个是严格的证明，它来自于一个无法被否认的起点；另一个是“经验的”证明，它从对全体的考察中引导出了使这个全体具有意义的惟一结论？[10]

220 因此在这个意义上，研究历史的预先假定是严格的哲学证明。它使我们带着理性的眼光去看历史。这是必然的，因为为了知道历史中什么才是实质性的东西，

> 人们必须把它带到理性意识的面前，不仅用肉眼或知性去看，而且用概念的眼光、理性的眼光去审视，后者能够穿透事物的表面，识破对诸事件的重封密锁，而直达其本质 (die Mannigfaltigkeit des bunten Gewühls der Begebenheiten)。[11]

但是一旦我们用这种方法来看待历史，我们对历史进程便拥有了一个一致性，一个令人信服的解释。它为理性统治世界的主题提供了一个独

---

⑨ 黑格尔：《历史哲学》，第30页。

⑩ 这也许是《历史哲学》“导论”中的这个句子的含义（黑格尔：《历史哲学》，第29页），那句话说，理性在世界历史上的出现是一个真理，那个真理“在关于理性自身的知识中有其适当的证明”（eigentlicher Beweises），尽管“世界历史仅仅对它给出了一个令人信服的展示（in der Weltgeschichte erweist sie sich nur）。”但是我们无法一下子把握这段话的含义。它不是黑格尔本人的注释，而是出于来听他讲座的人的笔记。

⑪ 参阅黑格尔：《历史哲学》，第32页。

立的论证。

假如我是对的,假如黑格尔用产生于这个体系“之后”的辩证法得出了《逻辑学》的结论,那么我们仍然务必在他的著作中区分开两种辩证论证。一种是自我证明和自圆其说的辩证论证,因为它们从无法否认的开端开始。另一种论证依赖于其他论证,它们务必利用其他论证的结论来证明自己的读解。在这个意义上,我们称作“严格的”辩证法的东西是自我证明的,我们称作“解释性的”辩证法的东西是依赖性的。我们称作“历史的”辩证法的东西(还有《自然哲学》)属于依赖性的辩证法那一类。

就《精神现象学》的论证来说,这种说法告诉了我们什么呢?这本书的大部分内容是以历史的辩证法组织起来的, 所以其论证不是自我证明的,但是,这部著作的确是以严格的辩证法开始的,那是意识的辩证法。自我意识的辩证法,加上其关于生命的基本观念,人类的自我意识,以及对于得到承认的目的,从假设的意义上构成了第一部分的结果。就这一方面来说,《精神现象学》类似于在《哲学全书》中得到展开的体系。

但是当我们用这种眼光去看它的时候,我们可以看到,前面三章过于单薄和粗糙, 难以支撑起黑格尔营造的历史和人类学解释的丰富的上层建筑。当然,这些解释是具有说服力的,作为黑格尔见解的一种阐述,它们赋予这部著作以力量和魅力。不过作为严格论证,它的成功必定为第一个论证之链的牢固性打下最初的基础。“意识”由此而转向了“自我意识”,也就是说,我们对世界的知觉——那个世界起初似乎是他者——由此而转向了对自我的认识。如黑格尔指出的那样:

> 对另一个的意识,对一个一般对象的意识,实际上必然地是**自我意识**,是对自我的反思,是处在他者的位置上对自身的意识。[12]

⑫ 黑格尔:《精神现象学》,拉松版,第128页,黑体为原文所有。

221 但是,正如我在第二节中指出的那样,假如真的可以有某个论断的话,那么这个论断在这里还没有真正地确立起来。这是不必为之感到惊奇的。如果说黑格尔中心关注的如下情况是完全可能的:世上万物仅仅是精神的派生物,精神通过认识世界而认识自己,那么证明这个论断的论证确实将是一个漫长而艰难的论证,并且将形成一组百科全书式的思考。成熟的黑格尔或许有过这样的想法。这就是这部著作要想作为最后体系的基础性的严格辩证法确立起来的确是漫长的和困难的原因。

一旦我们把《精神现象学》抛到一边,那么《逻辑学》便成了黑格尔体系之惟一严格的、自我证明的辩证法。这也是它之所以被假定为先于《自然哲学》和《精神哲学》的原因。借助于这种辩证法,黑格尔用严格的论证阐明了他的见解。因此难怪他对它是那么地全力以赴。现在,就让我们转过来对它作一番考察。

第三部分

逻辑学

第9章

概念辩证法

225

《逻辑学》有两个版本:第一个版本是《逻辑学》,黑格尔于1812—1816年首次出版该著作,并在临逝世前为出第二版对它作了部分修订;第二个版本是通常被称作《哲学全书》的"科学体系"的"第一部分"[即《小逻辑》],于1817年首次出版,后亦被黑格尔加以修订。我在以下论述中将同时引用这两个版本。

如我们已经看到的那样,《逻辑学》是标志黑格尔想像力的第二部伟大著作,一部具有决定性意义的著作,因为只有它才有资格扮演严格辩证法论证的角色。如果现实存在并且拥有它借助概念必然性拥有的概念结构,那么《逻辑学》的任务就是借助纯概念的推论来证明这一概念结构。

这对普通意识来说简直是不可思议的,甚至对绝大多数哲学家来说也是如此。其原因在于,我们把概念看成思想的工具,但思想无法保证将概念适当地应用于现实。就是说,我们从作为与我们思考的世界相对的思想这一概念出发。这种二元论是环环相扣的;因为概念或范畴被视为能够应用于许多内容的共相,所以这诱使我们把概念当成是与它所应用于其上的感性内容相对立的抽象形式。

这一双重二元论自然使我们认为对概念的研究与对现实的研究截

然不同;更具体地说,它使我们认为我们从这一研究中可能发现的概念之间的种种必然联系决不允许我们推断出概念所应用于其上的事物之间的种种必然联系。因而,当对这些联系的研究必然是形式的研究时,逻辑学影响着我们的思维方式,而不是我们所思考的种种内容影响着我们的思维方式。

但是如我们所见到的那样,黑格尔并不接受关于概念的这一观念,也不接受概念包含的双重二元论。思想和思维活动所借助的范畴并不是与客体相对的主体的天性,而正是事物之根据。因为作为有限的主体,我们所理解的现实是精神或无限主体的体现,但精神的本质是理性思维。它包含于我们的思维中,即,包含于有限主体的思维中,并且在我们理性思维所能企及的范围内被加以适当的表述。因而我们用范畴加以表述的、理性的、真实的普遍思维是精神关于普遍思维自身的知识。因为这些范畴所针对的外部现实不仅是精神实体,而且受作为外部现
226 实的体现之精神所设定,并因此反映着思维理性必然性,换句话说,我们在把握关于事物的思维范畴过程中也就把握了世界在其展开过程中所遵从的根据或基本结构。

我们对于与概念和概念所应用于其上的世界相对立的第一个二元论的论述就到此为止。相反,当我们为了使用这些范畴表述的理性结构具体化而把物的世界看做是现实存在时,我们就完全理解了物的世界。但这也就终结了第二个二元论;因为一旦我们视世界为精神所设定、精神的本质是思维时,我们似乎就把关于思维的范畴当成必然地外化——转变——为范畴的体现。因此,使概念作为形式与它作为内容所应用于其上的事物相对立的思想证明是极端错误的。

因此,像我们已经见到的那样,黑格尔关于概念的观念不仅是应用于事物的描述性观念,而且是设定观念所针对的事物的观念。以致概念最终被黑格尔等同于主体——设定其自身外化的精神性存在。实际上,当我们在外观上把概念看做理性必然性时,概念恰好是精神性主体。

黑格尔在《逻辑学》"导论"中说得很清楚:他不是在通常意义上论述概念，而是在他的意义上把概念当做摆脱主体与客体之间的对立加以论述的。黑格尔把这一必须加以克服的对立当成已被《精神现象学》证实的结论。在这后一著作中,我们曾证明"意识的对立"(主体与客体之间的差别)得到了克服。[1]"假如思想也正是die Sache an sich selbst(自在的事情本身)",纯知识"包含这思想,或者说,假如自在的事情本身也正是纯知识,纯知识也便包含这个自在的事情本身"。[2]这使我们认识到"自在自为的存在就是被意识到的概念,而这样的概念也就是自在自为的存在"。[3]

因此,如果我们只记住为我们所熟悉的形式逻辑,《逻辑学》这一书名就会产生极大的误导。但实际上黑格尔在这里是在康德"先验逻辑"意义上使用这一书名的。与"通常讨论思维形式"的"普通"(即形式)逻辑无关[4],康德精心构造出先验逻辑。先验逻辑本身"只关注知性和理性的法则,假如这些法则先天地涉指客体的话"。[5]先验逻辑使我们思维的一些必然性初见端倪。思维的这些必然性不仅涉指先验逻辑形式的一致性,而且涉指先验逻辑的经验合法性的种种条件。因而,先验逻辑对康德称之为范畴,即必然的、不可抗拒的概念的结构作了界定。如果我们系统地拥有任何经验,经验世界就必须展现这些范畴、结构。

然而,先验逻辑非常接近本体论。说一定的概念结构必须被应用于世界,这就说出了关于事物本身的内容。当现象、经验对象和事物自在存在时,即当它们超越我们的经验时,康德借助对它们加以区分而回避 227

① 黑格尔:《逻辑学》,拉松版,第1卷,第30、32页。

② 黑格尔:《逻辑学》,拉松版,第1卷,第30页。(参阅杨一之译本,以下简称杨译本,上卷,第31页。)

③ 黑格尔:《逻辑学》,拉松版,第1卷,第30—31页。(杨译本上卷,第31页。)

④ 康德:《纯粹理性批判》,A55,B79。

⑤ 康德:《纯粹理性批判》,A57,B82。

了上面这一推论。尽管世界对于我们来说是肯定存在的，但范畴仅仅告诉我们关于世界的推论，而并未证明关于自在之物的世界的推论。

但像我们所知道的那样，黑格尔断然地反对康德对现象和本体的区分。在《逻辑学》“导论”和《哲学全书》“导论”中，黑格尔猛烈抨击康德提出不可知的自在之物观念。其实，就康德超越形式逻辑而迈向先验逻辑而言，他理应受到称赞。但康德损害了先验逻辑，因为当自在之物的世界自在存在时，他把先验逻辑的结论完全局限于与自在之物世界对应的、为我们所知的世界。黑格尔打算提供给我们的亦是本体论的先验逻辑。他将彻底消解自在之物所栖居于其中的认识论意义上的彼岸。

因而，在发现先验逻辑绝对概念之间的必然联系时，我们也将发现现实的必然结构。但人们可能会说，这只不过是转移问题；假定知道了绝对概念之间的必然联系就是知道了事物的必然结构，我们怎样着手设定这些必然联系呢？我们从什么地方开始？在实在的意义方面，我们能够选择什么作为绝对概念？

但实际上黑格尔将回答，这最终不是问题。开端不存在先定之点。以那些极其抽象的术语诸如“存在”、“原因”、“物质”、“量”等范畴中的任何一个为例，我们试图借助它规定现实的各个方面。实际上，黑格尔以“存在”这一“简单的、直接的”[⑥]范畴为开端，因为它似乎最空洞且最贫乏；因而它只是预先假定存在着关于现实的思想。而且正因为如此，它距离黑格尔所向往的终点——“精神”这一概念也就最远；因此，黑格尔将经过通往终点之途上的其他全部范畴。

所以，我们若从“存在”开始，就必须证明绝对概念之间的必然联系。但我们该如何着手呢？这就是借助证明这些概念中的辩证运动。像我们看到的那样，辩证运动以矛盾为基础。因而我们必须证明的是，当我们在通常意义上理解与理性必然性毫无关联的绝对概念时，它们在

⑥ 黑格尔：《逻辑学》，拉松版，第1卷，第54页。

某些方面是矛盾的；并且这一矛盾通过把绝对概念看做理性结构中的环节才能被解决(或者,实际上才能被和解)。

所以我们以单一的概念,如“存在”,作为开端,我们的任务在于证明,假如存在被用作开端,它将产生矛盾。当然,这方面的例子俯拾皆是;由于存在的具体矛盾,它要求概念产生一些具体变化或丰富概念内容,并因而我们将到达一个新的范畴。而新的辩证运动能够以此为开端。我们已经熟悉了黑格尔辩证法的这一方面。在黑格尔辩证法中,每一个矛盾都有一个确定的结果。⑦

但是,我们如何证明单一的绝对概念的矛盾呢?我们怎样证明诸如 228
“存在”或“质”或“原因”是否连贯的呢？我们不是在讨论经验与事实的冲突,这是清楚的。而且我们也不是在像我们有“圆的方”表述意义上讨论简单矛盾。我们关注的是当我们把概念用作绝对概念时,即用作通常应用于现实的概念时,所显现出的矛盾。

再来看一下前面我们试图在康德意义上加以解释的那个例子,即,在康德的二律背反中，我们发现当我们试图以充分方式将某些概念用于它们可能应用的整个范围时所引起的矛盾。这些概念逻辑似乎允许两个矛盾的陈述同时为真。因而,在系统运用时间和空间的划分这一概念时,或者在把限度概念运用于全体时,或者在将有关的因果关系和自由概念用于它们的完全合法的范围时，我们似乎受到对这些概念理解的驱使而作出两个完全对立的、似乎都具有充分根据的陈述。

黑格尔说,康德因公开提出这些二律背反而应受到我们的尊重,但康德引出了完全错误的结论。由于康德仍然错误地理解与现实对立的思想以及出于对“世界事物温情主义”⑧的幻想,他在知性范围内而不是在现实事物的本质中寻求这些二律背反的根据。黑格尔进一步指出,康

---

⑦ 黑格尔:《逻辑学》,拉松版,第1卷,第36—37页。

⑧ 黑格尔:《哲学全书》,第一部分:逻辑学,§48。

德在列举四个二律背反的过程中仅仅触及理性矛盾的表面。[9]实际上，我们借助二律背反推演出绝对思想。“变、定在等等以及其他概念，每一个都能够提供其特殊的二律背反，并且有多少概念发生，就可以提出多少二律背反。”[10]

所以，在黑格尔的眼中，康德的四个二律背反只不过是普遍存在的二律背反的一些例子罢了。当我们把绝对概念视为对整个现实或现实各个方面的描述时，绝对概念就显得极不完备。而且这就使我们陷入了矛盾。因为这些绝对概念是必然发生的；假如对我们而言必然存在现实的话，绝对概念就意味着去揭示它各个方面的内容。而且如果这些概念描述在某种意义上是不可能存在的或非连贯的现实的话，我们就会陷入矛盾：似乎真实的、不得不如此的现实是不能被描述的现实。

黑格尔认为这是康德二律背反中的真实过程，并坚信这一过程有更为广泛的应用。因此，描述黑格尔的范畴辩证法看来需要两种平行的论证方式：第一种论证方式证明一个给定范畴是必不可少的（像康德在先验逻辑中所证明的那样）；第二种论证方式证明这一给定范畴致使我们以某种方式将不可能存在的或非连贯的现实具体化。但实际上黑格尔将上述两种论证方式融为一体。在这里，我们从另一角度来看以“存
229 在”为开端的优点。对我们而言，不能否认这一概念肯定适用于能够成为现实的一切事物。于是，通过证明“存在”中的矛盾，辩证推论推演出下一个范畴（假使如此，这个范畴就是“定在”）。因而，这一新范畴将被证明是必不可少的，因为它是被用作解决较早范畴——曾被当做必不可少的“存在”——中的矛盾的惟一方法。换句话说，假如“存在”必须被使用的话，那么“定在”也必须被使用，因为这是弄懂“存在”含义的惟一方法。所以，为了推演每一个矛盾的具体结果，辩证的推论屈从于先验

[9] 黑格尔：《哲学全书》，第一部分：逻辑学，§48；另参阅《逻辑学》，拉松版，第1卷，第183—184页。

[10] 黑格尔：《逻辑学》，拉松版，第1卷，第184页。（杨译本，上卷，第200页。）

逻辑:为了证明概念的非连贯性,辩证推论证明了下一个概念的必然性。

但是,我们如何证明给定的概念描述了不可能存在的现实呢?什么向我们揭示我们所见到的思想复杂性对黑格尔辩证法来说是至关重要的呢?什么是我们能够用来测度与概念相对立的“标准”呢?答案是我们知道这一标准的某些特质,作为整体的现实的任何概念都必须满足的特质,例如我们能够把现实和非存在区别开来,现实自身与否定它的东西保持抗衡以及现实从而应能继续存在——作为整体的现实应能自我存在等等。因而我们又有了我们在上一章中所见到的相同的三项关系。它对黑格尔辩证法来说是至关重要的:当我们试图“实现”关于现实的概念时,即将它系统地用于世界时,这一概念与它的标准特质发生冲突。作为现实这一概念,它与其自身的标准特质相冲突。因此,凡是符合这一概念的现实都肯定与其自身相冲突。

于是,黑格尔《逻辑学》中的矛盾来自于这样一个事实:一定的概念既是必不可少的又是非连贯的:也就是说,作为现实的概念,它们与其自身的标准特质相冲突;而这些必不可少的概念必须用具体例子加以说明。这是黑格尔哲学的关键,值得更加仔细考察。

要是概念恰好是非连贯的,它就能够被更为适当的概念所取代。或者例如当概念必不可少时,它恰好构成不适当性与非连贯性的对比,在推演这一概念时就不会与一个得到较为充分发展的概念产生冲突。于是,黑格尔的某些过渡似乎被建立在简单的、不适当性基础之上,例如《逻辑学》第1章从存在到定在的过渡。这一矛盾存在于概念对适当性的要求与概念事实上的不适当性之间(也许人们不以为然。在这一问题上,黑格尔有着更为深刻的洞见)。就概念具有不适当性而言,概念无须被确切地把握,即无须必然存在与现实的适当存在境况相矛盾的现实,即矛盾现实。

但在另外一些过渡中更加要求概念无须被确切地把握,例如在整个《逻辑学》推论中扮演关键角色的第2章定在与无限之间的过渡。像关 230

于现实的概念一样，受到限定的定在是不适当的，并且需要借助整体这一概念来完成自身的推演，这并非仅仅在此。黑格尔也将试图证明这种不适当性是一种内在的冲突，而在这一冲突中，确定的现实不会接受该冲突的不适当性和限定的范围，并且在与限定的范围作斗争过程中，不适当性也要与自身作斗争。我们可能会说，假若如此，那么现实的标准特质是相互冲突的。现实处于矛盾中。

但是，现实怎么能处于矛盾中呢？换句话说，概念怎么能既是非连贯的又是被用具体例子加以说明呢？

像我们现在所注意到的那样，这对于黑格尔来说构不成问题。由于现实是非连贯的，它必然为矛盾所支配。未充分展开的范畴与未充分展开的部分的现实相匹配。二者必然存在（所以范畴是必不可少的），然而矛盾必然消失（所以范畴是非连贯的）。因此，我们并不是在论述假象辩证法，因为在假象辩证法中，我们揭穿了虚假概念，而一旦我们达到真理，这些虚假概念理所当然地被弃之一旁；我们是在论述现实辩证法。接下来，最适当的、黑格尔称之为“绝对理念”的这一范畴将不会超出那些较早的范畴，即不会与它们毫无关联，但又不会与其融为一体。“绝对理念”这一范畴将要充分展现不断发展的整个范畴群的必然联系，借助“绝对理念”，作为必不可少的且非连贯的较低级概念才能与较高级概念联系起来，因为它们所指称的现实只是作为“绝对理念”的必然体现而存在着，而不是作为“绝对理念”的自我消亡的化身而存在着。

这就是我们展示事物必然性概念结构的方式。我们证明必不可少的绝对概念是矛盾。但作为矛盾概念，每一个都与在自身的水平上解决矛盾的另一个必然地联系着。所以，我们得到建立在矛盾基础上的必然联系。这完全适合黑格尔的本体论。给定的绝对概念既是必不可少的又是非连贯的。这意味着它所指称的部分现实必须既存在而又自我毁灭。这可能仅仅是因为也存在着被在这一水平上解决矛盾的较高级范畴所指称的较高级现实，并且这部分现实凭借其固有属性被保存在较高级现实之中。不断毁灭自身的部分现实由其所从属的较大整体不断地设定反而能够继续存在下去。因而我们借助矛盾及其矛盾的解决穿越必然的概念群,这意味着较低项通过被较高项设定而与较高项联系着(因为较低项依附较高项而存在),然而较低项又必然被设定(因为这些项是必不可少的),而且正像它们必然要消逝一样(因为它们是矛盾的)。但这准确地反映了黑格尔本体论,因为在黑格尔本体论中较大的整体或“绝对”必然产生部分外在现实,而作为“绝对”的表现,这样的现实是矛盾的且必然要消逝。

黑格尔真正兑现了证明现实是矛盾的这一诺言了吗?读者务必在 231
研读《逻辑学》过程中作出判断。我认为黑格尔并没有实践自己的诺言。但这并不是说《逻辑学》的推论彻底失败了。恰恰相反,该著作具有一整套令人信服的、使其他哲学见解相形见绌的推论。但黑格尔在一些关键环节上试图进一步推进它们,即,使它们产生黑格尔意义上的本体论见解。而正是在这里,作为推论,这些环节失败了。黑格尔的确有成功的地方,这就是把事物的结构描述为提供关于他的精神外化见解的“汇聚点和暗示”。虽然这一暗示有时是有影响的,但它在关键之点缺乏概念的证明。

因而,《逻辑学》描述了具有必然联系的、提供关于概念的现实结构的概念群。这就使我们得以较为令人满意地回答超出黑格尔思考绝对概念之外所提出的问题。从最贫乏、最一般且最无法抗拒的一般概念——“存在”——开始,产生于辩证运动中的概念群将构成范畴表,即就对现实的描述而言,这些一般概念是必不可少的。它似乎就是“绝对理念”。事实上,对“绝对理念”的实际使用稍有不同。像其他辩证法一样,黑格尔渴望接纳似乎能够被看做绝对的和其他东西的所有项,因为除此之外的东西对黑格尔本体论也是至关重要的。辩证法以这样一种方式运动以便把这些项连结成辩证的概念群,这意味着过渡并非总是强迫的,并且为了吸收本质之物存在许多迂回,但在迂回中可能期待直接跃向一个较高级的范畴。

《逻辑学》证明了建立在矛盾基础之上的现实概念的必然结构。它证明,矛盾是范畴[11]的本质。范畴是自身运动的。并进一步证明:它们在纯粹黑格尔意义上是基础性概念,即,自我外化的主体。所以《逻辑学》所提供给我们的是理性必然性的基本公式。这一公式自我外化并因此在整体中最为显著。

因此,《逻辑学》描述的公式在某种意义上是精神自我觉知的内核,即上帝内在理智的本质,或者像黑格尔带有点误导性地表述这一公式那样,它是"Die Darstellung Gottes...wieerin sein emewigen Wesen vorder Erschaffung der Nature und eines endlichen Geistes ist (关于上帝的表象……因为上帝在创造自然和有限的精神之前存在于其外在本质之中)"。[12]如果我们暂且撇开对这一"之前"的解释,因为对它的解释可能与我们已经看到的构成黑格尔本体论的基本概念相抵触,那么,我们就会把《逻辑学》提供给我们构成精神或上帝本质的理性必然性的概念公式这幅图画看做是"绝对理念"的另一种表述。似乎这一公式告诉我们,上帝被折射在自身的内在本质中,而不是像我们可能看到的那样被折射在自然和历史中。这是一个基本见解,但只靠它是不够的。

---

⑪ 黑格尔:《逻辑学》,拉松版,第1卷,第38页。

⑫ 黑格尔:《逻辑学》,拉松版,第1卷,第31页。

第10章
存　在 232

一、定在

如果我们用音乐语言表述，那么黑格尔逻辑学第一乐章贯穿于第1部分头两章——**存在，质**——的始终。接下来，在第3章里，黑格尔另辟蹊径，以便把这最初的研究和**量**连接起来；不过，第1部分头两章形成一个确定的发展整体。

这一乐章的序曲是“定在”这个概念。在定在中，黑格尔力图表述他关于有限存在的基本本体论见解：有限存在是必然的、尚未充分展开的，因而是无限存在之消逝着的中介。他在论证**存在**的过程中确立了这一见解。

整个事物的萌芽包含在开始几行的第一个著名推论中。让我们从存在这一纯概念开始，我们将看到，它是尚待展开的。没有一个事物是完全不具有某个规定的质的。假如纯存在只是这一个，也就是说，假如它既不是动物、植物又不是矿物等等，那么它就是无。这是逻辑学的第一个著名推论：纯存在就是纯空洞性，就是无。相应地，纯粹地无规定的这个无等于纯存在。所以，概念纯存在没有达到它自己的目的。我们不可能只用它来描述实在的属性,并被迫转到作为特定的存在这个概念,亦即作为具有一些质的存在这一概念,而不是别的概念。**存在**只能被认作特定的。

但这意思是说,存在和非存在被连接在一起;因为描述定在属性的惟一方法是依据一些属性,术语属性只有使之处于相互对立、相互对比的关系中才易于为人所了解。在这个意义上,黑格尔采纳斯宾诺莎的all determination is negation(一切规定都是否定)这一原理。在**定在**中,存在与非存在这最初辩证法的结果因此是二者的合题。

可是根据黑格尔的说明,我们并未立刻到达**定在**。**有**与**无**的第一个合题是**变易**,变易也能被说成是有与无的统一:生成或消亡过程是一个从存在到非存在(从无到有)、从非存在到存在(从有到无)的过程。在这里,黑格尔想要引进变易的原因是很清楚的,因为变易对他的本体论来
233 说是至关重要的:**精神**只能被实体化,然而这些实体全都是不适当的,因而它们不得不消亡,以便为他者腾出地盘;所以,**精神**的存在是永恒的运动,一个永恒的生成和消亡过程。

不过,**变易**的派生物并不像**定在**的派生物一样稳固。这在黑格尔的《逻辑学》中是第一处,而不是最后一处。在《逻辑学》中,黑格尔将超越被他的论证所严格地确证的东西,因为他在概念的关系方面发现他的本体论的暗示:在**存在**与**非存在**的关系方面的运动和生成的普遍性。但是作为证明的论证,这些段落当然是不能令人信服的。它们作为严格的概念证明失败了,不管它们作为阐释对于那些以其他理由坚持黑格尔事物观者来说是多么有说服力。因此假若这样,由于从存在到虚无以及后面的概念的过渡,概念变易恐怕把它自己强加给我们;但当我们仔细思考每一方时,这是我们的思想被迫所作出的过渡。诚如我们所知,思想与实在之间的区分最终是站不住脚的;但是我们在这个阶段不可能

利用这一原理。[①]我们在论述康德式的范畴,即我们用以思考事物的范畴;我们所必须证明的并不是:在关于事物的思想方面,我们从一个范畴转到另一个范畴,而宁可说是事物不可能被用一定的范畴加以思考,除非其他范畴亦被应用于事物。这是当我们规定**存在**只能被用作**定在**时所必须证明的东西,而我们尚未证明**变易**的客观必然性。当我们进一步考察**定在**和发现它被矛盾所困扰并因此被运动困扰时,将会证明**变易**的客观必然性。

1.定在

这是第2章试图确证的基本论题,也是论证的关键。矛盾通过概念否定而归于**定在**。我们在上面看到,**定在**是有与无的结合,而在这里黑格尔将说:**定在**是实在与否定的结合。让我们较为仔细地考察这一结合。在接下来的、复杂的论证过程中,黑格尔在没有清楚地区分许多独立的组成部分情况下把它们编织在一起。

由于上面所提到的、斯宾诺莎的一切规定都需要否定这条原理,我们首先能够把定在认作实在与否定的结合。概念应该与他者相对照,这对描述的概念内涵来说是至关重要的。没有像"圆"这样关于形状的其 234

① 诚然,如果我们允许我们自己利用《精神现象学》的那些结论,例如,认识是关于它的对象的认识,那么不存在关于这个派生物的问题。但是这也许将要改写整个《逻辑学》:从严格的证明到对已被确证了的原理的纯阐释。这也许将把《逻辑学》置于同从属的辩证法一样层次上,因为从属的辩证法追寻《逻辑学》。考虑到作为严格辩证法的《精神现象学》中的那些脱漏,这对黑格尔的体系来说也许是致命的。

撇开作为《逻辑学》起点的《精神现象学》的那些结论(例如,《逻辑学》,拉松版,第1卷,第30、53页)的一定关系,对照仅仅把它们看做界定《逻辑学》的任务,黑格尔实际上曾想要利用这些结论是令人怀疑的。但是,他在这一点上并未充分地阐明他的思想,这倒是可能的;这可能说明他允许他自己略去这些作为论证的富有启发性阐释的段落之原因。

他概念，我们不可能具有关于形状的概念“方”，因为“圆”能与“方”形成对照；没有“黄”、“绿”、“蓝”或诸如此类的颜色概念，我们不可能具有“红”。丰富关于颜色的词汇，就是增加关于色差的可用材料。从而，因为我们能够借以描述定在属性的全部关于属性的术语本质上与其他术语相对照，因为我们只能够把存在理解成特定的，也就是说，理解成具有某些属性或其他属性，因为否则我们陷入纯存在的空洞性，所以描述拥有质的**定在**的属性同时就是否定不拥有他者的**定在**的属性。红的东西本质上也是非蓝的；如果它被理解为非蓝的，它只能被理解成红的。

到目前为止，一切顺利。可能令我们担心的是，黑格尔似乎离开下面这个无懈可击的论点：一切实在必须被对比性地描述，或在下面这种意义上，定在否定他者：面对他者，定在通过一种斗争来维持其自己的存在，因而在主动意义上，定在相互“否定”。这一关系对他的论证来说是至关重要的，像我们将要看到的那样。黑格尔这里的论证并不是十分清楚的，并且他采用不同方式展开这一论证，而与《小逻辑》中情况相比，这一论证在《逻辑学》中显得更为具体。但我认为，我们能够试着阐释这个潜在的论证。

虽然我们所借以描述一个给予**定在**的质可能与想像的属性相对比而界定，也就是说，可能与未经具体说明的属性相对比而界定，但是一些构成我们的描述基础的对比必须加以具体说明。在这些情况下，具有质的**定在**间的对比是不同质的事物间的对比：黑格尔使用“某物”这个词——“**物**”留给较后阶段。可是，当我们谈论“某物”并且不只是谈论质时，可能发现它们不仅在我们对它们的描述方面是对比性地相关联的，而且它们彼此形成复合因果关系，即构成它们的存在、变化或最终消失的因果背景的关系。作为与其他事物(其中一些事物潜在地消亡)因果相互作用的存在，某物确实能被象征性地认作通过反抗其周围事物的压力而维持它自身为僵硬的躯体。例如，“某物”通过反抗来自周围物体的(某种程度的)压力和影响来维持它自己的外观。

然而我们可能认为,这里的论证显得有些松散,因为我们似乎采用可能被常识所充分证明的一些论据,但它们未被证明具有存在的必然特征。众所周知,世界中的事物处于因果相互作用中,但我们不能声称已把握现阶段事物的因果相互作用。更为头疼的是,我们不可能声称已明确地做到这一点,因为黑格尔把与原因相关的那些范畴留待在逻辑学稍后部分的**本质**中加以论述。但是实际上,看来这里存在一系列含蓄 235
的、被作了极为含糊地表述的思考。也许它们能够被详细阐述如下:

我们所借以描述事物的那些属性不仅通过对比来界定,而且它们根据一事物与其他事物的潜在因果相互作用来部分地描述它们所应用的东西,这也是它们自己的内涵的本质部分。描述某物是硬的,就是与其他事物相联系来说它自己的可穿透性、可延展性等等内容;描述某物是方的,就是说它可能潜在地适合平行的边等等内容。我们的经验属性语言这个概念冒犯了笛卡尔主义和经验主义的传统,因为从这个传统中一幅知觉的、基本地沉思的图画派生出纯粹现象的属性之模型。似乎最适合于这一模型的范式是只有感官才可获得的属性;其中最常被征引的例子是我们那套关于颜色的术语。

我们是否能够从我们借以描述我们所理解的东西的属性之网中抽象出纯粹现象的术语颜色,这还是个未知数。例如,我们可能竭力证明,当红颜色被看做波斯地毯的颜色或花瓶的颜色时,它看起来是不同的,或在现实可感空间中,不可能根据触觉理解视觉。但是,纵使撇开这一点,显然我们通常不可能把关于颜色的抽象术语当做术语属性的模型,并且至少绝大部分关于属性的术语借助相互作用的类型而部分地理解,而且我们把相互作用归于术语所应用的东西。

从这一点出发,我们能够理解定在的质涉及到否定他者这另一含义。定在不仅被对比性地界定,而且被借助与他者的因果相互作用的类型而部分地界定,并且这种他者的存在介入因果相互作用,而在因果相互作用过程中,有关事物的存在、变化或消亡总是成问题的。所以,仅凭一点点大胆的想像，我们可把事物的质说成界定事物维持自身存在的方式或界定事物在它自己的环境中最终消逝的方式，即事物“否定”他者的潜在“否定”的方式。

我认为，黑格尔关注两点：对比的“否定”和相互作用的“否定”。他说到某物作为“最初的否定之否定”[②]时，也许对上述两种否定根本未加区分；在这方面，黑格尔借助纯**定在**已经勾画出他者向自我复归的原理之轮廓并且他者通过主体达到其最为充分的实现。存在的最低形式必然被理解成存在的最高形式的未完成的原形式并且存在的最高级形式是主体，这对黑格尔的本体论来说当然是极为重要的。

上述两点似乎构成《逻辑学》论述**某物**的基础[③]。黑格尔首先提出这样一个观点：**某物**必然和另一**物**相关联，换句话说，必然存在着一些真实的对比。实际上，我们可能会说，每一某物都是某些他者之他者。黑格尔由此转向相互作用方面的**某物**的观点，因而转向具有两个方面的某
236 物的观点：某物是自在的东西；某物的存在与他者有关。黑格尔的论点是：二者是不可分割的。他转而抨击康德的**自在之物**这一概念[④]，即和他者毫无关系的实有，特别和关于自在之物的认识毫无关系的实有。在这里，黑格尔似乎依赖相互作用的论点，像他早期似乎在《精神现象学》中也这样做的那样[⑤]。如果我们指的是根据他者的全部相互作用的抽象来描述**某物**的属性，那么某物对我们来说必定仍然是绝对空洞的、无定形的，也就是无。描述某物的属性，必然就是讨论它自己与他者相互作用的类型。

黑格尔如何做到设定**某物**处于矛盾中的呢？回答是借助于把他自

② 黑格尔：《逻辑学》，拉松版，第1卷，第102页。

③ 黑格尔：《逻辑学》，拉松版，第1卷，第103—106页。

④ 黑格尔：《逻辑学》，拉松版，第1卷，第108页。

⑤ 我在上面第2、4章中未能充分讨论这些段落。但请参阅我的《关于〈精神现象学〉开始部分的论证》一文，载阿拉斯代尔·麦金太尔(主编)的《黑格尔》(纽约1972)，第151—187页。

己置于概念否定的基础上。某物只能借助和另一物相关联来界定,并且它与这另一物形成对比。这另一物是某物的否定。这一否定不应纯粹在对比意义上加以理解,而应在相互作用意义上来理解:这另一物是**某物**为了维持它自身存在而必须反对的因果情境,因而在最为彻底的意义上,倾向克服某物的东西,正是否定某物的东西。然而这意思是说,**某物**处于它自己的否定的本质关系中,在这一意义上某物能够被认作具有它自身之内的东西,即它自己的否定;它因而存在于矛盾之中,并注定要消逝。

这一论证令我们疑惑不解,的确如此。因为它利用了许多混乱。首先,否定的两种含义,即对比的“否定”和相互作用的“否定”,被术语“限度”所取代。某物通过它自己与他者的对比限度而仅仅具有定在。在这个意义上,某物的限度是某物的要素。“**某物**之所以是某物,只是由于它的限度,只是在它的限度之内。”[6]限度不应在数量意义被理解成区域的边缘。而质的限度“却贯穿于全部限有”[7]。

但是这限度为那些其他的对比的属性所共有。它同时界定它们,并且是它们的要素。因而在包含限度方面,每一属性既包含着本质上构成限度的东西,又包含着否定限度的东西。

如果我们现在转到限度的另一含义,即相互作用的含义,我们恰好可能既提出对比的逻辑的含义,又提出具体的这一“否定”,这看起来仿佛每个实有本质上都包含着它自己的灭亡的种子。但是,当然在对比意义上,当我们转向事物借助相互作用所相互“否定”的限度时,不管有多少东西可能诱使我们说某物包含着它自己的否定,说每一实有都包含着它自己的否定恰好是错误的。恰恰相反,在事物维持自身存在的程度上,事物逃离自己的“否定”。当然,如果它们做不到这一点,就会消亡,

⑥ 黑格尔:《小逻辑》,§92,附释。(贺译本,第204页。)

⑦ 黑格尔:《小逻辑》,§92,附释。(贺译本,第204页。)

但我们本质上无法确定它们正是靠它们被界定的方式做到这一点。

237 用黑格尔(《小逻辑》§92中)所举的田地为例。黑格尔通过树林和池塘来对比性地界定这块田地。通过我们种在田地上的种子或灌溉到田地上的水,这田地也能够被转化成树林或池塘,并且由于田地不适合树的生长和它自己的排水性质，它仅仅维持自身存在。但根据田地的定义，树林或池塘本质上与草地密切相关这一含义和它们在田地中是否获得真正的立足点毫无关系。

事物原则上总是易于变化和消亡的，这必定与事物必然处于彼此因果相互作用之中这条原理密切相关。在这最低限度意义上,一切事物都是有死的。但愿黑格尔活得更长一些。他仅仅想根据概念必然性来证明我们从经验和深层直觉中所体悟到的东西,即,所有事物不仅原则上都可能死亡而且实际上确实死亡。他之所以想要证明这一点,是因为一切有限事物都处于矛盾之中,或都处于无限事物的有限实体之中,因此它们必然消亡,这对他的本体论来说是至关重要的。他从**定在**与它自己的他者的本质关系中所得出的作为结论的,正是概念矛盾和必然死亡。

在为这整个运动的本体论结论作准备过程中，黑格尔称这种情况为有死的、自相矛盾的“有限”。

> 当我们说事物是有限的,我们意味着:它们不仅具有规定性,质不仅是实在和自在存在的规定，它们也不仅仅是有界限的——在界限之外,它们还有定在,有限事物存在着;但它们与其自身的关系是这样:它们否定地自我关联,并在这一自我关联中,使它们超越自身和它们的存在。它们存在,但这一存在的真理是它们的终结。像**某物**那样,有限事物通常不仅变化,而且它会消亡;但它的消亡不仅仅是可能发生的,假如那样,它可能成为永恒的东西。正是这些有限事物的存在，它们包含作为它们自己的自在存在的死亡的

种子：它们出生之时即为它们死亡之时。[⑧]

在这里，我们具有第二个更为重要的例子。在此例中，黑格尔迫使他的论证超出它能够严格地得出的东西，并且以真正是说明对他的本体论具有相当暗示性的事物而结束，而不是以对他的本体论的、严格的证明而结束。一切事物都消亡，这一事实能够被看做内在自我否定的表现。我们能够引用各种事例来说明世界，以便使人联想到黑格尔关于事物的见解。

但是黑格尔正在瞄准矛盾并且必然更加针对矛盾。正如辩证法的各个阶段情况一样，矛盾不只意味着是严格的证明的对象。不过为了成为概念必然性的东西，作为恰好在概念**定在**中的矛盾既表明有限事物依赖较大的整体(黑格尔将称之为“无限”事物，像我们马上将要看到的那样)，又表明有限事物的死亡。因为存在着有限事物的消亡和有限事物 238
的本体论依赖性，以便解决概念的矛盾，因而这种消亡和依赖性获得理性的必然性。

矛盾赋予黑格尔体系中的必然性以动力，像我们在上一章看到的那样。这就是对有限**定在**的讨论在《逻辑学》整个论证中扮演决定性角色的原因。矛盾是事物的必然相互联系的契据(charter)。我们能够把世界的结构认作必然的，因为矛盾的有限事物是与必然的整体相关联的。

有限事物中的矛盾意味着建立在下面这一基础上：存在必须是确定的，像我们在开始部分的辩证法中看到的那样。与其他可能的本性相比，存在着就是具有某些特定本性地存在着。确定性是实在的标准属性。因为必定有(某种或其他的)实在存在着，所以必然存在着定在。换句话说，因为“存在”必然具有适用性和只能用作确定的，所以“定在”必然

⑧ 黑格尔：《逻辑学》，拉松版，第1卷，第116—117页；W.H.约翰斯顿和L.G.斯特拉瑟斯译本(引文略有改动)，载《黑格尔的逻辑学》(伦敦，1929)，第1卷，第142页。(杨译本，上卷，第125页。)

具有适用性。

然而我们发现，成为确定的就是在它自己中包含自己的否定。而且,不管包含它自己的何种否定都不可能常驻不变。因此实在所必须具有的正是规定性,以便有助于扬弃规定性。它是矛盾的;这一矛盾极大地影响它自己的概念。我们不只是谈论需求的某些偶然的矛盾。例如,我因某一疾病所必须服的一些药引起另一种病情加重。这是由于我的偶然行为所获得的需求的矛盾。

但是在这里，我们在谈论“实在”或“存在”——必须运用的概念——的标准属性的矛盾。存在必须是特定的,同时必须避免消亡。因此这矛盾是理性的、必然的,亦即最高意义上的矛盾;它同样存在于事物之中。这就是矛盾在有限事物中所推动的运动是理性地必然的之原因,并且这就是有限事物与较大整体的关系。

必不可少的概念具有非连贯的适用性。现在我们可能发现黑格尔把康德的二律背反看做普遍性矛盾的例子之原因,并且他的《逻辑学》将揭露这一普遍矛盾。但他不可能采用康德的方法:非连贯性存在于我们描述实在的方式中,而不存在于事物自身中。其实,康德的方法在这里是不能奏效的。因为我们不只是论述诸如“可分性”或“界限”之类概念,这类我们所似乎能够证明的概念适合描述具体事物,这种描述是我们每个人都能够做得到的。一般说来，我们已经揭露的矛盾涉及“**存在**”,即,概念实在。

黑格尔的这一论证因此具有本体论的重要性。假若合法的话,它也许是极其正确的推论。但令人遗憾的是,在把规定性与自我消亡连结在一起过程中,黑格尔的论证建立在否定的概念这一模棱两可的基础上,
239 像我们看到的那样。因此这对这一论证来说是致命的。黑格尔最终提供给我们的正是一幅关于全部实在的易变性的画像；这易变性来自内在冲突即自我否定。但是,尽管它具有极大的启发性,严格的证明毕竟无法设定自相矛盾的语言。它能够成功地要求的、惟一的同一性是建立在

有限论据基础上的、多少有点说服力的注释的同一性。

黑格尔继续讨论“有限”事物的矛盾。在论述概念矛盾时,他提出事物必然灭亡的另一原因,它是较早原因的翻版。在力图维持自身存在过程中,事物努力扬弃它们自己的否定。现在,有限事物的限度,像我们已看到的那样,是有限事物的否定;它因此力图超越它自己的限度。但因为限度也是界定有限事物的,因而构成有限事物,所以有限事物对限度的超越是有限事物的消亡,或有限事物转化成完全不同的某物。表述有限事物的这一方式诚然利用同上面一样的混乱:我们可能认为,处于发展或维持自身存在过程中的事物缩小相互作用的限度这一含义与质的限度的消亡无任何内在联系。可是,表述事物的这一方式揭示源自事物自己的消亡的动力和源自事物力图充分地实现自己的消亡的动力。当然,有限事物消逝,恰恰因为它们试图包含无限事物,死亡因而是它们的完成。这是表述有限事物的一种方式,这种方式与黑格尔正在迈向的、潜在的、本体论的结论相吻合。

黑格尔用其他话语表述了矛盾的这后一原因;这里的限度被称作“界限”或“障碍”;实现的内在动力被称作“应当”。当然,引入这些特殊术语,以便给康德和费希特的错误提供一个参照;康德和费希特的伦理学和形而上学与我们应当追寻的而决不能够实现的目的这个概念密切相关。像我们已看到的那样,尤其黑格尔对康德伦理学的批判是:他认为,康德揭示了本性与义务之间的对立,因为人们必然总是试图使前者适应后者,即改造世界并且使他们自己的情感与道德律和绝对命令相一致;但他们无法忍受消解二者间的区分的痛苦和因而取消道德律和义务的痛苦。[9]黑格尔对康德这一道德两难推理大加评论,这显然为这里的应当与障碍之间的矛盾图画提供了原型,而“应当”必然取消康德的道德两难推理据以建立的这一区分,以便实现它自己。

---

⑨ 参阅本书第6章第三节的论述。

240 2.无限

如果我们过去还不晓得我们没有到达这一运动的终端术语，那么**应当**一词的使用已足以告诉我们这一点。因为与“应当”密切相关的那类有限是产生与“坏”无限这个术语相应的那种类有限；黑格尔的“坏”无限指的是这样一种无限：它是非封闭式的，在连贯的结构中未被合成一体，因而在另一种意义上是无边际的。我们在这里应该提醒自己，黑格尔的无限概念是不受他物制约或限制的整体；但这意思不是说，他的无限不具有结构或形状；它只是意味着与外部事物没有联系。因此，无限整体并非必然是无边际的，而它可能是一个有序整体并且这整体的要素仅仅是相互关联的。对于黑格尔来说，这实际上是真无限概念，或根据无限精神的本性在本体论意义上建立起来的概念。它与纯粹无限制的无限或无定限的外延的无限截然相反，因为后者不具有内在统一性。

因此对于黑格尔来说，真无限联合有限与无限。这表现在两个方面：首先，他拒绝把有限和无限看做分开的和相互对立的，因为假若那样，因为它们不可能不相关联，所以无限也许与并非自身的某物相关联，因而无限也许将不成其为无限。真无限因此必然使有限成为球状物。在真无限的最基本层次上，这反映着黑格尔对绝对的选择；绝对不是与世界分开的或在世界之外，而绝对作为世界的实体包含着世界。

但是其次，无限不可能仅仅像无止境的进展包含个别项那样包含有限并且个别项组成无止境的进展。在黑格尔意义上，这也不会联合有限和无限，因为这种联合总是有缺陷的。不管我们把无限的进展想像得多么远，它总是有限。根据这个模式，无限决不可能是这样一个有限整体：在这一整体中许多有限元素具有一个必然位置。

所以，黑格尔的概念无限是被实体化于有限存在的封闭圈中的无限生命概念，并且对于无限来说每一有限存在都是非充分的，因此都要消亡,而按照必然顺序被另一有限存在所取代;这整个系列并不是无边际的,而是自身围成一个圆圈。这样的圆圈是组成逻辑学范畴的圆圈,是组成自然哲学和精神哲学存在层次的圆圈,是组成国家角色的圆圈。这样一些有序整体并不与它们自身之外的事物相关联。实际上,这整体中的要素是有限的和易逝的,而这整体是无限的和永恒的。但是二者间不存在隔膜,因为无限只存在于有限的必然顺序中。

这就是黑格尔即将带领我们到达的无限概念。作为特定存在的定在是有限,因为特定存在必然消亡。特定事物是与它之外的他者既静态地——与其他有限事物的对比和相互作用——相关联的,又动态地相 241
关联的,但在后一种关联中特定事物消亡,并被他者所取代。不过,这需要另一范畴。像这样被界定的有限无法独立地继续存在,因为有限存在总是诉诸我们而超越它自己。我们需要另一范畴来统摄现实的整体,或统摄独立存在的现实。

让我们称这新范畴为"无限"。于是,我们将约定,它不能被想像成存在于有限之外的某物。首先,因为我们已经知道,非有限的、非确定的存在等于无,所以这样的无限总是空洞的。其次,因为这空洞的无限总是具有它自身之外的某物,像我们刚才已证明的那样,因而总是不能成为真无限,总是不能成为整体这个概念。这种无限始终是有限的。但我们也不能把无限想像成纯粹地无边际的,因为这也不会提供我们独立存在的整体这一概念。在任何时候和在有限从其他有限事物中所产生的东西中,有限总是取决于他物。不过,这种依赖关系不可能永世长存,否则没有事物不断地生成。当我们探寻这依赖关系时,我们最终必然到达独立存在的、不依赖外部事物的整体。

因此概念无限必然是有限事物及其关系的整个系统这一概念,而无限自己不依赖他物或不受他物限制。这种无限包含着有限,它在某种意义上等同于有限,但它同样是一个封闭的整体。

我把这当成黑格尔的论证的要点,尽管他未用这些术语陈述它并且他所意指的东西并不是完全清楚的。反对空洞的、无限的彼岸的论证是十分清楚的,但在逻辑学的两种描述中,决定性过渡是从无止境进展的坏无限到真无限的过渡。坏无限向我们揭示有限事物的无止境系列:当每一有限事物必然并且被另一有限事物取代时,它消逝了。我们看到每一消逝的某物被另一有限某物取代时,产生了向真无限的过渡。这一变化中存在着同一:“因此可以推知,当某物过渡到他物时,只是和它自身在一起罢了”[10]。这就是“真无限”。

我对这一过渡的理解如下:如果我们沉思有限事物的连续性,那么我们最终被迫把参照的中心点从特殊的、短暂的有限事物转到通过有限事物的生成和消亡而产生的、持续的过程,因为在有限事物那里每一有限事物都消逝并且被另一有限事物所取代。这就是异中之同。但这一过程的所在地并不是任何具体有限事物,而是有限的、转瞬即逝的事物的整个系统。

242 从有限的、从属的实在这一概念向独立存在的整体这个互补的概念的过渡,是黑格尔在《逻辑学》进程中将要花费许多时间的一步。这是他的武库中的一把杀手锏。他在这里用得恰到好处。但是,与我们可能热衷于在他的论证的基础上所证明的范畴相比,黑格尔在这里所推出的无限这个范畴要丰富得多。概念有限与从属,需要关于整体的互补概念,这可能容易被接受。不过,黑格尔的“无限”不仅是关于整体的概念,而且是关于这样的整体的概念:这整体的内在连贯性和过程必然地展开。

因此,黑格尔把有限与无限的统一这个洞见说成是“**理想性**”的发现。[11]当我们把有限和无限与必然性联系起来时,我们达到对事物的最为充分的理解,因为必然性的公式通过理念或通过接近柏拉图意义上

⑩ 黑格尔:《小逻辑》, § 95;威廉·瓦莱士译本,载《黑格尔的逻辑学》(牛津,1874)。(贺译本,第209页。)

⑪ 黑格尔:《小逻辑》, § 95。

的某物加以表述。因而，“无限事物的真理是……它的理想性”，而且，“因此每一真正哲学都是唯心主义”[12]。

使得这个较有说服力的结论成立的，是我们在上面所考察的那个较早的论证，因为该论证证明有限事物是矛盾的所在地。如果无限是有限所经历的变化的整个系统，如果矛盾推动这些变化，那么必然性支配无限的内在过程。

让我们更仔细地考察这个问题。有限事物必然消亡，但在消亡过程中它并非纯粹地消失。它所经历的否定自身是一个特定的否定，因此在消亡过程中它被另一特定事物所取代。例如，燃烧的木头变成烟和灰。总之，我们不能只把特定的事物认作消失，因为存在必然是特定的，像我们所看到的那样，并且因为**存在**是一个不可忽缺的概念，**定在**才同样是一个不可少忽缺的概念。[13]

因此某一有限事物的死亡是另一有限事物的产生。这是普通的、非 243
思辨的思想试图回避这一问题之处。当这种思想产生一个关于有限事物的、必然的道德直觉时(尽管它并未发现这个矛盾)，它自然地把有限存在认作被一个超越有限的无限存在所支撑。有限事物消亡时，这种无限存在总是取代有限事物。但根据黑格尔的论证，这种无限存在是不可能存在的。首先，没有有限存在即定在，他不可能存在。其次，实际上他被潜在地界定为特定的，因为他与有限形成对照。这样一个无限存在的

⑫ 黑格尔：《小逻辑》，§95。(贺译本，第211页。)

⑬ 我们能够用另一种方式表述这个观点：如果我们只把有限事物认作消失，那么我们将回到**无**这个范畴。但《逻辑学》语境中的**无**不可能是绝对的非存在，不管非存在可能是什么，因为在《逻辑学》中我们论述范畴，即，与某些实在有关的概念。更确切地说，**无**必须被认作实在，但这一实在不是这，不是那，简言之，不是任何特定的东西。它因此等同于**存在**，即起点，它自己再次产生**定在**。所以，定在(Dasein)不可能消失。参阅黑格尔的《逻辑学》，拉松版，第1卷，第118—119页，黑格尔间接提到**无**的辩证法与有限事物辩证法之间的相似点。

概念是一个矛盾。

因而,一旦我们理解有限事物的有死性,那么无限——我们所被迫假设的独立存在的整体——可能仅仅是变化着的定在的整个系统。在有限事物的系统之外,不存在有限事物的根基。因而在我们为了解释新的有限事物的生成所利用的系统之外,不存在根源。新的有限物的生成恰恰是它们的原有有限物的消亡。

但是这原有有限物由于概念的必然性而消亡。因为它的死亡是矛盾的解决。它的后继者因而达到概念的必然性。但是,全部有限事物都是某些他者的后继者。因此必然地发生有限事物的消亡和生成。

无限事物,作为变化着的有限事物的整个系统,因此是概念必然性的展开,因为这些事物在不断地尝试解决矛盾的过程中产生变化和展开它们自己。矛盾是事物的原动力。它影响一切事物,因而始终推动处于不断生成中的一切事物。[14]无限事物可能仅仅是整体,而保持同一的是贯穿于变化的整个系统之始终的必然性公式。

由于这一内在必然性,无限事物不只是在下面这种意义上的整体:无限事物是有限事物的集合,并且,没有什么东西已被从有限事物中省略,或无限事物是处于偶然因果相互作用中的一组有限事物。无限事物是一个总体即整体,整体的部分是内在地相互关联的,也就是说,在整体中,每一部分只能够借助于自己与他者的关系加以理解。因为这些部分或有限事物借助于概念的必然性而产生和相互承接。黑格尔的有限事物的矛盾这个概念因此已经产生重要的结果,并且,像我们看到的那样,它超出了他的论证可能证明的东西。它完全导致把整体看做有限事物的、偶然的集合体与把整体看做总体之间的差别,而且,在黑格尔术语意义上,这总体应称为“无限”;在这总体中,有限事物被看做具有它自己的、理念的真理。

---

⑭ 黑格尔:《逻辑学》,拉松版,第1卷,第138页。

由于这样，黑格尔的无限概念已包含他的本体论见解的基本属性和《逻辑学》的最终范畴即理念的基本属性。无限是一个独立存在的系统,概念必然性决定该系统的结构,而这一系统体现于有限事物之中。

但是**无限**仍然是对理念作贫乏的和抽象的描述。因为我们只知道它具有被具体地展开的必然结构。我们尚不能界定这结构的系统整体。这将由《逻辑学》更深层的和更丰富的范畴来完成。

在从**定在**过渡到**无限**的过程中,我们已经转移了实在的重心。我们不是只把实在看做某一具体事物，而倒是把它看做被置于过程中心的东西;它贯穿许多事物的转换、生成和消逝的始终。这是和黑格尔逻辑 244
学的整体发展相一致的;借助于这一发展,每一阶段都使我们进一步接近本质,也就是说,进一步接近存在这一概念并且存在以自身为中心、本质上是连贯的和开展它自己的独立活动,简言之,愈来愈接近主观的原型。**某物**的最初概念,作为否定之否定或作为自我维系的存在,已把我们推上了这条道路;现在我们采取进一步措施以便揭示更深的本质;本质的活动不仅表现于这事物的存在之中,而且表现于转换、生成和消亡的有序系列之中。我们具有更深层的否定之否定，更为系统的统一体,因而具有更高级的本质;或者相反,我们表述事物间更深层的联系;现在这一联系不仅构成无联系事物的存在的基础，而且构成从一事物到另一事物的转换的基础。

因而逻辑学的最初推演以黑格尔建立起(符合他自己口味的)关于有限存在的基本本体论见解而结束;有限存在,作为无限事物的工具,与无限事物连成一气，与存在必然是特定的存在这一基本起点连成一气。**存在**的辩证法产生**定在**;**定在**,作为实在与否定或存在与非存在的混合体,被解释成内在地矛盾的,因而被解释成包含着它自己的消亡。这矛盾的自我消亡的本性是有限，但消亡的动力被解释成对限度的超越,因而被解释成无限的动力;无限于是被看做有限事物的生成和消亡过程中固有的东西。因而,**存在**和**非存在**不仅统一于**定在**中,而且统一于**变易**中。也许我们在最初的辩证法中过早地宣布了这一点。

二、量

在题为"**自为存在**"的"**质**"的最后一章中，黑格尔过渡到量。这一过渡似乎有点勉强。实际上正是如此。它提供我们在黑格尔辩证法中常常注意到的螺旋式发展的又一范例：黑格尔从他已经达到的高一级见解"退回"，以便接纳一些其他重要系列的概念或过渡，并把他的辩证法提供给这些概念或过渡。

在这一点上，这看来倒是事实，因为从**定在**中已产生的是，像我们看到的那样，无限物这一概念；无限物继续存在于**定在**的生成和消亡过程中，继续存在于与"理想性"相关的实在的生成和消亡过程中。因而，我们到达这质的消亡中保存下来的存在这一理念。用较为黑格尔化的语言来说，我们到达这样一个存在：它否定它自己的具体规定，或从他者中复归它自己并且它被他者所规定[15]，或它"对它自己是纯粹的关系"。[16]

245 这就是黑格尔的**自为存在**概念，即我们现已到达的阶段，并且黑格尔当然引用主观性的"**我**"作为范例。因为在他面前主体作为意识具有一定的客体；主体作为自我意识具有一系列确定的属性，但由于这些原因，主体在下面这种意义上"复归他自身"：主体不可能与属性相一致；客体和属性通过这同一个人的生命而发生变化。人的主体当然最终自我消亡；**自为存在**的最高范例是绝对主体并且绝对主体的生命通过外在实在中变化着的整个系列而继续存在。

用黑格尔术语来说，这一切也许是一目了然的：我们似乎在**自为存**

[15] 黑格尔：《逻辑学》，拉松版，第1卷，第147页。

[16] 黑格尔：《逻辑学》，拉松版，第1卷，第147页。

在中已推知作为生命的主体这一概念；主体的外在实体的生成和消亡以生命为中介。但这并非是我们在《逻辑学》这个阶段上想要到达的阶段，确切地说，这个阶段将在《逻辑学》第3篇的适当之处才会出现。我们在本阶段所要推出的仅仅是量。

所以黑格尔继续指向过渡。他提醒我们：我们仍然处在**存在**阶段，或我们仍然把实在看做是无尺度的纯存在，而不是看做某物的派生物或表现。只有在第2卷的本质论中我们才把实在看做某物的派生物或表现。因而它不可能是思考主体的概念的问题。但是，如果我们把这较为丰富的概念变换成纯存在的、较为贫乏的内容，我们确实得到一个新的形式并且这新形式可能成为新的辩证法的起点。

这新的形式是纯存在。但它借助主体所保持的，或证明它的被称为"**自为存在**"的存在是正确的东西，是它对自己的、特殊规定性的否定。它自己是一个被挑选出来的存在，没有任何特定的质。但黑格尔声称，这不是向《逻辑学》开始的纯**存在**的非规定性的复归，因为这非规定性被**自为存在**的自我关联所设定，它已从这辩证法中产生。在这一论证过程中，黑格尔似乎既要鱼又要熊掌，或既保留他因其论证所需要的主体的那些属性而又继续存在于**存在**的领域。但让我们撇开这一缺点，以便追寻他的论证。⑰

现在，黑格尔称这一存在为"一"。我们能够理解这一存在的潜在逻辑，尽管黑格尔的推论似乎带有更多的浪漫色彩。因为这种存在只能被借助于一些类似读数法的程序而选出，即被和他者区别开来。换句话说，我们只能靠把它归于系列的某一数或某一顺序的位置来识别这种特殊的存在。因为在没有特定质的存在中所有这类存在都是相同的，所以它们只能被从数字上加以区分。

诚然，在这一论证中，我假定把识别"一"等同于把"一"和他者区别

⑰ 参阅简·瓦尔在这一点上所提出的异议：《黑格尔的〈逻辑学〉注释》(Commentaires de la Logique de Hegel)，载《巴黎索邦神学院讲义》，巴黎，第95页。

开来,或假定这类存在仅仅是可想像成多中之一。否则,除去和他者形成对比外,一个没有内在区别的存在如何能够被识别呢?在绝对精神的
246 展开过程中,绝对精神必须被在无对比情况下加以识别,但他的生命是丰富多彩的实在的必然相互联系并且他的相互对比的识别构不成什么问题。可是,不具有内在区别的东西不可能被它所包含的东西所识别。因此它只能够被它“否定”的东西所识别。这就是**定在**的境况,而与纯质相同的定在是无差别的,因而定在必须与特定的他者形成对照。但是在这里,“一”不仅是无差别的,而且没有特定的质;它不可能在质上和他者形成对照,而只在数量上和他者形成对照。“一”必然作为多中之一而存在着。

这一论证把我们引至“**量**”。所以,虽然量可能被认作构成黑格尔这一推理的基础,但量的派生物完全采取另一种形式。更确切地说,它贯穿于排斥与吸引这两个概念的始终。假如黑格尔步康德思想的后尘,这两个概念对物理学来说会是至关重要的(因而,虽然这两个概念作为《逻辑学》的阶段被推出,它们还是有价值的)。

理解黑格尔断定成为基本概念的东西是螺旋式发展的一个例子。排斥的派生物(在这里,我们不可能深入研究它)决定于这样的理念:一在否定它自己的质的规定性过程中具有“它自身的否定关系”。因而一必然变成多。但是同时从一中产生的多终究是同一的,即同质的。他者的每一关系同样是自我关系。因而同样存在着吸引。

在推演出(《逻辑学》中的)排斥之前,黑格尔把一这个理念与德谟克利特所提出的原子论哲学联系起来。在原子绝对地提供相互无质的对比意义上,原子确实是“一”,因为它们本质上是无差别的和完全无质的。黑格尔试图说明下面这一理念:根据他关于一的观念,原子存在于虚空之中;在虚空意义上,一是无质的,是空洞性的,是它自己;一存在着,只是为了把它的两个环节——肯定存在和空洞性——分开,以便设定遍布虚空中的原子。

但是,原子论提供我们关于原子的、不适当的概念,因为它把原子的相互关系即原子的结合,想像成纯粹地偶然的;作为偶然事实,一些原子"突然转向",因而遇到其他原子,而实际上原子只能以相互联系的形式而存在。黑格尔试图用排斥与吸引这两个概念阐明的正是这种必然联系。

但我认为,量的决定性过渡被用我在上面所介绍的差异和同质这两个较为一般的术语作了最好的表述;在黑格尔自己关于量的论述方面,他采用与差异和同质密切相关的一般术语,即连续的和非连续的。因为把事物看做由特殊的和同质的元素组成,就是把它们看做可测量的即可定量的。

因此,对于黑格尔来说,量被规定为"纯存在,不过这种纯存在的规 247
定性不再被认作与存在本身相同一,而是被认作扬弃了的或无关轻重的"[18]。在这里,具有决定性意义的词是"无关轻重的":从质方面考虑,一事物的规定性或界限并不是无关轻重的;如果我们改变事物的界限,就会改变事物的性质。但纯粹地从量方面考虑,在不改变事物性质情况下也可能改变事物的界限,事物对界限来说是"无关轻重的"。因此黑格尔说,我们在论述这样一些无关轻重的界限。事物在不改变其性质的情况下能够在广延方面增加或减少,这是量变的一个标志。

这预先假定我们因此能够把被论述的实在看做同质的,也就是说,看做未被质的差异分割的,并且也看做可分成单位的,即,可分成有区别的许多"一"。因而在推出它们的差异性和同质性过程中,我们已经推出了范畴量。

在量的第1章中,黑格尔引入被从量上思考的实在的双重特征作为这里的连续性与分立。我称这一双重特征为同质性和差异性。在上一章结尾处,黑格尔联系吸引与排斥讨论过它。连续性和分立是量的两个

⑱ 黑格尔:《小逻辑》,§99。(贺译本,第99页。)

"环节",因为被从量上思考的实在必然是同质的(即连续的)。然而,我们必然能够在任意一点上规定和测量它,也就是说(在测量过程中,如果不是在肉体上),它必然能够被分割成分立的单位。

这个问题恰恰是,被纯粹地从量上思考的实在能够被用许多不同的方式加以分割。按照纯粹的数量关系,不存在要在某一位置上而不在另一位置上划分实在的理由。黑格尔说得很清楚,纯数量数学术语不适合表述哲学真理。我们能够理解个中缘由:用数量术语来理解事物,就是把事物理解成同质的和微粒的;而对于黑格尔来说,思辨的真理关注系统的整体;构成整体的基本材料是概念的对立。因而相信我们能够用数量术语理解世界,必然是唯物主义,因为只有物质被用量的术语(当然,还有时间和空间)来适当地理解。但是唯物主义必然遗漏表述世界的必然结构的全部重要联系。

黑格尔因此对把数学用作哲学语言颇有微词。虽然数学使我们超越纯粹地感性的观察,但它只提供我们最为外在的关系即非概念的关系。

但是,纵使承认数学的贫困,用数量术语描述的事物的属性如何把我们引向矛盾并因而引向更高级范畴呢?黑格尔在**量**的第2章第3部分论述了这一问题。在这里,他采纳我们早先提到的特征,即,从量上来思考,事物与其界限是无关轻重的,不存在要在某一位置而不在另一位置划分事物的理由。在所考察的这个部分中,黑格尔通过一种使人联想起
248 讨论量的方法来表述这一点:一个定量不得不改变其界限,不可避免地变得更大或更小,因而变成另一定量。但这一过程没有自然的停止之处,因而定量的自我变化是一个无止境的进展,正像**定在**的自我变化是一个无止境的进展一样。像后来的过程那样,黑格尔似乎把这一无止境的进展认作矛盾的,或认作需要一些解答。

但我们可能认为,黑格尔在这一过渡中扮演了一个小骑士。姑且承认**量**是事物对其界限来说无关轻重之王国,这如何证明定量必然超越

和改变它们自己呢?(不管这可能意味着什么?) 纵使它们无止境地超越和改变自己,甚至纵使黑格尔厌恶无止境进展的“坏”无限,这难道证明了更高级范畴所需要解决的矛盾吗?

如果我们回顾我们在这里论述先验逻辑的那些范畴,即我们能够借以把握实在的那些范畴,也许能够弄懂表述这一问题的黑格尔式的含义;我们正在考察它们,看其是否能够提供我们一种系统地把握实在的方法。请记住:纯存在失败了并表明它自己等同于无,它背离了这个尺度。我们可能辩称,上述需要证明纯粹地数量的属性是极端不适当的。

这一论证可以大致转述如下:纯粹地从数量上描述事物,将能够根据同质的即从数量上不能加以区分的单位的组合体来描述一切事物。这些组合体应该是物质的或符合逻辑的,这是原子论者的梦想。但纵使采用一切可实现的形式,这个梦想都将必须重新导入质。因为必然存在着选出某一套单位的组合体而不选出其他套单位的组合体的一些理由。假定我选出含有大约100个单位的物体A和含有50个单位的物体B。我们有何理由划定这些界限呢?我们有何理由勾画出由这100个单位共同组成的物体的轮廓而并非假定由101或90个单位组成的物体的轮廓呢?这些理由——“A”和“B”的标准——不可能被根据单位的数目加以陈述,因为这个问题涉及到成为一定数量即100或50的集合体的单位的组合。我们必须采用一些其他系列的描述性概念,以便表述这些标准;假定这组不同于其他单位的100个单位组合在一起,或50个单位组成一定的形状。

这一论点不会受到下面这种思考的影响:我们可以用无数不同方式规定世界的属性,因而在想像情境中我们用无数不同方式将单位分组归类:例如,A亦可被描写成分别由88个单位和12个单位所组成的M和N等等。因为无论如何如果存在以任何给定方式划分世界的任何理由,我们只能够借助采用其他系列的描述性概念提供这些理由,而不是借助其他系列的单位和单位的集合体提供这些理由。更为确切地说,描

述事物属性的许多方式这一论点强化了这一论证。因为我们只能按照
249 相互适合的、不同的概念系列揭示描述事物属性的两种不同方式间的区别。

因而，这就是为我们这里正在考察的观点提出概念名称的任何彻底的概念原子论必须避免我们描述事物属性的方式即组合单位的方式之问题。它必须设想一个现象世界。在这个现象世界中,根本不存在集合体或所有相同之物的东西，或我们在下面这种意义上所组成的任何事物都完全是偶然的:关于这种集合体的原理——一种超唯名论学说，我们无可奉告。但是这显然是不可能的。因为除非在概念原子论者陌生的、想像的现象世界中所承认的那些事物不是那些由单一的单位构成的事物,假若那样的话,也许只存在某一种事物,因而也许根本不存在数量概念(因为不存在对比),不存在任何种类事物(即我们退入到纯存在的空洞性),否则我们将必须承认单位的集合体的实有。然而,与集合体纯粹地拥有n个单位不同，将必然存在挑选出作为某给定种类事物的n个单位的集合体的某些标准。因为就算意识到和说出下面这些东西也不可能有什么意义:某物由100个单位组成;“存在”A,除非A具有其他属性,而不只具有聚集100个单位的集合体的属性,例如,A以某种方式或某种形状组合这些单位。因为无论何时在任何人眼中如果不存在成千上万个这种单位,肯定将存在几百个关于普遍原子要素的、任何似乎有道理的说明的这种单位;因而如果A恰好意味着100个单位,它可能一直被给予。

当然,这一想像中的现象世界确实是超自然的。到此为止,它被从充满质的多样性的现实世界中抹去了。因此我们发现很难想像把所有事物都还原到这样单一型的原素。即便借助较为成功的科学做到这种还原，真正的物理学原子论与同质的单位集合体的原子论也没有什么关系,尽管它们表面上可以把形形色色的现象还原到单一的、可解释的基点。以上辨析的目的只是证明用纯粹地数量的术语——没有采用任

何质的区分或描述性的概念群——描述事物的属性是如何不可能的。

这个颇为牵强的论证的动机是：我认为以上论述构成黑格尔这一论证的基础。在这一论证中，像我们已看到的那样，黑格尔从被从数量上思考的实在(简言之，定量)能够任意地改变其界限这个论题转到它必须这样做这一论题。黑格尔在这一论题中发现了矛盾。"按照它的质，定量是在绝对连续性中与它的外在性，即与它的他者一齐建立起来的。因此，不仅定量可以超出任何大小规定性，不仅大小规定性可以变化，而且定量之所以建立起来，就是因为大小规定性必须变化。"[19]就在离这段引文的略上一点的地方，黑格尔讲到了"矛盾"。

如果我们懂得我们在这里所探寻的是一套将使我们能够连贯地把 250
握事物的范畴，如果像我们已看到的那样，纯粹地数量的属性不可能提供我们关于事物的、适当的说明，那么从"可能"到"必然"这一运动是可以理解的。根本没有理由用纯粹地数量的术语来设置界限。在没有理由阻止这样做的意义上，现在我们能够借助说定量能够看到其"确定的大小"被改变来表述界限。但我们同样只能够说，根本不存在论及定量的根据；我们赋予定量的、任何给定的大小都完全是偶然的。我们也可能只挑选任何其他给定的大小。所以，说定量会变化是令人误解的，因为这暗示存在着也许会保持同一的定量。而实际上绝对不存在挑选出任何完全确定的定量的理由；定量保持同一这个理念是无意义的。我们能够借助说定量必然变化或说"于是定量在它自身那里建立起来，超出自身，变成他物"[20](误导性地，的确如此，但仅仅用"能够"这一套话)表述这一观点。

如果把这一讨论置于《逻辑学》基本语境中，在以上论述中回顾过的这一矛盾也就能够被理解：目的是把握某一实在，也就是给予关于事

⑲ 黑格尔：《逻辑学》，拉松版，第1卷，第221页。(杨译本，上卷，第241页。)

⑳ 黑格尔：《逻辑学》，拉松版，第1卷，第222页。约翰斯顿和斯特拉瑟斯译本，第1卷，第240页。(杨译本，上卷，第241页。)

物的、适当的说明，这里用数量术语给予关于事物的、适当的说明。我们所给予定量的说明不是一个在其界限方面十分不确定的说明。我们所打算说明的定量决不可能成功，因此它注定无法如愿。像“存在”一样(和最终由于一些相同的理由)，如果数量概念被应用于实在，那么它们不得不被其他范畴所补充。

我的阐释似乎宽泛了些。因为黑格尔在论及这一过渡时使用一个完全不同的术语。他论及被迫超越其界限进到另一定量的定量，而这后一定量又遭遇同样的命运，因此它被卷入一个无止境的进展。但我认为，这一生动写照(黑格尔倒是讨厌这个词，但没有其他似乎更为合适的词)自身能够被按照下面这一阐释来理解：迫使定量走向其无止境的交替的是用纯粹地数量的术语对适当的说明的研究，而这一研究的对象总是逃避说明，并且由于这一原因，这一研究是无止境的。

事实上，黑格尔用无止境进展的方式表述这一矛盾，这使得他得以用类似的方式来提出他的解决办法。在对那些用数量上无止境进展来理解崇高事物的人们——例如，注视天空的天文学家们——展开激烈批评之后(当然，康德因《纯粹理性批判》中关于天的段落而受到较为猛烈的抨击，并因他把无止境的进展这一理念应用于道德领域而受到更
251 为猛烈的抨击)，在批判康德第一个二律背反之后，于是黑格尔得到一个解决办法，它类似于他所发现的、**定在**的无止境进展的解决办法：由于一个定量总是转化成另一定量之故，它必然在这其他定量中发现向它自己复归之路；假若我们把它想像成两个定量间的关系项，那么它能够做到这一点。

在这里，黑格尔得到了他通过这部分第3章所形成的和完全成熟的解决办法。这一解决办法是**存在**的第3部分**尺度**的研究对象。尺度是在更高层次上即包含着量与质的合题之层次上成为质的量的复归。这一理念是：虽然一事物不可能被按照单一的定量来规定，但它可能被根据定量间的关系加以规定。黑格尔一直在思考着连接两个或更多个变量

的、自然科学的函数律,并且这一思考在后面关于尺度的讨论中是明显的。当我们能够按照某一函数律或关系、用一个更为充分的和更为具体的形式描述事物的属性时,我们能够重新回到事物的质或本质的说明。我们用这种方法得到质与量的合题,并在数量上得到被规定的质。

但我们所得到的、和上面的解释有关的结论是:在介绍定量间的关系过程中,我们已超越了概念原子论的同质领域。两个或更多个相关定量是两个或更多个不同事物、属性或维度的度量,也就是说,它们被借助许多不同的单位加以区分 (如果确实如此, 它们具有许多不同的单位——正方形的长和宽具有相等的内容,但二者性质不同)。正是忽视单一尺度,从而使得这定量固定为特定的大小。再回到上面那个例子:我们挑选出这100个单位作为A,因为这100个单位与d相互隔开一些。因而我们有理由把这100个单位组合成A, 因为100是为了要与d相互隔开一些而被组合在一起的单位的数目。于是,A被借助于定量间的关系界定为相互完全保持一定距离的单位的集合体。在这里,定量100是固定的,因为它是所有d的某一关系项。第二个尺度(在这里,它也被用数量表示,但这不是至关重要的)的采用使我们能够用最初尺度来组合单位。我认为, 正是这种多尺度——使用一个以上尺度——的重要属性对黑格尔这一无限进展的解决办法作了说明:"于是,定量被建立为排斥自身的,从而有了两个定量,但是这两个定量却被扬弃了,只是一个统一体的环节,这个统一体是定量的规定性。"[21]但是我当然几乎无须重复,这并不是他的论证,像我们在本书中看到的那样。更确切地说,他借助下面这一娴熟的论证才如愿以偿:定量复归它自己,因此它在其超越过程中发现它自己的环节,即,它所不断变成的其他定量;在其他定量中,这一自 252
我同一被很快再次阐释成上面所提到的两个相关定量的统一。这构成第3章和我们在尺度部分所发现的量与质之间的整个合题的基础。

---

[21] 黑格尔:《逻辑学》,拉松版,第1卷,第239页。(杨译本,上卷,第259—260页。)

三、尺度

用尺度这一范畴来理解实在，因此就是理解基于一定量或定量间关系基础上的质。我们用水这个非常简单的例子来说明这一点。水必须保持0℃和100℃之间的温度，否则变成冰或水蒸气。在这里，我们具有质与量之间纯粹的统一并且量限定尺度。定量0℃和100℃之所以被挑选出来作为重要界限，是因为在这些界限上所发生的质变和这些质变被借助温度的变化来说明。我们因此得到两种属性——实体的状态及其温度——的尺度间的关系，而且，我们在上面的讨论中看到，这种关系对于数量属性来说是至关重要的。

所以，在某种意义上我们已复归**存在**的逻辑第3节的质，但这是在更高阶段上的复归；在此阶段上，质与量合为一体，因为我们现在把属性看做建立在数量价值的基础上。尺度这个范畴同样具有普遍应用性："存在着的一切事物都有一个尺度。"[22]我们不但受到希腊人尺度成见提醒，而且受到现代物理学和化学的提醒；现代化学已在许多领域发现了界限。在这些界限内，事物必定仍然保持相同的、质的属性。

但是尺度这个范畴同样如此，而共相根本是不适当的。在尺度中，甚至当事物量的属性与质相统一时，黑格尔也不可能承认事物量的属性触及事物本质。它不能够渗入到实在的本质。渗入到实在的本质，就是形成内与外的辩证法关系；内与外既是同一的，又仍然是相互对立的。这对黑格尔的本体论来说是至关重要的。我们在本节中向这类属性过渡，而且本节把我们引向**本质的逻辑**。在**本质**中，我们将不再论述**存在**的单一范畴，而论述**存在**的成对范畴。

《逻辑学》中的这一论证非常复杂，并与黑格尔时代的那些自然科学以及他对它们的看法交织在一起。它涉及将在《自然哲学》中再次出

[22] 黑格尔：《逻辑学》，拉松版，第1卷，第343页。

现的论题。但在《小逻辑》中,这一论证被作了极其简练的陈述。它只是一系列构成量的过渡的基础之思考。**尺度**是质与量的直接的统一[23],它自己也是纯定量,因而易于增加和减少。但是超越一定的界限,这一增加或减少冲破事物的质,促使我们超越尺度而进入到"无尺度"状态。无论如何,这新的状态自身是一种新质,因此我们复归到**尺度**。但是,这新尺度可能在一种(潜在地)无穷回归(例如,冰变成水,水变成水蒸气)过程中被再次超越等等。[24]可是,因为我们已经复归质和尺度,尽管这是一个不同的复归,所以我们不应该把这一变化看做新项的无止境进展,而应视为异中之同。"但在尺度的过渡中,**尺度**表明自身仍就是自身。"[25] 253

在这里,我们清楚地认识到同构成存在逻辑所有三个部分过渡基础的一样论证类型。首先,我们思考有限实有(第1部分中的某物,第2部分中的定量),即事实上如果它超越一定界限,它就消亡;这被描述成内在必然性;但它的消亡是他物(第1部分中的他者,第2部分中的新定量)的产生。这产生项的无止境的进展现象(对于黑格尔来说),他借助清楚地认识到这一必然变化的不同阶段间的异中之同避免了这一难以接受的结果。

但是关于事物的这一概念产生实在的成对概念,或构成变化状态基础的基质的成对概念。它是我们将在第2卷中所考察的概念的变体。在某种意义上,我们在第1篇第1部分也许已到达了真无限的派生物,但我们那时推迟进入这一希望之乡,因为我们必须把量并入合题,因为我们已讨论过各种原因。因此似乎我们通过**自为存在**而踏上量之路的台阶。

借助于对比,**尺度**的辩证法成为量的辩证法的继续;通过对上述关于实在的成对概念的最终解体的思考,即**定量**的非稳定性、结果的无止

㉓ 黑格尔:《小逻辑》, § 108。

㉔ 黑格尔:《小逻辑》, § 109。

㉕ 黑格尔:《小逻辑》, § 110。(贺译本,第239页。)

境进展和异中之同的消解，尺度的辩证法成为量的辩证法的延伸。

由于**尺度**，我们把事物的属性当做一定质的属性；一定的质建立在事物与一定量的界限相一致的基础上。对概念质的介绍提供我们确定界定数量界限的、特殊的定量的理由，而这些定量说明事物所确实具有的质。但黑格尔似乎说，因此在**尺度**中与质相关联的定量被迫自我超越，正像纯定量所做的一样。我们应当如何理解这一超越呢？

在大致相同的方面，我倒要建议：按照**尺度**，事物的属性在某种意义上同样是不适当的，可是它在和上面相同的方面并不是完全不适当的；它落到需要完全理解我们所能意识到的世界的最低复杂性下面，而宁可说在这方面，用**尺度**术语描述的事物属性必然关联着另一更深层的、超越**尺度**的属性。因为我们论及具有一定质的那些事物，而它们仍存在于一定的数量界限内，但这意思是说，我们不再只谈论下面这些实有：它们为一定属性所定位，因为如果这一属性不存在，它们随之消亡。
254 我们同样在谈论着这样一些实体：我们会说，它们失去了到目前为止我们已认作界定属性和获得他者的东西。范畴**尺度**促成了过渡，因为在尺度中我们把到目前为止具有一定属性的东西看做基于一定界限内的、有关存在的实有。例如，我们把水(在它的液态状态中的H_2O)看做基于温度在0℃与100℃之间的存在物。但是，一旦我们把实有认作必须继续存在于一定的界限内，那么我们已经采用了关于实有的新概念，即，可以断言，关于实有的新概念处于一定界限内。所以亦可断言，它在这些界限之外。我们已采用下面这一实有概念：与到目前为止界定属性的任何概念相比，实有是更深层次概念，而且实有是一个能够以多种状态存在的、潜在的基质，实有的状态为这些属性所界定。因此，接着上面那个例子来说，一旦我们说到日常感知的水必须保持温度在0℃与100℃之内，否则它变成冰或水蒸气，我们在介绍一种更为基本的实有，让我们称之为H_2O。它处于这些界限内时，它处于我们称之为水这样一种状态，而当它处于这些界限外时，它处于我们称之为冰或水蒸气的状态。

因此,根据能以多种状态存在的基质实有,用**尺度**术语表述的事物的属性使我们超越实在的属性,也就是说,假如这更深层次的属性也有意义的话,尺度的属性才有意义。这就是我打算阐释黑格尔下面这一论证的方式:在尺度中,量的属性"本身因此超越它自身的倾向"[26],即超越一定界限的内在必然性的论题。如果这一阐释是正确的,那么我们同时能够理解:超越一定界限亦为异中之同,即"和自身相结合",因为更深的基质实有恰恰是通过状态的变化而产生同一的东西。

在我们被诱使介绍可能产生并且留下许多状态的基质实有过程中,已经采取了开始由**存在**进入**本质**的重要步骤。黑格尔在第1卷**存在**论中推演出的那些范畴全都纯粹地用单一概念描述事物的属性:**某物**与其特定的质相同一,或定量与其度相同一。另一方面,在**本质**中我们将必须始终和潜在实在及其展现的成对概念打交道。在我们把实在认作能够呈现出许多状态的基质时,已经离开了单一概念领域。

如果我们打算到达黑格尔的最终目的地,诚然至关重要的是:我们将离开单一概念的王国,因为在经历转型过程中关于**存在**的概念只能消亡并且让位于他者——**某物**消失并且被另一物所取代,这一定量不停地变成另一定量。正是仅仅由于**本质**的成对概念,我们能够通过变化来思考同一性的维持。这对黑格尔的本体论来说是至关重要的。**本质**的 255
范畴并非单一的概念,而本质上是相互关联的成对概念[27],即现象与实在,物与属性等等。虽然某一项可能被界定为更为"本质"的,但它们必然规定实在的属性,而且没有另一项某一项不可能被设定起来。因而在设定某一项过程中必然导致我们设定另一项,但没有取消最初的存在,它仍然保留在**存在**的范畴中。

但是黑格尔**本质**的范畴概念并非全是成对范畴。我们刚刚所涉及的本质关系也存在这一特点。在外在展现过程中,实体必然表现出必然

---

[26] 黑格尔:《小逻辑》, § 109,附释。

[27] 黑格尔:《小逻辑》, § 111,附释。

性,而这又必然使我们诉诸基质。现在,我们不能够根据把我们引向**尺度**的基质这一论证来建立必然性这一原理,像我们已论述的那样。但是必然性在范畴无限中已被建立起来。我们超越**尺度**的无限进展时,重新回到使我们超越**定在**的无限进展。像我们看到的那样,在那里我们已准备好超越**存在**。重点已从特定事物转到特定事物所正在超越部分的或阶段的整个系统。我们那时因此已准备迈向关于本质的范畴,也就是说,已准备迈向与潜在的整体及其超越的阶段相关的成对概念。我们推迟了采取这一步骤,以便接纳量,但既然我们准备过渡到**本质**,我们将具有关于这一整体的、更为丰富的概念。尺度借助于证明建立在量的关系基础上的全部质,已提供我们一种语言,用这种语言以便讨论不同质的界限和使我们从一种质过渡到另一种质的潜在过程的界限。

但是在超越**尺度**的过程中我们仍在论述**无限**,也就是说,论述可变的有限事物以及被有限事物的内在矛盾所推动的、必然地产生的顺序和连续变化的独立系统。所以,在超越**尺度**的过程中我们不仅证明事物基质必然是事物固有的,而且证明事物借助否定即借助相互排斥与基质相关联(因为每一事物都为它的他者所界定)。再者,我们证明否定借助他者内在于每一事物,因此每一事物应该必然地消亡并且为另一事物所取代。

所以,事物固有的基质或整体是一,一的必然展开被矛盾所推动。它的结构和抽象展开由否定或自我排斥所决定。黑格尔称它为“否定的总体”。[28]正是这一总体,因为它不仅是一个集合并且这集合的部分是相互无关轻重的,而且在这一总体中每一部分仅仅借助它与整体的必然联系成为它所是的东西。它是否定的,因为

> 它是对自身纯粹的、无限否定的关系与自身不相容,是自己对自己

---

[28] 黑格尔:《逻辑学》,拉松版,第1卷,第397页。

的排斥。[29]

换句话说,因为矛盾产生这一必然关系。 256

在《小逻辑》中,黑格尔纯粹地阐明由**定在**产生的**无限**这一现时范畴的特性。[30]在《逻辑学》中,他论述构成**尺度**最后一章本质的派生物。它从纯基质这一概念开始,并且这纯基质对于不同的形态来说是"无关轻重的",但在这不同的形态中它发现了它自身。所以,它从一种形态到另一种形态的变化必须被借助于外在因素来解释。

黑格尔在这里所使用的"无关轻重的"这个词,不得不使我们联想到19世纪初黑格尔与之决裂的谢林。谢林的"无关轻重的"是主体与客体统一的、想像的观点,而黑格尔视这一观点为站不住脚的,恰恰因为它吞没了同中之异。在那个注释中,黑格尔提到了斯宾诺莎。[31]斯宾诺莎的绝对像一个地狱;在其中,差异消失了。

这些解释全都是名不符实的,因为它们不能够解释差异产生的方式。如果系统形态方面的变化不能被用基质来解释,而只能被用外在因素解释,那么我们尚未到达一个自立的系统。如果我们确实到达这样一个自立的系统,那么我们必须按照它自身来解释它的变化,而不能够把它的不同表现形态认作只是外在地影响着它。无关轻重的基质这一理念本身就是一个矛盾。

所以我们从**存在**的范畴推进到**本质**的范畴。我们必然把定在看做整体或基质固有的;这一整体或基质通过定在的生成和消亡继续存在。但由于无限这一范畴,我们并非把这基质看做一些超越有限事物的、自足的实在,而把它看做必然产生有限存在的实在;这样的实在按照必然

㉙ 黑格尔:《逻辑学》,拉松版,第1卷,第397页;约翰斯顿和斯特拉瑟斯(引文有改动)译本,第1卷,第403页。(杨译本,上卷,第419页。)

㉚ 黑格尔:《小逻辑》,§111。

㉛ 黑格尔:《逻辑学》,拉松版,第1卷,第396页。

性展开有限存在，而必然性本身建立在有限事物的、真实的矛盾基础上。所以，我们过去只看做**定在**的东西，现在必须看做"设定起来的"东西，或看做被必然性的过程所展开的东西。

> 那些规定……现在不再属于它们自己，不在独立性中或外在性中出现，而作为环节，首先属于自在存在的统一体，它们不曾被统一体释放出来，而被作为基质的统一体而拥有，并仅仅地从统一体接纳它们的内容……不是作为整个存在领域中的存在，它们现在只是被设定的实在，即绝对具有规定性和意义，它们与它们的统一体相关联，因此，每一规定都关联着它的另一规定和否定……[32]

我们在第3章看到，被设定起来了的实在这一概念对黑格尔来说是何等重要。

我们因此进入成对范畴即**本质**的范畴王国。黑格尔同样将称其为"反思的规定"。在这一术语方面，的确存在一套丰富的参照系。首先，正如我们记得的那样，黑格尔很早就使用"反思"一词来标示概念的划分、概念的分类或概念的二重性和知性概念。其中，知性概念既高于最初的
257 原始统一，又低于最后的更高统一。反思的规定因此符合**存在**的直接性与**概念**的更高统一性之间的《逻辑学》。

但是术语反思同样使我们诉诸反思的知性；反思的知性试图在事物的直接性方面超越对事物的纯粹把握，以便把事物理解成经过中介的。这向我们展现**本质**的一个重要特征：**本质**的范畴完全隐含地涉指认识主体。在整个**逻辑学**中，我们诚然一直在与范畴打交道，因为我们能够借助于范畴来认识世界。我们始终处于先验逻辑领域。但在**存在**中，我们具有没有提供暗示涉及认识主体的范畴；它们纯粹地规定实在的

---

[32] 黑格尔：《逻辑学》，拉松版，第1卷，第398页。(参阅杨译本，上卷，第419页。)

属性。可是在**本质**中,我们在这两个术语——例如,诸如**现象**与**实在**这对相关的范畴——间所作出的区分含蓄地使我们诉诸认识主体;仿佛它们由这样一种主体的观点创造出来。

本质的那些范畴因此是反思的规定,因为它们是关系与中介范畴,也是反思着的知性范畴。但是第三,最为重要地,它们是名符其实的,因为它们同时是成对范畴;因为它们是以概念必然性为基础的,所以中介外在实在的内在结构最终可以被理解为思想结构(因而可以被理解为反思的思想结构)。因而我们在**本质**的辩证法中所将要追寻的并非是试图理解主体的外在反思,而是**本质**自身的内在连贯性;无论如何,这些内在连贯性将用反思的知性概念来表述。更为准确地说,我们将同时追寻成对范畴,因为当我们迈向愈来愈充分展开的、本质的内在连贯性概念时,我们将同时离开关于认识主体即作为纯粹外在主体的**本质**关系的、未充分展开的概念。这两个方面的运动是不可分的,因为像我们在上面看到的那样**本质**的范畴完全含蓄地使我们诉诸认识主体,并因而设定这主体的一定关系。

换句话说,退到**本质**的潜在实在的**存在**的反思,可能只是为了反思的主体;反思的主体区分现象与实在、本质与外在展现。追寻本质的矛盾和本质中的转型,就是追寻已知实在的主体关系的缩约形式和已知实在的主体关系的转型。因而这两种反思起初齐头并进,各走各的路。但是当我们发现实在的最终结构是思想的结构,并因而发现狡猾的精神绝对地深谙事物的内在本质或不再与本质分开时,上面那两种反思最终合而为一。

258

第11章 本　质

一、从反思到根据

本质是这样一个领域：在其中，我们不仅借助事物本身来“直接地”理解事物，而且把它们理解成建立在潜在基础之上。这就是中介的王国，因为在黑格尔意义上概念本质必然是间接的，也就是说，我们只能通过另一事物到达本质：我们靠反思**存在**到达**本质**，因为本质不足以到达自身，因而它超越存在返回到构成它基础的东西。因此**本质**总是使我们诉诸起点，或诉诸(作为独立的)被否定的**存在**。黑格尔说道，这就是用德语单词的、非常奇特的词源学所表述的“**本质**(wesen)”，它使人联想到动词“存在着”的过去分词gewesen：“本质是已经消逝的存在，但是，是永远消逝的存在”[①]。

正是这一迂回的运动，同样部分地为本卷中起着如此重要作用的反思的比喻提供了根据。但是黑格尔首先想要弄清楚他所将要讨论的**本质**的本性。它不可能纯粹借助上面那段中所提到的单向运动来理解；

① 黑格尔：《逻辑学》，拉松版，第2卷，第3页；约翰斯顿和斯特拉瑟斯英译本，第2卷，第15页。(参阅杨译本，下卷，第3页。)

在那里我们从**存在**开始并且使它的非适当性转向潜在的基质。这在某种意义上是"反思"运动,亦即认识主体的外在反思,并且认识主体以一些内在实在为出发点来理解他所发现的东西的意义。我们同样必须把这观察到的外在实在理解为**本质**的派生物。仅仅根据外在事物来思考本质的运动的片面观点,就是把这外在实在的、被观察到了的属性当做一种纯粹地给予的描述。反思是外在的、主观的,因为它影响恰好必须被接受的、不能以任何方式理解为由思想所规定的论据;因而反思必然恰恰以潜在的实在为出发点并且它不可能观察到这潜在的实在,但它未发现它所观察到的东西中的任何必然性。

但是像我们已经知道的那样,这并非是黑格尔的概念实在。相反,存在着的东西并非就是被看做纯粹地存在着,或纯粹偶然的,而宁可说是被看做必然关系的整个系统网络的展现。正像**存在**的基本论题是摆脱定在而返回到它的他者、它的必然自我超越并因而已被证明最终是向它自己复归的消亡一样,**本质**的基本论题同样将逐渐更为清楚地和系统地揭露现象的必然联系,直到这些必然联系最终被看做只是思想或内在必然性的充分展现为止,并且我们将到达概念本质。这就是本卷范畴应用中心将由具体事物(这一中心过去处于**存在**的具体事物中,并且现在仍然被看做处于**本质**的最初部分中)转移(无疑,黑格尔不辞辛劳地宣布这一转移)到相互联系事物的系统并且最终转移到作为总体的实在的整个系统或我们在**无限**中有所预示的整个系统的原因。因为最终只有整个系统才展露独立存在的必然性。 259

所以,黑格尔不只是把**本质**看做我们从被证明是非独立存在的、外在的、观察得到的事物中所到达的东西。它同样是构成被观察到的、它所是的东西的潜在必然性。因而,它不仅必须被按照外在的、被看做给予的东西并因而被看做预先假定的东西——设定起来了的基质——的反思运动来理解,而且必须被按照潜在必然性的反思运动来理解,并且潜在必然性因此能够被认作设定外在的、观察到的东西。再者,潜在必然性把这一被观察到的东西"设定"为外在的某物;因而根据德语双关语,我们能够把这一设定看做德语单词voraussetzen(假定):第一个运动中的外在实在的假定是我们在第二个运动中所要把握的设定。这表示两个运动的统一,因为外在实在所基于的内在实在只不过是设定实在的必然性。当本质的潜在基质的外在实在的依赖性被理智地把握时,它恰好是这样一个事实:本质的潜在基质设定外在实在;而外在实在的真正"复归"或消亡是设定必然结果的下一项的复归,并且我们用概念知性来把握这一"复归"的必然性。

根据这一双重运动,"反思"不仅必须被理解成外在的反思,或伴随着第一个运动的反思,而且必须被理解成内在的、客观的反思,或回到外在实在的自我展开;自我展开的外在实在仍然与**本质**保持着同一。或换句话说,外在反思不只是论述被给予的某物并设定在某物背后的某物,确切地说,它追寻着真实潜在必然性,因此不再是纯粹的、外在的反思。

现在,黑格尔自认为完全有理由以被这两个相关运动所界定的**本质**这一概念开始本质卷的论述。他之所以这样想,是因为像我们看到的那样,**本质**的派生物来自**存在**的死亡,这一死亡是对另一特殊存在的必然设定;因而从《逻辑学》一开始,就存在着必然与设定这两个概念。实
260 际上,它们自范畴**无限**之后并在某种意义上一直陪伴着我们;范畴无限证明定在在它们必然地生成和消亡过程中是相互关联的。因此**本质**卷将要论述的并非是内在必然性的派生物,而是内在必然性的愈来愈丰富的概念发展,直到我们到达内在必然性的外在展现的充分展开为止,并且内在必然性使我们返回到**概念**。

所以在《小逻辑》中,黑格尔直接从作为**根据**的**本质**开始;这是本卷的第一个三一式。可是在《逻辑学》较早版本中,黑格尔进一步详细说明上述运动的双重性。不过他没有真正地推出它,因为他始终依赖他已经证明的东西。这一开端构成第1章的三一式,或映象。

在《逻辑学》第2卷第1章中，黑格尔用两种方式阐述**本质**的双向性的基本观点。首先，在讨论作为纯粹映象的外在实在这一理念过程中，即作为纯粹地非本质的某物的外在实在这一理念过程中或作为幻像之帘的外在实在这一理念过程中(我们是否认为外在实在能够被观察到或被到达；我们可能相信康德：自在之物是不可知的)，我们必须识破幻像，以便到达真正地独立存在的实在。一旦我们发现：这一被观察到的外在实在不仅被给予而且源自**本质**时；它不仅是一个障碍、实在面前之帘，而且是实在必然地设定的东西，因此它并非脱离本质，而它是本质自身的组成部分时，康德的自在之物不可知这一观点就必然被抛弃。这表明外在实在并非是纯粹的**映象**，而黑格尔在这里所用的“映象”一词使他能够保持同一术语，因为该词使人联想到反思；所以他能够把**本质**说成“在自身中的映现”。

他用以阐述双向观点的第二种方式体现在讨论反思过程中：他的观点是，反思的类型是外在与“设定”的反思之合题；反思对于**本质**来说是至关重要的。在这一讨论中，涉及到康德的反思的判断与确然的判断的区分。为标示反思的基本性质，黑格尔称由辩证法产生的范畴为“确然的反思”。

由于这一基础，在《小逻辑》和在《逻辑学》导言章之后，**本质**的辩证法紧接着开始演绎成事物的系统必然联系的见解。

1.同一与差异

我们首先从反思的知性的、最基本的、未充分展开的概念开始；根据反思的知性，我们用范畴同一和差异与非矛盾的有关范畴来思考定在的存在。在这里，黑格尔打算抛弃知性的虚假具体化，因为知性不可能接受矛盾是现实所固有的这一观点并因此显示出“通常对事物的温

261 情”；[2]这一温情不是渴望把矛盾归于事物，而是把它们归于知性。就为这一精神所鼓动的知性而言，似乎最基本的逻辑真理是，一切事物与它自身同一，并且不同于他物：“一切事物是它所是的东西，而不是”布特勒主教的“另一事物”。

但是对于黑格尔来说，事物不可能如此简单。准确地说，一切事物与它自身同一，但正因为如此，它也就不同于自身。现在，同一的主体不复是纯质，而是潜在的本质，因为同一主体通过变化仍然是同一的。不过我们已把**本质**理解为内在必然性；内在必然性首先设定某一属性，然后扬弃它而设定另一属性，然后仍然扬弃另一属性等等。因而，用黑格尔术语来说，潜在的同一是差异、自我变异，即展开和事物的相互必然联系有关的不同属性的东西。**本质**的本性是用这些必然地相关的属性来展现自己。它是源自自身的自我“排斥”，同时是回到自身的映象。因而，被正确地理解的事物自身的同一——只要我们不是在谈论被按照单一属性所界定的实有而是在谈论能够产生许多属性的某物[3]——取决于潜在的基质；潜在的基质不仅能够产生变化，而且是变化自身的必然根源。事物自身的同一因此具有作为基本环节的差异；作为(通过两项的必然联系)返回到自身的差异，也就是具有同一的差异。

在这一基础上，黑格尔在本节中通过范畴多样性从范畴同一性和**差异**性转到**对立**。我不打算深入研究这一推演的细节，因为这一推演毕竟利用了被展开于**存在**逻辑中的论据。这一辩证法结论是：纯粹不同的事物的属性被证明为这样的属性：由于该属性，事物处于基本的或具有两种相反性质的相互对立中。根据具有两种相反性质的对立，每一项之所以存在，是因为它与另一对立实有的相互作用构成它自己的实存。例如，正电与负电或磁铁的南极与北极就是这方面的例子。除这些例子

② 黑格尔：《逻辑学》，拉松版，第2卷，第40页。

③ 这仅仅提供增进知识的同一性陈述的基础，就像黑格尔在本章第1节注释2中指出的一样。(黑格尔：《逻辑学》，拉松版，第2卷，第30页。)

外，黑格尔还提到：光明与黑暗、善与恶、真理与谬误；[4]有机性与无机性和自然与精神。[5]

但主张概念多样性没有应用价值并非是黑格尔的意图。世界中的事物诚然存在着多样性。可是他真正主张的是：把世界中的那些事物看做纯粹多样性的；涉及像确实把它们看做纯粹地、偶然地相互联系的是肤浅的看法。在更为重要层次上理解事物，每一事物都是它仅仅在与另一事物的对比和相互作用的对立关系中所是的东西，这另一事物因此是“它的他者”。[6]

在从多样性中推演出具有两种相反性质的对立后，黑格尔接着继 262
续推演出**矛盾**；矛盾当然始终存在着。因为处于对立中的东西是以否定它的东西为基础的，处于对立中的东西因此处于自身的矛盾中并且必然消亡。它取决于拒绝构成它自身的基本部分的东西即它的对立面。它不可能常住不变；双方“因此转向根据”[7]。

2.根据

借助于这一双关，我们转向一个新的、辩证法的发展。关于同一与矛盾的讨论使我们把**本质**看做规定外在实在的展开的潜在必然性。我们因此到达把**本质**看做外在实在的根据。再往后，我们将看到，正是内在必然性的本质展现自身于它所展开的东西中，**本质**与外在实在之间的分裂因此将被再次扬弃。但这一分裂目前仍然存在着，我们的兴趣点已转移到内在根据。

在长篇介绍之后，现在在某种意义上我们只到达**本质**的辩证法。在

---

④ 黑格尔：《逻辑学》，拉松版，第2卷，第55—56页，关于矛盾的注释1。

⑤ 黑格尔：《小逻辑》，§119，附释1。

⑥ 黑格尔：《小逻辑》，§119。

⑦ 黑格尔：《小逻辑》，§120。

我们通过**存在**接近**本质**并因此把**本质**看成先决条件之后，终于完成了由存在到本质的转换；借助这一转换，我们把**本质**认作重要的东西，而只把外在实在认作本质的派生物。[8]在我们把**本质**当做**根据**的论题之后，于是能够把注意力集中于本卷的真正论题。本卷就是证明潜在的实在只是作为必然性的自我展现的思想。

范畴矛盾的推演涉及到两个**注释**。一个注释包含着对排中律的激烈批评，因为独断专行的排中律似乎再次显得是十分愚蠢的，但它作为形成于中心文本中的本体论观点的旁白是有意义的。另一个**注释**[9]表述了黑格尔哲学的中心理念，即作为全部生命和运动根源的矛盾的必然
263 性。逻辑与常识的基本成见是：

> 矛盾不像同一那样是本质的和内在的规定。但实际上，假如要谈到高低的次序，并把这两个规定分别固定下来，那么，就必须承认矛盾是更深刻的、更本质的东西。因为同一与矛盾比，不过是单纯直接物、已经消亡的存在的规定，而矛盾则是一切运动和生命的根源；只是在事物自身中含有矛盾的情况下，事物才会运动，或才会产生冲力和活动。[10]。

所以一切事物都存在于矛盾之中。这使事物获得根据即双关。借助于根据，黑格尔不仅谈到一切有限事物的消亡而且谈到它们与潜在的根据——展开有限事物的必然性——的必然关联。因为矛盾不仅意味着消亡而且意味着必然发展。矛盾和必然性是紧密相连的。本节的全部观点能够被看做把纯粹偶然性提升到这样一点：对必然联系的研究能够

---

⑧ 这是我们在后面关于上帝存在证明中将要看到的转换类型；在那里，理性本质中的次要之物是理性认识中的主要之物。

⑨ 注释3。黑格尔：《逻辑学》，拉松版，第2卷，第58—62页。

⑩ 黑格尔：《逻辑学》，拉松版，第2卷，第58页。(杨译本，下卷，第66页。)

从根据的辩证法开始。这严格地是哲学的任务:“哲学的目的是……消除漠不相关性,并进而认识事物的必然性。因此,他者就被看成是与自己正相对立的自己的他者。”⑪

由于范畴**根据**,我们已经不仅把实在看做存在着而且看做根据的东西。存在着的一切事物都具有理性,这是构成这类概念的基本原理;在这里,黑格尔引证了莱布尼茨的充足理由律。接受充足理由律,就是认为:“有了什么东西,就必须不把它看做是存在的直接物,而要看做是建立起来的东西。”⑫所以,由于范畴根据我们真正地超越了**存在**的领域:我们现在把一切事物都看做其根据的产物。在这里,黑格尔在提到莱布尼茨的名字时继续写道:这位哲学家是十分正确的,因为他不去探寻纯粹机械的、真实的原因方面的充足理由,而去探寻最终原因方面的充足理由。

这诚然也道破了黑格尔的天机;像我们在上面段落中并且始终看到的那样,黑格尔旨在把我们引向展现必然性的实在这一见解。它是使我们回到范畴根据的对立面间的必然联系,它是从根据中所产生的系统的要素间同一必然相互联系。在这里,黑格尔再次醉心于一定系列的、被一般地接受的概念,以便证明它们怎样纳入他自己的本体论见解和在这一过程中它们怎样进一步丰富这一见解的理念。所以,在某种意义上我们将借助和必然相互联系相同的实在这一基本概念来开始讨论根据,而且,在我们已经把另外一系列普通概念加到那些已被证明只有按照黑格尔本体论才能被正确理解的概念中之后,我们曾讨论过这一必然的相互联系。但在另一种意义上这一见解在本节将得到进一步发展;因为较为清楚的是,我们正在论述有关存在的系统,即系统地和必然地相关的外在存在的总体。

---

⑪ 黑格尔:《小逻辑》,§ 119,附释1。(贺译本,第257页。

⑫ 黑格尔:《逻辑学》,拉松版,第2卷,第65页。(杨译本,下卷,第73页。)

这产生于以下的论证中。[13]我们纯粹地从概念根据或充足理由开始,探究隐含于其应用过程中的矛盾。矛盾存在于以下过程中:为了得到关于某物的一个真正充足的理由,我们必须列出与将被解释的事件或事物相同一的条件,或必须列出必需将被解释的事件或事物的条件。但作为一个解释,一个相当于同所被解释的东西一样的事物的理由是不能令人满意的:它并非是增进知识的。黑格尔在他的评论中责备诸如把鸦片的影响归于道德沦丧之类的空洞性解释,尽管他所挑选出的一
264 些例子似乎不大适合这一具体批评。为了增进知识,一个解释必须提供我们一个根据并且这根据不同于我们正在解释的东西。但在这样做时,我们失去了理由的充足性;因为根据和根据的东西现已不复是同一个东西,因而它们只是偶然地联系着的。设A——B的偶然原因——作为B的根据,这不可能是充足的;因为A本身对于B来说并非是充足的,而只是与因果联系结合的A借助因果关系才产生B。

由于概念根据,我们因此发现自己所陷入的两难推理或矛盾如下:一方面在关于根据的引证是增进知识的程度上,它不同于将被解释的实有(黑格尔称之为“真实的根据”),然而它是非充足的;另一方面,如果它是充足的,它等同于有待解释的话语,那么它是空洞性的和不能增进知识的(黑格尔称为“形式的根据”的东西)。

在这一两难推理能够被完全意识到的范围内,它对于当代思想家来说似乎是不难解决的。看来确实存在着与当代科学哲学中所流行的解释观念相同的观点:一个合法的解释必须是这样的解释:按照它,有待解释的话语能够从话语意义中推出;而与此同时,休谟的因果关系偶然性的名言必须被坚持。可是,根据许多科学哲学家,解释的标准形式能够满足这两个要求;在科学哲学中,我们借助两个前提的结合来解释

⑬ 在这里,我紧贴《逻辑学》的思路,而在《小逻辑》中,这一思路稍有不同,但它取决于相同的基本矛盾。

B:A出现并且B决定A。原因和结果应当是偶然地联系着的,这既满足了充分条件又满足了增进知识的条件，并且充分条件在这里被解释成需要话语意义与有待解释的话语之间的推论关系。就大前提即一般法则是偶然的而言,后者得到了满足。

但是对充分必要条件和增进知识的这一现代解释不是黑格尔的解释。假如这仍然是不明显的,在讨论条件与根据的关系过程中它一定会变成明显的；条件与根据的关系有点类似于规范解释中的特殊条件与一般关联作用之间的关系,并从根据中提供过渡。因为在黑格尔眼中当代科学哲学的规范解释还根本没有形成;这恰恰是因为它是偶然的。因为“A导致B”是偶然的,这就要求进一步的解释:A为什么导致B;对这一解释的规范解释将要求进一步的这样解释,如此以至无穷;一旦我们追问它产生的原因时,一个类似的无穷回归就在条件A之后展开了。⑭

黑格尔正在寻找,像我们以前已看到过的那样,一个完整解释即一个必然推论，但在某种意义上当代科学哲学认为这一完整解释是不可 265
能存在的，而且这一必然推论不是建立在最终是偶然前提的东西基础上，而纯粹是必然的。我们已经把这一理念看做必然联系的圆圈的理念;在这一圆圈中,起点以被推出而结束,但在开始它只是被设定起来,因而未得到证实。这显然是关于纯粹必然实在的见解，我们正在根据《逻辑学》的辩证过渡来确立这一见解;正是这一见解提供黑格尔充分的标准。从当代读者的观点来看,这当然严重地削弱了黑格尔的论证,因为这等于假定他所要证明的东西的一个决定性方面，但看来很难否定黑格尔论证这一标准,像他在别处类似段落中论证的那样。⑮

但是如果我们贸然提出科学解释问题，当假定这类标准可能显得没有理由时,仿佛在黑格尔《逻辑学》的论证语境中存在一些有利于这类标准的辩护。因为我们假定已经建立现实构成由必然性所推动的变

⑭ 参阅黑格尔:《逻辑学》,拉松版,第2卷,第96页。

⑮ 例如,《精神现象学》第3章中的讨论。

化的系统。但如果变化由必然性所引起，那么对变化的根据的完全适当的说明必定证明变化与必然性之间的必然联系。这就是证明我们完全有理由需要某物的东西，但是我们所需要的某物不只是根据规范的解释理论的一般规律之推断。

一旦我们假定这一需要的合法性，就能够理解上面的两难推理；如果在我们不再能够问为什么的意义上完整解释必然是完整的，如果这显然是与我们对未经解释的偶然前提的依赖不一致的，那么看来充足和增进知识这两个标准的确处于相互冲突之中。

事实上，如果这一两难推理能被完全解决的话，那么解决它的惟一办法是借助于黑格尔所提出的一些解决办法：我们能够观察到存在于特殊事物与事件之间的偶然联系；借助这些偶然联系，特殊事物和事件能够被挑选出作为他者的根据，但是必然关系部分地建构这些特殊事物和事件所构成的整个系统。

按照这两种办法中的一种办法，偶然性能够被想像成存在于必然性的缝隙之中：我们也只把偶然性认作外在的东西，即我们刚才所考察的那两种事物或事件的结果，而当我们看到整体时，能够理解它们必然以某种方式相互联系着的原因——类似地，只要我们眼睛仅仅盯在生物两种特征上，生物两种特征的关联可能只是严峻的事实，但如果我们在整个生物体情境中来考察它们，可以得到一个更为完满的解释(当然，尽管它仍然不是纯粹必然的解释)。因此，如果我们纯粹地关注这些生物，我们将主张，生物是有死的这一事实，可能只表现为偶然的关联，而一旦我们把握正确的、本体论的见解，这一事实就能够被看做必然地由事物的本性所产生。

否则，偶然性可能被认作是现实的，但可能包含世界的一般内容：
266 存在着质料、物体和引力；存在着不同种类的生物；人存在着，人类历史在自身内发展；所有这些完全是必然的。但存在着具体论据：几乎整个大西洋中都存在岛屿，或G的值是32英尺/秒^2；这些详细内容可能是不同的。

黑格尔似乎赞成两种缝隙间偶然性的存在。这两种缝隙间偶然性能够被按照一般公式加以概括，这一般公式会把整体的基本结构认作必然的，这整体为绝对概念及其联系所描述；而隐含于他者中的描述——具体的术语——也用遮蔽基本结构的必然性方式或适用于实在的、具体方面的方式来展现整体基本结构的特征，并且实在的具体方面可能相对不同于整体的基本结构。

是否这第二种偶然性似乎难以与纯粹必然性论题保持一致呢？回答是：事物的结构之所以如此，是因为逻辑学的全部范畴都得到了应用。事物能够被描述为**定在**、**量**等等。对这些范畴的辩证超越并不表明它们是空洞性的，而表明它们是不适当的，表明它们要求用其他范畴加以补充。因而它们适用于其他范畴。实在同样是由定在、定量等等组成。因此这样的实在也具有其偶然方面。这能够借助下面这一论题与纯粹的、系统的必然性相一致：这样的偶然论据和关系存在于一定的框架之中，而这框架自身是必然的。一旦我们发现所有范畴都必然存在时，它必然是极其协调的。因为到那时必然地存在着与定在、量等等密不可分的偶然性。

与充足理由的两难推理的解决办法有关，缝隙间偶然性这两个概念也将包含下面这一观点：特殊根据与特殊根据之物的偶然关系能够被借助于用理解它所属于的系统来补充它而变换成一种必然的关系，否则缝隙间偶然性这两个概念将包含这样的观点：特殊细节的根据谅必仍然可能和它们密切相关，而将不包含这样的观点：在它们的基本属性方面被规定的有关实在基于必然性。不论发生哪种情况，我们都从外在偶然性转到潜在必然性，像我们从部分转到系统那样。

这就是黑格尔关于**根据**的两难推理的解决办法。存在着根据与被根据之物的一些特殊关系。只从它们自身来看，它们是偶然的，而构成它们的基础是整体的系统必然性。所以只要我们仍然处于特殊细节层次上，必然地与非充分根据打交道。可是充足理由律事实上满足于特殊细节借助必然性在整体中占有其一席之地。因而，建立在纯必然性基础上的惟一充分解释是使我们诉诸整个系统的解释。假若如此，有待解释
267 的话语和话语意义为特殊要素就不再等同它们自身，而与整体密切相关。借助这些要素所隶属的整体解释这些要素。所以，有待解释的话语不再区别于话语意义，更确切地说，话语意义被并入有待解释的话语之中。

因此人之死起初对于我们来说似乎是偶然的。但当我们把它看做建立于精神的矛盾基础上时，就理解了它的必然性，因为精神必然实体化于有限之中，然而必然超越有限。但与此同时，我们所借以解释死亡的精神的必然过程并非区别于死亡。死亡和出生都是精神的阶段。[16]

但这一解释仍然是符合道德的解释，因为把握系统的必然性就是把握相互关联的不同要素的系统。它因此是大大增进知识的并包括许多特殊关系，而这些关系自身似乎是偶然的。在这方面，充足理由律所要求的必然性是与根据与根据之物的项的真实区分结合在一起的；没有根据的东西，解释是不能增进知识的。

概念实在，作为必然相关要素的整个系统，为上面所论述的同一与差异的辩证法提供了另一层面。作为全体，相关要素的系统是一，它反

---

⑯ 在日常生活中，黑格尔在《小逻辑》（§121，附释）中说道，就我们用电的参照物来解释电的一些现象时的情况而论，我们常常使用不能区分有待解释的话语与话语意义的解释。在日常生活的情境中，这些解释是正确的。但这种理由是不能令哲学满意的，因为该理由尚未融入整体之中；整体的结构是必然的。根据尚未具有“自在自为地规定了的内容”。我们尚未真正地到达积极的和有效的（参阅§122）东西。所以，在通常层次上，一切皆流。我们能够为一切事物找到理由。

《小逻辑》中的这一论证不同于《逻辑学》中的论证，并且前者中的过渡反倒决定于理由的普通给予物的非令人满意性；在这些理由中，我们能够发现赞成和反对一切事物的充足理由，而一切事物都取决于对你所选择的理由的描述。

映着同一。借助整体解释整体是这样一种解释:在该解释中,根据与根据的东西完全相同。但是,作为不同要素的系统而且作为独立存在客体的要素,系统具有他者性、差异性;根据和根据的东西是以这种方式相关联着的不同实有。现实必然是这二者的统一。没有同一的必然联系,存在着的东西也许不具有根据,无法形成基础,因而不会存在着。但是没有差异,没有要素的真实差异,同样不可能有实存,因为纯存在等于纯无,像我们看到的那样。而且,差异需要真实独立存在着的客体、外在实在和相互独立存在着的客体,因而需要具体存在着的客体。没有差异,不会有真实的、独立的实存。

我们同样能够通过中介概念和直接性概念来考察这一整体。不像**存在**的领域,系统的要素全都是经中介过的;每一要素都被其他要素所 268
设定、产生,建立在牢固的基础上。中介因此是普遍的。不过,系统作为全体并不是经中介过的,它是一切中介的所在地,但是它仅仅依赖于自身。它因此是直接的。但它的直接性不同于**存在**的最初范畴的直接性。这是一种基于中介之上的直接性,但在它接近一套回到自身的中介的圆圈意义上,它已经扬弃了中介。它是独立存在系统的直接性并且该系统是自立的。黑格尔因此称之为"无根据的。"[17]它回复到"直接性,或回复到存在,不过这种直接性或存在是经过中介过程的扬弃才达到的"。[18]

黑格尔说,这就是范畴**实存**。这一源自拉丁语的单词的用法被指定利用外在性的词源学关系。因为黑格尔在**根据**的两难推理的解决办法方面所要强调的是:范畴根据不应被看做标示内在的和神秘的、存在于实在之后的某物。当我们把实在认作根据的东西时,我们把它认作取决于他物;这可能致使我们把我们所根据的实在认作某一神秘的、内在基础并且已常常致使人们把他们所根据的实在认作某一内在的、神秘的基础。当他们认为作为根据候选人的特殊的、外在的事件和事物是非适

⑰ 黑格尔:《逻辑学》,拉松版,第2卷,第99—100页。

⑱ 黑格尔:《小逻辑》,§122。(贺译本,第265页。)

当的,这是更为可能的基础。黑格尔的观点是:在为了提供充足理由的事件的特殊条件方面所缺少的东西,不是在这一事件之后的和神秘的某物,而是某物所隶属的整个系统的必然性。或换句话说,事物的内在基础不是位于事物之后的某一本质,而是这样一种必然性:在外在实在中,恰恰在系统的实在的必然联系中,这种必然性得到其充分的和惟一的表现。对**根据**的充分理解昭示我们,外在实在之后无物存在。但这不是说,我们处在我们面对纯存在这一起点。借助于我们事实上已经把握普遍必然性,现在我们把显露的东西看做设定起来的,看做由这一必然性所产生的。因而我们不仅把事物看做外在实在,而且看做外在实在的生成,看做展开,即依照必然性的内在公式而在事物外在性中的生成。这就是向概念“**实存**”提供力量的东西。

因而通过向实存的过渡,黑格尔在本卷的任务方面采取了决定性措施。这就使我们把**本质**看构成外在实在基础的东西,并非看做在外在实在之后的、神秘的某物,而看做充分展现的必然性。在本卷的下面一些节中将继续丰富系统必然性这一概念,但是这一问题已被提出。在这一意义上,**根据**的辩证法描述了一个进展。准确地说,要素的必然联系这一概念此前已被提出,并对本卷的较早论证并且尤其是对**根据**的引申部分来说是至关重要的。但是在本节中,已经更为清楚地形成了系统
269 地相关的要素之全体的理念和内在基础的伴随理念;它外在地、充分地体现内在基础的本性。这些是决定性的论题,但它们需要并将得到许多深层发展,而在这里只是勾画出这些论题的初步轮廓。所以**实存**

> 是无定限的许多实际存在着的事物,反映在自身内,同时又映现于他物中,所以它们是相对的,它们形成一个根据与后果互相依存、无限联系的世界。[19]

---

⑲ 黑格尔:《小逻辑》, § 123;威廉·瓦莱士译本。(贺译本,第265—266页。)

但是大部分实存,尽管它们在整体中是相互关联的,尚不是必然性的充分展现;这一必然性只是事物的适当根据。这就是现在所必须被推知的。

> 这个以实存着的事物为其总和的、表现得花样繁多的世界里,一切都显得是相对的,既制约他物,同时又为他物所制约,没有什么地方可以寻得一个固定不移的安息之所。我们反思的知性便把去发现、去追踪所有各方面的联系作为其职责。但关于这些联系的最后目的问题却没有得到回答,因此那要理解根据要义的理性的要求,便超出这种单纯的相对性观点进而寻求逻辑理念的较高的发展。[20]

在《逻辑学》**根据**这一节中,黑格尔开始讨论形式与本质、形式与质料和形式与内容之间的区别。在《小逻辑》的稍后论证中,黑格尔讨论了上述后两对范畴。但这不是实质性的修改,因为黑格尔在这里的任务仍然是证明:他的基本理念从考察这些区分中形成的方式和在打破知性的僵硬对立过程中形成的方式。因此不存在这些区分必须被采纳的单一观点。

通过范畴**现象**,黑格尔将继续推演展现必然性的理念。像**实存**一样,现象被理解成一个动名词,而不是一个纯形容词:现象是显露着的东西,转瞬返回到外在性的东西。所以,它不可能与较为基本的和隐秘的实在形成对照。

3.物

不过在继续这一讨论之前,有一个关于常识和传统哲学的较为重

[20] 黑格尔:《小逻辑》,§ 123;威廉·瓦莱士译本(引文有改动)。(贺译本,第266—267页。)

要的范畴,它就是**物**;黑格尔必须把它拿来与常识和传统哲学一起加以论述。在这里,我们论及具有属性的物,它是属性的载体。在**存在**领域,我们未达到它,因为在那里我们具有**质**即**存在**的质:一旦某物的质发生变化,某物就不再成为其某物。因此,关于“具有”的关系不可能被确定。[21]但是在这里,我们已达到相互联系要素的总体的理念,许多结合在
270 一起的属性的总体理念,因而达到具有属性的整体的理念,但属性能够在要素中保持自身的稳定性,因而由于具有的关系而能够在要素中保持自身的稳定性。

具有“属性”[“属性”一词也是具有的联系的中介,并且在德语和英语中都有“Eigenschaft(属性)”这个词]的物这一概念不是黑格尔所必须反对的总体这一概念。这有如下两点理由:

第一点理由能够被用三种相关方式来表述:首先,黑格尔的总体的理念,像我们已看到的那样,是关于不可分割地相关的、而处于对立中的要素的理念,但具有属性的事物的普通概念倒是事物不同属性的、和平共存的概念。其次,作为运动、变易的根源,黑格尔把矛盾——在不可分的要素范围内的对立物——看做是必然的,而具有属性的事物的概念倒是不变的共存的概念。再次,总体的不同要素借助于矛盾而相互关联并且矛盾又是必然联系的根据,这事实上是保证我们把现实实存事物的世界看做思想中的根据的东西,最终看做主观性产物的东西;而具有属性的事物的模型提供我们一种关于外在物质实在的观点;这外在物质实在最终基于自身,不要求诉诸超过自身而成为稳定的和独立存在的某物。

因此具有属性的事物的模型是黑格尔的两者挑一的模型:它是被应用于特殊事物还是被扩展至整个总体;在这种意义上,这一总体能够

㉑ 黑格尔:《小逻辑》,§125。黑格尔在此顺带评论道:在欧洲许多语言中,“具有”(have)被用来构成过去时,因而与“被扬弃的存在”(aufgehobens Sein)联系在一起,并因而与**本质**(Wesen)联系在一起;**本质**也和存在的过去分词密切相关,像我们看到的那样。)

被看做具有不同方面的个别事物。它是这样一种总体:在它自身中,外在物质实存是自立的,因为它的所有不同方面能够被看做连贯的整体,这一整体纯粹是被夸张地描述的外在物质实在。而对于黑格尔来说,实际情况并非如此;外在物质实在源自思想,因而源自精神;它不能够被理解成自立的,而真正地基于思想;这确实体现在这样的事实中:它不是自相一致的,而具有多方面的关系,并且这些方面既相互吸引又相互排斥。这就是使得它成为矛盾的东西,因而它注定要消亡并且经历不断的变化。这就是实在只能够被连贯地理解成存在的必然链条或存在的圆圈之原因。只有通过存在的必然链条或圆圈,外在实在的矛盾才能够发现问题的答案。换句话说,只有具备下面这些条件,外在实在的矛盾所引起的问题才能够被解决:把这一实在看做较大整体的一部分,看做内在必然性的展现,因而并非看做独立的,而看做取决于思想(黑格尔把思想等同于内在必然性) 和取决于在逻辑学稍后部分将被看做精神的东西。

所以在某种意义上，关于具有属性的物这一概念的连贯性问题是关于唯心主义的问题。但这仅仅是在十分狭窄的意义上:因为存在着许多像康德这样的非唯物主义者,他们在物的辩证消解方面受到攻击。再者,另一方的马克思主义是这样一种学说:当它声称是反唯心主义的, 271
它依赖黑格尔的普遍矛盾的见解,因而依赖运动的见解。具有属性的物这个概念是稳定的、同一的思想之精髓;这一概念不能够在事物的基本运动中把握事物，并且这一概念对于马克思主义者来说是处于资产阶级时代即最大“物化”时代的顶点。在具有属性的物这一范畴利用这样的具有(having)的关系和概念“属性”这一事实方面,也许毕竟存在着不只是坏的双关。[22]可是,我们在这里所正在辩护的唯心主义,显然不是一种二元论型唯心主义，也不是只凭借肯定精神就将解决二元论的唯心

㉒ 参阅欧仁·佛莱施曼:《世界科学》(La Science Universelle)(巴黎，普伦,1968),第166页。

主义，而宁可说是黑格尔的绝对唯心主义。很显然，这种形式唯心主义不可能与概念总体相一致，因为总体作为稳定的、独立存在的全体隐含于具有属性的事物之中。

黑格尔必然竭力反对总体这一概念的第二点理由是：与它的多重属性相比，它倾向于借助把整体当做基质而且当做不可知的基质来解决客体的统一问题。不管我们观察什么，我们总是在观察属性，这看来是传统哲学的、一个似乎有理的论证。把属性结合在一起的统一，是一个构成属性的基础的我不知道之物，即并非自身是可观察到的。未知基质这一概念发展成康德哲学的自在之物，而黑格尔在本节中正是以这种形式来论述它。但是基质概念的全部其他形式是康德意义上的东西，黑格尔所反对的是不可知性方面；不可知性方面实际上表述精神所无法把握的一些实在，因而接受一种无法吸收的二元论。这当然与黑格尔整个哲学的努力的、最基本的动机相抵触。因而黑格尔之所以不遗余力地批评康德[23](像人们可能想过的那样)，是因为区分自在之物与现象这一概念同自由意识相矛盾。

但是黑格尔似乎认为，求助不可知的基质作为解决基质的连贯统一问题的尝试，自然由具有属性的物这一概念所致。对于黑格尔来说，存在着这样一个问题，像我们在上面讨论《精神现象学》第2章过程中看到的那样，并且这确实是一个无法解决的问题。这恰好是他的论辩的实质，因为按照黑格尔的观点这样一个无法解决的矛盾恰恰存在于联合于总体中的要素间，像我们刚刚看到的那样。黑格尔的在具有属性的物这一概念方面存在一个不可避免的矛盾这一声称，并不比他的有限事物通常是矛盾的论题深刻。我们不可能详细探究他的这一论证，因为它等同于《精神现象学》第2章的一些理由，并部分地依赖他那个时代某些流行的概念，例如，建立于不同种“物质”概念基础上的物理学。

㉓ 黑格尔：《逻辑学》，拉松版，第2卷，第111—112页。

黑格尔确实发现矛盾之处，是在已经用近代认识论传统表述的、物的统一性的不同方面；近代认识论传统始自笛卡尔，通过经验主义者得以延续，而康德本人只是部分地摆脱这一传统。按照这一过于沉思的传统——主体不被看做竭力认识世界的东西而只被看做受世界影响的东西，事物的统一体总是处于离散成许多分离的感觉材料的危险中。因此它不是被想像成未知的基质，就是被想像成建构起来的某物；而从未被真正地想像成被经验到的东西。 272

正像在《精神现象学》中那样，黑格尔在两个版本《逻辑学》中的基本做法，就是利用他从近代认识论中所得到的物的概念的非连贯性。**自在之物**首先被思考：在统一性与其他事物的关系方面，正是统一性返回到属性的多样性，主要返回到狡黠的精神。但统一的属性不可能与自在之物分开，因为统一没有属性则不可能和一切其他东西区别开来。所以我们可以说，仅仅存在着某一自在之物，然而它与相互作用的东西无关，而正是与他者的相互作用导致属性的多样性。如果只存在着某一自在之物，那么它必然自行返回到外在属性的多样性。可是，如果我们保留概念多，那么多得到相同的结果，因为多只能被借助属性的某些差异来区分。因而每一属性不能够被与多分开，它不能够被看做纯粹的同一。

因而**自在之物**概念不能够被证明，因为它是不可知的、纯粹的基质，并且这样的基质是和在自在之物与他者相互作用过程中仅仅产生的可见属性分开的。不管我们是否把物看做一或多，这些可见属性对于物来说都是至关重要的。所以黑格尔过渡到思考这样的观点：这种观点认为，事物只不过是这些属性，并把事物看做属性的纯粹共存。这就是在黑格尔的讨论中由"物质"所组成的实在的理论自然地描述的东西。

但是特殊事物恰恰不可能被还原为属性的纯粹共存。因为这些属性中的每一属性都存在于许多事物之中。为了挑选出任何属性的特殊例子，我们必须求助于另一属性的尺度。如果我们想要挑选出"这"蓝色,那么必须把它与其他颜色区分开来,必须借助于它的形状或它的具体位置或它与其他事物的关系来识别它。但是这样做,就是采用多属性的特殊事物这一概念,因为我们现在具有蓝色的和圆的某物,或蓝色的和放在灰色左边的东西,或沮丧的和今天发生的事,或诸如此类的某物。

特殊事物必然是多属性的,多属性的特殊事物对于我们的经验来说是至关重要的。因为否则惟一可能被区分的实有将是属性自身,所以这些实有实际上将要成为我们的整体的东西。但不存在比较,属性就不
273 可能被区分,而存在着比较意味着存在着特殊事物;或者像蓝色和绿色出现在不同的饰颜片上,或者像形状和颜色能够被区分,因为它们与特殊事物的尺度构成比较。没有特殊事物,一个质的世界是不可想像的,因为这些质之间将不存在沟通,它们将不存在于同一世界之中,因而不可能被比较,因而将不具有质;世界需要通过否定他者的规定。

黑格尔利用对比的必然性将这个论证置于初始状态,并且思考怎样同时连贯地思考事物及其属性这一难以解决的问题。"事物"不可能被消灭,但属性的多样性也不可能被消灭。事物因此处于自身的矛盾之中。

"事物就是这个矛盾本身;因此,事物是**现象**。"[24]因而,黑格尔证明了他关于实在的矛盾本性的基本理念是正确的。实在是要素的总体,要素相互吸引,然而又处于相互对立中:在这里,属性必然同时存在着(因为事物不可能被消灭)并且仍然不可能融为一体。黑格尔为作为独立存在的全体的事物的具体化观点辩护而反对静力学。因此,他证明了物质的东西本质上是消解的东西并返回到现象的东西。借助这一论述,他意思是说,事物不是独立存在的实有;它不仅是有死的,而且它的实存是总体的展开;总体只能够作为内在必然性的展现而存在着,而不能够作

㉔ 黑格尔:《逻辑学》,拉松版,第2卷,第121页。(杨译本,下卷,第137页。)

为要素的全体存在着。也就是说，这些要素同时只适合作为全体的展开的环节，因为它们是对立的和矛盾的，但总体仍为必然性所支配。因而事物的消解不仅是事物的悬置、必然死亡，而且反映着事物的非自足性，即事物事实上是他物的展现、内在必然性的展现。这意思是说，它不仅存在着，而且被展开着。它被使得显露。这就是构成向**现象**过渡的基础之物。㉕

二、现象

在**现象**中，主要的发展是关系的理念。在这里，“现象”的确切含义是：我们把事物看做显露的、被设定起来的、通过必然性而得到展现，而不是只把事物看做“直接地”存在着。把事物看做现象，就是不仅把它们看做基于自身而且看做较大整体的环节，㉖因而就是把它们看做与他者必然相关。

被视为现象的实在，是高于直接的、独立的存在的某物。这使普通意识感到惊奇，但这是因为它把现象理解成实在面前的帷幕。实际上， 274
现象之后无物存在。说本质是现象，就是说它必然显露，“本质不在现象之后，或现象之外”，而是返回到实存。㉗

黑格尔关于“现象”的用法因此完全不同于康德的用法。它不是通过对比来揭露超验现实的本质秘密，而倒是揭示全部实在的本质展现。把实在看做**现象**对于黑格尔来说是把它看做内在必然性的“显露”或看做已展开的东西，以便展现由成为充分显露的本性所决定的必然性。所以关于范畴现象的观点是黑格尔的中心观点：实在不仅“存在着”，而且

㉕ 像在《小逻辑》中那样，这在《逻辑学》中已作了论述：物(Ding)是第二个三一式的第一部分，而不是第一个三一式的最后一部分——逻辑学环节中的基本松散性的另一例证。

㉖ 黑格尔：《小逻辑》，§131，附释。

㉗ 黑格尔：《小逻辑》，§131，附释。(贺译本，第275页。)

被设定起来、被展开于理性公式的完成中。在这里，展开着的东西因而是必然性的**本质**这一概念的发展；必然性必然在外在实在中达到充分的展现。这将成功地展现于本质的第3部分，黑格尔称这一部分为**现实**。在这里，我们将通过必然联系这一理念为它奠定基础。

我们所讨论的必然联系，介于这样两种联系之间：第一，必然最终展现必然性的、总体的不同要素间的联系；第二，潜在实在与要素的外在总体之间的联系。这两种形式的联系共同发展；按照这两种联系，必然性在外在实在的总体中显露得愈少，我们就愈必然把外在实在和潜在本质区别开来；在外在实在中，一切事物都处于统一中。换句话说，因为我们最终论述必然相关的总体，所以外在实在中必然性的非展现性必定伴随着区分外在实在与潜在本质。相反，必然性较为充分的展现将伴随着实在与本质的较为充分的同一。这两种发展在本节中将同时发生。

由于**现象**，我们再次从本质与展现之间的假定区分开始，并将扬弃这一区分。但和较早阶段不同，我们现在论述作为总体的实在，论述作为相关总体的实在，论述作为这样一种总体的实在：它不仅是要素的稳定共存，而且经历变化、发展，并具有内在对立面。所以，这一内在本质不再是似物的实在，正如自在之物的情况一样。它倒是联系的内在公式。可是作为联系的内在公式，它仍然与外在实在相分离，因而是联系的内在公式，尚不是我们将在**现实**中所要看到的、现实系统的本质的展现。我们必须扬弃内与外的对立；这种对立实际上将是本节的最后的对立，而其他一切由于它而建立。

为了设置思考必然联系这一阶段，黑格尔带领我们涉猎在《逻辑
275 学》和《小逻辑》中有着不同表现的、先前的辩证法。在后者中，他借助讨论内容与形式——在《逻辑学》的较早部分所出现的实体——把我们引到辩证法。在《逻辑学》的较早部分中，辩证法的序幕通过讨论规律而揭开。

在这两种情况中,这一序幕的关联是相同的:就传统哲学而言,现象与较为基本的某物形成对比。但是在现象这一阶段,像我们已经看到的那样,这一较为基本的某物不可能是似物的,而必然是潜在的联系。所以我们在这一阶段所论述的是两种可选择的方法:把潜在联系想像成超越外在实在或构成外在实在的基础。这样的方法之一,就是使异质的外在实在的杂多性和构成这一杂多性基础的规律的内在联系形成对比。我们把规律的王国看做"实存世界或显露世界的稳定形象。"[28]另一种方法,就是使直观的内容和形式形成对比,而且通过形式,直观的异类杂多被看做相关联的。前者是《逻辑学》的方法,后者是《小逻辑》的方法。

在这两种情况中,逻辑学的任务是证明这种区分不可能站得住脚:形式与内容是相联的;每一方总是转变成另一方,或规律的内在统一或规律的内在联系不可能与真实的外在杂多性分开。在第一种情况中,黑格尔关于"形式"与"内容"这两个术语的解释足以确保这种过渡。在《逻辑学》中,为黑格尔的另一主题——可能性规则的非适当性——提供了参照系。

就规律被认作现象世界的"静止的反映"而言,规律具有不同的内容。合乎规律地发生的真实事件,具有规律所无法解释的许多其他特殊属性。二者间因此存在着一个缺口。此外,在规律自身方面,仅仅存在着这两个术语间的偶然联系:例如,在落体定律中,不存在把距离与时间平方连接起来的必然性。但根据黑格尔的观点,落体定律的要点是解释,而只要解释中存在着任何偶然性,解释就总是不完整的,像我们看到的那样。所以说到落体定律,

关于那些情况的规律,将会从经验去认识到;在这种情况下,规律

[28] 黑格尔:《逻辑学》,拉松版,第2卷,第127页。

> 便只是直接的；它还要求一个证明，即一个认识的中介，以致规律不仅有了地位，而且是必然的；该规律本身并不包含这个证明和它的客观必然性。[29]

在这两种情况中，规律作为**现象**之后的潜在实在的扮演者是不能令人满意的，因为它既未真正地构成一切事物的基础，又未达到它所应该达到的内在联系。它是既过于内在的(因为它不具备外在的充分内容)，又过于外在的(因为它尚未上升到必然性)。

正如《精神现象学》(第3章)中那样，我们可能注意到，这种必然性不是我们所要求科学规律的；它没有达到这一点，这并非违反落体定律。但是黑格尔在此另有所指。因为我们在先前阶段已推演出必然联系。因276 此，与这一情况相反，规律被看做表述构成现象基础的必然联系的一种方式。它因此失败了。当然，它作为经验科学的工具可能是无可挑剔的。我们所知道的是，它不可能是有效本体论的定论和我们探索有效本体论的终点。

从《逻辑学》辩证法中所形成的，是用规律表述的潜在关系与规律是真实的外在实在的统一。这提供我们要素的总体这一理念；当这些要素彼此分开时，它们本质上是相关联的。区分本质与外在形态因此倒成了区分外在实在的要素和它们的关系。关系辩证法使得黑格尔能够详细研究一系列关系概念并且证明它们的非适当性，同时使得黑格尔能够强调要素与关系之间的统一；关系也是内与外之间的统一。

所以，本节徘徊于与内和外形成对比的二元论以及与要素、束缚要素的必然性形成对比的二元论之间。起初，由于杂多的外在世界与内在规律之间的二元性，我们面对两种二元论，而且内在规律是杂多的要素间的联系。现在重点转到这样的二元论：要素或必然性仅仅是再次以内

[29] 黑格尔：《逻辑学》，拉松版，第2卷，第129页；约翰斯顿和斯特拉瑟斯英译本，第2卷，第134页。(杨译本，下卷，第146页。)

与外的纯粹对立而告终,而这种对立必然消解。

1.整体与部分

对立要素或联系的最初阶段是整体与部分的关系。在下面这一意义上,黑格尔借助于证明每一方都需要另一方来展现这一关系:如果整体和部分相关联,那么整体只是整体;如果部分和整体相关联,那么部分仅仅是部分。如果部分被孤立地看待,它们不复是部分,而变成了整体。他说,[30]这是考察康德的无限可分性二律背反的一种方法:以部分为例,由于孤立地考察它们而使它们变成了整体,而整体又必然被划分成许多部分,如此以至无穷。但我们倒应意识到,部分只是和整体相关联的部分。

然而,另一方面,部分与整体不是等同的;每一方只是与另一方相对立而存在着,而为了自为地存在着,每一方似乎必然把另一方降到仆从的地位,使另一方依赖于它自身:整体必然要使部分成为独立存在的从属要素,而部分必须摆脱成为这种从属要素之命运。然而,在获得成功过程中,每一方总是否定自身;整体总是将它的部分融为一体,因而不再成为整体(它只是处于对比之中);部分总是摆脱整体,因而不再是部分。

所以整体与部分是作为本质上与它们的他者相关项的每一方。每一方只是自身和另一方相关联并且另一方是它的否定。每一方都把我们引向另一方。二者的内在联系使我们超越单纯的部分与整体关系的概念;在部分与整体关系那里,我们把整体与和睦共存的部分的集合认 277
作考察同一事物的两种方法。考察这两种方法中的任何一种方法,黑格尔说,我们都会遇到矛盾;在矛盾中,这两种方法相互渗透。存在着考察

[30] 黑格尔:《逻辑学》,拉松版,第2卷,第143—144页。

同一实在的任何两种可任意选择的方法，这一理念实际上假定同一实在是固定不变的，并只认可这两种描述；而我们借助考察部分与整体所发现的实在中的矛盾表明：实在处于运动中，它不断地从统一过渡到杂多，再从杂多返回到统一。可是这一外化关系是力与力的表现的关系。正是被从动力学观点看内在力的整体，产生作为力的表现的外在实在。

向力的过渡，使我们联想到《精神现象学》中的过渡，那里的过渡也源自试图把两个对立面统一成稳定的、对象的观点。黑格尔的论证是：如果整体真正由独立存在的部分组成，那么整体恰好是我们所理解的部分的全体，然而不存在真实的部分。类似地，如果我们把整体认作真实的部分，那么部分恰恰是我们的抽象物，于是不存在真实的整体。由于确实存在着仍然具有部分的整体，必然存在着借助相互作用而结合在一起的要素。相互作用自身将出现在稍后的下一节中，但是物力论的实在的理念是成问题的；按照这一理念，不同的外在要素被真正地连接成越出我们自己的主体群的统一体。

这使我们转到力与力的表现。借助于力与力的表现，我们能够把外在的杂多看做某些潜在的力的产物；因此它不仅肯定是杂多，而且肯定完全融于总体之中。

但是，力这一概念对于我们所正在寻求的总体的见解来说同样是不适合的。力，像黑格尔认真提醒我们的那样，不适合作为描述**精神**的方法(这是特别反对赫德尔的)。它盲目地向着理性目的地推进，而并非有目的地推进。有些力受到限制，这与它们具有特殊内容和条件有着密切关系。因此，我们能够像磁学那样思考给予的力，但是这以像铁那样的特殊类基质为先决条件。[31]铁具有本质上与磁学无关的许多其他属性。类似地，力需要一定的条件来表现自己。黑格尔称之为需要另一种力以便"诱发"开端；我们得到了一种辩证法，它使我们再次联想到《精

㉛ 黑格尔：《小逻辑》，§136，附释1。

神现象学》第3章。

因此把世界看做力的表现，就是把它看做许多力的接合物；这些相互"诱发"或相互激发的力是错综复杂地相关联的。黑格尔，像在《精神现象学》中那样，详细研究这样一些力的有关走向；这些力被其他力所诱发，而同时诱发其他力。这一辩证法的背景是一种在黑格尔时代所颇为流行的术语学。但向力过渡的基础是如此更为根本，以致我们必须到达这样一个阶段：与先前在**本质**的开始阶段我们可能承认质的多样性相比，我们在这个阶段不可能承认任何更多的力的形形色色多样性。我 278 们已经到达这样一点：我们在论述本质上相关的总体，并且必须超越不能够妥善描述总体的任何范畴。因而力与"诱发"力的关系实质上是：对于黑格尔来说，力自身作为对某些外在表现的推力又能够被看做规定它自己的激发条件，而且"诱发"力是力的先决条件。力必须被看做由于规定它的条件而引起这一表现的推力，而不应只把它看做给予的表现之后的推力，力是条件与表现之间的内在联系。

但是把总体这一理念和刚刚到达的力这个概念合在一起，我们得到考察总体的一种新方法，即，内在联系的表现或内在联系的外在表现。它是**实在**的外在展开这一概念；这概念在实存和**现象**中被提出，但它现在用合并力的概念这一范畴而得到更为适当的表现。外在实在是表现，是本质联系的表现。

2.内与外

这有效地终结了我们按照要素和要素的联系所设定起来的二元性，因为现在要素只作为这一联系的表现而存在着。但是它仍要消灭内在必然性和内在必然性的表现之间的、最终可能存在的二元性伪装。这将是内与外之间的纯区分；在内与外中，和上面所论述的规律情况不同，现在绝对不存在内与外之间内容上的差异，因为后者只是前者的表现。它们具有相同的内容。

但根据黑格尔的观点,这种二元性是站不住脚的。现在我们已到达这样一点:黑格尔能够向我们证明这种二元性是站不住脚的。像我们在第3章看到的那样,概念实在作为显现的必然性之所以如此,是因为下面两种状况间存在着相同的联系:在潜在意义上,实在纯粹是内;在对自身外在意义上,实在纯粹是外,而不是本质上借助任何必然联系相关联的。本质愈是隐秘的(内在的),实在愈纯粹是外在地相关联的(外在的)。这就是黑格尔所称为内与外的直接统一的东西。相反,在表现意义上,本质的实在愈是外化的,实在的联系愈是展开的,并且实在愈具有本质。这就是黑格尔所称为内与外的间接统一的东西。黑格尔还举了直接统一的其他例子。儿童是人,但在儿童那里,人性纯粹是内在的、不成熟的;由于这个原因,他必须通过训练而从外界获得他的人性。内与外的这种关系是以黑格尔的实在的理念为基础的;实在是必然性、联系的表现。

因而任何把内和外分开的企图,都必然在不再向内反思的意义上
279 使得外成为外在的,因而都必然在二者之间设置隔膜。一旦二者之间存在着隔膜,我们就处于直接统一的王国之中;在这一王国中,我们只是无力地返回到他者。不过,如果它们真的是相同的,如果它们具有相同的内容,那么它们之间可能不复存在任何区别。

因而,在内实际上是具有外的内这一王国中,内之所以如此是因为它必然表现自身。它的本性就是展现自身,就是使自己得以显露。说内与外是相同的,就是说现实本质上是自我表现的。这就是黑格尔借助**现实**所表述的:现实是**本质与现象**的统一;现象是外在的,因而充分地表现本质。现在现实之所以如此是

> 因为它的内容和形式完全同一,它自在自为地无非就是这个外在化自身的东西。是它的本质的显露,以致这个本质正是仅仅在于成

为自身显露的东西。[32]

三、现实

由于现实,我们到达黑格尔哲学的一个重要范畴。正是外在现实,充分地表现本质,并且正是外在现实,在自身之后没有隐藏任何东西,因为它是本质的东西的充分表现。它是**存在**与**反思**、**存在**与**本质**的统一。在某种意义上,实存作为现象已经是这种统一,但黑格尔说,这只是它们的直接统一;因为它由于**根据**而被中介过,并且我们尚必须证明外在现实与内在联系的辩证法。实存“出自**根据**并回到**根据**”[33]。但**现实**是**存在**与**本质**的设定起来了的统一,是已经发展到同一的关系。“因此,它得免于过渡,并且它的表现或外在性即是它的内蕴力;在它的外在性里,它返回到自己;它的定在只是它自己的表现,而非他物的表现。”[34]

《小逻辑》§142的**附释**继续斥责把**现实**说成与理念分开的常识方法。恰恰相反,**现实**是内与外的统一,因而是真正地理性的统一。[35]

通过为两个版本的《逻辑学》所共有的两个主要辩证法,关于**现实**这一节发展了显现的必然性的理念,即表现出来的本质的理念:第一个辩证法是对形式关系的研究,即对必然性、现实性与可能性的研究。这也注定要为现实性即表现出来的必然性的地位辩护,同时注定要详细 280
阐明必然性与偶然性的关系。所以,我们最终到达竭力阐释一直构成**本**

㉜ 黑格尔:《逻辑学》,拉松版,第2卷,第155页。(杨译本,下卷,第176页。)

㉝ 黑格尔:《小逻辑》,§142;威廉·瓦莱士译本。瓦莱士力图捕捉黑格尔的这一双关语:“gehen zu Grunde”通常意味着崩溃或毁灭。但是用黑格尔的话来说,事物的消亡也是事物从特殊性向维持事物的总体的生命的复归,即,向事物的根据的复归。(贺译本,第295页。)

㉞ 黑格尔:《小逻辑》,§142;威廉·瓦莱士译本(引文有改动)。(贺译本,第295页。)

㉟ 《小逻辑》§142,参阅第312页关于理性和现实的著名引文。

质的基础的必然性这一概念。现在是把这些形式范畴纳入我们的系统的时候了。我们必须证明,我们不能够像康德那样把这些形式范畴看做不触及现实的东西,而恰恰能够把它们看做现实与我们认识官能的关系。我们也不能够像莱布尼茨那样把可能性当做定论;对于莱布尼茨来说,这个世界只是全部可能存在的世界中的最好的世界,因而在某种重要意义上是偶然的世界。

第二个辩证法是这样一种辩证法:它最终返回到三种独立存在的关系。康德曾挑选出它们扮演在分析经验、实体与偶性、原因与结果和相互作用过程中的特殊角色,以便推知它们在现实中具有的位置;现实已被证明是被必然性所支配的总体,并仍然指向更远的主观性,因而指向**概念**。贯穿于这一整节的主要过渡,是从已经完成的必然性到自由的过渡,因而是到主观活动的过渡。只依赖于自己的真实必然性等同于自由,等同于自我发展,并且我们把自由和自我发展认作主体的属性。所以,充分地发展起来的必然性是自由,因为在黑格尔的术语学方面充分地发展起来的必然性是真理,所以我们能够说必然性的真理是自由,像我们不久将要看到的那样。

但是在这两种辩证法之前,我们在《逻辑学》中到达有关绝对的第一阶段。那实际上是对斯宾诺莎的批判,是站在黑格尔立场上反对斯宾诺莎的一元论。[36]虽然关于斯宾诺莎的论述对黑格尔的辩证法来说不是至关重要的,但这一论述未偏离中心论题。斯宾诺莎对于黑格尔来说是一位重要哲学家,这并非纯粹是在下面这种意义上:对于把他的见解本质上表述成**扬弃**全部以往思想的第一位主要思想家来说,全部以往哲学是非常重要的。在全部以往哲学的一般重要性范围内,某些哲学家占有举足轻重的地位:当然,首推亚里士多德;康德是必不可少的起点,即黑格尔所一直试图扬弃的二元性的界定。但就与康德相反的理由而言,

---

㊱ 涉及斯宾诺莎的内容被归到《小逻辑》§ 151的附释。

斯宾诺莎是重要的，即，斯宾诺莎相信绝对中一切事物的统一并且绝对既是**上帝**又是整体。在总体中，一切事物环环相扣；总体取决于绝对，绝对是**上帝**。斯宾诺莎因此非常接近黑格尔的见解。现在，当我们到达把现实当做描述本质的总体的阶段时，就是采用与斯宾诺莎相反的见解之时。

虽然斯宾诺莎接近黑格尔的见解，还是存在着一些重要差别。我的观点是：因为斯宾诺莎接近黑格尔的见解，所以黑格尔认识到表述这些差别是阐明他自己的见解的最好方法之一。因而黑格尔经常借助表述这些差别来阐明他自己的思想。

这差别能够被用一些范畴来概括，但是这些范畴仅仅将在本节的结尾才会出现。对于斯宾诺莎来说，绝对只是实体，而非主体。绝对是存在于特殊事物之后的东西，不能够被等同于世界中的任何特殊事物。斯宾诺莎的一切规定都是否定这一原理为黑格尔所采纳，但按照这一原理，斯宾诺莎认为，绝对是超越规定性的，超越否定性的。不过斯宾诺莎的**绝对**是这样的绝对：在这一绝对中，特殊事物悄然沉没；这种绝对是纯粹的自我同一。由于这一原因，它仍是一个纯粹的、潜在的内在实在；因而它是一个没有内在运动的实在；外在特定事物能够被从它中推演出，或外在特定事物根据自己的本性而从它中流出，这本身是无法想像的。 281

另一方面，黑格尔的绝对包含着否定，它注定要超越自己，注定要返回到它的他者即定在。所以，对于黑格尔而不是对于斯宾诺莎来说，外在现实世界不仅存在着，并非纯粹是被发现的东西，而且具有表现内在必然性的顺序。斯宾诺莎的纯粹和超越规定性的**上帝**，是纯粹的内，因而现实世界是黑格尔意义上纯粹的外。黑格尔把从绝对中具体流出特殊事物这个概念比作我们在某些东方宗教中所发现的概念。在这些东方宗教中，**绝对**是由隐而显地流出的光；当它从愈来愈低级的存在物中流出时，逐渐失去它的本性。黑格尔似乎认为，某些这样的理念构成古代波斯人宗教的基础，而我们在**新柏拉图主义**那里发现上述概念的某物。黑格尔倒从总体上称这为东方人特有的思想，并把斯宾诺莎采用绝对和他的**犹太人**血统联系起来，因为“大体看来，东方人的观点认为一切有限的事物仅是奄忽即逝，不能长存，这种东方人的世界观在斯宾诺莎的哲学里得到一种思想性的表述。”[37]

相应地，特殊事物被认作消失，而未从本质上被像它在黑格尔那里认作与绝对相关联；在黑格尔那里，绝对的本性能够被依据特殊事物中的矛盾来理解。因此我们在斯宾诺莎那里所缺乏的是矛盾的理念，即对立统一的理念。矛盾是运动的根源，矛盾影响着绝对即**上帝**自己。斯宾诺莎哲学缺乏绝对这一矛盾；绝对是运动的根源和一切特殊事物的源泉，然而在自身中具有特殊事物；绝对超越特殊事物并与特殊事物相对照，而仍然包含着特殊事物。因而，我们所看做绝对的流出物的世界缺乏必然性。存在着形形色色的特殊事物。绝对具有一些未被规定的属性。虽然斯宾诺莎只列出两种属性——广延与思想，但他不知道这些是仅有的两种属性，他不知道它们借助存在的必然性即绝对的两个矛盾
282 方面而相关联并且绝对的矛盾是运动的根源。广延与思想是统一的，但它们被看做没有对立面的存在，因而它们是静止的和没有必然联系的。

因为斯宾诺莎的绝对是自在地静止的，所以我们必须把它的样式认作由它与知性相关联而产生的，尽管知性在斯宾诺莎哲学中并不真正地具有地位。斯宾诺莎的绝对仍然是一种哲学；在这种哲学中，外抵销了纯粹的内。但区分内与外，就是诉诸这一哲学中仍然是独立的观察者。样式存在着，这对于观察者来说是相对的。相反，黑格尔的绝对是这样一种哲学：在这种哲学中，观察者是非独立的，并像我们将要看到的那样，观察者与现实之间的二元性将最终被扬弃。

斯宾诺莎哲学的缺点是与他的方法的缺点相一致的；他的方法具有较为浓厚的几何学色彩。因为这涉及到以某些定义作为起点；但作为

[37] 黑格尔：《小逻辑》，§ 151，附释；威廉·瓦莱士译本。（贺译本，第314页。）

起点,这些定义的内在必然性未被发现。相反,黑格尔哲学主张存在彻底的、圆满的必然性。

在黑格尔《逻辑学》中讨论斯宾诺莎的那个**注释**的结尾处,黑格尔责备莱布尼茨犯了相反的错误。莱布尼茨在其单子中具有主体性观念;主体性之所以存在是因为它按照它的属性表现它自身;它必然地产生它的属性并意识到它们。但我们因借助莱布尼茨关于这样的单子的多样性理念而抵销了莱布尼茨的错误,因为单子从不同的观点理解世界。单子的多样性未被推出,因此它不能够被看做 必然性的表现。更确切地说,莱布尼茨削弱了对**上帝**的依赖,因为他认为上帝安排好了单子的先定和谐体系。但是它们超出自身范围并非是和谐的;它们处于和谐之中,这不是它们固有的。这和谐是纯粹地外在的某物,因而也是**内在**的、隐含于上帝的设计物中的某物。

斯宾诺莎关于绝对的概念是使得他的绝对只是实体而不是主体的东西;他的绝对是无矛盾的,因而是无运动的。因为根据黑格尔的观点主体是自身运动的并且意识到自身,因而必然是不同于自身的。

关于斯宾诺莎就讨论到这里。黑格尔因此拒绝未经规定的**绝对**这一概念。但他当然是通过区分外与内拒绝这样的绝对的,因为一个未经规定的绝对是纯粹的内。我们因此回到作为表现的**现实**,开始论述偶然性与必然性的辩证法。

1.可能性、现实性和必然性

黑格尔从可能性这一概念开始讨论这些形式概念。在可能性的最低形式中,这常常被当做近乎空洞的可能性、纯粹的非矛盾。(当然,黑格尔紧接着说,这等于矛盾,因为现实的——因而也是可能的——一切事物确实处于自身的矛盾之中)。但是,纯粹地可能的事物,作为并非是矛盾的东西,恰恰包括任何事物。当我们形成关于事物的部分观点时,事 283

物似乎是无矛盾的,像我们早先在讨论同一性时看到的那样。所以,在某些抽象的状态下,任何事物都能够被看做可能的。例如,月亮今晚可能落到地球上来,或**土耳其的**苏丹可能成为**教皇**。[38]

但这是一个绝对地令人厌烦的可能性概念。我们能够把它认作适用于比现实的东西更为宽泛的范围,但是它仅仅适用于相当**特殊意义的**方面。所以,我们转向较为充分的、较为有根据的"可能的"观念——真正可能的东西。但真正可能的东西是与现实的东西相关联的。某物只能够被真正断定为与假定的实在的某些背景相反的可能的;这就是使得一个给予的结果成为可能的或不可能的。某物是可能的或不可能的,这"取决于内容。"[39]

可能性这一概念因此只能被应用于有关的现实系统,它不同于先前那个被假定仅仅建立在被思考的内容的无矛盾本性基础上的纯概念。现在,内容是可能的,因为它能够基于真实的东西。根据的关系回复,尽管它不是按照相同的关系而回复。因此,在这种意义上,可能的东西不仅是与现实的东西相对立的,而且是与它相关联的。进而我们能够说,现实的东西与可能的东西是同一个东西,因为使得内容A成为可能的是事件B的状态,并且由于内容A的潜在性,事件B能够允许内容A发生,可能构成它的根据,但该根据是潜在的。因此,黑格尔由真实的可能性过渡到亚里士多德的潜在性概念。B是A的潜在性;当B在A中被意识到时,B是现实的。所以A的"可能性"同样是一个实在即B。

偶然性是最先从现实性与可能性的关系中产生出的范畴。偶然的东西是真实的某物,但被认作与可能性领域相对立的东西,被认作与他者可能已被实现的领域相对立的东西。如果偶然的东西过去是惟一可能的结果,那么它现在并非是偶然的。按照近乎空洞的可能性,一切事

---

[38] 黑格尔:《小逻辑》,§143,附释,第324页。这也使我们想起关于**根据**的讨论。在那里,黑格尔指出,只借助于在某些抽象方面考虑理由,我们能够为任何事物提供理由。

[39] 黑格尔:《小逻辑》,§143,附释,第324页。(贺译本,第300页。)

物都是偶然的。但是当我们开始思考真实的可能性时,并非一切事物都是偶然的。恰恰相反,某些结果被弃之不顾,他者是不可避免的,被给予周围的条件。换句话说,某些结果是必然的。

所以,真实的可能性这一概念把我们引至真实的必然性这一概念。284
真实的必然性仍然并非不再依赖任何偶然性的绝对必然性;因为它受到限制。一个给予的结果只是必然的,即,不可避免的、被给予的一定条件。但是这些被给予的条件是偶然的。不过,我们发现,由于互为条件的、曾被通过真实可能性而导入的现实这一理念,我们必然导入真实的必然性。因而也就由可能性与现实性的结合而产生真实的必然性。现实的必然性是从属于事件的一定现实状态的,它被看做与可能的东西的背景相反的,被看做惟一的、可能的结果。[40]

所以,真实的必然性和偶然性是这样两个概念:它们只能够被以"可能的"和"现实的"某些应用为基础而加以应用。如果我们不打算论述与近乎空洞的可能性相关联的偶然性的空洞含义,我们必须把偶然的东西认作可能已经存在着的现实的东西,也就是说,否则,在这一现实的东西那里,有条件的现实性也许接受了另一结果。要不然,真实的、必然的东西是不可能已经存在的。在这两种情况中,我们论述系统地相关联的现实,决定的和被决定的现实。真实的必然性因此仍然是与偶然性不可分割地关联着的。从另一种观点看,真正必然的东西也是偶然的。有A就有B,但A不可能已经发生。从另一种观点看,偶然性也相应是真实的必然性。当B发生且A'也可能发生时,我们说A是偶然的。但是使A发生的东西和使A'不发生的东西是不同的因素F,而A是被给予的B和F的真实的必然性。因此,黑格尔称之为自然的、"相对的"真实必然性,[41],或"外在的"真实必然性。[42]因为它取决于他物。

---

[40] 黑格尔:《小逻辑》,§147。

[41] 黑格尔:《逻辑学》,拉松版,第2卷,第179页。

[42] 黑格尔:《小逻辑》,§148。

但是,我们同时知道,一种绝对的、无条件的必然性使事物结合在一起。“绝对必然的东西只是存在,因为它存在;它此外既无条件,也无根据。”[43]它是自因的。因为作为整体的必然变化的系统不是建立在自身以外事物的基础上,不是建立在将存在于必然性之网以外的基础上。

那么这两种必然性的关系是什么呢?不管在何处,否定偶然性并且只把它认作“主观的表象”,[44]这都是荒谬的。在这一段中,黑格尔对那些将一致试图消灭偶然性并且推演一切事物的哲学家们提出忠告。如果科学试图这样做,它们就会变成纯粹“空洞的游戏和呆板的文牍主义”。[45]关于黑格尔所忠告的那些科学家的做法就论述到这里,但这一做法却常常被他的批评家们加到黑格尔的头上!

恰恰相反,像我们先前已看到的那样,偶然性具有它的必然的地位。它与必然性的关系是我们早先在关于**根据**的讨论中所描述成“缝隙”的那种东西。不过我们同样可以把它描述成“表面性的”[46]东西。世界的基本绝对结构是必然性。但正是通过这一事实——世界的基本绝对结构必然被实体化(实体化和外在化这两个范畴同样必须得到应用),世界的基本绝对结构必然以“外在的”形式存在着,即并非它的各个方面都完全展现必然的内在联系。因此,事物的外观或细节方面确实是必定成为偶然的。

事物展现着种种联系;当我们借助事物的这些外观或细节方面挑选出它们时,它们纯粹是真实的必然性。我的汽车撞坏了,因为我在冰冻的路面上驾驶。这的确是一个偶然事件。假如它不是由于某些不同的因素(例如,我在这一天决定出去),它可能是其他因素。不过这一偶然性

---

[43] 黑格尔:《逻辑学》,拉松版,第2卷,第182页。(参阅杨译本,下卷,第207页。)

[44] 黑格尔:《小逻辑》,§145,附释。

[45] 黑格尔:《小逻辑》,§145,附释。(参阅贺译本,第303页。)

[46] 黑格尔说到“在自然的表面”自由玩耍的偶然性时,他自己使用这一形象化的描述(黑格尔:《小逻辑》,§145,附释)。

是明显的，因为我挑选出“汽车”的有关实有，甚或更为具体地挑选出 285
“我的汽车”的有关实有。如果我把它认作有限事物，那么我认为它必然消亡，尽管它通过的那天和通过的方式是偶然的。或者像黑格尔表述的那样，由于我们所正在思考的事物的“被限制的内容”，我们把条件和有条件的实在看做彼此映照的、分离的、独立的实存。[47]但是在较深层次上，条件和有条件的实在本质上是关联着的，它们既是不同的又是同一的。在这一较深层次上的明显的形式是必然联系的形式：汽车，作为有限的东西，必然在某天坏。但在事物表面的或细节的层次上，事物的被限制的内容未展现在这一较深层次上的明显的形式。所以存在着偶然性：这一撞车事故今天发生。

> 所以现实的必然性，事实上又自在地是偶然性。——这一点是这样表现的：实在的必然物，就形式看，诚然是一个必然物，但就内容看，却是一个被限制的东西，并由于内容而有其偶然性。[48]

因为内容对于形式来说是外在的，所以内容对自身而言是“外在的”，即，偶然的。[49]

在这一节中，黑格尔并非真正地从真实必然性中推出绝对的必然性。更确切地说，无条件必然性已经被设定，因为我们知道我们在论述必然联系的、独立存在的系统。人们可能会说，黑格尔所真正证明的是真实必然性与绝对必然性之间的关系，即它们的共存方式。在这里，在从真实必然性到绝对必然性过渡中，存在着决定性之点。真实必然性与偶然性相关联，但只是直接地与偶然性相关联。在这一阶段，“必然性尚

---

[47] 黑格尔：《小逻辑》，§ 148。这里的德文为selbständig。

[48] 黑格尔：《逻辑学》，拉松版，第2卷，第180页。(杨译本，下卷，第204页。)

[49] 黑格尔：《小逻辑》，§ 148。

未根据它自己来规定自己为偶然性”。[50]

这就是借助绝对必然性所得到的东西。绝对必然性证明偶然性应当怎样存在着，仿佛绝对必然性从自身中生出偶然性。然而二者并非仅仅共存着。必然性具有较高的地位。真实必然性向我们显示偶然条件的必然结果。必然性是偶然性海洋中的岛屿。但借助于偶然性这一范畴，这一岛屿的位置被完全改变。偶然性倒是由事物的必然结构所产生的装饰品。

必然性因此表明它自己为自我限制的，即仅仅依赖它自己的。但这意思是说，必然性最终等同于自由。我们通常抱怨，必然性是自由的、有目的的行为的对立物。必然性是盲目的，而自由的、有目的的行为看到它的目标。[51]但是当必然性因此是与偶然性相结合的，必然性只是盲目的，因此我们不能够看到它所结成的关系间的联系。无论如何，我们已经看到，偶然性是必然性的纯外观。如果我们理解得当的话，这种被视为真正地依赖它自己的潜在必然性完全是透明的。再者，我们将不仅意味着潜在必然性对我们或某些敏锐意识来说是透明的，而且意味着潜
286 在必然性作为理性的产物是透明的并且理性产生真实必然性的总体。所以它对潜在理性来说总是透明的。但就自我意识而言，或就有目的的行为而言，它是这样的公式：就设定存在着的东西之东西而言，存在着的东西是透明的。因而，必然性的真理，或必然性基本上所是的东西，是黑格尔称作**概念**的东西。[52]世界与历史的结构应当被视为目的的结果。

这就是弄懂神圣的天道这一概念的意思的东西。某些哲学家和常人认为，神圣的天道没有为必然性留下位置。但这就把天道降低为“盲

---

[50] 黑格尔：《逻辑学》，拉松版，第2卷，第179页。

[51] 黑格尔：《小逻辑》，§ 147，附释。同时参阅“因此绝对必然性是盲目的(die absolute Notwendigkeit ist daher blind)”(黑格尔：《逻辑学》，拉松版，第2卷，第183页)。(参阅杨译本，下卷，第207页。)

[52] 黑格尔：《小逻辑》，§ 147，附释，第332页。

目的、非理性的**任性**”。[53]对于黑格尔来说,**上帝**是**精神**。**上帝**是主体,主体同时是整体的理性结构。所以,必然性是上帝的标签,而不是对**上帝**的限制。

黑格尔乘机比较古代的命运理念。它是真正外在的必然性,也就是似乎是与自由相抵触的必然性。但是天道不能被与命运相比照;按照命运,天道不再具有必然性。更确切地说,二者的差别是:命运不考虑作为主体的人——甚或不考虑上帝——而在基督教中是这样的理念:绝对是主体;在返回到他物过程中,在死亡过程中,我们作为生命始终与绝对主体的生命合为一体。因而全部苦难具有这样的安慰:一旦我们把自己看做绝对主体的产物和工具,我们在某种意义上就总是和我们自己同在的绝对主体。这就是**基督徒的**宗教“安慰”,并且,正是由于安慰而不是借助缺乏必然性,天道才被与命运区别开来。因此,命运具有必然性,而不具有不相干的或不可思议的必然性,更确切地说,具有表现理性的主观性的必然性;我们拥有理性的主观性,因而我们从不和它分开,但我们总是自在的(bei sich)。

> 至于基督教之所以富于安慰的力量是因为在基督教里,上帝被认识到为绝对的主观性。但主观性既包含有特殊性这一环节在内,则我们的特殊性也不得不单纯地当做须予以完全否定的抽象东西,而须同时承认为一种应予保持的东西。[54]

2.实体

从绝对必然性,黑格尔过渡到**本质**篇最后和最高的三一式;他称之

---

[53] 黑格尔:《小逻辑》, § 147,附释,第332页。(参阅贺译本,第307页。)

[54] 黑格尔:《小逻辑》, § 147,附释,第334页。(贺译本,第309页。)

为绝对关系。在绝对必然性与自由之间的关系方面,我们已经看到我们将要跨入**概念**的范畴。但黑格尔首先要进一步发展总体与它的要素的关系;在这样做的过程中,他将借助实体、因果关系和相互作用这些概念进行推演,并把康德的经验的类推纳入他的体系。

我们用必然变化的、独立存在的系统这一概念开始**本质**篇,并且我
287 们借助**无限**基本上设立了这一概念。在整个本质篇中,黑格尔一直在详细说明独立存在的系统这一概念的潜在内容。他首先证明,这种系统是具有必然联系的总体;在这一总体中,每一要素必须被按照整个系列来解释。因为一个适当的解释必须展现要素的必然性,而要素的必然性仅仅来自具有必然联系的整个系统。因此,在**根据**的辩证法中,我们认识到:按照充足理由律,只有把事物与它们所处于某个阶段的整体联系起来才能够满足事物的必然派生关系。从那时起直到**本质**结束,这一阶段的任务就是把这一整体与整体的要素的多样性联系起来。

通过事物与属性的辩证法、规律的辩证法、形式与内容的辩证法、整体与部分的辩证法以及内与外的辩证法,我们发现:具有必然联系的整体不能够被看做与外在多样性和外在多样性之后的某些力分离的,或外在多样性之后的某些力分离的。因为矛盾影响着整个现实并且是必然运动的原动力。因此,事物的内在联系,或总体的内在联系,不可能位于外在现实之后,而对于外在现实来说必然是固有的。这就是用**现实**这个范畴所表示的东西。必然性从事物本身中产生,因而它显露于事物之中。

但是同时,正因为内在统一性不是与外在要素分开的,它才能够被认作囊括一切的、无所不能的。在它似乎是分离的程度上,它所行使的统一权力将不是总体的,因为外在要素的某些方面会逃离它。假如它根据外观来想像外在实在,那么外在实在的原始实存将被预先假定,而将并非被根据必然性推出。但如果这一统一的权力完全是事物所固有的,那么事物完全被统一的权力所支配;事物的展开只是这一权力的表现。

更进一步说，在不依赖纯粹给予的前提意义上，囊括一切的必然性是绝对的或无条件的。实际上，必然性是绝对的，我们论述由矛盾推动的、变化的、独立存在的系统这一事实产生这一命题，因而必然生成这一事实产生这一命题。

因此囊括一切的和无条件的必然性展开现实。这种必然性能够被理解成构成外在实在的“偶性”基础的实体，而且能够被理解成展现这些偶性的实体。它是一种物质性的力。我们因此达到斯宾诺莎的见解，这一见解实际上是黑格尔建立在论述**本质**的结尾的东西上的。因为实体是它的偶性的总体并且是以一定顺序或结构展开的总体，所以实体是构成这一展开的基础的力。自从离开**根据**以来，一直被用辩证法所描述的总体，现在已成为具有中介的质，已被看做主动地设定外在实在的东西；这一特征始终隐含于外在实在之中。

实体已经涉及到展开《逻辑学》**本质**的最后部分的**绝对**。但在两个 288
不同版本的逻辑学中，实体清楚地显露于最后一个三一式的第一项中。

由于已经到达**现实性**，现在黑格尔必须进一步弄清总体的内聚力与总体的外在多样性之间的统一的含义。他首先阐述偶然性与必然性的关系，证明偶然性自身源自事物的必然结构，而不是在它之外。但是，在上面所讨论的阶段中，似乎这一关系被用抽象的形式展开。我们仍然将用具体形式来证明联系或因果关系是正确的；在最为具体的关系中，这一具体形式应该是明显的。

因而**本质**的最后阶段主要涉及到因果关系。但是，在实体中因果关系被在一切事物的统一性这一见解的语境中加以理解。黑格尔插进相互作用这一范畴，因而能够设立这最后的三一式，以此作为对康德的类比的一种回顾或评注。但这反而是误导的和不幸的。相互作用显然是一个很不确切的术语，像黑格尔在《小逻辑》[55]中不得不说明的那样。

---

[55] 黑格尔：《小逻辑》，§156，附释。

可是实体中的起点并非完全是矫揉造作的。我们把斯宾诺莎所推出的关于事物的见解当做由物质性的力所设定的。绝对必然性是绝对关系。[56]它是存在：它存在，因为它存在着的是自己对自己的绝对中介。实体的“偶性”是独立的实在，这些“偶性”本质上仍然是相关联的，它们是每个他者的现实性的潜在性，所以具有返回到每个他者的规定。现在，内不是分离的实有，而是驾驭偶性的力，也是偶性的力。它既是创造的力，又是破坏的力，并且是在破坏中重新创造的力。因此，实体是展开的力，因而是消灭真实的、外在的、独立存在的实有之力；所以这样的实有被看做实体的“偶性”。

但是实体具有必然性，即得到充分展现的力。所以，它完全被展开于偶性的创造和破坏之中；这些“偶性”是独立存在的实有。因而这相同的力同样必须被看做贯穿于实有间的被迫流动物；但这就是原因与结果的关系。

3.因果关系

我们考察因果关系时，再次出现我们所试图理解的基本关系，也就是说，将被和解的问题再次被提出：如何把内在必然性与真实的独立存在的差别统一起来呢？如果我们把这一基本关系当做实体与偶性的关系，就必须强调过程的统一性。但这立刻使我们想起：实在的偶性是独立的；因而它们必须被看做处于相互因果关系之中。所以，问题起于寻找我们的归路：通过因果关系自身所证明的，是偶性自身中的关系，即
289 自然发生的总体中的偶性的内在性；自然发生的总体被界定为自因，它是存在着的存在，因为它存在。

这是很难理解的。不清楚黑格尔如何看待他对此所作的论述。也许

---

[56] 黑格尔：《逻辑学》，拉松版，第2卷，第185页。

因果关系的本性比过渡清楚一些。实际上,因果关系被看事物的潜在必然性的这些非充分表现之一,即受到外在性影响的表现。因此,外在因果关系被看做涉指它自己之外的、总体的、较深层的和较为基本的关系中的内含物。

因果关系在下面这种意义上是外在的:它存在于只是偶然地相关联的关系之间。原因与结果之间不存在必然联系,像我们从休谟那里得知的那样。但是,对于黑格尔来说,因果关系的外在性恰好是对必然性较深层联系的反映并且必然性对事物来说是十分重要的,而对于经验论者的意识来说,它是物质的终结。它对于事物的重要性在于这样一个事实:正是事物的结构与展开的必然顺序形影不离。事物是必然联系着的,但这一必然性同样需要外在性;在外在性中,这一联系是较为松散的,并非纯粹透明的或并非完全反映在事物中。这就是我们在因果关系中所看到的。

在两个不同版本逻辑学中,黑格尔借助展开因果关系的两个层面而开始。这两个层面,作为对一些较深层次的统一的描述,似乎反映这种统一的本性。一方面,原因与结果被认作融于必然中的东西,它们肯定是相互依存的关系:无果则无因,无因则无果。我们甚至能够发现连接它们的纯粹内容;这一纯粹内容是它们的交汇之点。因此,我们说雨湿润了草地时,湿出现在雨和草地的关系中。这反映二者的内在统一。但是这当然不是完整的描述。同一关系——这里的湿——取决于不同关系中的两个方面,并且每一方都应该具有其他属性,而每一方并非本质上与湿或每一他者相关联。雨湿润草地,这告诉我们,以从天而降的水的形式的湿对草地的湿这一状态负责。这是增进知识的,而并非重复提及湿。因此借助于原因的解释必须超越这同义语反复。这就是解释的外在性。

因而,在原因或结果中,我们具有一种反映内在同一性的关系,而这一关系已被设想处于共同的外在性领域。对因果关系的这一解释,进一步反映在黑格尔对原因的潜在的无穷回归和结果的潜在的无止境进展的论述中。真实的、从未完成的因果关系总是需要深层的关系;这些深层关系既能解释原因与结果之间的过渡,又能解释原因自身的产生。所以,在另一方面,每一结果同样是原因,而每一原因也是结果。黑格尔解释道,这表明原因与结果的同一。但是在这里,因为这种同一受到外在性影响,它才以无止境系列的形式出现。每一原因都是结果,但只是他物的结果,不是它自身的结果;类似地,每一结果都是原因,但只是他物的原因,不是它自身的原因。

在已经达到无止境的进展之后,我们能够发现,该是黑格尔关心过
290 渡到一个新阶段的时候了。这就是黑格尔通过相互作用的、仍未完全展开的关系进行论证的东西。这一论证是:每一结果既积极规定它自己,又积极规定原因;因此不仅存在作用而且存在反作用。但牛顿的作用与反作用并非真正是黑格尔心目中作为这一合题的东西。在《小逻辑》中,[57]他清楚地论述了这一点:他指出,当普通的反思打算解释总体的、更深层的一种因果关系时,它常常诉诸相互作用这一范畴。

黑格尔所举的那些例子,的确揭示了总体的因果关系所是的东西。一方面,它们是生物体的器官与生物体器官的功能之间的关系;另一方面,它们是人们的法律和习惯与人们的宪章之间的关系。这个**附释**中的评论显然被放进了《逻辑学》的有关段落;[58]在那里,黑格尔说道,因果关系不可能完全适用于有机领域或精神王国的关系。在刚刚提到的**附释**中,说到斯巴达人的法律与他们的宪章的关系时,黑格尔指出:它们不能够只被当做因果关系的独立项,而每一项都必须被看做第三项的较高实有和它们的"**概念**"的环节。

黑格尔所涉指的,是我刚才称作总体的因果关系的东西(在内在目的论意义上)。在我们应用目的论解释的领域中,或在我们涉入意义的关

---

[57] 黑格尔:《小逻辑》,§156,附释。

[58] 黑格尔:《逻辑学》,拉松版,第2卷,第193—194页。

系领域中,我们遇到总体的因果关系。因此,我们可能解释乐曲中一个给定的音符或油画中给定的一笔,并且我们借助的是它们在整个音乐结构中或形象化场面中自行构成的角色。或者——较为引起争议地——我们可能试图借助习俗在斯巴达人生活全部领域中的地位来解释一个民族的特定习俗(斯巴达人的宪章),因为习俗部分地表现生活。

在这里,显然我们在论述深层意义上的总体,即这样的总体:我们不可能凭描述特殊要素来赋予这一总体属性,而相反,在这一总体中,我们借助揭示要素与整体的关系来认识这些要素的本性。

正是这种解释,提供我们借以解决**根据**两难推理的充足理由。我们可能发现,它不能够被理解成具体特征间的片面因果关系。相反,它靠总体这一参照物说明一个给定的特征;再者,这一特征构成总体的重要部分;因此,按照这种解释方式,有待解释的话语和话语意义并非截然不同。但是,甚至按照系统的要素间的交互因果关系、作用与反作用,一个描述也并非是适当的,因为它遗漏了决定性的因素即诉助总体。

黑格尔声称,这是一种适合于有机体和精神生活的解释。但它同时是一种因果关系,这种因果关系隐含于他从斯宾诺莎那里所推出的、作 291
为实体的整体这一见解之中。实体是展开世界中的特殊实有的力。正是总体,能够被认作自因的,因为它按照内在必然性展开。我们按照普遍必然性解释特殊要素的实存。借助于重温我们所掌握的黑格尔的见解,可以较为清楚地理解这一解释。世界的结构包含物质、时间与空间、各种层次的生命、有限精神,所有这些都能够被看做追寻与**精神**所应产生的要求相一致的必然实存。然而,我们必须借助必然性的整个公式解释一切具有这些特征的实存,并且这一实存构成必然性的基本部分。

但是被证明具有必然性的部分恰恰是偶然的实在并且这种实在对它自己来说是外在的;在它那里,全部实在间的联系不再是完全透明的,或不再是透明地反映。但假如存在着真实的外在性,下面这种情况并非是充分的:这些联系显然不应该是必然的,即它们实际上应该是充分必然的，而恰恰不应该是透明地必然。它们同样应当是完全缺乏概念式的必然的真实联系。这些联系是真实的联系，因而在某种意义上是必然的联系，但必然性是"真实的"，而不是绝对的。它是从属的，因而与偶然性密切相关。换句话说，必然存在着偶然性，像我们在上面看到的那样。这些偶然联系总是存在于实有之中(例如，滑湿的路和被压坏的防护板)；在下面这种意义上，实有真正是彼此独立的：实有形成的这些关系并非是实有的概念之内容。

这些关系是因果关系。它们不仅与考察事物的一定方式相一致，而且与实在的一定层次相一致。在某些方面，事物只被理解成通过因果关系而联系着的。但是，一旦我们转到另一层次，我们就必须超越独立的项之间的关系，必须按照总体来理解独立的项。我们必须超越因果关系。这就是普通知性在这样做时遇到最大的困难的东西，并且当它真正与明显是系统的东西联在一起时，它求助于相互作用，而相互作用纯粹是特殊项的相互联系。

我们因而达到对总体的、最为具体的表象并且总体仍然由独立的实在所组成。在某种意义上，我们通过**本质**向前推进时，外在实在呈现出较多的独立性和较多的真实性。由于**根据**，实在仍然只与归之于根据的属性相对立。要是从**根据**中所产生出的东西，是实有或可能是实有，而不处于**物**之中或可能处于**物**之中，我们就会仍然在论述属性。从**现象**开始，显然我们一直在论述独立的实有，因而总是思考实有的外在性方面。当我们进入**现实**时，更加强调这一独立性；按照这一独立性，外在实在不复是一些较为真实的实在之后的影子，而真正地具有它显然具有的坚实性。因而在这里我们达到外在存在的、最充分的坚实性。就系统而言，外在存在是必然的，因为我们发现它是这样一种存在：根据这一存在，内——精神——只能够存在于外在实在中；因而内的真实性取决于外的坚实性。

292 而正是由于这一原因，我们不能够以牺牲外在真实性为代价来调和内在必然性与外在真实性。我们必须保持外在性的真实性。因而,由于这个原因,**根据**的总体必须和特殊的根据与根据的东西的真实差异并驾齐驱,而在**根据**中我们可能发现事物的充足理由;绝对必然性的系统不仅必须与偶然性齐头并进,而且必然从自身中产生出偶然性。我们将用形式的辩证法来表述或力争表述对立与被迫的关系,即被取消的、从属的假定关系。

但是,它在因果关系的辩证法中达到了其最为充分的、最为具体的表现。因为在这里我们能够发现特殊的原因和结果的真实外在性,即没有许多这样关系的多样性,而这样的关系构成系统的要素并且系统只能够被用总体的要素的结构来解释。再者,总体必然设定因果性为外在型的必然性,并把必然性和偶然性结合在一起,但总体又被必然性所支配并要求存在着外在性。

我们因而具有上升和下降的关系:外在因果关系不能胜任解释整体,只不过倾向无穷回归,使我们超越它自己来诉诸总体的解释。总体一旦被理解,就向我们显示外在因果关系的必然性。因此,我们到达我们所一直在迈向的这种总体关系的具体表述;这一具体表述使得上面关于形式的、较为抽象的讨论变得更加具体。

因果关系的过渡显示上升的运动。像我在上面提到的那样,不清楚这是否意味着站得住脚的独立论证或是否只意味着把较早论证的结论应用于因果关系。按照黑格尔的本体论见解,《逻辑学》[59]和《小逻辑》[60]中的过渡肯定对因果关系作了颇为相似的解释。

黑格尔甚至未求助于作为论证的无穷回归。他倒把它描述成有限实在的外在性结果[61]。"在原因与结果的概念中",原因与结果实际上是

---

[59] 黑格尔:《逻辑学》,拉松版,第2卷,第198—202页。

[60] 黑格尔:《小逻辑》,§154。

[61] 黑格尔:《小逻辑》,§153。

一个东西,但在有限实在中,一个给定的原因只在另一种关系中是一个结果。因此滑湿的路,即我的凹陷的防护板的原因,是一个结果,而不是他物——例如,寒冷的雨——的结果。

过渡是《逻辑学》利用我们在**本质**的较早范畴中所掌握的东西。原因似乎影响作为另一被动实体的结果。但是被动的实体确实受到外在力支配,因为它的本性被他物所设定。“由于强力,被动的实体,将仅仅建立为它在真理中所是的那个东西。”[62]因而结果显然是被动的实体自己所影响的某物。然而,这反作用于最初的实体,最初的实体不再能够只被看做能动的实体,即惟一的原因。我们因此达到作用与反作用;从

293 那里,黑格尔转到总体。通过这种方法,有限因果关系的无止境进展独立地“返回到”“无限的相互作用”。[63]

---

[62] 黑格尔:《逻辑学》,拉松版,第2卷,第200页。(杨译本,下卷,第228页。)

[63] 据我看来,如果我们借助黑格尔关于总体的因果关系的范例之一——例如,一个民族的习俗与宪章之间的关系——来理解实体,如果我们同时借助第三篇开始(黑格尔:《逻辑学》,拉松版,第2卷,第214—216页)的扼要叙述来理解实体,那么关于这一过渡的复杂的讨论(黑格尔:《逻辑学》,拉松版,第2卷,第198—205页)就较为容易理解得多了。

实体分成两个环节,即分成系统的整体。所以,一个民族的精神必然实体化于宪章、习俗、生活方式等的系统的整体中。因而斯巴达人具有法律、习俗和宪章。我们以习俗与宪章之间的因果关系为例。在这里,我们具有两种关系,并且必然存在着这种二重性。必定存在着外在的、强制性的法律,以便表现与个人的缺点和任性相反的、一定精神的必然性。但是同时,没有表现于习俗中的某种精神,法律就会腐败,就会变成一个外壳。因此,不仅存在着二重性,而且存在着实体两个环节间的深层统一。

如果我们现在试图把这两个环节看做处于因果关系中,就能够注意到,宪章影响习俗,习俗影响宪章。每一方对另一方来说都是外在的。因而,我们得到黑格尔称为因果关系的条件的东西,或因果关系的预先假定的东西(第198—199页),即原因预先假定在它之外起作用的某些其他实体。原因只是在影响某些其他实体过程中才真正成为原因。存在着一个能动的实体——例如,宪章——和一个被动的实体——例如,习俗。所以,就影响习俗的宪章而言,习俗被认作预先假定的,即必须已经存在着。

但是在第二个环节中,我们注意到,习俗之所以存在是因为它们只能够是一个民族的习俗,并且民族是由这种宪章使之成为有机整体的;也许在东方专制主义或松散部落制度下组织起来的人们中不可能存在这样的习俗。所以,似乎预先被假定的东西同样被真正地借助它与宪章的关系(当然,还借助它与社会生活的全部其他方面的关系——在因果关系中,我们恰好是孤立的、一定的要素)而设定。因此,"被动的实体由于强力将仅仅建立为它在真理中所是的那个东西,即,正因为它是单纯肯定的或直接的实体,所以仅仅是一个建立起来的东西;作为条件,它是事先的东西,这就是起作用的因果性从实体所去掉的直接性的映象。"(黑格尔:《逻辑学》,拉松版,第2卷,第200页。)

就紧接在上面这段话的前面,黑格尔说道:"那对他物具有强力的东西之所以具有强力,只是因为它是他物的威力,这威力在那里表现它自身和他物。"

因此,不是把被动的实体——比如说某些习俗——仅仅理解为有待被影响的存在,即仅仅理解成处于第一个环节中,我们现在之所以这样理解这些习俗,是因为它们必然是这一影响的产物,即,在宪章与习俗的相互关系方面,这一影响的那些产物实际上是贯穿于宪章与习俗始终的内在精神。我们把它们看做较深层某物即精神的表现。因而,我们第一次在它们的真理中理解它们,即把它们理解为这一较深层某物的产物,因为被这较深层的实在设定是它们的本性;较深层的实在通过社会不同方面的全部相互影响而发生作用,社会不同方面的全部影响包括我们现在所正在考察的影响,即,宪章对习俗的影响。

然而在第三个环节中,我们发现,在承认只是在被社会其他方面(在这里是宪章)影响的过程中产生被动的实体(某些习俗)和被动的实体真正所是的东西之后,我们才能够回过头来说,这种影响是被动的实体自己的、自在的实现。换句话说,通过这种方式,这种影响是这些习俗真正所是的东西的实现;由于这些习俗自己的本性,它们要求借助这样的宪章来保持自己处于适当的地位。因而,它们不只是被动的实体,而它们自己就是原因。"因此,被动的实体一方面将由能动的实体而获得或建立……另一方面,与自身消融并从而使自身成为原始的东西、成为原因的,又是被动者本身的行动"(黑格尔:《逻辑学》,拉松版,第2卷,第201页)。

然而由此产生两个东西。第一,在某种意义上,第二种实体不仅能够被认作达到一定程度的、它自己的原因,而且它与第一种实体的关系的本性是互补的。它不仅是它自己的原因,而且是第一种实体的条件。这一观点是:一旦我们承认第二方面——习俗——具有和第一方面同等的、被称作原因的权力,那么必须承认它同样影响第一方面,因为现实是它们错综复杂地连成一体,每一方都影响另一方。习俗,作为被这些法律制约的东西,是习

294 这后面的描述暗示对这一过渡的、一些潜在的思考。在有效的因果系列中，原因系列实际上只构成一个部分。挑选出原因，就是预先假定：我们同样可能利用一个较为宽阔的领域，并且不仅可能考察产生B项的A项，而且可能考察由A项和B项共同构成的系统，或由A项和B项以及其他项共同构成的系统。但我们这样做时，于是必然会产生我们所借以理解相互作用的事物的观点。

以上论述毫无疑问是具有充分根据的。当我们证明气体的压力是气体温度的函数时，气体的压力是相互作用的要素的系统中之一个部分；这相互作用的要素涉及压力、温度和其他属性。我们借助提升到这较为系统的层次而达到一个较为完整的解释。

但是，提升到我们理解相互作用中的系统这个观点，当然无需我们达到我们按照总体来解释系统特征这个观点。我们可能仍然囿于十分陈旧的、有效的因果性，像我们仍然囿于上面那个气体例子的理论范围内那样。从总体过渡到因果关系的必然性，就是过渡到系统相互作用观点的、必然性的、必须被独立设定的某物。黑格尔在《小逻辑》§150的**附释**中明确承认这一点。

俗仅仅所是的东西，而同时这些习俗有助于维护如此制约它们的法律。

我们因而到达了作用与反作用。但是，这一阶段又必然很快被超越，因为我们认识到我们不是在论述具有独立关系的、机械的作用与反作用。真理是：关系并非是分离的；每一方对另一方来说都是内在的。在返回到另一方的过程中，每一方都“与自身结合”，或“原因……而是在结果中，它作为原因而与自身相关”(黑格尔：《逻辑学》，拉松版，第2卷，第203页)。或者每一方都与它的另一方保持同一。

换句话说，我们从以上论述中所发现的是：在某种意义上，每一项对另一项来说都是内在的；不理解它与他者的关系，即不理解他者成为它所是的东西的方式，我们就不可能达到每一项的适当的概念。因此，我们真正达到的是整体，即人们的某种精神；整体通过这些全部不同方面及其关系而存在着。正是整体，再现于这些不同方面中的每一方面的界定中，因而，整体之所以做到这一点是因为每一项对他者来说都是内在的。以上论述的是实体。

实际上，我们似乎再次遇到这样一种情况：黑格尔确信上升的过渡，因为他已经确信了它；他提供给我们的只是较高实在的暗示和描述的东西并且较低实在意味着成为较高实在的产物，而他把这些暗示和描述当做证据。过渡到相互作用的必然性或过渡到系统的观点的必然性，确实能够被看做描述**概念**；但它并未确证概念。黑格尔在别的地方也对此深信不疑。已经存在着从相互作用向总体的因果性的过渡，并且这一过渡以《逻辑学》全部先前论证为基础，即正是以作为总体的**本质**的概念为基础，并且总体中的部分遵循着另一种必然性。

无论如何，由于对设定偶然性的必然性这一见解的最为具体的表达，我们到达对客观逻辑的充分表达。现在**本质**是具有**存在**的本质，因为它充分展现于**存在**之中。未直接展现必然性的东西即偶然关系仍然是它自己的展现，因为偶然性自身是必然的。因而，我们具有事物 295
间的一系列关系；这些关系是自我的关系。我们具有相当于直接存在的东西，亦即整个系统的东西，它是自我的中介。我们具有一些独立存在的实在，然而这些实在被包含于无限的独立关系即统一之中。[64]

因此，**实体**，作为设定外部现实的内在必然性，实际上是**概念**。**概念**具有产生外在实在的、内在的理性必然性；外在实在表现内在理性必然性。**实体**的最终发展——或者像黑格尔称实体为真理并且实体又是**存在**与**本质**的真理——是概念。

> 实体的真理就是概念——这是一种独立性概念，其独立性，在于自己排斥自己使成为有区别的独立物，而自己作为这种自身排斥却与自身相同一，并且，这种始终在自己本身之内进行的交替运动，只是与自己本身相关联。[65]

---

[64] 黑格尔：《小逻辑》，§ 157。

[65] 黑格尔：《小逻辑》，§ 158。（贺译本，第322页。）

但是，**概念**，作为内在理性公式，已经使我们超越盲目的必然性王国而进入主观性王国即自由王国，并且概念根据它自己的内在必然性而产生出世界。我们到达这样的必然性：它是囊括一切的和绝对的，它仅仅依赖于它自身，它是完全透明的；它从必然性中产生出它自己的顺序并且必然性是它自己的本性；除了自由，这还能是什么呢?因而“必然性的真理是……自由”。[66]

在这一段的**附释**中，黑格尔重新回到必然性与自由的关系。普通意识把它们置于相互反对的地位。必然性似乎是冷酷无情的，因为它判定我直接所是的东西必然消亡。但是真实的自由依然存在于必然性之中，而只有鲁莽的任性（“空无内容和单纯可能性的自由”）[67]将消亡。然而，在必然性的被迫转化下，我们借助渗透到内在同一而获得真正的自由。我们发现，文明人的自由不是无视法律的，并且法律迫使他的存在不同于他直接地所是的东西，而宁可说是他的存在不同于在这一变化即他自身的转化过程中他发现他自己的同一。于是，他理解和经历理性必然性，并且这一理性必然性与他自己的本性相符合，最初在客观必然性的幌子下问世，而作为理性的和他自己的理性必然性是自由。自由是在理性的即文明人自己的必然性中的生活。但是这要求文明人直接所是的东西转化。因而，它对未开化人来说好像是外在的强加，即对自由的限制。这样的人生活在偶然性层面上，生活在纯外在性层面上，仿佛是个物。但作为**精神**之人的本性，就是实践否定他的直接本性；物仅仅经历直接本性；因而人必然否定这一直接性和改造他自己，必须在必然性中发现他的自由。

296 必然性因此是自由的外在形式。因为在我们经历自由的内在形式之前我们经历自由的外在形式，所以自由是预先假定的东西。“自由

---

[66] 黑格尔:《小逻辑》, § 158。(参阅贺译本,第322页。)

[67] 黑格尔:《小逻辑》, § 158,附释。(贺译本,第323页。)

以必然为前提，包含必然性在自身内，作为被扬弃了的东西。”[68]那些没有领会以上论述的人，本质上不可能理解自由。犯人把他的惩罚看做对他的自由的限制：但他的惩罚不是外力，而是他自己的行为的表现。一旦他认识到这点，他自己就表现为自由人。[69]这就是斯宾诺莎称为对神的理智的爱。

正是已经达到这一自由，才把我们引至主观。因此，《逻辑学》的下一篇将是论述概念的主观逻辑。自由，亦即关于现实的自由，作为存在者是“我”；“作为向它的总体展开的东西，自由是自由的精神；作为感情，自由是爱；作为愉乐，自由是幸福［精神］。”[70]

---

[68] 黑格尔:《小逻辑》, § 158,附释。(贺译本,第323页。)

[69] 黑格尔:《小逻辑》, § 158,附释。(参阅贺译本,第323—324页。)

[70] 黑格尔:《小逻辑》, § 159,附释。(参阅贺译本,第326页。)

297

第12章 概　念

到达主观之后，现在黑格尔能够详细说明仅已隐含于较早篇中的东西。我们曾看到，与**存在**的范畴相比，**本质**的范畴使隐含的东西关联着认识主体。现在这一关联将变得明晰起来。在《逻辑学》中，现实为主体而存在着这一意识将不复被置之不理。

这是对责备**概念**篇这一节的最初辩护。世界为主体而存在着，这意味着概念构建作为认识对象的世界。这对我们的逻辑学的起点来说是固有的，这就是范畴辩证法，但现在它将被详细加以考察。它证明黑格尔受益于康德。可是，当黑格尔关于**概念**的见解主要归功于康德时，这一见解包含着对康德基本理念的深层改造。

黑格尔吸收了康德统觉*原始统一的基本理念并且说它“属于我们在理性批判中所能够发现的、最为深刻的和最为准确的见解”。[①]而黑格尔却对它作了也许康德所无法接受的歪曲。这一原始统一就是联合不同表象的东西；正是这一统一提供表象以客观性，即，把表象和对象联系起来。正像直观那样，我们的经验内容不具有客观性，而当“**我**”综合

* 德文原文为Apperzeption，英文、法文分别译作apperception和aperception，中文译作“统觉”或“摄觉”。——译注

① 黑格尔：《逻辑学》，拉松版，第2卷，第221页。(杨译本，下卷，第247页。)

并且用概念综合经验内容时,经验内容获得了客观性。通过被想像,经验内容成为设定起来了的实在,而不是成为纯粹地、直接地被给定的实在。

这完全是康德的理念。但是黑格尔赋予它以完全不同的含义。黑格尔说道,康德的失误之处是:他把先验统觉思想的对象的统一只认作现象,或只认作被置于与不可知的自在之物相对立的位置。与这一基本理念相一致,康德关于范畴的思想是纯形式的,而思想无内容是空的。纯形式因此必然被外在直观所充满,以便产生真正的知识,即(现象的)对象的知识。

所以,对于康德来说,**概念**的劳作必然伴随着接纳直观内容。它预先假定感性直观;它对必须被预先给定的直观产生影响。用黑格尔话来说,我们在这里处于攀升阶段,但这一阶段尚未转向和尚未认识到较低级的东西从较高级的东西中产生出来,也就是说,较低级的东西不是独立存在的。

康德与黑格尔的分歧如下:黑格尔吸收了康德关于现实或客观现 298
实只是思想构建感性直观材料的场所的理念。但对于康德来说,这一原理却仅仅对于我们关于世界——对于现象而不是对于自在之物——的认识才是合法的;对于黑格尔来说,这在本体论意义上是合法的;因为事物的内在真理是:思想产生事物,或理性必然性建构事物。对于康德来说,只是偶尔对我们的认识官能来说是正确的东西,对于黑格尔来说是用我们的认识官能而发现其反思的本体论事实。所有这些,黑格尔认为,他在**逻辑学**先前部分中已经作了证明。因为这些部分已经证明:因为关于现实的概念既是与思想分开的、超越思想和与思想对立的又是纯存在、潜在的本质和仅仅被给予的东西等等,所以关于现实的概念完全是未经充分展开的,并全都返回到实体;实体的真理是明显的必然性,或自由,因而是概念。

然而,除概念外,关于认识的另一方面即概念的直观内容并非被单独给予,它从概念中产生即被**概念**所设定。这是康德失误之处。但是,康德所说的客观性、客观性对思想的依赖和他只就现象的客观性所指的、"**我**"的统一,所有这些对于现实自身来说都显然是正确的。

因而我们显然在极其不同意义上论述**概念**,而并非在康德哲学意义上论述概念,或实际上并非在常识意义上论述概念。就后者而言,概念是我们的认识工具,或我们所具有的、把握现实的方法。我们关于概念的应用似乎是不使现实自身的本性受到损害。另一方面,对于黑格尔来说,**概念**是构成现实基础的主动原理,或使得现实成为它所是的东西的主动原理。

第二个有关分歧如下:就常识而言,概念是抽象之物。概念的普遍性与此密切相关。我们发现,一个词可用于许多类似场合,概念亦可借助对它们的特殊内容的抽象而做到这一点。但根据黑格尔的观点,**概念**之所以能这样做是因为它从自身中发展出与它相一致的实在。因为在我们看来它不仅是内容而且是构成现实基础的原理。因而它是共相,但是在它自身中具有差异的共相。当黑格尔论述它时,它从自身中产生出成为它的表现的特殊的东西。"**概念**[是]一切有限规定性和多样性的根据和源泉。"[2]

所以,对于黑格尔来说,在世界的内容方面,关于**概念**的最好表象是"我"。我可以具有特殊的概念。"但'我'是纯概念本身,这个纯概念是作为到达了实有那样的'概念'。"[3]因为"**我**",像黑格尔所解释的那样,是一种统一,这种统一是自我同一的,并且能够从全部特殊规定中抽象出,以便专事其自我同一。它因此是共相。但是同时,它有别于他者的特殊性即个体人格。这一观点是:关于"我"的那些特殊属性并非纯粹被给予,但"我"属于一种存在;我同样能够抽象出这些属性和改变它们;

② 黑格尔:《逻辑学》,拉松版,第2卷,第227页。

③ 黑格尔:《逻辑学》,第2卷,第220页。(杨译本,下卷,第246页。)

“我”在具有超越任何属性的同一意义上是自由的。因而，这些属性能够
被看做被这普遍的自我同一所证实的东西。与此同时，当“**我**”不受这些 299
属性中的任何属性影响时，“**我**”摆脱了已有的某些属性的影响；不论哪
一种属性，只有证实它，它才能够存在，因而普遍性必然导致特殊性。

有限精神因此是**概念**的最为清晰的、容易利用的表现。但它并不是最高级的表现。因为特殊有限精神自己不可能摆脱其属性和完全改变它们。按照黑格尔自己的理论，对**概念**的惟一真正适当的表象必然是在现实的整个系统中被描述的无限精神。无论如何，在有限实有中，有限精神显然是最好的、被生物紧随其后的实有。

概念因而是从自身中发展出特殊性的普遍性。这一发展和**存在**的纯过渡或和**本质**的反思形成对比。在**存在**中，第一项消逝以便为第二项让路。在**本质**中，第一项把我们引至第二项，而第二项自己并不存在；但在**概念**中，从概念中发展出来的新项仍然是与概念完全同一的。黑格尔在《小逻辑》中所用的形象化比喻[4]是关于植物生长的比喻。植物自我发展成为系统的整体。它起初只不过是后来展开的、尚未显出差别的源泉。这是在黑格尔关于起源或尚未展开形式的、另一种意义上的**概念**。这一尚未显出差别的源泉因而等同于抽象的、尚未显出差别的普遍的东西。不过，它包含着生长、发展和从自身中产生特殊的东西的力，实即必然性。

自然地产生下面这一问题，并且黑格尔在《小逻辑》[5]中论述了它：在这里我们为何还要用相同的词语来表示我们通常称作概念的东西和黑格尔的**概念**。这简直不是在引起误解和制造混乱吗?简短的回答是：两种概念、普通语言和黑格尔的专门语言并非相距像我们可能想像的那么远。但到后来作出的较为深层的回答是：在随后的辩证法过程中，黑格尔的**概念**将被证明从普通概念中发展出来。

④ 黑格尔：《小逻辑》，§161，附释。

⑤ 黑格尔：《小逻辑》，§160，附释。

由于现在我们正处于本篇的开始，我们的任务将是反转到客观逻辑的任务。在客观逻辑那里，我们从最贫乏的、最不具有内容的外在实在这一概念开始，使它通过**本质**直到作为**概念**的表现的外在实在这一见解。不过，如果这真是如此的话，如果一切事物确实真正地从**概念**中产生，就像植物从它的种子中产生一样，那么我们应当能够借助于考察**概念**自身来证明这一点。诚然，构成一切事物根源的**概念**是充分发展起来了的**概念**，也就是我们将在我们的研究终端所到达的**理念**。但如果概念真的是一切事物的根源，我们像普通意识那样应该能够从关于某物的概念开始或从构成思想的内容的主观概念开始而到达概念。

我们的基本本体论见解是：**概念**，作为展开世界的内在必然性，构
300 成一切事物的基础；我们的理性认识是概念的派生物。我们是中介；借助于这一中介，潜在必然性到达其相同地必然的自我意识。因而我们的主观意识的**概念**是概念自我意识的工具；**概念**是一切事物的根源和基础或宇宙的必然性。但果真如此的话，那么根据较为仔细的考察，我们精神领域的概念应当像构成现实根源的**概念**那样产生作用。这后一概念从自身中产生现实，它是返回到特殊性的普遍性，它是产生外在实在的必然性的内在公式，这一内在公式，像外在实在那样，既否定必然性又表现必然性；它设定它自己的对立面并且仍然与这对立面不可分割地结合在一起。它是由矛盾所推动的总体。根据较为深入的考察，除非我们精神领域的概念显然不像上述概念那样产生作用，除非它确实没有返回到被它的他者中介过的对立和同一，除非实际上它最终显然不是和构成现实基础的思想连接起来，否则康德和二元论者们就是正确的：实际上，在我们的思想与现实的基础之间必然存在着一条无法逾越的鸿沟。构成所是的东西基础的概念必然性将不会存在于主观思想的把握范围内，而充其量将仅仅通过超越思想的直观而存在于象征、暗示、符号之中。**精神**作为理性将决不会到达自我意识。

在某种意义上，我们在考察绝对概念过程中一直在证明：绝对概念

产生矛盾,并与其对立面相关联。但我们应当能够正是通过某一概念自己的概念来证明这一点。

这就是我们将在**逻辑学**第3篇第1部分所要证明的东西。我们将考察思想,也就是说,考察概念和我们借助概念所获得的东西即判断和推论。简言之,我们打算考察通常在形式逻辑标题下所研究的许多东西。这是这样的观点:黑格尔的逻辑(我们必须记住主要是一种先验逻辑)是与在先验逻辑标题下通常所产生的东西相一致的。我们已经发现,按照先验逻辑的策略,这一问题必须被在这里加以论述的原因。

但是根据前面的论述也可推断出:黑格尔不可能真正地接受形式逻辑的理念,即将根据内容的抽象自称是思想的形式的研究。黑格尔的全部启示是:"形式",或思想自身的本性,返回到它自己的对立面。据考察,概念展现内在矛盾;作为普遍的东西,概念证明自身必然与特殊的东西相关联,特殊的东西仍然否定普遍的东西。在证明这些内在矛盾关系过程中,概念进一步真正地证明事物的本性,因为概念之所以如此做是因为它们是关于宇宙的内在必然性的自我意识的中介。因而,对作为纯形式的概念的研究,产生事物的基本结构或内容。相应地,对内容或事物的研究,当然展现内在的概念必然性,或内在的概念形式。

因而纯形式逻辑是吐火女怪*。在决定性段落中,[6]黑格尔通过讨论 301
概念的真理而表述这一观点。通常的(和康德的)形式逻辑理念是:它在概念和命题的(本质的)真理的抽象领域内讨论概念和命题。也就是说,概念和命题可能具有逻辑真理,而不可能具有与事实相符合的通常意义上的真理。真理需要两种关系。但如果我们关于形式的研究表明形式导致反映着事物结构的内在发展,那么就在所谓形式逻辑自身范围内

* 此处原文是chimera。该词亦可写成chimaera。在希腊神话中,吐火女怪长着狮头、羊身、蛇尾——译注

⑥ 黑格尔:《逻辑学》,拉松版,第2卷,第229—234页。同时参阅黑格尔:《小逻辑》,§162。

产生独立存在的真理问题。换句话说,不存在分离的形式领域,因为形式仅仅容易被判断为连贯的或非连贯的,像我们判断一个命题为有意义或无意义那样,或像我们判断关于真理的全部问题的抽象为仅仅涉及形式与完全独立的经验内容一致或不一致一样。更为确切地说,因为这些形式本身由于它们的内在矛盾而经历内在发展,直到它们完全到达反映事物的结构为止,所以必然产生它们的真理问题。矛盾实际上只存在于它们的充分发展起来了的形式之中。在任何较早的形式中,矛盾都是未经展开的、不真实的。

独立存在的真理因此不可能被排除出形式逻辑领域,换句话说,形式逻辑适应于先验逻辑,先验逻辑本身是本体论。某物的真理在该物内,或在该物的概念内。由于一切事物都是概念的产物,因此它不是与概念相一致就是与概念不相一致,因而它或是真实的或是虚假的。在黑格尔绝对唯心主义意义上,当真理得到充分发展时,它是某物的形式,因为到那时它与它自己的概念完全一致。

这一整节再次表现出与康德的重大分歧:康德接受能知的精神与终极实在的二元性;终极真理,即思想与终极实在相适合意义上的真理,仍然是我们所无法企及的。而对于黑格尔来说,真理在我们的把握范围内,因为实在并非和思想无关,它恰恰从思想自身中发展出来。对于康德来说,范畴是有限的,因为它们是主观的,对于黑格尔来说,它们是有限的,因为它们是不完全的,它们在整个过程中具有它们的位置,并且必然一一依次消亡。

黑格尔最后所指责康德的是康德没有坚持他自己所提出的理智直观这一概念。这大概是知性;就知性的内容而言,康德的知性与我们的知性不同,不必依赖外在的接受,即不必依赖外部的影响,而由其思想创造内容。康德把这种原型的理智归于上帝;它完全超越了我们。但是对于黑格尔来说,上帝的理智最终泄露给我们,上帝仅仅居住在我们的思想之中。因而我们能够分享理智直观。上帝的思想即为我们的思想。

一、主观性 302

主观逻辑的第1部分称为“**主观性**”，旨在使我们通过被认作对事物的主观把握的概念到达独立系统整体的世界这一概念。更确切地说，我们已经到达这一概念，因为我们通过**本质**的发展而得到这一概念。但是我们将证明：我们借助于向另一方向走和从我们所借以认识事物的概念开始而殊途同归，像我们从已知的存在开始所做到的那样。

在这样做的过程，我们将试图理解形式逻辑的某些概念；在这一过程中，我们将转换与这一学科有关的整套理念。我们将利用那些固定的区分，并使它们运动起来。在本篇总导言中，即在黑格尔所提供本篇的分类部分中，黑格尔陈述我们将在这部分所要论述的东西。[7]

从自在的**概念**开始，我们把它看做纯粹内在的某物，因而看做纯粹地外在的某物。我们从把概念仅仅认做(作为内在的)主观思想的属性开始；由于这一原因，它只被认做本质上与它所被认做的东西相关联。这一思想(特殊概念)的不同要素只是本质上相互关联的。但**概念**的同一将使要素产生辩证运动，将扬弃它们的分裂和根据实在的概念分类。

概念逻辑的第1部分分成三个部分：**概念自身**、判断和推论。这些是通向客观性之路上的诸阶段，也就是说，是将再次使我们超越主观**概念**到达现实的独立系统总体之路上的诸阶段。

详细论述**概念**的第1章所发生的东西的最好方法，就是陈述黑格尔的概念系统整体和考察普通主观概念适应于这一系统整体的方式。至少根据《逻辑学》的较为充分的说明，这贴近黑格尔本人的程序(只是黑格尔常常在对这两点不加区分的情况下而花费很长篇幅同时思考它们，但这仍未把问题说清楚)。

---

⑦ 黑格尔：《逻辑学》，拉松版，第2卷，第236页。

本章的说明借助于展开普遍性、特殊性和个体性*之间的著名区分而进行,但这一区分在黑格尔手中显然受到故意的歪曲。

1. 概念

首先,让我们以黑格尔的**概念**为例。这是关于多样性总体的一条普遍的、自我同一的内在原理。但它同时被特殊化成多,因为凡存在着总体的地方,必然存在着差别。这特殊化是列入普遍性的特殊性。⑧

303 然而,第三,总体必须具有真实的外在实存,自身必须成为真实的个别事物(Einzelnes,有时最好译作"individual")。

与较早领域不同,这里的发展纯粹是内在的。这三个环节中的每一环节自身都是完整的总体,像黑格尔说的那样。也就是说,人们不同时提到其他两个环节就不可能说明其中的一个环节。因此在从普遍性开始方面,我们曾不得不提到普遍性是多样性总体的内在原理,因而不得不提到其他两个"规定"。所有这三个环节是不可分割地相关联的。⑨

但是像我们早先看到的那样,现在这理想的方案自身并非被处处实体化。正是在整体中,整体成为无限精神的体现。而且,正是在那些个别实有中,那些个别实有事实上最接近无限**精神**,即**生命**、**"我"**和有限精神。⑩然而,在这些个别实有中,当无限精神处于整体之中时,无限精神未被实现,因为在这里它的"创造力"schöpferische Macht(产生它的自

---

* 贺麟先生将概念的三环节译作"普遍性"、"特殊性"和"个体性"。杨一之先生将其译作"普遍"、"特殊"和"具体"。这两种译法实质上是相同的。——译注

⑧ 与英语sunder(分开)一词,同源的德语Besonderes(特殊性)一词既具有普通逻辑的含义又具有自我分裂的含义。该词提供黑格尔以思辨的文字游戏,而且黑格尔热衷于这一游戏。

⑨ 参阅例证,黑格尔:《小逻辑》,§ 164。

⑩ 黑格尔:《逻辑学》,拉松版,第2卷,第244页。

我规定),因此不被其他任何事物所规定。

关于**概念**的另一描述是类*,类通过它自己的种规定自身。但是我们已经到达了类,并将到达一个较少完全实现的例子。因为普通的类组成不同的一套种,种不追寻任何能够从类**概念**中推演出的、必然的系统整体。鸟的类包括一个完整系列的种,无论种的数量还是种的变异都未证明任何必然性。

偶然性在黑格尔体系中占有一定的地位,像我们已经看到的那样,因为根据他的观点, **理念**的较低实现包含这种非完整性(imperfection),即这种适应的松散性;从另一观点来看,这种非完整性是偶然性。因此论及种的偶然性时,黑格尔说:

> 这就是自然界的无力,不能够坚持并展示概念的严密性,就把自己在无概念的盲目的多样性消耗完了。[11]

在关于有限精神的描述方面, 对自然的单纯多样性的划分是与类似的多样性产物相一致的。不仅多种多样的、自然的类与种,而且精神的、任性的理念

> 固然到处现出概念的痕迹和预感,但并未展示概念的真象,因为它们是概念自由的外在之有那个方面……[12]

但是,偶然性自身包含于概念之中。

---

* 德文Gattung一词,英译为genus。中文有多种译法,如"族类"、"类属"等。本着既紧贴原意又通俗的原则,我们将其试译为"类"。——译注

⑪ 黑格尔:《逻辑学》,拉松版,第2卷,第247页。(杨译本,下卷,第275页。)

⑫ 黑格尔:《逻辑学》,拉松版,第2卷,第248页。(杨译本,下卷,第275页。)

> 概念之所以是绝对的力，正因为它能够自由地解脱其区别而进入独立的差异、外在的必然、偶然、臆断、意见等形态，但这种形态却必须认为不过是虚无的抽象方面而已。[13]

304 非完整性因此采取这样的形式：普遍性中，在这里是类，并非必然导致其特殊性；在普遍性，或在必然性的基本结构方面，特殊性具有许多臆断的东西，具有许多纯粹地偶然的东西。另一方面，缺乏必然性也能够被看做：不同的种，即种的特殊性的不同部分，并非是作为对立面而内在地相互关联的。它们未显出必然的系统整体，像我们在上面看到的那样。必然的系统整体对于黑格尔来说只能产生对立面的基本关系，借助这一关系，每一方基于它的另一方，因此没有另一方，每一方就不可能存在，在这种意义上，这另一方就是它的他者。作为矛盾的东西，对立面成为运动中的整体，这些部分构成对立面的、必然的系统整体。这对黑格尔来说是真正的类，类因此将只具有两个种，这两个种本质上将是相互关联的对立面。这样的类是必然地特殊化自身成为精神和自然的绝对，当精神和自然相互对立时，它们又只能够被想像成相互关联的。

因而，在从普遍性中产生特殊性的过程中，实体的非完整性能够被看做偶然性，或者在受到规定的要素的相互关系方面，能够被看做偶然性即缺乏对立。但从个体性的观点来看，它也能够被看做：类作为整体未产生有序的个体；更确切地说，许多偶然个体列入类。

再来对比绝对与鸟的类，假如这听起来不是大谬而不然的话。前者是一个特殊化成总体的系统整体，而且总体同样是一个真实的、自动的外在实存或个体。有限精神接近总体，但有限精神不安分守己，更确切地说，构成有限精神基础的精神同样被实体化于这样的精神的有序社

---

[13] 黑格尔：《逻辑学》，拉松版，第2卷，第248页。（杨译本，下卷，第275页。）

会之中。但这里开始讨论偶然性因素;按照偶然性,必然性并非决定人的数量;只有精神的有序社会才是独立存在的整体,并且(就任何给定的阶段而言),这一整体的数量在某一阶段上是确定的。偶然地在数量上受到限制的个体适合于较大的和必然连贯的个体。

但是由于鸟的不同的种,甚至以上所述也并非是这方面的例子。存在着"未经规定的大量"的鸟,即,种和标本,然而构成**类**的整体甚至不构成系统整体的总体。作为个体,鸟的类是一个完全无法获得的实有。因此统一的、系统整体的实存与它所属的普遍性不再具有密切的内在联系:普遍性的全部外延不再名符其实,而确实存在着许多合格的东西,并且由于许多偶然的系统整体而确实存在着许多合格的东西。

像我们早先看到的那样,黑格尔事实上把**概念**的非完整实体变成和精神的偶然表象相似的东西。像我们即将看到的那样,纯主观概念与非完整地实体化了的**概念**都是无能为力的。在这一意义上,纯主观概念 305
具有一定的合法性,而当它自称是**概念**的全部真理时,虽然它是由于常识和知性哲学所产生的东西,它却丧失了合法性。

现在让我们借助考察与上面三项相联系的主观概念来理解这一点。在某种确定的意义上,主观概念具有普遍性:它确实是"普遍性"最初被创造的东西。但它同样具有特殊性,也就是说,在这种意义上,存在着它据以被应用的标准,它具有某些内容。黑格尔立即拒绝了纯概念这一理念,即不再具有标准的理念。它把表象与想像混为一谈。可能存在着浮现于我们心中的纯表象。甚至最丰富的实在、**精神**、自然、世界,甚至上帝,它们都完全能够被作为纯粹的东西而表象于我们心中,亦即我们能够避免返回到它们的系统整体。[14]但如果我们严肃地谈论想像,那么一定不可能把这些东西当做概念。它们是纯表象,在纯表象中,普遍性被按照特殊性和个体性加以思考。[15]

⑭ 黑格尔:《逻辑学》,拉松版,第2卷,第255页;参阅黑格尔:《小逻辑》,§164。

⑮ 黑格尔:《逻辑学》,拉松版,第2卷,第255页;参阅黑格尔:《小逻辑》,§164。

用黑格尔自己的语言解释黑格尔，我们到达今天将被广泛接受的一个观点[16]:一个概念必然和其他概念密切相关:我们不可能根据概念自身来说明概念。如果关于某物我们只能够说应用某概念于该物,那么不能够说我们具有该物的概念。这是位于维特根施坦反对私人语言的论证之后的观点[17]:知觉"E"之所以将必然存在是因为至少我们能够说它是一个知觉,因而把它与我们语言的剩余部分联系起来。不存在我们所能够展开的概念,这样的概念并非是如此联系着的,因而它在某些方面不能够被他者所阐释。

纯概念的信念属于意义的另一理论,根据这一理论,只是借助把语词与感觉内容联系起来而赋予语词以意义。于是,与绝对纯感觉内容联系着的语词自身将不能够进一步成为系统整体。但是黑格尔指出,这种区分把心理学与逻辑学混为一谈。也许存在着纯感觉表象。甚至精神表象:事实自身说明,我可能发现我以前没有注意到的一段给予的情节的连贯性,甚或一个给予的理念的连贯性。但当人们到达概念时,纯粹性这一概念完全被误置。

因此普遍性(概念)必然具有特殊性(它的标准阐释)。但是正如上面的非完整实体的情况一样，纯主观概念将之所以能够存在是因为两者间不存在必然联系。诚然,将存在着纯分析的联系,按照这一联系,概念的含义是按照标准阐释所被给予的。可是,对这一阐释的系统整体来说
306 将不存在必然之物;系统整体的要素将是完全偶然地联系着的。在作出关于"鹦鹉"的阐释时,我们将提到一只鸟,它具有一定的颜色、一定类型的嘴和能够"讲话"等等。但所有这些属性是完全偶然地联系在一起的。在它们的存在,即单个事物的系统整体方面,不存在必然性;它们未构成一个总体。

⑯ 赫德尔在他的《论语言的起源》中率先提出这一观点。具有某物的语言意识就是借助于标准符号来识别某物。

⑰ 维特根施坦:《哲学研究》,第1卷,帕拉斯,第258页。

第三,具有特殊性的普遍概念常被用来标示个体。像说明本体论**概念**那样,个体性这个环节是我们到达外在的真实存在的环节。但就主观概念而言，成为现实的步骤是超越主观性的步骤，它涉指世界中的事物。

因此普遍性、特殊性和个体性被用主观概念、它的特性和它能够被用来涉指的事物所描述。

就像上面说明本体论概念来说那样,纯主观概念表明,个体性与概念之间关系的偶然性或外在性等同于概念与阐释之间关系的偶然性或外在性。这一偶然性或外在性是上述偶然性的部分和群。它类似于我们在上面讨论过的自然中的**理念**的非完整实体。完整的实体是这样一种实体:它具有作为其特殊性的、必然系统整体的总体,它因此必然是这样一种个体:如果它被正确地理解,它自行返回到它的系统整体的普遍之物。非完整地实体化了的**概念**,不具有必然的系统整体性。它的外延因此不是一个个体;列入非完整地实体化了的概念的那些个体,具有偶然的数量和种。相应地，这全部外延未自行显示它所属于的普遍的东西，并且那些既定的个体的东西也未自行显示它们所属于的普遍的东西。

类似地,纯主观概念只是偶然地或分析地与它自己的阐释相关联;它具有列入它的个体的东西,或它具有列入它的个体的东西之数量,这只是偶然的。相应地,这些个体的东西之所以不存在,是因为普遍的东西本质上必然要规定它们的属性,或它们可能被归入许多不同的、无关联的概念之下。上面提到的鹦鹉同样是一个蓝色的物体、一个制造噪音的物体等等。另一方面,精神性实有展现其全部不同的属性,因此它的全部属性是相同内在必然性的表现。不管人们选择从什么样的项开始,都期待着超越而至总体。

用黑格尔术语来说，主观概念之所以如此是因为其形式和内容并非是统一的，[18]否则我们能够说它们恰恰是直接地统一的。也许后一表述是对概念与特殊性之间关系的最佳描述。由于这些描述是分析式地统一的，因此没有表象深层意义上的概念统一性。不存在这一联系的中介，只存在着对包含在概念中的东西的详细说明。

但也许前一表述最符合概念与个体的东西之间的关系。概念是形式，个体事物是内容；就概念自己未规定其个体的东西并且这些个体的东西未自行规定其属性而言，这些个体的东西是偶然地或外在地相关联的。

307 这就是纯主观概念，像它被常识和知性哲学所理解的那样。它是与内容相分离的纯形式，对内容的抽象获得这种纯形式，也就是说，对被不同的个体的东西所具有的差异性的抽象获得这种纯形式，并且不同的个体事物受到这一差异性影响。概念因此只被看做包含着事物中的共同要素，并且事物受到概念影响。

共同要素这一概念[19]部分地源于把概念当做抽象产物这一错误观念，即部分地源于相同心理学意义理论的成果，因为意义产生纯概念这一理念。但共同要素这一概念部分地与真实的区分相一致；因为事物的非本质属性或非本质事物的属性形成纯共同要素。对于所有人来说，共同点是他们具有耳垂(ear-lobes)，但这没有提供他们的本质属性。我们必须把普遍概念和纯共同要素区分开来，因为普遍概念实际上产生归入它的东西并且纯共同要素与它所涉及的事物不具有内在联系或不产生它所涉及的事物和只被外在比较所关注。

在《小逻辑》§163的第一个**附释**中，黑格尔对这一区分提供两个重要例证。古希腊人，他声称，不曾真正具有上帝或人这一普遍概念。因而他们可能认为：赫伦斯人(Hellenes)根本不同于野蛮人；某些人生来是奴

⑱ 黑格尔：《逻辑学》，拉松版，第2卷，第261页。

⑲ 黑格尔：《小逻辑》，§163，附释1；同时参阅黑格尔：《逻辑学》，拉松版，第2卷，第263页。

隶。**基督徒**使得普遍性原理得到其充分认可,这是近代欧洲不存在奴隶制的原因。

其次,这同样能够说明卢梭对普遍的意志(la volonté generale)和全体人民的意志(la volonté de tous)的区分:后者是纯共同要素,前者将能被较好地称做关于意志的概念。

像黑格尔在附释2中解释的那样,以上全部观点是:当我们按照本体论的见解作出理解并且按照主观见解我们的理解总是被忽视时,第一次产生了概念。这就是在上帝从虚无中创造世界这一理念后面的真理。

从前所述可以看出,显然常识所理解的主观概念不只是错误的。在它的非本质性方面,即在它与它所包含的东西的纯偶然关系方面,它与世界中的偶然的和非本质的许多东西相一致,并与非完整地实体化了的(本体论的)**概念**方面的偶然之物相一致,但它所包含的东西同样不可能已经存在着,或可能被轻而易举地归入其他概念下。主观见解无可救药之处并非在于这样一种理解:本质上具有创造性的**概念**设定非本质性自身。这就是说,它的失败正是忽视本体论**概念**的存在。因此它认为:一切概念都是主观的;它们完全是与内容相分离的形式。

现在我们要证明,关于**概念**的主观见解借助其内在矛盾之力而超越自身。但是每每在决定性的过渡中,黑格尔似乎都假定他所要证明的 308
东西。因为这里的基本矛盾是普遍性与其特殊性的"不可比性"[20]。但是,如果我们假定缺乏内在联系导致非适当性,那么这种非适当性反而存在。[21]知性,黑格尔说道,设法从变化着的感觉之流中得到普遍性的固定之物。这易如反掌;认为知性自己的、确定的普遍概念自身处于辩证法流之中,这超出了以上论述范围,而知性却对此寄以厚望。但这些确定的概念,这些被认为是相互分离的、特殊的、确定的概念,自身返回到由

⑳ 黑格尔:《逻辑学》,拉松版,第2卷,第252页。

㉑ 黑格尔为何要想到专门论述这一假设,我们将在下面讨论这个问题。

于它们自己的内在矛盾力量的推动而产生的辩证法运动中。不过这些矛盾依赖规定性与普遍性的不可比性，这一不可比性自身成为系统的需要。普通知性完全满足于特定的概念，并不可能使之觉知到规定性与普遍性的不可比性这一矛盾，因为在特定的概念中不存在系统整体的本质关系或不存在关于列入系统整体的个体事物的本质关系。

但是黑格尔关于客观性的推演不只是基于不可比性的纯事实。它从不可比性这个概念出发，借助其他逻辑概念而展开漫长的推演。开始是判断。从下面这一结论中产生过渡：在**主观概念**方面，列入主观概念的个体事物对主观概念来说是外在的。然而，没有联系则不会产生过渡。我们并非返回到**存在**领域，因为在那里我们论述过独立的纯实有，而纯实有只不过返回到另一个实有中。我们也不是返回到**本质**领域，因为在那里我们论述过潜在实在。我们处于**概念**领域，在这里个体已经被作为**概念**的产物或作为**概念**的涉指物而推演出来了。因而我们把个体认作关系的对象。虽然个体和**概念**是分开的，但它自己仍然是与**概念**必然相关联的。因此个别的东西“把普遍从自身排除出去，但因为普遍的东西是个别的东西自身的环节，所以在本质上同样与个别的东西相关。”[22]

2. 判断

因此主观概念通过诉诸并非从它自身产生出的个体而实质上使我们过渡到判断。概念只有在作出判断的过程中才能够具有效用。诚然，除本节的全部论证对黑格尔的目的来说是至关重要的之外，这是得出这一结论的捷径，这一结论省去了本节的全部论证；黑格尔的目的是理

㉒ 黑格尔：《逻辑学》，拉松版，第2卷，第264页。事实上，这一节与**本质**那一章有许多共同之处，因为我们得到两个环节的关系，而直到我们超越这部分至推理为止，这两个环节才被真正地证明是统一的。（杨译本，下卷，第292页。）

解与本体论**概念**所提出的要求的背景相反的主观概念。从这一观点看，不仅重要的是：没有判断，我们不可能有概念；概念本质上是我们用来作出判断的，而不是像石头一样的实有，因为石头在它们自己的使用领 309
域外具有一个实在，而且更为重要的是：判断从划分即分离中产生；在划分中，概念和判断这两个方面并非是完全一致的，因为这是赋予判断的发展以动力的东西，像我们在下一节将要看到的那样。

判断对于黑格尔来说是和划分的理念相关联的，或是和把被结合在一起的两项分离开来的理念相关联的。德语轻而易举地向黑格尔所提供的另一个文字游戏为黑格尔这一观点推波助澜。个体的东西的运动是它自身的原始分离，而这就是判断。分离运动是构成判断基础的东西，因为分离运动构成一切事物的基础并且在后来是与向统一体的复归相匹配的，而在判断中不同事物被宣称是相同的。我们将在接下来的辩证法中详细论述这个问题。

关于判断的讨论对于黑格尔来说有助于进一步弄清什么是形式逻辑与他那种逻辑的关系。常识的惯常理念就是把判断看做(有限的)精神的活动，在有限精神中，我们把一些属性归于某个对象。我们通过精神把两个概念结合起来；实际上，如果我们借助这些概念所谈论的事物被真正地结合在一起，那么这个判断是正确的。但对于黑格尔来说，判断首先是本体论的实在。在《小逻辑》§166的**附释**中，他举了他最喜爱的植物这个例子：植物从种子中产生，逐渐展开成根、枝、叶等等。像我们在上面看到的那样，成为有区别的实在的外在展开等同于普遍的东西，普遍的东西特殊化自身成为其特殊的东西。但是，这一特殊化是判断，像黑格尔再次提醒我们的一样。因此这一展开就是被看做“植物的判断(das Urteil der Pflanze)”。[23]判断因此首先是本体论的实在；概念借助本体论的实在特殊化自身并产生个体实在。

---

[23] 黑格尔：《小逻辑》，§ 166，附释，第366页。

这是构成我们精神和谈话中的判断的基础之物。因此我们可能把判断认作两个分离概念的结合,但这是极端错误的;它没有考虑到判断实际上是统一体的分离、分割这一事实。

诚然,关于判断是统一体的分离,还存在着另一种观点,这一观点在通常意义上也很流行。当我们作出玫瑰花是红色的这一判断时,我们借助抽象在我们思想中分割事实上是不可分的实在即红玫瑰这种东西,并把它想像成我们借助判断所结合的两个部分或方面。但根据主观性,这种观点也是不正确的。它并非是完全错了,而它遗漏了一个决定性维度,也就是说,我们遗漏了作为最初本体论行为的内在反思的分离这一行为。

但诚然并非所有判断都真正符合这一本体论行为。因而存在着不
310 同类型的判断。不过重要的是,要意识到不只是主观判断的不同形式并非符合本体论判断;实在,像我们已看到的那样,事实上差不多也是对概念的基本本体论特殊化的反映。实在愈是外在的,就愈是近似的、不精确的,就愈是与偶然性牵涉在一起。因而可能存在一些不完整的、“不错的”判断,它们与非真实的实在相一致。

“不错的”是在这里使用的词,因为我们已看到在黑格尔那里真理和理念相符合。因而,我们在整个这一节中将关注这样的东西:它完全不同于通常被称作判断的真理的东西,即,与判断的(常常完全偶然的)事实相一致的东西。黑格尔称这种一致为“正确性”。因此一个判断可能是正确的,而所是的东西却应用于不真实的东西:例如,某人病了或某人偷了某物。[24]这一内容是不真实的,因为在这两种情况中实在未能与其概念一致;当内容不应当存在时却存在了。

但是正因为某些内容可能被描述成不真实的,所以我们能够不是借助于判断的正确性而是借助于对象的判断类型而把与内容有关的判

㉔ 黑格尔:《小逻辑》, § 172,附释。(贺译本,第345页。)

断描述成真实的或不错的。我们能够借助判断表述真理的能力,即借助判断对真实对象的依赖,进一步区分不同的判断类型。这将是形式的研究,在这一研究中,我们将论述判断的类型,即判断的特定内容的抽象。但它将非常强调并非在通常意义上作为内容的类型的抽象形式研究,因为不同的判断类型将被根据它们能够对世界所陈述的东西而精确地区分。

我们因此能够根据描述判断的连续近似标度来思考判断的类型;判断具有真实对象,即与它们的概念相一致的对象,并且对象陈述着这种一致性。首先,判断将被宣布为不错的,因为不管判断的正确性如何,判断不可能阐明这一适当性,因为有关实在将排斥它。

因而我们具有一种类型,在通常意义上,这种类型既是判断的类型又是实在的层次的类型。

也许这将使我们较为容易地理解这一划分过程中的辩证法的原动力。判断具有"S是P"的基本形式。黑格尔进一步把判断规定为把个别项连接到普遍项,因而说"(个体)是(普遍)"。辩证法的原动力是缺乏这两个项的可比性。

因为个体是普遍显然是不正确的。因而判断中存在着矛盾的东西,它必然被转化。主要被不列颠黑格尔学派所吸收的辩证法运动常常受到嘲笑,并被认作建立在一个纯粹错误的基础上:不同类型"是(is)"的混淆,即谓语的"是"、实存的"是"和同一性的"是"之间关系的混淆。

为了弄清可能引起对这一微不足道混淆的责备的方式并且回击这一责备,我们应当开始本节的推演。我们从最低和最简单类型的判断开 311
始,这种判断把普遍归于个体。例如,玫瑰花是红色的。仿佛我们能够通过强调两者之中的任何一方来思考这一判断:或者玫瑰花是丰富的、包含许多规定的某物,而红色是其中的一种规定;或者红色是极其丰富的、可以用无数的具体事例说明的某物,而玫瑰花只是其中的一个例子。但是在这两个例子的任何一个例子中,玫瑰花与红色之间存在着不可比性,它们并不是相同的;它们是两个不可比的实在,因为这两个实在只在玫瑰花是红色的这一点上相交汇。

心存疑虑的读者认为自己是谓语的“是”与同一性的“是”之间这一微不足道的混淆的见证人,这是情有可原的。诚然,当我们说玫瑰花是红色的,根本没有说玫瑰花是与什么样的实有同一的。强调黑格尔提出系动词,加剧了这种混淆感。它包含着表述本体论判断的要点;本体论判断恰恰构成外在实在的实存的基础, 因而系动词同时被连接到实存的“是”上。所以,在一般混淆方面,这似乎也是混乱的。但是似乎这一混淆的东西只是黑格尔本体论的反映。因为如果我们把判断的形式看做判断的真理,也就是说,看做表述本体论基本真理的适当性,那么我们必须从判断的可比性观点来考察判断所连接的项。理念是每一事物的本质,并特殊化自身成外在实在,外在实在与理念仍然是同一的。主观性必然被实体化,因此它既存在又不是它的外在实体。实际上,真实的判断是那些能够赢得真理的判断。然而,它们之所以必然成为这样的判断,是因为它们所连接的项是这种同一性关系的候选人。换句话说,在判断能够赢得事物本体论基础的程度上(并且单称判断不可能真正做到这一点),判断尤其必然成为同一性的判断,即判断所连接的项在某种重要意义上是同一的判断。在像“玫瑰花是红色的”质的判断中,我们显然不具有同一性的判断。因而判断仍然受不可比性困扰。

这意思是说, 黑格尔之所以在这部分为了论证而假定他的本体论是因为可能他认为在《逻辑学》较早篇中已建立起本体论了吗?这有时可能听起来像那么回事, 因为由于黑格尔在较早篇中已经推演出来的项,黑格尔关于主观概念的讨论被略去了。如果说还存在什么问题,那就是人们不能够十分确定黑格尔想要从前一篇的论证中所借用的东西。不过,只是把他较早论证的结论带入**概念**辩证法,这似乎不大可能。

更确切地说, 看来构成**概念**辩证法原动力基础的东西是试图达到关于对象的真正地适当的思想之标准。真正地展开的思想将不仅是叙述它的对象的一些外在方面,而且将揭示对象的本质结构。正是借助于这一要求,我们能够合法地斥责普通的、正确的、不错的质的判断,因为我们不可能按照同一性来叙述判断的项("这种个别的质不符合主词的、312
具体的本性")。[25]

真正地展开的思想的基本属性对黑格尔来说是彻底的必然性。这一要求将成为不可比性的真正基础，像我们在后来将较为清楚地看到的那样。诚然,这一要求也和黑格尔本体论密切相关,并且不可能被那些不具有黑格尔本体论的人所认同。但黑格尔很可能不把他的本体论看做被从他关于物的见解中推演出的必然结果，甚至不把它看做关于任何理论思想的、不可避免的要求。我们在下面还要论述这一问题。

黑格尔用像"玫瑰花是红色的"这类陈述来开始质的"**判断**"这一节,他通常称之为肯定的陈述。但是不可比性迫使我们认识到,个体性并非真正地关联着普遍性。每一方实际上都是自为的,或都只与自身相同一;个体性是个体性,普遍性是普遍性。这种同一的出现把我们引到下一个范畴,即反思的判断。

我们不可能追寻黑格尔这一论述的细节，他的论述带领我们经历许多不同形式的判断——反思的判断、必然的判断和概念的判断。一以贯之的主题是判断中的两项的不可比性。概念辩证法的较后阶段使得不可比性这一概念与黑格尔本体论之间的联系变得更加清楚。例如,"必然性"的判断——例如,"人是动物"或"黄金是金属"——是必然的,在这类判断中,判断把种与种的类连在一起。但它们仍然是不可比的,因为它们没有反映相反运动;借助相反运动,类确定自己与种的联系。黄金必然是金属,但不存在这样的必然性:金属应该把黄金作为它的种之一,即,黄金应该存在着。

判断中的项的基本不可比性同样能够被描述为系动词"是"不能把

㉕ 黑格尔:《小逻辑》,§172;威廉·瓦莱士译本。(贺译本,第345页。)

两个真正地可通约的项结合起来。只有当我们用推论来代替纯系动词时，这个矛盾才能解决；那时我们不复只得到"S是P"，而得到"S作为X是P"。只有这个复合判断，黑格尔称之为表述必然真理的判断，才能够真正地显出S与P之间的联系。

换句话说，在整个**判断**中系动词"是"没有表述本体论关系的充分实在。它是两个项之间的联系，但它没有表述这一联系的充分的丰富性和具体性。现在这在表述必然真理的判断中实现了，但它借助从纯"是"到中介的特殊性的联系之转换而实现。例如，我们现在不只是说"这所房子是好的"，而是说"通过某种方式建造的这所房子"是好的。可是，系动词的这一扩充使得判断变成了推论。我们因此超越判断领域，进入推论领域，或像黑格尔称推论为Syllogism(推论式)。

313 3. 推论

推论联合**概念**和**判断**。它也必须首先被看做本体论意义上根据的东西。像黑格尔在《小逻辑》§181中所说的那样，"一切事物都是一推论。"判断是本体论的，因为概念总是返回到外在实体。但是，由于"**推论**"的本体论见解，我们到达关于实在的较为真实的和较为完整的描述。

普遍性通过其特殊化而被与充分地外在的实存即个体性的充分实在相联合。因此，我们真正需要三个项来把握实在：(1)存在着事物的内在统一性，这统一性可以被当做普遍性；(2)存在着特殊的东西，但它总是成为两个对立的项；(3)两个对立项的关系构成一个当初尚未显示出差别的普遍的东西的外化之总体。于是，这些项中的每一项都能被当做我们的起点，每一项自身都通过第三项而与另一项相关联。

因此，在《小逻辑》§187的**附释**中，黑格尔举例说明**理念**、**自然**和**精神**。理念是构成整个现实基础的必然性的公式：它不但必然在自然中使自己客观化，而且在精神中到达自我认识。现在这三项之所以存在，是因为每一项都通过第三项而与其他项中的一项相关联。自然是借助使**理念**客观化而使精神成为可能的东西，精神内化外在性或自然。但是自然只能够通过精神而上升到对**理念**的充分表现。但第三，**理念**是被展露和表现于**精神**与自然的特殊化的总体中的整体。

所以下面这种意义是一些被完全变换了的意义：根据这种意义，作为理性的一切事物都是**推论**。在这里，黑格尔在通过第三项联合其他两项的意义上使用推论。现实是合理的，因为它自然是多样化的，然而那些多样化的要素是内在地相关联的，因此它们联合它们自己。但更为重要的是，总体的特殊化能够被用三个项来表述，借助这三个项，每一项都通过第三项而与另一项相关联。首先，现实是能够被看做自我同一的整体；但是其次，现实是作为两个系统地相关联的和对立的实在而存在着的整体；这两个实在中的每一个实在只能够通过它们的他者而存在着。因而，这些实在中的每一方都是通过他者而与整体相关联的，并都是通过整体而与他者相关联的。所以，这三项全都能依次被认作中项。

因此，(1)**推论**的类比通过第三项而成为每一项与另一项的统一，(2)即事实上在某种意义上这种统一能够被看做理性的、必然的、概念的统一和(3)三重关系。

但是推论的类比不同于**推论**的地方，在于三重关系是完全对称的。三项中的每一项都能够成为中项。统一的本性是这样一种本性：它超越在简单推论中所能够被赢得的东西。它只能够被在三项中赢得，于是我们将仍然缺少这三个公式的统一。实际上，本体论的实在证明了只能够 314
被暗示于一定推论中的统一；这在本节的结尾将变得更加清楚，[26]但是黑格尔在开始时未能提到它。由这一对称性得出如下结论：把逻辑项普遍性、特殊性和个体性归于黑格尔本体论项，这似乎过于武断。存在着必然的三重关系，即每一项通过第三项而与每一他者的必然的和概念

㉖ 黑格尔：《逻辑学》，拉松版，第2卷，第351页；同时参阅黑格尔：《小逻辑》，§ 192。

的统一，但是进一步成为普遍性、特殊性和个体性的语言的措施并非总是合适的。

在两个不同版本逻辑学中，黑格尔对他那个时代的(和我们时代的)普通意识是颇为严厉的，因为普通意识可能把推论作为推理的灵魂或作为主观活动来加以接受，而不把它看做关于推理的那些伟大的宾词即上帝、自由、无限等的本体论属性。[27] 但一切事物都是一推论，因为潜在的实在最终之所以存在是因为它只能够被理解为项的三重性，即构成整体的统一的东西之一项，而其他两项表象整体的实在，并且整体特殊化成对立的、仍然相互依赖的两个项；作为总体的两个项共同构成整体。实际上，较为准确地说，一切事物都是三个推论的系统——或一切事物都是现实的，都适当地反映着概念。[28]

所以**推论**的真理是：每一项实际上都是整体，都反映着其他两项的内在联系，不只外在地存在于我们的反思中，而存在于它自身中。

黑格尔用下面这一双重要求来展开推论的不同形式：推演通常的区分表和通过对愈来愈合法的形式的区分而转到主观性的最终过渡。我们再次不可能追寻通过**推论**的不同形式的发展的细节。这一发展的原动力是缺乏必然性，即在每一相继形式中缺乏把我们推到较高形式的东西。推论要求显示两个极端项间的联系，如果我们只断言存在这一联系，如果推论的前提是偶然的或依靠进一步的推理，或更糟的是，如果推论的前提预先假定推论的结论，那么这一推论在某种程度上是不完整的。

㉗ 黑格尔：《小逻辑》，§181，说明，同时参阅黑格尔：《逻辑学》，拉松版，第2卷，第308—309页。

㉘ 关于这一点，我们应该看稍后的下一部分中的例子。例如，《小逻辑》§198的解释：个人(个体性)通过需求系统、市民社会(特殊性)而与国家(普遍性)关联着。但是同时，个人总是实际上与市民社会和国家关联着的，并且个人满足社会需求和提供社会现实的**法权**。但是第三，国家是真实的中项，并且，在系统的整体中，它约束着个人及其市民社会。

在这里，现在推论所要求的是我们通常并未要求我们的推论的东西：不仅结论从一定的前提中产生而且这些前提也应建立在必然性基础上。我们所正在追寻的——和黑格尔声称在“选言”推论中(颇为难以置信地)发现的——是独立存在的必然形式,即无需假定的推论的必然性;不管当初被给予什么,这一必然性都必须被根据二个推论的系统加以证明。根据这一标准,甚至像“人是哺乳动物”这类判断也未能提供适当的前提，因为——像我们在上面看到的那样——当人是哺乳动物这 315
个判断是确凿无疑时,除非人存在,否则我们不可能得到这一判断。

但是,达到思想的独立存在的必然性,等同于达到关于事物的必然性见解。在我们所意识到的必然联系只是与实在形成对比的概念间的必然联系程度上,如果我们从关于实在的偶然假定开始,我们必然得出符合事实的真实结论。如果我们想应用三角形内角和等于180度这一必然真理,我们必须被给定这样的前提:X是一个三角形,这一三角形能够推出X的角等于180度。相反地,一个关于实在的必然推理将必然基于实在的真理,当然其条件是:实在是独立存在的,即,无需偶然的前提,否则实在不可能存在,也就是说,不可能具有事物的必然性。但是当然,它是我们所正在瞄准的必然性这一见解。这就是没有实存隐含的纯概念必然性对我们来说是无用的之原因。

当然,现在我们已经理解了本体论的必然性,这一必然性被展现于**存在**和**本质**的必不可少的范畴发展过程中。我们在**概念逻辑**第1部分中一直在论述的，就是证明从考察我们所用以描述思想的范畴中产生上述见解的方式。正像实在的范畴努力表现内在必然性一样,据考察,思想的范畴也奋力攀登自我维系的必然性的相应顶峰。

因此从**概念**特殊化自己成为**判断**这个阶段起，我们就借助诉诸世界中的个体事物而一直在追寻实在的思想发展。达到自我维系的必然性之目的支撑着这一发展。于是,该发展已构成不可比性的真实基础并且不可比性是辩证法的原动力。这就是质的简单判断中的主项和谓项的非同一使得个体事物成为不可比的之原因(因为在某种意义上黑格尔认为统一包含于必然联系中)。这是通过判断的不同层次和超越推论的这些层次而强加给我们的东西。

因而这一发展能够被看做由矛盾所推动的。因为如果我们认为思想所瞄准的目标或依据的标准是绝对必然性，那么所有偶然判断和推论都是自拆台脚的。这肯定是黑格尔确实思考过的。思想的本质是合理性,合理性必然得到充分表现。一旦这一点被接受,**概念、判断**和**推论**的辩证法,作为严格的辩证法,就有一些崭露头角的机会。

但问题是人们是否能承认绝对必然性这一标准作为界定思想的标准。人们为何应当承认它呢?就《逻辑学》而言,它可能被证明孕育于较
316 早篇中。这可能是黑格尔的证明。但我认为,在黑格尔看来,这一问题并非完全是得到清楚回答的问题；他至少思考过理性的自我维系的必然性是思想的标准属性之一。假若这样,主观概念辩证法当然将成为《逻辑学》中完全独立于先于它的东西的、自我证实的辩证法。这一见解将促使黑格尔相信:思想并不轻易地满足于纯粹地偶然的相互关系,到处刨根问底。

但无论思想的原理的根据是什么，本节的辩证法向着理性的必然的思想的顶点推进。因为这顶点是和关于事物的理性必然性这一见解分不开的,主观性返回到客观性才是我们所能够言说的观点。

“主观性”在黑格尔那里有两种用法。绝对是主体,是设定它自己的实体的主体。在这一意义上,现实最终具有主观性,这是一个终极范畴。正是在这一意义上,**逻辑学**的整个第3篇也称作“**主观逻辑**”。但主观逻辑一词亦能被像该词的通常意义那样用于某物,在这一意义上,我们把“纯粹地”主观的东西和与主观逻辑相对的实在作比较。这就是该词在第3篇第1部分中所具有的含义,因此第1部分的标题是“**主观性**”。

主观性的第二种意义具有完全合法的(legitimate)用法,在这种意义上,主观的东西不及现实,它对于现实来说是未充分展开的。在整个第1

部分中,我们一直在考察思想的程式;在这未充分展开的意义上,思想的程式是主观的。像我们同样已经看到的那样,与未完成的思想相一致的是未完成的实在,未完成的实在也未能展示彻底的必然性。但是当思想升至绝对必然性并且因而升至关于事物的本体论基础这一见解时,思想就不再是与现实片面地相对立的。它成为具有有序主观性的思想,远非缺乏现实和不及现实,实际上从自身中产生出世界。

主观思想以其完满状态返回到客观性;不仅在客观性意义上它之所以与现实合而为一是因为它对现实来说是不适当的,而且在较为强烈的意义上它重新与在设定实在的意义上所返回的绝对主观性相结合。

这听起来颇令人联想到本体论论证。而且,黑格尔是意识到和赞成这一论证的第一人,并且他在逻辑学文本中展开了这一论证。因为如果我们提供本体论论证以正确的形式,本体论论证诚然将被真正地建立起来。在这里,我们已经具有这一正确的形式。绝对作为**概念**——不仅仅据某人看来,安塞尔姆在这一点上仍然是不适当的——必然返回到实存。因为被正确地理解的**概念**是独立存在的概念必然性并且这实际上需要具体例证。理解**概念**,就是理解它只能是这种概念必然性。但是这诚然只适用于**概念**、绝对、关于整体的概念或传统语言中关于上帝的理念。实存的这一必然性未扬弃偶然性,像我们已经看到的那样;因而, 317
从整体上看,许多事物完全是偶然的,它们的实存未被包含于它们的概念之中。例如,我皮夹子中的100美元当然与我头脑中的100美元没有必然的联系。

甚至就某些事物——例如,像人这样的整体的特征——而言并且它们的实存是必然的,如果我们把事物的概念认作整个系统的特殊概念并且系统标示事物,那么事物的必然性仅仅源自整个系统而不只源自事物的概念。我们能够证明有限精神(人)的必然性,但这一必然性源自整个系统,而不只是源自被独立地当做诸如理性生活的人的概念。因此，康德的异议取决于这样一些特殊要素，尤其取决于那些偶然要素。就特殊要素被抽象地利用而言，在概念与实存是相分离的这一点上取决于特殊要素和偶然的东西，因为偶然的东西是把自身当做抽象物的东西。但是这一异议完全遗漏了被应用于本体论论证即关于整体的证明的论点。

另一方面，黑格尔恰恰不可能接受安塞尔姆、笛卡尔、莱布尼茨等哲学家的公式化的东西。举例来说，他们看到其实存在此岸被证明的那种上帝时将毛骨悚然，因为这种上帝的实存是和作为有序整体的世界的实存分不开的，并且这种上帝并非是被基督教徒所崇拜的那种上帝。但黑格尔特别指出：人们忽视了这一论证的完整的证明中心并且根据安塞尔姆的前提得出实存必然属于最完美的东西这一结论。或者，如果人们是以实存通常是尽善尽美的为由来为赞成上帝存在而辩论，那么这就招致康德的尖锐反驳。当务之急，就是提供概念无限事物；上帝必然借助无限事物而以某种方式存在着并且这种方式不适用于有限事物。这与用思想的概念开始的传统证明的其他失败有关。这一证明实际上依据本体论概念而追寻实存的展开。因此，在理性认识方面，它预先假定上帝存在的其他证据，而它在理性本质方面是极为重要的。

这个权威见解使我们能够更为清楚地把黑格尔产生对形式逻辑的矛盾意图的方式看做人们通常所理解的方式。我们根据推论的"形式"功用和借助研究的两种类型对思想的"形式"加以分类。但是，对于黑格尔来说，推论达到它自己的自我维系的必然性的顶点；自我维系的必然性等同于关于事物的必然性见解。因而形式逻辑的基本方法并非是对内容的抽象。相反，形式与内容并非是统一的或它们"仅仅是形式的"，这是未完成形式的显著标志。当我们登上形式逻辑阶梯并愈来愈接近适当的形式时，离开了普通形式逻辑将作为区分的形式标准而接受的东西。我们不再论述命题的那些功用，因为它们可能恰恰把任何东西都当做它们自己的论据。更确切地说，在黑格尔意义(理性必然性)上对适

318

当“形式”的研究要求我们对可能适用于这一研究的概念进行限制。因此，反思的判断，或必然的推论，部分地为概念的对象所界定。于是，最终完全展开的形式只被按照黑格尔本体论见解自身而具体说明。

因此，他的逻辑的“形式”部分与通常的形式逻辑科学是风马牛不相及的。但这不是说它们能够像两个完全独立的企业那样和平共处。存在着有关哲学争论。首先，黑格尔的事业只被他的本体论见解提供合法性，甚至被给予意义。正是因为形式已经内在于内容(必然性存在于事物中)，试图从形式中引出内容(借助形式的标准来推演适合现实的思想)才有意义。相应地，黑格尔承认普通形式逻辑合法性时不得不贬低它的重要性。它终究不是推论的科学。实际上，也许黑格尔将因逻辑学和数学的现代发展感到高兴并且逻辑学在这一发展过程中已被证明与数学思维相关联，因为他总是把数学归入思想的最为外在的形式，即数学不能够真正地把握事物的概念结构。

因而，在主观**概念**辩证法方面，我们已经到达同从**存在**和**本质**的辩证法中产生出的一样的结论，即作为理性必然性的展现的现实的总体这一见解。我们同样必须根据主观思想来证明这一结论。因为假如我们是正确的——现实到达展现概念必然性，那么我们的概念思想应该指向无条件地必然的推论的完成。我们现已大功告成，返回到独立存在的总体即直接的实在。

> 它通过扬弃中介而形成，是一个同样与中介同一的存在，是从它的他者并以它的他者来恢复自身那样的概念。因此，这个存在是一个实在。这实在是自在自为的，即客观性。㉙

㉙ 黑格尔:《逻辑学》，拉松版，第2卷，第352页。(杨译本，下卷，第387页。)

二、客观性

概念因此返回到客观性。按照现实作为必然总体的见解，对独立存在的必然性的研究才达到概念的终点。我们从而在某种意义上已经返回到我们在实体的结尾所达到的关于物的见解。但现在我们能画出一张更为丰富的和更为完满的概念肖像。

我们通过**存在**和**本质**把握到的，是现实构成由必然性和展现这必然性的东西所支配的总体。但是我们对这总体的具体系统整体所知甚少。通过内与外的辩证法和必然性与偶然性的辩证法，我们仅仅认识到：似乎整体必然据其外观来展现偶然性，因为这是和外在性分不开的。

319 可是，我们从以上论述中确实发现的，是概念建构绝对的或无条件的必然性的实在。这致使我们考察主观概念思想，我们发现：内在标准也推动现在自我意识到是自我维系的必然总体这一见解。但既然我们知道主观思想达到同实在一样的顶点并且精神的概念基本上是本体论概念，就能够利用我们从主观概念的系统整体那里学到的东西来推出现实的某些必然系统整体。

这是黑格尔现在所继续做的工作。我们先前只是当做由必然性所支配的总体而认识的，现在被看做具有层次的结构。现实必然展现存在的不同阶段。**客观性**辩证法根据上升的顺序推出这些阶段。

黑格尔称我们将经过的那些阶段为“**机械性**”、“**化学性**”和“**目的性**”。但我们不必根据这些标题假定我们将涉及考察机械和化学理论。这些将在自然哲学中加以论述。更确切地说，我们将要论述有关客观性的某些最一般方法，这些方法不仅分别用于机械和化学领域，而且用于它们之外的领域。因此机械理论同样适用于精神的某些功能，像我们死记硬背地学习时那样；在这种意义上，“化学”理论在男女之间的吸引方面是看得见的。[30]

从联系的外在性到我们因生命而具有的那种内在必然性构成这部分的完整发展。因为本节将以**内在目的性**结束，并且**内在目的性**是我们借以理解生命的范畴，下一部分将从生命开始。但黑格尔在中途要吸收有关客观性的一些不同方面，因为它们同样具有其显著的地位并被用他那个时代的科学加以描述。其中某些方面对我们来说似乎有点不可思议，因为它们属于他那个时代的科学，或属于他那个时代科学中的某一思辨学派，而不属于我们时代科学中的某一思辨学派。

发展的原动力是“绝对矛盾”。[31]它存在于下面这一事实中：现实既是一个总体并且总体的部分因此本质上是相互关联的，又是由许多部分组成并且这些部分是完整的和独立的。由于现实既具有联系又具有中介，它也就具有客观性、直接性和外在性。为了充分满足这两个对立的描述，现实必须系统化自己成为不同的阶段。

我们从纯粹地外在的和独立的事物开始。每一事物对他物来说都是外在的和漠不相关的。但这意思是说，它是自在的纯集合体，因为不存在用任何给定的标准划出某一事物或客体的边界之理由。因而每个客体自身都是一个没有内在联系的客体的集合体。 320

1. 机械性

这就是机械性阶段。在这一直接性和外在性阶段，事物对它自己的属性来说是漠不相关的，或换句话说，在没有任何内在必然性的情况下，事物的属性在自身中结合在一起。正由于这样，我们必须借助他物解释这些属性；解释事物所是的东西的因果关系对事物来说是外在的

---

[30] 姻亲关系概念属于此列。它曾在特定时期的文学传记中扮演一定的角色。参阅歌德的小说《可选择的姻亲》。

[31] 黑格尔：《小逻辑》，§194。

即无关的。[32]因此机械性只意识到有效的因果关系，这有效因果关系始终是纯粹地、偶然地连接的和同一的项间的因果关系，像休谟证明的那样。据考察，甚至某个客体“内”的因果关系显示这一物体的独立部分间的因果关系。

这产生了决定论的见解。根据这一见解，某一客体的属性被另一客体解释，而另一客体的属性又被另另一客体解释，如此以至无穷。

但纯粹地外在的、偶然的关系这一阶段不可能是对事物属性的完整描述。因为借助必然性我们知道事物也是内在地相关联的。因而除非存在其他阶段，否则纯粹地外在的、偶然的关系这一阶段不可能单独存在；在其他阶段上，纯粹地外在的、偶然的关系被逐渐内化。客体必然成为较有中心的。它必然逐步产生较强的内在一致性，并要求据其本性在某些方面与他者相关联。

在这一内化过程中，黑格尔带领我们经历了许多阶段；根据黑格尔所当做合法的科学，每一阶段都与现实的某个明显的方面相一致。因此我们离开了下面这一客体：它对它的属性来说是纯粹地漠不相关的，它的属性因此并未阻碍像运动、热、磁、电荷之类这样一些无法称量的属性的沟通，[33]即未与具有一定属性的并因而抵抗来自外部某些影响的客体相冲突，这些影响因而似乎是一种外在力。[34]从这里，我们转向较为深层的内化，在那里，一个客体是与其他客体内在地相关联的。例如，像在

㉜ 黑格尔：《逻辑学》，拉松版，第2卷，第360页。

㉝ 像在无电阻导体中那样，类似的影响反映在人与人之间的精神领域中。例如，理念，风格。黑格尔：《逻辑学》，拉松版，第2卷，第365—366页。

㉞ 在人类王国中，外在力采取命运的形式：参阅《逻辑学》，拉松版，第2卷，第370页。黑格尔指出：自然客体以外在的和偶然的方式消亡着，因为外在性和偶然性是自然客体的直接本性。但人具有命运，因为人据其普遍本性行事，然而人必然冒犯这一本性，即个体活动着的人的类报应之命运。因而，对于人来说，人所遭遇的东西或毁灭人的东西，具有人的意义。因而具有命运，而物则不具有。

太阳系中那样，太阳系不仅是一组漠不相关的客体，而且在一定角色方面是一组相互对立的有序客体：太阳、行星和卫星。[35]

但在此阶段中，他者的内在联系尚未真正存在于客体的要素中：准 321
确地说，太阳使地球保持于运行轨道中，但这取决于地球在这位置上的存在，也就是说地球的根据绝不是地球自身并且只与太阳系的中心相关联。所以，假如我们把地球拖进外层空间，地球也许将不复是如此相关联的。我们因而迈向**化学性**阶段；在此阶段，我们把不同的实体看做内在地相互关联的，或看做由于不同的实体努力联合、克服它们的片面性和变成一个单一的中性实体而相互“剑拔弩张”的。**化学性**辩证法，即第二部分中间一章，颇受益于黑格尔时代的那些化学理论；它们已被吸收在当代自然哲学中。因而这一章既难理解又无多大说服力。它以向**目的性**的过渡而结束。

2. 目的性

在这里，我们到达世界必然展现的现实的最高阶段。因为在目的性中我们将看到外在必然性的最为充分的体现。当然，我们在思考源自亚里士多德的内在目的性概念。[36]因为这是客体自身固有的意义或目的之概念。目的是客体的本质，客体的最深层的属性。**内在目的性**因此是我

---

[35] 黑格尔论及这些客体间关系时，他举三段论的例子说明这些客体。在三段论中，每一项都依次是中项，这类似于市民社会和国家中的个人。

[36] 黑格尔不仅称赞亚里士多德而且称赞康德。因为康德在他的第三批判中提出了概念与直观之间的统一理念。按照这一理念，概念与直观并不是分开的，而是相互融合的。内容不仅是被归入一般概念下的例子，因此概念与直观仍然是分开的，而且形式总是以某种方式内在于内容；形式没有具体内容就不成其为形式。但康德理所当然地受到斥责，因为他撇开实然判断而坚持他的反思判断并因为他依照事物的顺序而拒绝目的性的地位——实际上，这是重要的地位。

们所需要借以描述绝对必然性的系统的属性的范畴，并且从**本质**的结尾以来我们就一直与这一范畴打交道。

虽然**生命**是紧随其后并且超出**目的性**范围的范畴，但生物——被设想超出可能还原为机械性范围——提供黑格尔这一范畴的最好范例。因为生物具有自己固有的形式。也就是说,这形式并非被外在有效因果性的偶然事物所强加,而是生物生长期间实现自身的形式。这形式是和生物的机体密切相关的,它是自然有机体固有的形式。

仿佛生物的形式同样是一种必然性,由于这种必然性,生物不得不试图使自己适应形式。但是同时,形式是生物自己的必然性。形式是界定生物的,而非不相干的某物。使自己适应形式是生物的自由。

对完整生命形式的要求能够解释生物体的部分行为或过程，并且这行为或过程是完整生命形式所需要的东西。但这一解释恰恰未说明借助把它和另一解释联系起来这一事实，正如根据有效原因的原因情况一样。它把上述事实与目的联系起来;它为目的提供理由。它提供事物背后的意义。

322 目的论解释是依据总体的解释。过程在整体中的角色解释部分过程。通过这种方法，有待解释的话语和话语意义仍然并非真正是清楚的,因为被解释的过程是解释过程的东西之一部分。

目的性因此是这样一个范畴：我们能够用它说明黑格尔设想的那种总体。由于这种总体由独立的外在实在组成,它的展开仍然遵循着一种必然性，但这种必然性不是从外部强加的，而是外在实在自己固有的。似乎这种必然性是整体的生命形式。内在目的性因此是外在实在所能够展开的内在联系的最高形式。因此它是从机械性的纯外在中立开始的这一发展的最高项。整体所必然包含的存在的全部阶段从形式机械性延伸到目的性。

对这最高阶段的必然具体说明，是位于世界中存在着生物这一事实后面的东西。但是整体自身同样具体说明这个范畴。当然,只有整体或绝对,与一切生物不同,不具有仅仅被给予的生命形式,而宁可说是,像理性那样,具有整体完全从自身中发展出来的生命形式。整体的生命之血液是理性,泵血的心脏是矛盾。

但在谈论生命方面,我们跑在黑格尔的前面,因为黑格尔在下一节的开头和**概念**的最后部分才吸收生命这一范畴。再者,黑格尔并未直接从**化学性**跨入目的性这一适当的概念。确切地说,他再次进行过渡,在这一过渡中,他从备受常识和知性哲学青睐的那个概念开始。

这个尚未充分展开的概念就是**外在目的性**——当然,它作为现实的从属阶段同样需被用具体例子加以说明。**外在目的性**是这样一个范畴:我们用它来把事物看做目的之实现,并且目的对于事物来说是外在的。外在目的性诸如在人的制造物和活动方面具有其地位。我们建造房屋以供居住,种植作物以供食用等等。一栋房子、一辆汽车和一块麦田的"目的性"外在于房子、汽车和麦田;它必然被归诸别的力量。

现在黑格尔仍然认为,长期以来,他的本体论基本原理一直以混乱的形式存在于人们的头脑中。混乱的观点之一是世界作为一个外在目的之作品的观点,亦即上帝的作品的观点,这种观点把下面这两种意义混为一谈:目的性是用来理解整体的重要范畴和知性哲学所具有的常识观点,即形式与内容必然是分离的。

黑格尔猛烈抨击天意这一概念,并宁愿与反对天意的机械性为伍。确切地说,天意是流行于18世纪的某种温和的、乐观主义的自然神论的变种。事实上,他解释道,天意在试图说明世界的细节方面导致把各种十分荒谬的特殊目的归于上帝。天意以一整套或一大堆被归于上帝的、 323
非连贯的目的而告终;而理性的要求旨在连贯的整体。至少机械性试图向我们提供这一点。[37]此外,它借助于理性而并非真正地得出一个充分必然的解释,因为上帝的理性仍然是未知的。因而偶然性成了定论。在

㊲ 黑格尔:《逻辑学》,拉松版,第2卷,第385—386页。

这一点上机械性也好不了多少;但它未借助理性来要求真正的解释。因而**外在目的性**更加糟糕,因为它似乎令机械性一方大失所望,它在既不能履行诺言又无过人之处的情况下仍然占着理性的位置,甚或也就是机械性。“外在目的性直接地站在理念的门前,但仅站在门前或门外总是不够的。”[38]

黑格尔因此打算超越**外在目的性**而至**内在目的性**。**外在目的性**仍然保持着内容与形式的分离。[39]**内在目的性**的全部兴趣是:它真正地把必然性与它通过必然性所运作的东西统一起来,即形式是质料固有的,像我们借助对生物的分析看到的那样。但这一特征在**外在目的性**中丧失了,在黑格尔阐释绝对的过程中,这一特征为外在目的性提供一席之地。根据这一观点,我面对着外在世界。我起初有一个纯粹主观目的,然后将其付诸实施。因此**外在目的**在开始就预先规定了质料与必须被填满的形式之间的分离。而且,这一分离未被真正扬弃,因为形式恰恰是我强加给事先存在的质料之某物,并非来自这一质料自身。因此我假定要建造一所房子。我组构将要组成这所房子的材料,但房子的形式对这些材料来说仍然是外在的;房子不是根据材料部分而自我组构,像生物体的生长是自我组构那样。我与这些材料的相互作用纯粹是外在的,属于机械性和化学性领域;这些材料被外在地组构,它们对房子的形式来说仍然是“漠不相关的”。

这不仅符合外在目的性即符合有限目的,而且符合借助上帝的目的对事物的目的性解释。因为在这种意义上上帝使得为一定的目的服务的客体对于该目的来说仍然是“漠不相关的”。目的并非源自客体。这就是目的仍然是隐藏的之原因,除非我们理解由客体组成的存在。因为根据这一观点我们不可能理解上帝,目的才仍旧永远是神秘的;这样的

---

[38] 黑格尔:《小逻辑》,§ 205,附释。(贺译本,第391页。)

[39] 黑格尔:《小逻辑》,§ 205。

目的是黑格尔不可能接受的某物。

在个体的目的方面，目的在另一种意义上也是有限的。它是一个个体目的，不是整体的目的；所以它不是证明自身是正确的东西。它是我强加给事物的一个目的，而不是由事物自身产生的目的。它是臆想的。我认为，黑格尔所说的正是以下论述：他主张，有限目的之产物自身就是手段，这是无穷回归的根源[40]。当我们论述外在强加的目的时，或论述预先假定被影响的独立客体的目的时，构成目的的东西和构成手段的 324
东西是臆想的和主观的某物，它取决于正在做事的行动者。我们种植谷物以便生产面包，吃面包为了生存；生存又为了什么呢？也许生存就是目的；然而吃只是达到目的之手段或它构成目的之一部分吗？或换句话说，不管我们决定什么是目的，这本身可能又是值得怀疑的。为什么追问目的？原因是我们没有到达正是从事物的本性中产生的最终目的，正如内在目的性情况一样。

但是，整体的内在目的性与日常生活的外在目的性并驾齐驱或构成日常生活的外在目的性的基础；它支配我们的活动，是我们根据有限目的所理解的东西。当然，客观上把握内在必然性的需要推动这一过渡；我们最终只能在内在目的性中发现这一过渡。黑格尔通过运用手段这一概念进行过渡。

有限行动者们运用手段达到他们的有限目的。也就是说，他们接纳一部分外在世界，使它依赖另一部分外在世界而达到其目的。例如，他们使用工具以便达到其目的。通过这种方法，一部分世界融入行动者的活动中，即渗透于活动之中。有限目的之实现类似一种推论，在这一推论过程中，行动者通过手段与对象相关联。

行动者与手段的关系起初只是外在的和机械的；但它最后必然指向较为内在的关系。黑格尔似乎暗示的部分东西如下：如果我们想要促

[40] 黑格尔：《逻辑学》，拉松版，第2卷，第397页。

使行动者恰好达到这个目的并且对作为为目的服务的手段的事物进行分类，那么在对行动者来说是外在的手段的理念方面存在着一定的非连贯性。因为为了在世界中使用机械手段,行动者自身必须是身体。但我们不能够只把身体理解成工具，不能够把工具所做的一切简单地理解为手段,因为如果那样行动者就失去存在的根基。例如,存在一些不可能被进一步分析的原始活动，即不可能被理解成借助其他活动的完成而被完成的原始活动。这些活动能够被看做手段,而不能够被看做与行动者相分离的手段。他并非操纵这些活动;他对事物的操纵恰恰构成这些活动。这个观点和有关观点已被在当代哲学中作了探讨。显然,我们能够发现,某些原始活动包括我们对一定工具的熟练操作;因此在这种意义上，我们和我们所利用的手段与对象的相互作用不能够只被认作机械的。

因此推论的第一个“前提”能够被看做经中介过了的。但第二个前提似乎仍然是完全外在的。当我用斧头砍树时,我与斧头之间的关系必须被根据熟练行为加以理解;斧头融入我的熟练的行为中。不过斧头与树之间的关系完全是机械的。但黑格尔说,这些机械过程,“如它们自身
325 所表明的,是通过自身而回到目的之中。”[41]换句话说,本章的全部发展,与其说需要对主观目的与活动的特殊现象作出任何考察，不如说需要我们上升到较高的观点。我们借助考察外在的、为一定目的服务的产品而可能发现行动者与手段之间的某些统一。但是完全所需要的是改变观点,我们借此把整体看做为一定目的服务的。

关于整体的观点的转换把我们带回到**内在目的性**。我们现在必须理解人的活动和世界的过程；世界的过程作为生命的惟一的伟大过程是人的活动的背景;人的行动作为生命自身组构影响着世界的过程。但根据这个见解,一切对立都消失了。被影响的东西不再与行动者分开。

㊶ 黑格尔:《逻辑学》,拉松版,第2卷,第397页。(杨译本,下卷,第437页。)

组构的行动者对被组构的东西来说是内在的。

因此按照**内在目的性**,所有项都结合在一起,而按照**外在目的性**,所有项都保持一定的距离。再举下面这个例子,在生物体中,一切东西都是它的生命的手段,但它的许多功能——肝功能和心功能等等——同样是目的,因为生物体的功能是生物体的组成部分。而且,在生物体的成熟健康状态方面,生物体是实现了的目的,但这不会阻止它总是处于实现的过程之中。因而仿佛它具有稳定的目的,或产生向着它自己的实现的奋争。因而奋争、手段和实现了的目的全部融为一体。但所有这些方面都不只被消解。它们继续作为客体的真实方面而存在着。为了理解目的,我们必须把目的看做被实现了的东西和正在实现的东西,或把它看做客体的目的与手段的关系。

所以按照上升的辩证法,机械性和借助有限精神的有限目的之追求指向世界过程的较为充分的、无所不包的目的性;这一目的性总是既被实现又正在被实现,总是既在终点又在始点;按照这一目的性,一切事物都是手段,而又构成目的之一部分。但机械关系和有限的、为一定目的服务的活动未被扬弃。它们仍然是真实的;只是它们的活动在某些方面受到限制并且利用无限目的。

这潜在的概念是不同层次的存在概念,或总体的系统整体的概念并且总体必然既展现独立的外在性又展现内在联系。因为存在着不同层次的存在,所以也存在着不同层次的解释。机械性因此能够提供在它的层次上(和在它自己的每一亚层次上的机械性的不同阶段上)的适当解释,而它所解释的现象融合成一些较为复杂的存在;它们必须被用较高级的范畴来说明并且最终必须被在只能在目的性意义上理解的整体中说明。

我们在**本质**中看到过事物结构的必然性与事物外观上确实被需要的偶然性并驾齐驱的方式。现在这两者间的关系将被依据关于总体的见解赋予具体内容并且总体展示着不同层次的存在。按照关于总体的见解,事物的必然结构表明自身为内在目的之展现。但内在目的之展现需要其外在物质现实中的实体,这服从于机械的、化学的力和规律。事
326 物的缝隙的或表面的偶然性能够被借助这些较低层次的规律即**机械性**和**化学性**规律研究和描述;这种偶然性总是存在于理性结构中,并在理性结构的不断实现过程中起着它的作用。

黑格尔始终不大清楚这些不同层次相互关联的方式。但是在这里,像在其他地方那样,他求助于他的著名比喻"**理性**的机巧";借助于"**理性**",较高级目的在达到其目的过程中利用较低层次原理。较高级目的避开它自己与它所要改变的东西之间的另一客体,而不是直接地影响这一客体。假如它直接地参与事物的相互作用,它也许将成为个体事物本身,并也许将像所有这类事物一样消亡。但它借助让别人来为它效劳和借助世界中事物的机械相互作用而狡猾地挽救了自己[42]。

这个比喻不可能完全说清楚。但它重申黑格尔下面这一理念:世界的无限生命通过有限事物的消亡和超越有限事物的消亡得以继续存在。它仅仅生活于这些有限事物之中,因而通过它们而生存,但它不断地摆脱被它们的必然目的吞噬的危险。而且,偶然性游戏自身用来实现关于事物的必然计划。这就是黑格尔的比喻的全部含义。如果我们问事物如何产生这种情况,答案是:偶然性自身构成必然计划的一部分。在偶然性游戏中,我可能今天死或可能从现在起四十年后死。但不论发生哪种情况,我的死亡,像我的生命那样,表现事物的必然结构,借助这一必然结构,精神必然被实体化于有限精神之中,有限精神作为有限的东西与他的无限性相矛盾,因而必然死亡。我最终之所以死亡是因为一些无法抗拒的、机械的失败:例如,我的心脏停止跳动。然而正是由于有限主体的本性,有限主体作为物质上被实体化了的存在受到机械力作用的支配,因此招致这样的失败。要是它不是这样一个主体,它应当是另

---

[42] 黑格尔:《逻辑学》,拉松版,第2卷,第398页。

外的主体。

但黑格尔的**理性**机巧的比喻同样并且特别地与历史相关联[43]。在这一意义上，上帝的意旨是绝对机巧，因为他让人们按其自己的情趣行事，但所发生的仍然是“他的”意图之达成。我们可能发现这一关系较难理解，认为它比**机械性**和**内在目的性**之间的关系还难理解。我们将在下一部分返回到这一关系。

因此总体具有许多层次，因为它是外在现实的内在必然性的展开。无限目的通过有限目的被实现。这就是我们能够把**理性**的目的既总是看做已经被实现了又总是看做必须将要被实现的原因。[44]有限主体的体 327
验是**理性**的计划仍将必须被实现。有限主体对此孜孜以求。但如果我们升至关于整体的见解，我们能够发现，正是这一追求构成理性计划的一部分；作为整体，这一追求已经被实现[45]。未实现的现象是谬误即欺骗；然而这欺骗自身由理念所致，理念借助我们自己扬弃这一谬误。

因此我们通过**本质**篇所追寻的必然性在这里作为目的而登场。现实中固有的必然性是无条件的必然性，像我们看到过的那样。这意思是说，事物的过程并非由纯粹地被给予的前提所决定，它不展示某些被给予前提的不可避免的结果。相反地，无物在无条件的必然系统中纯粹地被给予。发生的一切事物由必然性所致。因而，从作为无条件必然性的所在地的总体这一概念中产生的是关于物的见解并且目的在事物中是至高无上的。

由于某些原因，当目的可能被认作在先于它的达成活动中起作用

㊸ 参阅黑格尔的《小逻辑》§209附释的有关部分。(参阅贺译本，第394—395页。)

㊹ 总是被实现并且尚有待被实现的目的这个概念构成黑格尔政治哲学的决定性概念的基础，像我们在下一部分将要看到的那样。这是关于伦理生活(Sittlichkeit)的概念。它是使我们超越应当成为的东西的纯粹道德性的东西，亦即对永远无法被实现的东西之追求，因为它并非基于事物的本性，它因而是**外在目的性**的特殊目的。

㊺ 黑格尔：《小逻辑》，§212，附释。

时,我们可能谈到造成这些活动的目的,因此“由于”目的“之缘故”产生这些活动,像我们所说的那样。但这意思是说,概念目的已隐含于概念的必然性导致世界中的变化这一理念中。因此当我们解释有限事物的变化时,像我们在由矛盾所推动的**无限**中已经做的那样,我们在说世界中变化的循环产生于解决矛盾的这一不断的尝试。或换句话说,我们借助这些变化所力求满足的范式来解释这些变化。

但是,当我们到达把必然性看做绝对时,事物的目的性这一概念被赋予较高权力。把活动看做指向范式或目的,就是把活动看做提供“活动为什么发生?”这个问题的答案。不过,我们通常把对于原因的研究认作达到某个目的,或认作达到恰恰必须被当做给予的之目的。当我们根据我们解释有限生物的结构和活动的方面已经描述有限生物的生命形式时,没有对“活动为什么发生?”这个问题作出进一步的回答。有限生物的生命形式恰好是像它所是的东西。

但绝对必然性不依赖某些将是无法解释的、被给定的前提。必然性是绝对的,因为一切事物都能够从**理性**中推出。因而用纯粹地给定的方式来回答“活动为什么发生?”这个问题绝不会遇到麻烦。或者,如果人们喜欢这一公式化的表述,那么终极目的恰好是:**精神**或**理性**应该存在着,即,应该存在着理性结构,并且理性结构的所有方面提供“活动为什么发生?”这个问题的答案,在这个答案中,没有东西作为纯粹地“实证的”论据被给予。在这个世界上,目的是至高无上的或绝对的或为一定目的服务的解释在激进的意义上是终极的。

因而整体就是被看做目的之展开。而且,目的必然是内在的。因为
328 无条件的必然性,像我们在**主观性**结尾看到的那样,必然存在于事物中。如果我们论述外在目的性即由超验的上帝所强加的目的,那么必然性也许将不是绝对的。事物的形态最终将取决于神的命令。

整体因此必须被用**内在目的性**这一范畴来理解。无所不包的目的天生存在于整体自身之中。这就是构成**本质**较后阶段的**实体**、**原因**、**相**

互作用的基础的东西。因为借助整体的内在目的所解释的是我们在那里称作关于总体的解释的东西。整体是自因的,因为整体按照它自己的目的展开。整体的目的是原因,而不再是外在原因。目的仍然存在于它的结果之中 ("在结果里目的并没有过渡到外面, 而是仍然保持其自身")[46]。

因而在**客观性**结尾我们到达了展开于内在目的之达成过程中的整体观。但是我们不只在论述生物。我们知道概念追寻必然性的思想,或追寻完全理性化的必然性的思想已经设定客观性。所以客观性过渡到一个新的、本体论的范畴,即只是为了满足**理性**公式而存在着的实在这一范畴; 客观性的惟一实存就是达到**理念**。这是客观性与主观性的统一。但它不是纯粹的同一。更确切地说,它们在某种意义上同样必然存在着区别,因为一方设定另一方并且决定另一方成为它所是的东西。它们不仅是同一个东西,而且处于联系之中。像在主观中那样,它们的统一不仅是自在的而且是自为的[47]。客观性不仅达到思想的理想公式,而且这一公式使其然。因而客观性和主观性是结合在一起的,然而又常常相互对立(因为内在目的性的目的总是既已被达到又正在被达到)。由于这一关系,无法抗拒地跃上心头的那个术语是柏拉图的**理念**。康德最先借用这一术语。现在黑格尔步其后尘。

三、理念

因而我们开始论述**理念**,即在柏拉图意义上所理解的**理念**。它是使得外在实在成为它所是的东西的内在理性。因此它必须被联系黑格尔关于真理的理念即概念与客观性的统一来理解。"**理念**是自在自为的

---

[46] 黑格尔:《小逻辑》, § 204。(贺译本,第388页。)

[47] 黑格尔:《逻辑学》, § 212。

真理。"[48]因为真理，像我们看到的那样，是现实应该与它的概念相符合，或与产生它的概念相符合。但产生现实并且使现实成为与概念相符合的概念就是**理念**。

康德因此正确地把**理念**认作无条件的、超验的某物，或我们可能在经验意义上加以不适当地应用的某物。[49]但他照常得出截然相反的错误结论。他应该看到不是**理念**缺乏经验实在的非适当性而是经验事物缺乏经验实在的非适当性，而他不应该得出**理念**不具有本体论资格而只是调整我们的思想这一结论。这就是事物是有限的之原因。"那孤立的个体事物是不符合它自己的概念的；它的特定存在的这种局限性构成它的有限性并且导向它的毁灭。"[50]

329 然而不管个体事物是多么有缺陷，它之所以仅仅存在着完全是因为它在某种程度上表现着**理念**。甚至坏的国家、坏人等等，也就是说，假国家、假人等等之所以仅仅存在着是因为他们并非是完全坏或完全假。因为存在着的一切事物都源自**理念**。完全假的东西，即和**理念**一点也不符合的实在，就是无[51]。

在第3部分，我们将使整个《逻辑学》的这一结论得到其充分的发展。我们从范畴**无限**开始，即从必然变化的独立存在的系统这一理念开始，并且**无限**是我们描述整体为总体的第一个范畴。通过**本质**，我们进一步展开整个《逻辑学》的结论，并看到必然性是外在现实本身固有的；而外在现实同样展现偶然性。但偶然性并不是独立的，更确切地说，必然性设定偶然性。事物的必然性因此是绝对的，也就是说，它并非决定于纯粹地被给定的任何事物。

绝对必然性使我们到达**概念**。由于我们从上述获得的东西，我们回

---

[48] 黑格尔：《小逻辑》，§213。(贺译本，第396页。)

[49] 黑格尔：《逻辑学》，拉松版，第2卷，第407页。

[50] 黑格尔：《小逻辑》，§213。(贺译本，第398页。)

[51] 黑格尔：《逻辑学》，拉松版，第2卷，第309页。

过头来考察现实的总体,并更进一步展开它的系统整体。所以我们现在把它看做分布于现实的阶段的等级上,或分布于下面这种阶段的等级上:从机械阶段开始,较高阶段把较低阶段合并到更大的、更为内包的统一体中。最高阶段是目的阶段,整体具体说明它。因此我们不仅把整体看做被必然性所支配的东西,而且看做展现的目的。

正是目的之终极性,已经在**客观性**中被明确地推出。这就是已经把我们导向**理念**的较高级范畴的东西。因为如果绝对必然性意味着目的性解释是终极的,那么我们必然把整个世界看做为了某种目的之存在,或看做为了表现必然性的存在。所以当我们具有一个被给予的并且实际上是被给予的生命形式所形成的动物的种时,我们不再把它想像成一个被给予的整体并且事实上不再把它想像成一个被必然性所支配的整体。就目的而言,存在着表现必然性的整体,因此我们能够说,它存在着以便表现必然性。概念必然性的公式是**理念**,因而世界存在着以便实现**理念**。

现在我们能够把整体看做双重运动的所在地。存在着有限事物的运动;有限事物消亡并且相互过渡,以便努力扬弃有限的非一致性,或获得理性的自我一致性。但是同样存在着理性的理念自身的运动,并且理性的理念出场设定有限事物的世界。世界的二元性,或我们在**本质**中所不断获得的现实的二元性,决不可能支撑自身,因为现实是二元性的。但我们现在所已经到达的运动的二元性是与现实的统一性相一致的,因为这些运动构成一个圆圈。我们没有增加某物,但是丰富了我们对自我维系的总体的理解。

但如果**理念**出场设定有限事物的世界,那么它也就在自身中包含着差异和分裂,而有限事物的世界是外在的,因此只是片面地展示它自 330
己的内在联系。因为理念必然设定它自己的对立面即否定它的东西,以便自身存在着。因而与有限事物和根据中的矛盾相一致,仿佛正是无限事物中的矛盾在于下面这一事实:无限事物只是借助于调和矛盾或在它自己的他者中发现自己来获得它自己的同一。一旦我们接受绝对必然性,关于矛盾的主要见解就接踵而至。因为如果矛盾的、有限的事物的世界必然存在着,如果不可能充分地使必然性公式实体化的、外在的和漠不相关的世界按照必然性的公式而存在着,那么**理念**自己包含着它自己的对立。

理念因此是设定它自己的他者的过程,而且是在它自己的他者中重获它与它自己统一的过程[52]。这一过程是一个辩证法(dialectical)的过程。它是一种斗争,而如果理念略去这一过程,理念的任何概念都是极端地错误的。

> 思想,它使现实摆脱了无目的的变化的映像,并使之澄清为理念,就必须设想这个现实的真理不是死寂,不是一个简单的图像,灰暗而没有冲动和运动……概念在理念中达到了自由,理念也就为了自由之故而在自身中具有最强烈的矛盾;理念的静止在于安定和确实,它以此而永恒产生矛盾、永恒克服矛盾,并且在矛盾中与自身融合[53]。

整个系统借助于矛盾和斗争而连成一气。**理念**生出现实,以便自身存在着。但假如现实并非是矛盾的、因而并非易逝的和并非处于运动中,它也许不会进一步显示出必然性,因此"**理念**"就不会存在。所以**理念**必须生出一个世界,这个世界既是它自己的他者的存在,又是同它自己相矛盾的。

这一过程只能被理性或在对立面的运动中思考对立面的思想所把握,并且对立面借此生成并被扬弃。试图把对立面凝固化的知性在这一

---

[52] 黑格尔:《小逻辑》,§215;黑格尔:《逻辑学》,拉松版,第2卷,第412页。

[53] 黑格尔:《逻辑学》,拉松版,第2卷,第412页。(杨译本,下卷,第453页)

点上是无能为力的,并注定曲解现实。[54]。

根据以上论述得出这样结论:终端范畴即**理念**不只是《逻辑学》先前阶段的结果。它在某种意义上包括先前的所有阶段。因为**理念**导致其他范畴所把握的个体实在。与此同时,它把先前的所有阶段连成一气,以便它们回复到它自身。它因此使以前已消逝的所有阶段形成球状物。

> 绝对是普遍的和惟一的理念,这理念由于判断的活动特殊化其自身成为一些特定的理念系统,也只是在于它们能返回到那惟一的理念,返回到它们的真理[55]。

这特殊化将使**绝对**把现实看做由**理念**或目的所设定的东西成为系统的整体。首先,**绝对**当然把整体看做类似于生命的伟大过程,像我们在上一部分看到的那样。所以我们所要论述的第一个范畴将是生命。

但如果我们把整体认作概念必然性的产物,那么这一必然性必须 331
为主体而存在着。黑格尔现在给他所正在描述的现实这幅图画添加了一个决定性维度。当然,主体的实存始终是未言明的,因为我们一直在论述绝对概念,即主体借以思考其世界的概念。但这恰好构成我们给予的起点的部分。现在黑格尔将要证明,在主体看来世界似乎具有整体的必然特征。

潜在的推论似乎如下:概念必然性意味着思想的必然性,这预先假定一个思想者。说概念必然性设定世界,就是说思想构成世界的基础。而且,思想必然对自己显现。所以由概念必然性所设定的整体必然意识到它自己。但这一意识不可能仍然是纯粹地未言明的和下意识的,因为构成一切事物基础的思想是概念必然性,并且这一意识只能够被展现于概念思维的澄明之中。真实的必然性只能够靠概念来适当地意识到

---

[54] 黑格尔:《小逻辑》,§214。

[55] 黑格尔:《小逻辑》,§213。(贺译本,第398页。)

它自己。因此，如果构成事物基础的思想的过程是仍然纯粹地未言明的，它将自相矛盾地仍然存在于它所设定的纯粹必然性的系统之外。它将违背它自己的基本要求。

因而，如果必然性是囊括一切的，如果它并非在自己之外留下纯粹地被给予的某物，那么它必然对它自己显现。黑格尔把**理念**的大全和理念的自我意识这两个要求看做必然地连接在一起的。这一连接已经被用作为现象的现实这一概念或显现的必然性这一概念作了描述，并且我们在**本质**中看到过这些概念。因为这一要求首先是：显现的必然性实际上存在于事物之中，而并非从某些他者或潜在的根源那里强加给事物，因而显现的必然性是总体的，即，它并非预先假定一个它所影响的实在并且这一实在的原始实存在它的视界之外。但是似乎黑格尔也同时声称，必然性必定自身会被使得显现，也就是说，它必然向主体显现，并且必然性对显现的、外在的实在来说是内在的。不能够被使得显现的必然性也就是“外”，即它将并非是完全地盲目的实在，因为这种必然性是隐秘的和不可知的，并且它在这种意义上纯粹是内。因此，绝对的概念必然性，或完全渗入现实的概念必然性，必然在思想中得以显现。

这就是哲学澄明的胜利自身构成世界**理念**的实现之一部分的原因。而且，这就是《逻辑学》第3篇明确地把现实设想成为主体而存在着的原因。

因此**理念**与现实的统一不可能纯粹是自在的，它同样必须是自为的，像它处于**生命**中那样。所以**认识**是《逻辑学》的一个基本范畴。我们必须承认：“绝对真理是逻辑的对象，而真理本身本质上又在认识之中。”[56]

然而认识需要意识或主体与客体相对的结构。换句话说，必然存在着某些有限主体，既因为他们作为意识必然与对象世界相对，又因为他

---

[56] 黑格尔：《逻辑学》，第2卷，第413—414页。(杨译本，下卷，第455页。)

们作为真正地存在着的主体必然是特定的。而且,这推演出世界中的另一分裂,或更确切地说,这从另一角度向我们显现**理念**与现实的基本分裂。**理念**必然返回到它的他者即外在现实,以便复归它自己。但它的复归恰好是现实中必然性的成功显现。因而,当主体完全把握这必然性时,理念的复归是圆满的。但主观性必然是有限的,因而复归的斗争能够被看做扬弃这一有限的斗争和达到把握无限、整体和绝对。 332

因而,除**生命**之外,**理念**还必然生成**认识**这一范畴。但认识作为有限主体的意识同样必然将被超越。因为这是有限主体超越自己的斗争,它才不仅涉及到认识而且涉及到意志。对有限认识的超越把我们引至无限认识,即关于借助整体之整体的认识,这就是**绝对理念**。

接下来,这将是关于最后部分的计划。它将带领我们从**生命**到**认识**和到**绝对理念**,并且**认识**将被依次分成关于认识的讨论和关于意志的讨论。

我们从生命开始,既因为生命是**理念**与现实的直接统一,又因为认识预先假定生命。因为理念与认识所是的现实之间的那种统一预先假定直接的统一,即现实实际上与**理念**相一致的统一。意识,像我们看到的那样,只能产生于生物。因此直接的统一在两个版本逻辑学中被从**目的性**范畴中自为地推出,并且是**认识**的先决条件,而认识是下面必然出现的范畴。[57]

1.生命

黑格尔,像亚里士多德那样,非常理解生命。生命是内在目的性所在地;他既是手段又是目的。他不能够只被理解成由部分组成,而只能够被理解成由器官组成,也就是说,他的那些部分按照它们在整个生命

---

[57] 黑格尔:《逻辑学》,拉松版,第2卷,第414页。

过程中的角色本质上是相互关联的。每个部分既是手段又是目的。因而黑格尔以赞同的口吻征引亚里士多德的话,从人体上割下来的一只手,按照名义上仍然可以叫做手[58]。生命认识到**理念**的直接真理,因为它具体说明直接的统一;借助于直接的统一,目的或形式对于内容或质料自己来说是内在的。生命是客观的总体,这总体在生命的单一过程中内在地结合在一起,而生命总是被实现并且总是正在被实现。生命因此超越机械性和化学性,但只要生命延续就以从属的方式保存着机械性和化学性。死亡一来临,它们就开始取代生命;"客观性的那些基本力量……可以说是不断地在准备着飞跃,以求在有机体的肉体里开始其过程,而生命便不断地在那里与无机力量作斗争。"[59]

但客观性确实走运,因为死亡对于生物来说是至关重要的。在这一
333 点上,黑格尔再次陈述他的一个基本论题[60]。作为**理念**与客观性的统一,**生命**必然被实体化,因而必然在某处被实体化,因而必然成为个体生物。可是作为个体生物,它决不会真正地使自己适应普遍理念,它是矛盾的和有死的。它必然消亡。

但作为个体生物,生命是与无机本性相对的[61]。这是关于概念的判断,也就是说,概念生命必然特殊化自己成为生物和与生物相对照而存在的世界。生物必须维持其与现实相对的生命。因此生命是一种持久的活动,即一种反对其对立面的斗争。生命是一个过程,这过程必然总是从其对立面中创造出自身。因为生命是个体生物。这些个体生物是可辨别的,因而与外部世界相对立。它们必须借助于同化外部世界来维持自己存在。这就是动物与环境同化交换的辩证法产物。

反对生命对立面这一斗争是对**理念**所固有的斗争的反映,并且**理**

---

[58] 黑格尔:《小逻辑》,§216,附释。

[59] 黑格尔:《小逻辑》,§219,附释。(贺译本,第407—408页。)

[60] 黑格尔:《小逻辑》,§216。

[61] 黑格尔:《小逻辑》,§219。

念必须意识到自己反对它自忆的外在自我。这种斗争是一种矛盾,同样存在于动物世界之中。动物需要某物;它知道在它之外的某物应当成为它自己的一部分,而它并非成为这某物的一部分。它本能地感觉到这一点,或有时感到痛苦。痛苦因此是生物的"特权",它属于生物,只因为生物是存在着的概念[62]。这是活生生的矛盾,这是对所有声称矛盾是不可思议的那些人的回答[63]。

动物合并它所需要的东西,从而解决了这一矛盾。它能够做到这一点,因为外在实在已经自在地是理念。它因此被合并到有机物。有机物能够机械地影响无机物,而无机物不能够机械地影响有机物。无机物只能刺激生物[64]。

因而生物到达生产自己、扬弃与他对立的无机物的"先决条件"和自在地合并这一"先决条件"。在这样做的过程中,他成为实体的普遍性,黑格尔称之为"类"(Gattung)。这意思是说,他经历着另一种特殊化,现在他特殊化成两个个体。这是性变异的辩证法产物。生物是**理念**的实体,因为理念必然特殊化自身成为一些个体元素,然后必然通过它们来维持它自己的统一体。因此那些分离的个体奋力联合。但他们不可能成功,或更确切地说,他们确实成功了,而只是在第三个个体即他们的产物中获得成功。于是,第三个个体作为一个新个体向前迈进,而前两个个体,像所有个体一样,必然消亡,因为个体体现着普遍矛盾。

> 有生命之物要死亡,因为生命就是矛盾:它自在地是族类,是普遍性,但直接地却作为个体而存在。[65]

---

[62] 黑格尔:《逻辑学》,拉松版,第2卷,第424页。(杨译本,下卷,第467页。)

[63] 黑格尔:《逻辑学》,拉松版,第2卷,第424页。(杨译本,下卷,第467页。)

[64] 黑格尔:《逻辑学》,拉松版,第2卷,第425页。

[65] 黑格尔:《小逻辑》,§221,附释。(贺译本,第408页。)

因此黑格尔把生物看做**理念**的未完成的实现。他们具有生命,即具有内
334 在于质料的目的。但是他们在维持统一或他们所追求的永恒方面失败了。这里的统一和永恒是相关联的,因为永恒是超越时间的统一。他们因此只是通过零乱的和倒退的方式即世代无穷回归来获得统一或永恒。我们首先具有从**概念**中推演出的生物,然后我们看到生物从无机物中生出自己。因而我们发现,生出生物的**理念**实际上存在于生物之中;生物是**概念**,也就是**类**。就此而论,概念特殊化自己,提供自己在世界中的具有区别的实存。不过,概念无法从世界中抽身,无法维持其统一;或生物只能通过繁殖其类、继而经历死亡或被他者所取代的零乱的和倒退的方式做到这一点。

但这种统一是零乱的和倒退的,因为它仅仅是自在的。它超越自己而指向自为统一的必然性。必然存在着一种达到本质和统一的方法,并且借助于这种方法我们能够摆脱个体存在的分离或外在性的缀离。自我意识或认识自为地实现超越有限事物这一梯级,并且个体事物的死亡或扬弃个体事物的外在性自在地实现有限事物。因而意识的复活(the rise)与死亡密切相关;它是辩证地较高级的形式,而死亡是辩证地较低级的形式。[66]意识的复活是**精神**中的生物的真实永恒性。而且,它是**类**生命的完成所必然指向的下一个阶段。

> 生命的理念因而不仅必须从任何一个特殊的直接的个体性里解放出来,而且必须从这个最初的一般的直接性里解放出来。这样,它才能够达到它的自己本身,它的真理性。从而,它就能进到作为自由的族类为自己本身而实存。那仅仅直接的个体的生命的死亡就是精神的前进。[67]

---

[66] 死亡是对个体事物的自然的、直接的否定。我们需要持续的否定,即自我意识。参阅主人与奴隶的辩证法,《精神现象学》第145页。

[67] 黑格尔:《小逻辑》,§ 222。(贺译本,第409页。)

2.认识

因而**生命**,作为直接统一,返回到黑格尔称做**认识**的东西。这实际上是**理念**的主观性;在那里,**理念**表明自己不仅是每一事物的内在理性公式而且是主体,并且理念知晓它自己的外在实在;理念从而能够被认作像主体那样设定外在实在。这就是本节将不仅论述狭义的认识而且将论述广义的认识之原因。

简言之,我们正在证明,范畴意识或自我意识具有必然的应用,因为它构成**理念**的组成部分。因为意识必然是有限的,我们才根据**理念**来证明隐含于起点中的世界的另一特征; **存在**的世界为有限主体而存在着,并被用范畴加以把握。

在《逻辑学》导言那一段中[68],黑格尔自然地不禁再次提到康德;他对康德仍旧褒贬参半。康德反对以前的形而上学, 这当然是无可非议的,因为以前的形而上学想把自我意识理解为必然是纯灵魂。相反地,我们发现,意识必然是分裂,即设定与意识相对的客观性的分裂;这一 335
分裂是与客观性本质相关的。

基本的东西因此是主、客体间的极性。康德看到了这一点并且论述了这一基本的东西。可是,他却从中得出下面的结论:主观性决不可能被理解,它仅仅是到处被描述的统觉的统一,而统觉决不可能成为认识的对象。"我思"之"烦"总是主体而绝非客体;所以我们只是作为经验的自我而不是作为原始的主体才是我们自己的对象; 康德将其当做自我意识的认识障碍。但对于黑格尔来说,这种看法是毫无道理的。因为我们在理解主体必然是极化或极化必然是被客体所面对的主体过程中基本上把握了极化的真实本性,而并未遇到认识障碍。这是把极化与障碍

---

⑱ 黑格尔:《逻辑学》,拉松版,第2卷,第429—439页。(这里指的是黑格尔《逻辑学》第2卷第3篇的导言。)

区别开的东西[69]。如果我们接受休谟关于主体是必须被通过内在直观所认识的东西这一基本看法,我们只能够认为我们自己无法把握极化。于是,“我思”当然也就逃离了属性,因为它是全部内容的先决条件。但是,如果我们试图不去设想这样的主体,那么我们在这里就具有关于极化的本性的基本思路;我们就具有关于极化的自我分裂的基本思路,并且极化的自我分裂提供自身以内容或成为自为存在。

但这一自我分裂必然采取两种形式。**理念**既是他者的自我认识,又是他者的自我创造。因而理念的主观性必须在两种方式下思考。它既是关于他者自身的认识,又是作为独立于自身的某物的自身的实现。在绝对**理念**中,这两个方面合而为一。但是生命必须通过有限主体而存在,因为无限主体只能通过有限主体的实体化而成为现实的。实体化的这一必然性是导入对立的东西,自我同一的透明性。因为有限主体必须努力恢复**理念**的自我同一的透明性。或换句话说,必然的外在实体所产生的非透明性,能够被看做是和有限实体的主体的思维不可分割的非透明性。

因而这两个方面在有限主体的生活中是分离的,而在**理念**中是合而为一的。这些有限主体必须克服把握它们的统一的困难;**理念**终于借此产生出整体的真理,即与理念相一致的实在。这种分离在每一方面中都采取分离的形式。有限主体认识世界,但通常把世界认作分离的,或认作与他们相对立的。这与他们把世界理解成偶然的有关,因为他们没有深入到世界的内在必然性,而世界的内在必然恰恰是**概念**,因而**概念**正是他们的思想的内容。

同时,有限主体具有善感。在这里,黑格尔不仅在谈论诸如我们在外在目的性中所讨论过的那样一些有限目的,而且在谈论绝对的被证明了的目的、真理世界的创造以及与**理念**相一致的真理;这绝对的、被

---

[69] 黑格尔:《逻辑学》,拉松版,第2卷,第432页。

证明了的目的也就是善。现在我们既具有认识的理念又具有认识的暗示。但是在这里,有限主体同样把善错误地理解成纯粹有限目的;纯粹 336
有限目的是被绝对地证明了的目的,但仍然是有限主体的目的,即从外部影响世界的目的。“在这里,[内容]实际上是有限,但它自己也是绝对合法的内容。”[70]这样,有限主体使他们自己的活动与目前尚未被改变的外在世界相对立。

换句话说,**理念**通过差异产生必然的统一,这差异既是外在实体的产物又是外在实体的自我认识。因而有限精神,作为理念的中介,必须认识差异和努力奋争;有限精神具有认识的**理想**(Ideal)和**善**的**理想**(黑格尔在《逻辑学》中分别称做认识的**“理念”**和**善**)。但作为有限事物,有限精神具有两个始终未被实现的理想。认识不可能到达充分的必然性;奋争总是把自己看做未完成的。

黑格尔同样在这方面指出:就认识而言,重要的方面是客观的方面;这一观点就是使我们的认识适应外在实在。就奋争而言,重要的实在是主观的;它是必须将被在世界中实现的善。奋争的主体把目前尚未被改变的外在现实理解成自在的“nichitg(虚无)”[71]。

这导致两方面的矛盾,它们采取无止境的徒劳的形式,以便达到它们的目的。在理论领域,我们不超越部分的、有限的观点就决不会到达事物的必然性。在实践领域,这个矛盾甚至更为明显。

只要我们仍然是善的有限行动者,那么我们所达到的善就易于接受命运的全部偶然之物。善是有限的内容,因而外在偶然性或邪恶会摧毁它。而且更为糟糕的是,善的实现条件会产生相互冲突[72]。

但这尚不是矛盾。当我们发现有限善良意志不能达到完全成功时,

---

[70] 黑格尔:《逻辑学》,拉松版,第2卷,第479页。

[71] 黑格尔:《小逻辑》,§225。

[72] 黑格尔:《逻辑学》,拉松版,第2卷,第479—480页。

矛盾就显露出来了。因为假如世界被完全改变以便与善良意志相一致，那么也许将不存在较强的奋争。因为善良意志将不会存在，并且善良意志正是借助于界定与世界相对的有限意志而影响世界[73]。

当黑格尔在我刚刚征引的那段**附释**中阐明上述问题时，他在这一点上再次批评康德和费希特。纯粹地**应当**这一道德概念是黑格尔热衷于扬弃的基本对立之一；纯粹地**应当**是不能够实现的，因为那时它将不会作为道德而存在着。不过，黑格尔现在把决不会实现的“应当”的无穷回归这个矛盾看做概念有限善良意志本身固有的；因为有限善良意志这一理念是与外在实在相对的意志这一理念并且必然被运用于外在实在。要是一切善事都被完全地和肯定地实现了，什么将会成为道德呢？

答案只能是被实现了的道德的目的这一概念，因为它作为本质要
337 素使我们的道德活动实体化。这指的是被实现了善的世界的过程，但是被实现了善的世界并非存在于我们的活动的抽象物之中，而包含于我们的活动之中并且以这一活动为基础。但这指的是这样一种善的观点：根据它，合乎道德的行为并非必然与尚待改变的、非道德的现实作斗争；但合乎道德的行为能够成为完成被实现了的善的情境的回应。这当然是一种必然同善良意志与自然倾向之间的康德式的对立决裂的道德观。

但这一见解能够被理解为认识的态度与意志的态度之间的辩证法的合题。像我们在上面看到的那样，前者是这样一种观点：外在世界是本质，而我们必须在认识中使我们的思想与外在世界相一致；后者是这样一种观点：我们的筹划是本质的，而外在世界作为非本质即“nichtig(虚无)”必然与我们的筹划相一致。解决这个矛盾的真实办法是把这两个方面结合起来；这一办法不改变我们的整个计划和不落入认识的错误之巢穴，这种认识的错误认为我们外在于真理；然而我们增加了认识

---

[73] 黑格尔：《小逻辑》，§ 234，附释。

的真理,即对象或世界亦为**理念**的基本实体。

于是，我们具有完全地被实现了善的世界的过程这一概念——我们通过认识而获得这一概念——但我们并非把自己认作和完全地被实现了善的世界分开，因此我们恰恰必须在认识中力图使我们自己与其相一致。世界的善的组成部分或世界的存在即实现了的善的组成部分是:就善而言,它体现我们的行为或我们的奋争。理念善作为有限意志保持有限认识的基本非适当性，即有限意志使得主体与世界分离。因此，主体只能借助使自己与非再生世界相对立或影响非再生世界来产生善良意志。这就是被不可调和的对立或客体的差异所界定的主体——康德哲学的永久之罪(the abiding sin of Kantian philosophy)。这样的主体必然被扬弃。

而且,我们晓得这样的主体必然被扬弃,因为我们已懂得现实必然由概念必然性产生并且概念必然性是主体,也就是说,所以一切事物必然存在于它自己的真理之中,即,必然与**理念**相一致;因而这样的分离是愚蠢之举,或盲目的、固执的愚蠢之举。这就是调解这一过渡的东西。对于黑格尔来说，有限意志恰恰必须理解它在实现了善的世界中的运作。在《逻辑学》中,黑格尔利用“**外在目的性**”阶段的辩证法结论:手段是目的，以便证明在这里手段与活动不是与善分开的，而是与善统一的，因为手段与活动是有限行动者向善的奋争。这种统一是自在的存在,它仅仅必须成为为它存在。当务之急就是用始终未被实现的因果关系来理解这一奋争,而这种非实现,像善自身的被实现了的目的那样,不断地力图超越自己。

因为,像我们已看到的那样,从最高级的观点看,非实现、罪恶、非透明性和分离都在黑格尔式事物的过程中占有它们的必然位置。只有借助外在性、因而还有划分、非透明性和痛苦,善才能够被实现。这就是 338
我们最后达到的见解。“那虚幻不实、倏忽即逝的东西仅浮在表面,而不能构成世界的真实本质。”[74]

在《小逻辑》§233和§234中，黑格尔用大致相同的方式描述有限意志的矛盾。有限意志是一种矛盾，它认为，与有限意志相对的世界是非本质的、“虚无的”，然而它同样是本质的，因为没有它善良意志将不会存在。

我们已经看到认识和意志这两种态度的辩证法合题解决有限意志问题的方式。这当然是一个为黑格尔所熟悉的论题；在另一种名义下，如果它不是《精神现象学》的中心论题，那么它就是中心论题之一。在这里，它是意识与自我意识之间的关系问题；首先是确立我们面对我们所必须适应的本质世界的态度，其次是试图证明与非本质世界相对立的自我确证。

但我们也应理解这一合题解决有限认识问题的方式。只要主体是与世界相对的并且他总是与世界分离的，因为他在任何意义上都不可能渗入世界或成为世界的一部分，那么认识的问题就不可能解决。从事物的深处看，当它们自在存在时，我们总是无法洞察其本质。我们只能够记住某些事实，而它们对我们来说仍然是偶然的、原始的事实，因为我们不可能为它们提供理由。使得我们能够超越这种状况的是：世界对精神、对理性和对我们的理性来说并非是他者；世界不是他者，因为理性设定世界。因此，认识的有限性和界限也只能被借助与其他态度——奋争的态度和实现善的意志的态度——的融合来扬弃。这就是关于事物的可理解的计划。

当然，在有限精神阶段，这两种态度不可能融合，因为我们仅仅部分地知，只能完成部分计划；因此这两种态度仍然分道扬镳。我们所知大大胜过我们所为；我们外在地知晓这一点。我们占有物而无法真正地理解物；在这方面，我们盲目而行却不解所行的真正的、深邃的意义。但

[74] 黑格尔：《小逻辑》，§234，附释。(贺译本，第402页。)

当我们升至无条件的、绝对的主体时，那时将发现这两种态度同时产生，是一个整体；因为它们必然是一个整体。

这是本章的重头戏，所以它在**绝对理念**中达到高潮。但是也存在着许多细节。本章首先从真实的理念(在《小逻辑》中恰恰是“认识”)开始，接着推演出善(《小逻辑》中的“意志”)的理念。认识首先成为意志，然后超出意志而通过两者的合题产生向下一节的过渡。

我们不可能深入研究认识的详细发展。黑格尔把认识用作讨论分析的认识和综合的认识之跳板[75]。这在纯粹抽象必然性这一概念中达到 339
了高潮；纯粹抽象必然性超出世界的内容，或纯粹是内在的。认识先于纯粹地给予的世界，即恰好“偶然产生”的世界。必然性是主观的；[76]这是使我们向意志过渡的东西。我们已看到这又是导致两者间的合题的方式；因此我们攀登到思辨的或绝对的理念。[77]

> 世界的本质就是自在自为的理念，所以这世界本身即是理念。一切不满足的追求都会消逝，只要我们认识到，这世界的最后目的已经

---

[75] 在讨论《逻辑学》分析的认识过程中，黑格尔回过头来讨论康德的著名主张：诸如7+5=12之类的数学命题是综合命题(第446—449页)。对于黑格尔来说，它们是分析命题；它们必然是分析命题，因为它们根本未包含“概念”的要素；它们像所有的量那样纯粹是抽象的。因此问“7+5”和“12”是否具有相同的或不同的内容是极为不妥的。但黑格尔不只是从他反对数学哲学的先入之见中推演出他的这一结论。他的论证是有趣的。

当我们说7+5=12时，我们是在说，如果你拿出7，加5次1到7上去，那么答案是12；“7+5”因而不是一个包含12或可能不包含12的描述，它纯粹是一套把5加到7上去的指令(an Aufgabe/习题)。这些指令预先假定了一套已被接受的操作；借助这套操作，我们必然执行这些指令，而这些指令只是包含在计算中的那些东西；正确地执行这些指令必然得到12。在这里，不存在康德意义上综合的东西，因为没有谓词(predication)，即确实不存在通常意义上的描述。在这里，我们没有原理(theorem)，只有习题(Aufgabe)。

[76] 黑格尔：《小逻辑》，§ 232。

[77] 黑格尔：《小逻辑》，§ 235。

> 完成，并且正不断地在完成中。……但这种存在与应当的符合，却并不是死板的、没有发展的过程。因为善，世界的究竟目的，之所以存在，即由于它在不断地创造其自身。精神世界与自然世界之间仍然存在着这样的差别，即后者仅不断地回归到自身，而前者无疑地又向前进展。[78]

我们具有一个“对象世界并且它的内在根据和真实的实体是**概念**。这就是绝对**理念**。”[79]

3.绝对理念

因此我们到达绝对**理念**。绝对理念能够被看做认识与生命的合题，看做**概念**的自为统一与概念的自在统一的合题并且概念具有它自己的对象。绝对**理念**是灵魂，即自由的主观**概念**。“一切其余的东西都是错误、朦胧、意见、趋向、任意和可消逝性；惟有绝对理念是存在，是不消逝的生命，自知的真理并且是全部真理。”[80]

绝对**理念**是自我规定，这一自我规定特殊化自身并且回复到与自身统一。艺术和宗教是绝对理念把握自己和提供自己适当的实存的方式。但哲学是最高的、最纯的方式；因为它是**概念**自己的方式。**逻辑学**用纯粹的和透明的方式把握绝对**理念**。

> 因此，逻辑把绝对理念的自身运动，仅仅表现为原始语言那样；这种语言是一种言说，但却是这样的言说，即当有言说时，作为说出

[78] 黑格尔：《小逻辑》，§234，附释。(贺译本，第420—421页。)

[79] 黑格尔：《逻辑学》，拉松版，第2卷，第483页。

[80] 黑格尔：《逻辑学》，拉松版，第2卷，第484页。(杨译本，下卷，第529页。)

> 来的东西便立即消失了；所以理念仅仅是在这种自身规定中检查自身；它是在纯思想中，区别在那里还不是他有，而是，并且继续是完全自身透明的。[81]

逻辑学是关于绝对**理念**的科学并且绝对**理念**是世界必然性的纯内在公式。绝对**理念**思考自己，产生一个与它相一致的世界。如果这是本体论的真理，那么由此得出这样结论：我们能够通过对世界中不同的、具体的维度——自然的结构、政治和历史中的精神的结构以及心灵的结构等等——的研究来追寻本体论的真理。所有这些维度必然展露绝对**理念**的基本形式，即展现绝对**理念**设定这些维度。这就是我们将在组成《哲学全书》的其他科学即自然哲学和精神哲学中所发现的。 340

但同样必须有一门科学，它不是通过它的具体外在实体而是通过它的内在概念结构来利用内在公式；所以它不作具体的描述而只涉及一些绝对概念并且证明这些绝对概念结合在一起的方式。这样一门科学是《逻辑学》，我们刚刚穿越它。但它并非是抽象的，即并非是与其他科学的具体性相对立的。因为它在提供我们独立维系的整体意义上是具体的；它提供我们这样一种必然性：绝对**理念**返回到外在实在并且回复到它自身。因此它没有提供我们抽象的概念的见解，而毋宁说是提供我们完全具体的概念的见解。但作为纯思想的或绝对概念的整体的结构之产物，它是纯见解。它是，像黑格尔说的那样，理想地透明的，因为它只是思想之思想，而所有其他科学是关于某些个体事物的思想；这些个体事物对于它来说具有偶然的和并非完全透明的内容。逻辑是纯思想。根据黑格尔在《逻辑学》**导言**中所使用的著名比喻，逻辑是先于创世的上帝的内在生命。

---

[81] 黑格尔：《逻辑学》，拉松版，第2卷，第485页；A.V.米勒译本(译文有改动)，载《黑格尔的逻辑学》(伦敦，1969)，第825。(杨译本，下卷，第530页。)

在两个不同版本逻辑学中，黑格尔借助于讨论“方法”而结束，这方法是一种对先起的全部过程的扼要重述。在《逻辑学》中，这种重述占据相当篇幅，是值得玩味的。

这种方法是基本程序；但我们现在充分认识到：这种方法并非被外在地选择或应用于我们正在研究的东西；它是绝对概念的内在运动。它是**概念**自身的运动。[82]它不是某种能够被与能知的主体和被反映的客体分开的工具。

我们必须从直接的某物开始；但它不应当是感觉或表象的直接性，而应当是思想的直接性，因而是绝对概念的直接性[83]。我们需要某物，但某物自己不必被推出，因为要不然我们决不会得到开端。不言而喻的候选人是“存在”自己，因为我们在这里具有绝对概念，并且，如果所有其他概念完全得到任何运用，它们似乎以绝对概念为先决条件；因为如果它们得到运用，那么必然存在着它们所应用于的某些对象。

所以“存在”是一种绝对的开端，似乎不依赖其他任何东西，因为它们完全取决于“存在”。当然，这意思不是说我们的开端是无先决条件的，因为事物必然具有开端尚未被证明为必然性的问题；当我们结束这
341 一圆圈时，终将产生无先决条件的开端。但我们之所以具有某个概念，是因为如果我们假定任何事物，那么它就是从一定的东西开始的事物。在某种意义上，我们能够说“存在”囊括一切，或在自身内使所有其他范畴形成球状物，“存在”是它们的共相；但只是在抽象的意义上，“存在”是在它们的差异的抽象物中为它们所完全共有的。

“存在”在这一抽象意义上是整体；因为整体并非与“存在”之外的任何其他概念相关联；“存在”不以一些其他概念为先决条件——例如，像“原因”需要“结果”，或“本质”需要“表现”。黑格尔用“存在”是抽象的

---

[82] 黑格尔：《逻辑学》，拉松版，第2卷，第486页。

[83] 黑格尔：《逻辑学》，拉松版，第2卷，第488页。

自我关联这一表述来概括以上论述。“存在”是自我关联,因为它与其他事物毫无关联,而“存在”是抽象的,因为它只是借助于存在的抽象共相;“存在”不具有内在区别。

但作为自我关联,“存在”已肯定是总体;在绝对意志展露自己存在的系统中,“存在”已经成为自我关联的总体的真无限的萌芽。自在的绝对已经存在着,而将接踵而至的是内在的发展;借助于内在的发展,自在的绝对将内在地变得更为丰富,成为系统整体的绝对,或自为的绝对。

可是,像我们已看到的那样,现在这纯共相自己返回到区别、特殊化和判断。从有限认识观点看,我们在现实中发现或观察到我们所必须加到共相上去的另外的特殊的内容。但我们看到,这内容从共相自身中产生,或共相自己返回到它的他者。这就是共相的辩证法运动。我们曾看到,**存在**在不断的生成和变化中返回到**定在**的区别,或**定在**返回到它的他者,并且**存在**是矛盾的等等。

现在辩证法已常被用来或证明对象的虚无性并且辩证法影响对象(例如,正如爱利亚派学者的情况那样),或证明思想的虚无性并且思想遭遇辩证法(例如,像康德认为的那样)。但这两种观点都是错误的。辩证法的结果不只是否定的,即不只是虚无,因此我们必须返回到否定之否定。因为矛盾是一个特定的矛盾,辩证法的结果才是一种新的形式。因而**存在**变成**定在**,矛盾着的定在又使我们诉诸他者;他者之所以必然追随着定在,在于定在固有地矛盾的本性。放弃这一追随并得出**虚无**这一结论,这纯粹是无意义的。再者,虚无本身,像我们看到的那样,不是一个稳定的终点, 因为存在是必然发生的。虚无仅仅被理解为**存在**的否定。

因而,在矛盾面前,普通反应得出虚无这一结论,这将无济于世。普通反应在它自己的两种形式方面不可能奏效。不置身于**虚无**的荒诞之中,我们不可能得出现实的**虚无**性这一结论。而且我们不可能得出我们的思想的纯错误这一结论，因为我们已看到这一矛盾隐含于存在自身之中。我们的思想既不只是分析的又不只是综合的，但既是分析的又是综合的。

矛盾是现实的，或现实(**存在**)是矛盾的并且我们从这样的现实(存
342 在)开始。这是我们不得不接受的。但如果矛盾是现实的并且转向最初的发展，那么它必然以某种方式自我关联，而并非必然纯粹地依赖他者和并非必然仍旧依赖无穷回归中的他者；借助无穷回归，我们无法形成牢固的基础。借助于必然的运动，第二项——差异或矛盾或分裂——从第一项——统一或**存在**——中产生。第二项是第一项的他者。但第二项在自身内包含着第一项，因为它由第一项产生。如果肯定或统一借助于必然的运动而必然地在自身内包含否定或分裂，那么转向同样是真实的。分裂同样必定实现统一[84]。

换句话说，存在或真实的存在显然是矛盾的；然而矛盾必然是真实的。黑格尔把这说成转化或转折点[85]。当我们把渗入存在的矛盾不只是否定地看做灾难时，产生转化或转折点。可是，因为必然存在着一些实在——否则我们怎么能进行这一探究呢?——我们断定，矛盾不可能导致实在的死亡或成为实在的不可能性的证据，而毋宁说是构成实在的基础。因为矛盾是必然的变易或支配变化或展开的内在概念必然性，所以我们把内在概念必然性看做构成全部现实基础的东西。换句话说，我们把这一命题倒过来，像我们在上面看到的那样，并且我们在这样做的过程中使第二项实体化。矛盾现在不仅是意指非实存的谓词，而且自身就是实在、主体和可运用的原理。矛盾作为必然的运动设定或展开**存在**。

所以存在存在于矛盾之中。因为存在不得不存在，所以矛盾具有现

---

[84] 黑格尔：《逻辑学》，拉松版，第2卷，第495—496页。

[85] 黑格尔：《逻辑学》，拉松版，第2卷，第496、497页。

实性。根据较为仔细的考察,这显然形成一个圆圈。矛盾是消解或摧毁存在的东西。但如果存在是矛盾的并且矛盾对存在来说仍然是本质的,那么矛盾同样必然创造存在。因此矛盾,作为必然的运动,展开存在。

我们从而到达第三项[86],而第三项是第一项的回复。否定的东西被否定,并回复到肯定的东西。在这一直接的意义上,我们再次得到自我关联的**存在**,但它现已在自身中包含着中介并且扬弃了中介。对于存在来说,“由于中介的扬弃,便是直接的东西;由于区别的扬弃,便是单纯的东西;由于否定的扬弃,便是肯定的东西。”[87]我们到达向自我的复归。

但是,这一复归能够从两个方面来理解。它能够被理解为纯**存在**通过扬弃中介而向自身的复归。也就是说,我们能够从**存在**开始,看到它特殊化成一些定在,然后看到这些定在通过被连接于由矛盾所推动的必然运动之中而回复到统一。但在这样做的过程中,我们发现一切事物都追寻必然的公式或**理念**,因为一切事物都是必然的。因此我们也能从**理念**开始。我们能够看到**理念**返回到客观性,从而返回到外在性和漠不相关性;然后,我们把**理念**的复归看做具有主观性的统一的复得;在主观性那里,内在联系仍然是一目了然的。

表述复归的这两个方面分别与发现的道路和真实的本体论顺序相 343
一致[88]。换句话说,命题的逆转把我们引至事物的真实顺序,并且借助这一逆转我们使矛盾自身成为主体。如果我们正确地理解矛盾,它显然应为内在必然性;内在必然性是**概念**、**理念**和绝对主体。

矛盾或否定性是:

> 这个否定性是自身的否定关系的单纯之点,是一切活动——生命的和精神的自身运动——最内在的源泉,是辩证法的灵魂,一切真

⑧⑥ 黑格尔:《逻辑学》,拉松版,第2卷,第497页。

⑧⑦ 黑格尔:《逻辑学》,拉松版,第2卷,第498页。(杨译本,下卷,第545页。)

⑧⑧ 黑格尔:《小逻辑》,§ 242。

的东西本身都具有它，并且惟有通过它才是真的。[89]

于是，第三项是被实体化了的主观性；它是“个别的东西，具体的东西，主体。”[90]

向自我的复归或倒退的这一基本必然性是整个辩证法的原动力、辩证法的内在公式。但**逻辑**科学并非一蹴而就。这一必然性在**定在**的**无限**那节一开始就被发现，像我们看到的那样。不过，虽然我们当时晓得现实必然成为这样一个自我复归的圆圈，必然产生运动的内在必然性并且运动是存在的运动，但我们尚未掌握构想出这一现实的适当方法。关于**存在**的单一范畴并非是充分的；未经适当地统一的反思的范畴也并非是充分的。我们那时知道在论述外在实在并且这外在实在本质上同样是借助于必然性而结合在一起的；但我们尚必须用适当的概念来把这些东西融为一体。换句话说，我们那时只想到适当的本体论公式；我们还必须把它推演出来。

这一辩证法是我们已通过**逻辑学**的不同阶段尤其是**本质**和**概念**的阶段所追寻的东西。我们最后发现，只有主体或独立思考的理性必然性才履行诺言，因为它必然地设定它所支配的外在世界并且在外在世界中意识到自己；这就是**绝对理念**。但与此同时，我们将发现构想出**绝对理念**的所有其他不同方法；像根据与根据的东西、现象与规律、原因与结果、力与力的表现、整体与部分以及内与外一样，所有这些范畴都表明自己是未充分展开的。它们名不符实，必然消亡。

但在某种意义上，这些阶段中的每一阶段都是绝对。它是整个系统的展现。它试图把握整个系统并且整个系统倒转向自身。而且因为**理念**的内在结合也需要外在性和分裂，所以每一未完成的阶段都具有一定

[89] 黑格尔：《逻辑学》，拉松版，第2卷，第496页。（杨译本，下卷，第543页。）

[90] 黑格尔：《逻辑学》，拉松版，第2卷，第499页。（杨译本，下卷，第545页。）

的、相对的真理。每一阶段“都是对于绝对的一种写照，不过起初仅是在有限方式下的写照，因此每一阶段尚须努力向前进展以求达到整体……”。[91]

所以从阶段到阶段的进展是从总体到总体的进展，并且在总体那里每一后继描述都更加丰富和更加具体，都是更加接近总体所是的东西的真实写照。每一后继描述都是概念的丰富内容，并且在概念中较宽 344 泛的外延同样又是更高的内涵。[92]我们从纯**存在**开始；在纯**存在**中，我们在某种意义上看到了总体的写照，因为纯**存在**是自我关联的。它经历分裂成为**定在**，而在**无限**和**自为存在**中复归它自身。这一复归本质上更加丰富。最后，我们到达**绝对理念**，它是整体的最为丰富的内容。但在到达这内在复杂性过程中，我们同样已到达更加丰富的本质，即内在统一的更加丰富的内涵，因而在某种意义上已到达更大的渗透，并因而到达更高的澄明。当我们即将结束时，我们到达主观性或自我意识。它是最为复杂的统一体，而同时是最为简单的统一体，因为它完全是透明的。它是一种统一体；在其中，部分的分离或Auseinandersein(相互外在性)被完全扬弃。我们不仅到达概念的最大系统整体，而且到达概念的最高统一体，并因此到达概念的最高澄明。

这就是我们通过这一伟大澄明再次复归**存在**的观点。而在存在即伟大的、必然的复归的模式意义上，每一阶段都是**绝对理念**的一个复归并且我们通过绝对**理念**而真正地完成这一复归。我们具有这一复归的适当模式；因而具有**存在**的澄明的真实产物。由于这样我们真正地结束了这一圆圈。我们不仅证明了从关于**存在**的公设和关于矛盾的发现中所产生的复归的必然性，而且达到了必然性或主体这一理念的复归，并且必然性必然设定它自己的实存，或主体必然设定它自己的实体。

---

[91] 黑格尔:《小逻辑》，§237，附释。(贺译本，第423—424页)。

[92] 黑格尔:《逻辑学》，第2卷，第502页。(杨译本，第2卷，第549页。)

由于**理念**即由于下面这一理解，我们才达到**存在**向自身的复归：现实是双重运动的所在地，或只是从**存在**开始的东西的所在地。另一种复归始自内在必然性，即始自**理念**或始自它自己，并且这是更为基本的复归。从而，存在仅仅以被废黜为事物的真实起点为代价复归自身。

存在消解成特定事物的复杂多样性。撇开这种复杂性或由于这种复杂性，我们称**存在**向自身复归的东西是范畴"存在"的澄明与统一的复得。但由于我们下面这一理解而产生上述情况：必然性使定在的杂多性结合在一起。当我们把必然看做绝对的，产生向统一体的真实复归。但是，如果必然是绝对，那么存在着的一切事物即全部存在都为某一目的而存在着。因而起点实际上是这一目的自身即必然性的内在公式或**理念**。**逻辑学**的整个第3篇证明：这一复归本质上涉及绝对必然这一概念，因而它在绝对**理念**中达到高潮。

这样，黑格尔建立起了他的本体论。主要的东西是主观或理性或概念必然性。这些术语不可分割地连接在一起。主观性的本质是理性的思想，而理性思想的本质是概念的必然性。或者，不管在那种情况下，理性支配概念必然性。因而君临一切的理性支配绝对必然性。不过，如果必然性是绝对，那么它必然设定与它相一致的一切实在。它因而是目的。而且作为思想的(概念化了的)目的，它是主体。

345 这个重要术语，也能被称做**概念**或**理念**，从自身中产生一个现实世界。而且它必然地产生这一现实世界，因为主观性以及思想、理性或概念必然性只能实体化地存在着。这实体具有必然的结构，也就是说，如果它体现**概念**，那么它必然具有结构。因此，世界存在着和世界像什么是如此必然的、给定的，以致理性、主观和必然性必定存在着。这外在实体否定**概念**，从而否定自己，因为它仅仅作为被**概念**所设定的东西存在着。这就是它是有死的、处于不断运动过程中和在这一运动过程中复归**理念**的原因。

所以从《逻辑学》中所产生的是黑格尔的下面这一见解：必然地从

惟一的起点产生事物(包括偶然的东西)的完整结构;理性(或精神,或**概念**)必然存在着。

但是我们已经看到,为了终结必然性的圆圈,为了证明这本体论不只是有趣的并且也许不只是对事物的令人信服的阐释(出于这一构想的另一论证:事物正像它们应该存在那样存在着,如果……),黑格尔必须具体说明起点自身,证明它必然从有限事物的看护中产生。而且这一证明是确凿无疑的:不仅令他者信服,而且满足黑格尔本体论自身的要求之一;他的本体论要求**精神**通过人来复归对精神自己的充分的、理性的认识。

黑格尔在**逻辑学**中一直在奋力完成的并且他自认为已经完成的,正是这一巨大的、难以置信的任务。因为在**存在**的开端方面存在着现实的(某种或其他种)最简单的、最贫乏的和最无法抗拒的公设,所以他声称已经证明必然地产生一切事物对理性或绝对理念的依赖性。因而必然性的圆圈终结了。存在或我们的起点公设在它被证明必然存在着的意义上被吞没了。由于这一复归,黑格尔建立起了我们在《逻辑学》第3章所论述过的、无懈可击的必然性的圆圈。

紧接着当然讨论必然的实存这一概念, 而不可能提供对必然的实存的证明,因为这一证明有别于《逻辑学》的全部其他论证。不过,也许必然的实存现在所指的东西比它在第3章中所是的东西更清楚一些。必然的实存首先指的是为某一目的之实存,以便完成某一计划。事物必然地存在着,这首先指的是它们被设定起来。但是,这同时要求计划或目的本身应该是必然的,而这对黑格尔而言意思是说,它应该从必然性这一概念以及理性、概念和主观性这些相关概念中推出。关于这一点,我们必须加上第三个条件:这一计划或目的并不是主体的计划或目的,因为虽然主体存在着但它已被和由计划或目的所支配的世界分开。目的性是内在的。

必然的实存的本体论是这样的本体论:根据它,除必然性必须被给予之外，其他事物并非纯粹地被给予。不存在被给予的存在，因为一切事物都从必然计划中推出。这一计划的内容并非纯粹地被给予，因为它源自必然性的本性。我们可能会说，由于必然性(或**精神**，或理性)的缘故，存在着的一切事物都存在着。所以概念必然性，或主体，或理性应该
346 存在着，这一要求构成一切事物的基础。因此这一必然性本质上是事物固有的。它是整体的内在目的。

现实不仅必然地存在着而且上升运动自身构成必然计划的一部分，并且借助这一上升运动，我们从对事物的外在理解上升到关于**理念**的见解。从理性必然性中所产生的世界必然被理性地认知。因为那些能知的主体是有限的，所以他们必须在认识中从理解偶然性的有限观点上升到关于必然性的见解。为了这一上升应该是充分地理性的起见，它必须始终被必然推论所作出。假如它不被作出，那么有限精神决不可能(通过)理性实在(事物中的必然性)的(必然论证)而升至理性的必然性。但是它这样做构成**理念**的实现。因此关于上升运动的理性推论构成**理念**为我们所展现的必然实存的一部分。

这是绝对**理念**作为最终范畴在自身中包含一切较早范畴的另一理由。不仅因为它们与从**理念**中所必然产生的存在的阶段相一致，而且因为它们构成**理念**从有限意识向自身复归之路上的非完整见解的阶段。因此这些非完整理解方式的错误不是绝对的，而这一错误只在于未理解它们的偏颇；换句话说，这一错误只在于没有看到它们所应用于的东西本身是有失偏颇的和外在于绝对必然性的。

逻辑学因而意味着成为上升的运动，并且这一运动把我们从有限意识引至关于从**理念**中产生的物的见解。一旦我们排除了《精神现象学》，逻辑学在黑格尔那里就是惟一具有这一作用的重要候选人。它胜任吗?

从以上论述中可知，显然这一答案中的决定性因素将是人们思考黑格尔关于第2章论定在中所产生的有限事物的矛盾本性的证明。因为

它是黑格尔关于现实的必然属性所基于的矛盾。正是这一矛盾,使他推出作为独立存在的整体的“无限”这一范畴,并且必然性支配整体的展开。在这一点上,黑格尔已采取了决定性的措施,因为全部其余工作能被理所当然地当做是隐含于必然的总体这一概念中的东西的展开,并且在总体中必然性存在于事物之中。

因为这使我们能够证明:关于**本质**的诸多概念是站不住脚的并且它们凸现外在现象背后的某些潜在的基础,因为它们会把内在必然性和事物分开。我们从这一证明推知,必然性必定是显现的;再向后推,它必定是绝对的。而且根据必然的绝对性,我们推出,总体存在于目的之达成之中,是认识自身的主体,因而基于绝对**理念**。换句话说,在《逻辑学》最早阶段,我们通过**无限**建立必然联系并且这一必然联系是关于世界的、展开的、绝对的思想之标准属性。于是,这就为辩证法提供了原动力,并且辩证法带领我们完成其余的工作;借助于辩证法,那些较高级的范畴最终不得不展露它们对绝对**理念**的依赖性。 347

实际上,这意思是说,黑格尔的辩证法并未始终根据上面第9章(和先前第4章)中所描述的公式发挥功用;借助那里的公式,每一项都证明自己存在于矛盾之中,即都试图解决产生新项的东西;并且这新项展露新的矛盾,因而仍然产生另一新项等等。下面两书中开始部分的那些段落确确实实遵循着这一公式:《逻辑学》中的**有**与**无**的辩证法和**定在**的辩证法;《精神现象学》中的意识辩证法。因此**有**因包含着矛盾而变成其对立面——**无**。这迫使我们转向**定在**。确切些说,**有**必然是确定的。然而我们遇到一个新的矛盾:仿佛这反过来说,**定在**包含它自己的否定,因而必然消亡。在这两种对立的要求——**有**必然是确定的,然而它的确定性对于它来说并不是永恒的——推动下,我们被推到了**无限**,即有死的、从属的有限存在的永恒的、独立存在的系统。但由于**无限**,我们到达并未包含(尽管它包含)矛盾的一项;更确切地说,它是一个公式并且一直要到使我们到达最终的、调和的合题才能应用这一公式[92]。

在这一点上,尚有许多东西有待论述:它们是隐含的,所以必须加以详细说明,并且许多范畴术语尚须加以思考。但从现在起的步骤实际上并不是:这些新术语一旦形成就展露每一新的矛盾并且这矛盾把我们推到下一阶段,像黑格尔似乎已经思考过的那样。何况,这些较高级范畴被带到**无限**及其后继范畴的法庭面前,即被带到必然变化的、独立存在的概念群面前,并被证明是未充分展开的。在从**无限**直到绝对**理念**过程中,关于独立存在的必然性的见解这一内容得到不断的丰富。

据考察,与发展必然总体的应用不同,经常表现为新矛盾的东西并
348 因而表现为论证的、独立的基础的东西——例如,**根据**中的充足与增进知识之间的矛盾,或通常判断与**主观性**中自立必然性即思想的标准特性的不可比性——显然取决于论证的主要方式。很可能,黑格尔认为它们并非是如此从属的。就**主观性**中通过判断和推论的上升而言,这似乎不无道理。但是也可能发生下面这种情况:许多过渡,例如,从**尺度**到**本质**、从**原因**到**相互作用**、从**可能性**和**现实性**到**必然性**,都被他理解为关于必然总体的半独立的主要结论,或它们在独立于总体的情况下而被融入总体。但是这种独立将很难维持。实际上,这些论证中的绝大多数论证因缺乏本体论的必然性的潜在前提而黯然地消解。

---

[93] 相似地,在《精神现象学》第1章中,黑格尔证明:不存在关于个别的东西的纯意识,但我们总是借助普遍的东西来标示它。然而在**知觉**辩证法中,他证明普遍的东西不能够被个别的东西的世界单独地标示。把这两个要求结合起来的困难,即,把个别的东西与它的属性结合起来的困难,就是把我们推向力的东西并且最终把我们推向同一的自我排斥的东西,因而是把我们推向自我意识的东西。《精神现象学》的其余部分,作为主要地阐释的辩证法,根据这最初的一套过渡而"沿岸航行"。

在比较这两部著作过程中,我们能够发现,在第4章结尾所提到过的《精神现象学》开始部分的论证中的不足,似乎是假定要求必然的解释,或至少意味着我们在《逻辑学》中借助向无限的重要过渡来弥补这一不足。

如果这一阐释是正确的，那么黑格尔体系整个大厦的决定性支柱就是建立在**定在**中的论证即有限事物的矛盾基础上的。对于那些像我一样发现这一论证是失败的人们来说，黑格尔对他的本体论的论证可能只对这些东西——有限的事实、存在的阶段、生命的实存与意识的存在以及人类的历史——具有多少有些道理的阐释力，就像关于被展现于世界中的绝对主体的生命之“预感和痕迹”那样。[94]

---

[94] 黑格尔在整个**逻辑学**中面临这样的困难：他意欲建立的基本本体论结构较快地出现在存在领域——例如，在生物领域，或在有意识的主体领域——可望得到的“天上”，而他的事业要求他通过纯**定在**来首先建立最低阶段上的本体论。因此，在某种意义上，当他真正需要他所需要提供他的论题的、那些似乎可能的例子时，它们却又派不上用场。

因而黑格尔经常发现自己不得不用更高领域的例子来说明范畴。在讨论**自为存在**时，他使我们诉诸“我”；在谈论极的对立过程中，他不仅引用磁和电的例子，而且引用善与恶、真理与谬误以及自然与精神的例子。

黑格尔发现自己所处的两难推理能被用下面这种方式来表述：一方面，他认为，纯粹有形实在的较低形式是对基本本体论实在的非完整的表现，并且基本本体论实在很显然产生于精神。因而围绕太阳的太阳系中心是主观性中心的反映，但在它是外层空间的中心而不是自我意识的中心这一意义上，它是非完整的。类似地，我们可能把水与火之间的斗争认作在它们对立面间斗争的阶段上的非完整的表现，并且这一斗争最好产生于精神王国。

但另一方面，用自然科学的解释学来暗示真理是不够公平的；因为根据自然科学的解释学，我们指向关于**理念**的事物本体论关系的自然事物中的“符号”。更确切地说，我们指向必须论证这本体论。而且我们必须在某些最低范畴的阶段上进行这一论证，因为那些范畴适用于一切事物，而不只适于动物、人和社会。因为否则我们将不可能证明黑格尔从主体的生命中所推出的范畴真正具有普遍的应用价值。

因此，例如，由于像水与火这样的物质性的对立物，我们到达一些非完整的、模糊的表现，而且在这些表现中基本本体论结构并非是透明的。这非透明性是使我们难以(如果并非不可能)用较低的、物质性的东西来证明基本本体论结构的东西。然而在这里，如果我们必须证明自然是精神的产物并因而必须证明：根据基本本体论结构，我们证明阐释善与恶或肉体与灵魂或生与死是有道理的，那么我们必须证明基本本体论结构，像黑格尔证明的

349　但虽然这一阐释可能与浪漫派的观点如出一辙，它却与黑格尔的观点背道而驰。精神必然在人身上达到充分的、理性的自我认识。这意思是说，人必然达到绝对的、理性的必然性。如果这种建立于精神论证基础上的必然性并非是可能的，而只是一种阐释的见解，那么黑格尔的合题就不复存在了。

要么上帝未达到充分的、理性的自我认识，而仅仅达到对他的本性的深刻的和并非完全清晰的直观，并且我们滑向浪漫派的泛神论；要么上帝达到了理性的自我澄明，而上帝超越人并因而超越世界(因为人是惟一的、世俗的自我意识)；我们滑向正统的一神论。在一种情况下，我们牺牲合理性的原则；在另一种情况下，我们牺牲实体的原则。反正不可能两全齐美。

但是甚至那些得出这一令人沮丧结论的人也能在《逻辑学》中发现博大精深的论证；虽然《逻辑学》没有得出其预定的结论，但也未为尘封已久的、未被探究的和世代秉承的欧洲哲学传统留下参照系。当思想的堂·吉诃德在和论证的原材料作斗争以便使它产生一个不可能的结论时，思想的巨大能量却已产生了大量意料之外的推论方式，尽管它们尚须被适当地探究。

那样。黑格尔的本体论易于说明与精神性存在有关的东西，但我们必须首先根据从纯定在开始的、上升的辩证法来证明它，并且它在纯定在中被根据黑格尔自己的理论得到非完整地和模糊地表现。

这构成了黑格尔哲学的两难推理，尽管他希望借助证明有限存在中的矛盾来避开它。如果这一证明是不能令人信服的，那么他的论证中就存在一个缺口并且仿佛他只能靠借用他的晚期本体论的那些结论来弥补这缺口。但是这一贷款来自破产的银行，因为这些结论自身被建立在假定有限存在中矛盾的普遍性基础上。

第13章 自然中的理念 350

由于逻辑**理念**,我们具有纯粹的、内在的世界思想。但世界的真理不仅由于内在必然性而必须超越世界而且实际上必须返回到世界。所以**逻辑学**借助推演出自然的事实而结束。换句话说,我们恰已证明一切事物皆源自内在必然性,因此恰已证明**存在**作为总体是自我关联的,所以是直接的。但像黑格尔所说的那样这并非是过渡或生成;过渡不同于从较少完整的形式到较为完整的形式的运动。这些过渡是总体内层次间的过渡。在这一点上,当我们已经证明总体存在时只是具有总体自身。

这一观点是:现实的、独立存在的必然性必须是独立的实在所固有的。它必然是自由的必然性,即它必然源自独立的实在自身。这意思是说,必然存在着自由的、独立的存在并且这种存在具有它自己的必然性。因而黑格尔说,自由的**理念**必须"自由地解脱自身";[①]它必然导致实在,即必然成为实在并且实在未被包含在作为控制的外在根源的**理念**之重要系列中,而实在自身具有这一必然性。但存在着就是确定的。确定性指的是事物实际上是相互外在的;这意味着事物具体存在着。

---

① 黑格尔:《逻辑学》,拉松版,第2卷,第505页。(杨译本,下卷,第553页。)

因而这具体的、实存的总体必然是在它自身内具有必然性的东西。因为现实需要具体的实存，所以自由——现实的独立必然性——指的是具体总体，并且具体总体隐藏着它自己的必然性，而它的必然性对于它来说不是外在的，因为它仍然存在于主观概念和认识的形式之中。因而，正是作为内在必然性的全部内容的**理念**的达成，要求必然性应该是完全外在的。完全内在的必然性就是完全外在的必然性；在善与恶的意义上，这些纯属巧合，像我们看到的那样。

因此在这里根本不存在过渡而只存在相等。像我们看到的那样，**理念**自由地解脱自身。“由于这种自由之故，它的规定性形式也同样是绝对自由的，是绝对自为的、无主观性之有的空间和时间的外在性”。[②]

这一潜在的思想是：先于世界的、不具有内在必然性的主观性，只能够借助思考他自己的世界而保持必然的顺序。在他的思想的教导方面，他必须始终看护和呵护他的思想，以免它陷入纯偶然性。但如果我
351 们真正地论述自由的必然性，那么世界能够自由地解脱，并将展现必然的顺序自身。因而，自由的**理念**必须“决定让它的特殊性环节，或它最初的规定和它的异在的环节，直接性的理念，作为它的反映，自由地外化为自然。”[③]

自然因此从**理念**中流出。这是自然哲学和一整套从属的、解释的辩证法的起点，并且这些辩证法组成精神哲学。很遗憾，我们在这里根本不可能追寻它们。在《哲学全书》中，黑格尔用简洁的形式展开他的整个体系。黑格尔于1817年出版该著作，并在生前出了三版。《逻辑学》被**自然哲学**所接替，自然哲学又被**精神哲学**所接替，精神哲学在某种意义上借助调和**理念**与**自然**而完成了这个三一式。

精神哲学自身分成三个部分。第一部分，**主观精神**，论述大体上能

---

② 黑格尔：《逻辑学》，拉松版，第2卷，第505页。（杨译本，下卷，第553页。）

③ 黑格尔：《小逻辑》，§244。（贺译本，第428页。）

够被称做心理学的东西和作为能思的(个体的)存在的人的权利的东西。第二部分,**客观精神**,论述实体化于人类社会中的精神,构成黑格尔的历史和政治哲学。第三部分,**绝对精神**,涉及隐含于艺术、宗教和哲学这三个重要中介中的、绝对自身的知识。

后两个部分当属黑格尔成熟时期的其他著作——他所亲自出版的《法哲学》和历史哲学讲演、美学讲演、宗教哲学讲演、哲学史讲演以及在他逝世后不久出版的笔记——的研究对象。这些是他的极为丰富的解释的辩证法的领域并且黑格尔对解释的辩证法作了极为深刻的思考,他的创造力在这些领域中表现得淋漓尽致。我们将在下两个部分中论述它们。

黑格尔的自然哲学是一部较为有点派生味道的著作。他大量地利用了谢林和浪漫派作家的早期沉思。我们在第1章中看到,将证明自然界神迹的、富有想像力的物理学理念极大地刺激了浪漫派作家。而且这一理念是他们与歌德所共同具有的先入之见。在18世纪90年代独辟蹊径的黑格尔,似乎在晚期产生了这种先入之见。④他颇为关注人类的宗教史和人类的命运。谢林似乎则是一位利用从精神上来解释物理学这一时髦做法并且提供他那个时代所追求的、关于自然的哲学见解的哲学家。

黑格尔自然哲学的最初步骤受到谢林的影响。但是他自己的体系需要自然哲学。因为一切存在都从**理念**中流出,并且借助考察所有层次上的实在来证明这一点,这必然是可能的。黑格尔的最后自然哲学因此 352
是谢林自然哲学的变换,而且,在谢林自然哲学中,**理念**的结构,像黑格

④ 黑格尔在18世纪90年代这个时期的兴趣的惟一迹象是未出版的手稿。这一《手稿》现已被加上"德国唯心主义的最早体系纲领"的标题。在该手稿中,黑格尔说到"给借助实验而缓慢地和吃力地向前发展的物理学重新安上翅膀"[《黑格尔全集》,苏尔卡普本(法兰克福,1971),第1卷,第234页]。长期以来,这个文本一直被认为是谢林的。

尔所理解的那样，被证明实体化于自然界之中。[5]

所以自然哲学实际上是我们所称做解释学辩证法的东西。由于这一术语的含蓄性以致最终的必然性总是躲避我们之故，黑格尔可能不会喜欢这一术语。但无论如何，显然解释学辩证法是从属的辩证法。它未从一个无可争议的出发点开始，并未借助严格的论证来向前推进。更确切地说，不仅以《逻辑学》中已被证明的东西为先决条件而且以已被自然哲学所证明的东西为先决条件，并且证明我们反映他者的方式。与其说是证明，倒不如说它提供了与**理念**的本性相一致的说明。

自然哲学因此步自然科学的后尘，并必须与它相一致。或像黑格尔表述的那样，

> 哲学与自然经验不仅必须一致，而且哲学科学的产生和发展是以经验物理学为前提和条件[6]。

但是同时，它必须把握自然的内在必然性。“根据**概念**的自我规定”，它在“它自己的内在必然性中”来把握自然[7]。

必然性属于**概念**。我们必须证明它在自然中的痕迹，而且这要以自然科学的经验成果为前提。但它并不是诉诸于经验，因为必然性的结构

---

⑤ 黑格尔当然竭力想把他的自然哲学与浪漫派作家的自然哲学区别开来，并主要把后者看做是臆断的和没有理由的，因为它建立在直观的基础上，实际上只是一种“按照类比作表象和想像(甚至狂想)的方法……[Verfahren der Vorstellung und Phantasie (auch der Phantasterei) nach Analogien...]”。(黑格尔:《自然哲学》，§246，说明。)

⑥ 黑格尔:《自然哲学》，§246，说明;M.J.佩特里译本，载《黑格尔的自然哲学》，伦敦1970年版。(黑格尔:《自然哲学》，商务印书馆，1980年版，梁志学、薛华、钱广华、沈真译，第9页，以下简称梁译本。—译注)

⑦ 黑格尔:《自然哲学》，§246;M.J.佩特里译本，载《黑格尔的自然哲学》(伦敦，1970)(引文有改动)。

源自**概念**。我们推演出概念的一些环节，进而在经验的自然中认识它们。黑格尔提醒我们，

> 在哲学的进程里除了要按照对象的概念规定来论证对象外，还要进一步指出同这种规定相应的经验现象，指明经验现象事实上与概念规定一致。然而就内容的必然性来说，这样做决不是诉诸经验。⑧

在稍后的附释中，黑格尔说道，自然哲学在物理学使它达到的立脚点上接受物理学从经验中为它准备的材料，"并重新改造这种材料"⑨。哲学向物理学的研究成果提供它自己关于某物的必然性的形式；某物"作为一个内在必然的整体从**概念**中产生出来"⑩。

当物理学的那些研究成果问世时，它们的麻烦是缺乏这一必然性。物理学的那些普遍性的东西仅仅是形式的或抽象的，即与它们的具体表现没有内在联系。这意思是说，它们同样是偶然的，因为我们借助考 353
察与它们没有内在联系的实体来发现它们。因此特定的内容在这种普遍性的东西之外，"从而分得支离破碎，各各孤立，没有其自身的必然联系，正因为如此，也只是有限的内容。"⑪

我们的工作就是使它回到统一。但在这点上，我们遇到许多阻力。有人认为，普遍的东西、思想和主体永远被割断了与个体实存、实在和客体的联系。我们从未能够看清它们的真面目。但事实上，在我们的实

---

⑧ 黑格尔：《自然哲学》，§ 246。(梁译本，第9页。)

⑨ 黑格尔：《自然哲学》，§ 246，附释，第44页。梁译本，第14页。)

⑩ 黑格尔：《自然哲学》，§ 246，附释，第44页；M.J.佩特里译本，《黑格尔的自然哲学》，伦敦1970年版(引文有改动)。

⑪ 黑格尔：《自然哲学》，§ 246，附释，第45页；佩特里译本(引文有改动)。(梁译本，第15页。)

践活动中，我们每天都在否定这种绝对的分割。甚至动物也具有反对我们的虚无性这一直觉。与那些声称我们不能够认识事物的形而上学家们相反，"因为事物绝对同我们固定对立"，我们才可以说，"甚至动物也没有愚蠢到这些形而上学家的地步，因为动物会扑向事物、捕捉它们、抓住它们，把它们吞食掉。"[12]

实际上，构成事物的东西的基础是**理念**，也就是柏拉图意义上的**理念**、思想、共相。因为共相必然返回到实存，上帝才必然创造世界。

有些人意识到了这一点。他们不把物理学的、抽象的普遍的东西的世界看做令人满意的。但是他们对理性丧失了信心，谈论通过纯粹直观来重新建构事物的统一体。在这里，黑格尔指的是浪漫派作家。他说道，他们具有对普遍的东西的预感，但诉诸直观是"Abweg(一条邪路)"[13]。因为我们必须用思想去把握思想。这种想法同样是与原始主义的现象相关联的。

自然哲学的使命，就是实现**精神**在自然中意识到他自己的目的，或在自然中发现他的"副本"。**精神**具有**亚当**在看到**夏娃**之前的那种确信："这是我肉中之肉，这是我骨中之骨。"[14]

黑格尔在后面再次说道，我们必须进行比较，以便看看我们根据概念对自然的界定是否"与我们关于自然的普通思想相一致"[15]，因为两者通常必须相一致。

自然是以异在形式出现的**理念**。它不仅对**理念**来说是外在的，而且自身就具有外在性。[16]上帝必然过渡并且成为他者：作为**理念**，自然是**逻各斯**，即上帝的永恒的儿子。他同样过渡到有限**精神**，有限**精神**同样是

---

⑫ 黑格尔：《自然哲学》，§ 246，附释，第42页。(梁译本，第13页。)

⑬ 黑格尔：《自然哲学》，§ 246，附释，第46页。

⑭ 黑格尔：《自然哲学》，§ 246，附释，第48页。

⑮ 黑格尔：《自然哲学》，§ 247，附释，第51页。

⑯ 黑格尔：《自然哲学》，§ 247。

作为"异在"的**精神**(Geist)。但**自然**是**理念**,或上帝之子,或**自然**作为

> 滞留于他者中的东西存在着——神圣的理念被固定为暂时处在爱之外。自然界是自我异化的精神。精神在自然界里一味开怀嬉戏,是一位放荡不羁的酒神。在自然界里隐藏着概念的统一性。⑰

但由于与**理念**的疏远,"自然仅仅是知性的尸体"。它是僵冷的**理念**或变成石头的**理念**。不过它不可能总是这样,因为上帝是主观性,是无限现实性。⑱ 354

自然并非与它的**理念**相一致。它是"未经解决的矛盾"。⑲物质对它自身来说是一种外在的东西。⑳从而,它是盲目的必然性,尚不是自由,即具有偶然性的必然性。因为必然性是表面上的、独立实有的关系,所以自然不是自由的,而是必然的和偶然的。

> 因为必然性就是不同的东西所具有的不可分离性,这些不同的东西还显得互不相干;但已外存在这种抽象也会取得其正当地位,这是偶然性,是外在的必然性,而不是概念的内在必然性。㉑

自然是一个Stufen(多梯级)的系统。在这一系统中,每一梯级都必然地进到较高梯级。但是较高的梯级并非从较低的梯级中产生。它是**概念**的作

---

⑰ 黑格尔:《自然哲学》,§247,附释,第50页;佩特里译本(引文有改动)。(梁译本,第21页。)

⑱ 黑格尔:《自然哲学》,§247,附释,第50—51页。

⑲ 黑格尔:《自然哲学》,§248,说明。

⑳ 黑格尔:《自然哲学》,§248,附释,第56页。

㉑ 黑格尔:《自然哲学》,§248,附释,第56—57页;佩特里译本(引文有改动)。(梁译本,第27页。)

品。[22]在这一点上,黑格尔拒绝与进化打交道。**概念**是能够真正发展的惟一的东西。因而发展通过它的表现而存在于**精神**之中,而非存在于自然之中。自然对它自身是外在的东西;它的原理是**概念**;但这纯粹是内在的。“概念通过普遍的方式使所有特殊性同时达到现实存在。”[23]**自然**的本质是外在性,因此构成它的完整概念的那些差异必然属于相互“漠不相关的实存”范围之外的东西。[24]这一论证似乎是:如果自然从它自身中发展出它需要的环节的全部内容,或首先产生无机物,然后产生有机物等等,这也许将要授予自然本身中的**概念**以权力,因为它也许将能够逐渐展开。但是概念仅仅内在地实体化于**精神**之中;因此只有**精神**才具有历史。

这一段是灾难性的。在该段的附释中,黑格尔不仅为反对进化而进一步辩论,而且为反对一系列知性差异而辩论。由于差异,某些公式常常从较低级的东西中产生出较高级的东西。自然确实产生飞跃,因为**概念**借助质的差异性而发展。因此黑格尔既拒绝达尔文的进化论,又拒绝门捷列耶夫的周期表。

因为自然只具有内在必然性,所以它在自身中具有许多偶然性。对于黑格尔来说,偶然性等同于外在规定性。特殊的、具体的事物充满这样的偶然性和外在规定性。“仅仅抽象地保持概念的规定,将特殊东西的实现委诸外在的可规定性”,这是“自然界无能的表现。”[25]这限制了哲学所能够推演出的东西; 这是对要求自然哲学推演出他的钢笔的克鲁格先生的回答。我们在特殊的东西中仅仅发现“概念规定的踪迹”[26]。这
355 就是自然的等级在“概念规定的踪迹”中具有许多任意性和无序性的原

---

[22] 黑格尔:《自然哲学》, § 249。

[23] 黑格尔:《自然哲学》, § 249,附释,第59页。(梁译本,第29页。)

[24] 黑格尔:《自然哲学》, § 249,说明。

[25] 黑格尔:《自然哲学》, § 250。(梁译本,第32页。)

[26] 黑格尔:《自然哲学》, § 250,说明。

因;更不用说由于畸形的动植物所引起的问题等等。

存在着三大阶段[27]。在《逻辑学》**客观性**部分,这些阶段的轮廓已经被勾画出来。首先,我们到达被认作总体的自然。这就是力学领域,它的最高实现是太阳系。在这一领域中,太阳系用向着中心的倾向的形式来展露**自为存在**的形式。太阳系是无序的,围绕一个中心点旋转。但这种形式仍然是外在的东西;不同的物体因其具有不同的角色而无法区分它们的物质基质,而只能区分它们的角色。

我们因此转到下一阶段。在这一阶段中,形式的差异对于事物来说成为内在的;在这里,我们把事物区分成不同类型的物质基质。为了产生有序的统一,**概念**所要求的那些不同角色存在于事物自身之中。但这一阶段仍然是具有它自己的物质形式的直接统一阶段。那些不同的角色只是肯定地统一的。物质与它自己的质相同一。它不具有设定这一属性的内在同一。它失去这一属性时就不再成为它自己。在这方面,它就像《逻辑学》第1卷中的**定在**一样。

但是由于有机物,我们到达自为存在着的**总体**;这一总体由于它自己的差异而展开它自己。具有这些差异的生物现在逐渐变成自然个体,并成为极具内在本性的个体。因此这一内在本性现在本质上得到了表现,并且对于生物来说是内在的。生命现在将要产生出许多独立的总体,而不只是形成属性。这些独立的总体既是标本又是器官。但一定的生命过程产生这些独立的总体并使它们处于一定的联系之中。

一

力学从引出空间、时间、物质和运动开始。接着,第2章“**有限力学**”论述引力。第3章“**天文学**”依次论述力学的实现即太阳系。这就是**逻辑**

---

[27] 黑格尔:《自然哲学》,§252。

学的“绝对力学”。

空间自身具有外在性;最初的、抽象的、基本的自然规定对其自身来说是外在的。空间是同质的,然而在任何一点上又是截断的。作为纯外在性,空间不具有内在差异。因此黑格尔像康德一样都拒绝关于空间的经典理论。空间不仅仅是事物的属性,因为虽然你拿走一些东西而空间仍然存在着。但空间自身也不是物质性的实在;它不具有独立的实在性[28]。康德在他自己的方面是正确的:空间是纯形式;但他常以主观的方式来思考空间又是错误的。空间不只是主观的;但它在纯抽象的意义上是形式,是自然的纯抽象实在,是外在的纯抽象实在;因而它必然是充
356 满的。[29]它是“非感性的感性与感性的非感性。自然事物存在于空间中,自然界必须服从外在性的束缚,因此空间就总是自然事物的基础”。[30]

黑格尔还从**概念**中推演出三个维度，并从这一实现的外在性中推演出维度缺乏差异。[31]

但是直接的、外在的实存在自身中具有否定性,因为它不可能只是作为外在的东西存在着,因而它存在于矛盾中。黑格尔在试图根据外在性到达独立的自我同一这点上首先发现了否定。但空间的本性之所以如此是因为这是对空间的否定,即不具有延伸性,因此点构成线,线过渡到面,面组成整个空间。

不过这否定性具有真实的时间实存性。因此空间不再是静止的,它的各个部分恰恰是共存的。现在空间处于运动中。时间是**虚无**这一方,或变易这一方。它不仅是对空间的外在性的否定,而且是通过一种纯粹外在方式的否定。[32]因此时间也是感性的纯形式,是“非感性的感性”的

---

[28] 黑格尔:《自然哲学》, § 254,附释。

[29] 黑格尔:《自然哲学》, § 254,说明。

[30] 黑格尔:《自然哲学》, § 254,附释;佩特里译本。原注(梁译本,第42页。)

[31] 黑格尔:《自然哲学》, § 255。

[32] 黑格尔:《自然哲学》, § 257。

纯形式。这是主观性的原理,因而是运动的原理,但它仍然是外在的,因而是纯变易的原理。[33]它同样不是一个容器。我们不应当说,一切事物在时间中产生和消亡,而毋宁说是时间自身就是变易,就是产生和消亡,“就是产生一切并摧毁自己的产生物的克洛诺斯。”[34]自然受到这一变易的影响,因为自然并不是与它自己的概念完全相一致的。

所以,空间和时间不是容器,而它们不只是事物的属性;它们是事物的条件,因为它们是事物的外在形式并且没有这些外在形式事物也许就不会存在。“时间仅仅是这种毁灭活动的抽象。事物本身就是时间性的东西,这样的存在就是它们的客观规定性。所以,正是现实事物本身的历程构成时间。”[35]

但通过时间来否定空间将并非是令人满意的,因为我们仍然只得到消逝。时间和空间以及它们在**变易**中的统一,必然产生类似**定在**的、独立存在的统一。黑格尔通过空间、运动和物质最终得出上述观点。这一观点是针对着一些独立存在的中心的最初尝试,而这一尝试失败了。但是现在,从空间与时间的运动中,我们具有达到作为空间的较多的具体性的观点。换句话说,时间不可能只是对空间的否定,不可能只是时间的空间;而它们必然是统一的。这种统一就是位置。位置是持续的东西,是通过时间而仍然存在着的东西。必然存在着持续的某物。一切事物不可能纯粹地流逝;这也许不会产生任何实存。这持续的东西是作为在场的位置[36]。

但是位置经历与点一样的辩证法。它在它自身中是否定的。它因而 357

[33] 黑格尔:《自然哲学》,§258。

[34] 黑格尔:《自然哲学》,§258,说明。(克洛诺斯是古希腊神话中的时间之神。——译注)

[35] 黑格尔:《自然哲学》,§258,附释,第80—81页;佩特里译本(引文有改动)。(梁译本,第49页。)

[36] 黑格尔:《自然哲学》,§261。(梁译本,第56页。)

对它自己来说是漠不相关的；没有什么东西能够把它和所有其他东西区别开来；或它只是和外观相区别。像空间和时间那样，它是无边界的，或不断地转化成他者。它需要在它自身之外设定一个参照系。因而它对自身来说是外在的；我们再次处于变化中。但现在我们具有变化着的位置，这就是运动。[37]

但是我们不可能只是回溯；运动不只是对空间的抽象否定；它是位置的实际变化，这要求存在着两个位置间的某种统一。由于必然存在着运动之故，必然存在着物质。[38]

因此，由于存在着时间与空间的真实统一，必然存在着物质；实在具有许多部分，然而又具有一定的统一性。它具有同一性，然而又具有差异性。但是，因为它并不是纯自我统一，所以它必然处于运动中。物质与运动是相互关联的。两者被看做具体的统一。运动把空间与时间联系起来。“运动的本质是成为空间与时间的直接统一；运动是通过空间而现实存在的时间，或者说，是通过时间才被真正区分的空间。”[39]当存在变化着的某物时，时间首先具有现实性；当某物由此运动到彼时，空间实际上首先被区分。换句话说，只有通过运动中的物质，通过时间来否定空间才是现实的；因为物质具有实在性，而物质的运动是对它自己的外在性的扬弃并且时间试图成为这一外在性。

黑格尔接着推演出引力[40]。由于相同的理由，物质既相互吸引又相互排斥，像我们在量中看到的那样。作为这些环节的、否定的统一，它是特殊的东西即中心，而它仍然是与物质的外在性分开的。这就是引力。我们到达了主观性的开端，但它仍然总是超越它自身。它所力求达到的中间点总是在它之外。

---

[37] 黑格尔:《自然哲学》，§ 261。

[38] 黑格尔:《自然哲学》，§ 261。

[39] 黑格尔:《自然哲学》，§ 261，附释，第91页。(梁译本，第58页。)

[40] 黑格尔:《自然哲学》，§ 262。

从而我们自然地转向这些物体的总系统；在这里，我们到达绝对力学——太阳系。

但是这把我们引至形式与质料的统一。形式已经在质料中发现了它自己。或者质料现在已经在它的总体中发现了它过去一直在寻找的中心。因而我们到达被称做物质的下一个更高的梯级；这物质不仅是同质的、具有引力作用的物质，而且是具有特殊本质的自然物质[41]。

换句话说，我们只是从外在性开始。但是外在性不可能借助自身而存在；它通过引力的吸引和排斥而产生；这就发展到系统；从系统的观点看，我们超越了把物质看做有区别的东西。“物质的抽象的、没有生气的己内存在，作为一般有引力的东西，已经决意达到形式；物质是业已有质的物质。”[42]

二

第二个领域相当于**本质**。现在那些形式差异区分物质自身。所以这 358
些差异是相互关联的；但仍然是外在地关联的，或借助纯粹地潜在的统一而关联的。

这一领域分成三个部分，但这三个部分按其连贯性是不易理解的。黑格尔承认，这是自然哲学的、最为困难的部分。[43]下面似乎是这三个部分的要点。

首先，我们具有那些物理质的纯区分。那些物理质被当做纯质。每一物理质都是内在地非连贯的，像物质自身以前所是的那样。它们不具有内在中心，而仍然被当做借助它们的引力与中心相关联的物体，而且

---

[41] 黑格尔：《自然哲学》，§ 271。

[42] 黑格尔：《自然哲学》，§ 271；佩特里译本(引文有改动)。(梁译本，第111页。)

[43] 黑格尔：《自然哲学》，§ 273，附释。

它们的引力在与他者相关的辩证法方面起着重要的作用。

第1章的整个三个阶段都在论述这些纯物理质。首先,我们根据不同的天体——作为光源的太阳、月球、彗星和行星——来理解它们。其次,我们按照元素来理解这些质。黑格尔吸收了气、火、水、土这四种古典元素,并赋予每种元素以一定的属性和一定的概念亲和力。第三,我们完全根据过程、相互作用和气象学过程来理解这些质。

这提供我们一幅系统的统一的图画并且是一幅否定的统一的图画,因而提供我们一幅真实的个体性的图画[44]。在这里,我们达到似自我的本性;现在我们在质料中或在一些物体中发现了自立的本性。这意思是说,这些物体被看做具有内在统一性和内在过程,或被看做具有生命,而不同于它们在引力方面与他者的关系。它们不是纯物理质而是物体,并且它们是内在活动的所在地,或内在力的所在地。

关于这一阶段的说明分成四个部分。首先,我们根据特殊引力的属性来理解“自立”。在这方面,物体自身提供它自己的特殊的“自在存在”。换句话说,我们借助内在参量开始进一步说明物体的属性。于是我们返回到内聚力。但我们到达具有声音的较高本质。这是对不同部分事物的外在性的一种理想扬弃;它是它的内在振动的表现。所以它是成为它的物质实存的理想的一种集中,成为时间性的一种空间性。它颇似它的身体的灵魂。当它遭受侵犯并自在地颤栗时,或当它成功地维持它自己的存在时,它咆哮不已。第四,在热这部分,实质上产生声音部分所理想地描述的那种统一;热融化并消解内在差异。

因此第三,这把我们引至本质的较高形式。在这里,物体不仅具有内在统一性,而且被看做从内在过程中产生自身。我们不仅已从纯物理质迈向构成纯物理质基础的内在连贯性,而且我们现在将要把这较高形式看做充分实体化于纯物理质中,并且这较高形式产生具有特殊质

[44] 黑格尔:《自然哲学》, § 289。

的物体。因此，虽然与中心(引力)的关系相比这物体在第二阶段中具有它自己的个性，但现在它已经完全摆脱了中心(引力)的关系；在这种情况下，我们把它看做具有它自己中心的内在过程(因为每一过程都必须具有它自己的中心)。不用说，我们已处于生命的门前。 359

在本章中，黑格尔特别试图推出磁和电，并使我们过渡到化学性。化学性向我们展示直接的物质基质与属性的相互依存性。下一阶段即生命是理解我们借助可见的、统一的生命形式所展开的这些东西。

三

我们将用三个部分来详细地描述生命。首先，我们到达作为整体的世界。在某种意义上，整体是有机体，而实际上还不是活的有机体，“只是生命过程的尸骸。”[45]它并未真正地复归自身。它对自身来说是外在的。它在其细节方面实际上属于先前的形式；但是作为整体，它显露出顺序并且这是**概念**的顺序，所以在这里整体值得思考。黑格尔在下面这一标题下思考整体：世界史及其地理展开与地质现象和大气、海洋以及陆地的作用。

但是作为**生命**，世界必须返回到现实的生命。因而必然存在着现实的、活的个体。现实生命是这样一种生命：在他那里，内在必然性表现于有关实在中；**概念**统一性对将要作出的解释来说是至关重要的。活的有机体作为质料借助**概念**法则而运作，并且不只以描述顺序而告终，因为顺序不仅最终与**概念**相关联，而且我们能够借助概念法则理解它，但概念法则与这内在统一自身无关。活的有机体之所以这样，是因为由于它们的形式的缘故我们只能把它们所产生的东西和它们所是的东西解释成发生。

㊺ 黑格尔：《自然哲学》，§ 337。(梁译本，第375页。)

因此必然存在着活的有机体。有机体在三个方面与它的无机基脂相关联[46]。首先,生物是有机物,因为在某种意义上生物自在地具有它自己的无机基脂。似乎通过它自身的消化过程,它不断地扩展它自身。[47]它系统化自己成为一些器官,并保持这些器官于同一生命过程中。其次,有机个体必然与无机基脂相比照,即它摆脱无机基脂。它知道无机基脂是可有可无的;但这描述了一种逆转,因为整体支撑有机个体,而整体主要是无机基脂。于是第三,我们到达我们已经看到的繁殖过程。有机个体一分为二,并消亡于新的个体的产生过程中。

第2章接着讨论现实有机生命的最低形式——植物。黑格尔说,这些植物生长,展开自身,但缺乏向自身复归的要素。它们漫无边际地生长。它们逐渐枝繁叶茂起来,但不能够使杂多成为统一。它们不具有内在种类的真正区分。例如,内脏。没有这一区分和伴随该区分的统一这
360 个环节,它们就不可能发展,它们就不具有自我觉知,而且它们就只是与元素相关联,而不是与事物相关联。它们的自我并不是真正地客观的。它们是内,而也是外。黑格尔当时所举的植物这个例子贯穿于上面所解释的三个过程——形成过程、同化过程和遗传过程或繁殖过程——的始终。

另一方面,动物是在他自身内得到反映的自我,动物的自我性的统一达到主观普遍性[48]。动物在它的器官相关性方面保持着这种统一。因此动物具有独立运动的能力[49]。动物具有发声音的能力并且声音表现它的灵魂和展开"它自身中的"自由"振动"。动物具有动物的热,这种热就是始终保持动物自己的内聚力的不断消解过程和它的新成员的生产。动物能够突然中断进食;最重要的是它具有知觉,知觉是动物的纯个体

---

[46] 黑格尔:《自然哲学》,§ 342,附释,第492—493页。

[47] 黑格尔:《自然哲学》,§ 342,附释,第492—493页。

[48] 黑格尔:《自然哲学》,§ 350。(梁译本,第489页。)

[49] 黑格尔:《自然哲学》,§ 351。(梁译本,第491页。)

性。它同样是与物体相关联的，而不是与元素相关联的。因此兽类也具有关于事物的假设关系，并且在他的想像事物的本能方面，兽类也具有关于事物的假设的和实际的关系之统一。

于是，黑格尔完成了论述动物的三个过程。感受性、应激性和繁殖仍然具有它们的地位。但是繁殖过程与死亡之间的密切关系是一个重要议题。类是动物在其他性活动方面所追求的；它们感觉到它们的不足，正是这一点导致它们的死亡。因而**类**意味着个体的死亡，最低等的动物有机体常常在交配行为结束之后就立即死亡[50]。只有**精神**能够使**类**的责任不致消亡。

因此自然哲学以**精神**走出生物的死亡这段而告结束。"动物不符合于普遍性，这就是动物原初就有的疾病和与生俱来的死亡的萌芽。"[51]个体试图在它自身中实体化普遍的东西——例如，纯习惯、规律性的死亡，而它只能以抽象的方式做到这一点。但是生命要求我们不断地扬弃差异。支撑生命的紧张的结束伴随着返回到规律性的多样性的消失，因而伴随着衰老和死亡。疾病自身实际上[52]构成生命系统的一部分；当系统受到外界冲突刺激时，它坚持它自己的活动，并与整体相对抗。从而疾病是死亡的首要原因，因为死亡恰恰是以生命的紧张为背景的这样一种硬化，像我们已经看到的那样。

精神因此从自然中产生。动物通过运动自身来摆脱引力，通过知觉而感知他自己，借助声音来听到他自己。但在这全部过程中，**类**仍然仅仅通过个体的无止境进展而存在着。所以，"理念必须突破这一范围，打碎这一不符合的状态而自由呼吸。"[53]下一梯级是**精神**；像意识一样，精

---

[50] 黑格尔：《自然哲学》，§ 369，附释。（梁译本，第575。）

[51] 黑格尔：《自然哲学》，§ 375；佩特里译本。（梁译本，第613页。）

[52] 黑格尔：《自然哲学》，§ 371。（梁译本，第595页。）

[53] 黑格尔：《自然哲学》，§ 376，附释，佩特里译本。（梁译本，第616页。）

神能够产生统一的整个理念。自然的目的就是死亡,或是像火凤凰那样焚烧自身,以便**精神**能够复活。

361 **精神**从自然中产生。它同样先于自然,但它让它自己从自然中产生。它的无限自由借助它的内在必然性而让自然自由地解脱[54],像我们在《逻辑学》结尾看到的那样。但是**精神**要借助在自然中意识到自己来达到自由。这就是自然哲学的工作。我们的目的就是迫使自然的普洛托斯*仅仅在外在性中展现我们的反映,或产生对**精神**的自由反思。这并非易事,因为**概念**沉沦于许多难以驾驭的细节中。

但是理性自身必须有自信。我们不可能推演出一切事物;"所以这里就没有必要到处去寻找概念的规定,虽然它们的痕迹无处不有"。[55]我们可能希望发现"隐藏在无穷多外在形态之下的真正概念形态"。[56]

自然哲学由于**精神**的出世而结束。现在让我们转向其他领域。在那里,精神的作品更透明地得到了呈现;首先让我们转向历史——精神在时间中的展开。

---

[54] 黑格尔:《自然哲学》,§376,附释。

* 普洛托斯是希腊神话中的能占卜未来的老人和海畜(即海豹)的牧人。他可以随心所欲地变化,因此有些人把他看做创造世界的一种原始物质的象征。——译者

[55] 黑格尔:《自然哲学》,§370,附释,第680页。(梁译本,第581页。)

[56] 黑格尔:《自然哲学》,§376,附释。(梁译本,第618页。)

第四部分

历史与政治学

第14章
伦理实体

365

一

黑格尔历史哲学和政治哲学是结合在一起的。它们构成了我们称作"客观精神"的领域。在体系中,这个领域居于主观精神之后和绝对精神之前。正如我们已经知道潜在的理性必然性把自身表现在自然界一般结构之中那样，理性必然性现在把自身进一步表现在人类世界的现象中。这些现象,作为我们不得不去给予处理的个体意识存在,是主观精神领域的东西。这个领域之蕴含在《精神现象学》中的基础在《哲学全书》中得到了把握和处理。但是超越于这个领域之上的是历史中公共现实、社会现实和政治现实的整个领域。这个领域现在必须由概念来给予阐明。

这个领域在《哲学全书》第468—535节中得到了讨论。它也在关于历史哲学的著名系列讲座中得到了讨论。黑格尔去世之后,后人依据他的笔记出版了那些讲座的讲稿。《精神现象学》第6章是这种历史哲学的简要提纲。最后,它还包括黑格尔在1821年出版的著作《法哲学原理》。《法哲学原理》被后人看做黑格尔对其政治哲学所作的最重要的成熟阐述。19世纪初的一些早期著作在这里也是有用的。我们在下面也将一再地提到它们。

我们也可以从三个相互联系的框架来看待黑格尔历史哲学和政治
366 哲学。我们把它看做是解决我们曾经视为这一代人在政治学领域所面临的基本两难的一次尝试，即如何把道德自主的圆满性同对于公共生活表现其成员的社会的复活结合起来，那个社会在历史上的模范实现是古希腊城邦。在这一方面，正如我们将看到的那样，黑格尔的著作与今天具有直接的相关性。

其次，既然黑格尔以为自己已经在其本体论见解中解决了这个两难，那么我们也必须在这个框架里来探讨他的政治哲学。第三，我们必须从其与黑格尔时代政治问题和政治危机的关系中来理解他的政治哲学。那是一个受法国大革命及其后果支配的时代。这些事件对黑格尔世界观的形成产生了重大影响。不过黑格尔也依据他的哲学范畴对它们作出了解读。因此，我们务必把这三个框架看做是一个紧密联系的结构。

让我们先从其本体论见解的框架来考查黑格尔的政治哲学。一切事物所导向的目的是精神或理性的自我理解。人是这个自我理解的手段。所以，精神认识自身，精神要求人也要按照其本来面目来认识自身和人的世界，人和人的世界是精神的派生物。这种自我认识表现在艺术、宗教和哲学中。它们构成了绝对精神的领域。成熟的黑格尔把它们设定为比政治领域更高的领域。

诚然，绝对精神的充分实现以人在历史上的一定发展为前提条件。人开始于作为一个直接的存在。人沉湎于其特殊需要和驱力之中，只带着一股满腔的热情，那是对普遍的最原始感悟。这是如下见解的另一种表述：精神一开始离开了自身，精神仍然有待于回复到自身。假如人要把自身提升到能够成为这种回复的手段的高度，那么他不得不接受被改造，不得不经历一个漫长的教化和塑造(Bildung)过程。

但是，这不仅仅是他的世界观的转变。因为遵循实体化原则，任何一个精神现实都必须在时间和空间上得到外在的实现。所以我们知道，任何精神变化都需要相关的肉体[物理]变化。在这种情况下，精神只有通过对历史上人的形式的改造才能回复到自身。

那么，为了成为精神的适当手段，人必须获得一个什么样的生命形式呢？首先，它必须是一个社会形式。我们在前面第3章里看到，有限精神的存在如何以其多重形式成为精神必要筹划的一部分。被实体化意味着处于某个特殊的时间和空间之中，因此成为有限的存在。但是有限的精神必须超越把自身确认为特殊，这就是许多人的存在及其在社会中的生活一起起着重要作用的原因。人被提升到了普遍的高度，因为他已经超越自身而生活于社会之中，更为广大的社会生活包容了他的生活。

因此，为了在世界中认识自身，精神不得不在人的生活中造就出一个适当的实体。在那种生活中精神认识了自身。

> 世界历史的目的是，精神逐渐认识了它的真实存在，它赋予这种知识以客观的表现[①]，在一个展现在它面前的世界中认识了它，简言之，把它做为一个自为的客体产生出来。[②]

这就是在黑格尔眼里国家作为最高级社会统合体具有一种神圣感的原因。为了实现上帝的(精神的)圆满性，人不得不把自身看做一种更广大生活的一部分。国家就是那种普遍生活的真实表现，那种表现是关于绝对之见解的必然实体化(不妨称之为"物质基础")。换言之，倘若人们允 367
许我来阐明《法哲学原理》那条著名路线的精神，而对那个精神的误译已经带来了许多麻烦，那么国家的存在对于上帝在世界中的行进

① 此处原文为：dies Wissen gegenst ǎ ndlich mache.

② 此处原文为：sich als objectiv hervorbringe。参阅黑格尔：《历史哲学》，霍夫斯达特版，第74页。

(progress)③。来说是至关重要的。*

当然，作为其在历史上的开端，国家是普遍之极不完美的体现。不过，并非任何一个国家都将如此。为精神向自身之回复所必需的充分适当的国家必须是一个充分理性的国家。

在这里我们有必要以一定的篇幅对此作些考查。因为国家是理性的这个要求并没有告诉我们任何明晰的含义。诚然，正是把理性当做道德决定和政治决定的标准的祈求一直受到了一股接受了经验主义熏陶的重要的盎格鲁—萨克逊哲学思潮的怀疑。不过，对理性的这种祈求以不同方式一再地发生着，它贯穿于欧洲哲学传统之中。黑格尔对它的使用具有相当的独创性。假如我们把它置于实践理性传统某些重要里程碑的关系中，那么它将有助于我们去澄清这一点。

向理性吁求的一个公认形式可以一直追溯到柏拉图。在那里，"理性"被理解为这样一种力量，我们通过它可以看到事物的真正结构，诸理念的世界。依照理性行动就是依照这个真正的结构行动，在以前也就是依照自然行动。

现在，这个观点是建立在这样一个观念基础之上的，存在着人从本质上得从属于它的某个更广大的理性秩序，倘若人是理性的生命，倘若成为理性的也就是在拥有关于它的一个真正见解中与这个较为广大的秩序发生联系，那么人只有在同这个秩序发生如此联系的过程中才能成为他自身。但是正如我们在第1章里看到的那样，17世纪革命的一个

---

③ 此处原文为："Es ist Gang Gottes in der Welt, daβ Staat ist." 参阅黑格尔：《法哲学原理》，§258，"补充"。它最初被误译为"国家是上帝在尘世上的行进""(The state is the march of God through the world)"，人们常常把它作为证明黑格尔是反对自由的"普鲁士主义"辩护士的一条证据。关于这些误译及其后果，参阅W.卡夫曼对他主编的著作《黑格尔政治哲学》的序言(纽约，奥瑟顿出版社，1970)

* 此处黑格尔《法哲学原理》中译本为"神自身在地上的行进，这就是国家。"范扬和张企泰译，商务印书馆，1982年，第259页。——译注

重要方面在于它对这种秩序观念的拒绝，人为了支持自我规定的主体观念而使自身附属于那个秩序。

但是，这个新观念产生了一个新的秩序观念，并因此产生了对理性和自然的一种新祈求。人现在被规定为具有理性思维能力和理性决定能力的主体，人被规定为具有一定欲望的主体。与发端于柏拉图和亚里士多德的传统相比，现代思想的一个重要线索在于把这些欲望当做是由道德推理给予的；它们自身经不起理性法庭的审判。倡导这种早期观点的最重要先驱之一是霍布斯。它在18世纪功利主义思想家那里得到了延续。理性于是渐渐地意味着"计算"（诡计），实践理性成为如何达成目的的明智的计算，那些目的超越了理性的裁决。这理所当然地是上面提到的那个观点的历史起源，按照那个观点，理性无法为道德决定提供一个标准。

这是霍布斯遗产的一个方面。理性和自然作为终极的标准受到了 368
废弃。在人作为其一部分的自然中，不再存在一个明确的关于事物的常规秩序，而只有在存在那个秩序的情况下，职责的根据才能在自然中被找到。相反，政治职责建立在一个决定的基础上，它依附于一个君主，受审慎（计算理性）的主导。因为自我规定的主体职责只能由他自身的意志来产生。于是，原始契约神话的伟大重要性诞生了。

但是这个见解也可以用另一种方式来表述。作为欲望主体，人具有强大的二阶目的（second goal），有了二阶目的，一阶欲望（first order desires）才能得到满足。它们的满足就是"幸福"（即霍布斯的"felisfed"），因此与亚里士多德传统相比，它被给予了一层很不相同的含义。但是，无论教化在塑造我们的一阶欲望的细节上发挥了什么作用，人们都会自然而然地且不可避免地去追逐幸福。

现在，假如理智的计算能够表明该如何去塑造人和环境，以便人们达到幸福，假如所有人都一起达到了幸福且每个人的幸福都不相上下，那么这难道不是一个最高的目的，并且是与理性（理智的计算）和自然

(追求幸福的普遍欲望)相一致的目的吗?

在这里,存在着一个新的秩序观念。它不是把自然看做一个有意义秩序的表现,那个秩序务必根据观念而得到考虑,我们把它们看做是一组相互联结在一起的环节,那些环节的关系可以根据充足因果关系而得到解释。事物中的秩序(与混乱相反)并不在于它们的潜在观念的实体化,而在于它们无冲突、无失真地得到了融合。如果把它应用于人的王国,这意味着人逐渐地认识了自然秩序。随着欲望主体逐渐达到充分的满足(幸福),每一个个体都与其他个体不相上下。诸欲望的完美和谐是向人呈现的自然和理性的目的。

但是,作为行动标准的理性的第三个观念对18世纪末的功利主义观点提出了挑战。它就是康德的激进道德自主性观念。这个观念在一定意义上发端于卢梭。黑格尔相信卢梭在这一点上是当之无愧的。它是对功利主义把善和趣味、理性和计算等同起来的反动。它试图把我们的职责建立在意志基础之上,不过那个意志比霍布斯所说的意志要激进得多。霍布斯把政治职责建立在依附于一个君主决定基础之上。但是这个决定取决于审慎。所以在霍布斯那里,我们可以把职责的基础看做是逃避死亡的普遍欲望。所以,"第一自然法则"在于"努力地谋求和平"。最后,就功利主义传统所关心的问题来说,关于我们、我们的欲望和我们的厌恶的某些自然事实在决定我们应该做什么方面起着决定性作用。

369 康德的目标在于减弱对自然的这种依赖,把职责的内容纯粹地从意志中引导出来。他通过把一个纯粹的形式标准应用于将来的行动来完成这项工作。他把与那个纯粹标准结合起来的意志看做是理性意志。合理性意指依照普遍观念且前后一致地进行思维活动。因此,替任何一个设定的行动奠定基础的公理必定是我们能够将其普遍化且不遭致矛盾的公理。假如我们做不到这一点,那么作为理性的意志,我们便不能自觉地实施这个行动。按照这个原则行动的意志将摆脱自然中任何决定(Bestimmungsgrund)的依据。所以,它是纯粹自由的。[4]道德主体因此在激进意义上是自主的。他只服从自己的意志的决断。作为激进的意志,理性现在是标准,但是在第三层意义上,它是与自然相对立的。

黑格尔以我们在这里已经勾画出来的整个发展为基础。他将重构人所归属于其中的一个更加广大的秩序的观念，不过那个秩序是以一个全新的基础为根据的。所以,根据他对中世纪和早期文艺复兴运动的有意义的自然秩序的理解，他完全赞同对于那种有意义的自然秩序的现代拒斥。这些秩序观把秩序看做在终极意义上正是由上帝所给予的东西。存在的等级序列是一个无法得到进一步解释或证明的终极等级序列，并且它义不容辞地赋予人在这个等级序列中找到一个自己的适当位置。但是,正如我们看到的那样,黑格尔的作为自由的精神观念无法吻合于仅仅是被给予的任何东西。每一个事物必须从理念中、从精神中或从理性自身中必然地派生出来。所以精神最终必定要反叛仅仅是被给予的任何东西。为此,黑格尔把对自我规定的主体的现代肯定看做是一个必然阶段。他在康德的激进自主性观念中看到了它的必然顶点。自主性表现了精神把其整个内容归结为全都源于它自身的要求。精神不接受仅仅是来自外部的任何东西。

> 为了知道什么是真正的权利，正如我们务必摆脱每一个特殊事物那样,我们务必摆脱意向、冲动和欲望;换言之,我们必须知道意志本身是什么,[5]

并且,

④ 康德:《实践理性批判》, § 5。

⑤ 黑格尔:《历史哲学》,拉松版,莱比锡,1925年,第921页。

> 就它不欲求其他的、外在的、异己的东西——否则，它将是依赖性的——而只欲求它自身，即意志而言，意志是惟一地自由的。[6]

他对自然和精神作出了鲜明的对比。物质自然"实体"是重力。但是，精神"实体"是自由。[7]in sich den Mittelpunkt zu haben(精神自由将以自身为中心)。

正是这种意志观与那种自由观具有密切的联系。首先，思想对意志
370 来说是至关重要的。思想是意志的"实体"，"因此，没有思想，便不会有意志"。[8]

正因为意志是思想的实践表现，所以意志从本质上讲注定是自由的。

> 自由正是思想自身；一个既拒斥思想又谈论自由的人便是一个不知所云的人。思想与思想自身的统一便是自由，便是自由意志……意志只有作为思想着的意志才是自由的。[9]

在《法哲学原理》中，他提出了相同的论题，把意志规定为"自我决定的普遍性"，并因此规定为自由。[10]它"思索着在意志中开辟出自己的

⑥ 黑格尔：《历史哲学》，拉松版，莱比锡，1925年，第921页。

⑦ 参阅黑格尔：《历史哲学》，霍夫斯达特版，第55页。当然，"自然"在可以在不同意义上被使用，在那个意义上，我们意指的是一个事物的概念，在这个意义上，存在着一个精神的"自然"。就在上面提到的那段话中，黑格尔使用了这样的表达方式："Die Natur des Geistes..."虽然，或者除了他对现代激进的自主性的赞同之外，这表明了黑格尔的思想对亚里士多德的思想的升华。

⑧ 黑格尔：《精神哲学》，《黑格尔全集》第10卷，§468，补充。

⑨ 黑格尔：《黑格尔全集》第19卷，§528—529。

⑩ 黑格尔：《法哲学原理》，§21。（请参阅黑格尔：《法哲学原理》，第21节，范扬，张企泰译，商务印书馆，1982年[以下简称范译本]，第30页。）

道路”。黑格尔在这里重复道:“意志只有作为思维着的理智才是真正的、自由的意志。”在对这个段落的同一个注释中,他顺便提到了罗马人的自由理论,罗马人“是一些要想排除思维而诉诸感情、热情、心胸和灵感的人”。这种自由意志也是真正地无限的,因为它的对象既不是一个他物也不是一个界限。⑪它“除了与自身相关之外,不与任何其他东西相关”。⑫它是普遍的。⑬

这个意志完全取决于自身,并因此取决于思维和理性。它是法律的终极标准。在《法哲学原理》第4节中,它被设定为“法律的基础”。⑭因此它是充分地得到实现的国家的基础原则。卢梭被指定为提出这个重要原则的第一人:

> [卢梭]所提出的国家的原则,不仅在形式上(好比合群本能、神的权威),而且在内容上也是思想,而且是思维本身,这就是说,他提出意志作为国家的原则。⑮

不过,在依赖于康德的同时,黑格尔对这个自主性原则作出了全新的曲解。他从这个原则引导出关于一个更大秩序的新变体,而现代意识开始于对这个秩序的拒斥。通过这种方式,他认为自己已经克服了康德理论所陷入的令人苦不堪言的两难。

康德合理性标准的问题是,它获得的激进自主性是以空洞性为代价的。曾经有人向我们作出解释,我们可以看到柏拉图的理性标准在选

⑪ 黑格尔:《法哲学原理》, § 22。(参阅范译本,第22节,第31页。)

⑫ 黑格尔:《法哲学原理》, § 23。(参阅范译本,第23节,范译本,第32页。)

⑬ 黑格尔:《法哲学原理》, § 24。(参阅范译本,第24节,第32页。)

⑭ 此处原文为:der Boden des Rechts。黑格尔说:“法的基地一般说来是精神的东西,它的确定的地位和出发点是意志。”(参阅范译本,第4节,第10页。)

⑮ 黑格尔:《法哲学原理》, § 258。(参阅范译本,第258节,第258页。)

择某些事物为正确其他事物为错误方面发挥作用的方式，尽管我们可能反对它，并拒绝它的整个本体论基础。这种情况同样适用于功利主义标准。不过康德企图回避向事物存在的方式表示任何求助。无论是向观念秩序求助，还是对实际欲望的安排，康德都企图给予回避。正确的标准将是纯粹形式的。康德认为，这赋予他一个行得通的理论。因为康德认为，形式标准将实际地对事物进行归类，把一些事物纳入进来，把另一些事物清理出去。但是对这个效果的论证是极其脆弱的。一旦人们丧失了对它们的信念，他们便会抛下这样一个标准，它不具有任何说服
371 力，它可以允许任何事物都成为一个在道德上可能的行动。道德自主性的获得以道德空洞性为代价。

这是黑格尔不厌其烦地向康德提出的批判。我们还记得，在《精神现象学》第6章第3节里，黑格尔的论证部分地指向了康德标准的空洞性。但是这个见解也渗透到了其他地方。在19世纪初的一部著作中，黑格尔直接提到了康德在《实践理性批判》[16]中使用的一个例子。那是关于一个死人留给我的一笔存款的例子。康德提出了这样一个问题：假如没有书面遗嘱，于是没人发现我拥有那笔存款，那么我是否可以正当地侵占它呢？当然不能。因为在没有人能够发现他拥有一笔别人的存款的情况下，假如某个人可以否认持有这笔存款，那么被实施的这条一般法则便摧毁它自身为一条法律，因为它最终将破坏把存款留给其他人的践诺。

黑格尔证明道，这里并不存在矛盾。[17]假定我的一般化的行为将放弃留下存款的践诺，那么那个矛盾以什么样的方式实施着我一旦有机会就可以偷盗的法则呢？假如这个规则也责令我去维护这个践诺，那么将不存在矛盾，但是它做不到这一点。我们最终抛弃了一个简单的“同

⑯ 康德：《实践理性批判》，第4节，述评。

⑰ 黑格尔：《政治哲学和法哲学手稿》，拉松版(莱比锡，1923)，第349页。

语反复”，诸如“广义的盗取存款与保存那些存款的践诺不相容”、“广义的盗窃与财产不相容”。但是问题仍然原原本本地保留着：我们究竟想要把财产肯定为一种价值、一种广义的偷盗，还是把它肯定为一种全盘的共享主义。

假如它要想在这个例子以及其他例子中发挥作用的话，那么康德的原则该是这样一种原则：假如对公理的一般服从通过抛弃树立其上的现实而使它无法通行，那么没有一个公理是行得通的。但是这将使我们把诸如“救济穷人”、“保卫祖国，抗击敌人”之类的公理作为非道德的公理来拒斥。[18]

在《法哲学原理》第135节里，黑格尔再一次提起了这个话题。康德标准只能导致一个“空洞的形式主义”。在如下假定中不存在矛盾：财产不应该存在。财产权(私有制)必须要有更加具体的根据。

现在，黑格尔声称要去解决康德的两难。因为他想要证明，职责的具体内容是如何从这种自由观念本身中推导出来的。尽管我们对他所指的这个见解的含义已经有了一般了解，但是在从更微妙的细节上继续去探讨它之前，我们还应该注意到，对空洞性的这种指责对黑格尔对康德的批判来说是至关重要的，并且它对黑格尔对整个革命年代的批判来说是至关重要的。

因为康德只具有一个形式的自由观念，他无法把他的政体观念从那个观念中推导出来。他的政治理论最终到功利主义那里去汲取资源。372
我们可以这样说，它所阐明的是关于以自己方式寻求幸福的每一个个体的社会的功利主义见解。政治学问题在于找到一条限制每一个个体的消极自由的途径，以便在一个普遍法则条件下，它能够与所有其他人的自由并存。换言之，康德的激进的自由观是纯粹形式的，因此是空洞的。它无法产生一个新的实质性的自由在其中得到实现的政体见解。人

⑱ 黑格尔：《政治哲学和法哲学手稿》，拉松版(莱比锡，1923)，第349页。

确立了内在地来自于意志自身性质的各种目的,因此对于人来说,那些目的是无条件地有效的。所以康德似乎不得不到自然中去借用它的内容。它的出发点是作为寻求着特殊目的的人的个体、道德性和合理性的要求,如普遍性。只有像制约和限制之类的东西是从这些个体外部注入的。合理性不是内在的和无所不在的,而是一个外在的形式的普遍性。它只提出了这样的要求:所有个体的消极自由都应该是一致的。[19]

所以,尽管康德一开始便提出了一个极其新颖的道德观念,但是他的政治理论是令人失望地平庸的。它并没有使我们远离功利主义。在那种政治理论中,其主要问题仍然是协调个别意志的问题。

正如我们在后面将看到的那样,这对康德来说无疑有点儿不公正,而它对卢梭来说似乎更不公正。在同一个段落中以及在其他地方,卢梭与康德一起成为受批评的对象。[20]在《法哲学原理》第258节里,黑格尔抱怨卢梭把意志仍然看做是单个人的意志,仍然没有把一般意志作为"das an undfür sich Vernünftige des Willens (意志中的绝对地合乎理性的东西)",而只是作为产生于自觉的个别意志的das Gemeinschaftlichte(共性)来考虑。其结果是,Willkür, Meinung und beliebige, ausdrückliche Einwilligung(国家最终是建立在独断的决定和同意的基础之上的)。

对卢梭的这番评论无疑是不公正的。他的volonté générale (一般意志)当然比意指"每一个人的特殊意志的共性"包含着更多含义和其他含义。契约的使命不在于导致这些特殊意志的同意。但是,黑格尔从上面两段话中[21]涉及的线索是由法国大革命所导致的极其可怖的破坏。像在另一个地方一样,黑格尔在这里把它看做是卢梭原则的逻辑结果。

然而实际上,与上面提到的关于康德的说法相比,形式自由的空洞

⑲ 黑格尔:《法哲学原理》, § 29。(参阅范译本,第29节,第37页。)

⑳ 黑格尔:《法哲学原理》, § 29、§ 258;《黑格尔全集》第19卷,第528页。

㉑ 黑格尔:《法哲学原理》, § 29和 § 258。

性会带来另一个完全不同的后果。我们已经看到，自主性理论要想规定政治生活的问题便不得不倒退到功利主义。但是对于激进的自主性理论家来说，如下情况是可能的：他们自己感受到了这种倒退，他们渴望着这样一个社会，那个社会超越了特殊意志的斗争，意志与意志达成了和解，且获得了自由的和谐表现。这是对于“绝对自由”的渴望。在《精神 373
现象学》中，黑格尔描述了那种自由，并且在大革命恐怖的雅各宾时期看到了那种自由。

但是，正如我们看到的那样，关于空洞性的指责也暗示着对这项事业的指责。那项事业的目标是，要把社会不是建立在特殊利益或传统的肯定原则基础之上，而是建立在惟一自由基础之上。但是，这项空洞事业并没有为某个新型社会的清晰结构奠定基础。它只是热衷于摧毁现存典章制度和恐怕要产生出来的任何一个新式典章制度。渴望绝对自由的冲动因此变成了对毁灭的狂热，“这一尝试终于演变成了最可怕、最恐怖的事变”。[22]

不过，与这个大恐怖挂上钩似乎是令人费解的。大恐怖牺牲个别意志去迎合一般意志，去迎合仍然被人称做把意志规定为个别意志的某种理论。但是我认为，黑格尔真正想要得出的是一个别的意思，是在这些段落中没有非常明确地得到表达的某层意思。卢梭和康德，主张激进自主性革命和自由的先驱，都把自由规定为人的自由，把意志规定为人的意志。黑格尔从另一方面以为自己已经证明，在把自身视为精神的手段的过程中，人获得了他的基本同一性。假如意志的实体是思想或理性，假如只有当意志只听从它自己的思想的时候意志才是自由的，那么那种思想或理性便不只是人的思想或理性，而是设定了宇宙的宇宙精神的思想或理性。

于是情况发生了变化。关于激进自主性理论的空洞性得到了扬弃。

---

[22] 黑格尔：《法哲学原理》，§258。（参阅范译本，第258节，第255页。）

激进自由的两难可以简要地重述如下：假如自由是对于所有他律的拒绝，是对于由特殊欲望、传统原则或外在权威作出的任何意志决定的拒绝，那么，自由似乎不相容于任何一个理性行动。因为自由似乎没有替行动留下不是完全空洞的任何根据，那是实际地许可某些行动而禁止另一些行动的根据，并且那些行为也不是他律的。

但是，假如人们必须实现的自主性意志不是单个人的意志，而是精神的意志。那么每一事物都会发生变化。它的内容是理念，理念超出自身，创造了一个与自己有所不同的世界。不是通过把自身划归为尝试着获得只能是形式的自由和普遍之过程中的所有特殊性，而是通过发现它与宇宙理性的联系，并因此逐渐地认识到，作为特殊的存在，我们生
374 活的什么方面反映了理念的真正具体的普遍，人的理性意志找到了一个内容。理性和自由责令人的意志去做的是加深和维持事物的那个结构，那个结构自我展示为理念的适当表现。

如我们在上面看到的那样，这首先意味着，人与之发生联系的那个社会被当做是他们居住于其中的一个更伟大的生命。换言之，按照这种理解，对自由的要求使我们超越了自由主义原子论形式。在原子论的形式下，个人及其目的具有至关重要性。而社会的使命在于，与其他人的目的一起，允许他们的目的得到实现。

这反过来决定着一个确定的社会结构。它必须达到这样一种情况：概念的各个环节直接统一、分离以及间接统一，所有这一切都得到了充分而一致的表现。我们将在后面看到，黑格尔如何把具体内容赋予了这个看似抽象的必要条件，那个必要条件使得国家的本质性论证的基础变成了“诸阶段”，变成了社会的各个层次(家庭、市民社会和国家)。

这样，理性的要求是，人生活在按照概念得到论证的国家里，他们不仅作为个体与国家发生关系，他们的利益以这个集体建立起来的机构为保障，而且在更加实质性意义上，他们作为一种更加广大的生活的参与者与国家发生关系。这种较为广大的生活值得他们对它表示其终

极的忠诚，因为它就是万物的根基——概念——的表现。自由确实被赋予了一个非常具体的内容。

但是在这里，黑格尔采取了一个异乎寻常的策略。因为人与社会的这种关系遥相呼应于前现代的关系。在现代主体性革命之前，人被教导着去崇敬他们的社会制度：君主制、贵族制、教会等级制等等，在地上的所有这些制度，全都反映了上帝的意志或存在的秩序，简言之，反映了人得最后向它表示忠诚的万物的根基。君权之所以值得服从是因为它是神授的，它是上帝在普遍中的政体的表现。现在，随着现代自我规定主体性最极端表现的产生，即随着激进自主性观念的产生，这种思维方式以最令人惊奇的方式得到了恢复。

难怪我们难以按照自由主义或保守主义的谱系来对黑格尔进行归类。因为黑格尔把宇宙秩序观念重新奠定为政治理论的基础，即他把国家作为神圣之物来讨论。我们把这类事情看做是保守的甚至反动的思想的标志。但是，这个秩序毕竟不同于那个传统的那些秩序。在其中不存在完全不受理性自身主宰的任何东西。因此他必须全盘接受的不是一个超越于人之上的秩序。相反，它是依照人的本性得到适当理解的秩序。所以，它关注自主性，因为服从由它自身派生出来的法律也就是自由。因此，秩序赋予自主的、理性的个体以中心地位。黑格尔政治理论是史无前例的。想用自由主义或保守主义的标签来对它进行划分的企图 375
只会导致令人可笑的误解。[23]

这样，黑格尔对康德道德理论空洞性的回答在于从自由观念推导出义务的内容。这是一个行得通的做法。因为他讨论的不仅仅是人的自由，而且是宇宙的理念。他从这个理念引导出了人们所依从的一种社会的观念。正是关于社会的这种见解后来能够把具体内容赋予给道德职

[23] 在盎格鲁·萨克逊世界，这些误解不幸地一再发生。最近的一次误解是由悉德尼·胡克做出的。参阅他为瓦尔特·卡夫曼主编的《黑格尔的政治哲学》所写的内容(纽约，阿瑟尔顿出版社，1970。)

责,那种道德责任命令我们去促进并维护它的结构,并且按照它的戒律生活。道德性是经由一整个社会的观念被惟一地给予的一个内容。因此

> 一种内在的彻底的"义务论"不外是这样一些关系的连续展示,那些关系由于自由的理念而是必然的,因此经由它们的整个范围即在国家中得到了实现。[24]

因此,对黑格尔来说,既在道德领域又在政治学领域,合理性变成了一个实质性标准。并且他以一种独创的方式阐明了这一点。因为他的观念的确包括了某个宇宙秩序观念,所以它有点相似于柏拉图的观念。并且由于它是建立在这样一种激进自主性要求基础之上的：意志将只服从于它自身,服从于它的内在合理性,它也受到了康德很大影响。正如我们看到的那样,它设法把两者结合了起来,并以一种极其独创的方式把两者结合了起来。

当这个合理性标准实际应用于黑格尔政治学的时候,情况便变得复杂起来。它的某些应用与康德的应用相一致。而实际上,康德的应用对政治理论所产生的后果比黑格尔的应用所产生的后果有时要丰富得多。[25]

首先,合理性的要求是,人必须作为理性主体来对待,用康德的话来说,人必须作为目的而不是手段来对待。用政治学术语来说,这意味着,现代国家必须承认自主个体的权利。它不能接受奴役。它必须尊重

---

[24] 黑格尔:《法哲学原理》, § 148。我对诺克斯版的译文略有改动。(参阅范译本,第148节,第167页。)

[25] 通过由激进自主性所引发的另一些后果,康德的理论实际上能够大大地弥补可普遍化特性(universalizability criterion)标准的空洞性。因为这也多少道出了人们应予处置的方式以及他们应予依从的那种规则。

财产权、良知[26]、对职业的自由选择[27]、宗教忏悔[28],等等。

其次,合理性,甚至在康德形式主义定义里的合理性,要求国家按照法律来治理(实行依法治国)[29],而不是按照独断随意的任性来治理;它要求,法律对一切事物都一视同仁。这意味着,在一定程度上,合理性毕竟是源之于人的,它必须在一个重要意义上也源之于所有的人。

这些是从自由主义的康德的合理性标准引导出来的推论。黑格尔 376
加上了自己的东西,即政治社会将实现理念且表现理念。

但是我们仍然可以看到黑格尔如下主张的正当性:康德的标准没有使我们远远地超出功利主义的启蒙运动。前两个原则告诉我们,个体应该受到怎么样的对待,并且向我们给出了一个美好社会之一般而形式的规定:它是一个以法律为基础的社会。但是只有第三个标准,即黑格尔的标准,才得出了这个社会应该采纳的实际形态。康德的道德理论仍然处于政治的边缘,它设定了各种各样的边界,国家和个体都不应该跨越那些边界。相比之下,对黑格尔来说,道德只能在政治中,在我们不得不去给予促进和维护的社会的筹划中,去获得一个具体内容。

我们不得不去促进和维护某个社会的这一系列职责,替黑格尔称做"Sittlichkeit"的理念奠定了基础。在英语中,"Sittlichkeit"这个术语有各种译法,诸如"ethical life"(伦理生活)、"objective ethics"(客观伦理)、"concrete ethics"(具体伦理),但是没有一种译法能够抓住这个术语的微妙之处。于是我在此便照原术语使用。在普通德语里,"Sittlichkeit"意指"伦理"(ethics),它和后者具有相同的词源学词根"Sitten"。我们可以把"Sitten"译为"惯例"(customs,习惯)。但是黑格尔赋予它特殊的含义。它与"Moralität"(道德)形成了对比("道德"当然与"规则"[mores]有着相同

㉖ 黑格尔:《法哲学原理》,§137。(范译本,第137节,第139—141页。)

㉗ 黑格尔:《法哲学原理》,§206。(参阅范译本,第206节,范译本,第215页。)

㉘ 黑格尔:《法哲学原理》,§270。(参阅范译本,第270节,第269—283页。)

㉙ 黑格尔:《法哲学原理》,"序言"。(参阅范译本,"序言",第1页及以后。)

的词源学词根，尽管这个拉丁术语对德语读者来说不那么一目了然)。

“Sittlichkeit(伦理)”意指我们对我们作为其一部分的一个现行社会所应担负起来的道德职责。这些职责是建立在现行规则和用法基础之上的，这就是词源学词根“Sitten”对黑格尔的用法来说具有重要意义的原因。[30]“Sittlichkeit(伦理)”的重要特征是，它责成我们造就出本已存在的东西。这是一种似是而非的做法，因为事实上，构成我的道德职责之基础的公共生活是已经在那里存在着的。正是依照它是一个持续存在的事务才使得我拥有了这些职责。我对这些职责的施行也就是我维持着和延续着它的存在。所以在“Sittlichkeit(伦理)”里，不存在应然存在和实然存在之间的鸿沟，不存在“应该”(Sollen)和“是”(Sein)之间的鸿沟。

由于“Moralität”(道德)，便发生了对立的情况。在这里，我们有职责去实现尚未存在的某个东西。应然存在便与实然存在针锋相对。与此相联系，我之所以尽着我的职责，并非缘于我是一个更广大共同体生活的一部分，而是缘于我是一个个别的理性意志。

于是，黑格尔对康德的批判可以作这样理解：康德把伦理职责和道德(Moralität)等同了起来，[32]且无法超越这一点。因为他呈现了一个抽象的、形式的把人当做一个个体的道德职责观念，并且在与自然的对比中得到规定的那个职责和实然存在处于永无止境的对立之中。

377 我们能够看到，黑格尔对于康德道德哲学的所有指责是如何系统地联系在一起的。由于它仍然维持着一种纯粹形式的理性观念，它无法给予道德职责以内容。由于它不接受惟一有效的内容，那个内容产生于我们所依从的某个现行社会，它仍然是一种关于个体的伦理。由于它羞于同流合污于我们所依从的那种更广大的生活，它把权利看做是永远

---

[30] 参阅黑格尔：《政治哲学和法哲学手稿》，拉松版(莱比锡，1923)，第388页。

[32] 再一次地，这是黑格尔术语的奥妙所在；康德本人在其讨论伦理学的著作中使用了常见术语“Sittlichkeit(伦理)”。

与实在相对立的东西;道德与自然总是处于势不两立状态。

Sittlichkeit(伦理)的学说是,道德在一个共同体中达到了它的圆满性。这既给予职责以明确的内容,又实现了它,以致“应该”和“是”之间的鸿沟得到了消解。正如我们看到的那样,黑格尔的出发点是康德在意志、自由与自然之间作出的区分。不过,当自然(在这里指以原始形式开始的社会)得到改造以适应理性要求的时候,自由便得到了实现。

由于理念的实现要求人成为一个更广大的社会生活的一部分,道德生活在Sittlichkeit(伦理)那里得到了最高实现。这个最高实现是一个成就,诚然,它不是通过历史而得到呈现的,甚至存在有这样一些阶段,在那里公共生活遁入了如此空虚的精神之中,以致Moralität(道德)表现了某个更高级的事物。但是道德的实现要在一个现实的Sittlichkeit (伦理)里才得以完成。

在这里,黑格尔不时地对自由主义的道德冲动进行攻击。一方面,职责以我们作为一个共同体的成员资格为基础,另一方面,职责并不是如此地随机的;在这两者之间,我们倾向于认为后者是对前者的超越,后者是真正普遍的道德职责。黑格尔对秩序的颠倒、对政治社会的高度估价已经被指责为“普鲁士主义”、国家崇拜,甚至是亲法西斯主义。我们可以看到, 这些指责是多么地不着边际。我们倾向于认为,Moralität(道德)是更加根本的。因为我们把道德的人看做是这样一类人,他们甚至正处于被他的共同体要求去做一些不合情理的事情的危险之中。在一个民族主义年代里尤其如此。处在我们的时代里,我们有如此感受也许是对的,但是它不是黑格尔所预见到的东西。我们最充分的道德生活的场所,共同体,是一个国家,国家是最接近于理念的真正实体。黑格尔认为,他那个时代的国家就是朝着那个方向建立起来的。他是错误的。我们将在后面对此作进一步讨论。但是,把诸如“我的政府是对的或错的”观点归咎于黑格尔的做法是荒唐可笑的,或者断定黑格尔将赞成在第三帝国统治下的德意志士兵和官员对秩序的盲目遵从的想法是荒唐可笑的。因为那是一个甚至连Moralität(道德)都没有达到的年代。

我们不应该忘记黑格尔心目中的两个关键人物，他们就是历史上的苏格拉底和耶稣。这两个都是出类拔萃的人,但终因其自绝于人民的Sittlichkeit(伦理)而殃及自身。无论如何,黑格尔的观点是,人的(以及精神的)真正实现无法如此地进行。一个人发现的精神真理无论有多么伟大,假如他仍然只是一隅之见,那么它们都不可能成为真正的真理,即
378 不可能得到实体化。作为一个个体,他以大量方式依赖于他的社会。如果社会是冥顽不化的,那么人就无法实现善。如果人不愿意让他的真理受损害,不愿意让他的福音被人误传,那么他必须要么抽身而退,要么攻击他的社会,而后者只会使他遭到与基督或苏格拉底同样的命运。

依据亚里士多德的理由，自由的充分实现必须具备这样一个社会条件,它是一个最低限度自足的人类现实。在把Sittlichkeit(伦理)置于最高位置方面,黑格尔有意识地步了亚里士多德的后尘。并且正由于他追随于亚里士多德之后,他也就步了古希腊世界的后尘。终于,世人在古希腊人中间看到了一个毋须努力的、未分化的Sittlichkeit(伦理)。黑格尔的Sittlichkeit(伦理)观念部分地是对于那个表现统一的一次演绎,他的一整个同时代人都在古希腊城邦中看到了那种统一,他们相信,在古希腊城邦中，人们已经把城邦集体生活看做他们自身的生活的本质和意义,他们在城邦的公共生活中追求他们的荣耀,追求在城邦之内的权力和荣誉的奖赏以及在城邦记忆中的不朽。蒙田于是把古希腊人对于那种德性的追求的表现看做是共和国的源泉。与他的同时代人相一致,他承认就其原始形式而言的这种Sittlichkeit(伦理)已经永远地一去不复返了,但是与他的许多同时代人相一致,他渴望着它能够以一种新的方式得到重生。

二

如下观念显然使我们超越了现代自然法的契约论，超越了以为社会是一般幸福之工具的功利主义社会观：只有当我们作为共同体成员的时候，我们才能达到最高级、最完备的道德存在。因为这些社会不是独立职责的宗旨，更不是施加于我们身上的被杜撰出来的最高断言的宗旨。它们的存在只是给出了优先存在的道德职责——如遵守诺言、增进最大多数人的最大幸福——的一个特殊样式。把Sittlichkeit（伦理）置于道德生活之巅的学说必须要有一个作为较广大的共同体生活的社会观念，如上所述，人作为一个成员参与其中。

现在，这个观念把重心从个体移向了共同体，共同体被看做是一个生活或主体性的场所，诸个体是那个共同体的诸片段。共同体是精神的体现，是比个体更充分、更实质性的体现。超越个体主观生活的理念一直是强烈抵制黑格尔哲学的根源。因为至少对于（受一种哲学传统熏陶的）盎格鲁·萨克逊世界来说，如下说法似乎是一种常识：它在思辨意义上是狡猾地言过其实的，而其在道德上的"普鲁士的"或"法西斯主义的"后果是极其可怖的，它牺牲个体和个体的自由以供奉某个"更高的"共同神癨。为此，我们不想走得太远，我们只是想检验关于社会以及个体与社会之关系的观念。诚然，我们将看到，黑格尔的客观精神观念并 379
不是无可挑剔的。但是其言过其实之处不在于经验主义世界的原子论思想所认为的那些方面。

黑格尔用一些术语来规定人与共同体的这个关系。

其中一个最常见的术语是"实体"。国家或民族是个体的"实体"。在《哲学全书》中，这个观念得到了明晰的表达。

知道自身是自由的实体，在其中绝对的"应该"也就等同于存在的实体，具有作为一个民族精神的现实。这个精神的抽象分裂是个体化为人的过程，精神是人的独立存在的内在力量和必然性。但是，作为思维着的理智，人知道这个实体是他自己的本质——在这个确信过程中他不再仅仅是它的一个意外事故——他不是在它的身上发现了存在于现实中的他的绝对而终极的目的,发现了在此时此刻获得的某物,与此同时,他通过他的活动把它造就了出来,而是把它看做单纯地存在着的某物。[32]

我们在这段话的末尾看到,它涉及到了Sittlichkeit(伦理)的一个基本特征,我们注意到,它提供了一个同时已经得到实现的目的,它是被造就出来的且已存在的目的。但是在这里值得注意的是有助于解释"实体"的一组相关联的概念。黑格尔说,对个体而言,共同体也是"本质",也是"终极目的"。

隐藏于"实体"和"本质"背后的观念是,个体只是他们内在于共同体中的东西。这个观念在《历史哲学》的一个段落中被提了出来。

> 人所是的一切都得归功于国家；只有在国家里他才能发现他的本质。一个人所拥有的所有价值,所有的精神现实,他只有通过国家才能拥有所有这一切。[33]

或者更加直截了当地，

> 个体是在这个实体里的个体……没有一个个体能够超越［它］;它能够确定地使自己摆脱另一些特殊的个体，但是他无法摆脱民族精神。[34]

---

[32] 黑格尔:《精神哲学》,《黑格尔全集》第10卷, § 514；并参阅《法哲学原理》, § 145、§ 156、§ 258。

[33] 黑格尔:《历史哲学》,霍夫斯达特版,第111页。

[34] 黑格尔:《历史哲学》,霍夫斯达特版,第111页。

隐藏在终极目的背后的观念似乎是更加阴险的。因为它蕴含着这样的意思：个体生来只配作为某个冷漠无情的神癨的国家的牺牲品。这一点在《法哲学原理》第258节中似乎表现得更加一览无余。

> 这个实体性的统一是绝对的和不受推动的目的自身，在这个目的自身中，自由达到了它的最高权利。另一方面，这个终极目的对个体具有最高权利，个体的最高职责就是成为国家的成员。[35]

但是这种解读是建立在一系列误读的基础之上的。黑格尔否认国家是为个体而存在的，换言之，他反对启蒙运动的如下功利主义观念：国家只具有一项工具性功能，它必须服务的目的是个体的目的。但是他 380
也无法真正地接受相反的论断。

> 国家不是为了市民而存在的；有人会说，它是目的，市民是它的手段。但是目的与手段的这个关系在这里是完全不贴切的。因为国家不是某个抽象的与市民相反对的东西；相反，市民是有机生活中的环节，凡是没有成员为手段的地方，便不会有目的……国家的本质是伦理的生活[die sittliche Lebendigkeit]。[36]

于是，我们在这里看到，目的和手段的观念消除了一个生活存在的景象。国家或共同体拥有一种更高的生活。它的诸部分是一个有机体的诸部分。[37]因此个体不服务于脱离于他的目的，相反，他服务于一个更广

㉟ 参阅黑格尔：《法哲学原理》，范译本，第253页；此处译文略有改动。

㊱ 黑格尔：《历史哲学》，霍夫斯达特版，第112页。

㊲ 在《逻辑学》的语言中，外在目的论的范畴在这里是不适当的。国家只有通过内在目的论才能得到理解。

大的目的,那个目的是他的同一性的基础,因为只有当他处于这个更广大的生活中的时候,他才是一个个体。我们已经超越了自我目的和他者目的之间的对立。

正如“自我意识”那样,黑格尔把这个共同体观念加入了共同体的生活之中。正是这个观念,加上对语词“精神”、“民族精神”的使用,产生了这样一种观点:黑格尔式的国家或共同体是一个高于个体的东西。但是在《历史哲学》一段介绍“自我意识”的话中,黑格尔明确地指出,在它被应用于个体的意义上,他没有把它与民族精神联系起来来讨论“自我意识”。相反,它是一个“哲学概念”。[38]像比个体更广大的某个精神一样,它只有通过个别的具体的主体才能存在。[39]因此它不是一个像他们那样的主体。

但是黑格尔为什么要谈论大于个体的某个精神呢?如下说法是什么意思呢:个体是一个更广大的生命的一部分,他在本质上属于那个生命,并且只有如此他才能成为他自己?

只有当原子论偏见对我们产生强有力影响的时候,这些观念才会显得神秘莫测。在现代政治思想和文化中,那些偏见一直都是极其重要的。我们不妨作这样的思量,只有当我们把他思考为有机体的时候,个体才处于脱离于其共同体的抽象状态。但是当我们考虑一个人的时候,我们并不只是简单地意指有生命的有机体,而是指一个能够思考、感觉、决定、被触动、反映、与别人建立联系的人;所有这一切都隐含着一种语言,隐含着去体验世界,去解释他的感受,了解他与别人、过去、未来、绝对等等的关系的一系列相关途径。正是通过这种特殊的途径,他把自身置于这个文化世界之中,我们称之为他的同一性。

---

[38] 黑格尔:《历史哲学》,霍夫斯达特版,第61页。

[39] 因此在《法哲学原理》第258节中,黑格尔谈到国家拥有着“在特殊的自我意识里,一旦那个意识被提升到它的普遍性意识的高度……实质性意志的实在性”。

不过现在,一种语言,以及隐藏在我们的经验和解释背后的一系列 381
相关的差异,是只能在一个共同体内得到成长且只能在一个共同体里才能得到延续的东西。在那样的意义上,我们便成了人类,我们只能在一个文化共同体中成为我们自身。也许,一旦我们在某个文化中充分地成长了起来之后,我们便会离开它且仍然保留下它的许多因素。但是这种情况是偶然的,且在某个重要意义上是很勉强的。外来移民无法完全生活在他们的文化里,他们总是被迫吸收他们所进入的那个新社会的某些因素。一种语言和文化的生命在于它的生存领域比个体的生存领域总是要广大些。它发生于共同体之中。通过参与这种较广大的生活,个体拥有着这种文化,并因此拥有着他的同一性。

当我说一种语言及其相关的差异只有通过一个共同体才能得到维系的时候,我认为语言不仅仅是一种沟通的工具;所以,我们的经验可以是完全地私下的,并且我们正需要一个公共媒介来达到彼此沟通。诚然,我们的经验并不就是其实存的样子,它部分地取决于我们对它作出的解释。这与我们在所处文化中所用到的一些观念具有密切联系。但是还存在着更多的情况;我们的许多最重要经验一超出社会便是不可能的,因为它们与一些社会对象相联系。例如,参与一个仪式的经验,参与我们的社会的政治生活的经验,参与家乡球队胜利的庆功活动的经验,或者参加为一名死去的英雄举行的国葬活动的经验,等等。所有这些经验和情感在本质上都是社会的对象,即都不可能超越于(这个)社会之外。

所以,生活于我们的社会中的文化塑造着我们的私人经验且构成了我们的公共经验。后者反过来深刻地影响着前者。所以如下说法不算为过:通过参与我们的更广大的社会生活——或者,假如我们与它的关系是无意识的和被动的,这种情况是经常发生的,但是,我们至少被置身于其中——我们成就了我们自身。

然而,黑格尔想要说的东西远非这一点。因为与我的社会文化的这种不可避免的关系并没有排除最极端的异化。一旦我的社会的公共经验对我不再具有任何意义,这种情况便发生了。

黑格尔不仅不想否认这种可能性，而且是最早发展出一种异化理论的人。他的见解是,公共经验、仪式、节日、选举等等的对象不像自然的事实,因为它们不能完全脱离它们得以产生的经验。它们部分地是由其潜在的各种观念和解释所组成的。一个特定的社会实践,例如在教会推选中的投票活动,或在现代选举中的投票活动,是因为一系列得到共同理解的观念和意义才成为社会实践的。借助于那些观念和意义,对坟
382 墓石块的布置,对一些文件的标识,便被看做一项社会决策。有关发生的事情的前后秩序的这些观念对于规定这个制度来说是至关重要的。它们是重要的,其重要性不在于是否即将在这里进行投票,也不在于某个完全不同的活动可以通过在坟墓里放置石块而得到完成。

不过,这些观念并不普遍地被人接受甚至被人理解。它们蕴含着关于人、社会以及哪些东西对其他社会显得是邪恶的或不明智的决定这样一种确定观念。通过投票活动来作出某个社会决定的作法蕴含着这样的意思:通过一连串个体决定来确立共同体决定是正确的、适当的和明智的。在某些社会里,例如,在遍布世界各地的许多传统的乡村社会里,社会决定只能由一致的意见来作出。而这种原子论决定秩序等于废除了社会纽带。否则,它就不可能是一个社会决定。

因此，一种关于人及其与社会的关系的观念嵌入了一个社会的各种实践和制度之中。所以我们可以把这些实践和制度看做是某些观念的表现。诚然,假如社会没有发展出一种相对微妙而精确的关于自身的理论,那么它们就是这些观念的惟一表现或最适当表现。为某个实践奠定基础的观念,使实践成为实践的观念,例如,使得对于文件的标识成为一个社会决定的观念,不可能在关于人、意志、社会等等的论断中得到适当的阐明。的确,一个适当的理论语言仍有待于发展。

在这一意义上 ,我们可以把一个社会的制度和实践看做是一种语

言,在其中,它的根本观念得到了表现。不过,在这种语言中“被说出的”东西并不是只有在一些个体的头脑中才能存在的观念,它们其实是为一个社会所司空见惯的东西,因为它们嵌入了社会的集体生活之中,嵌入了社会与之密不可分的实践和制度之中。在这些实践和制度里,社会的精神在一定意义上得到了对象化。用黑格尔的话来说,它们是“客观精神”。

这些制度和实践构成了一个社会的公共生活。某些规章制度蕴含于其中。它们要求那些规章制度得到遵循和适当的执行。由于投票活动是一个环环相扣的社会决策秩序,关于弄虚作假、关于个体自主性的某些规则便不可避免地随之而来。一个社会的公共生活的规则就是Sittlichkeit(伦理)的内容。

现在我们能够更好地理解黑格尔如下说法的含义了。他说,由于社会的规则或目的是由我们的行动促成的,尽管它们实际上是已经在那里存在着的,所以社会成员“通过他的活动使之产生了出来,所以他只不过简单地使之变成了存在而已”。[40]由于这些实践和制度只有通过与它们相符合的现行人类活动才能得到维持;在一定程度上它们是先于这个活动而存在的,且必须先于这个活动而存在,因为它是惟一的现行实践,它规定着我们的未来行动必须竭力维护的规则。一种特殊情况 383
是,尚未存在关于规则的理论公设,如按照黑格尔的观点,古希腊城邦在其鼎盛时期尚未存在关于规则的理论公设。雅典人的行为“似乎是出乎本能”的行为,[41]他的Sittlichkeit(伦理)是一个“第二自然”。不过纵使存在着一种理论,它也无法把这个实践作为一个标准建立起来,因为如下情况是不可能的,某个理论公设能够完全地应付在这种社会实践中所涉及的方方面面。

[40] 黑格尔:《精神哲学》,《黑格尔全集》第10卷,§514。

[41] 黑格尔:《历史哲学》,霍夫斯达特版,第115页。

当它们千方百计地迫使自身去满足一个没有得到实现的标准的时候，例如，当它们试图"建立社会主义"的时候，或者当它们试图变得充分"民主"的时候，社会便以理论"价值"公设而非实践作为它们的规则。不过，这些目的当然是Moralität（道德）的领域。Sittlichkeit（伦理）断定，活生生的实践是对于基本规则的适当"陈述"，尽管在关于现代国家哲学的极端个案中，黑格尔把这种理论公设看做是应急性的仓促之作。因此我们看到了黑格尔如下主张的重要性：最高伦理所寻求的目的是已经得到实现的目的。它意味着，最高规则将在现实中被发现，现实是合乎理性的，我们将抛弃各种荒唐不经的尝试，我们将根据蓝图来建设一个新社会。黑格尔强烈地反对持有如下主张的人：

> 国家哲学……[肩负着]……发现并提供另一种理论、一种新的特殊理论的任务……在考察这种观念以及考察依据这种观念所做的事情的过程中，我们似乎该认为，世界上从来未曾有过国家和国家制度，现在也还没有，但是现在……我们似乎不得不一切都从头开始，而伦理世界正一直等待着这种现在的筹划、证据和探索。[42]

人的最幸福、最逍遥自在的生活，古希腊人曾经享受过的那种生活，发生在这样的一些地方。在那里，在一个社会的公共生活中得到表现的规则和目的是重要的规则和目的，社会成员通过它们来规定其作为人的同一性（身份）。于是，人们对自己不能不生活于其中的社会制度并不感到奇怪。相反，它是本质，是自我的"实体"。

> 因此，在普遍的精神里，每一个人都有自我确定性，在存在的现实

[42] 黑格尔：《法哲学原理》，"序言"，第4页。（参阅范译本，"序言"，第4页；译文略有改动。）

> 中,他除了发现只存在于他身上的这种确定性之外,没有发现任何别的东西。[43]

由于这个实体得到了市民活动的认可,他们把它看做是他们的作品。

> 这个实体也是普遍的作品,它通过每一个人和所有人的行动把它自身作为他们的同一性和统一性创造出来,因为它是自为存在,是自我,是行动。[44]

生活在这种国家里是自由的。社会必然性和个体自由之间的对立便消失了。

> 合理的是必然的,因为它属于实体,我们是自由的,因为我们承认它是法律,我们把它作为我们自身的本质的实体来遵循;客观的意志和主观的意志于是得到了和解,并且形成了一个相同的没有麻烦的全体。[45]

但是,当规定普通实践和制度的目标、规则和目的开始显得不相 384
干、怪异的时候,当规则得到重要规定以致实践表现为对它们的歪曲的时候,异化便产生了。大量的公共宗教实践就在历史上遭受了这一命运;它们在随后的岁月中日渐"衰亡",甚至被后人看做非理性的、渎神的。就如下程度而言,在存在广泛的社会异化的地方,它们仍然是公共宗教仪式的一部分,我们不妨看一下像西班牙这样的当代社会,西班牙

---

[43] 黑格尔:《精神现象学》,第258页。

[44] 黑格尔:《精神现象学》,第314页。(参阅贺译本,下卷,第2页。译文略有改动。)

[45] 黑格尔:《历史哲学》,霍夫斯达特版,第115页。

仍然在官方保留着天主教，而其人口的很大部分已经迅速地被非教会化了。我们也可以看一看共产主义社会，它们有一种无神论的公共宗教,甚至在许多市民信仰上帝的情况下也是如此。

但是,在我们的时代里,西方社会的民主实践似乎正在遭受着第二次磨难。许多人已经不再把投票的合法性、现行国家制度、选举、议会等等接受为社会决定的工具。他们重新阐述了个人与社会的关系的观念,以致任何大规模的投票选举体系在个人决定和社会决定之间所产生的中介和距离都显得令人无法接受。假如任何一个社会决定不是在充分而激烈的争论中作出的，并且在那场争论中所有参与者并非都充分意识到了眼前正讨论的事情,那么它便不是一个真正的社会决定。由被选举出来的代表所作出的决定是假冒的决定,是对虚假民意的操纵。有了对集体决定(即,经由人民的但不是为了人民而作出的决定)之规则的这个重新规定之后，我们当前的代表制度便开始被描述成作为一个虚假的社会制度;人口中一个相当大的比例从它们中被异化了出来。

无论在哪一种情况下，表现在公共实践中的规则都不再需要我们的忠诚。它们要么被看做是不相关的东西,要么被斥之为夺权篡位。这就是异化。当这种情况发生的时候,人们不得不转向别处去规定对他们而言什么东西才是真正重要的。有时,他们投靠了另一个社会,例如,一个更小的、更紧密的宗教共同体。不过,另一种可能性是——在黑格尔看来,它具有重大的历史重要性——他们仍然孤军奋战着,他们把他们的同一性规定为个体。如黑格尔在《历史哲学》中指出的那样,当人们不再承认共同体的生活的时候,当他们进行“反思”的时候,即当他们转向自身,把自身看做最为重要的具有个体目的的个体的时候,个体便产生了。这是一个民族及其生命走向终结(解体)的时刻。

于是便发生了如下事情：个体从原则上不再根据社会的公共经验来规定他的同一性。相反,最有意义的经验,那看起来对他最为重要的经验,那触及他的内心深处的经验,是私下的经验。公共的经验对他来说显得次要、狭隘而片面，它们仅仅触及了他自身的某一部分。假如那个经验要想像以前那样居于核心地位，那么个体便会与之发生冲突，并与之作斗争。

当然，在历史上，这种转变一而再，再而三地发生着。但是在黑格尔 385
看来，这种转变的典范事件是古希腊城邦的解体。因此，在古希腊城邦中，人们把自身等同于城邦的公共生活；对他们来说，城邦的共同经验是他们的模范经验。他们的最基本的最难以受到挑战的价值是体现在这个公共生活中的价值。所以他们的主要责任和美德是维护和保留这种生活。换言之，他们完全依靠他们的Sittlichkeit（伦理）而生活。但是这些城邦中每一个城邦的公共生活都是狭隘的和片面的。它与普遍理性相抵触。由于苏格拉底，人的挑战便产生了，他不赞成把他的生活建立在片面的事物、仅仅是被给定的事物的基础之上。他要求在普遍理性中找到一个根据。苏格拉底本人表现了一种深刻的矛盾，因为他接受了Sittlichkeit（伦理）观念，接受了人们应该对之表现忠诚的法律观念；他也从普遍理性推导出了这个观念。不过，由于他对理性的忠诚，他难以见容于雅典的实际法律。相反，他诋毁它们，他腐蚀了年轻人，使他们不再把它们当做是最终的法律，而是对它们表示了怀疑。他不得不被处死，他接受了死亡，因为他忠诚于这些法律。

于是，一种新型的人便产生了，他无法同一于这种公共的生活。他开始主要地不是把他自身同公共生活联系起来，而是同他自身对于普遍理性的把握联系起来。他现在感到那些规则是强制性的，那些规则在任何一个现实中都是虚而不实的。它们是超越现实的观念，反思着的个体便进入了Moralität（道德）的领域。

当然，甚至自我意识的个体也与某个社会发生着关系。把他们自身思考为道德存在的人认为自己属于某个共同体，属于斯多葛主义者的凡人和众神之城，属于基督徒的上帝之城。但是他们把这个城池看做是一个与尘世之城完全不同的东西，并且是在尘世之城彼岸的东西。哲学家或信徒生活于一个实际的共同体中,在那个共同体中,他们维持着一种语言,通过那种语言,他们确认了他们自身。但是那个共同体是涣散无力的。把同一性确认为理性的或对上帝怀着敬畏之情的个体把其同一性建立在公共生活之上,那种公共生活原本是或可能是极其脆弱的。以致在一个人的生活中，最重要的东西在于他作为一个个体的所做所为和所思所想，而不在于他对于一个实际历史共同体的公共生活的参与。(对于基督教教会来说并不真的如此,对基督教教会来说,圣餐具有至关重要性。不过它无疑适用于晚期古代世界的智者。)

无论如何,像圣者共同体一样,智者共同体在历史上是非外在的、自我维持的存在。与之相反，公共领域已经屈服于私人的非正当的权力。这是黑格尔对继古希腊城邦之后普遍帝国之古代阶段——尤其古罗马帝国——的常见描述。Sittlichkeit(伦理)的统一和完成,从这个世界丧失的东西,被转换给了一个虚无缥缈的彼岸。

那么,当黑格尔谈到他的Sittlichkeit(伦理)至上性论题,谈到作为“伦理实体”共同体的相关观念,人必须参与的一种精神生活的时候,他究竟说了些什么呢?按照其可质疑性程度的先后次序,我们可以用三个
386 论断来表现它。第一,对人来说最重要的东西只能是在与一个共同体的公共生活的关系中所获得的东西，而不是在异化的个体之私下的自我规定中所获得的东西。第二,这个共同体必须是一个惟一的局部的共同体,如一次秘密集会或一个私下联盟,它的生活受到一个更广大的社会的规定、监督或限制。它必须与最低限度自足的人类现实——国家——相镶嵌。至少表现了我们的某些重要规则的公共生活必定是国家的公共生活。

第三,国家公共生活对人来说之所以具有至关重要性,是因为它表现的规则和观念不仅仅是人类的杜撰。相反,国家表现了理念,表现了事物的本体论结构。总而言之,它之所以是至关重要的,是因为它是人恢复与这个本体论结构之本质联系的必不可少的途径之一。这个本体

论结构是意识样式里的他在(the other being),黑格尔称之为“绝对精神”。贯穿于共同体生活中的这个真实关系对于实现人和绝对之间的意识同一性的回复来说是至关重要的(它也意味着绝对的自我同一)。

显然地,这三个论断是相互联系的。第三个论断为第一个论断和第二个论断奠定了根本的基础。假如人达到了作为一个宇宙精神之工具的真正同一性,假如这个同一性在其中得到表现的那个必不可少的中介是他的政治社会的公共生活,那么明显地如下情况是至关重要的:他逐渐在与这个公共生活的联系中来确认自身。他必须超越某个私下的或宗派的同一性的异化状态。因为这些东西决不可能把他与绝对充分地联系起来。

在谈论共同体的过程中,黑格尔使用诸如“实体”、“本质”、“终极目的”、“自我目的”之类术语的背后蕴藏着这样一些复杂的思想:首先,造就了共同体公共生活的实践和制度表现了最重要的规则,那些规则对于其成员的同一性来说是最为重要的,以致他们只有通过参与这些实践和制度才能维持他们的同一性,而通过这种参与活动,他们又反过来永恒化了这些实践和制度。其次,与之相关的这个共同体是国家,一个真正自足的共同体。第三,这个共同体扮演着这一核心角色,因为它表现了理念,那替人与他的世界奠定基础的理性必然性的公理。

因此在黑格尔的国家理论中,令人感到难以理解的和可质疑的地方不在于关于人被嵌入其中的一种更为广大的生活的观念,也不在于关于一个社会的公共生活表现了某些观念——那些观念因此在一定意义上是整个社会的观念,而不仅仅是个体的观念,以致我们可以说一个民族具有某个确定的“精神”——的观念。因为纵观绝大部分人类历史,人们最密切地生活在在其社会公共生活中得到表现的意义的关系之中。只有一种言过其实的原子论才会把异化的人的状态看做是不可避免的人类规则。

不过,人们所不敢苟同的黑格尔确实作出的一个实质性论断在于 387

他的基本本体论见解，即人是宇宙精神的工具，且由此而推断出，国家表现了必然性的基本公设，宇宙精神据此设置了这个世界。

换言之，"民族精神"的观念，它的观念表现在了他们的公共制度中，他们通过那些制度来规定其同一性。这是完全可以理解的。假如我们要想了解人类历史上已经发生过的事情，那么像它这样的东西是至关重要的。比较难以确定的是这样一个论断：人——并因此以自身方式存在的这些民族精神——是宇宙精神的工具，那个宇宙精神通过人而正在回复到自我意识。

因此，不存在人们常常信以为真的黑格尔关于超个体的社会主体的奇谈怪论。只存在一种非常艰深的关于宇宙主体的学说，那个主体的工具是人。这已经蜕变为一种社会中的人的理论，这种理论本身远不是令人难以置信的或异乎寻常的。实际上，它比黑格尔的某些自由主义论辩对手所持的原子论观念要高明得多。

但是，正是他的本体论促使黑格尔转向反对自由主义思想主流。后者倾向于假定，个人主义是人类进化的最后阶段。纵使文明的人也不能游离于国家之外，但是在宗教中，在某个个人的道德理想中，或者在作为一个整体的种族中，他们的同一性的最高宗旨仍然被看做是对它的超越。因此，人在与他们的社会的公共生活的关系对自身的最初确认的条件必定是一个更加原始的阶段，在这种公共生活被思考为是对宇宙意义或宗教意义的体现的地方，情况尤其如此。因为继个人主义时代之后的这种社会只能代表着退化。当然，这就是黑格尔一直受到居于这股自由主义思潮之中的人们激烈批评的原因（自由主义没有穷尽可以适当地称做自由思想的东西：蒙田、赫德尔、冯·洪堡以及其他人都关注公共生活的质量，人们必须根据它来确认自由的同一性）。

但是，从这个自由主义传统观念内部来理解黑格尔的尝试恰好导致了失真。一个著名的例子是黑格尔国家学说。在原子论的自由主义传统中，"国家"只能意指"政府机构"之类的东西。说它们是市民的"本质"

或“终极目的”只能意味着向无法无天的专制屈服。但是黑格尔所谓的“国家”是政治上有组织的共同体。他心目中的榜样不是弗雷德里希大帝的国家,他对那个国家从来就没有敬佩过,[46]而是古希腊城邦。因此, 388
他的理想不是个体在其中达到某个目的的手段的状态,而是像活生生的有机体那样的一个共同体,在其中,手段和目的之间的差异得到了扬弃,每个事物既是手段又是目的。换言之,国家将是内在目的论范畴的一个应用。[47]

因此充分地理性的国家将是这样一个国家,它在它的实践和制度中表现了其市民所认可的最重要观念和规则,通过那些观念和规则,他们来规定自己的同一性。这将是这样一种情况,因为国家表现了理念的精微之处,理性的人逐渐地把它看做是替所有事物奠定基础的必然性公理,它注定地要在人的身上达到自我意识,以致理性的国家将恢复Sittlichkeit(伦理),那在现行公共生活中最高规则的体现。它将恢复在古希腊时代曾经丧失的东西,但它是在一个更高水平上把它恢复起来的。充分展开的国家将包容由普遍标准给予断定的个别理性意志原则,而正是这个原则曾经损害并最终摧毁了古希腊城邦。

个体性和Sittlichkeit(伦理)的这种一体化是我们能够从理念演绎出来的一个要求。不过这也是黑格尔对其时代提出的把康德的激进道德自主性和古希腊城邦的表现主义统一体统一起来的呼声所作出的系

㊻ 在19世纪的一部著作中,那部著作在他死后已经以《德国宪法》的书名出版,黑格尔表达了他对这样一种现代理论的反对意见:国家将是一架“拥有一个单一的原动力的机器,它带动了所有的其余无数的转动装置”[《政治哲学和法哲学手稿》,G.拉松版(莱比锡,1923)《黑格尔政治著作》,T.M.诺克斯译,Z.A.佩乌金斯基编(牛津,1964;第161页)。像革命的法兰西一样,在这段话的后面,普鲁士被作为一个例子来引用。[《手稿》,第31页,《政治著作》,第163—164页;另请参阅席勒慕的讨论,《黑格尔现代国家理论》(剑桥,1970),第47—49页)。

㊼ 黑格尔:《历史哲学》,霍夫斯达特版,第112页,以及本书前面第380页的引文。

统阐述和回答。正如我们已经看到的那样,黑格尔对这个难题的解答是对如下两者所作的一次非同寻常的创造性结合，一方是对自主性的最时髦渴望,另一方是修正之后作为社会基础的宇宙秩序观念;我们可以说,通过把重心从人转向精神,它是一项从激进自主性观念自身引导出宇宙秩序的活动。他把这项综合看做历史的目标。现在让我们去看一下它在历史上是如何得到展示的。

第15章 理性和历史 389

一

因此,精神的实现需要一个充分表现和体现理性的共同体的成长。因为精神设置了空间和时间世界以便认识自身,所以,这个实现,并因此还有理性共同体,都可以被考虑为历史的目标。这就是黑格尔在《历史中的理性》中讨论历史的目标的方式:

> 逐渐地被人们认识到的目标是,[精神]向前推进只是为了认识作为自在自为的自身,它把自身的真相呈现在自身面前——那个目标是,它导致了一个与自身的[即世人的]概念相适应的精神世界的产生,它认识且完善了它的真理,宗教和国家就是这样被它创造出来的,以便它与它的概念相适应……①

在这段话中,历史中的精神目标的双方都得到了表现:精神千方百计地达到某个知性,达到对自我的意识。不过为了达到这一点,它必须

① 黑格尔:《历史哲学》,霍夫斯达特版,第61页。

把实存带入现实之中,带入精神共同体之中,那个共同体也必须是一个与其概念相适应的真实的共同体("精神世界"必须在"国家"中得到体现),或者,它可以再述如下:

> 目标就是这一个,精神逐渐达到了对自身的意识,或者使世界与自身相和谐——因为这些都变成了同一件事情……②

因此,为了认识精神,历史将被理解为在目的论上受到指引的东西。在历史上发生的事件是有意义的事件,具有正当性的事件。实际上,它们是具有最高正当性的事件。它是善,是上帝的筹划。

> 真正的善,普遍的神圣理性,也是使自身产生的力量。这个善,这个理性,在其最具体的表象中便是上帝……哲学的见解是,没有力量高于善的力量,没有力量高于上帝的力量,上帝的力量将阻止任何力量去达成它的目的……世界历史除了昭示天命的安排之外,不昭示任何别的东西。上帝统治着世界。③

历史是对天命的顺应,依照黑格尔的说法,真正的历史哲学是一种神正论。

因此,在一个与理性相和谐的共同体中,历史达到了它的顶点。或者我们也可以说,这种历史体现了自由,因为"世界的终极目的是精神对他的自由的意识,因此是这种自由的最圆满实现"。④

390 这种自由当然不是个体的、消极的自由,不是随心所欲。它是人在顺从他自己的本质即理性时所具有的东西。另一方面,

② 黑格尔:《历史哲学》,霍夫斯达特版,第74页。

③ 黑格尔:《历史哲学》,霍夫斯达特版,第77页。

④ 黑格尔:《历史哲学》,霍夫斯达特版,第63页。

> 个体的随意选择恰恰不是自由。这种受到限制的自由是任性,它与特殊的需要环节相关。⑤

不过顺从理性也就是参与到更广大的国家生活中去,因为"只有在国家里人才拥有理性的存在"。⑥但是最合理性的国家不是人们把它当做他们的"本质"的最初的共同体。相反,所有重要的历史发展都发生在这样一些共同体中。例如,那些生活在国家边缘的人,尤其是在偏远的部落社会里,完全地处于历史的边缘,他们要么才刚刚真正地起步,要么尚处于历史的边缘。历史的最终结果不是共同体本身,而是完全与概念相适合的东西,与自由和理性相适合的东西。

因此,历史进步可以看做是对这些共同体的承继。较早共同体是对较迟共同体的极其不完备的表现,而较迟共同体将越来越得体地得到体现。黑格尔称这些共同体为具体的历史共同体或民族,它们是精神或民族精神(或多或少地适当的)的体现。它们是历史的主体。"我们在这里必须与之打交道的是民族精神"。⑦

这样,理念在历史中得到了实现,但是它经历了几个阶段,这些阶段就是历史的文明,即民族精神。

世界历史是精神在其最高形式里的神圣的、绝对的进展的表现,这个过程经历了几个阶段,通过这些阶段,他达到了关于他自身的真理和自我意识。这些阶段的形式是世界历史的民族精神,它们的伦理生活特

⑤ 黑格尔:《历史哲学》,霍夫斯达特版,第111页。

⑥ 黑格尔:《历史哲学》,霍夫斯达特版,第111页。

⑦ 黑格尔:《历史哲学》,霍夫斯达特版,第59页。让我在此再说一遍,这种民族精神的观念并不包含超越个体的社会主体的某种特殊的学说。民族精神是各种历史文化,但是,在精神认识和自我认识的某个确定阶段,它们被看做是精神的体现。其基本的困难——假如存在这种困难的话——在于人与作为其工具的这个宇宙主体的关系。不存在有关人为了体现精神而采取的历史布局的特殊问题。

性、它们的典章制度、它们的艺术、宗教和科学。在把每一个阶段带入现实的过程中,这是世界精神的无限动力,是他的势不可挡的趋势;因为这个表现及其实现就是他的概念。[8]

最后一句话指出了这样一个事实,这一系列阶段本身是必然的,是与概念相一致的。对于它的自我认识来说,精神必然地从最大的外在性向最充分的自我意识运动。但是通过相同的方式,行进中的各个阶段是由必然性设定的;每一个阶段都必须证明自身的有效性。运动的推动力
391 是矛盾,是外在现实和它要实现的事物之间的矛盾。这个矛盾最终使任何一个特殊的形式走向解体。但是在这个形式中,矛盾的特殊性损害着其结果,因此从第一个形式的瓦解中形成了另一个特殊的形式。当解决了其先行者的矛盾之后,它自身也走向了衰微,如此等等,这个过程贯穿于整个历史之中。

通过这个方式,历史呈现为一个辩证运动。我们在第4章里描述过这种运动。但是由于起点和目标是由理念设定的,所以借助必然性,所有环环相扣的阶段也是必然的。由于起点和目标得到了确定,在最初形式中的矛盾的特殊性必然地发生;从它的解决中产生了第二个形式,从第二个形式又产生出由第二个矛盾的性质必定伴随的目标,如此等等。历史因此将遵循着一个必然的辩证筹划而展开。

历史的筹划就是理念的筹划,是对于由历史哲学假定的理念的哲学理解活动。[9]所以,历史的辩证法将被理解为是对于在理念自我显示过程中诸概念必然阶段的反映。

但是,没有人将会感到惊讶的是,在历史和逻辑之间的确存在着一种大致的呼应。在它们的一般形式里,概念的关系允许了太多的结合,以致难以形成一个极其严格的先验框架;而历史事件允许用诸如“普

⑧ 黑格尔:《历史哲学》,霍夫斯达特版,第75页。

⑨ 请参阅本书第8章。

遍”、“特殊”、“个别”之类高层次概念作出太多的解释，以致发挥不了重大的作用。人们感到，一旦我们忽然发现我们关于过去的知识是错误的之后，那么这个体系将允许我们去迎合在历史过程中极其广泛的变化。

尽管如此，但是，存在着通往事物之一般筹划的一个极其强烈的、甚至潜在地令人信服的统一性。一个人越是不计较细枝末节，这种历史哲学似乎便越是令人信服。虽然在黑格尔的细节上各种令人着迷的真知灼见随处可见，但是这些细节与整体的关系的适当性仍然引起了人们的质疑。

用刚才在前面引用的话来说，历史的各个阶段是经由民族精神而得到再现的。每一个阶段都体现在一个确定的民族身上，那个民族竭力造就出那个特殊阶段的观念。这是那个民族的共同愿望；它们完全地被这个共同的使命所驱使，完全认同了这个使命，一直到它实现为止。接着，万物便分崩离析了。于是，其成员便不再全心全意地奉献自己，他们返身向内，进行自我反省，转向作为外在于公共目的的个体的同一性。他们陷入了“政治的虚无性”。[10]

在这段话里，黑格尔谈论的似乎是，从一个阶段向下一个阶段的过渡都要经历每一个世界历史民族的寿终正寝和自然死亡，而不是经历一个内在矛盾。但是这并非真正是一个无与伦比的观点。当一个特定的民族把其特殊形式发展到极致的时候，它的民族精神也就产生了一种不适合作领头者的品性。于是在那里，理念得不到进一步的发展，而只有其不适当性现在得到了暴露。所以如下情况是无法避免的：人们抛弃 392
了这个国家，并且梦想着另一个国家，他们抛弃了对它的根本忠诚，也就是说，他们有时还能在其中继续过上一种幸福的生活。不过，在另一个地方，导向下一个阶段的一种新力量正在崛起。

但是，人们并没有完全地领会他们正在历史上做着的事情。对他们

⑩ 黑格尔：《历史哲学》，霍夫斯达特版，第68页。

来说,他们抛弃一个标准而转向另一个标准的原因是不清楚的。更正确地说,他们可能具有某个清晰的观念,但是这个观念不是最深刻的真理;由于必然性,在历史的较早阶段,人们无法像哲学家现在理解的那样(像黑格尔理解的那样)去理解精神的筹划。就是在这里,黑格尔引入了著名的理性的诡计观念。在这幅图画中,理性呈现为对于人的激情的"利用"以实现她自身的目的。特殊的人及其目的陷入了纷争之中,但是普遍的目的却在其上畅行无阻。

普遍观念没有使自身处于对立或斗争之中,处于危险之中;在这样的背景下,它确保着自身的安全,使其不受攻击和伤害,并且他指使特殊的激情参与到你死我活的斗争中去。我们不妨称之为理性的诡计:理念让激情替它卖命,它是通过这样一种方式让激情替它卖命的:在理念把自身设置在实存之中的地方,激情却因此遭受了失落和伤害。[11]

但是,这幅生动的图画不应只按字面去理解,仿佛一个超越于个体之上的主体正在动用各种手段以达到它的目的。相反,我们务必考虑到,纵使在最早历史阶段的人也是精神的工具。他们对精神的要求有所感悟,无论那种感悟是多么地隐晦、多么地虚幻不真。所以,这不仅仅是人的个别野心出乎一个外在目的而为人利用的问题。相反,它是这样一种情况,其个别野心与精神的利益相吻合的那些人具有一种使命感。他们出乎本能地领悟到他们正在做的工作的重要性,在他们周围为之摇旗呐喊、冲锋陷阵的那些人也领悟到了这一点;虽然伟人及其追随者都难以把握他们正在做的工作的意义,或者难以正确地把握它的意义。黑格尔用"本能"这个术语来表示对于意义的这种无意识认知。

因此,在上面引用的关于理性的诡计的这段话里,黑格尔提到了恺撒这个例子。一旦他完成了终结共和国这项精神工作之后,恺撒实际上

---

⑪ 黑格尔:《历史哲学》,霍夫斯达特版,第105页。并参阅《逻辑学》讨论内在目的论的那一节,黑格尔:《逻辑学》,第2卷,第397—398页。

便迅速倒在了暗杀者的刀剑之下。这是理性利用暂时工具的一个例子。但是在一个较为前面一点的段落中，[12]他在谈到恺撒时说道，恺撒本人的目的与世界精神的目的相一致，这种一致性给了他以力量：

> 他的工作是一种本能。那种本能实现了那个时代要求达到自在自为的状态的目的。

黑格尔继续说道：

> 这是一些历史伟人，他们自身的特殊目的丰富了实体的内容，后者是世界精神的意志。这个内容是他们的力量的真正源泉；它是人的普遍无意志本能。他们内在地向他靠拢，且对他欲罢不能，他把实 393
> 现这个目的作为他的利益所在，以致他们也会起来反对他。因此，在他的旗帜之下，各个民族是大同小异的；他向他们表明什么是他们自身的内在纽带并且完成了它。

因此，世界精神的工作被感悟为人们中间的“内在纽带”，它还仅仅是“出乎本能的”，尚未被理解的；这就是理性的工作在历史上的个人野心破灭之中得以完成的原因。

所以，世界历史个体的伟大性不仅仅在于他们是世界精神的工具。他们也是这样一些人，他们最早感悟到了并说明了必须给予完成的下一个阶段的工作。一旦他们树起这面旗子，便会有人追随于他们之后。一旦某个形式得到揭示之后，一旦精神抛弃了这个主导形式之后，正是世界历史的个体指明了所有人在其内心深处所热切渴望是什么东西。“是世界历史的个体最早告诉人们他们想要的是什么东西”。[13]

---

⑫ 黑格尔：《历史哲学》，霍夫斯达特版，第89—90页。

⑬ 黑格尔：《历史哲学》，霍夫斯达特版，第99页。

一旦他们说清了这个新的形式,它便具有了一股不可抗拒的力量,甚至那些被其自身利益或判断所左右而反对它的人也难以抗拒它,因为他们被它深深地打动而情不自禁地认同于它。

因为已经进入下一个阶段的精神是所有的个体的灵魂,不过伟人们第一次替他们把一个无意识的内在感受带入到了意识之中。这正是他们真正想要的东西,它于是形成了一股居于其上的力量,他们团结在那股力量的周围,他们甚至与他们自身的有意识意志相违抗;于是他们追随于这些精神领袖之后,他们感受到了展现在他们面前的他们自身的内在精神的这股不可抗拒的力量。⑭

像"理性的诡计"这样的范畴并不是另一个晦涩而"神秘的"黑格尔观念,它对想给无意识动机以一席之地的任何一个历史理论来说都是必不可少的。⑮

二

现在,让我们来考查一下历史哲学的主题。历史进程的主要事件是这样一种事件,它发展成为黑格尔政治哲学的主要难题。这个难题就是如何让知道自身是普遍合理性的个体与某个得到恢复的Sittlichkeit(伦理)相协调的问题。于是,随着具有普遍意识的个体的诞生,古希腊世界

---

⑭ 黑格尔:《历史哲学》,霍夫斯达特版,第99页。

⑮ 参阅艾文纳里:《黑格尔现代国家理论》,第233页。艾文纳里发现,黑格尔的世界历史个体学说是自相矛盾的。因为,有时黑格尔似乎主张他已经充分地意识到了他正在认识的观念,在另一些时候,他只是出于本能地意识到了那个观念,而在另一些段落中,他又被说成是根本就没有意识到那个观念。艾文纳里的引文来自《历史中的理性》。在我看来,由于这个文本的粗糙性,黑格尔从来没有打算出版它。这个文本很容易去迎合如下观念:世界历史主体具有一种他们所担负的较高真理的意义,但是他们是通过一块玻璃从暗中来看它的。

的Sittlichkeit(伦理)完美统一体的瓦解开启了这个历史的主要事件。它 394
接着经历了个体(他的教化)和体现了Sittlichkeit(伦理)的国家制度之循环交替的数世纪的缓慢发展,以致两者终于能够在理性的国家里相遇。

我们在《精神现象学》第6章里具有的以概要形式呈现的历史见解开始于古希腊世界。但是包括在《历史哲学》讲座中的主要见解开始得要更早些,在谈论古希腊之前,它让我们领略了中国、印度、波斯、波尼希亚、埃及的文明。它还讨论了犹太人。在黑格尔切入的对这两个见解都是很普遍的领域里也存在着一些差异;因为存在着讲座的不同顺序。这强化了上面谈到的黑格尔历史哲学的细节。

在这里,我的主要目的是简单划出历史辩证法的一般线索,把它作为上面提到的主要政治问题的背景。在讨论前古希腊文明时,黑格尔讨论了他们的宗教意识,在这里存在的许多见解重新出现在宗教哲学中。他们的政治结构和公共意识与这个宗教意识具有密切的联系。黑格尔总是认为,一个民族的生活的不同方面在其精神中被结合到了一起。但是宗教意识最鲜明地表现了这些早期民族所处的阶段, 最鲜明地表现了他们试图去认识的本体论现实,精神,以及它与世界和主体之关系的途径。

精神竭力地想把自身作为精神,即作为自由的主体性来理解,竭力地想把这一个看做是绝对。但是,对于前古希腊的民族——除了犹太人以外——来说, 绝对仍然还不是主体; 它仍然与外在的现实联结在一起,并因此与冷冰冰的现实、自然或完全空洞的抽象物(印度宗教的一个方面)联结在一起。在这一方面,波斯人获得了一个很高的形式,在那个形式中,他们看到了用光来象征的绝对。在自然形式中,光是最有精神灵气的东西。但是他们仍然没有重要的突破。

犹太人以一个形式带来了这个突破。在犹太人那里,我们忽然认识到上帝是纯粹的主体,是精神。但是这个认识只有在经由作为精神的上帝与自然、有限现实的所有污秽之物彻底决裂的阶段之后才赢得的。所以,黑格尔认为,犹太人的精神是一个孤寂的精神,一个极端的超验物。亚伯拉罕抛弃了在卡尔第斯的坐落于乌尔的家庭和故乡。他背井离乡,成了流浪汉。犹太人同偶像崇拜进行了不懈的斗争,偶像崇拜被看做是神圣与有限的再一次混合。但是这个方案只是前进道路上的一个阶段而已。因为它是极其不完美的。上帝是精神。但是其代价是,上帝是在彼岸的,高于彼岸的一切的,高于且凌驾于有限主体性之上的。上帝是人的上帝。但是,人与上帝不相匹配,人没有把他自身看做是与绝对相同一的,没有把他自身看做是绝对的工具,而是相反,绝对凌驾于人之上,人是绝对的奴隶,他得全心全意地臣服于绝对。与此相似,自然界是完全不具有神圣性的。用黑格尔的话来说,它是"无神的";犹太人的意识只是看到了一个有限事物的世界,那些事物为人所使用,却不是神圣的体现。正如我们完全臣属于上帝一样,世界完全臣属于精神,任由我
395 们处置。黑格尔也谈到了作为"纯思维"的上帝观。用黑格尔的术语来说,那个观念与"成为纯主体"具有密切联系。在这个系统阐述过程中,黑格尔再一次强调,犹太人的绝对概念是一个普遍的、完全没有得到特殊化的东西。

古希腊人的解决方案在某种意义上是犹太人的解决方案的对立面。古希腊人也获得了一种作为主体的上帝的意识。但是它不是一个竭力地超越了自然的主体性,不是一个否定在思维纯粹性中的自然表现的主体性。相反,古希腊人的众神是与他们的自然表现完全和谐一致的。但是这种宗教不是认定人格堕落的(infra-personal)宗教,与较早的自然宗教一样,这些神的典范表现是处于得到实现的主体性形式中,即,在人的形式中。

但是,与犹太人的神不同,古希腊的神是狭隘片面、囿于一隅之见的。我们将看到,这种囿于一隅之见的性质也将在古希腊城邦中得到反映,并且它将是导致古希腊城邦衰落的原因。要想赢得相似的好处就要付出相似的代价。一方面,古希腊人的神圣概念是古希腊人的自由的确

证。其含义是,神圣不是完全地他者的,有限的主体性在其中占有一席之地。而且这就是自由的含义,即,人不是绝对的奴隶,不是在终极意义上背离了他的意志的某物的奴隶。所以古希腊城邦将成为自由的第一个家园。

为黑格尔时代的人所仰慕的正是这一点。它促使古希腊人建立了一个Sittlichkeit(伦理)实体。在这个Sittlichkeit(伦理)实体中,人们具有了一种充分的自在感,他们的整个同一性都与其城邦之活生生的公共现实休戚相关。赋有人形的上帝观为一种围绕这个神而制定的公共生活奠定了基础。这个神就是这个城邦的上帝。在这个神的身上,市民们能够充分地认识自身。这个公共生活是一个完全属于他们自己的现实。他们的活动使它一直继续了下来。不过它也呈现了对他们来说具有重大意义的东西,那就是对神圣的表现。所以,他们的得到实现的公共生活是他们的"实体",是他们的同一性的基础。他们的伦理生活是关于Sittlichkeit(伦理)的生活。在那种生活中,应然之物也是实然之物。

但是,这是一个受到限制的自由。只有城邦的公民,只有成为一个确定城邦的成员以及城邦之神的侍者,才能在其公共现实中得到反映。奴隶和一般的异邦人都不够这个资格。每一个城邦都有自己的神、自己的法律,其成员完全地与之和谐相处。但是这些神和法律是因城邦而异的。神圣的值得信赖的形式只是针对某些人来说才是可信的。它只反映了一部分人的本质。所以,古希腊人尚未具有人本身是自由的直观。自由是公民的天赋属性。而奴隶和野蛮人不属此列。⑯

⑯ 当然,这是黑格尔在谈到自由的历史时所说的一段著名的话的背景(参阅黑格尔:《历史哲学》,霍夫斯达特版,第62页):东方世界只知道有一个人——那代表绝对原则的国王——是自由的,例如,波斯的专制君主(不过当然地在一个重要意义上,作为一个真正地合理性的主体性,甚至他也不是自由的)。古希腊的世界抵达了对于自由的直观,但是他们只看到有一些人是自由的。惟有随着基督教的到来,我们才抵达了这样一个直观:人本身是自由的。

396 与此相应，公民对城邦的确认不是以普遍反思为基础的，而是一种直接的无反思的信奉。法律之所以必须得到遵守，是因为它们是我们的城邦的法律，是不可比的。

在这个世界里，民主（直接的民主）是最自然的政府形式。因为所有的人都完全地同一于全体。他们只愿意为它而生，为它而死；他们因此都可以托付别人去治理它。但是它是一种囿于一隅之见的民主。它把奴隶和异邦人排斥在外；因为这种确认是囿于一隅之见的。

黑格尔清楚地阐明了按照他的观点古代民主作为现代世界的一个模式是不适当的原因。古代的直接的民主是局部地可能的，因为那些社会是如此地狭小，每当有决定被作出的时候，所有公民都能够真正地参与和实际地出席。但是情况并非真的如此。古希腊民主的实质条件之一恰恰是它的排他性。所有的卑贱的经济工作都交由非市民去承担。这不仅意味着公民们比其他人大多拥有了更多的空闲时间，这使得他们参与公民议会和了解城邦事务成为可能。它还意味着人口的同质性，在一个现代城邦里，所有的市民各司其职，不可能达到那种同质性。但是，异质性对现代国家的论证具有本质重要性，按照黑格尔的观念，它排斥了民主。

但是，对我们的时代而言，古代民主之所以不是一个适当的模式还存在着第三个理由。古希腊国家之所以能够运作良好，是因为人们直接地同一于它。现在，尽管我们希望恢复Sittlichkeit（伦理）的完整性，但是我们已经永远也恢复不了这个直接的、非反思的统一体了。现代人将仍然保留为一个普遍的个体。这个个体性将反映在现代社会的结构中，而且我们将看到——在市民社会形式中的——这个个体性。考虑到人的更加复杂性，对政体的这种必要阐明需要在黑格尔认为与直接民主不相吻合的国家制度之间寻求某种平衡。我将在下面对此作更多的论述。

古希腊城邦的这个优美的统一已经解体。由于它的局限性，由于它的囿于一隅之见的片面性，它注定地要解体。世界精神不得不向前推进。所以一旦城邦得到了实现,理性的诡计便呼吁历史的个体去超越城邦。这个我行我素的人物便是苏格拉底。苏格拉底转向了对于普遍理性的忠诚。虽然他想要仍然服从他的城邦的法律,但是他试图把它们建立在理性的基础之上。所以,尽管他誓死保留着对雅典的忠诚,然而他的教导却不能不败坏了青年人,因为它摧毁了城邦所依赖的与公共生活保持的直接同一性。人们转向了普遍的理性,背叛了他们的囿于一隅之见的城邦和众神。但是这个普遍理性仍然没有在公共生活中得到体现。它是彼岸的。

政体的瓦解导致了具有普遍意识的个体性的诞生。这是这样一个
个体,他把自身规定为普遍理性的主体。但是他无法在其城邦的公共生 397
活中得到承认。他生活在一个更加广大的共同体中,生活在斯多葛派的人与上帝之城中,但是这是一个尚未得到实现的人与上帝之城。所以新的个体是一个精神的流浪汉(异邦人)。

但是这是由脱离公共制度的生活所带来的必然后果。它只能走向衰落且屈服于普遍帝国。普遍帝国之首要的主导形式恰好不承认这些公共制度。这个普遍帝国只不过是一个现在逐渐地达到了意识的普遍理性得到实现的城邦而已。它与如下意义相一致:普遍理性的个体必然导致城邦的解体。但是它在这个理性的公共生活中根本没有得到表现。相反,它表现了这样一个事实:这个理性现在被人感受为是对于世界的超越。因此,个体颠沛流离于一个外在的世界之中,那个外在世界不受理性的统治,而受随心所欲的皇帝的意志的统治,受各种强大的君主的统治。从内心讲,他把自己规定为一个普遍的理性,但是从外在意义上讲,他只不过是一个随波逐流的小丑,完全地任由外在力量的摆布。

在这种境况之下,他日益从内在的意义上来规定自身。这是一个斯多葛主义盛行的年代。但是黑格尔认为,这不是一个解决办法。因为它是一个完全没有得到实现的理性和自由形象。所以个体只能竭力地超越这一点,竭力地寻求实现的途径。由此替苦恼的意识奠定了基础。

这是罗马帝国时代。因此罗马社会是人的概念的发源地。人被定义为脱离了他与Sittlichkeit(伦理)实体之关系的权利主体。人是“抽象”权利的载体,这种权利与社会角色和政治角色无关;他是所有权的载体。这是现代国家的一个方面。它在这里有其起源。

这个阶段促成了基督教的诞生。基督教逐渐地回应了普遍个体的渴望;这样一种个体在政治世界里与普遍达到和解。于是有限的主体和绝对充分地达到了统一。所以,他们达到了曾经在基督身上达到过的那种统一。如同印度教的神灵下凡一样,人们对于这种情况的一再发生并不感到怀疑。绝对是一,典范的根本统一只能被一下子实现。但是这个统一,就我们所知,也必须在它的直接形式得到克服。基督必须得死。他必须再次复活,走向他的圣父,并且回复于赋予共同体以生命的精神之中。

但是随着基督教的诞生,这个统一只有在原则上才能得到实现。在世界上,它仍然没有完全地得到实现。正如普遍的个体一样,作为新的共同体的外在实现的教会,因此,起初仍然在内心里处于被放逐状态。现在,历史的任务在于外在地造就这种和解,从政治上使之成为现实,
398 使教会共同体在一定意义上同一于社会。这意味着制度的缓慢转变,意味着对人的缓慢改造——教化。这是此后18个世纪的任务。但是它将被一个新的世界历史民族承担起来,他们就是日耳曼民族。

黑格尔所指的日耳曼民族是一些野蛮人，他们最终推翻了罗马帝国并创立了西欧的新民族。在这个语词的德语用法中,不存在特殊的沙文主义含义。蒙田和其他人也承认现代欧洲的政体都发端于这些日耳曼野蛮人的公国。

但是，这些日耳曼民族从理想意义上讲适合于在下一个阶段担负起历史使命——世界精神总是看到了质料和目的之间的这种交汇点——因为他们自然地意识到了他们的摆脱了权威的个体独立性。他们历经艰辛,战战兢兢地屈服于权威。黑格尔描绘了在像阿伽门农这样

的领袖宽松统治下早期日耳曼人的生活。那些领袖仅仅是一些四分五裂的乌合之众的头目。这样,他们似乎注定要建立一种以个人自由为基础的文明。但是在最早的时候,这种自由还有待于升华。它有待于发展成为且融入曾经由古代世界*和基督教达到的合理的内在自由。游荡于森林之中的日耳曼人的真实而外在的独立性有待于被统一到这种精神的自由之中。并且这种自由有待于被造就为现实。不过其次,对这一点至关重要的是,粗犷而独立的日耳曼人必须学习接受理性的权威,必须接受被融入到一个理性的国家里。

中世纪和现代欧洲的发展是这两个相关过程的结果。公共领域与私人关系纠缠在一起的封建制度是这些日耳曼部落建立国家的自然形式。不过后来,这个过程开始于这些松散而错综复杂的私人关系被统一到了一个共同的支配一切的意志之中,那个意志与国家具有不可分割的联系。在欧洲,这产生于日益强大的君主权力的形式之中。在这个过程中,查理曼代表了一个重要的阶段。*

对黑格尔来说,我们在这里便拥有了现代国家之重要特征之一的根据。它的至高无上的统一必须由一个君主来完成。黑格尔似乎主张,这与现代个体自由原则具有实质的联系。古希腊城邦之所以能够成为一个共和国,是因为所有的人直接地使自身献身于国家,他们不具有外在于国家的私人意志。但是现代的普遍个体还有一个私人的同一性,他不可能单纯地是一个国家的成员。为了让一个国家作为一个共同的意志成为现实,任何一个国家都必须具有内在于它的直接统一性的这个环节。在某个时刻,在某个地点,全体的意志必须同一于一个真实存在的意志。这不只是如下意思:为了让国家运作起来,某些人必须以国家

---

* 此处原文为the ancient word,疑为 the ancient world之笔误。——译注

* 查理曼(742—814),即查理大帝,法兰克国王,查理帝国皇帝。他扩展疆土,建成庞大帝国,加强集权统治,鼓励学术,兴建文化设施,使其宫廷成为繁荣学术的中心。——译注

的名义进行活动。相反,黑格尔正在提出的是一个本体论见解:必定存在着某个地点,在那里,具体而一般的意志的直接统一得到了实现。对于每一个人来说,国家不可能就是他们的许多行动和意志中间的一个方面。

399 黑格尔在这里以及后来在《法哲学原理》中所提出的见解是中世纪代表性个体观念之修正后的变体,即那个个体孕育了关于公共生活的一个基本原则。这个“代表”不是在现代意义上“做另一个人的代表”或者“由他来代表”的意思,而是“产生了和具体化了所有的人都表示忠诚于它的一个潜在的共同现实”的意思。王权的观念,即国王昭示了全体的权威于一身的观念,就属于这个思想。在他的政治思想的本体论领域,在那里他探索从“概念”,即从事物的本体论结构推导出国家的结构,黑格尔重述了这种观念。在这一意义上,国家制度的不同特征“代表着”本体论现实的不同方面。

就在笼络了难以管束的臣民的强有力君主的旁边,产生了以政治集团为人所知的机构。在英格兰,它变成了议会。这些机构是君主意志和个人意志之间的必要中间环节。黑格尔认为,因此,我们在这里便拥有了现代国家的另一个重要机构。正是通过这些政治集团,全体人民参与了国家生活。在这里我们将再一次看到,黑格尔的人民参政观念并不是建立在现代代表观念基础之上的,因为它是属于关于现代代表政府的各种理论。它不是关于把它们拉回到大众选择的合法化各种决定的问题,而是关于建立某种确认程序的问题。

与此同时,国家越来越朝着非人格化、以法律为基础以及韦伯后来称做合理性的方向发展。王权变得越来越不是一项私人的合法权利,而被人们看做是政府的公共权力。历经几个世纪之后,权贵们的服务已经被一个训练有素的官僚阶层所取代。国家越来越变得建立在一般原则的基础上,越来越变得建立在法律合理性的基础上。

随着这些机构的发展——我们将在下面讨论其最终结果——与之

遥相呼应的心灵净化活动,对落后、原始的人类状态的改善以及对人的教化也正在进行当中。其中关键的阶段之一是宗教改革。基督教教会担负起了塑造原始的野蛮人的很大一部分任务。但是在这个过程中,它不得不屈身向下去迎合他们的水平。关于基督教的较高精神真理被统一于大量的外在现实之中。人试图通过对神圣的实际的物理探索来发现上帝。在圣餐中,上帝的莅临得到了物化。如此等等。这就是黑格尔关于什么构成了中世纪天主教之基础的观念。为了精神的进步,就务必恢复纯粹性,恢复精神在世界中的在场的精神意义,抛弃由天主教带来的大量感性意义。这对于现代国家的发展是至关重要的;以致天主教诸国无力完整地实现这个国家。

由于宗教改革,精神从其大量外在事务的束缚中解脱了出来,由于 400
上帝在共同体中的在场的意义的恢复,那个在场是纯粹地精神的,使这个在场在外在世界中成为客观的和真实的任务便成为多余。不是以外在仪式的繁文缛节和天主教外在仪式的方式,而是通过建立一个真正世俗的共同体,那个共同体将实现普遍,实现理性。世界为建立一个以理性为基础的国家作好了准备。换言之,上帝和人的统一将外在地得到实现。但是,假如我们要想在一个政治共同体中达到这种适当的实现,那么我们就得超越在圣餐、圣殿、遗物、豁免等等中的那种原始的、纯粹外在的,因此完全不适当的实现;我们就得解救出纯粹精神的维度。因此自从宗教改革以来,欧洲致力于尝试实现理性的国家,克服教会和国家之间的对立。新教为这种国家奠定了基础。

无论如何,开始于宗教改革的心灵净化运动促进并导致了我们称做启蒙的那场运动。人们越来越把自己看做是与普遍同一的东西,他们逐渐认识到,由于他们具有纯粹的思想自由,他们在内心里是自由的。心灵净化运动把他们带回到了对于其同一性的认识:他们的同一性是依赖于普遍的思想自由。但是这不是简单地向古人的一次回复。因为这些后来者发现自己正面对着一个完全不受理性约束的世界;他们对于他们的作为理性的同一性的感受是一种纯粹内在的感受，受尽了尘世诸势力的打击；理性的世界是一个彼岸。但是从此以后，人们已经逐渐地认识到，他们与这个万物的根基是同一的。基督教文化已经加工提炼了这一见解。随之而来的启蒙运动不仅仅把人规定为思维，它相信，整个的外在现实也与思维相一致。这是黑格尔对于新的科学意识的理解，那种科学意识竭力地把世界理解为受规律统治的秩序。

换言之，思维和存在是同一的。这是黑格尔对笛卡尔的我思故我在学说所作出的一个完全独到的解释。其要点是，人是理性，他本身同一于万物的原则；因此，只要他去寻找它，他便将在外在世界中发现理性。⑰

401 这个净化运动完成了事物的Entgōttrung(世俗化)过程。世界变成了完全呈现在人的意识面前的，向它透明地袒露的一系列外在现实。但是我们也许会问：为什么启蒙运动将意味着世俗化呢？诚然，一种得到了净化的宗教也在所有的现实背后看到了思维。当然，其答案是，从根本上讲，启蒙运动同一于得到了净化的宗教。如黑格尔在《精神现象学》讨论的一个段落中试图表明的那样，它与宗教的斗争是建立在一个自我幻想基础之上的。但是这个自我幻想是它的致命缺陷。它把它自身看做纯粹地人性的。它达到了视自身为理性的见解，即人的自我即理性的见解；它达到了外在现实世界得屈从于理性的见解。但是它丧失了更广大的宇宙自我——精神——的意义，那个自我是理性的根据地。

黑格尔的上述见解基于如下事实：启蒙运动仍然停留在知性层次，即停留在思维明确地区分了事物，隔离了事物，但是没有超越它而抵达理性的层次。在理性层次，我们看到了把所有分离的现实连结起来的内在联系，看到了使之在一根链条之中产生出来的辩证生命。所以，启蒙运动作出了明确的区分，把人看做是独立于每一个他者的个体；但是它

⑰ 这也是《精神现象学》第5章“力”的概要。

对他们生活于其中的共同体视而不见。它的政治理论是原子论的。所以,启蒙运动也仅仅看到了包围着我们世界的外在的个别的客体;它也没有把世界看做一个由上帝、精神或理性设置的秩序。启蒙运动的见解虽然真切,但却是极其片面的。所以,它反对神圣化,它仅仅把世界看做任由人们审视和利用的一大堆客体;它的确也没有把世界看做显示,那理性的派生物。

这就是启蒙运动的价值理论是功利主义的原因。所有的客体都被看做是权宜之计。这样一个维度被取缔了:在那个维度里,事物证明了某个更加高级的事物,它要求人们应对其表示尊敬。事物的惟一价值必须依赖于它们自身之外,依赖于它们为主体所使用,为人所使用。结果,既然普遍的价值范畴是一个外在的范畴,那么什么是一个事物、一个行为、一个政策的用处呢?对人的欲望而言,它的结果是什么呢?

通过这种方式启蒙运动不可避免地与宗教发生冲突。实际上,正如上面提到的那样,这种冲突是建立在关于双方的自我幻想的基础上的。但是这个幻想本身是真实的和强大的。启蒙运动能够与之相调和的惟一精神——那个宇宙主体——是把他的所有内容都抽掉了的精神和宇宙主体。他再也不可能是一个主体,一个主动的主体。因为只存在人类主体和受规律支配的自然的地盘。因此,上帝必须被还原为冷冰冰的单调的自然神论的“至高无上的存在”。换言之,全体性原则变成了空洞性原则。在这一点上,黑格尔主张,唯物论者和启蒙运动的自然神论形式相去并不遥远。因为唯物论的“物质”也是一个纯粹空洞的、单调的范畴。它与“être suprême(至高无上的存在)”难以区分开来。

由于相信作为理性的人和理性对现实的征服,启蒙运动者拒绝了所有的权威,并且按照理性,即按照人,来塑造现实。但是正是他的片面性导致了灾难性的后果。因为,一旦精神不再在我们的视野之内,那么尽管理性的形式保留了下来,但是它的内容已经失落,也就是说,我们已经不再具有关于事物的本体论结构的见解。我们所生活的这个场所

务必与理性相适应、相调和。我们时刻准备着去征服世界,去改造世界,
402 但是我们已经把计划丢失了。在我们查找一个替代品的绝望中,我们把事物打得粉碎。

一旦我们对它的基本价值体系——功利主义——表示了质疑,我们便可以看到启蒙运动见解中的理性内容的匮乏。效用原则从外面,从他们服务于人的目的的途径来假定事物的价值。但是这个过程应该在哪里停下来呢?是在当人的实际欲望得到了满足的时候吗?但是我们为什么要在这里停下来呢?拥有欲望的人,假如他们本身是外在世界中的事实;那么为什么不应该也让他们根据“社会”的利益或根据未来从外面对他们进行估价呢?我们有陷入一种毫无意义的倒退之中的危险,黑格尔称之为“坏的无限”。这种批判的关键不仅想要揭露功利主义伦理学的论证所存在的问题,而且指明了在这个体系中的一个真实趋势。随着诸如出于一般功利的考虑把失业者置于工厂里的1834年《英国济贫法》之类的改革,功利主义思想会跨越人成为手段而非目的的边界。因为它缺乏一个内在的善的观念。

使得跨越这个边界变得更加容易的一点在于,实际欲望的标准在实践中不起作用。因为民族与民族之间的欲望,人民内部的欲望之间是如此地纷繁多样和相互矛盾,道德冲突在欲望与欲望之间发生着,关于内在的善的某个标准,即关于什么使得一个欲望为善的某个标准,仍有待于被发现。

另外,为了让我们的欲望在历史世界上成为真实的欲望,我们务必达到一些共同的善。因为惟一自足的共同体是社会,对于自足的事物的任何塑造都必定是对于一个共同体的塑造。因此必定存在着一个共同的渴望。

现在这个事实似乎提供了我们上面正在寻找的答案,在欲望之间作出判断的一个标准。将被遵循的那些欲望是真正一般的欲望,是对所有人都是善的欲望,而不仅仅是对某一个人自身是善的欲望。我们在这

里便为一般意志的观念找到了一个基础。这是启蒙运动伦理学理论的另一个重大发现。通过完全地把它置于一般意志的基础之上，人按照正当的理由来塑造他的社会。由于合理性是共相，它为所有的人所持有，并制约着所有的人。

如我们在上一章看到的那样，从功利主义向一般意志的跨越是企图达到理性之更稳妥实现的一个尝试。效用伦理在实际的人类欲望方面不得不采取一个独断见解：人的欲望仅仅是某个给定的东西。一般意志伦理假定要去超越仅仅是被给予的东西，人们碰巧遇到的东西，它要想从理性意志自身推导出目的。

总之，这是黑格尔所看到的先由卢梭采取后由康德发展的跨越。但是这个新理论像其先行理论一样无力从理性的观念发展出一个内容， 403
一组实质性的目标，因为就我们所知，它一直执着于人的自由的理性的意志。像功利主义一样，它仍然停留在把有限和无限隔离起来的"知性"领域，看不到有限的精神同更广大的精神现实联系在一起。

一般意志的伦理，形式普遍性的伦理，仍然是空洞的。

但是，在一个人的学习过程中，扫除空洞的伦理学理论是一回事，努力地把这个空洞的一般意志转变成为历史中的现实则是另一回事。德国人仅仅做了第一件事；而法国人试图做第二件事，那些可怕的破坏性的后果揭示了隐藏在这个空洞性中的东西，并且表明了超越它以达到另一个阶段的要求。这个令人久久难以忘怀的重大事件便是法国大革命。[18]

三

我们于是遇到了黑格尔青年时期的这个伟大政治事件。其所有同

⑱ 参阅黑格尔：《法哲学原理》，§258。

时代人都不得不针对这个事件来构思出自己的政治哲学，不得不重新考虑自己对待启蒙运动的态度。我们看到，对黑格尔来说，雅各宾派的大恐怖灾难，无法无天的大革命暴行，都应从启蒙运动的根本不适当性中去理解。

按照理性意志的处方对世界进行全面改造的渴望是达到“绝对自由”的渴望。但是这种渴望从根本上讲是理性意志整个现代发展的结果。宗教改革和启蒙运动是这种发展的两个阶段。为这种发展奠定基础的基本见解是，世界是由精神设置的，我们与事物的根基相同一。思维和存在是同一的。但是，由于思维或精神被简单地等同于人的思维和精神，因此整个社会被看做单独地以人的意志为转移。按照理性来改造社会也就是完全地按照人的意志的处方来重新建立社会，并因此实现了不受限制的无条件的自由。

这样，精神就作为绝对自由而呈现出来了；它现在是这样一种具有自知之明的自我意识，它知道它对它自己的确定性乃是实在世界以及超感觉世界的一切精神领域的本质，或者反过来说，它知道本质和现实乃是意识对它自己的知识。[19]

这个渴望导致了可怕的破坏。在《精神现象学》讨论大恐怖的那一节里，我们看到，追求绝对自由招致可怕失败的原因在于它无法接受对于社会来说是至关重要的差异性。它的空洞性注定要对社会造成绝对的破坏。在上一章里，我们开始注意到这一点的理由，在那里，对概念的阐明必须要在国家里才能得到把握。但是在进一步密切地考查为什么这种阐明必须如此以及为什么通往绝对自由的渴望无法提供它的过程中，我们将把握到黑格尔现代国家理论的核心。

404 绝对自由的社会必须完全是其成员的创造物。首先，它必须如此以便在其中的每一事物成为人的意志和决定的产物。其次，决定必须由所

[19] 黑格尔：《精神现象学》，第415页。（参阅贺译本，下卷，第115页。）

有成员的真正参与而得到执行。[20]这种状况,我们不妨称之为普遍而全面的参与,是一种所有人对于整个决定都有发言权的状况。

这与一种安排形成了对照。通过那种安排,一个团体有所分工,以便一个分支团体对某一方面事情的决定负有责任,而另一个分支团体对另一方面事情的决定负有责任,如此等等。我们也可以这样来谈论这个团体,总结果是由各成员的意志决定的;但是,并不是各个别成员,也许不是任何一个特殊成员真正地对总结果作出了决定,他们并不就总结果作出决定,或者与其他人一起在决定总结果的意义上具有发言权。

因此,所有人都是独立企业家的理想的自由创业经济,尽管是一种其结果取决于各成员的决定的经济,但也是一种没有一个人就一个总结果作出了一个决定或参与了一个决定的经济。或者,一个传统社会可能具有拥有不同角色的机构,那个机构被看做处在决定领域之外的机构。这个机构反过来将决定如何以及由谁来决定在决定领域之内的这些事务。在多半情况下,这个机构将把不同的人以不同方式与将要采取的决定联系起来;以便一些事将由酋长负责,一些事由老年人负责,一些事由这位巫医负责,一些事由妇女负责,还有些人将再对全体人民负责。也许,甚至当全体人民作出决定的时候,其决定的方式也将取决于结构,譬如,他们表决拒绝或接受由老年人提出的议案。

以绝对自由为目标的社会必须既不相似于上面勾勒的自由企业模式也不相似于传统社会模式。与后者不同,它不可能考虑超出决定范围的机构,不可能考虑假定以事物的本质、上帝的意志、上古时代的法律等等为根据的机构。如黑格尔看到的那样,启蒙运动的本质在于不承认任何此类权威。每一事物都必须以人的理性为根据而得到思考,并且由

---

⑳ “世界纯然是它的意志,而它的意志就是普遍的意志。更确切地说,普遍的意志并不是由默自表示或由代表所表示出来的赞同所表达的那种关于意志的空洞思想,而是实在的普遍意志,换句话说,是一切个别人的意志本身。”(参阅黑格尔:《精神现象学》,415页。)(此段引文为德文,参阅贺译本,下卷,第115—116页。)

人的意志依照理性对其作出判决。借用黑格尔在其早期神学著作中的一个术语,理性的意志无法接受仅仅是“实证的”国家制度和机构,即单纯地在那里存在着的、尚未得到理性证明的、由理性证明为必然的和合理的国家制度和机构。所以,除了从本质上讲是由一般意志所产生的决定过程之组成部分的机构之外,建立在一般意志基础之上的国家不包括其自身不是决定结果的机构:通过畅所欲言,百家争鸣,那个审议程
405 序大体上是相似的。此外,政府的形式、谁将充当政府的角色、所有权,所有这一切都是被决定的。按照洛克的说法,甚至不存在不容侵犯的个人权利,不存在不在政府分内的事务。

因此,绝对自由拒绝不是建立在意志——决定的后果——基础之上的机构。不过与此同时,它拒绝例如在自由创业经济中存在的另一种模式。如上面提到的那样,这种模式也已经与传统社会决裂。它是启蒙运动的产儿。除了所有权制度以及与之相应的交换和转让、契约、买卖等制度以外,它不需要任何别的“实证的”国家制度。换句话说,这些国家制度对于某种决定是至关重要的,那种决定使得个别企业家对其财产的处置具有重大意义。没有一个建立在传统权威、事物的神圣秩序基础之上的机构将受到尊敬或服从。只有那些被当做基础结构的机构才被看做对执行合理的人类意志来说是至关重要的东西。通过这种方式,自由事业的社会相似于绝对自由的社会。它们的深刻的不同之处在于它们执行理性意志的观念上。一方面,这表现在个体对他们的善的决定上,另一方面,这表现在整个社会对其公共事务的决定上。一个是特殊意志的领域,另一个是一般意志的领域。每一个领域的基础结构都使得每一个相应的典范决定成为可能。但是一般意志的模式无法接受自由事业的模式,因为纵使后者拒绝“实证的”东西,它仍然使得如下情况为真:总结果不是意志和决定的成果。每个人都为自己作出决定,所以由这个决定而导致的后果是他自己的后果。但是他对整个结果只具有相对微弱的影响。因为他所面对的由各种条件决定的其他因素是他所无

能为力的,那些条件是数以百计的其他意志的结果,其中每一个意志都处于一个相似的困境之中。是盲目的自然法则的作用,而不是意志,把这些意志连结了起来。不过,假如自由的关键在于我应该过一种由我自己决定的生活,那么在一定程度上,我生活在只是部分地是我们决定的结果的条件中,在一定程度上我并不是完全地自由的。

完全的自由将必然由我来决定整个结果。诚然,既然整个结果是一个社会结果,所以它不可能只取决于我一个人。更恰当地说,假如只有我单独地对它作出了决定，那么生活在这个结果之下的任何一个其他的人都不是自由的。假如我们都将是自由的,那么我们必须全都来作出这个决定。但是这意味着我们必须全都来作出整个决定,我们必须全都参与到关于整个决定的性质的决定中去。必须存在着普遍而全体的参与。参与不仅必须是普遍的,即包括了每一个人的,而且在这一意义上必须是全体的,即所有的人对于整个决定都畅所欲言。当然甚至这也还不够。假如存在着不可调和的观点差异,以致我们中的有些人受到了否 406
决并被迫认输,那么我们将是不自由的、受强制的。因此绝对自由理论需要一个关于我们的真正意志的全体一致的观念；这就是我们在一般意志理论中具有的东西。

对于普遍而全民参政的渴望似乎已经蕴含在卢梭《社会契约论》的公设中，在那部著作中，其目的在于找到一种人们能够进入的联系形式,同时又能够像以前那样把只服从自己作为自由保留下来。“只服从自己”的观念要求,一个人所遵守的法律将完全地是他的决定的结果。把这一点与在社会里的生活完全地协调起来的惟一途径是通过普遍而全体的参与,而这是一般意志的公设。

不过清楚的一点是，对于绝对自由的渴望无法与社会的任何细微差异相协调。可以作为无可挑剔地接受的惟一的机构是为决定的实施奠定基础的机构。但是这些机构也得完全地由全体来运作。这样,这些机构必须建立在市民的最大同质的基础之上并且确保那种同质性。因为假如所有的人将施行这个总决定,那么在这个重要方面,所有的人都将被看做是同一的。而且在由社会创造的那些国家制度中间,决不允许谁来否定在施行这些决定方面所有人的根本相似性和平等性。例如,假如它对于财产平等化的目的是必要的(卢梭就是这样认为的),那么人们将不得不这样做。不允许存在任何差异去与决定过程发生不同的关系。甚至不允许存在使得这个决定作为间接结果产生的不同关系,如财产的不平等。社会必须是一个同质的社会。在一般意志的主导下,差异当然是允许的和必然的。有些人必须充当政府的角色。但是,按照卢梭的蓝图,这被看做是由全体作出的决定的简单实施,是一般意志的全盘实践。这个角色区分决不须回顾立法通过的过程。

因此,对绝对自由的要求清除了社会的任何等级差异,清除了由其生活方式而得到确认的、将与社会政府发生不同关系的不同社会集团。它们也清除了与权力瓜分路线相适应的政治体系的任何差异。因为在这里,不同集团采取着只对结果产生部分影响的决定。诚然,作为一个抑制和均衡体系,权力的瓜分是有意义的。而权力瓜分的前提是,每一个权力都由不同的人来实施,所以至多是一个由全体来实施的权力,而其他权力尚达不到是由全体来实施的权力。但是假如我们要想保持绝对自由的迫切需要,那么没有一个有意义的决定可以是由尚达不到全体来实施的决定。我们可以考虑纯粹行政决定的代表地位,但是我们不
407 会考虑影响到我们的社会规划或者我们遵守的法律的纯粹行政决定。正如我们在卢梭那里看到的那样,一般意志理论不承认代表制度。

所以对于绝对自由的渴望矛盾于黑格尔的如下观念:对于一个理性国家来说,在清除差异方面什么是必要的。我在上面说过,在黑格尔的本体论中,我们能够找到支持对差异的这种信念的理由。但是这个比较深刻的本体论理由与黑格尔从其所在时代的历史中所征集到的诸多见解相吻合。在谈到与黑格尔对古希腊城邦的讨论有关的问题时,我曾经在上面提到过,黑格尔主张古希腊城邦不是现代国家的榜样。直接民

主之所以可能是因为那时的社会是狭小的，是因为他们把许多事情托付给了奴隶和异邦人去处理，他们是同质的；还因为现时代的个人主义尚未得到发展。按照黑格尔的观点，在现代世界发生的标志着它与古希腊城邦分道扬镳的所有这些变化不可避免地导致了差异。并且在作如是推理的某些方面，黑格尔在当时的思想和判断是独树一帜的。

现在如下见解已经变成了常识：现代国家的规模使得所有人在一个普遍而全民参政的体系之下的共同治理成为不可能。必须要有代表。以致当时那些拥护全民参政的人——其人数在今天也许比以往要多得多——追随于卢梭之后，把权力的极端分散作为惟一的解决办法。

不过，尽管现代国家的规模或许使得政治角色的某些差异无法避免，但是它并不表明一定得有社会差异，并且这一定与决定过程相关。不过这是黑格尔的“社会等级”观念的力量所在，社会被细分为那些“社会等级”。因为这些社会等级不仅仅各自具有一个明确的经济基础和生活样式，而且各自以自己的方式与政府过程发生联系。

在其19世纪初的早期著作和《法哲学原理》的成熟表述之间，黑格尔对于不同社会等级的考虑略有不同，不过他基本上指出了如下集团：(1)农民；(2)土地所有者阶级；(3)商人阶级；(4)从事现代国家行政事务的职业和职能阶级。他还观察到了(5)无产阶级的端倪，一个充满忧虑的甚至绝望的阶级。他视之为需要避免的灾祸，而非不得不努力将自己融入国家中的新集团。

为了理解黑格尔的观点，我们就必须记住，与当代社会的阶级相比，这些集团相互之间在当时具有更加鲜明的差别。因此在当时，依赖于土地的农民、城市资产阶级以及在一些乡村握有土地的贵族在观点、生活风格、政治趣味、政治生活观念等等方面确实存在着鲜明的差异。现代社会的发展，部分地受到一般意志理论的推动，大体上受到启蒙运动的思维样式的影响，一直朝着一个日益同质化的方向发展，在这方 408
面，生活在19世纪初的欧洲人仍然难以认清现代西方社会（依托克维尔的看法,尽管当时的美国人已经对即将来临的社会作了预示)。

但是,面对着他在当时所见到的这些差异,黑格尔理直气壮地认为,普遍而全体的参与观念是荒诞不经的。现代国家,作为古代城邦的对立面,把目标指向了普遍的市民关系。这意味着所有的经济职能都得要由市民来实施。不过可想而知地,黑格尔认为,这些不同的任务与不同的观点、生活样式、价值取向和生活风格相吻合。所以,首先,这些不同的"社会等级"将不得不去过一种对他们自身来说是重要的生活,那种生活将不受作为一个整体的国家的管辖。(这种情况仅仅适合于地主阶级和资产阶级;黑格尔没有考虑到农民的自治能力,也没有考虑到无产阶级的自治能力;不过在当时的欧洲,这种情况并非只发生在黑格尔一个人的身上,在当时,这些阶级几乎普遍地不具有公民权。)其次,因为这个原因,他们要求与政府事务建立不同的联系。(我们将在后面看到黑格尔是如何运用这一点来论证传统的欧洲一般社会等级模式的合法性的,在那里,贵族都有资格参政,平民则以代表的资格参政。)这两个要求都包含对普遍而全体的参与原则的背叛。

在现实生活差异的这个困境之下,要想把每一个人都置于作出全体决定的中心地位是荒唐的。一些集团将自然地要求在某些领域自主地作出局部的决定。对于其他集团来说,他们与全体的联系的方式,他们对全体的认同方式都存在着深刻的差异。例如,在黑格尔看来,农民阶级处于对民族Sitten(风情)的无反思的信奉之中;他们的基本反映是对于他们的自然领袖的确信(Vertrauen)。他们从不要求居于决定的中心,以便去确认那结果,去领悟它是他们自己的结果。

通过一种不同的方式,大多从事着追逐其私人所得、产品和交换的市民既没有时间也没有愿望要全心全意地献身于res publica (共和国)。他们更乐意且更适合通过代表与政府过程建立联系。另一方面,地主阶级是这样一个阶级,他们的整个生活注定地是在服务中给定的。他们对于他们被置于与公共事务处于次要的位置没有异议。

谈到市民，我们便触及了黑格尔给出的关于我们的处境不同于古代城邦的处境的第三个理由。我们已经发展了一种个体意识，那种意识在古代城邦没有立锥之地，它实际上导致了古代城邦的死亡。个体作为一个单纯的人，作为由于那个理由而具有意义的人的这种意识，即，个体既不是雅典人，也不是斯巴达人，既不是德意志人，也不是法兰西人，既不是犹太人，也不是非犹太人的意识在黑格尔称做“市民社会”的领域里得到了表现，我们大体上把那个社会考虑为资产阶级经济社会。与 409
古代人相比，现代人具有一个额外的复杂维度。他不仅仅是他的国家的公民，他还把自身看做是一个tout court(纯粹)的人，这是他的同一性的一个重要部分，因为人本身是一个普遍理性的动物。

随之而来的是，并非所有人都会全心全意地致力于公共生活。绝大多数人将把其一部分精力投入到私人事务中去。但是，因为只有当一些人全心全意地与国家患难与共的时候，只有当他们视国家的生命为自己的生命的时候，国家才能成其为国家。所以，普遍而全体的参政便再也不可能。最全力以赴地献身于私人事务的阶级是资产阶级；因此，他们乐意由他们中的一定数量的代表来处理各种事务。不过还存在着另一个集团，在耶拿早期著作的黑格尔理论的变体中，它指的是贵族阶级，后来它就是官僚阶层或普遍的阶级，那是一个全心全意献身于国家事务的阶级。

我们或许会通过培育一个全能的人的社会来考虑解决这第三个难题的方案。那些人既具有一份广阔的私人事业，又全面参与了国家生活。但是出于两个理由的考虑，黑格尔反对这种可能性。首先，黑格尔关于人的个人事业的理论是，只有当我们全身心地投入某项工作的时候，我们才能取得具有意义的成果，而这意味着对于其他事情的抛弃。[21]那些对每一件事情都存有渴望的人将一事无成。充分地得到了实现的事

---

[21] 参阅黑格尔《精神现象学》和《法哲学原理》，§ 207。

物是得到了特殊化的事物。黑格尔的本体论和世俗智慧在这里殊途同归。

但是,在社会之必然专门化观念的背后,还存在着理念的要求。这些要求是,概念的不同侧面在国家中找到了体现。但是,一个明晰的全体的最充分的体现是当它的不同侧面在不同部分和不同机构中得到实现的时候,以一种无差异的形式和睦共处是一个比较原始的阶段。因此,充分发展的国家是这样一个国家,在其中,概念的不同环节——直接的统一、分裂、间接的统一——在不同的集团中得到了实现,每一个集团都有适当的生活模式。这是源于概念的现代社会之各个等级的辩证推论。我们将在下面对它进行考查。

因此,黑格尔对现代社会之不可避免的多样性的理解与他的本体论见解是相吻合的。它们引导他得出了这样的结论:经济角色、社会角色和政治角色的实际差异在这样一个社会里是不可避免的,那个社会没有把低贱的工作分摊给不具有市民资格的人去承担,而那种差异不可避免地导致了文化差异、价值取向的差异和生活方式的差异。这些差异反过来要求在每一个社会等级内部具有一定程度的自主生活,而且,它们为每一个社会阶层可以和希望与全体建立不同的联系开辟了道
410 路。这就是对绝对自由的渴望是不合时宜的和徒劳的原因。而且和与现代国家的规模相关的那些理由相比,这些理由是更加根本的。

有人可能会诱使我们去得出如下结论:在这个问题上黑格尔是完全错误的和反动的,并且从那以来的各种各样的发展已经证明了这一点。当然,他关于现代政体之规模的最初论断是非常得体的。而且他的如下见解也是正确的:与较早的时代相比,现代人具有一个私人维度,这使得人们纵使不是不可能的但是也难以再一次全力以赴地献身于社会公共事务。不过就社会差异而言,他确实被证明是完全错误的。现代社会的伟大同质性表明,无论市民们从事的工作是多么地千差万别,他们都已经形成了一个观念和生活方式的统一体,那个统一体了结了决

定过程之不同关系的任何一个争论。现代社会的日益增长的“无阶级性”似乎指明了这一个方向。当然,与在当时相信“抽象”平等的那些人相比,黑格尔是更加务实的。不过就他们预见到了同质性而言,那些人在这一方面是更富于远见的。他们预见到了一个社会将建立在同质性的基础之上,这种学说可能就是应那种同质性而诞生的。

但是假如我们不拘泥于黑格尔理论对于他所处时代的“社会等级”的特殊应用,那么存在着一个到了今天也远远没有得到解决的重要问题。现代社会能够承认的究竟是哪一种差异呢?在这里存在着一个我们不得不要给予解决的两难。

我们可以把对于黑格尔称做“绝对自由”或普遍而全体的参与的渴望看做是去满足现代社会之特有需要的企图。传统社会是建立在差异基础之上的:皇室、贵族和平民,牧师和一般信徒,自由民和农奴,等等。这种差异被看做是事物的等级秩序的反映。在现代的、自我规定的主体性革命之后,关于宇宙秩序的这些观念逐渐被人看做是虚构,且作为国王、牧师、贵族等等为了使其臣民处于屈从地位而杜撰出来的欺骗性东西被抛弃掉了。但是无论它们以前多么频繁地被人有意识地或无意识地使用过,作为对于其身份的证明,这些观念也曾经是人们确认他们生活于其中的社会的根据。只有当他与宇宙秩序处于某个关系中的时候,人才能是人自身;国家声明要赋予这个秩序以形体,因此要成为人与这个秩序接触的主要途径之一。因此产生了关于有机整体的隐喻:就像手是身体的一部分一样,人把自身看做是社会的一部分。

现代主体性革命产生了另一种政治理论。我们不应根据社会是什么或者它表现了什么来评判它,而是应根据社会获得的东西,根据人的需要、欲望和目标的实现来评判它。社会逐渐地被人看做是一个工具。它的不同样式和结构将被科学地得到研究,因为它们对人类的幸福产生了影响。政治理论将清除神话和谎言。这在功利主义那里得到了最为清楚的表达。

411 但是这种现代理论并没有替人们对于其社会的认同提供基础。在由传统社会的瓦解而导致的时断时续的异化危机中，功利主义理论一直无力填补这一鸿沟；以致现代社会实际上仍然使他们的大部分传统观念完好无损地保留了下来，或者仅仅缓慢地走向衰微。例如在英国就是如此。或者一旦某个激进的突变发生之后，他们便求诸更加强大的手段，一般意志之传统的某个变体（雅各宾主义、马克思主义、无政府主义），把它当做一种革命的意识形态。或者，在革命时代或者在"常规"时代，现代社会求诸强大的民族主义的世俗宗教。甚至一些看起来是建立在功利主义基础之上的社会，或者某个更早的洛克主义传统变体基础之上的社会，像美国那样，实际上也求诸"神话"，如"拓荒者"的神话、关于永恒的新开端的神话、作为向着自我创造无限地敞开的未来的神话。

最后一个神话是所有反讽中的最大反讽。在那个神话中，功利主义理论本身没有给这一类神话留下地盘，即，在他们与社会、自然和历史的关系中，对于人类生活目的的思辨解释是论证对于一个成熟社会信仰的组成部分。这些信仰被人看做是属于更早的尚未发育成熟的时代。由于社会为他们创造的一切，成熟的人才依附于社会。就在十多年以前，这个见解仍然被美国和西方自由主义的知识界广泛地信奉着。他们声称"意识形态已经永远地终结了"。但是他们的说法都是对儒尔当先生曾经说过的东西的过时的颠三倒四的复述而已。儒尔当当时讲的不是无聊话，只是没有人知道它是无聊话的神话。现在已经越来越清楚的一点是，功利主义并不比其主要论敌更不是一个意识形态，它也没有比其主要论敌受到更多的欢迎。功利主义者是一类实际上不具有成员的人，他对社会的忠诚将只是偶然地建立在社会为他确保的满足的基础上。一旦我们看到它与"期待"纠缠在一起并且相信什么是适当的和正当的时候，"满足"这个概念便并非如此地靠得住了。现在最富裕的一些国家，如美国，正处于最为令人不满的状况之中。

对绝对自由的渴望可以看做是补偿在现代政治理论中的这个缺点

的一次尝试，是为某人对其社会的认同寻找根据的一次尝试。那个渴望充分地体现在现代主体性精神中。在社会成为我们的创造物的强烈意义上，并且在它是我们的最好创造物并且是我们的最为真实的创造物——我们的道德意志（卢梭、费希特）或我们的创造活动（马克思）——的意义上，当那个社会成为我们的社会的时候，我们替我们自己对于社会的认同并把我们的忠诚充分地献给它找到了根据。从费希特经马克思和无政府主义思想家到当代的民主参与理论，周而复始地存在着重构社会的呼声，存在着清除异质性、克服异化、恢复自发性的呼声。只有是自由的道德意志之派生物的一个社会才能恢复我们对于与古人 412
对传统社会的忠诚差不多的忠诚的主张。因为再一次地，社会将反映或体现某个绝对的价值。只是这已经不再是一个宇宙秩序，而是与现代革命相一致的、绝对的人类自由本身。

所以，对绝对自由的渴望诞生于对功利主义社会模式的强烈不满，功利主义社会模式把社会看做促进或调整各种利益的工具。依这个模式建立起来的社会被看做是一个精神荒漠或一架机器。它们表现不出任何精神的东西，它们的规章和原则被渴望着绝对自由的人当做难以忍受的约束。所以毫不奇怪地，绝对自由的理论家们经常地就站在自由社会的反动批评家们的旁边，并且情不自禁地表现出了对于早期社会的仰慕之情。

黑格尔理解这种渴望。如我们看到的那样，这使得对于激进自主性的要求成为他的理论的核心部分。他的确在对绝对自由的这种渴望的发展路线中居于一个重要地位。那个路线从卢梭经马克思等人一直发展开来。由于他把卢梭和康德的激进自主性要求同源于赫德尔的表现主义理论连结了起来，这为马克思思想提供了一个必不可少的背景。不过他仍然是一位激进自由的激烈批评家。单单这一点就值得我们去考查一下他的批判对象。

摆脱了黑格尔关于社会差异的特殊理论，这个批判的基本要点是：

绝对自由需要同质性。它无法容忍将妨碍每一个人全面地参与社会决定的差异。进一步地,它需要某个近乎无异议的意志产生于这种自由,否则,多数人将把自己的意志强加于少数人的身上,自由将不再是普遍的。但是某些相当本质的差异是根深蒂固的。(让我们暂时把黑格尔不认作适当对象的对象搁一下。)而且,在我们的后浪漫主义的氛围里,它们被认作对于人类的同一性来说是至关重要的东西。人无法简单地把自身认同为人,除非他们更直接地通过他们的局部共同体——如文化共同体、语言共同体、教派共同体等等——来规定自身。因此现代民主陷入了困境之中。

我认为这种两难可以在当代社会里找到。现代社会已经向着日益强大的同质性和日益强大的独立性发展,以致局部的共同体丧失了其自主性并在一定程度上丧失了其同一性。但愿重大的差异仍然保留着;仅仅因为同质性的意识形态的缘故,对于那些拥有它们的人来说,这些不同的特征不再具有意义和价值。因此,偏远落后地区的人接受大众媒体的教导,以了解到它自身正缺乏一种更先进的生活方式的某些优点。穷人被看做社会的边缘,例如在美国,在某些方面其境遇还不如在比较承认阶级分化的社会里的穷人的境遇。

因此,同质化过程增加了少数派的异化和敌视。自由社会的第一个
413 反应是千方百计地进一步加大同质化的力度:消除贫困的计划,同化印第安人,把人口迁出偏远落后的地区,把都市的生活方式带到乡下,如此等等。但是激进的反应是把异化的这种感受转变为对于“绝对自由”的要求。其观念是要通过创造一个社会来克服异化,在那个社会里,每一个人,包括那些“脱离于”各集团的人,将充分地参与决定。

但是这两个解决方案都简单地恶化了这个问题,同质化过程已经对共同体造成了损害,已经对人们以前借助于它们而确认自身的那些特征造成了损害,并且使它们不再有立锥之地。几乎在每一个地方都受到关注的是种族或民族的同一性。在现代社会里,民族主义已经成为最

强有力的同一性凝聚力。对于激进自由的要求会并且常常真地激起了民族主义,从这里被给出了一个确定的刺激和方向。

但是除非发生这种情况,对绝对自由的渴望无力解决这个两难。它企图通过大众的参与来克服大众社会的异化。但是现代社会的规模、复杂性和相互依赖性使得单纯依靠技术手段来达到这一目的变得日益困难。更加严重的是,社会中日益增长的异化——那种异化导致了对效忠对象的传统关注——使得达成基本同意,使每一个人都服从“一般意志”——那个意志对于激进民主来说是至关重要的——变得越来越困难。随着传统的限制与接受它们的根据一起衰微,社会趋于解体,当他们找不到理由来与“体系”相妥协的时候,局部集团在作出其决定方面日益地变得粗暴起来。

但是对参与的激进要求与阻止这种解体的发生没有关系。只有当存在着一个同意的基础的时候,或者只有当存在着一个潜在的共同目标的基础的时候,全民参政某个决定才是可能的。激进的参与不可能产生这种情况;它以它作为先决条件。这是黑格尔一再地重复的一个见解。对绝对自由的要求本身是空洞的。黑格尔强调的是一系列可能的后果。那个空洞性导致纯粹的破坏性。但是在《精神现象学》里的讨论中,他还提到了另一种情况。因为确实有一个方向必须向社会指明,因此某个集团会提出自己的愿望,并且把它强加于社会,声称它代表着一般意志。因此他们通过武力“解决了”分歧问题。当代共产主义社会提供了这方面的一些例子。无论为他们进行怎么样的辩护,他们都肯定地不可能是些自由的模式。此外,他们对绝对自由的空洞性的解决在某种意义上仅仅是暂时的。选择什么社会目标和采纳什么社会结构的问题将通过对于与自由社会的过分动员和斗争来得到解决。社会可以被确立为一项确定的任务,因为,要么在打败阶级敌人的过程中,要么在建设一个现代经济的过程中,它必须建设共产主义的先决条件。一旦动员阶段临 414
近终结(其终结的惟一理由是它击败了执政党),那么这样的社会也将陷入混乱之中。

不过，不想走上总动员的这条极权主义道路的某个参与的意识形态无法处理庞大的当代社会的错综复杂性和四分五裂状况。它的许多倡导者看到了这一点，并且返回到了由卢梭初创的一个高度分权的共同体联邦的观念。不过与此同时，一个庞大的同质性社会的成长已经使得这种情况更加行不通了。不仅是因为随着人口的大量集中和经济相互依赖性的日益加强，众多的决定不得不为了整个社会而作出，而且分权没有办法解决这些问题。更糟糕的是，同质化已经对局部的共同体造成了损害，在过去，这些共同体一直自然地是如此分权的联邦的基础。把社会人为地切割为可管理单位的过程是毫无益处的。假如事实上没有人强烈地认同这些单位，那么参与将是最低限度的，如我们在今天的许多都市政治中看到的那样。

因此，用最简洁的话来说，黑格尔遇到的现代民主的两难是：关于平等和全民参政的现代意识形态导致了一个同质化的社会。这使人从他们的传统共同体中解脱了出来，但是无法作为一个同一性的凝聚力而把传统共同体取而代之。说得更准确些，在主张贬低甚至取缔差异性和个体性的军国主义或极权主义意识形态的推动下，它能够作为一个凝聚力而把传统共同体取而代之。黑格尔一直强调，古希腊城邦的紧密统一体不可能在已经知道个体自由原则的现代世界得到重建。

因此，通过向着一个普遍的全民参政的社会运动来填补空白的企图是徒劳的。在那里压制自由实际上并非什么见不得人的事。通过强化同质化过程，它只会恶化问题，而不可能带来任何缓和，因为绝对自由本身是空洞的，它无法提供一个同一性的凝聚力。此外，全民参政在一个庞大的社会里是无法实现的。实际上，绝对自由的意识形态只是产生了掌握在具有一个意欲强加于别人的强有力观念的一小撮人手里的东西。

恰恰是因为现代社会所致力的意识形态不断地使它向着日益强大

的同质性推进，医治这种痼疾的惟一良方，即意味深长的差异性的恢复,已经对现代社会无济于事。仍然保留了下来的一些差异已经今非昔比,且正在提供异化和敌视的土壤。实际上其他的差异填补了进来,成了同一性的凝聚力。这些差异主要是种族差异或民族差异。但是它们大多是排外或无法兼容性的。它们勉为其难地形成了一个有差异的社会的基础。相反，多民族国家要在现代世界生存下来便面临着巨大的困难。民族主义倾向于导致一种单一的同质性的国家。凡是民族主义强大 415
的地方,它都倾向于提供共同的同一性凝聚力并避开分裂。但是接着它便有压制分歧和差异性的危险,并沦为一种狭隘而非理性的沙文主义。

如我们将在下面再一次看到的那样，黑格尔没有给予民族主义以多少重要性。并且,这是他没有预见到民族主义在现代世界里发挥关键作用的原因。作为一个效忠对象,纵使它不够理性,但它太接近纯粹的情感,在国家基础中占据着太重要的地位。但是如下情况也是真实的,按照他的观点,民族主义无法提供现代社会需要的东西。这是差异的根据,差异对这个民族来说是有意义的,但是与此同时,它没有让局部的共同体彼此去反对对方,而是在一个更大的范围里把它们联结到一起。

在一个简单的公设里,这是现代社会要求用以解决其两难的东西。它是传统社会曾经拥有的东西。因为,宇宙秩序观念或有机体类似物的观念的要点是,它们把一个意义赋予给了两个社会集团之间的差异,它还把这两个社会集团合而为一地联成了一体。但是在现代社会里,怎么样才能把它恢复起来呢？如我们看到的那样,黑格尔的答案是,通过把它们看做宇宙秩序的表现,赋予社会差异和政治差异以意义,但是他把这个秩序理解为现代自主性渴望的最后的和完全的实现，它是惟一地建立在理性基础之上的秩序,所以它是自由意志的终极对象(目标)。

我们现在可以更加清楚地看到,就社会必要差异而言,黑格尔思想的两个层次是如何相互交织在一起的。在一个层次上,存在着一组引自与古希腊城邦进行比较的思考:现代国家的规模、一旦所有的职能由公民承担之后国家必须囊括的重大差异、现代的个体性观念。尽管它们的意义可能是互有争议的,但是每一个人都将大体上接受这些东西。在另一个层次上,存在着对理念的必要阐明,那个理念必定在社会里得到反映。在黑格尔看来,如我在此已经把它们罗列出来那样,这些思考并不是按照孤立的秩序发挥作用的。随着理念在历史上实现自身,它们错综复杂地纠缠在一起,以致黑格尔把他那个时代的现存社会差异看做对理念之阐明的反映,或者更准确地说,看做替一个完全适当的反映作好了准备。因此,这当然成了黑格尔不是把这些差异看做注定要消亡的先行历史的残余,看做这个时代的激进思想家的思想差异,而是看做达到最终将"与概念相符合"的某个国家轮廓的原因。

在今天我们无法接受黑格尔的解决方案。但是它企图给予解决的那个两难仍然存在着。这个两难是托克维尔企图用不同术语给予解决的难题。在当时,托克维尔看到,在一个分权的权力结构中,严格的选民共同体对于民主政体的极端重要性,与此同时,平等的影响力倾向于把
416 现代社会推向同质性,也许还包括对于一个绝对的政府的屈从。也许这个趋同性并不让人感到惊奇,这两位思想家都受到了蒙田的深刻影响,两人对过去和未来的变化都具有深刻而同情的理解,但是无论是在黑格尔的解释中还是在托克维尔的解释中,我们都能够看到如下说法:现代民主政体的伟大需要之一在于恢复重大差异的意义,以便它的局部共同体,无论它们是地理共同体、文化共同体还是职业共同体,都能够通过一种把他们与全体联结起来的方式,再一次成为他们的成员关注和活动的重要中心。

四

现在我们返回到黑格尔对于法国大革命的解释。我们可以看到,对绝对自由的渴望是如何必定失败的。由于对任何说法都满怀敌意,它在

旧社会的废墟之上无力重建一个新社会，通过那个新社会人们才得以再一次地与普遍建立起联系。它将

> 不能达成任何肯定性事业，它既不能达成语言上的普遍事业，也不能达成现实上的普遍事业，既不能完成有意识的自由所制定的法律和规章，也不能完成有意识的自由所实现的行动和事业。㉒

但是接下来，它的所有能量都不得不消极地得到了耗尽。面对着现存的社会，那古代的国家制度，对绝对自由的渴望被引导着去摧毁它的国家制度，去抹去它的差异。然而，既然它不能在它的地盘上产生任何东西，绝对自由在这个否定环节上便受到了阻挠，它的能量只能消耗在持续的摧毁中。

> 普遍自由既不能产生任何肯定性事业，也不能作出任何肯定性行动；它所能做的只是否定性行动；它只是制造毁灭的狂暴。㉓

这是黑格尔对大恐怖的推论。大恐怖不是雅各宾派和法国大革命其他激进分子的渴望的偶然结果。对自由本身的这种要求的空洞性，黑格尔称之为“消极的自由”或“空虚的自由”㉔，“把每个内容都作为限制来摆脱”，我们已经在一个哲学层次上看到了康德的普遍化标准的空洞性。现在在对任何一个有差异的结构的狂热拒绝中，它爆发为一个政治奇观。革命“以为自己是希求某种肯定的状态，例如普遍平等……”，但是实际上它什么也没有实现。因为

㉒ 黑格尔：《精神现象学》，第417页。（另参阅贺译本，下卷，第117页。）

㉓ 黑格尔：《精神现象学》，第418页。（参阅贺译本，下卷，第118—119页。）

㉔ 参阅黑格尔：《法哲学原理》，§5。（参阅范译本，第14页注。）

> 这种现实会马上带来某种秩序,即国家制度和个人的特殊化。对否定自由的自我意识正是从特殊化和客观规定的消灭中产生出来的。所以,否定的自由所想望的其本身不外是抽象的观念,至于使这种观念实现的只能是破坏性的怒涛。㉕

417 但是当整个国家制度都已经成为废墟之后,它还能摧毁什么呢?其答案是自身,是它自己的产儿。因为实际上对全体而完全的参与的渴望是根本不可能的。事实上某个集团肯定会操纵局势,掌握实权。这个集团是一个真正的小帮派。但是它不会承认自己仅仅是一个小帮派,因为这将损害它的合法性。相反,它声称它是一般意志的体现。所有其他帮派都被斥之为有罪过的帮派;而且,既然他们千方百计地躲避一般意志和阻挠一般意志,所以他们肯定是有罪过的帮派。他们千方百计地把自己同普遍而全体的参与区分开来。他们把自己作为一种私人的意志确立起来,因此它们必定要被摧毁。

但是实际参与某个帮派并不是必然的。因为合法性的基本概念是一般意志,甚至其意志是敌意的和反动的那些人的一般意志,而不管他们是否从事着反对革命政府的活动,不管他们是自由的敌人还是人民的敌人。在形势紧张和危机的岁月里,这些也必定得到了处理。不过反过来,恶的意志无法以与反革命活动的相同方式得到证实。如果我们既要与意志的敌人又要与行动的敌人进行斗争,那么我们就得通过爱国者把合理怀疑的基本原则贯彻到底。

> 有嫌疑就代替了有罪过;或者说,有嫌疑,就有犯了罪的意义和效果。㉖

㉕ 参阅黑格尔:《法哲学原理》,§5。(参阅范译本,第14—15页。)

㉖ 黑格尔:《精神现象学》,第419页。(参阅贺译本,下卷,第120页。)

这样黑格尔推导出大革命的怀疑法则在大恐怖时期达到了顶点；同时他申明了未来革命的基本原则，对他来说，某种深藏于内心的意图（“从客观上”而“非主观上”）也可以等同于犯罪行为。

大恐怖对待其敌人以及对他们的清洗有一个根本的态度。人性的本质将在一般意志中被找到；人的真正自我就在这里，它就是他的自由的内容。凡是与一般意志对立的东西都只能是不合理的东西，凡是在人的内心存在的东西都是些见不得人的、仇恨人类的意念或稀奇古怪的念头。在消灭这些敌人的过程中，一个人正在杀害的不是那些自主的人，其对立面扎根于他们自己的独立的同一性之中，而是不具有其他人性内容的空洞、倔强而转瞬即逝的自我。因此他们的死亡是

> 一种没有任何内容、没有任何实质的死亡，因为被否定的东西乃是绝对自由的自我的无内容的点；它因而是最冷酷最平淡的死亡，比劈开一棵菜头和吞下一口凉水并没有任何更多的意义。㉗

在这些预言性的段落中，黑格尔勾画出了政治恐怖的现代现象，与他那个时代的人相比，我们对于这些现象甚至有更加刻骨铭心的了解：一场打着符合人性的真正意志的招牌把“人民的敌人”给予扫除的恐怖；一场从消灭实际对手到逐步升级至消灭嫌疑犯的恐怖。这本身不是什么新玩意。任何一个暴君的法院总是知道根据怀疑来处死人民。但是在现代的政治恐怖中，怀疑已经不再建立在对于敌意活动的可能性的任何 418
考虑的基础之上。它由此逐步升级到去惩治那些难以管束的人或对它三心二意的人，因为这是反人类的罪恶的本质，它不把那些人列入它的队伍里。并且由于这个原因，牺牲者按辈分高下进行宣判，以致他们可

㉗ 黑格尔：《精神现象学》，第418—419页。（参阅贺译本，下卷，第119页。）

以像寄生虫那样地被处置。因此高度文明的民族战胜了最野蛮的成吉思汗和阿提拉。通过与种族主义相结合，对集体意志这种意识形态的滥用超过了所有以往的人类罪恶。

依黑格尔的观点，恐怖，至少是毁灭性的狂暴，是对绝对自由的追求本身所带来的弊病。它无法容忍任何一个现存的结构，甚至无法容忍它自己以往的创造物，那些创造物不是当前积极的意志的派生物。结果，它感到自己只有在毁灭的劳作中才是真实的。“这种否定的意志只有在破坏某种东西的时候，才感受到它自己的存在。”[28]我们可以料想得到，黑格尔对毛泽东文化大革命将会有什么样的想法，黑格尔对当代革命对官僚化的忧虑将会有什么样一般看法。黑格尔没有预见到的是，肯定的目标和机构何以能够打着绝对自由的名义瞒天过海而欺世盗名，以及由此而产生的让人感到匪夷所思的恐怖。

所以，黑格尔把法国大革命看做是启蒙运动的最终结果，是启蒙运动内在矛盾的顶点。启蒙运动是现代对人的精神化运动的最高点。它意识到了这样一个事实：人是理性意志的动物，任何东西都无法阻挡住理性意志。理性意志已经把自身从所有“肯定的事物”解脱出来，从对于任何单纯存在的机构和过去的非理性权威的认可中解脱了出来。但是受狭隘的“知性”力量的盲目驱动，启蒙运动无法看到如下事实：人是更伟大主体的手段。启蒙运动仅仅把人规定为理性意志的源泉。结果它无法为这个意志找到任何内容。这个意志只会做破坏。所以它以自我毁灭以及对自己的产儿的毁灭而告终。

接着发生的事件是，国家返回到了一个重新被发现的差异。但是这不只是照旧从来。因为有些东西已经是既成事实。旧的成文机构、非理性的过去得到了清除，或者更恰当地说，过去的国家制度仅仅是合理性的不全面体现。古老的典章制度不得不走向衰微，为即将取代它们的新

---

[28] 参阅黑格尔：《法哲学原理》，§ 5。（参阅范译本，第14页。）

生的机构留下地盘。

因此，已经真正地吸收了以法国大革命为代表的世界历史的巨变的国家是一个重新恢复了差异性的国家。我们将看到，它与在它之前的那些社会等级结构具有某种连续性。但是它得到了重构，并且它是完全建立在理性基础上的。这正是黑格尔在《法哲学原理》中替我们勾画的那种国家结构。

不过在我们继续探讨这个问题之前，我们会说，这个国家在历史领 419
域所达到的状态、它的实现与它的本质相吻合。正因为它没有被绝对地看做是人类意志的派生物，所以它不是由有意识的人类筹划所产生的。的确，在历史上它是由人的行为发动的；但是这里即将发生的事情比人们原来料想的总是要复杂得多。法国大革命使他们对某个异想天开的尝试有了切肤之痛；不过他们仍然参与了替新国家正本清源的工作。拿破仑渴望着征服欧洲，渴望着把大权牢牢地掌握在自己手中，由此而导致的结果是得到重建的国家。甚至灾难性的后果也起了一定的作用，因为黑格尔把大恐怖的影响力归结为与死亡的亲密接触。它把人带回到了普遍，因此促成了新国家的创立。[29]这就是理性的诡计之处。

我们在这里看到了黑格尔和马克思之间的一个重要差异。在黑格尔对绝对自由的批判中，我们看到他对卢梭和法国大革命进行了清算。但是这也是一个先于马克思的批判。[30]因为马克思也认为，我们最终将抵达一个普遍的全体参与的社会，我们终将通过克服劳动分工抵达一个新的同质性。而且马克思对黑格尔的差异的拒绝恰恰是建立在这样一个论题基础之上的，正如我们已经看到的那样，那个论题最终使黑格尔与法国大革命分道扬镳：对马克思来说，历史的目的的自由是一种纯

㉙ 黑格尔：《精神现象学》，第420页。

㉚ 尽管持有黑格尔实体原则的相似观念并把人看做自然混合体的马克思部分地逃避了这个批判。请参阅本书第20章第2节的讨论。

粹人的自由，而不是精神的圆满。因此它的实现是一个有意识的行动。

因此，尽管马克思采纳了黑格尔的“理性的诡计”概念，但是这个概念没有应用到最近的那一场大革命。在马克思主义的思想中，资产阶级以及更早的政治活动家都无法理解他们的行动的意义；他们做了许多他们自己都没有考虑到的事情。但无产阶级就大为不相同。在马克思主义看来，这些人具有科学的事物观。在这种情况下，活动者理解了他们的创新活动的意义。

在马克思那里，与理性的诡计相同的论题是建立在人的类本质的观念的基础之上的。赋予人的历史活动以隐藏的意义的是仍然尚未被人所知的人的本质。但是随着最后的矛盾的解决，这逐渐地受到了意识。人们了解了他们的真实存在，并且由于代理者是类的人，那些能够在作为一个全体的人性层面上活动的人，即无产阶级，能够清楚地理解他们正在做的事情。换言之，在历史上那看不见的代理者，那与黑格尔的“理性”相符合的，是类的人。在阶级社会里，只要类的人矛盾于他的实际历史实体，那么人就无法明白他正在做的事情。但是，由于无产阶级的到来，一旦这个矛盾得到了解决，那么他的行动也就达到了自我意识。

420 另一方面，在黑格尔看来，人决不清楚自己在当时的所作所为；因为代理机构不单纯地就是人。我们大家全都作为代理者参与了我们并不真正理解的一出戏剧的演出。只有当我们表演完了之后，我们才能事后理解这整个戏剧的的细节。密纳发的猫头鹰要等到黄昏时分才会起飞。

所以，以一种重要的方式，代理机构并不完全地是我们的代理机构。我们不设计和筹划理性的国家并使之成为现实。它是经过历史成长起来的。它在这样一些国家制度中成长起来，它们产生于日耳曼丛林，经历了中世纪，最终成为君主立宪制度的君主制度和社会等级制度。这些国家制度必须得到改变、提炼和理性化。甚至这也不是依计划进行的,而是来自革命活动和某位抱着别的目的的元帅之外的理性的诡计。

对于黑格尔的政治理论来说,假如国家必须与理性相一致,那么与之相适应,我们可以从他的历史哲学得出,理性即精神实现了自身,这并不是通过一些理解了理性的蓝图,并在此基础上建立了一个国家的人来完成的。理性实现了自身意味着结果超出了并没有真正意识到自己的所做所为的人的活动之外。虽然人盲无目的地活动着,但他受着理性的诡计的指引。

此外,纵使通过某种奇特的时间异常手段,人们能够事先获得关于国家的正确公设,它仍然无法得到适当的应用。在为这个公设的一个必要组成部分是人们使自身认同那种已经实现的公共生活。但是这是无法一厢情愿地做到的。这是在我们无意识精神生活的深处缓慢发展着的某个东西。这是黑格尔会有如下说法的原因:像拿破仑在西班牙发现的那样,人们根本不可能把一个好的国家制度移植到任何一个地方。西班牙人民的伦理无法与自由主义的伦理相结合。[31]

与此相似,适当的国家制度的Sittlichkeit(伦理)缓慢地成长着,并且只会在某个确定的民族里,以某种确定的节奏,在某种确定的条件下成长起来。在它在那里存在之前它无法为人所理解,这并不是一个不幸的意外。相反,这种理解之所以不会到来是因为在它之前人们还没有成长到这种Sittlichkeit(伦理)水平的高度,所以无怪乎他们无法理解它。他们有自己的Sittlichkeit(伦理),但是这还不足以达到充分的合理性。它的成长仍然有待于理解,因为它包含着一个理性的成长,一个在理性中的成

㉛ 参阅黑格尔:《法哲学原理》,§274,补充。(黑格尔的原话是:"拿破仑想要先验地给予西班牙人一种国家制度,但事情搞得够糟的。其实国家制度不是单纯被制造出来的东西,它是多少世纪以来的作品,它是理念,是理性东西的意识,只要这一意识已在某一民族中获得了发展。因此,没有一种国家制度是单由主体制造出来的。拿破仑所给与西班牙人的国家制度,比他们以前所有的更为合乎理性,但是它毕竟显得对他们格格不入,结果碰了钉子而回头,这是因为他们还没有被教化到这样高的水平。"参阅范译本,第291页。)

长，每一个这样的阶段的更高阶段都无法从其较低阶段的观点得到理解。成长必须在我们能够理解它之前就已经发生。

作为理性成长的一个成果，合乎理性的国家在它出现之前不可能完全地被人所理解。纵使有人把它归功于某些人，那些人也无力影响它,因为它还没有被人所理解,还没有被他们的同时代人所认同。

421 设计出一个国家制度然后将它付诸实践的理想是启蒙运动的理想。它把整个事情看做是一个工程问题、一个手段和设计的外在问题。但是一个国家制度还需要在人的同一性方面的一些条件，他们理解自我的方式;所以这个启蒙运动的理想是极其肤浅的。妄想在哲学上超出其时代相似于妄想跳出罗陀斯岛。[32]

五

黑格尔的法国大革命观念为我们了解他的历史哲学与他对其所处时代事件的理解的相互关系提供了一个机会。从这个角度我们可以看到,他把自己卷入了当时的政治争论之中。我们刚才提到的那个序言是这一点得到简要表达的一个好地方；因为他利用这个机会猛烈抨击了一些令人难以容忍的愚蠢观点,同时展示了他的历史哲学的某些方面。

因此,我们看到,黑格尔无法接受这样一些启蒙运动者的见解,他们设计了一个合乎理性的国家并且千方百计地把它像一个工程计划那样地付诸实施。这个国家要么是一个按照功利主义原则建立起来的,要么是建立在一般意志的基础之上的。不过在那篇序言中,他也抨击了这些合乎理性的规划者的主要论敌,浪漫派,即像耶可比、弗里斯、施莱格

㉜ 参阅黑格尔:《法哲学原理》,序言。(黑格尔的原话是:“妄想一种哲学可以超出它那个时代,这与妄想个人可以跳出他的时代,跳出罗陀斯岛,是同样愚蠢的。”参阅范译本,第12页。)

尔(尽管只有弗里斯指名道姓地提到)之类的作家,[33]他们不相信理性能够引导人类过一种更加高级的政治生活。浪漫派更加相信情感,相信对于善和对于同胞的自发之爱,相信某种无法由理性来把握或设计的东西。

黑格尔全力反对这个思想路线,并且对它充满了冷嘲热讽。因为政 422
治必须建立在理性基础之上,纵使它不应该建立在关于革命理性的肤浅观念之上。浪漫主义学派之所以激起他的反对不仅是因为他们贬低理性,而且是因为他们向情感的倒退,使得法律退居次要地位。而这两个错误从本质上讲是一样的。

㉝ 由于对弗里斯的这种攻击,黑格尔受到了强烈的批判。弗里斯是一位同情德国大学生协会的教授。这个协会力主宏扬反法爱国战争精神,鼓吹实现一个统一的德国。他们的浪漫派民族主义很不合1815年之后得到重建的德意志州政府的胃口。弗里斯出席了1817年德国大学生协会在伐尔特堡召开的庆祝会,并且为复兴德意志民族而发表了一篇充满着浪漫主义热情的演说。由于这件事情,他后来受到了怀疑。德国大学生协会后来被州政府总协定取缔。

黑格尔在这个节骨眼上攻击弗里斯的做法一直受到人们的非议。他似乎是在落井下石,而且被打倒的是一个自由主义左派。这似乎替把黑格尔定性为现有秩序的保守主义辩护者找到了证据,而且这是一个多少有点有口难辩的污点。

但是我们不应该就事论事。德国大学生协会的年轻人不仅仅是些浪漫派的民族主义者。在他们的言语中还流露出了大量沙文主义和反犹太主义的倾向,伐尔特堡庆祝大会发生了大量地焚烧他们反对的作者的图书的事件,他们中的一名成员谋杀了诗人库特兹布,后者被怀疑是一名俄罗斯间谍。

于是有些知识分子公开谴责这种行为,有些则含含糊糊地赞扬起那位青年的纯粹动机,而不提支持他的做法。在年轻人一再地在老年人的怂恿之下只根据其崇高动机来对暴行作出判断的年代里,我们无法像我们以往习惯于确信的那样地确信,在谴责这种空洞的道德主观主义的过程中,尤其在抨击其最臭名昭著的鼓吹者的过程中,黑格尔犯了反对自由主义的罪过,或者犯了违背作为一名知识分子的责任的罪过。参阅在考夫曼主编的《黑格尔政治哲学》中悉尼·胡克和谢罗莫·阿维纳里之间的讨论。并请参阅S.阿维纳里:《黑格尔现代国家理论》(剑桥大学出版社,1972,第119—121页。)

> 权利和伦理，以及正义和伦理生活的现实世界，通过思想而为人所理解，它们通过思想才取得合乎理性的形式，即取得普遍性和规定性。这一形式就是法律；至于给自己保留肆意妄为的那种情感，把权利归结为主观信念的那种良心［即浪漫派的良心］，的确有理由把法律看做它的最大敌人。[34]

纯粹主观的浪漫派的良心不可能是一个指导原则。依赖于良心也就是抛弃了思想和理性。也就是陷入了任意妄为之中，陷入了异想天开之中，这不可能成为政治生活的根据。

浪漫派的第三个相关错误是，它把当前现实看做紊乱的、已被上帝所遗弃的。浪漫派怀着思古之幽情，追忆着以往的和谐岁月，怀念着远在当前死寂而无意义社会之外的世界。在当今世界里，人们感受不到一种无拘无束的兄弟情谊。不过其关键在于，不仅国家是理想地建立在理性基础之上的，而且这个理性正在历史中实现着自身。所以理性不仅从理想上（从观念上）为世界奠定了基础，而且一定可以在现存的世界中找到。

黑格尔在这里提出了常被人引用的一句名言："凡是合乎理性的东西都是现实的；凡是现实的东西都是合乎理性的。"[35]他借此表达了他的历史哲学的根本原则。历史是理性的自我实现。这个实现经历了几个阶段，是一个从不完美到完美的过程。当然，这意味着在较早阶段，理性将不完美地得到了实现；在这一意义上，实在的意志也将是不合乎理性的，或者不是完全合乎理性的。但是既然这些阶段本身是依必然性发生的，因为它们是由理性决定的，所以我们可以说，理性在任何一个特定时间所达到的相对不完美的阶段本身是合乎理性的。在历史上任何一

---

[34] 黑格尔：《法哲学原理》，第7页。（范译本，第7页；此处译文有一些出入。）

[35] 黑格尔：《法哲学原理》，第10页。（参阅范译本，第11页。）

个给定阶段，理性实现的程度都取决于理性。

简言之，在历史上起作用的是理性。所以，在我们看到产生并塑造着现实(Wirklich)的力量的地方，理性便在最深刻层次上得到了理解，这个现实便是合乎理性的。从一个更高的层面上看，在那里我们关注的是现实的一些偶然变量。但是这些变量不是黑格尔称做“现实性”(Wirklichkeit)的东西的组成部分。[36]现实(wirklich)是在与其潜在必然性关系中得到理解的现实(reality)。这之所以是合乎理性的(rational)东西，是因为合理性(rationality)是设置了现实(real)的东西。

所以，视世界为上帝所抛弃的世界的那些人是盲目的。哲学的工作在于揭示这个合理性。但是这把我们带回到了上面反对唯理论改良主 423
义者的对象那里：我们揭示这种合理性不是为了按照理性来筹划世界和改造世界。揭示理性是为了揭示已经在起着作用的力量和筹划。在哲学里，我们无法筹划，因为我们无法参与到这个理性的实现过程当中去：“关于教导世界应该怎样……哲学总是来得太迟。”[37]“密纳发的猫头鹰要等黄昏到来，才会起飞。”[38]我们已经在上面看到了之所以如此的原因。

所以，“哲学的任务在于理解存在的东西，因为存在的东西就是理性”。[39]黑格尔说，《法哲学原理》的目标就在于“把国家作为其自身是一种理性的东西来理解和叙述的尝试”。[40]但是，这不仅是与“左派”浪漫派批评家的决裂，是与那些渴望另一个社会的人的决裂；而且包含着对于

[36] 参阅黑格尔在《哲学全书》较迟一版中就引自《法哲学原理》的这个口号所加的评注(《小逻辑》，§6)。并参阅本书第11章逻辑学的现实范畴以及与之相伴的表面偶然性观念。(参阅黑格尔：《小逻辑》，贺译本，第43页。)

[37] 参阅黑格尔：《法哲学原理》，第12页。(参阅范译本，第13页。)

[38] 参阅黑格尔：《法哲学原理》，第13页。(参阅范译本，第13页。)

[39] 参阅黑格尔：《法哲学原理》，第11页。(参阅范译本，第12页。)

[40] 参阅黑格尔：《法哲学原理》，第11页。(参阅范译本，第12页。)

这样一种立法思想的坚决抗拒：那种思想把君主统治权的正当性建立在纯粹的所有权基础上，或者建立在无法从理性中推导出来的“自然的”基础上。在19世纪20年代初的柏林，封·哈勒尔是持着这种思想的最具影响力的思想家；不仅在这篇序言中，而且在《法哲学原理》第258节的注释里[41]，黑格尔都对哈勒尔提出了批评。这种思想形式与浪漫派对现存秩序的抗拒受到了同样的指责；两者都无法了解事物的合乎理性的秩序。[42]

从这一点可以清楚地看到，就他对法国大革命的整个批判而言，黑格尔与柏克正好相反。诚然，他俩都赞成，那场革命是一个破坏过程，它确立不了任何肯定的东西。但是，由柏克得出的原则是，人们仍然应该维护他们的“实证的”国家制度的精神。不存在任何更加高级的合理性，借助于那个合理性使得这些国家制度得到评判。然而，对黑格尔来说，哲学的目的在于在这些国家制度中发现普遍的合理性。但是，这个合理性是发展着的，当它在历史上实现自身的时候，它改变着并改造着这些实证的国家制度。这不是由人所筹划的事情，而是由理性筹划的事情。这个筹划将会利用且不得不利用一场大革命。

换言之，对柏克来说，人们从事确实有计划的改造活动，确实从事着改良活动。但是他们应尊重这方面的某些确定的限制，尊重他们自己的国家制度传统的限制，否则，他们将倒退到野蛮状态和破坏状态。法国大革命就是这样一种总是破坏的、倒行逆施的类型。而另一方面，黑格尔主张，人们能够进行筹划活动，能够有意识地组织改革的活动是多么地少，他最终对此比柏克更加缺乏信心。但是除此之外，他的确看到了普遍理性在历史上的作用；并且这个理性也许不得不利用一下革命。因为它利用了那些没有完全理解它的目的的人。因此，理性的进步会要

㊶ 参阅黑格尔：《法哲学原理》，第258节(范译本，第256—258页。)

㊷ 参阅Fr.罗森兹威格：《黑格尔与国家》(慕尼黑，1920)，II，第190页。

求来一场革命，尽管这只能到事后才得以明朗起来，而结果也不是革命者原来所期望的东西。所以革命并非必然地是破坏性的，是一场倒退。

在黑格尔眼里，法国大革命当然不是一场倒退。它是一个世界历史 424
事件，它导致了现代国家的完成。

黑格尔在其晚年如是说：

> 自从盘古开天地以来，我们从来没有意识到，人是按照脑袋来确定自己的位置的，人是按照思想来确定自己的位置的，人是按照思想来建立现实的。安那克萨哥拉早就说过，缪斯统治着世界；但是现在人第一次认识到，思想应该统治精神现实。这是一个意义深远的黎明。所有有思维能力的存在都欢呼着这个新纪元的到来。一种低级的情绪曾经统治过这个世界，对精神的狂热曾经风行于这个世界，而现在，只要我们最终达成了神界和凡间的真正和解，那一切都将一去不复返。㊸

柏克不仅没有一点儿“欣喜若狂”的心情，而且他几乎不可能会持有这样一个见解。因此，除了表面相似之外，这两个立场是真正不可调和的。

由此我们可以清楚地看到，把黑格尔划入保守主义者阵营实际上并没有告诉我们关于他的多少东西。首先，在现实中看到合理性的观念并不一定就是保守的。特别是当这个合理性是一个正在改变着现实的积极合理性的时候。因此，黑格尔视历史为理性的实现的观念很容易被马克思改造为一种革命理论。在马克思那里，真正的合理性是这样一股正在改造着当前现实的革命力量，它就是无产阶级。

黑格尔不是一个革命者。但是凡是合乎理性的都是现实的论题使他不可能接受那个时代和任何一个时代的标准的保守主义立场。那种

㊸ 黑格尔：《日耳曼世界》，拉松版(莱比锡，1920)，第926页。

立场要坚持古老的东西、传统的东西、由来已久的东西。黑格尔不断地与这个立场进行着斗争。他不断地与无论是反对合乎理性的法律编纂法律历史学派、把统治权建立在上帝的钦定或意志的基础上的崇尚复古的哲学家[44],还是试图完好无损地复活革命之前的国家制度的瓦腾堡传统主义者进行着斗争。[45]从他的最早的著作一直到最后,他自始至终地反对着那些仅仅是"现成的东西",仅仅是给定的而非从理性意志中推导出来的东西,尽管他关于什么东西将从理性意志中被推导出来的观念发生了深刻变化。所以,他一直认为,法国大革命是一个大熔炉,只有它才能铸造出理性的国家。它确立了理性的原则:

> 思想,权利的概念,现在证明了它的所向披靡的力量,与之对立的不合理的旧体制难以抵挡它的冲击。[46]

黑格尔的保守性,至少是非革命性在于,他关于现实的合理性的论断的
425 源泉不是来自人的合理性,而是来自精神的合理性。这促使他反对启蒙运动和法国大革命原则之不受约束的至上性。那种至上性导致了一个由原子的个体所构成的社会,导致了一个完全同质的一般意志的国家。这为对理性社会的说明奠定了基础,我们在上一节已经看到了那个社会,并将在下一章里对它作进一步的考察。

并且,这种视宇宙精神为历史主体的观点排除了建立在理性基础上的革命实践的可能性。革命只有通过事后的理性才能得到理解和辩护。人类理性所能做的只是把握已经发生的事情,理解理性已经实现的东西。当然,在这样做的过程中,哲学要替现实的合理性作辩护,并且要

---

[44] 例如黑格尔在《法哲学原理》第258节里给予攻击的封·哈勒尔。

[45] 参阅黑格尔在1815—1816年间写的论文《瓦腾堡的社会状态》,载于《黑格尔政治著作》,Z.佩乌金斯基编(牛津,1964)。

[46] 黑格尔:《日耳曼世界》,拉松版(莱比锡,1920),第926页。

升华它,使之免于讹传的侵扰。一旦现实的合理性从总体上受到各种各样的非理性迷恋者——既有浪漫主义者又有反动派——的误解，那么那种讹传便会包围着它。因为合理性在国家里的特定水平的实现需要在市民中对合理性达到特定水平的主观理解。所以,黑格尔在《法哲学原理》中指出,他的任务在于理解和叙述为国家所固有的合理性。他不得不替这种见解作辩护,以反对那些浑水摸鱼的人,反对那些把人们的注意力引向虚无缥缈的彼岸世界的人，反对那些使得人们出于非理性理由称赞现实并因此歪曲了现实的人。

不过对理性来说,现存现实中的实际断裂、革命的变革是必然的,并且是可能的。而哲学不可能事先知道这一点。它将继续在现行体系中解释合乎理性的东西，而革命在毫无充分思想准备的情况下将付诸行动。一个较迟的综合将表明,这两种知性都是多么地片面。

但是这显然表现出了对革命的深深不满。他一定以为他已经把握了现实的本质;他看到了真理,而他的替现存的东西作辩护的论敌却对它视而不见;他们并不仅仅具有黑格尔不久将给予揭示的片面见解,那些见解是理性这个大挂毯的组成部分。这就是青年黑格尔派尤其是马克思把抗拒黑格尔的精神作为从他的哲学过渡到他们的哲学的一个关键步骤的原因。黑格尔的人类学化确实抛弃了历史的宇宙主体,抛弃了其诡计总是超出了当时人们理解力之外的理性。通过使人成为历史的主体,它使得这样一个时刻终于来临:他正在导致的变化终于完全地被他所理解。由于充分合乎理性的国家仍有待于被完成,说黑格尔是现存普鲁士国家的辩护士的理论是可悲的历史无知的结果。正如我们将在 426
下一章更加清楚地看到的那样，它忽视了黑格尔的合乎理性的国家的许多方面在当时的普鲁士仍然有待于得到实现。精神仍然有事要做。但是革命最好不要成为完成它的手段。

有时,成熟的黑格尔的“保守主义”被归结于他想要保留他在普鲁士国家大学的位置的愿望。但是这实际上是非常站不住脚的。黑格尔在革命中的整个经历,他对法国大革命的判断表明,他对革命方法的反对来自他的根本哲学立场以及对他的时代的判断。这个立场不仅仅是晚年黑格尔的态度。它贯穿于他的整个成年生活。

无论如何,对成年黑格尔可以作些评说的地方在于,他反对进一步的革命变化,不仅仅缘于他对大恐怖的厌恶,也不仅仅缘于一个一劳永逸的革命行动的不可能性。他之所以反对革命主要是因为他认为历史已经逐渐地抵达了某种境界，在那种境界之上对革命的需求已经成为过去。因为合乎理性的国家的基础终于已经确立了起来。

诚然,这种东西已经蕴含于已经理解了历史的合理性的断言中。因为假如情况并非如此,假如理性需要社会的某种进一步的革命转变,这当然无法为当时活着的人们所理解；产生于这样一场革命的更高的综合将同样地无法被人们所理解。已经在历史和政治中把握了合理性的断言因此假定了这样一个前提:主要的转变就在我们的后面。因为假如密纳发的猫头鹰要等到黄昏时分才会起飞，那么只有当它的主要转变已经得到了实现的时候,历史才能为人们所理解。[47]

正如我们在上面指出的那样，这并不意味着合乎理性的国家得到了充分的实现,或者历史已经达到了终点。相反,按照合理性原则的要求,还存在着进一步发展的大量余地。那个合理性原则在它的所有派生物中还远远没有得到体现。的确,最有可能的一种情况是,黑格尔认为,

---

[47] 有人主张(参阅E.威尔:《黑格尔与国家》,巴黎,1950),黑格尔的理论本身提到了某些进一步的转变，探讨了市民社会的矛盾，并且从现存君主国家引导出了一个世俗国家,它与每一个其他国家的关系不再是伦理的关系。但是我认为这在细节上是站不住脚的(参阅弗兰兹·乔治尔:《黑格尔的练习曲》,鲁汶,1958,IV)；首先,我认为,这样一个进一步改造的观念无法与关于在那个国家里已经把握了合理性的论断相吻合，那种理解不是在作为“表象”和宗教思维的某个灰色形式里达到的,而是在哲学思维的充分明晰性里达到的。假如它不是指在理性的筹划中被一个世俗国家所取代的东西,那么国家的合理性如何可能被证明呢?

它决不可能在一个绝对地完美的榜样里得到体现。纵使最接近理念的那些欧洲国家是完美的，在把世界其他部分带入起跑线方面，历史仍有大量的事情要做。（黑格尔偶尔简要地提到了俄罗斯和美国的未来。）⑱

不过，仍然有待于被完成的东西是已经逐渐地成为它们自身的原则的实施。新的世界已经使得"质的飞跃"变成了存在。《精神现象学》的序言提到过这个飞跃。⑲但是，正如当一幢新大楼的地基打好并不意味着它已经大功告成那样，当新世界第一次把它的一般根据确立的时候，仍然有大量的工作要做。⑳这进一步的工作是至关重要的，但是它既不承认革命也不可能被革命所推进。 427

那么我们已经达到的这个境界是一个什么境界呢？当我们转而考查《法哲学原理》的体系的时候，我们将有较详细的了解。它将是这样一个国家，它多少把苏格拉底和基督的普遍主观性和古代人的Sittlichkeit（伦理）结合了起来。它将是这样一个国家，它的Sittlichkeit（伦理）能够为普遍个体所认同。

现代国家的原则具有这样一种惊人的力量和深度，即它使主观性的原则完美起来，成为独立的个人特殊性的极端，而同时又使它回复到实体性的统一，于是在主观性的原则本身中保存着这个统一。㉑

它之所以将达到这一点，是因为双方都运动着去迎合对方。普遍的主观性将逐渐认识到，它必须在国家里找到体现；并且普遍的主观性将采取进一步措施认识到，国家不是简单地建立在人类意志基础之上的，而是建立在作为精神派生物的人的意志基础之上的。所以，个体必定在一个更广大的秩序里占有一席之地，他仍然认同了那个秩序，因为它是

---

⑱ 参阅黑格尔：《哲学史讲演录》，J.赛布特里译，多费版（纽约，1956），第82—87页，第350页。

⑲ 黑格尔：《精神现象学》，拉松版，第15页。

⑳ 黑格尔：《精神现象学》，拉松版，第16页。

㉑ 黑格尔：《法哲学原理》，§ 260。（参阅范译本，第260页）。

理性的体现。

普遍的主观性因此将理解到他无法简单地创造一个合乎理性的社会,他还必须把它作为呈现在历史中的一个秩序在那里发现出来。当他确实这样子做的时候,他能够超越个人主义,重新返回到“对伦理的信念”,与一个现存秩序合而为一的内在感,在那里自由的最高形式被找到了。

不过与此同时，秩序本身不得不发生演变。它不得不与理性相一致，以致普遍的主体能够达到自由自在，并且把它看做他的Sittlichkeit(伦理)。

黑格尔认为,这个演变现在已经发生。理性为重新创造一个与理性相一致的世界而作的各种努力已经受到阻碍。但是在这个过程中,他们导致了国家的理性化,而其始作俑者对它尚未有正确的认识。他们抛弃了旧的典章制度，以致在大灾难过后崛起的国家仍然不能完全地与过去的但已得到升华的东西相协调。合乎理性的人,在把他们的主观性发展到极致之后,现在作好了认同这个新国家的准备。哲学的任务就在于通过为现实打下坚实的合乎理性的基础,促进这种认同过程;通过这个认同过程,合乎理性的国家将达到完美。现在让我们来探讨一下黑格尔在《法哲学原理》中提出的关于合乎理性的国家的见解。

第16章
得到实现的国家 428

一

《法哲学原理》探讨从人类事务的理性意志这一概念中产生的东西。它超出了纯粹政治理论的范围。它实际上包括黑格尔称做市民社会和家庭的东西。它还讨论了道德和私有权。[①]

黑格尔试图继续从最抽象之物推导出最具体之物。他将以对国家的描述而告终，因为国家是隐含于人是理性意志的中介这一见解中的伦理的最高实体。

我们从“私有权(Private rights)”这一概念开始。人是私有权的载体，因为他本质上是理性意志的中介。他自身应受到尊重。人是肉体的存在，为了生存，他必须与客观世界打交道；他必须筹划一些东西并且享用它们。这一事实是有价值的，因为人是理性或精神的实现的基本中

---

① 诚然，这领域并非完全具有独创性。关于法或权利的那些标准论述必须讨论与家庭、婚姻和继承权等有关的私有权和法。康德在其论述法的论文《道德的形而上学》中也论述了道德或义务理论。确实，新的东西是关于市民社会、国家和黑格尔体系的整个“大厦”的区分；在这一体系中，这些不同部分被从“理念”中推演出来。

介。这等于说人是有意志的。所以,人的筹划被看做本体论根据之意图的达成。它是极其值得重视的东西。实际筹划过程成为法律上的财产权。人成为诸多权利的载体,因为人作为意志是值得重视的。对其外在的、肉体的存在(包括我自己的存在)或其财产的攻击或侵占就是犯罪,因为这一攻击或侵占恰恰违反了作为整体的潜在实在的意图。关于某些事物的筹划权产生于下面这一事实:这些事物不具有内在目的;而意志向事物提供这些内在目的。意志具有诸多权利。[②]

因而黑格尔为财产权作辩护。他视财产仅为私有财产权 (right to private propert)。因为这种权利作为个体的理性意志对人来说属于抽象的权利。正是在这直接的、个体的层次上而不是在人和事物有密切关系的层次上,人处于与自然打交道的过程中。[③]人也构成伦理共同体的一
429 部分,这涉及到在另一较高层次上的而不是在与物打交道层次上的人。因为他应该作好舍弃生命和财产的准备,这涉及到对其同一性的确认、他的精神生活。

所以,在财产方面,我们论述作为单一个体的人的意志,论述作为个人的人的意志。诚然,从历史上看,对作为个人即抽象权利的载体的人的基本思考尚构成不了出发点,尽管它构成《法哲学原理》逻辑推演说明的起点。实际上,在人最初作为历史中的个人被加以思考之前,一个漫长的发展是必需的,就像我们在前面探讨哲学史时看到的一样。它发生在罗马世界中。

---

② 黑格尔:《法哲学原理》,J.荷夫迈斯特编(汉堡,1955),或《黑格尔的法哲学》,T.M.诺克斯译(牛津,1942), § 44。

③ 我们能够看到和马克思的那些重要差别。虽然黑格尔理解分工的重要性,并且像我们将看到的那样,他令人惊奇地预见到分工在工业体制中扩展的结果,但是他们把这个必然相互依存性看做伦理实体的完整的、有意识的表现。与自然相互交换的领域,或市民社会,仍然是个人活动和目的的领域。使人达到同一的物质要素完全是无意识的。它是“看不见的手”的作用。

于是，黑格尔继续思考与权利尤其是财产权有关的许多其他问题，如契约、犯罪和处罚。黑格尔说，犯罪是一个否定的无限判断，我们在《逻辑学》中看到，黑格尔把犯罪作为一个论题。似乎我的对手在民事诉讼中所陈述的不只是说某一具体问题不是我的问题；它否定了“我的”和“你的”全部范畴。

犯罪就是侵害构成事物的基础的意志，甚至就是侵害犯人的意志，即他的自在的意志。[4]处罚作为目的必然与事物的意志相一致。这侵害产生于意志，因为意志恰恰把自身置于和意志的原理相反对的地位。所以，破坏事物的意志必然是与犯人的具体意志相反的反伤害。

> 侵害惟有作为犯人的特殊意志才具有肯定的实存。所以，破坏这一作为定在着的意志的犯人的特殊意志，就是扬弃犯罪(否则会变成有效的了)，并恢复法的原状。[5]

主要出于对作为预防的、威慑的和可改过自新的不同自由主义处罚理论的同情，黑格尔反对弱化由这种哲学所产生的刑事法典。他特别反对废除死刑。在某种重要意义上，如果死刑必然消除犯罪，那么它必须“适合犯罪”。以处罚起改造作用为理由而释放某人，并没有把人当做充满尊严的意志的载体，人的意志因此可能体现错误的东西，所以人们会赞成处罚。它把犯人“当做应使变成无害的有害生命”。[6]处罚是犯人的权利。他由于其自在的意志而需要它。

对包含在人的理性意志中的东西的探究，首先已经致使我们把人看做权利的载体，并因此把人看做超出特定政治情景范围的个人。但

---

④　黑格尔：《法哲学原理》，汉堡，1955年，§100。

⑤　黑格尔：《法哲学原理》，汉堡，1955年，§99。（黑格尔：《法哲学原理》，范译本，第101页。）

⑥　黑格尔：《法哲学原理》，汉堡，1955年，§100。（范译本，第103页。）

430 是，我们现在走得更远。作为意志，人不仅具有权利而且具有决定自身的义务。他借助于向他的意志提供内容来决定自身。这将构成理性的、一般的内容。这就是道德的领域。

人是道德的载体，因为他作为意志的载体应该使他的意志适应一般理性。人作为意志存在物首先是自然存在物，是寻求他自己的自然倾向、需要和激情的实现的自然存在物。但是，他必须净化他的意志，使合乎理性的想像的善成为他的目的。

但是，作为道德主体，人仍然把自己想像成一个人。道德的要求是：我已经清楚地认识到，我纯粹借助于作为人的存在而肩负着意志的一般理性义务。这意思是说，我借助于我的理性而达到了自我实现。道德主体是在古代城邦废墟上诞生的一般主体性。

换句话说，道德要求既是外在的又是内在的。我做事正确仍是不够的。这一要求是，我使我的意志适应一般理性，我不仅必须做正确的事情，而且必须做因其本身之故是正确的事情。换句话说，我必须做正确的事情，因为这样做本身就是正确的。因此，我必须理解我自己的正确的事情。诚然，这是康德使之成为道德中心的东西，也是卢梭所暗示的东西：道德存在于纯粹意志之中，而这被黑格尔看做“道德”这一范畴的最高表现。道德不仅涉及我们的行为，而且涉及我们的意向。

但是，就现在为我们所熟悉的理性而言，这当然是绝对未完成的。道德必须客观化为世界。这个客观世界就是公共生活和实践世界，我们在其中实现着道德。因为，没有这样的世界，道德便仍是一种纯粹的渴望、一种纯粹的应当，就像黑格尔表述的一样。道德仍然是纯粹内在的东西。不仅如此，仅仅作为个人意志的理性意志概念最终是空洞的，就像我们在第14章中看到的一样。由于义务的缘故，我们不可能从概念义务中得到内容。[7]仅仅作为本体论的理性产生了善的标准，并且在具有

---

⑦ 黑格尔：《法哲学原理》(汉堡，1955)，§ 135。

一定必然结构的共同体中谋求自己的体现。理性意志的内容是具有一定必然结构的共同体所要求我们的东西。于是,理性意志的内容成为我们的义务。它不是从形式理性中推导出来,而是从惟一能体现理性的共同体本性中推导出来。

所以,道德,即个人使其意志适应一般理性追求,使我们超出道德自身的范围, 以便它自己实现从理性中推出权利和真正地实现这一权利的企图。因此,对人——理性意志的载体——的要求是:他生活在一个体现理性的共同体中,这样的共同体就是合乎理性的实现了的目的。也就是说,隐含于人——理性意志的中介——这一概念中的东西,只有在这样的共同体中才能得到充分的实现。

因此,两个较早阶段使得我们超越现阶段而到达"伦理"。伦理构成 431
《法哲学原理》第3部分,而且是其最重要部分。权利是不适当的,因为它纯粹是人是意志的载体这一事实的外在表现。它不具有内在性。除此之外,它也要求政治权力来保护它。它靠其自身是无能为力的。道德表现人类生活的某方面内容,这方面内容与权利所缺少的某一东西相符合;它表现作为意志的内在净化的人类道德生活。但是它不可能达到他从理性中推出人类道德义务的全部内容这一目的; 如果它不能被共同体完成,人类道德义务就无法实现;在共同体中,道德并非纯粹是"应当",它被实现于公共生活之中。因此,权利和道德找到了它们的位置,并且作为较大整体的部分而得到保存。

可是,当道德的本质特征在历史中以成熟形式出现时,它必然被保存在共同体之中。共同体作为较早的城邦国家必然具有合乎伦理的人的地盘。相反,作为人类的合乎道德的人之基本自由——凭良心作出判断的自由——必然被保存下来。这就是道德的本质要求。这一要求使现代人实体化,并且现代人能够和这一要求融为一体。所以,就现代国家而言，良心是未被亵渎的圣殿。[8]人保持着这反思的方面。这就是他不可能重新获得具有城邦国家特征的公民的直接统一和个性的原因。但是，这并不是说，现代国家或任何国家都能够允许人们仅仅凭良心来决定是否守法。它恰恰意味着，良心自由是现代国家的基本权利。

因此我们到达了道德，道德在黑格尔意义上是实体的自由。它是实现了的善。人和道德融为一体。道德成为人的"第二天性"[9]，而且人是主体性道德反思的实现。

合乎伦理的东西，就是与共同体有关的东西；在共同体中，善在公共生活中得到了实现。所以，与范畴"国家"相比，"公共生活"这一范畴囊括了更多内容。黑格尔在这一节中将论述公共生活的三种形式。它们将根据上升秩序来设置：家庭、市民社会和国家。

第一种形式是建立在感情基础上的、直接的、未经反思的统一体。第二种形式是社会，就它与现代原子论契约理论的见解相一致来说，这种社会是由于共同需要而结合在一起的个人社会。根据黑格尔的观点，这种见解作为国家理论是极不适当的，并且体现在现代资产阶级经济体制中。市民社会是现代社会，而现代社会被看做人们之间进行生产和交换的经济系统，人们被认作具有诸多需要的主体。这就是家庭方面的对应体，因为在这里不存在直接的统一，只存在最大化的个体性意识；按照这一意识，人们依靠外在纽带结合在一起。

国家已经完成了这一三重奏。因为它再次提供一个较深层次的统一体，即像家庭一样的内在统一体。但是，它将不只是建立在感情基础上的直接统一体。更确切地说，这里的统一体以理性为中介。国家是一个共同体。在这个共同体中，当一般主体性自身被清楚地认识到时，它们就能够被结合在一起。

---

⑧ 黑格尔：《法哲学原理》(汉堡，1955)，§ 137。

⑨ 黑格尔：《法哲学原理》(汉堡，1955)，§ 151。

首先,家庭是一个感情统一体、一个爱的统一体。作为家庭成员,而不是作为具有相互对立权利的人,人们感悟着自身。一旦权利进入家庭,家庭便解体了。在本节中,黑格尔论述了婚姻、家庭财产和儿童教育。关于合乎道德的家庭的主要论点是下面这一事实:在家庭中,人们把自己看做较大东西的成员,看做靠其公共生活角色来获得个性的成员。 432

但是,像伦理那样,家庭的确仅仅是尚未充分展开的东西,因为,在家庭中,人并非真正成为个人。对公共生活的忠诚不是仅仅基于感情,而是基于理性。所以,一旦走出家庭,人便置身于另一个共同体之中;在该共同体中,他纯粹作为个人而行事。这就是黑格尔称做市民社会的东西。

市民社会被看做具有个人间一系列经济关系的社会。黑格尔阅读并且仔细思考了英国政治经济学家的著作。其中最著名的有约翰·斯图亚特·穆勒和亚当·斯密。他们的著作那时已被译成德文。他关于市民社会的原型主要归功于这些经济学家。

市民社会是关系的层次。人们既不是作为家庭成员,也不是作为伦理共同体——如国家或教会——成员,而是仅仅作为人进入市民社会。在这个领域中,人们作为黑格尔意义上的人即作为权利载体相互关联着;“人之所以为人,正因为他是人的缘故,而并不是因为他是犹太人、天主教徒、基督教徒、德国人和意大利人等等的缘故。”[10]

因此,在被称做市民社会的社会关系层次上,人们是独立的个人;他们的相互关系基于这样的事实:在满足他们的需要过程中,他们相互吸引。换句话说,在这一领域中,我们把人们看做具有个人意图的主体;他们通过这些个人意图而相互关联着,而这些个人意图的实现需要社会的通力合作。

---

⑩ 黑格尔:《法哲学原理》(汉堡,1955),§209,附释。(范译本,第217页。)

市民社会首先可以看做是一个需求体系。人们具有种种需求，并力图借助于劳动和努力来满足它们。但是在这样做的过程中，他们需要其他人的劳动和努力。他们必须进行交换。但是，这个需求体系不是静态的。人与动物的区别在于前者超越单一系列的种的需求，因为种的需求是相同的并且对所有种来说始终是相同的。相反，人在增加需求和满足需求的手段方面展现了其超越性和普遍性[11]。社会对比加剧了需求的增长；人们与他者展开竞争并且期望得到某些东西，他们想要获得他者尊重的条件。在这里，黑格尔涉及到了卢梭的论题。但是被卢梭当做人类堕落和罪恶之根源的东西被黑格尔看做理性发展必不可少的部分。卢梭的观点在古代世界中确实是正确的。因为在古代世界中社会不可能限制自我意识的增长和对个人的善的探索。这就摧毁了作为总体的纯
433 粹统一体。但是，现代国家能够调和个体的主体性和普遍性。所以，它不必担心需求的增长。

需求可能会无止境地增长起来。在增长过程中，它们推动了更高级的社会合作。人们需要生产的东西愈多，其分工便愈为精细。它同时促使人参加更多的劳动，促使人在更加复杂的关系和相互依存的体系中从事劳动。这有助于塑造人，有助于培养人具有多种才能。

随着社会合作愈来愈高级和复杂，为满足自身需求而劳动的人也就愈为满足所有其他人的需求去从事劳动。黑格尔在这一点上采纳了斯密关于“看不见的手”的著名论断，并根据这一论断来理解“理性的诡计”。正是这个“辩证运动”促使个人去追求个人享乐并使之转变成为其他人的需求的满足。因此，斯密的“看不见的手”描述了这一普遍的力，而这就是当黑格尔说这一领域是个人的领域并且普遍性在该领域仅仅是抽象的时候所意指的东西。不是在人们的忠诚方面的一种活生生的力使人们在合作中结合在一起，而是外在的机械性使人们在合作中结

⑪ 黑格尔：《法哲学原理》(汉堡，1955)，§ 190。

合在一起。

到目前为止，黑格尔关于市民社会的描述主要基于功利主义者和古典经济学家关于市民社会的描述；我们可能已经看到了市民社会在其体系中所扮演的角色。社会生活这一层面表明,作为个人的人摧毁了城邦的古老道德。可是,它描述了人们无可否认的进步和本质方面。人作为个人正是依据这一层面来追求自身的实现。然而,作为个人,他并非停留在狭窄的眼界内。更确切地说,他被卷入到了不断扩大的分工和交换系统之中。个人的需求是千差万别的,孕育于社会之中的;在其专业领域里，个人学会了不只为自己进行生产，而是为世界市场进行生产。他被培养成为具有多种才能的人。人们会说,市民社会是现代一般主体性亦即物质基础的本质体现,所以它是根深蒂固的。尽管如我们将看到的那样,它是尚未充分展开的并且必须由更高层次来补充的。

黑格尔接着进一步展开了市民社会的特性[12],这些特性确实从属于他自己的理念。他为赞成成为阶层的或等级的市民社会的必然系统整体而辩论。必然的分工导致了一般的民众,而一般的民众不仅具有不同类型的劳动而且具有不同的生活方式,因此,具有不同的购买力。这就是黑格尔意义上的“等级”。黑格尔使用了这一过时的术语,而不是使用“阶级”术语。“等级”较好地反映了他的意思,因为这些一般民众不仅由他们与生产资料的关系区分开来,而且由其生活方式区分开来。

黑格尔挑选出三个等级:实体性的或农业等级,这一等级的生活接近于自然并且通常是非反思的,“即其伦理是直接以家庭关系和信任为基础的”[13];第二,反思的或产业等级。这一等级真正过着个体化的生活。也就是说,它通过合理化的劳动而产生了满足个人需求的倾向。这就是 434
被认为与作为需求体系的市民社会最显著地相吻合的等级。第三,存在着普遍的等级。这就是文职人员等级。这一等级与作为整体的共同体的

⑫ 黑格尔:《法哲学原理》(汉堡,1955) § 201—7。

⑬ 黑格尔:《法哲学原理》(汉堡,1955), § 203。(范译本,第212页。)

利益融为一体。

在这里，我们看到了黑格尔关于社会必然发生分化的概念；这个概念构成了他对法国革命党人及其试图消灭全民参政差别进行批判的基础。因为人们为了满足自身的需求而不得不通过这种方式来区分自己，所以试图从这种方式中抽象出来的政体必然酿成灾难。但是，这种区分并不单纯是分工的副产品；根据分工，我们也能够借助于预先采用理性必然性的结构来理解这种区分。

描述这三个等级就必须描述现代国家的每一个方面。必然存在对总体的忠诚意识：总体高于自身并且大于自身，即总体依赖于较大的某物。实体性等级通过非反思方式而得到这种意识。必然存在着作为一般主体性的个人意识；产业等级具有这种意识。必然最终存在着一种具有普遍性的理性一致性，而这种一致性通过意志来体现这一普遍性；文职人员等级具有这种一致性。这三个等级也对应于道德的三个层次：家庭、市民社会和国家。

黑格尔哲学的决定性特点之一是，他相信这三个等级不能借助于描述所有公民且调和每一个公民来达到合题。更确切地说，我们借助于共同体而达到合题，因为在共同体中，主要是特定组织产生一些不同的方面；但是在共同体中，这些不同方面是结合在一起的，并且实践着对整体的共同忠诚。国家在古人那里是可能的，因为在那种国家中，每一个人都以相同方式直接与共同生活水平的原理相一致，而不与更复杂的现代人共同生活原理相一致。今天，我们借助于成为等级的系统整体来把个体性和一致性与国家结合起来，而且在等级系统整体中，这些不同方面相应地处于绝对地位，所有这些不同方面都具有共同生活的意义。我们清楚地认识到它们构成较大整体的一个部分。

构成这一信念——每一个人不可能实现总体的合题——基础的东西是黑格尔在某一层次上的洞见：为了真正地实现价值，个人必须醉心于价值。“个人只有成为确定的东西，即，只有成为特定的个体化的东西,才能使他自身现实化”[14]。他非常赞同歌德的名言:“凡想成就大业者,必须心无旁顾。”就个人而言,现代社会的精神领域是过于广大;他一生都不可能完全认清它。所以,人们必须列举:合题必然产生于处于列举中的每一人,并意识到他自己是较大的共同生活的一部分这个事实。

就这一信念而言,我们在这一点上满足了黑格尔哲学基础的第二 435
个层次:整体自身必然展示理性的本体论结构。但是,由于这个缘故,它必然是有所区别的。因为理性自身或绝对理念自身区别于自身,以便从差异中重新获得统一。不具有差异的,是出自产生差异的东西中的一个原始阶段,并且差异回复到自身,就像我们曾提到过的关于种子的阶段一样。因此希腊城邦的直接统一标志着它是一个原始阶段;正是现代国家的这一区别表明了其成熟性。

因而社会必然系统化成等级。但是在这一过程中,现代世界的原理是个人的自由选择必须受到尊重。在支配机会的外在因素的界限范围内,个人必须有权选择他的生活方式。[15]

诚然,这明确地区分了黑格尔的“等级”和传统的社会等级。这些通常被界定为身份,而人们生来就有这种身份并且必须终身坚持这种身份。但是,黑格尔拒绝这种静止的社会和近似种姓等级制度的任何东西。因为这是和个人自由原理不相容的,而个人自由原理对完全实现了的国家来说是极其重要的。这通常被那些想把黑格尔简单地归入保守主义者的人所忽略。[16]

---

⑭ 黑格尔:《法哲学原理》(汉堡,1955),§207。(参阅范译本,第216页。)

⑮ 黑格尔:《法哲学原理》(汉堡,1955),§206。

⑯ 但是,由于上述原因,人们不得不怀疑这种制度的可行性。维持社会中具有真正不同生活方式的等级并且在社会中存在真正的运动性而且人们在社会中自由选择其职业,这是可能的吗?例如,农业等级的非反思的忠诚以人们出生时就处于的那种生活方式为先决条件吗?因此,对土地的侵占只能自由地分成其他两个等级。一般化的运动性具有强有力的削弱作用。它将以完全摧毁等级而告终。实际上,存在着的东西是已经发生的东西。当然,尽管我们在猜出黑格尔关于这一问题的意图方面得益于事后的认识。

除了纯粹的生产和交换关系以外，市民社会作为需求体系自然地被迫进一步展开。市民社会是这样一个领域，人们作为个人是相互关联的；市民社会必须保护和维持人们的权利。所以，它涉及到合法的管理。此外，就其成员利益而言，经济运行远不是完全被无意识的机械主义所确证的东西，尽管在看不见的手的有效作用之下，许多东西会出错；公共权力必然以个人的善的名义进行干涉。

因此，在关于市民社会的第2节和第3节中，黑格尔带领我们超越经济功能关系的层次；这些关系是合法的且具有适当政治性的。可是我们尚未论述国家。理由是，我们在这里仍然在论述个体的人，亦即具有种种需求的主体；而且这些主体由于其共同利益而联合在一起。我们所发现的是：共同利益的要求使我们超越生产和交换关系，并需要合法的管理和一定数量的经济活动法则。不过，我们尚未达到下面这一阶段：我们把政治共同体视为政治实体，视为构成它自身的目的。“市民社会”第3节所讲的全部法则的目的仍然是个人的利益（善）。

436 黑格尔看到了被公共权力部分地赋予的必然法则，看到了被一些自治团体部分地赋予的必然法则；这些自治团体代表着不同的组织和行业并以公共认可的身份行事。不过，特别令人感兴趣的和值得思考的是黑格尔对市民社会问题的看法。不仅经济生活的很多偶然事件、自然灾害、生产过剩等等能够使人处于贫困状态，使社会必须去从事福利活动；而且市民社会本身存在着一种瓦解的固有倾向。

如果市民社会以一种无拘无束的方式向前发展，那么它在国民生产总值和人口方面将无限制地增长起来。这将极大地增加财富。但是它也将导致分工的强化、劳动的精细化和无产阶级的增长，因为无产阶级与这种劳动联系相一致。由于其劳动的狭隘性和单调性，无产阶级在物质上和精神上都是贫困的。一旦人们通过这种方式在物质上和精神上被降低到这种地步，他们就丧失了自尊，丧失了与共同体的一致性。他们实际上不再成为共同体的一部分，他们成了“贱民”。贱民的产生使财富集中在少数人手中。[17]

于是引发了生产过剩的危机。下层社会只能靠福利来维持生计。可是这与资产阶级经济原理相矛盾。因为根据这一原理，人们应该为他们的生活而劳动，或国家能够提供他们就业机会，而这将加剧生产过剩的危机。

> 这里就显露出来，尽管财富过剩，市民社会是不够富足的，这就是说，它所占有而属于它所有的财产，如果用来防止过分贫困和贱民的产生，总是不够的。[18]

本节的注释提到了英国和苏格兰的情况。

在借助寻找海外市场和借助殖民地来试图解决这一问题的过程中，市民社会的内在辩证法迫使市民社会超越它自身。[19]

这一段显然使我们这一段显然使我们想起黑格尔的杰出的后继者的著作，而该后继者在那时仅仅3岁。*这不只是一个表面性的趋同现象。这不只是一个表面性的趋同现象。对19世纪初黑格尔的一些著作的研究表明，他那时已经深刻思考过工业社会增长与物质和精神贫困增长之间的关系[20]。他的思考达到了令人惊讶的深度，因为他所思考的问题

---

⑰ 黑格尔：《法哲学原理》(汉堡，1955)，§ 244。（参阅范译本，第244页。）

⑱ 黑格尔：《法哲学原理》(汉堡，1955)，§ 245。（范译本，第245页。）

⑲ 黑格尔：《法哲学原理》(汉堡，1955)，§ 246—248。

* 这里指的是马克思。——译注

⑳ 有关这方面的著作有1801—1802年的《道德的体系》[发表于G.拉松编的《政治与法哲学手稿》，(莱比锡，1923)]和早期关于体系的两次尝试；还有耶拿时期的著作，被称做《耶拿实在哲学》第1卷和第2卷（由J.荷夫迈斯特出版，分别为莱比锡，1923；汉堡，1967年）。这些著作在黑格尔生前未被出版，只是到现时才被给以应有的关注。参阅阿维尼瑞的有趣的讨论，第87—98页。

先于青年马克思的异化理论。因为他把分工与交换系统看成具有系统自己的力量。它成为一种“异化的力量”。“异化的力量”根据它自己的
437 (供求)规律而行事,并且作为一种“无意识的、盲目的命运”[21]来安排人们的生活。它可能以一种盲目的、不可预见的方式来使整个人群富裕起来或毁灭整个群体。

此外,它具有自己的动力。被从直接占有的有用物品中抽象出来的财富易于产生财富,[22]这又成为权力。[23]因此,财富的极端和消费者欲望的无止境的增长伴随着群众被降到了贫困和群众对“呆板的、不卫生的、不安全的、单调的……劳动”[24]的谴责。这一错综复杂的体系通过愈来愈多的工业分支不断地展开它自身。[25]在这一过程中,它完全剥夺了大多数人的人类文化。它把人性降低到“兽性”,而在那个层面上,人们不可能欣赏到较高级的东西。[26]它促使人们反对这个可憎而可恶的整个体系。[27]

在黑格尔与马克思之间这一令人惊奇的趋同现象[28]使我们能够理解这一对比。因为建立于分工和交换基础上的经济体系的内在趋向这一清楚的观点没有改变黑格尔关于它作为现代社会的本质方面的概念。甚至当黑格尔把握它产生一个正义社会甚或挽救社会不致瓦解的

㉑ 黑格尔:《道德的体系》,载《政治学和法哲学手稿》(莱比锡,1923),第80—81页。

㉒ 黑格尔:《耶拿实在哲学》,第2卷(汉堡,1967),第232—233页。

㉓ 黑格尔:《道德的体系》,载G.拉松编:《政治和法哲学手稿》(莱比锡,1923),第83页。

㉔ 黑格尔:《耶拿实在哲学》,第2卷(汉堡,1967),第232页。

㉕ 黑格尔:《耶拿实在哲学》,第2卷(汉堡,1967),第233页。

㉖ 黑格尔:《道德的体系》,载G.拉松编:《政治和法哲学手稿》(莱比锡,1923),第84页。

㉗ 黑格尔:《耶拿实在哲学》,第2卷(汉堡,1967),第233页。

㉘ 它实际上是关于趋同现象的问题,而不是借用的问题,因为马克思从未看过这些早期的手稿。他仅仅看到《法哲学原理》中的浓缩的讨论。

骇人听闻的充分性时，黑格尔继续把“看不见的手”看做理性的诡计的工具。分工、欲望增长和个体企业经济，所有这些对于现代个体化的发展和与它不可分割的专业化和差异性来说都是至关重要的，就像我们在上面看到的一样。对黑格尔来说，不可能存在着废除资产阶级经济的问题。更确切地说，它的消解的内在趋向必然通过它的从属于较为基本的、国家的共同体的要求而得到调和。从它所产生出来的较高级忠诚和规则必然使得人们不至于让位于那些营利自私的趋向的极端，而这些极端把社会推入无止境增长的洪流之中。

另一方面，按照马克思的观点，解决这一问题的方法是吐火女怪(无稽之谈)。因为，经济决定国家本身。国家不仅不能控制经济，而且反过来国家反映着经济的张力和在经济范围内的统治关系。市民社会的矛盾既不可能被解决又不可能被调和。市民社会必须被废除。

诚然，关于控制资产阶级经济的可能性，马克思比黑格尔（他后来也获得了有指望成功的优势）表述得更为清楚。但是，两者的差别不只 438
是经验判断的差别。作为本体论意义上的根据的东西之秩序，黑格尔合题必然在它自身中包含着控制对立面之间的张力，而且这一秩序体现于不同组织中。另一方面，马克思的观点关注人的实现，而不关注精神的实现。在自由方面，人的实现需要普遍物和共同参与，它们对一般意志社会来说是至关重要的，就像我们看到过的一样。这就需要一个同质的和联合起来的社会；在这一社会中，一切区别都将被克服。克服市民社会张力的完全不同的方法是：在一种情况下，要借助于它的从属性；在另一种情况下，要借助于它的废除。这两种情况与各个思想家的基本观念联系在一起。

因此，对黑格尔来说，市民社会借助于被合并到较深层次的共同体中而保持着平衡。它不可能支配自身。它的成员需要忠诚于较高级的共同体，而较高级共同体使得它的成员避免把无限的营利自私作为目的，并因此避免了市民社会的自我瓦解。通过自治团体的独立管理是这一道路上的一个阶段。它产生了较大整体的个体成员,并似乎它把他推向了国家。在自治团体方面,较大整体的个体成员受到尊重并具有尊严,要不然他就会追寻这种尊重和尊严,就是处于无止境的营利自私过程中的纯粹个人。㉙

二

我们于是到达国家。国家是关于道德的绝对理念的充分实现,是一个共同体;在这一共同体中,善在公共生活中得到了实现。家庭和市民社会仅仅是部分的、非独立的实现。由于国家,我们获得了充分而独立的实现。国家是真正意志的展现。国家是这样一个共同体:在其中,理性意志的全部内容显现于公共生活中。充分实现了的国家调和着得到充分展开的个体主体性和普遍性。国家是具体的自由。

具体的自由在于,个人的个体性及其特殊利益不但获得充分的发展,并且个人的权利获得了明白的承认(就像它们在家庭和市民社会的领域中获得明白的承认一样),但是,一来通过自身过渡到普遍物的利益,二来它们认识和希求普遍物,甚至承认普遍物作为它们自己的实体性的精神,并把普遍物作为它们的最终目的而进行活动。㉚

这就是我们在现代国家中所得到的东西。

国家就是理性必然性的实现,即理念的实现。就此而言,它的系统整体被理解成理念的独立系统整体。黑格尔把国家说成是一个"有机体"。不过,它被认作根据必然筹划而产生的那些系统整体的有机体。概
439 念确定了这些系统的整体。㉛它们构成国家的政体。

㉙ 黑格尔:《法哲学原理》(汉堡,1955),§253,附释。

㉚ 黑格尔:《法哲学原理》(汉堡,1955),§260。(参阅范译本,第260页。)

㉛ 黑格尔:《法哲学原理》(汉堡,1955),§269。

在这里,黑格尔作了一个关于教会与国家关系的注释。宗教实际上包含着同国家所表述的一样的真理。因此,真正的宗教应该支持国家;它应该培养国家所应当遵从的、支持的和与之相一致的内在确信。当宗教退入彼岸或转向反对国家时,它便产生了偏差。国家应当向教会提供帮助和保护,因为宗教是精神认识自身的一种形式。可是,它不可能接受通过教会而到达较高一级的要求,因为这将意味着国家像市民社会一样纯粹是与功利联系在一起的一种外在权力,并且国家自身并非是理性的体现。[32]

因为国家政体是合乎理性的,也就是说,国家像有机体一样使它的不同成员成为系统化的整体,我们不能够根据支票和余额的精神来思考国家。它假定了不同权力总是独立存在的,这些权力既要相互争斗,又要达成妥协。但是这恰恰与国家作为有机统一体的原理相违背,因为有机统一体使自身成为系统化的整体,在这个整体中,公共生活涉及到所有成员。如果我们不得不尽可能地参与支票和余额这一游戏,那么"国家的毁灭即将是既成事实的"。[33]

这里存在着一个重要的一般观点,它对黑格尔国家哲学来说是极其重要的。国家作为体现理性的共同体,必须作为一个有机整体而存在着;它不能够只被看做其要素的集合,而能够被看做这些组织或个体。假如这样,它便不可能借助于它的公民来作为较大生活的所在地而存在着,不可能使其公民与较大生活融为一体。黑格尔竭力反对建立在原子论的或复合国家观基础上的政体或宪法所规定的条款。这就是社会作为纯粹"大众"的、与系统的统一体相对的人的观点。如果我们从被分成个体原子碎片的人开始,那么理性国家或公共生活实际上将是不可能的。

㉜ 黑格尔:《法哲学原理》(汉堡, 1955), § 270,附释。

㉝ 黑格尔:《法哲学原理》(汉堡, 1955), § 272,附释。(范译本,第285页。)

国家依据概念系统化自身所成为的政体有三个部分：制定一般法律的立法权、把具体归入普遍之下的司法权和主观决定权，即王权。黑格尔稍后论述了上述三个部分。

我们已经较早地涉及到黑格尔根据概念对君主政体的必然性的论证。国家作为整体必须具有意志，也就是说，必须作出决定。决定的过程，就是可能而且应当涉及许多人、许多官员和许多代表的过程。可是，这些全都处于相互依存的运作过程中，并且处于它们的官方权力而不是处于个人权力的运作过程中。就作为国家单一意志的决定而言，为了具有它自己的表述，它必须在单个人中达到顶点，就像它必须在成熟的
440 政体中达到顶点一样。于是，国家意志在具体个人的“自我意志”中达到现实性。因为，国家作为主体性仅仅在主观中达到它的真理。

我们可能认为，作为如此行事的君主本身也仅仅是在他的官方权力范围内行事。但是，国王并不具有像他者一样的官方权力。因为，根据某些中介，公职在他身上并非是他借助于他者的选择，或并非是他已经具有的某些资格或诸如此类的东西，而是用直接的、“自然的”方式即天生地得到的。世袭君主制度借助于直接个人提供我们国家意志的表现。这样的直接个人“作为这样一个从其他一切内容中抽象出来的个人，天生就注定是君主尊严的化身”。[34]这就是根据概念而对世袭君主的真正的论证。因为它并非纯粹为慎重的思考证明是有道理的，所以，在这一方面，王位高于斗争和内讧等等。

在古代世界中，“意志的自我规定的最后决断这一环节，在自己特有的现实性中，并不表现为国家本身的内在的有机环节”。[35]当然，古代民主政体设立首领，而古代其他政体设立国王。因为，所有社会决定实际上都必须由首领提出和完成。但是，所缺少的是绝对自由决定的理

㉞ 黑格尔：《法哲学原理》(汉堡，1955)，§ 280。（范译本，第301页。）

㉟ 黑格尔：《法哲学原理》，§ 279，附释。（范译本，第299页。——译注）

念。首领们的权力受到制约,他们必然要求超越命运、神谕等等。

在这里,我们接受黑格尔的观点:在古希腊世界中,神的有限个性留给了世俗的首领;世俗的首领取代绝对的、最终的、超现实的控制,即非人的命运。古人不具有关于具有超越全部现实定论的主体性的天之见解。在把握命运方面,主体性总是有限的。正如神的情况一样,国家的情况也是如此。这些有限个人感到,他们也必须通过神谕或预兆来把他们关于具体问题的最终决定权转到对命运的研究。

但是在当代,基督徒提供我们关于绝对主体性的见解。所以,人们不再缺乏“力量在他们自己的范围内寻找这种决断”。[36]如果社会的决定在个体意识中达到顶点,那么自我决定的意志的全部内容就能得到适当的表现。

这就是那些情况之一。在这些情况下,黑格尔论证的细节带有一定的随意性。假定一个社会决定最终必须由某个人来公布,现代理念的实现为什么需要这样的人应该是世袭的君主而不是总统、英国殖民地总督或诸如此类的人,其原因是不清楚的。我们可能同意,对照下面某些外在地推知的规则或领导,社会实际上是自为决定的这样一种观念支配着政治生活;政治生活取决于首领、杰出人物,因为他们的决定和见解被认作我们的决定和见解。可是,他们必须是世袭的君主,这又是难以置信的。尽管黑格尔令人信服地展现概念直接性和自然性。人们可能认为,在这种意义上,典型个人的作用在我们这个时代如果不是比较好地而恰恰也已经被下面这些典型个人所体现出来:受到世人崇敬的如 441
艾森豪威尔或乔莫·肯雅塔这样的创始人或如J.F.肯尼迪这样具有超凡魅力的政治首脑。

但是,如下主张的确不会使黑格尔听起来引起较少争论的:上面的观点实际是较一般的,它涉及到需要最高行政官员的最高职位,而这职

㊱ 黑格尔:《法哲学原理》, § 279,附释。(范译本,第99页。)

位不是被国王、首相所担任,就是被总统所担任。黑格尔深谙这一政治必然性,知道人在其位必谋其政。在我刚刚所提到的那段话中,他清楚地认识到这一政治必然性也适用于古代世界。但是,他把他的观点和这一政治必然性区分开来。他把这一政治必然性认作一般的和并非特指现代的,并且特别地把绝对决定的现代意义与君主制度联系在一起。

因为实际上这里成问题的东西根本不是政治学的实际必然性,而是建立在概念基础上的、黑格尔关于差异的理念:靠某一特殊的个人(或有时候靠一组人)所完成的整体的必然环节,而这样的个人(或一组人)仍然涉及到整体的较大的公共生活。他是能够体现整体的环节的个人,因为他和其他人存在于这一公共生活中。因而,现代君主制度必然是君主立宪制度。对黑格尔来说,统一体愈是发达,其部分便愈是系统化的整体,便仍然共同地属于整体。"理念的这种实在自由,正因为它把自己所特有的、现在的、自我意识着的现实性给予合理性的每一个环节,所以也就把自我规定的最后确信——这种确信达到意志概念的顶峰——赋予单个的意识,作为它的职能。"[37]国王是一个真正的、典型的个人,在中世纪意义上,他象征着主观的、自由决定的环节。

因此,国王的特权就是决定司法权的最高权力,就是赦免罪犯,就是用他个人的良心来体现普遍——这普遍也客观地体现于整个政体之中。

政体的第二部分是司法权。这就是负责实施法律,亦即在国王的统领下实施一国之法律。黑格尔把它委托给公务人员等级。公务人员献身于这一目的。当然,有时候法律的实施将掌握在自治团体的手里,但是这不可能成为千篇一律的解决问题的办法。它必然掌握在公务人员的手里,因为公务人员是不受社会利益支配的。这就是在首脑统摄下的司法权;首脑由职业性的、有酬劳的公务人员组成。使公务人员成为一个

㊲ 黑格尔:《法哲学原理》, § 279,附释。(范译本,第299—300页。)

职业，其目的就是确保职责本身最大限度的独立性和奉献性，亦即确保私人利益最大限度的自由。由于上述理由和为了保证最有效的服务，它必须择优上岗。在这一点上，黑格尔承认惟才是用[38]。

公务人员组成中间等级的主要部分。[39]黑格尔在关于市民社会的较 442
早讨论中称中间等级为一般等级（中间等级的其余部分可能部分地由自治团体官员和其他职业的官员组成吗？）。在这里，我们得到黑格尔关于合题的基本环节的系统整体这一原理的另一个运用。国家生活的全部同一性，公共事务的全部同一性，并不是指每个人都以相同的方式生存，而是指以特殊群体的生活方式生存。无论如何，每个人与他者分享着整个国家的较大生活，并且是较大有机体中的一个器官。

因此，完全献身于公共事务的职责将由黑格尔成熟政体中的一个一般等级来承担，那种职责原来是古代城邦所有公民的职责。现在，职业公务人员履行着这一职责。这表现了黑格尔耶拿时期理论的较早版本的有趣变化。在其19世纪初的著作中，例如《伦理的体系》以及在以《耶拿实在哲学》为题在前不久才得以出版的讲演中，黑格尔向我们展示了关于等级的另一个体系。系统整体的基本原理是一脉相承的，它产生的效果发生了有趣的变化。该体系中的第二等级是产业等级，它具有同它的1820年体系中的对立部分一样的政治和伦理文化。但是，并非农业等级本身而仅仅是农民描述了下面这种等级：该等级描述了较为直接的、非反思的伦理生活；该等级的生活接近于自然并且该等级的深层思想感情是信任和忠诚。土地贵族反倒构成了第一等级的背景；黑格尔在这里称第一等级为绝对的等级，并且第一等级扮演了完全涉入一般的、公共的国家生活中的角色。[40]

㊳ 黑格尔：《法哲学原理》(汉堡，1955)，§ 291—292。“行政事务和个人之间没有任何直接的天然的联系”。（范译本，第311页。）

㊴ 黑格尔：《法哲学原理》(汉堡，1955)，§ 297。

㊵ 在耶拿讲演中，黑格尔称其为“一般性的等级”或“公共等级”。

在从贵族到官僚的最初20年（实际上是15年，因为耶拿讲学是从1805年到1806年）中，什么东西位于这一变化之后呢？在拿破仑一世国家的影响下，它可能部分地成为黑格尔关于现代国家中的官僚政治的重要性、必然性的实现和惟才是用这些原理的中心。部分地，它可能成为当代寡头政治的进步的清醒剂。拿破仑一世的霸权一被推翻，德国的土地特权阶层就一般地致力于全面恢复古代政体的、陈旧的和不合理的特权。

这也可能使我们对黑格尔强调君主制产生新的认识。在他的家乡符腾堡公国,君主试图在王政复辟之后建立自由政体,遭到守旧等级势力的激烈反对。这构成在特定条件下黑格尔政治著作的一个近因;就其政治观发展而言,这些政治著作是我们的主要证据。他对1817年发表的《等级会议记录汇编》的评论表明他竭力赞成国王而反对重新回到19世
443 纪初期习俗的反动企图。纯粹肯定的东西必须被弃至一边;重建的国家必须合乎理性。黑格尔在这里所采取的以赞成口吻评论国王弗里德里希政体的见解本质上完全与《法哲学原理》中的见解相一致。但是,和我们这里的意图有密切关系的是:这些类似的经验有助于黑格尔确信,不仅贵族等级几乎无法成为普遍物的合适工具，而且在非破坏的革命的情况下改革的主要工具必然是君主政体。正像早期现代国王从他们的贵族的敌对混乱中牢牢掌握国家权力一样，现代国王也将积极体现与纯粹肯定物的势力相反的理性之物。

但是,关于一般等级的较早的见解这一模式,不可能成为黑格尔时代的贵族统治的模式;黑格尔用不着它,而我们恰恰在古代政体中发现了它。19世纪初的绝对等级类似古代共和国的公民等级;在古代共和国中,它也是武士等级。完全把自己奉献给公共生活的人也就是为国而战的人。君主政体在黑格尔的国家的这些早期变体中并不起作用,这一事实强化了与古代政体的相似性。我们得到一幅贵族政治共和国的图画；贵族政治共和国体现了系统整体的特殊化这一原理并且通过这一原理

来考虑一般主体性。在《道德的体系》中，甚至存在着超越等级的牧师和长老；他们负责维护政体的纯洁性。因此，从《道德的体系》到《法哲学原理》的体系的转换将描述黑格尔下面这一信念的进一步成熟和定型（我们不可能再死一次）；就古希腊人的伦理而言，他虽然很想分享巨大的、怀乡的赞美和对他那代人的渴望，但是它的确已经一去不复返了。通过被官僚等级所尊崇的一种典型的君主政体，现代人只能够对它的超越古人的进展仍然情有独钟。

我们于是到达了立法机构。它应当由国王、大臣和等级议会所组成。在这稍后部分，我们将到达黑格尔体系的关键点之一。等级议会的角色，就是达到黑格尔式国家的本质目的，就是把私人权利和公共权力结合起来，就是使得前者与后者相一致并且分享这种权力。

> 等级要素的作用就是要使普遍事务不仅自在地而且自为地通过它来获得存在，也就是要使主观的形式的自由这一环节，即作为多数人的观点和思想的经验普遍性的公众意识通过它来获得存在。[41]

因此等级要素意味着存在被具体化之物的所在地；由于市民社会的个人意志的混乱，公共意志将成为国家意志之意志。它成了市民社会得到政治表现，达到公共政治意志的所在地。

因此黑格尔说，为典型的政体辩护并非完全是：人民或他们的代表 444
知道他们自己的最佳利益，或是较为公平的并且献身于一般的善，我们通常在这一点上提出这一问题。实际上，当我们把下院议员比作公务人员时，这些主张肯定是有失偏颇的。等级要素的真正观点就是使市民社会体现政治意志。它就是使个人意志和个人判断成为集中于整体及其目的的政治意志和意识，就是用这种方法来把那些生活于私人领域的

---

[41] 黑格尔：《法哲学原理》(汉堡，1955)，§ 301。（范译本，第318—319页。）

人与整体的公共生活结合起来,所以他们与这一生活及其行为相一致。

> 所以,等级概念的特殊规定应该到下述事实中去探求:普遍自由的主观环节,即本书中称为市民社会的这一领域本身的见解和意志,通过各等级实存于对国家的关系中。[42]

为了充分说明这并非是谨慎的思考而是本体论意义上的根据的东西这一观点,黑格尔接着说:

> 这一环节是发展到整体的理念所具有的一个规定;决不能把这种内在的必然性同外在的必然性及有效性混同起来。……这两个结论是从哲学观点中得出的。[43]

但是,由于市民社会而被具体化的意志并非必然成为与政府相反的意志。黑格尔彻底地拒绝作为主要收复失地的典型制度这一理念,彻底地拒绝作为为反对国家的社会权利而斗争的存在的典型制度这一理念,而在黑格尔时代,这一理念被广为传播。当然,这种对立所产生的国家将不再成为有机统一体,将不再具有它的全部成员与其共相一致的共同生活和意志。一方面,它将分解成君主的统治意志,而另一方面,它将分解成与它相对的个人收复失地的碎片,即"个人、同业公会和自治团体的特殊利益"。[44]

成为独立部分的有机体的消解这一思想在黑格尔的这一讨论中起着重要的作用,而且该思想是关于作为有机体的国家的思想。如果国家

---

[42] 黑格尔:《法哲学原理》(汉堡, 1955), § 301,附释。(范译本,第320页。)

[43] 黑格尔:《法哲学原理》(汉堡, 1955), § 301,附释。(范译本,第320页。)

[44] 黑格尔:《法哲学原理》(汉堡, 1955), § 302,附释。(范译本,第321页。)

即为得到实现的道德，那么它必然构成共同生活并且在共同生活中所有人都能发现他们的等同性。可是，如果人们主要借助于个人利益来确证自己且仅仅把国家看做如下场所：在国家中，这些私人利益必须汇聚一起，以便达到对于正在运作的社会来说是至关重要的和解；那么这种确证就不可能发生。黑格尔所说的纯粹集合体社会——“群氓”或“Haufen(乌合之众)”是黑格尔使用的术语[45]——指的是消解中的国家。在这种情况下，政府作为凌驾于个人之上的专制政府，只能以践踏在法律支配下的个人意志为代价而存在，并且这时无人遵纪守法。

所以，这些等级环节的职能不是与政府对立的职能，更确切地说， 445
它们是中介环节，是黑格尔式推论的中项。这种职能支配着黑格尔关于等级环节的全部讨论。

这意思就是说，等级环节作为典型制度必然以社会等级的有机系统整体为基础。黑格尔认为，德语“等级”一词远非任意独断；它既指社会存在又指政治表述(就像英语estate所表述的意义一样)。因为，只有通过等级的物质的系统整体，人民才能与政府联系起来。这些构成了通过其较大整体中的全体成员而把个人意志与一般意志联系起来的工作的一部分。关于政治表述的进一步措施，必然建立在这一基础之上。这一原理构成了公共管理中自治团体的重要角色的基础。

黑格尔转而反对已经成为现代民主政体国家的绝对基本原理——一般的、直接的参政权。直接参政权这一理念是：人民作为个人而投票，他们并非根据他们的能力而被描述成某一等级的成员或某一组织的成员或其他社会系统整体的成员。黑格尔称之为“原子论的和抽象的观点”，[46]它代表国家作为纯粹群体、作为个人集合体的这种观点。接受这种观点，就是对独立存在的共同生活不抱任何希望，或实际上对公共意

㊺ 参阅黑格尔：《法哲学原理》，§ 302。

㊻ 黑格尔：《法哲学原理》(汉堡，1955)，§ 303，附释。

志不抱任何希望。对于人民来说,一旦它作为纯粹的群体而和自身相一致,它就是“一种无定形的群体。所以其混乱和行动仅仅可能是自发的、非理性的、野蛮的和恐怖的”。[47]纵使我们避免了动乱和社会解体,关于这种模式的政治生活也成为抽象的东西,它被割断了与社会生活的联系,而社会生活是系统整体的东西,不管我们是否愿意接受这一点。因此,政治成为这样一种东西:根据它,人们不可能清楚地认识到他们自己。[48]在这里,我们得到这样一个批判:该批判将回复到马克思的转换形式;在马克思那里,资产阶级公民的异化是资本主义社会诸矛盾之一。

因此,等级环节系统化为两个院,一个院代表地主阶级,另一院代表资产阶级经济。这些等级环节之所以必然以不同形式和普遍性具有密切的关系,是因为它们的不同生活形式。地主阶级具有一定的独立性,在它的土地所有权方面,它既具有君主的独立性又摆脱了变化莫测的商业机遇的制约。它“既不仰仗于行政权的恩宠,也不仰仗于群众的青睐”。[49]它特别适合公共生活角色。(在这里,黑格尔保留着他较早的耶拿时期观点的痕迹。)地主阶级具有公共生活的特殊禀性。因此,它通过出生而非通过选举而有资格涉入等级环节。[50]其成员亲自展示自我,而不是通过代理人来展示自我。

446 上院自身能够在不违反整个法规的情况下发挥中介作用。这意味着在社会和国家之间进行中介活动。因为上院成员与国王分享同等物品,他们不但把他们的地位归功于上苍,归功于血统,而且具有像社会其他人员一样的需求和权利。他们在下院和君主之间起着调停作用。

相比之下,下院由许多代表组成。但是,这些代表并非是随意造出来的;在不违反上述原理的情况下,他们被构成市民社会的不同协会、

---

[47] 黑格尔:《法哲学原理》, § 303,附释。(参阅范译本,第323页。)

[48] 黑格尔:《法哲学原理》(汉堡, 1955), § 303,附释。

[49] 黑格尔:《法哲学原理》(汉堡, 1955), § 306。(范译本,第324页。)

[50] 黑格尔:《法哲学原理》(汉堡, 1955), § 306。(参阅范译本,第324页。)

共同体和自治团体所任命。在这方面,个人不是简单地、直接地联系着普遍的东西，而是通过系统整体群的特殊环节联系着普遍的东西并且他属于这一系统整体群。黑格尔再次阐明这一观点：

> 原子论的国家不具备理性的组织,就是坚持,一切人都应当单独参与一般国家事务的讨论和决定,因为一切人都是国家的成员,国家的事务就是一切人的事务，一切人都有权以自己的知识和意志去影响这些事务。这一看法是想给国家机体灌输没有任何合理形式(可是,只有这种形式才能使国家成为机体)的民主因素。[51]

人们并非作为个人与政体相关联，而通过他们在社会系统整体的部分中的成员资格与政体相关联。要求所有人都以同样的方式与政治权力相关联,这是纯粹的抽象。[52]

根据上述原理——等级环节存在着，以便在国家和社会之间起调解作用——黑格尔得出如下结论：这些下院议员不应当被视为他们的有选举权的人的代表。因为等级环节也应当做为一个有机整体发挥作用,应当心系下院利益,而不应当仅仅成为个别下院议员的集合。

这条原理也构成黑格尔关于民意的讨论的基础。黑格尔认为,议会的争论应该被公布；关于舆论的报刊和机构应该在一定范围内享有自由。可是,这并不是因为他相信启蒙运动的主要传统,而是因为通过公共讨论所形成的民意必然是进步的。相反地,他把它看做洞见与特殊偏见的混合物。它是藏于土中的黄金。它同样地值得作为曾被小视的东西而被尊重,因为基本的真理是与原始的混乱交织在一起的。它自然不存在标准：

---

[51] 黑格尔:《法哲学原理》(汉堡，1955)，§ 308,附释。(范译本,第326页。)

[52] 同时参阅 § 279附释中关于“人民主权”的讨论。

> 所以脱离公共舆论而独立乃是取得某种伟大的和合乎理性的成就(不论在现实生活或科学方面)的第一个形式上条件。这种成就可以保得住事后将为公共舆论所嘉纳和承认，而变成公共舆论本身的一种成见。[53]

那些伟大的行动决不需要屈从于公共舆论，它们形成它的未来形式。因此,公开性的观点并非就能提高政府的声望,而它作为等级要素
447 的调解作用的本质部分，必然由于私有财产而加速公共政治意志的具体化过程,即将在国家的活动中发现它自身的过程。正是争论和形式在公共舆论的发展过程中把公共舆论自身提升成公共政治意志。

我们已经考察了黑格尔的国家内在政体的本质特征。我们能够理解它获得了反动名声的原因。它不只是强调了君主政体的缘故。何况，现代民主国家机关的重要基本原则被认作借助于普选权的选举而产生并且人们根据普选权来作为个人参加投票。我们所确信的关于政府的任何其他形式必然既忽视了那些没有被直接授予选举权的人的利益，又没有为根据政治公民身份的权利和义务而有教养的大多数人提供可能性。

黑格尔的主张——人们并没有直接地进入政治活动领域而是通过他们的协会、自治团体等并且以较为有组织的方式来进入政治活动领域——并未使人联想起什么,但使我们对现代“阶级合作”思想留下了深刻的印象;在法西斯主义国家中,这一主张已经被用作独裁政权的遮羞布,并且肯定未提供一个较有意义的参与。纵使“阶级合作”思想未被完全控制,我们也倾向于认为,那些立法机构中的代表由于受一些精英支配将离人民而去,并且这些立法机构从这样的协会中产生,而那些立

---

[53] 黑格尔:《法哲学原理》(汉堡, 1955), § 318。(范译本,第334页。)

法机构中的代表倾向于控制这些精英。普通人将以杰出人物的名义而在不断的瓜分下生存。在许多激进分子的眼中,我们的现时社会非常类似于这样的国家。这些激进分子甚至可能放弃议会政府的希望,但是他们反而转向直接的民主政体,甚至不接受某些社团的解决办法。

然而,我们必须抵抗纯粹根据我们自己时代的经验来理解和判断黑格尔著作的自然倾向。我完全赞成对于上面所提到的"阶级合作"思想的批评,但是,我认为我们应该用另一种眼光来理解黑格尔的著作。

我将更充分地讨论这个问题。首先,让我们借助于考察它的外在关系来结束黑格尔关于国家的见解。当然,我们在这里发现了产生深刻分歧的另一根源,许多现代人常常带着这种分歧来理解黑格尔。因为,在下一部分中[54],黑格尔拒绝国际领域自由主义的两个基本目的:国家间的永久和平与国家的世界联邦,康德已经巧妙地为这两个目的作了辩护。

黑格尔拒绝后者的理由已经隐含在上述论述中。国家必然成为人们所认同的较高级生活的所在地。但是,就包括每个人而论,人们不能够如此广泛地展开他们的认同。国家应当成为强有力的认同感情的对象,亦即成为强有力的爱国主义感情的对象,黑格尔称之为"道德的信 448
念"。可是这无法随心所欲地展开以适用于整个人类。相反,它必然基于民族的"自信"。[55]换句话说,对黑格尔来说,国际政治实体的计划对下面的自由主义设想来说是有意义的:国家,对于健全的个人而言,或对于进一步的道德目标而言,仅仅是一个外在的工具。从这一观点来看,世界国家是较高的形式。所以,我们发现康德为赞成这一形式而辩论。但是,一旦人们理解国家是有组织的公共生活的所在地并且有组织的公共生活是我们的同一性的所在地时,于是我们发现它必然仍然是一个与他者相反的个体。

---

[54] 黑格尔:《法哲学原理》(汉堡,1955),§ 321—329。

[55] 黑格尔:《法哲学原理》(汉堡,1955),§ 322,附释。

但是，它的与他者相反的个体性，用黑格尔的术语来说，它与他者的否定的关系，是关联着它“与它自身的否定关系”的，也就是说，是与它的作为个体的权力相关联的，而且这种作为个体的权力使它的所有部分连成一个整体并且甚至为了整体的利益而牺牲它们。这种关系在战时成为现实；在战时，国家大力号召人民“冒着牺牲生命财产的危险”来维持这种实体性的统一体。[56]

因此，对于黑格尔来说，战争在具有创造力的意义上构成真理的要素。因为它是这样的要素：根据这一要素，国家与社会之间的真实关系居于显赫的地位。在和平时期，国家必须把维护和保护财产及其成员其他个人利益作为主要目的之一。这是导致政治社会纯粹为保卫个人生命财产（例如洛克）而存在的错误观点的原因。但是，国家实际上是物质统一体的体现。其实，国家是这样一个共同体：在这一共同体中，人们作为理性意志的载体而得到他们的个性。所以，国家是目的。因为国家的发展是历史目的，市民社会构成国家的必要组成部分，所以，我们应该把国家认作系统化它自身成为家庭、市民社会和权力的领域等，而不是把这些认作组成国家。

当国家处于危险中时，当借助于征用财物和号召它的公民冒着生命危险为国捐躯来证明它的较高目的时，尊严和意图的真正秩序反而居于显赫的地位。

但是，按照黑格尔的本体论原理，战争作为国家本质要素的反映必然不可避免地发生。不管对概念的本质要素作出什么样的思考，都必然实现外在的存在。所以，虽然这可能显出仿佛某些战争纯粹是偶然发生的并且它们常常存在于它们所是的细节之中，但是战争本身是不可避免的。战争不是偶然的，战争也不是绝对地邪恶的。它的必然作用在于体现了普遍的至高无上性。因此，没有战争，人民将停滞于个人利益的

---

[56] 黑格尔：《法哲学原理》（汉堡，1955），§324。（参阅范译本，第324页。）

沼泽中。黑格尔在此引用了他自己早期著作中的一段话：

> 各国民族的伦理健康就由于它们对各种有限规定的凝固表示冷淡而得到保存，这好比风的吹动防止湖水腐臭一样；持续的平静会使湖水发生相反的结果，正如持续的甚或“永久”的和平会使民族堕落。[57]

黑格尔在这一节中同时说道：无论如何，死亡是有限事物的一切，是具 449
体之物的一切。这就是自然通常确证的东西。但是，

> 在伦理性的实体即国家中，自然被夺去了这种力量，而必然性也就上升为自由的作品，即一种伦理性的东西。至于那种暂时性则成为所希求的消逝，作为有限的东西的基础的否定性也成为伦理性的本质的特有的实体性的个体性。[58]

自从火药发明以来，现代战争特别体现最高程度的战争这一作用，因为，就大的意图并且由于（因火器而成为可能的）距离的非亲在性的东西而言，我们在此并非经历亲在的斗争或被个人之恨所激起的亲在的斗争，我们经历着一般的冲突。关于国家的这一方面也体现在特定团体之中；因此，常备军是合乎理性的必然性，而不只是谨慎的必然性。[59]关于战争和对外事务的权力掌握在君王手里。

---

[57] 黑格尔：《法哲学原理》(汉堡，1955)，§ 324，附释；引自黑格尔：《关于处理自然法的各种科学方法》，载《哲学评论》，第2卷，第2部分，第62页（《黑格尔全集》，拉松版，第1卷，第373页）；“永久和平”一直困扰着康德。（范译本，第341页。）

[58] 黑格尔：《法哲学原理》(汉堡，1955)，§ 324。（范译本，第340页。）

[59] 黑格尔：《法哲学原理》(汉堡，1955)，§ 326。

在下一部分——关于国际法——中[60],黑格尔再次回到任何世界国家或国家联邦都是吐火女怪(无稽之谈)这一观点。存在着国际法的许多准则,但是这些准则必然仍然是纯粹的应当(Sollen);我们不可能使它们成为实体化的东西,不可能使它们成为独立维持的公共生活的一部分[61]。

就像我们已经看到的一样,接下来论述的是世界史。[62]

三

我们能够如何概括黑格尔的政治意图和见解呢?通常所应用的那些普通称号更多地遮蔽了它们澄清的东西,这一点现在必定是一目了然的。黑格尔不仅被称作保守主义者,被称作自由主义者[63],并且被称作复辟普鲁士国家的辩护士和把个人作为国家神学祭坛上牺牲品的原始极权主义者。后两种说法的确太离谱了。但是,前两种说法并非仅仅是错误的。它们既存在着基本错误,又包含着真理要素。

称黑格尔为自由主义者之所以并非错了,是因为他赋予1789年法国大革命的那些原理以中心地位。首先,我们必须根据理性来建立国家而不是根据传统来建立国家。黑格尔一直抨击当时的真正保守主义者,

---

[60] 黑格尔:《法哲学原理》(汉堡,1955),§330—339。

[61] 这里所涉及到的应当(Sollen)是E.韦尔基于他下面这一观点所作出的思考之一:黑格尔期待着较高的历史阶段;在这个历史阶段上,世界国家将是可能存在的。参阅《黑格尔与国家》(巴黎,1950),第75—79页。但是,这令人难以信服,不仅部分地因为以上所得到的那些理由而且因为§322中的观点,即,作为一致性的所在地,国家不可能被某些大的联盟所取代。

[62] 黑格尔:《法哲学原理》(汉堡,1955),§§341—350。

[63] 例如,根据Z.佩尔齐因斯基,他公正地把黑格尔置于自由主义者的位置上,参阅《黑格尔的政治哲学》,W.考夫曼编(纽约,1970),第85页。

这些保守主义者之所以要维护过时的、“实证的”政体和权力，恰恰是因为它们的历史悠久的、传统的基础。他抨击替君主家长式权力作辩护的人们，抨击替君主神圣统治权作辩护的人们。其次，现代国家必定围绕自由的、理性的个人建立起来。它必定尊重个人的良心自由、选择职业 450
的自由、财产安全和经济事业的自由。它必定考虑信息传播和舆论的形成。它必定实施依法治国。

也许我们今天需要提醒的一点是，这些并非是在1815年之后神圣同盟所控制的欧洲复辟中的“正确”原理，不管神圣同盟可能在20世纪70年代处于西方民主政治中的人听起来是多么“保守”。

但是黑格尔显然同自由主义有分歧。根据自由主义，他认为这些原理作为国家的基础是完全地、真正地、极端地不适当的：“自由主义者”这一称号是异常宽泛和松散的。但是存在着一个重要传统：这个传统关注个人自由、平等（包括扫清非分的特权）和作为合法政体的三个本质特质的、影响政府的职责。我们称作自由主义者的很多思想家想要暂缓运用某一原理或这些原理中的其他原理：洛克并不把无特质的群众认作选举权的适当载体；约翰·斯图亚特·穆勒认为，许多人尚未作好代表政府的准备，但是我们通常称作自由主义者的那些思想家并未清楚意识到任何其他基本原理。（当然，除非我们把法治认作独立于自由与平等的原理；在这种情况下，上面所提到的三位一体应该成为四位一体。）

自由主义传统的潜在信念是：这些价值构成可行社会的充分基础。也就是说，体现这些价值的社会应该博得其成员的精诚合作。它认为人们将满足于设置本身的内在合法性，进步的人们将看到社会本身的效用，看到社会本身借助于规则所起的作用，或人们将认同这样一个社会：在这个社会中，他们是自由的和君临一切的，并且视这种社会为他们自己的社会。

可是，由于这些理由或其他理由，对社会中的不满和分裂的自由主义传统的反应总是要求进一步地、更彻底地运用上面三条原理；总是要求以较大的自由或深层不平等的废除或政府的较为充分的职责必然足以克服异化或分裂为理由。

在这种意义上，黑格尔十分强调不存在自由主义的传统。建立在这三条原理基础上的社会仅仅是这样一个社会：在其中，由于同质的、无差别的生活方式，人作为个人享受到最大限度的自由，并且政府满足这些无差别个人的意志。但是，这仅仅是这样一个社会：它是“Menge(群氓)”或“乌合之众”[64]，是“无定形的大众”。[65]

451 黑格尔对这种社会模式的拒绝涉及到他的哲学见解的基础，涉及到他的思想的潜在动机。原子论的模式彻底否定古希腊人完美体现的人与社会的现实统一的理想。如果国家满足了独立的、平等的个人意志，那么它只是个人手中的工具，便不可能成为较大生活的所在地，也不存在道德的地盘。我们又回到了在上一章节中考察的那个问题。假如只有人的意志才是重要的，那么国家就被降格到工具的地位。它不可能成为由个人所构成成员的较大生活的过程。

但是，没有这一过程，不仅人类不能重新回到与精神的统一，而且根本不可能存在一个可行的国家。没有它的必然的系统整体，一个民族作为一个国家将要崩溃。[66]黑格尔似乎借用卢梭的“自我解散”的民族的理念——只是出于相反的理由：就卢梭而言，服从整体的一部分是一种允诺，因此，整体会破坏政治契约。人们可能说，对卢梭来说，系统整体的创造是世俗政治之原罪；而对黑格尔来说，正是它的废除、摧毁了国家。这一摧毁并不被认作纯粹形而上学的。一个如此被分裂成原子的国家必然丧失它的公民的忠诚。它由于缺乏公意而显得软弱无力，成为宗派专横意志的玩物。

---

[64] 黑格尔：《法哲学原理》(汉堡，1955)，§§302，303。

[65] 黑格尔：《法哲学原理》(汉堡，1955)，§§279，303。

[66] 黑格尔：《法哲学原理》(汉堡，1955)，§279。（参阅范译本，第298页。）

因此,黑格尔无法接受1789年法国大革命的那些原则——自由、平等和人民主权论（如果我可以修正关于这一讨论的目的之革命的三位一体)——的通常的自由主义观点;黑格尔无法接受它们仅仅需要被完整地加以应用,我们仅仅需要扫除它们面前的一切其他东西,以便达到理性的和可行的社会,即政治完善的顶点。相反,黑格尔反对以看似完全不相关的、保守的原理——社会必须具有一个系统整体的结构,该结构涉及不同等级与政治权力的不同关系；政治权力最终被证明是对整体秩序的正确反映——为名义来完全履行这些原理。但是,前现代理论也借助于有关事物的秩序来证明社会结构。例如,国王对于社会来说就是尘世的上帝,或社会是由国王当头的总体。

因此，黑格尔以听起来像前现代原理的名义严格地限制革命的三位一体的运用。经济行为的自由并非就是超越由看守政府所设置的一定界限;再者,它就在自治团体的范围内得以维持。人们不可能允许平等成为同质化并且消除在他们的权力方面的等级、义务和生活方式之间的差异。最重要的是,人们不可能被允许仅仅作为个人参与塑造共同意志和通过投票来表现他们的个人选择。他们必须通过他们的角色而涉入给定的等级或参加他们所属的自治团体。更不必说,这个共同意志不可能纯粹是个人选择的产物，而是反映国家有机结构的审慎思考的 452
产物。

为此,难怪黑格尔常常被归入保守主义者。但是,像称他为自由主义者一样,这也是毫无道理的。因为他实际上并不坚持前现代理论,而前现代理论假定事物的秩序仅仅是被给予的。他也不承认基于传统或惯例的从属结构。他所承认的惟一基本原则是理性自身。黑格尔所谓的权力的诡计指的是,他声称要从理性和自由中推演出新的系统整体,因此,人们认为这是1789年法国大革命重要渴望的真正实现。分裂成原子的、同质的个人的国家并非是个人的逻辑实现,而是一个偏离,即由抑制发展所产生的怪物。因为,对理性和自由的渴望实际上借助于把人类主体看做较大精神的中介而得到实现。同质化的或无限制的自由的或普选权民主的全都未能尽力设法利用他们的思想的重心。他们仍然受到有限主体及其自主性的困扰，不能够重新发现国家的可行基础。因此，黑格尔并不把自己看做以关于秩序的某些外在原理为名义来限制实现1789年法国大革命的原则的人。他把系统整体的国家看做那些原则的真实的和实际上惟一可行的实现。

这一独到见解成为黑格尔判断他那个时代的国家和政治的根据。黑格尔作为一个保守主义者甚至作为一个反动分子的路人皆知的名声,建立在他假定赞同普鲁士是现代国家最充分实现的基础上。这一观点建立在可悲的历史无知基础上。实际上,黑格尔在《法哲学原理》中所描述的国家根本不存在于总体之中,就像我在前一章中所指出的一样。新的阶段仍然仅仅存在于一般轮廓之中,并且尚有待于设计出来。当时的(1821年)普鲁士显然没有满足这一条件。例如,整个王国不存在等级议会,而仅仅一些个别省存在等级议会;这些省的辩论并非是公开的;由陪审团进行的审讯尚未被建立起来；严格的审查制度妨碍了自由舆论的形成;普鲁士君主制度比《法哲学原理》中所描述的君主立宪制度更加肆无忌惮。当时的(1821年)普鲁士不可能注意到这一巨大的差别。只是后来的评论家们才搞出这一无稽之谈，因为他们忘记了这一时期的历史或对这一时期的历史不感兴趣。

但是,一旦我们抛弃黑格尔作为“泛普鲁士主义”鼓吹者的神话,我们必须理解他把普鲁士看做先锋的意义。

当他克服他对拿破仑丰功伟绩的崇拜并且再次开始相信（假如他曾经不相信）国家应该成为精神生活的最高统领或至少再次开始相信能够在德意志(但不是泛德意志,这并非完全是黑格尔的目标)建立这样的国家时,这至少是在欧洲复辟以后的一个事件。

453 现在,这在我们看来似乎是荒唐的,因为作为自由主义三位一体的信仰者，我们把好的国家认作建立在具有普选权的典型政体的基础上的政体。根据这一观点，退回到19世纪20年代和30年代初期，我们特别关注欧洲国家中1830年以后的法国，尤其是1832年以后的英国。黑格尔在1832年以前(1831年)逝世，但是他阅读过英国1832年议会选举法案修正案并且写了一篇关于该修正案的文章；他的那些批评似乎是不着边际的，对于当代人来说似乎是粗暴的。下面这种情况对于他来说似乎并不重要：英国1832年议会选举法案修正案与其说扩大公民权利，而宁可说，它将结束代表的滥用，并且借助于这一点，公共角色应该成为个人的才能而且几乎成为个人的特质。但是，他对这将导致英国其他此类改革几乎不抱什么希望，因为在他看来，它似乎是无法无天的市民社会的原则。

但是，优于普鲁士的英国和法国的状况非常具有启发性。因为这两个西方国家代表着被黑格尔视为危害现代国家发展的两股强大的分裂力量。第一股分裂力量是由革命精英所激起和控制的贱民行动，雅各宾派为这种精英提供了范例。第二股分裂力量是市民社会所固有的私人利益力量；这股力量总是具有冲破它的界限和毁坏国家契约的危险。这两股力量都是隐含于自由个性现代原理中的危险，但它们和不同的哲学阶段相一致。第一股力量在某种意义上诞生了暴跳如雷的卢梭，第二股力量诞生了放肆的功利主义(突然变得狂暴的边沁)。[67]

法国之所以特别容易产生第一种危险，主要是因为她的宗教的历史。像我们在上一章看到的那样，现代国家部分地诞生于新教改革运动。这体现了人与普遍物关系国际化过程中的一个重要阶段；该阶段不再以外在等级和世俗的、感官方面的形式为中介。所以，在天主教国家中，不可能存在建立在人民和国家深层一致性基础上的稳定的政体。教会具有太大的权力来干涉世俗生活。天主教会将不接受纯粹精神权力

---

[67] 当然，这些危险并非是完全分开的。失控的市民社会能够借助于创造贫困的无产阶级来产生贱民的暴力和革命。

的角色。它将不承认反映在基督教神学中的具体与一般之间的统一意味着达到国家中真正的、客观的历史存在。因此在这些国家中一直存在着分裂;国家不可能获得一般的忠诚,即在新教国家中可能存在的“道德观点”。

这一无能影响了法国。因此,法国在现代国家的发展过程中不具有领导的资格。由于缺乏“道德观点”和不利于道德的理念的力量,法国成为激烈的、彻底的变化和非稳定性的牺牲品。作为天主教反对自由主义国家的自然结果,人们在自由主义国家的追随者中发现了自由主义国家的极端抽象的观念,自由主义国家最终根据黑格尔所反对的国家统
454 一并且表现个人意志的原理建立了起来。1830年的骚乱并未改变黑格尔对法国的判断。七月王朝扩大选民区自然没有给他留下进步的印象。

但是,英国又如何呢?在英国,我们面对着一个新教国家。的确,英国是一个面临着第二种危险的国家。在这个国家中,私有财产原则,或个人财产原则,已经是天经地义的,甚至取代了许多公共的功用。英国人把特定的权利和自由混为一谈。不存在真正支配普遍的东西,但存在着转让私有权利的混乱。更糟糕的是,这种混乱似乎是无可救药的。因为能够消除这种混乱的惟一力量将是强有力的君主制度。例如,那些中世纪末期的国王,他们被迫通过一般的权利来反对他们的难以驾驭的贵族。但是,英国人已经极大地削弱了他们的君主制度;它在国会面前是没有权利的,而国会是私人利益的斗争场所。所以,他们对消除上述混乱不抱任何希望。这就是黑格尔在其最后的重要著作——关于英国1832年议会选举法案修正案——中所表述的悲观主义的理由。

无论如何,人们会问,黑格尔为何没有看到这种力量实际上注定将在某处产生并且这种力量(至少)使得(某些)私人利益接踵而至呢?我指的是民众的大多数。实际上,黑格尔的确预见到了革命行动的危险,尽管英国人没有以有序的方式迅速地分析他们的问题。一般说来,他把革命行动看做以异化的无产阶级——徘徊于1848年革命中的欧洲的幽

灵——的形式威胁失控的市民社会的回应。实际上，1848年革命将成为没有及时废除不合理的和纯粹“实证的”特权之任何社会的命运。

但是，对黑格尔来说，1848年革命没有为现代国家提供解决问题的办法；它只不过是另一种形式的非健全状态而已。就我们在上面根据经验和理论所列出的理由而言，黑格尔害怕并且不相信民众的力量，即通过群众的力量产生的变化，或借助于1789年革命或借助于民众的压力所产生的变化。这样的斗争与达到真实意志的统一是不相一致的。它仅仅能够证明社会是否需要另一次革命来完成理性的工作，而黑格尔并不相信这一点。

所以，合乎理性的政体能够得到最佳应用并使之得到实现的工具是强有力的、现代化的君主制度。众所周知，普鲁士国王在这方面留下了许多有待改进之处。在保证承认战后的政体之后，他逃避履行这一承诺，并且不打算借助于他的国民来兑现它。王储，未来的弗里德里希·威廉四世，是一个地地道道的反动分子。然而，黑格尔对建立在他那个时代气息基础上的未来抱有希望。拿破仑一世的征服震动了德国，把德国卷入了改革浪潮之中。它由建立在法律基础上的邦国组成；根据法律，理性启蒙的那些原理已经产生了作用，并且显然必定进一步产生作用。455
它具有新教政治文化，因此它能够达到不同于拉丁系欧洲的愚昧民族的理性政体，而它并非像英国那样过于腐败。它坚持君主制度的原理；君主具有不同于英国君主的某些真正权力，然而，邦国是法制的邦国。在受到法律约束而不是受到保留创制权力约束的君主国中，或在哲学上达到其顶峰的新教国家中，确实可以对某些开明国王将试图体现理性国家的全部内容而寄以厚望吗？[68]

---

[68] 也许可以理解，这个问题似乎已由作为政治哲学家的黑格尔和作为对当代政治现象感兴趣并赞成当代政治现象的观察家的黑格尔作了不同的回答。在他关于现代国家的使命这一概念方面或在他关于以它的实现为目的的障碍和危险这一概念方面不存在任何差别。但是，在他对这一结果的信心方面，的确又存在着差别。平静的语调、理性胜利的

但是，如我们所知，历史使黑格尔的这些希望落空了，它们不仅是德国的希望而且是现代世界发展的希望。实际上，自由主义的三位一体——个人的自由、平等和人民主权——本身继续迅速地得到了充实。在个人的自由、平等和人民主权得到补充的地方，或在它们经常得到监督的地方，自由主义的三位一体不是借助于或建立在传统基础上的秩序之见解或者建立在理性基础上的秩序之见解而产生，而是借助于其他现代意识形态而产生。例如，绝对鼓动性的意识形态派别亦即马克思列宁主义为我们这个世纪所提供范例的意识形态派别，而不是现在在一切方面已被模仿的并且已被戏仿的意识形态派别，是自由主义的当代主要竞争对手。绝对鼓动性的意识形态是追求绝对自由的一脉相承的后裔，而且黑格尔以极其深刻的方式描述了这种绝对自由。绝对鼓动性的意识形态被它自己关于自由、平等和人民主权的三个原则的见解所推动。

但是，填补由传统忠诚所留下的缺口的最重要力量已经演变成为民族主义。实际上，由鼓动性意识形态所证明的许多政权产生于它们与民族渴望的结合。民族主义同样已经成为自由主义社会中的一种力量。黑格尔常常说，他未能意识到未来时代的民族主义的重要性。可是，这确实仅仅是他关于秩序的新见解将包含着对个人主义和同质化的动力这一信念的推论。

因为它是这种动力的连续的、未受抑制的作用，在它面前一切传统的权威和社会差别都已荡然无存。它揭示了人们要求民族主义将加以填补的真空。相应地，民族主义宗教已经成为同质的、强有力的工具，因为已经自由地挣脱传统形式的精英采用了民族主义宗教。现代国家能够在没有强有力的民族主义情况下要求坚持足够的忠诚和民族精神吗？人们很难作出明确回答，但是人们觉得精英的数量微乎其微。

456 换句话说，黑格尔未能确证他那个时代被杜撰出来的新纪元，因为根据建立在本体论必然性基础上的新理性秩序，他把他那个时代的推动力——自由、平等和人民主权——看做注定要被扬弃的东西。世界样式是他从未思考过的事情,在尘世中,这些推动力将竭力摆脱对更大的个人流动性和社会同质性的任何秩序的抑制和支配。这似乎是一个不切实际的奢望。

但是这意思并不是说,黑格尔不理解这些(对他来说)破坏性力量的本性。相反,在某种意义上,他比他的同时代人理解得更为深刻。因为他不仅对理念和思想具有两种深刻的把握, 而且理念和思想交替地形成对自由和平等的动力,成为渴望功利主义和绝对自由的动力;他理解的不仅仅是作为理念的自由和平等的内在动力。

他同时看到了现代“市民社会”的内在动力。也就是说,他看到了建立在分工和交换基础上的制造业经济倾向于无限地扩张自身的方式,而在评价这一扩张的过程中,人们摆脱了对任何组织的忠诚,以便加快他们的个人流动性,与此同时,以便强化他们对巨大的、非人格的系统的相互依赖性。换句话说,现代经济,如果任其发展,将成为个人主义和同质化的强有力工具。资产阶级经济确实将导致财富和贫困的两极分化,并将产生极端的两极分化。但是,与传统的(或黑格尔式的)社会等级不同,上述这些构成不了基本原理,而基本原理将留给命运,听任命运的操纵;命运根据某范畴存在和存在多久而终结。

因此,黑格尔不仅把现代同质性的动力看做存在于一定理念中,而且看做是一定制度和生活共同方式所固有的。实际上,黑格尔,像其他几位社会思想家一样,理解理念如何交织于习俗和制度中,理解习俗本质上如何交织于制度的一致性中, 并且理解制度又如何表现习俗,所以,他同时理解制度如何界定习俗的基本理念。这就是隐含于黑格尔关于作为“客观精神”的制度这一概念中的联系的集合,就像我们在第14章中看到的一样。资产阶级经济,在其功利主义的变种方面,可以看做用某种生活方式和一系列习俗来表现的现代个人主义。它的过剩产生异化,产生与其社会不具有认同性的群氓,所以,革命一触即发。这又必然被关于绝对自由的渴望所推动，因为绝对自由描述了现代人试图填补由现代个人主义所留下的真空并且试图重获表现自身的社会。

黑格尔本来很可能真正地而不是草率地理解全部动力。他未能预见到这一全部动力，因为他深信它将受到控制和被纳入根据绝对理念所建立的现代国家的理性秩序之中。

但是由于实际上并未产生这种状况，所以理智对于黑格尔来说必
457 然是不公正的。因为他关于秩序的见解已经很自然地失去了根基，而他关于秩序的见解既不是（建立在“肯定”的权威基础上的）传统的见解，又不是（建立在自由主义的三位一体，或理性主义，或鼓动性的意识形态基础上的）我们认作“现代的”见解。于是它被比作人们非常熟悉的上面那些范畴中的某一范畴或另一范畴。

这就是黑格尔的“普鲁士”名声的由来。普鲁士在19世纪经历了许多阶段。在国王弗里德利希·威廉四世的反动统治下，它避开了1848年的自由主义的民族主义。接着，在俾斯麦的统治下，它发起了统一德国的运动。霍亨索伦的德意志是传统的忠诚和自由主义习俗的特殊混合物，并且强有力的民族主义凝聚力将其合为一体，而普鲁士国王成了霍亨索伦德意志的皇帝。

当黑格尔见解的实际内容逐渐丧失根基时，由于传统意识形态或处于支配地位的思想的现代化，人们必定记住的是：(1)他认为普鲁士处于正确的轨道上；(2)他认为这个国家由于某种原因是神圣的，值得个人的最高的、世俗的忠诚。人们忘记了黑格尔已经思考过普鲁士在19世纪20年代处在什么样的轨道上，最为重要的是，他借助于神性和这个国家所指的东西。因而，黑格尔的朋友和敌人都自然把那时提供人们对普鲁士德意志最高的、世俗的忠诚的那些流行的根据归功于黑格尔，而那些根据对传统权威和现代沙文主义的民族主义具有混合的感染力。这样一盘纯粹实证的和准理性的、令人吃惊的色拉应该归于黑格尔这位理性宇宙秩序的哲学家。这是现代思想史的伟大反讽之一。这些伟大

反讽是对伟大创造力的惩罚。[69]

但是，正是他的主要理念的渐被忘却没有证明黑格尔政治思想的枝节问题吗？人们之所以能被诱惑去这样想，是因为个人主义和同质化力量已经迅速地得到了推进。一切社会差别都已遭到抨击，不仅那些建立在出生或社会地位基础上的形式，而且甚至性别间的生物学上的基本形式也都遭到了抨击。现代平等这一概念容不得机会领域中的差别，个人在差别面前具有机遇。在个人作出选择之前，个人必然是相互交往的；任何差别必须得到表现，或者任何差别必须作出选择。强调对当代平等原理的选择，反映了它与作为独立创造的激进的自由这一概念的结合。[70]

上述这两个方面共同彻底荡涤了传统社会的那些系统整体，并使 458
它们自身与已经产生的那些新的系统整体相对抗。当我们考察过去两个世纪的历史时，似乎存在着一个清晰的倾向：根据这一倾向，判别逐步地被搁置、被调和，并在社会中达到高潮；在社会中，（至少在理论上）每个人将在可能性的潜在无限领域面前维持与所有其他人的平等。以这种自由方面的平等的名义，我们现在正在经历一场妇女地位方面的深刻革命，甚至在某种程度上正在经历一场在未成年人地位方面的深刻革命（如选举年龄降低到18周岁，现在一般说来几乎整个西方世界都是如此）。

这一运动并非局限于自由国家。当代功利主义国家可能限制个人自由，但是它们恰恰坚决支持作为独立创造的自由的原理。它们已经成

---

[69] 把“普鲁士主义”强加在黑格尔身上这一过程甚至滥觞于俾斯麦德国诞生之前。鲁道夫·海谋的颇具影响的传记《黑格尔与他的时代》（1857）很可能是它的缘起之点。但是，海谋认为黑格尔与1848年的普鲁士相一致，而普鲁士统治者对他所支持的一切失去了同情。

[70] 所以，人们用关于自由的语言——例如，“妇女的解放”——作出对平等的当代要求。

为个人流动性的更为决定性的力量，而且，这种力量使个人摆脱了他们与主要组织的一致性，并使他们摆脱了与较大组织的联系。他们醉心于创造这样一种组织：在该组织中，所有人都无一例外地成为他们命运的主人，都在潜能扩展领域的自由选择面前相互交往，尽管他们必定把这种选择看做共同的、集体的行为，而非一系列个人选择。

面对这一无法预测的且完全有理由认为是不可能的发展，黑格尔不得不说些什么呢？实际上，答案不止一个。因为，虽然他没有对它作出预见，但是他非常了解它的动力，就像我们在上面证明的一样。

实际上，相互交往的自由个人的社会就是黑格尔的"乌合之众"的社会。他认为这样的社会是不可行的，也就是说，它不可能得到忠诚，亦即关于它的基本规则的最低惩戒和接受，它不可能产生必须坚持下去的一致的基本原则。在这一方面，他是完全错误的。因为，实际上，现代组织能够要求其成员的忠诚的合作大体上没有产生自由、平等和大众规则的功用，而现代组织体现了这一功用。这一忠诚合作产生了对自由主义传统的潜在信仰，它完全符合这些原理，以便获得人们的忠诚。但是，实际上，在现代组织成员并未部分地"沿着"传统的忠诚"航行"的地方，这些自由主义的现代组织像所有其他东西那样依靠其他力量把现代组织成员结合在一起。

诚然，这些原理中最重要的原理是民族主义。其次，鼓动性意识形态在某些组织中扮演着重要角色，因为它通过诱人的前景来引起人的关注，使人忠诚，即成为证明全部现时结构（特别是普遍存在的制度、政党）的建构物。

但是，第三，在人类生活和目的这一概念的意义上，这些自由组织产生了自己的"神话学"，而且这一概念常常被用人类生活的结构和习俗来加以表述，并证明人类生活的结构和习俗是合理的。与广为流传的自由主义神话相反，人类生活不依赖于这样一种"善"：如果这些自由组织具有自由、平等或产生繁荣以便维持其成员的忠诚，那么人类生活就能

够提供"善"。相信这将要产生,就是构成在最近50年来非常时髦的"意识形态的终结"这一概念的基础的东西。 459

但是,看起来像意识形态的终结之类的货色实际上只是自由主义中心意识形态的短暂的非挑战性统治。一旦它再次遭到抨击,其面目将再次暴露无遗。自由主义舆论的重要支撑物主要是作为生产者——从事改变自然的原材料和环境以便适应其需要的生产者——的人的观点。(作为反马克思主义的)自由主义的变种,首先把人看做个体的、生产性的力量。由于分工,人必须与他者合作,而这种合作被认作不断地产生再协商。生产者组织对其成员来说被认作是自由的和关心其成员的,因为该组织的关系不断地被超越。由于个人首创精神的视界,它被认为具有创造性和生产性。

有些人愿意采用类似关于社会的中性描述的图画,这幅图画确实为意识形态的逐渐枯萎提供了基础。但是,它实际上与任何其他意识形态的东西一样,也是意识形态的东西,这并不是由于下面这一无关紧要的理由:它未能考虑某些重要的事实——不平等、非完整性和剥削,而确实因为它未能用这种方式来理解这些社会关系,因此它未能试图根据这种方式来改造它们,亦即预先假定关于人的某种观点和生活的终结,而生活像任何其他东西一样具有竞争。例如,它假定人作为一个生产者与世界的主要关系是:对于人来说,自然作为原料的重要性是:人作为个人主要地先于协商的基质和相对地独立于协商的基质来界定其目的;对人来说,未来作为计划总是应该比过去更加重要。

至少在某些国家中,当年轻一代的绝大部分不再信仰这种复杂的观点时,自由主义的舆论取决于这种复杂的观点是显而易见的。年轻一代加速了一种危机,因为年轻一代失去了通过劳动和生产来征服自然和证实人的目的之忠诚。我们现在能够看到,关于善的纯粹陈述在使社会避免内部分裂、僵局和可能的毁灭方面是多么地无力和无效。

这一体验揭露了,自由主义社会,像任何其他社会一样,不可能纯粹借助于满足其成员的需求和利益来维持存在。它也需要一个共同的或至少普遍的信仰框架；那个信仰框架把它的结构和习俗与它的成员看做最重要的东西联结起来。生产者社会的这一自由主义见解远不是人类社会所反映的宇宙秩序的传统概念。但是,它在这方面为社会成员所熟悉;它根据人类生活的主要目的来解释社会制度和习俗,这种解释
460 既有助于界定这些制度又有助于证明这些制度是正确的。现代观点,像传统观点那样,都是“意识形态”,或者不及传统观点带有浓厚的“意识形态”色彩。

但是,在这方面,功能性自由社会并非完全是黑格尔意义上的“乌合之众”。因为用他们的共同制度所表述的一系列共同意义,它的成员拢合在一起了。事业发达的商业自由社会有自己的道德,尽管这自相矛盾地以关于事物的如下见解为基础:这种见解否定需要道德,并把理想社会描述成它的成员的意志创造和维持。换句话说,当自由社会在这方面没有达到自己的预期规范时,自由社会是幸运的。

如果这些共同意义没有得到实现，那么自由社会的基础就处于危险之中。实际上,这在今天似乎具有明显的可能性。通过某种锐利的方式，重建道德的问题，或重组一套人们所能够认同的制度和习俗的问题,和我们一起存在于现代社会的冷漠和异化之中。例如,某种发展的意义——个人投票不具有重要性——挑战着代表制政府的重要制度。

然而,发现《法哲学原理》中的有关选举的中立性这一现象不应该使我们感到惊奇。[71]因为异化与道德重建问题实际上是黑格尔理论和任何一个时代的中心问题。而且在任何一个时代,这一中心问题都被提到议事日程上,这是黑格尔式的思想肯定与其有关的中心问题。在今天,黑格尔式的具体解决问题的办法不存在任何重要性。而宁可说是,他对

---

[71] 黑格尔评论道(§311),这在那些大邦国中表现得特别明显,“因为在存在许多有选举权的人的地方,计算单一投票是没有重要意义的”。

人与社会的关系——同一性与异化的关系，区别与部分共同体的关系[72]——的把握和它们通过历史的发展提供人们语言的一个重要要素；我们需要想方设法解决我们时代的这个问题。

黑格尔没有预测现代社会的发展,这是无关紧要的。[73]重要的在于他洞察到了它的持续不断的、循环往复的问题之一,即1789年的自由、平等、人民主权这个三位一体的主人公们,不管他们是属于自由主义的变种还是属于革命的变种,竭力倾向于否定的问题。因为,他们把道德利害关系,即人对社会的认同,看做人所属于的较大生活,已经从本质上看做保守主义者的甚或反动分子的东西。自由平等的公民社会的圆满建立必将自然地解决异化和分裂的一切问题。但是,既然作为自由主义和马克思主义的基点之一——对作为生产者的人的神化——在生态灾难和失控的技术增长的虚假优先性的影响下而开始土崩瓦解,那么,我们正在被迫重估我们文明的基础并且重新解释我们的历史。我们现 461
在能够理解,自由平等的社会并不是异化的解毒剂,而它预先假定某些关于生活的终结和我们与自然和历史的关系竭力坚持的共同概念。

这就把我们置于与黑格尔以及浪漫派时代相似的进退两难的境地。我们必须使表面上不能结合的东西结合起来。正如浪漫派作家一样,再次恢复我们所能够认同的社会必然伴随着关于自然的新的态度。但是,我们必须切入与自然关系重新获得的常识,而自然并非纯粹是与现代社会的自由、平等的个人相悖的。我们同时需要自由和后工业道德。这一进退两难境地可能像其浪漫派前辈那样是无法解释的。但是,这不应该阻止我们去尝试。任何严肃的尝试都必然体现以前过世的人的语言和洞见。在这些人中,黑格尔是一位巨人。

---

[72] 参阅前一章的讨论。

[73] 当然,黑格尔的著作几乎没有包含什么预测,因为预言是一种接近哲学的活动。可是我谈论的是他对现时代产生的品格的认同。而在现时代,他在上面所描述的方面是大错特错的。

第五部分

绝对精神

第17章 艺术

465

一

国家是人类共同体在尘世的最高实现。假如我们把各种生命形式作为一个整体来考虑，那么我们可以说国家是人类生命的最高形式。但是国家仍然不是精神的最高实现。因为精神的目标是圆满。圆满意味着理性。圆满意味着自我认识。我们可以把国家看做精神依照筹划在历史中的发展。那种发展在精神的自我认识中达到了顶点。我们在第16章看到，国家的基本结构可以从对这个顶点的需求中被推导出来。

但是，国家无法提供精神之自我认识的最后阶段。诚然，在某种意义上，国家是理念的表现。国家是体现在共同生活样式中的理念。国家是客观精神。但是我们现在需要的是纯粹的自我沉思。纯粹的自我沉思使我们超越了国家。而国家的成就在于从实践上和制度上实现理念。

另一方面，精神的自我认识必须超越国家。政治共同体是处于特定时代的一个确定民族实体。但是，必须逐渐地认识自身的宇宙精神不仅是自我自身的共同体的基础，而且是所有历史的基础。它超越了“这一个”而成为整个宇宙。

因此，现在必需的是一种意识样式。它是关于全体、绝对、那万物的根基的意识。正如黑格尔在《哲学全书》中指出的那样：

> 那世界历史的思维着的精神，一下子挣脱了特殊的民族精神和它自身的现实的各种限制，把握住了它的具体的普遍性，把自身提升到绝对精神的知识的高度，以此作为真正的真理。在其中，认识着的理性是自为的自由的，必然性、自然和历史都起着揭示它的作用，且成为对它的赞美的载体。[①]

这当然将是人类意识的一种样式，但是在这种样式里，人将成为精神的手段。这种精神是上帝通过人而达到的自我认识的精神。黑格尔称之为"绝对精神"。它是"绝对的"，因为它是精神之最后的、最高的实现。由于这个缘故，所有其他事物都应运而生。并且在这个意义上，所有其他事物都是基础。(因为绝对"从本质上说是结果"。[②]

466 绝对精神采取了三个形式，按照其适当性的秩序，依次为艺术、宗教和哲学。

绝对精神因此高于精神在客观现实中的实现，后者还没有达到充分的自我认识。不过，这不是说它是在历史中的国家之后才趋于成熟的。相反，国家和绝对精神的形式都经历了一个从最原始形式到最高形式的历史发展。它们的发展是相互纠缠在一起的。每一个向前的运动都离不开他者的运动。我们在第16章中看到，在他们能够适合于去充当精神的自我认识的手段以前，人在世界上的具体生命样式必须达到一定的理性阶段。与此相应地，假如他们要想维持一种理性的状态，那么他们就必须达到宗教和哲学发展的一个确定阶段。因此，在理性的法制国家能够得以建立起来以前，欧洲不得不经历一场宗教改革运动。基督教

---

① 黑格尔:《精神哲学》,《黑格尔全集》第10卷, § 552。

② 黑格尔:《精神现象学》,拉松版,第21页。)

的天主教变体还没有净化它与外在形式的错综复杂的关系，没有净化它与圣礼、教会权力的关系。因此，天主教会为了争夺世俗的至上权力与国家展开了斗争，它不承认基督教共同体（教会）在国家身上达到了世俗的实现。所以天主教会仍然具有不利现代国家的因素。

这也意味着，作为精神的最高实现，绝对精神的较高尊严丝毫没有削弱国家的至上性。因为真正的宗教不反对国家，相反，它支持国家的权威，承认国家是理念在整个生命形式中的最高实现。当然，服从国家是基督教世界的古老训谕。它尤其在路德教国家受到了推崇。不过在这里，这个观念并不是说，教会支持国家，承认国家是一个不甚重要的世界的统治者，而教会则把注意力转到更加重要的事务上去了。国家是在外在历史生活中的最高实现，也是思维的内在生活和精神的自我认识得以发生的重要场所。在其国家为原始落后的地方，教会无法取代国家，因为在那些年代，精神的自我认识，即宗教生活，也是原始的和落后的。瞎子帮瞎子等于瞎胡闹。（当然它可以试着这样做，如我们在中世纪教会中看到的那样，而这导致了教会的繁文缛节。不过这是理性诡计的另一个例子。）实际上，精神的自我认识必须和谐地融入由他的手段——人——已经获得的最高生命形式中去。

二

绝对精神有三个层次。精神的惟一充分适当的自我认识是表现在纯粹概念思维中的自我认识。在思维中，精神是完全自由自在的。它是完全自我明晰的。神圣“处在其最真实的形式中，处于最能体现它自身的环节中，处在思维的形式中。”③

黑格尔具有这样一个观念：概念思维是自我明晰的。今天，我们已

③ 黑格尔：《理念和观念》，拉松版，莱比锡，第154页。

经很难认同这个观念。当代许多哲学一直致力于证明,我们的最明晰的概念表述是如何依赖于这样一个背景的,我们没有充分认识那个背景,我们也许决不可能全力以赴地去探索那个背景。有许多因素是不明晰
467 的。在我们用来阐述我们的最清晰思想的概念体系和分类体系中,存在着一些没有阐明的和无法阐明的东西。例如,通过极其不同的方式,维特根斯坦、海德格尔、波拉尼和梅洛—庞蒂都曾经探索过有关“明晰性”或“清晰性解释之限制”的各种途径。使得黑格尔和当代哲学水火不相容的这个重要问题将更加清楚地出现在下文中。现在,让我们先以黑格尔的“彻底明晰性”概念为参照点来考查“绝对精神”的一些比较弱的样式。

思维的彻底明晰性可以在哲学里找到。但是在缺乏这些清晰概念时,在探求达它们的过程中,人们使用了不清晰的表象样式。那是黑格尔用术语“表象(Vorstellung)”来表示的领域。他用它来与“思维(Denken)”相对立。为了避免与“表象(representation)”这个术语之通常的更一般的含义相混淆,我们应该用德语“Vorstellung”来表示黑格尔的这个艺术术语。

表象(Vorstellung)的领域是宗教思维的领域。在这个领域,黑格尔不是用清晰的概念而是用形象来思考上帝。这些形象似乎提供了一个不太明晰的中介,它阻碍着我们完全清晰地去把握上帝以及上帝与世界的关系。它们的不明晰性来自这样一个事实,这些形象具有原始含义。通过这个含义,形象使我们去领略它们的最终含义。由于这个原始领域的属性与最终领域的属性不尽相同,形象从来不是充分地适当的。要么它们是令人误会的,要么我们不得不允许留下无法表现的空白或神秘的空白。

我们可以以黑格尔对《创世记》中人的堕落的故事的阐释为例。堕落是这样一个运动,人通过它来反叛普遍,肯定自己是一个特殊。在宗教图画中,在Vorstellung(表象)中,作为某个行为的结果,那本来不该发

生的却从一开始就实际地发生了的亚当的原罪得到了表现。

现在,我们正试着表达的思辨真理是,作为有限的精神,人不得不离开无限的精神,斩断与无限的精神的联系。对作为有限的精神的这种肯定需要这种“堕落”。[4]换言之,这对有限的精神来说是必然的和根本的。但是,在人们具有关于“必然性”、“有限性”、“无限性”、“普遍”、“特殊”等等哲学语言之前,这个真理无法得到完全清楚的解说。通过关于某个叙述的简陋中介,这个必然的和根本的事件尽管是在一开始时就发生的事件,但是却产生了重大的和持久的后果。在这里,在特定的原始领域的属性里,在对活动进行叙述的领域里,这是我们可以提出见解 468
的惟一途径,这是一件对于人和上帝的关系来说具有根本意义的事情。

当然,一旦黑格尔哲学接下来对基督教神学作出了解释,我们便可以清楚地看到这个不适当的中介所具有的属性以及它所导致的失真程度。但是,那些完全沉湎于宗教意识之中而无缘于哲学的人把握不了它的局限性。他们要么把它当做无误的真理(即拘泥于字面来理解《圣经》),要么承认,还保留着一个没有被说出的东西,并且断定,就这个意义上说,上帝是不可知的。

因此,表象(Vorstellung)低于思想。与哲学相比,宗教是绝对精神的一个不甚适当的层次。但是它不是最低层次。因为从广义上讲,表象(Vorstellung)也是思想。也就是说,纵使那些观念与形象纠缠在一起,纵使那些观念是不清晰的,但是它们仍然是对于现实观念的内在再现(表象)(Vorstellung)。通过这个途径,它部分地满足了精神的要求。作为精神性的精神,精神竭力地从思想的真谛中来认识自身。但是存在着一个仍然较低的层次。在那个层次上,形象取代了内在的思想,在神话或神学话语中得到了表现。作为直观的对象,形象只是以感性的形式简单地存在于世界之中。

④ 参阅黑格尔:《精神现象学》第7章。

现在，当绝对、精神、真理或从精神派生出来的世界在感性现实中得到呈现的时候，我们便拥有了一个艺术领域。按照黑格尔的观点，这就是艺术。无论从普遍意义上讲一件艺术品的主体是什么，美的性质，那吸引我们和愉悦我们的东西，产生于理念的显示。它把理念体现在感性形式里。美是“das sinnliche Scheinen der Idee(理念的感性显示)”。[⑤]在其从无意识到完美的自我认识的旅程中，精神必须以一种纯粹直观的意识样式从这里开始，并热衷于外在事物和感性事物。

现在，当他把艺术作为理念的感性显示或作为“绝对精神的直观意识”[⑥]来谈论时，黑格尔是不是正在返回到某些传统的审美观念，按照那些观念，艺术最初是模仿，是对于实在之物的模仿呢？这是一个难以回答的问题。正如黑格尔吸收了狂飙突进运动的新见解一样，黑格尔的确吸收了康德和谢林的美学理论，并把自己的观点建立在它们的基础之上。

在《判断力批判》里，康德强烈地反对沃尔夫式的启蒙假定。那个假定在鲍姆加腾的著作中得到了表达：艺术将被理解为一种含混的（即不明确的）认知样式。康德既反对这种唯智论美学，也反对感性论美学，如休谟和哈奇森，他们总是把审美体验与人类的心理及其感觉能力联系起来。康德主张，审美体验是快感的体验。当我们沉思一个对象时，那种快感便萌发于想像和知性之间的和谐。某些对象借助于其形式而得到展示，似乎无须任何努力便与我们的知性相呼应。

469 但是与唯智论者相反，康德主张，这个呼应并没有一个概念与之相伴随。它不蕴含把对象纳入概念之下的含义。它不是一种认识样式。与感性论者相反，他主张，这种快感不是一种与我们的基本需要和欲望相关的满足感。它是完全非功利的（disinterested）。快感不是我们把某物据

⑤ 黑格尔：《理念和观念》，拉松版，莱比锡，第163页。

⑥ 黑格尔：《理念和观念》，拉松版，莱比锡，第151页。

为己有,不是对象的实存状态。快感纯粹是我们不经意遭遇它时我们的表象官能的游戏状态。它是先验地有效的,因为它与认识官能的先天结构自身相联系。美的审美判断自相矛盾地(paradoxically)既是主观的(不涉及知识)又是普遍地有效的(先验的)。

我们已经看到,整个黑格尔哲学在多大程度上直接地借鉴了康德的《判断力批判》,或者通过谢林的工作借鉴了康德的《判断力批判》。毫不奇怪,他的美学尤其对两者各有所借鉴。黑格尔看到了美产生于感性和理念的相互协调。他也看到了艺术品是某个结局(Zweckmäβigkeit)的显示。他赞成康德的如下观点:这个结局无法通过一个外在目的,如艺术品有益于身心健康的说法,得到解释;我们也无法强行给它一个概念的目的定义,因为在黑格尔看来,这将使我们超出艺术领域。换言之,黑格尔融合了康德关于艺术品的如下自相矛盾的表述:艺术品展示了一个"无目的的结局(Zweckmäβigkeit ohne Zweck)"。实际上,这种说法是黑格尔内在目的论核心范畴的来源之一。

因为这是关于这样一个实体的观念,那个实体展示了不是外在于它的目的。在那里,整个生命都是目的。通过那个目的,我们考虑了每一个局部的进程。关于目的的这种内在性在康德的美的对象观念中得到了描述。因为对象之美并非依据于任何功利性。这就是他所指的"无目的的结局"的意思。这反映了他对心理主义理论的拒斥以及他对于审美经验的非功利性的辩护。但是康德的这个短语也包含着如下反唯智论的观点:要想对一个美的对象的结局作出概念表述是不可能的。这个观念经过改造后重新出现在黑格尔的内在目的论范畴中。黑格尔认为,精神只有通过它自身的外在实体的圆满性才能达到对于自我的适当规定。换言之,要是理念没有在其实体中得到确证,那么没有一个适当的概念定义可以被赋予理念。因此,不仅在没有一个外在目的是有用的意义上,而且在没有一个对于目的的优先的外在规定是可能的意义上,精神的目的论是内在的目的论。精神在一个合理宇宙中的实体不仅是他的理性的必然筹划——理念——的完成，而且是那个目的的典范表现。那个精神无法仅仅依靠概念表述而居于支配地位。不过，正如密纳发的猫头鹰要到黄昏时分才会起飞那样，他的完美的哲学将随之而来。

这样，黑格尔的范畴用来自康德的观念——"无目的的结局"——
470 补充了亚里士多德。他又用我们在第1章考查过的表现主义理论补充了康德。于是，无目的的结局成了黑格尔哲学的"自我目的"，黑格尔把它们应用到这样一些现实上，它们必须被看做它们自身的目的的典范表现，那些现实既包括了国家，又包括了艺术品。

因此，康德美学是黑格尔本体论的来源之一。这种情况既导致了他与康德艺术理论的密切联系，又导致了他与康德艺术理论的分歧。对黑格尔来说，艺术是本体论见解的手段。而康德在大多数情况下[⑦]都想把对象的美看做同我们所看到的或我们通过它们所知道的东西毫无关系的东西。

但是在这里黑格尔并没有返回到唯智论传统或视艺术为模仿的传统上去。艺术是理念的一种意识样式，但是艺术不是理念的再现。表现主义的思想革命使黑格尔作出的区分奠定了他的艺术理论的基础。

让我们更明确地探讨一下由这种区分所涉及的更多内容。我们在前面已经看到，实践被看做与通往概念表述的尝试不相匹配的理念的表现。在这个意义上，通过投票和代表集会作出的决定实践可以看做体

---

⑦ 这种限定是必要的，因为康德在第三批判中也顺便谈到了另一种学说。除了如下核心主题以外：趣味判断只告诉我们与我们的表现官能相一致的东西，而没有告诉我们关于世界的任何其他东西，还出现了通往美学讨论之目的的另一种见解。于是（§49）精神呈现了"诸审美理念"的力量，"审美理念"被解释为"想像力的表现，想像力替思想奠定基础，但是没有任何一个特殊的决定性的思想，即概念，适合于它；因此没有任何一种语言形式能够充分地把握想像力和理解想像力"。按照这种观点，伟大的艺术，充满着精神的艺术，将因其具有超越语言所能表达的见解的深度而受到赞扬。这两种学说是不相上下的。但是其结果完全不同于从康德的核心主题通常所认识到的东西，它更接近于黑格尔。

现了意志、个体及其与社会的关系的某些观念。而对于那些观念,我们还没有适当的理论表述。因此,它可以被看做一种作为在社会中的个体的我们自身的(没有明确地得到表述的)意识样式。它无论如何都不是一个表象(Vorstellung),即,不是对作为个体的我们在社会中的一种描述或一幅肖像,它根本就算不得什么东西。

但是,正如我们已经看到的那样,尽管对客观精神的这些证明被情有可原地划归为意识样式,但是它们不是知性或沉思的手段。这种意识仅仅是隐藏在行动和行为规则之中的意识。但是在其最高层次上,精神不得不走向自我沉思。难道存在着一种不是表象(Vorstellung)的沉思意识样式吗?

答案是肯定的。它就是艺术。例如,巴赫的大合唱表达了关于上帝、基督以及人类得救的场面。但是它不是描绘、描写或呈现了关于这个场面的表象(Vorstellung)。它可以被诉之于图画的惟一的一点是那个正在做祷告的人。但是这也可能是错误的。它并没有描绘那个祷告者。有人 471
会被诱导着说它就是祷告曲。无论人们在多大程度上把它当做祷告形式的起源(如演唱一首弥撒曲那样一目了然),但是这种说法也不正确。因为当我们听它的时候,尽管我们也受其启示而产生祷告的冲动,并把它当成了一首祷告曲,但是它不能仅仅作为一首祷告曲来听。它是祷告者的一种表象(Vorstellung),尽管那种表象(Vorstellung)体现的是人与上帝的关系,那是我们可以沉思的关系。假如它是一种祷告形式或一种仪式,那么,与上面的客观精神的显示一起,关于上帝的意识将潜存于实践中。但是作为一件艺术品,从温和的意义上讲,它是为人们在聆听时进行沉思而提供的。

我们很难说一部大合唱是否描述了某物,这个事实在这里并不重要。我们也可以提出一个相似的见解,如一幅耶稣被钉在十字架上的图画,它显然真正地描绘了某件事情,即被钉在十字架上的基督。有人于是会谈论起一幅给定的图画,说它呈现了一幅关于上帝的图画,或一个基督受难的画面。但是就其直接明了的意义上说,这并不是它想要描绘的东西。把这些作品作为描绘的作品来谈论的惟一诱惑在于如下事实:那得到展示的东西,那个钉在十字架上的人,一个更加深远的景象通过它而展现在了面前。但是随着这个诱惑的消失,像大合唱这样的作品也消失了。

我们对一部小说可以提出相似的见解,那部小说叙述了且描绘了各种行动和情感,但是小说还能够展示超越行动和情感的各种场景。纵使托尔斯泰未曾另加篇幅对《战争与和平》作过理论阐述,我们仍然可以从中得到他的如下见解:伟人们并不像他们的崇拜者认为的那样地筹划和驾驭历史,他们也完全被深深地卷入历史洪流之中。但是这并不是在小说中得到描述的东西。因为小说描写的是主人公的行为和思想。

这为黑格尔关于艺术和更高水平的绝对精神之区分的观点奠定了基础。(在最广泛的意义上,而不是在特殊的黑格尔用法中)哲学和宗教表象(Vorstellung)都是表象(representations)。它们用陈述句来描述绝对,那些句子被当做正确的描述。正如我们在宗教表象(Vorstellung)中实际发现的那样,当我们想要进一步刨根问底时,尽管对这些图画的来源存在着作出解释的困难,但是至少在某个层次上,它们所说出的东西,它们使用的实际语汇是清楚的。

相比之下,艺术品并没有直接地"说出"任何东西。我们从中看到的是寓意或意味,关于它的内容的任何陈述都是解释的结果,且屈服于挑战和知觉的改进。

因此,通过如下方式,我们可以看到概念描写和艺术展现之间的核心对比:在哲学中,自我对绝对的注意通过概念而得到了表现。概念是内在的明晰的思想工具,它的作用在于超越我们自身抵达它们正确地
472 描述或规定的对象领域。在艺术中,自我的注意体现在作品中,体现在外在的、感性的对象中,它无论如何也不能简单地引导我们超越它自身而抵达它所描写的某物,相反,它让我们只有通过作为一个感性对象的

它的在场来理解绝对。在描述性话语中,尽管我们忘记了我们用过的语汇,甚至忘记了讲过的语言,但是我们通常仍然记得它所传达的是什么意思。但是艺术品的"寓意"没有给其感性中介留下任何地盘,或者只赋予它一个无关紧要的地位。

因此,宗教表象(Vorstellung)在两个极端之间起着中介作用。像哲学一样,它用陈述性的、描述性的句子谈论上帝。不过,它又像艺术那样运用了形象。在艺术中,绝对只有通过另一个领域的属性才得到了描绘。

所以,艺术低于哲学或宗教的表象(Vorstellung),因为它没有规定或描写绝对,而只是赋予了对于非表象的绝对的注意以形体。黑格尔不是把它作为"表象(Vorstellung)"来谈论的,而是作为"展示(Darstellung)",作为理念以感性形式(Gestalt)的"呈现(Scheinen)"来谈论的。艺术品多半具有某个内在的亮点。它使灵性弥漫于整个画面之中。画面中的每一事物都是为了呈现理念而存在的。

所以,纵使我们可能因受视艺术为模仿的理论的许多误导以致赞美天然作品高于人为作品,但是艺术作品实际上仍然高于天然作品。如下情况当然是真实的:自然是精神在感性形式中的一个体现(实体)。在特殊情况下,一个有生命的存在就是这样一个体现(实体);而在其顶点,人是最高的体现(实体)。但是这与艺术仍然不是同一回事。甚至最完美的人类形式仍然存在着许多纯粹偶然的东西,即在体现精神的旅程中不具有严格必然性的东西。甚至就什么是必然的而言,必然性不是一目了然的,它是内在的;即它是由思想去发现的,而不是在事物的表面存在着的。在自然生命存在的面前,我们达到了对于概念的"预感(Ahnung)",但是我们还没有清楚地去呈现它。⑧

为了拥有这样一个感性的呈现,人不得不创造一个艺术品。因此,

⑧ 黑格尔:《理念和观念》,拉松版,莱比锡,第168—186页。

这不是对自然的简单模仿。对自然的简单模仿的最完美实现将仅仅是被描述对象的一个复制品而已。艺术抛弃了一些东西,不过它是带着去创造一个对象的目的才那样做的,而那个对象的所有方面都显示了精神的必然性。因此,艺术品完全被内在必然性所浸淫;黑格尔称之为"Selbstzweck(以自身为目的)"。[*]这种内在必然性意味着所有部分都为了体现整个寓意而存在。但是这个寓意没有超出那个艺术品,而是弥漫于那个艺术品之中。我们于是有了一个内在目的论的例子。艺术品可以同有生命的存在进行比较。如我们看到的那样,黑格尔采纳了康德的公设,在艺术品中看到了"无目的的结局(Zweckmǎβigkeit ohne Zweck)"。但是不同于有机论,它是充分的显示,它是理念的显示。它是自由的无
473 限性。[⑨]就本质而言,艺术品显示的是一个有生命的存在的实在性。它的整个的实存将显示这个内在的必然性。从感性上充分地看到这种显示大大地激发了我们的想像力。它就是美。因为在这里,感性显示了理念,艺术是"非功利的",在艺术中的感性不是欲望的对象。[⑩]

因为艺术仅仅是显现,艺术不是精神的表象(Vorstellung),所以我们在艺术中的识见将总是蔑视确切的定义。由于相同的原因,它将总是缺乏对较高层次作出反思的清晰性。当我们通过陈述句子进行描写时,我们能够用我们应用的描写术语进行反思,澄清它们的标准,澄清我们使用它们的根据。但是艺术家不可能弄清楚,为什么他使用了这种样式、这种语调或这个语汇。假如他对之所以这样做的理由作过精细的考虑,那么它们将一般地涉及这一种样式或那一种样式的审美力量,而不涉及得到实体化了的识见的真理。

这样,在艺术中,我们达到了关于事物的一种识见,那种识见多半

---

* 此处含有"自我陶醉、自得其乐"之意。——译注

⑨ 黑格尔:《理念和观念》,拉松版,莱比锡,第166页。

⑩ 黑格尔:《理念和观念》,拉松版,莱比锡,第65页,第167页。

是非反思的、非自觉的。它不清楚是什么东西为它体现在作品中的和谐奠定了基础。艺术家遵循着他无法把握的一个“必然性”。黑格尔把“艺术家的灵感”称之为“eine ihm fremde Gewalt(一股疏离于他的力量)”,[11]艺术家绞尽脑汁思忖着用什么办法来揭示一个深刻的真理，他好像漫步于梦幻之乡。他是梦游者。反思的非清晰性与被道出的东西的迷惑性和不确定性相一致。

这种对寓意的定义的缺乏对艺术来说是至关重要的。黑格尔指出，仅仅旨在说出在思想上已经是清楚的意思的艺术品是非功利性的。换言之,缺乏定义和反思的非清晰性对于艺术来说是至关重要的,因为它是体现在一件外在作品中的意识样式，而不是体现在概念描述的内在性中的意识样式。凡是在我们在概念上是清楚的地方，艺术品是多余的。按照黑格尔的说法,它变成了一个空洞的外壳。[12]古希腊的诗歌和艺术之所以伟大,不是因为它表现了已经抽象地在“普遍的宗教假设”中得到完成的某种说教,而是因为诗人们“通过这种艺术和诗歌形式,能够把他们所酝酿的一切题材全都融入外在表现之中”。[13]

由于我们对绝对的意识通过这个方式与一个外在的对象相联系，黑格尔称艺术为“对精神的直观水平的意识”。[14]这就是绝对精神必须超越艺术层次的原因。艺术仍然受制于外在的、感性的现实。就其自身环节来说,它仍然不是充分地“自在的”。而那个环节就是思想。在思想中，一个人的理念遵循着他所理解的必然性，而不是晦涩的和令人迷惑的必然性。在这个意义上,思想是自由的,作为一个精神的存在,只有当人思考的时候,im Denken bin ich frei(他才是自由的)。[15]因为它遵循的是源

⑪ 参阅黑格尔:《精神哲学》, § 560。

⑫ 黑格尔:《理念和观念》,拉松版,莱比锡,第44页。

⑬ 黑格尔:《理念和观念》,拉松版,莱比锡,第152页。

⑭ 黑格尔:《理念和观念》,拉松版,莱比锡,第151页;《精神哲学》, § 556。

⑮ 参阅黑格尔:《精神现象学》,拉松版,第152页。

自于自身的必然性。精神因此将不得不超越艺术,在思想中达到与自然的更加“富于精神性的(geistig)”统一。[16]

474 至上性与概念清晰性的这种一致当然和黑格尔的基本本体论相吻合。不过它也引发了他的艺术理论的一个重大转折。这似乎使他再一次与唯智论结盟。但是正如我们看到的那样,黑格尔决不是我们在沃尔夫和鲍姆加腾身上找到的那种唯智论的拥护者。相反,他是康德和狂飙突进运动的传人。艺术品不是一种含糊的表象(Vorstellung),而是一种非表象的意识样式。

黑格尔把这个观点归之于正在发展起来的表现主义的思潮。先于这个观念,意识已经被作为表象(Vorstellung)来思考。关于蕴含在表现主义思想中的这场转变的一个很好的说明可以在赫德尔的反思性论文《论语言的起源》中找到。如赫德尔指出的那样,以前,学习语言的问题被看做一个让符号和事物相互对应的问题。但是这将把符号和事物的指称关系看做理所当然地得到了理解的关系。而这恰恰是在语言中存在的最大难题。

所以赫德尔把注意力转向了语言学意识的诞生。对事物的那种意识通过符号来掌握事物。这使我们从一个全新的眼光来观察语言。我们不是把语言看做符号与事物一一对应的一个集合体,而是把语言看做某种意识形式的必然体现,在这种情况下,它将是这样一种形式,在其中,对我们而言,存在着符号这样的事物。

但是,一旦人们逐渐地把思想的外在体现不仅仅看做指称的符号,而且看做不同意识形式的工具,那么就不存在一个人无法把这些形式看做超越了表象的形式的理由,在那些表象的形式里,我们用术语来描写某物。所以,我们能够逐渐地认识到,艺术品不仅是朦胧的表象(Vorstellung),而且是另一种意识的工具。

---

⑯ 黑格尔:《精神哲学》,§557。

现在,把思想表现看做不同种类的注意的体现,为我们思考语言打开了第二个维度,打开了它意欲去表现的外在于语言的现实的第二层关系。这层关系明显地就是表象(Vorstellung)关系。语汇描写了某物,或者规定了某物。就语汇正确地描写了那个事物而言,就我们所肯定的事情与实际相符合而言,语汇有把握做到这一点。

但是,作为注意的体现,使用语汇的某个给定表述也可能同它意欲去表现的某个昏暗的、前语言的预感或暗示相联系。不过这不是关于正确描写的问题。我们不是想要描写预感——这将是很困难的,也许是不可能的——而是想要忠实地说明它所暗示的东西,并且弄清它所暗示的东西。

有时这两个领域是有所牵连的。伴随于一种起初是不清晰的直观之后,我们仔细考虑了一种新式的描述语言,我们用这种语言所说的东西多少与事情本身相符合。但是情况可能是这样的,这种语言不适用于这个描述领域。这正是我们在上面我们所了解的艺术品中所看到的情 475
况。因为艺术品这个领域也企图忠实地引发一种原始的朦胧的灵魂。在这样做的过程中,它导致了一种公开的表现,并因此达到了一个更高的注意水平。不过,它仍然不被算作一种描述性的或描绘性的意识。

艺术品引起了某物。艺术品忠实于某物。但是它却描述不了它忠实于的究竟是什么事物。假如这个原始的灵魂可以被思考为关于现实的某个意义,或者关于绝对的某个意义,那么艺术品就是关于现实或绝对的更高意识的工具。艺术品不是唐突无礼的,艺术品产生于忠实地、充分地、从其整个深邃意义上去引发某物的渴望。不过艺术品也不是描写。艺术品不是通过符合而得到判断的,因为这种原始的、昏暗的、隐含的意义与对于见解的清晰表达是很不相称的。

正是在这样的背景之下,黑格尔阐述了他的艺术品观念。但是,在他用来阐发他的艺术品观念的方式和那种观念在后启蒙运动时期已经得到发展的方式之间存在着一个重大的差异。黑格尔坚持明晰性的至上性,明晰性意味着在终极意义上的描述维度。这在一定意义上在绝对精神的发展中达到了顶点。

假如我们(跟随于海德格尔之后)用语词“去蔽(disclosure)”来表示对于一开始仅仅是直观的暗示的公开表达,那么我们可以说,无论它多么高扬了意识,去蔽自身将始终被一个不甚明晰的视域所包围。也许我们的表述是明晰的,也许我们的作品是雄伟壮观的,但是问题依然存在着:我们是否可靠地引发了富于创造力的灵魂。要回答这个问题,我们就不得不返回到我们的最初的含糊不清的直观的一知半解(half-light)中去。甚至描述性话语的明晰性起初也得经由去蔽而获得,在那种话语中,我们获得了一种严格的适当的描述性语言。而问题一直时隐时显地存在着,这种语言区分和分类事物的方式是否真地明了,它是否没有歪曲或隔绝现实的某个重要方面。假如我们去关注去蔽,我们就必定会把所有的明晰性、所有明确而精细的思维看做受到某个不明晰的、隐含的、未经雕饰的视域所包围的东西。

这已经是许多当代哲学的转折点——包括我上面提到过的这些哲学家——尽管每一个哲学家都极其不同地表述了事物。例如,在波拉尼和海德格尔看来,我们的最明确的、清晰的、毫不含糊的思想可以在其中得到栖居的一种清晰的描述性语言,作为使现实区分于他者的一种分类方式,作为许多可能“构架(grids)”中的一个构架,具有我们从来无法充分地注意到的大量含义。这些含义形成了含糊之物、非中心之物的视域,那个视域环绕着我们的明晰的意识。

当然,假如我们自始至终只是把意识思考为表象的,那么关于去蔽
476 的这整个维度以及与之相伴的隐藏之物的视域便是没有意义的。正如启蒙运动带有很多唯智主义传统那样,这是带有许多经验主义思想成分的情况。对于这两者来说,描述性的话语都不是一个成就。获得世界的明晰性不仅涉及克服在我们的表象中的混乱。

但是这不是黑格尔的观点。黑格尔采纳了表现主义理论中的实质

性观念,并且把自己的哲学建立在它们之上。不过他仍然主张,哲学能够且必须获得彻底的明晰性。这代表着区分于当代哲学的整个趋势的一个重要差异,我们将在第20章对此作进一步的讨论。

黑格尔考虑到了去蔽的维度。他把概念的明晰性看做一项成就,那项成就经过产生一系列日益适当的描述性语言,并向着起初表达在非表象意识中的诸见解的表象性思维的明晰转变而获得。因此,我们关于绝对的意识起初是完全晦涩的、令人难以琢磨的。去蔽不能保证能够忠实地创造它的原创性灵感或直观。但是它达到了这样一个高度。在那里,它是完全澄明的;在那里,甚至原先含糊不清的视域也消散不见了。之所以产生这种情况,是因为大量概念的明晰性扩张了自身,且终于吸收了起初含糊不清的直观。因为这一点终于被看做是在概念上必然的。作为结果,理念必定萌生于仅仅隐晦的和未发育的事物。但是这个必然的展开过程本身是理念之理性必然性公设的组成部分。所以,那个含糊不清的开端本身在源于理念的结局中得到了证明。

因此,在黑格尔体系中,纵使是晦涩的含糊不清的事物最终也被清晰的概念描述之网所捕获。最后,描述大获全胜,并祛除了因其不洁净的诞生而加诸自身的各种条件。正如我们看到的那样,必然性的循环重新返回到了它的起点。精神终于遭遇到了惟一的自身。这个彻底明晰性的成就对于黑格尔的本体论来说是至关重要的。正如我们将在下面的结论性讨论中看到的那样,在当代哲学的转折过程中,它最终成了一个争论的焦点。

三

作为绝对精神的一个形式,艺术经历了在历史中的发展。在历史中,艺术的最美好的时光是在古希腊文明时期。因为正是在这个时期,艺术第一次达到了对于理念的适当显示。在当时,人们还没有达到任何一种别的更高的表象。

对理念来说，人类最终变成了最为适当的感性形式，因为人是精神。这是古希腊人的成就。他们的艺术因此是精神完美地与人和睦相处的自由的艺术。这是一个伟大的时期。在这个时期,众神以人的形式而为人所理解。

在这之前,人们仍然同一种识见进行着斗争。那种识见把绝对看做
477 高高在上的、彼岸的某物,是无法真正地被赋予感性形式的某物。于是这样一些形式得到了使用,例如动物的形式,这些形式被用作象征,以暗示一个无法得到适当把握的绝对。鉴于象征作品和被象征的理念之间的不相称性的感觉一直压迫着前古希腊宗教的艺术家们，他们歪曲了他们所使用的形式,创造了一些幻想的存在,如半人半兽、半人半鸟、各种巨人和怪物等等，我们由此注意到了绝对的无边无际性和深不可测性(das Maβlose)。黑格尔把这种"象征艺术"作为一般原始宗教的特点来谈论,不过他在此讨论的主要是古埃及艺术。[17]黑格尔把这种艺术看做为了赢得关于作为自由的精神的识见而进行的一场斗争，那种识见最终由古希腊人以类人的形式,以自由主体性的形式,而不纯粹是高高在上的实质性力量,来理解上帝而胜利地获得。这是《精神现象学》第7章讨论埃及宗教时的景象。但是这场斗争是一场完全无反思的斗争。它是通往新艺术形式的一次探索，所以人们还不知道他们通往的是一种关于理念的更高的识见。

人们第一次获得了视绝对为自由主体性的识见。因此第一次获得了视绝对为一个现实的识见。在那个现实中,在古希腊的文明中,人们自由自在地生活着。于是产生了以人的样子来显示(Darstellung)上帝的形式。但是这个识见不是通过对一个较高神学的详细考虑,而是通过对于一种艺术形式的摸索取得胜利的。那种艺术形式第一次适合于作为

⑰ 黑格尔:《理念和观念》,拉松版,莱比锡,第114—117页。

精神,作为主体性的绝对的性质。我们于是具有了一种“艺术宗教”。黑格尔用这个术语来指古希腊宗教。不仅因为它是第一种找到了对作为精神的绝对的一个适当艺术表象的宗教，而且因为它是最后一种主要地依赖于艺术的宗教。在古希腊之后的宗教将不再把艺术考虑为它们对绝对的意识的典范中介。现在这种情况发生在“宗教”中,即发生在神学和神话中;艺术将只配扮演一个辅助的角色,它附带地说明了人们只能在精神中,在内在的知性中所掌握东西。诚然,这股较高的宗教主流的某些分支——犹太教和伊斯兰教——将把表象艺术看做偶像崇拜而统统给予拒斥。

在古希腊人那里,艺术宗教取得了最高的成就。这当然同如下事实不无联系:古希腊地处边界频繁变更的要冲。如我们看到的那样,这是精神运作的方式。我们已经考查了使得这种边界频繁变更的不可避免的一些不利因素。使上帝与人和谐相处的代价是特殊化了上帝。所以,存在着许多神灵。凌驾于一切之上的绝对力量,以命运的形式,一直隐藏在众神的背后,甚至众神也得服从那个命运。就人这一边来说,他与实体的同一感使他能够逐渐地辨认出神圣的这样一副特殊的面孔。古希腊人是囿于地方性的。他还没有达到反思和普遍的主体性。

在基督的身上，普遍而反思的主体获得了关于与人相统一的一个 478
绝对上帝的较高观念。但是这个统一不是直接的统一。相反,它经历了对存在于基督身上的最初统一的必要镇压,经过复活和升入天国,再返回到生活于教会之中的圣灵的形式。不像古希腊多神教中上帝与某个特殊形式的直接统一，这个辩证统一无法充分地在艺术中得到适当的证实。所以绝对宗教,基督教,不可能是一种艺术宗教。艺术可以占有一席之地,但是它要从属于思想,思想在一般意义上既包括了概念话语又包括了形象话语。

在艺术再一次不适合于理念并且认识了自身这种情况的意义上，艺术再一次成为象征艺术。但是,由于原先在它面前存在的是为通往适当性而展开斗争的惟一中介，那个中介受到一个无止境的晦涩而含糊的意义所驱迫。而现在，在一个比艺术更高级的中介里，我们具有了一个适当的关于作为主体的绝对的识见。

所以，新艺术是自由的，而以前的艺术则不是自由的。它是自由的，它能够让自身敢于去经历“Abenteuern der Phatasie(各种幻想的历险)”。[18]自从进入现代以来，特殊的主体性获得了它的充分的权利。万物的绝对之主被作为主体性来认识，特殊的人们的活动赢得了他们的艺术意义。(这种情况同现代已经超越了对于神的启示的需要相吻合。)黑格尔称自从基督教以来的这个阶段的艺术为“浪漫派艺术”。

这样，理念向我们表明了，艺术如何按照一种必然样式在历史上得到了发展。它的必然性同样地可以在不同的艺术形式里得到追溯。那些艺术形式与不同的阶段具有密切的联系。以一种非形象形式对大宗材料进行处理的建筑学同这个阶段的象征艺术相符合。在这里，它是至高无上的。但是接下来，完美的神庙的落成唤起了对上帝的表象(再现)。这种艺术在古希腊人那里达到了顶点。它同雕塑所达到的至上至美的境界相吻合。

现在的神庙就是为上帝而造的；他的庙宇就要耸立在那儿，外在的自然神态已经作了精心雕琢。一道个体性灵光一下子照亮了它。上帝由是而屹立于自然之中。它展现了他：塑像在神庙里建成了。[19]

绘画、音乐和诗歌是更为内在的。不同于建筑和雕塑，它们不受以相同方式作为其必然中介的三维外在存在的束缚。绘画处理“抽象的可视之物”。[20]音乐处理原本就比较微妙的声音。诗歌则处理语汇，那些语汇的声音唤起符号的精神现实。在浪漫派艺术时期，这些艺术成为至高

---

⑱ 参阅黑格尔：《理念和观念》，拉松版，莱比锡，第123页。

⑲ 黑格尔：《理念和观念》，拉松版，莱比锡，第127页。

⑳ 黑格尔：《理念和观念》，拉松版，莱比锡，第131页。

无上的艺术。

诗歌是最高的形式。在诗歌中,艺术为转变为表象(再现)作好了准备。诗歌的中介是语言。现在,语言终于达到了描述的明晰性,作为一个物理中介,它的属性不再是重要的。在这里,从其被使用的广泛意义上 479
讲,它变成了完全表象的。也就是说,它的功能只在于把我们的注意力集中到被描述的对象上去,并且正确地对它们作出规定。因此,一个语汇的实际的声音或外观变得无关紧要,我们说的究竟是"chair"、"chaise"、"Stuhl",*或是用任何一种别的语言所发出的声音,已经变得不再重要了。重要的是所描写的意义。描写性术语已经变成了"gǎnzlich gleichgültiges und wertloses Zeichen (一个完全没有固有价值的无关紧要的符号)"。[21]我们的中介的感性属性已经无关紧要了。我们由此而超越了艺术的领域。[22]

那么,在这个新的时代里,艺术还能有什么地位呢?一方面,浪漫派或基督教时代已经解放了幻想;艺术现在可以去描绘偶然事物和主观事物。但是这必定涉及这样一个事实:理念已经找到了艺术所无法匹敌的更高的意识样式。那种意识样式起先是宗教,最终是哲学。所以,艺术"das hǒchste Bedürfnis des Gestes(不再是精神的最高需要)"。[23]这适用于整个现代。但是,当我们在哲学中达到了对理念的充分适当的表现的时候,艺术的处境将定然地日益恶化。那么艺术是否将屈居次要角色,去展示在其他中介中得到更清晰认识的真理呢?就像教会艺术屈服于基

* 此处分别是用英语、法语和德语对名词"椅子"的三种表达方式。——译注

[21] 黑格尔:《理念和观念》,拉松版,莱比锡,第133页。

[22] 看起来让人感到有点奇怪的是,黑格尔显然把对感性中介的这种超越性归之于诗歌。这个观点不仅本身是令人难以置信的,而且它纵使用黑格尔自己的理论观点来看也是令人难以置信的。参阅黑格尔:《理念和观念》,拉松版,莱比锡,第133页。我们必须牢记的是,这是一些讲课笔记,它们决不是黑格尔本人亲自为出版而准备的。

[23] 黑格尔:《理念和观念》,拉松版,莱比锡,第153页。

督教神学那样，艺术是否将屈服于思辨哲学，带着这种主要的差异，那种神学从不声称要去洞悉上帝或道成肉身的神秘，因此给艺术留下了一个无边无际的领域，而哲学的明晰恐将封闭了那个领域呢？

黑格尔立场的逻辑似乎给人展示了这样一个令人忧虑的前景，而他对此前景并没有作过说明。不过，正如人们可以从他的美学著作中看到的那样，这当然不是他当时对未来的感受。在这里，作为浪漫派一代之成员的黑格尔的本能比作为哲学家黑格尔的理性要更加真切些。因为对于我们当代的许多人来说，艺术是对于最重要事物的最高表现，是对于人的最高级活动的最高表现，在这个意义上，艺术在现代人的精神生活中远远没有屈居于次要地位，相反，在许多当代人的生活中，艺术已经取代了宗教。而这本身就说明了我们已经多么远地超越了黑格尔的合题的视野。

第18章
宗　教 480

一

于是，我们抵达了第二个层次，宗教。这是Vorstellung（表象）的领域。表象（Vorstellung）是一种更加内在的意识形式。在某种意义上，表象（Vorstellung）内在化了在艺术中以感性形式得到具体化的东西。因为表象活动（Vorstellen）运用了各种形象，使用了感性事物和形象事物。

但是，表象（Vorstellung）运用它们是出于一个更远大的目的，那是去描绘或规定绝对的目的。宗教思维是一种表象（Vorstellung）意识样式。它运用了感性形象。它不仅仅旨在引导人们去沉思诸形象的感性参照物。相反，作为象征，它竭力引导人们赋予它们更高级的内容。从一个较低领域用形象引导出对一个较高领域的这种描写手法是宗教思维的典型做法。例如，在神学中，理念或普遍的必然的自我分离是通过圣子出世图画完成的：上帝在万世之前生下了他的圣子。当然，每个人都知道，按照感性常理，这是无法理解的。这幅图画完全是为了表示一个超感性事物才这样画的。

因此表象（Vorstellung）是一种意识样式。为了抵达普遍，它似乎使自身摆脱了单纯感性事物的束缚。但是它并没有完全取得成功。它仍然得受制于感性事物，且必须使用感性形象。当然，宗教也运用了概念思维。例如，在教会神父或经院哲学家那里，我们有时在宗教语境中发现了非常出色的哲学。[①]但是我们几乎总是发现了感性形象和普遍概念的混合，如“万有”。[②]

但是，纵使在其较为纯粹的表述中，宗教所缺乏的东西在于对内在必然性的把握，那种把握把理念的诸精微论证归并到一起，并且把它们重新统一了起来。它采取两个具有实质性联系的步骤，对它们各自作出及时的解说，如人的诞生和人的堕落，创世记的不同阶段。表象(Vorstellung)单纯地erzǎhlt(解说着)；[③]它没有阐明内在的联系。而这将是思想的任务。

但是，作为绝对精神的一个层次，即作为精神自我认识的一个层次，宗教并不单纯是一组关于绝对或上帝的表象(Vorstellung)。这些表象(Vorstellung)对它来说是至关重要的，黑格尔在这里反驳了耶可比和施莱尔马赫的浪漫派唯灵论。后者企图把宗教的中心转换到崇拜者的虔诚上，强调上帝的不可知性。黑格尔能够理解对启蒙运动的这种反
481 动——的确，在一定程度上，在其早期岁月里，在18世纪90年代，如他当时的习作所证明的那样，[④]他也曾经有过这种见解——但是他最终把这种见解斥之为主观主义。

浪漫派信仰一直拘泥于启蒙运动的一些核心假设。它一直关注着有限的主体及其自由，它接受启蒙运动的如下认识论结论：我们对上帝一无所知。于是它转向了对上帝的崇拜，那是一股纯粹的情感。除了知道上帝存在之外，我们对有关他的其他一切都一无所知。这种信仰的整个重心都转向了崇拜者的虔诚。而黑格尔认为这恰恰偏离了宗教的

---

① 黑格尔：《哲学史》，荷夫迈斯特版，莱比锡，第169页。

② 黑格尔：《哲学史》，荷夫迈斯特版，莱比锡，第171页。

③ 参阅黑格尔：《宗教的概念》，拉松版(莱比锡，1925)，第297页。

④ 参阅本书第2章。

概念。

那么，这种宗教的概念是什么呢？它为何需要上帝的表象(Vorstellung)呢？它还需要更多的什么东西呢？从思辨的观点看，宗教是精神自我认识的一种样式。

上帝之所以是上帝，是因为他知道他自身；而且，他对他自身的自我认识，就是他在人身上的自我认识，正是人对上帝的认识逐渐地变成了在上帝身上对人的自我认识。⑤

换言之，上帝通过人对上帝的认识而达到了对自身的认识。人是上帝自我认识的工具。不过，假如上帝是黑格尔意义上的精神，那么从本质上他注定地要达到自我认识。假如这种自我认识是人认识上帝的工具，那么上帝不可知的宗教观直接冲突于宗教的本质。黑格尔反对浪漫派的虔敬宗教，他坚信，上帝从本质上是注定地向自身显示的，或者用上面引用的一句话来说，“上帝之所以是上帝，是因为他知道他自身。”⑥

当然，这个自我认识过程是经历了漫长而痛苦的历史才得以实现的。因为它是精神自我认识的组成部分。在早期阶段，上帝的自我意识是极其初步的和不适当的，人们甚至会说是极其失真的。不过，即使在这个原始形式里，它也可以被辨认出是一种上帝的意识，所以，同浪漫派的偏离常规相比，宗教是一种更加本真的关于上帝的意识。所以，对于宗教来说，去表象(再现)上帝是至关重要的。但是这不是宗教的全部。因为，那正在被表象的东西是绝对，是万物——包括作为有限精神的我们自身——的根基，进一步地，是最终不能脱离于我们但是我们又

---

⑤ 黑格尔：《精神哲学》，§ 564。另请参阅黑格尔：《宗教的概念》，第302—303页。黑格尔说：“宗教是上帝的知识，这种知识既是人对上帝的认识，又是人在上帝的身上对人自身的认识。”(Die Religion ist das göttliche Wissen, das Wissen des Menschen von Gott und Wissen seiner in Gott.)

⑥ 这解释了黑格尔对浪漫派的虔诚所作出的看似过分的评论：与原始的自然崇拜相比，关于宗教的显示不值给予太多考虑。

得成为其工具的绝对。现在,对我们起初与之分离最终又与之统一的绝对的关系的这种理解不是呈现在宗教表象(Vorstellung)本身中,它无论
482 如何都不是一个清晰的观念,因为我们接下来将进入思想的王国,将超越表象(Vorstellen),并因此将超越宗教。但是它必须以某种形式在那里存在着。而在宗教里,它是以虔敬(Andacht)的形式存在的。

因此,浪漫派并非一无是处。尽管他们漏掉了一个本质环节,但是他们仍然坚持着宗教的某一维度。因为宗教意识务必具有这样一层含义:这个绝对不仅仅是我们与之有所不同的对象;它朦胧地感觉到,这是我们想方设法将以某种方式与之相统一的存在。所以,信仰者不仅具有关于上帝的某个识见,他还盼望着与上帝相统一。他全心全意地献身于神圣的事业。当然,我们不仅最终与无限的主体达到了统一,而且作为有限,我们仍与它处于分离之中。这整个的思辨真理是,只有经历了一个由分离(Entzweiung)而导致的回复之后,这个统一才得以完成。这正是在宗教虔诚中所感觉到的东西:我们被分离于上帝,而我们本来是决不应该分离于他的,所以我们盼望着回复到与他的统一。

这样,宗教有两个维度:一个是对上帝的表象;一个是信仰者盼望给予克服的与上帝处于分离状态的强有力感受。不过还存在着第三个维度:崇拜(cult)。宗教不仅是这个意识和盼望得以发生的场所,而且包括了人竭力地克服这个分离状态的方式。而这就是崇拜的本质。

在崇拜中,人克服了他与上帝的分离状态,克服了他自己的主体性,克服了使他与无限分离开来的他的有限方面。他通过放弃它而克服了它。崇拜包含着牺牲因素,在许多特定的崇拜中,存在着一种真正的外在牺牲,某物被真正地放弃了或焚烧了。由于人放弃了他自身的分离的主体性,通过牺牲把自身从对于有限的执着中解脱出来,上帝便真正地存在于他的心中:因此牺牲常常以一顿圣餐结束,在其中人最终与上帝达到了统一。

崇拜因此是宗教的至关重要的第三个维度:它不仅是对于绝对的

表象(Vorstellung),不仅是对于分离的自觉和对于统一的渴望,而且是实现这个统一的手段。甚至在那种实现过程只能断断续续地进行的情况下,在它从来不能确定地进行的情况下,也是如此。并且,这种崇拜必须不被看做单纯地是人的活动;上帝通过人达到了自我认识,人与上帝的统一也是上帝向着与自身相和谐的回复。所以,和解不仅是人的工作,而且是上帝的工作。这不仅意味着上帝也依照人的行为采取行动,而且意味着上帝自身是人的行为的原因。根据“绝对宗教”的神学,我们受圣灵的推动而祷告。总而言之,崇拜不是把两个主体统一起来的两个活动,而是一个活动。在黑格尔的思辨体系中,通过上帝的恩赐而得救与通过人的自由而得救之间存在的神学矛盾便得到了解决,或者得到了和解。

正因为我们必须从这三个维度来看待宗教,所以黑格尔把他的宗教哲学同古老的自然神学区分了开来。后者只关心我们关于上帝的知识,即,只关心第一个维度。[7]但是,黑格尔主张,一旦我们从思辨意义上理解了上帝,我们便不可避免地要对上帝本身的观念进行更广泛的研究。因为上帝无法独立地只从他自身出发而得到考虑。那样做就等于维持在知性的水平上。上帝必须达到自我意识,而他只有在信仰者的共同体中,只有在教会中,才能达到自我意识。 483

> 上帝的概念是他的理念,是生成,是逐渐地使他自身对他自身而言成为客观的。这是作为精神之上帝的根本:上帝从本质上居住于他的共同体之中,他有一个共同体,他以自身为对象[ist sich gegenständlich],并且他只有在自我意识中才能真正地成为对象;他

⑦ 当然,从一开始,在他的18世纪90年代的著作中,黑格尔更感兴趣的是作为活生生的虔诚的宗教,而不是作为神学的宗教。所以他在早期作出了主观宗教和客观宗教的区分(参阅本书第2章)。人们或许会说,是成熟的黑格尔看到了神学的重要性,看到了那种适合于由哲学来重新解释的神学的重要性。

的最高定在是自我意识。因此上帝的概念必然把自身导向宗教……⑧

因此，对黑格尔来说，宗教远不止是关于绝对的一种意识样式。这在狭义上包括了它的第一个维度。它也是主体的一个姿态，首先是一种实践，其目的在于实现我们与这个绝对的统一。当我们逐渐地认识到黑格尔把哲学理解为在思想中对宗教内容进行重新把握的情况之后，这带来了一些问题。一个问题是，宗教是否真地适合于与艺术和哲学一起被纳入前后相继的绝对的意识层次（接着是绝对的自我意识）之列，宗教是否不仅仅是一种意识样式，或者在艺术和哲学无法与之匹敌的意义上，宗教是否不仅仅是一种意识样式。

正是崇拜的维度使宗教超越了单纯的意识。正是崇拜实现了统一，恢复了有限的精神和无限的精神之间的统一。但是接下来，崇拜似乎将被纳入到人类实践领域里，纳入到建立人类生活形式和活动的领域里。这些领域将导致人与精神的和解。简言之，崇拜似乎也将纳入客观精神领域里。因为我们把客观精神看做那些集体生活形式和实践的领域，精神通过这些领域认识自身，且在历史上为自身创造了一个主体，那个主体将成为它的自我意识的工具；实际的自我意识成为绝对精神的领域。宗教似乎跨越了这种区分。因为崇拜实际上更倾向于生活形式和实践这一边，诚然，在古代文明中，崇拜分离于城邦的其他实践和制度。

假如在现代世界里宗教能够独立地分离于客观精神的其他制度而得到考虑，那么正是它自身导致了一个隔阂。客观精神的栖居地是一个民族；正如在古代世界里那样，这种情况在现代世界里仍然保留着。一个民族依其君主权力、法律、代表制度而得以凝聚起来。但是不像古代
484 世界，对于现代人来说，崇拜不单纯是这个民族的事务。从理论上讲，崇

⑧ 黑格尔：《宗教的概念》，第156页。

拜是普遍的;从实践上讲,崇拜超越了国家的边界,尽管它往往没有把某个特定共同体的所有公民统一和凝聚起来。从这个意义上讲,它多少处于现代国家制度的边缘。我们将看到,尽管黑格尔认为宗教在理性国家中具有举足轻重的作用,但是他放弃了某种教派国家观念。他采纳了自由主义的路线,主张人们拥有作为公民的地位而不必考虑其隶属于什么教派。他甚至赞成赋予犹太人以充分的权利,这远远地超越了他那个时代的正统智慧。[⑨]尽管黑格尔采纳的这个世俗化原则已经蕴含在新教教义之中,但是这个立场也产生于黑格尔思想的自由和启蒙一面。那一面看到了信仰和启蒙之间的最终趋同。在哲学中对宗教的重新解释对于这种趋同来说是至关重要的。对此我们将在后文中作更多的探讨。

但是假如我们认为崇拜的角色在于让人摆脱其有限的主体性而重新回复到与普遍的统一,那么这与我们在客观精神条件下看到的机构没有根本区别。因此,黑格尔的如下说法并不让人感到惊奇:

> 假如心灵和意志真诚地融合到了一起,心灵和意志与普遍,与真理融合到了一起,那么我们实际上便拥有了我们称做伦理的东西,就这一意义上来说,伦理是至真的崇拜。[⑩]

但是黑格尔在下一个段落中继续说道:“就这一意义上说……哲学是一种知觉的崇拜。”[⑪]

所有这一切都是极其含混的。当然,存在着这样一个清晰的意思:哲学是人通过知性(understanding)回复到与精神的统一的道路。不过,黑格尔的整个立场是,思想上的这种回复假定且必须得到生活上和实

---

⑨ 黑格尔:《法哲学原理》,§270。

⑩ 黑格尔:《宗教的概念》,拉松版(莱比锡,1925),第236页。

⑪ 黑格尔:《宗教的概念》,拉松版(莱比锡,1925),第236页。

践上的回复。思想的回复不可能不被实体化，它必须被一个已经接受教化而升华到了普遍的生活所实施。这个生活形式是开了窍的(developed)伦理形式。在这个意义上，这两者都可以被看做崇拜，尽管前者假定了后者且依赖于后者。因此，作为内在的知性，哲学的确是一种“连绵不断的崇拜”。它不像绝大多数宗教的崇拜实践那样是阶段性的和断断续续的。但是，就它在生活实践中居于人与普遍的有效统一的中心地位而言，伦理的确可以被称做“至真的”崇拜。

简言之，人向普遍的回复必须既在思想中又在生活中得到完成。诚然，要是一个人的思想没有得到适当的教化(gebildet)的话，他要想在生活中得到回复是不可能的。但是反过来，在开了窍的思想中的这种回复必须被一个开了窍的“心灵和意志”所执行。且这些情况只有在某些公共机构中才成为可能。心智的开窍和生命的发育是密不可分的。*

485 那么，这将给宗教留下什么样的地盘呢？以黑格尔的范畴为根据，人们可以看到一条可能的论证路线。在精神得到充分展示的情况下，那条路线没有给宗教留下任何地盘。假如宗教既在意识中(经过宗教的表象)又在有效的实践中(经过崇拜)是人与绝对的统一，那么宗教便既不能被哲学(作为一种精神自我意识的更高样式)所超越，又不能被国家(作为一种真正有效的实践，一种自我维持的生活方式，没有一个现代宗教共同体能够声称自己就是那种实践和生活方式)所超越了吗？确定的人类文明难道将以理性国家和思辨哲学的新联姻取代神学和崇拜的传统结合吗？

黑格尔实际上没有采纳这条路线。而在几个地方，他似乎真的那样做了。例如，他讨论了现代国家的世俗权力，他非常笼统地勾画出了政治社会的至上性。因此，在《法哲学原理》中，黑格尔声称，宗教无法把它

* 在这里作者提出了思想的开窍和生命的发育的相互关系。这种关系也表现为心智的发育和生活的发展的关系。——译注

的使命置于真正理性国家的对立面。[12]因为这是世俗权利的真正表现。相反，宗教应当承认，国家是它的根本理念的实现，它是“神圣意志……是精神在尘世的呈现，它把自身展现为一个世界的实际形态和组织”。[13]宗教所吩咐之事的本质由国家伦理的权威实体所给予。假如没有伦理生活在国家中的具体表现，那么宗教道德戒律在其确切的表达上仍然是不确定的，在其应用上仍然是证据不足的和主观的。

> 与教会信仰和权威在实施伦理原则、正当性、法律、制度等事务中的影响力相比，与教会的主观忠信相比，国家知道它自身的力量。[14]

于是黑格尔断定，国家不可能是一个教派国家。国家不得不根据其概念去展示它的丰富性。国家不得不充分地依靠理性建立起来，而无法仅仅根据对真理的信仰，仅仅依靠理性本能所确信的表象（Vorstellung）建立起来。那种信仰和本能甚至是完全真正的宗教（路德派的新教基督教）所能给出的全部。国家还必须在理性中有其独立的基础。

> 假如国家要想作为精神之自我认识着的伦理的现实存在，那么它的形式应该区分于权威和信仰的形式。这是非常重要的。[15]

黑格尔所说的国家的这种世俗化过程在历史上只能产生于教会的分裂。所以，这些并非不幸的分裂为理性的诡计提供了另一个例证。

但是，黑格尔事实上并不认为宗教已经衰落。这不能被简单地斥为 486

⑫ 黑格尔：《法哲学原理》，§ 270。

⑬ 黑格尔：《法哲学原理》，第166页。

⑭ 黑格尔：《法哲学原理》，第171页。

⑮ 黑格尔：《法哲学原理》，第173页。

机会主义，斥之为为了逃避被指责为无神论而杜撰的一个借口，那种指责已经使费希特穷于应付，且肯定会使黑格尔在复辟时期的德意志氛围中要想从事学术活动成为泡影。当黑格尔声称自己是一个路德派基督徒时，人们肯定会问他的立场是否真地应该作如此描述，而不是去问他是否真心诚意地认为他就是那样的一个基督徒。

倘若我们还记得，宗教具有三个维度，宗教不仅是关于上帝的知识，是崇拜，而且是虔诚，是情感，那么我们就能明白宗教之所以具有一个持续的角色的原因。宗教把人同绝对从心灵上和情感上统一了起来。我们回想起，在图宾根时期，在他开始其思想生涯之初，黑格尔就把这一点看做宗教的根本职能，而这就是他要去寻找一种不仅是理性的而且是能够触及“心灵、情感和幻想”的宗教的原因。尽管他后来认识到了哲学的至高无上的重要性，但是他从来没有改变他关于宗教具有不可代替的角色的见解。改变了的是他对正统基督教的理解，他现在通过思辨哲学把它看做绝对宗教，而不是来自耶稣纯粹道德说教的一种“实证的”反常。

正如我们看到的那样，在哲学中与绝对的和解以生活中的和解为先决条件。这在国家中得到了体现。但是，除非人们从心灵上和情感上与绝对达到了统一，这是无法实现的。哲学的确是迟到者。因为尽管适当地得到呈现的国家是根据理性建立起来的，但是对于理念的最终理性表述却伴随于进入理性国家历史阶段之后（只是“从大体上而言”才如此，当然，为了完成它，仍有许多工作要做）。但是国家必不可少的东西，国家一离开它便对实际现实（Wirklichkeit）无能为力的东西，是其合理性的某种本能意义，是其建立在理念基础上的无法抗拒的威力，简言之，是其公民的某种“伦理的忠信（sittliche Gesinnung）”。而这是以宗教为基础的。

这样，哲学需要的与上帝的统一是由宗教所提供的从心灵上和情感上与上帝的统一；这不仅仅是注定要被抛在后面的一个暂时的先行阶段,而是处于一条连续道路上的,因为只有在生活中的统一得到坚持的情况下,思想上的统一才能得以继续。[16]因此,哲学既理解了自身又理解了宗教,但是反过来宗教却做不到这一点,在这一意义上,哲学高于宗教,尽管如此,但是正如黑格尔在《哲学史》的这段话中清楚地声明的那样,哲学无法取代宗教:

> 哲学并不对立于宗教;它在概念上把握了宗教。但是对于绝对理念来说,对于绝对精神来说,宗教的形式是必需的;就这种意识是为所有人具有而言,宗教是真正的事物的意识形式。对这种意识的教化包括:(1)感性知觉,(2)普遍形式与感性知觉的结合,即反思,思维。不过,它是一种抽象思维。它仍然包含着许多外在因素。接着 487
> 人在思想中返回到教化的具体形式。他对什么是真理进行了思辨,并且在它真正形式里意识到了这一点。但是,转入这个教化过程在某个确定阶段仍然不是对所有人都是共同的外在地普遍的思维形式。所以对真理的意识还必须具有宗教的形式。[17]

黑格尔在这里说的似乎是,宗教的持续的必然性偶然地依赖于如下事实:并非所有人都能达到充分的合理性。而这可能引导我们把宗教看做一种穷人(或没有受过教育的人)的哲学替代品,只是为了维持他们对那些他们所无法真正理解的事物的忠诚而设计出来的。人们从上面引用过的《法哲学原理》的一个段落的另一句话中可以澄清这个印象。黑格尔说道:“由于宗教是国家的必要组成部分,它在人的内心深处注入了某种统一感,因此国家甚至应该要求所有的公民都应该归属于

[16] 尽管我对黑格尔宗教哲学的阐释与他的不同,这个观点基本上来自艾弥尔·法肯海姆。参阅艾弥尔·法肯海姆:《黑格尔思想中的宗教之维》(印第安那大学出版社,1967),第206—214页。

[17] 黑格尔:《哲学史》,第192页。

一个教会。”[18]（黑格尔犹豫着是否要强调一下“一个教会”，因为国家不能去干预人们信仰的内容。）

但是，假如人们把宗教看做让下里巴人保持沉默的一个手段，那么他们将大大地误解了黑格尔。宗教的必然性并非基于大众的卑劣性，或者基于他们没有能力去达到成为一个精英所需要的理性标准。相反，正如我们看到的那样，对于一个国家来说，差异是至关重要的。每一个不同的团体都是一个根本方面的手段。重要的在于，正是对专门化的相同的迫切需要才防止了所有的人都成为公务员或商人。那些献身于农业或贸易的人不可能成为专业哲学家，他们至多能够成为普遍阶级的公务员。

但是这并不意味着哲学家达到了其他人所缺乏的圆满状态。正如黑格尔一直坚信的那样，这种大圆满的贵族式理念是现代世界的一个幻想。而它与古希腊人一起走向了死亡。现代人类领域也扩张到了为任何一个单纯的个人所无法包容的程度。专门化具有根本的意义，在一个理性的文明里，每一个专业都表现了人类生活的一个重要方面，所有其他人都以自己的方式参与了那种生活。这样所有人都以某种方式涉及了自由的个体性生活，那种生活通过企业家阶级得到了最充分的表现；所有人都与普遍具有一定的联系；尽管只有一个阶层，公务员阶层，致力于以这种联系作为它的职业。与此相似，非哲学家们对于潜在于事物之中的合理性略有所知，而哲学家也从心灵上和幻想中感受到了绝对。就政治社会的状态而言，每一个专业的发展对于维持其他专业化生活
488 样式的附属方面来说都是必要的。假如门外汉要想对事物的理性基础有所了解，那么哲学家的工作便是必要的。假如哲学家不想停止其工作的话，那么许多人对于宗教的非哲学热衷是必要的。

在这个意义上，在一个充分发展的文明中，宗教的存在对于人本身

---

⑱ 黑格尔：《法哲学原理》，§ 270，第169页。

来说,无论是哲学家还是非哲学家,都是至关重要的。这就是如下说法的原因:“就本质而言,宗教有职责支持和保护教会以进一步达到它的宗教目的。”⑲

这样,就对于上帝的忠诚来说,宗教仍然是至关重要的。我们可以从前面了解到,我们无法抛弃宗教的表象(Vorstellung)样式。但是崇拜又该当何论呢?崇拜对于宗教来说是至关重要的。因为正是通过崇拜,我们才产生了我们盼望已久的想要实现的与我们所忠诚的神圣的统一。这也正是它与牺牲一直具有密切的联系的原因。因为通过牺牲,我战胜了我的特殊性,我与普遍达到了统一。正是因为崇拜从本质上说是对于特殊性的这种超越以及与普遍的重新统一,我们才会把哲学和伦理都看做崇拜的一个种类。

但是从上面的论述中我们可以清楚的一点是,宗教崇拜为什么能够在两者之外或两者之间一直占有一席之地。因为在思想上达到与绝对的统一要求以在心灵上和情感上的统一作为其先决条件之一。但是,这个需要为什么不能由伦理来实现呢?因为在理性国家,人与绝对的和解从本质上说是囿于地方之见的。在特殊的民族精神的呈现中,他达到了与绝对的和解。因为人被号召着去做超越了任何一个特殊民族的精神的工具,那个精神是整个历史的主人,是隐藏在整个自然背后的必然性。假如这个精神要想在人的身上达到自我认识,那么他必须在这个层次上萌生与精神的统一感。

从宏观上讲,正如我们在上一章看到的那样,向普遍的这个转变是牵涉到从客观精神向绝对精神运动的诸多变化之一。我在这里所指的意思是,绝对精神,人与宇宙精神的关系,需要一种心灵的、情感的和有效实践的崇拜,去巩固纯粹概念思维的哲学崇拜。这不可能被伦理所取代。相反,既然我们对国家的忠诚部分地基于我们的如下感觉:国家是

⑲ 黑格尔:《法哲学原理》, § 270。

以绝对为根据建立起来的，那么，正如我们在前面提到过的那样，伦理以一种健康的宗教生活为先决条件。

当然，在古代世界，两种崇拜，一种与城邦相关，一种与神圣相关，是混合在一起的。但是这体现了古代自由之囿于地方之见的性质。在现代世界里，随着视个体为普遍理性之主体的意识的产生，这两种崇拜必然地走向分离。国家和教会再也不可能是合而为一的了。在一个理性的文明中，这两种崇拜的共同体，假如我们可以这样称呼它们的话，将不再相互明争暗斗。相反，以黑格尔在《法哲学原理》中描述的方式，每一方都承认了对方。[20]但是它们并不是同心同德的。作为普遍，教会将拥有
489 超越了任何特殊国家之边界的信徒。由于它呼吁自由的个体的忠诚，它将决不对任何一个特定共同体提出全体一致的忠诚的要求。所以，教会将比国家既狭隘又宽泛。

这样，宗教崇拜不只是一件过去的事情。它在现代文明中仍然占有一席之地。这就是黑格尔不仅反对天主教阐释而且反对宗教改革后的教会观念却替路德圣餐观进行辩护的原因。[21]与天主教相反，黑格尔主张，上帝不是以一种感性的、外在的、世俗的方式呈现为主人的。相反，转变发生在他分发圣餐时那些领受圣餐者的身上。上帝是在场的，但是他呈现“Im Glauben auf geistige Weis(在精神和信仰中)”。[22]但是与天主教相反，他主张上帝是真正地在场过的，而不仅仅被记忆于“geistlose, nur leibhafte Erinnerung der Vergangenheit(一个没有精神的、对过去的纯粹肉体的纪念形式里)”。[23]黑格尔在这里谈论的不是一种过去的宗教仪式，而是他声称仍然归属于它的宗教改革后的教会的崇拜。宗教的时代远未成为过去。

---

⑳ 黑格尔:《法哲学原理》, § 270。

㉑ 黑格尔:《绝对宗教》,拉松版,1929年,第210—215页。

㉒ 黑格尔:《绝对宗教》,拉松版,1929年,第214页。

㉓ 黑格尔:《绝对宗教》,拉松版,1929年,第214页。

二

那仍然作为理性文明之基础的宗教当然是“绝对宗教”,即基督教。基督教是宗教在历史上持久而缓慢的发展的最终成果。我们将在下一节里考察这个历史。基督教是绝对宗教,因为它呈现了万物的本体论结构的整个知性。它与哲学具有相同的内容。只是其形式有所不同而已,它的形式是表象(Vorstellung)。

于是,在基督教神学的主要教条中,黑格尔将发现他的思辨哲学的主要宗旨。那些教条受到了作为其表现中介的各种形象和象征的少许掩饰。

三位一体的教条是黑格尔的目的的理想。普遍超出自身,历经自我分离之苦难,孕育了特殊(圣父在万有之初诞生了圣子);然后特殊在公共生活中返回到了与普遍的统一(圣灵出自圣父和圣子且把他们统一了起来)。于是在一个永恒的三位一体观念中,在绝对自身的爱的表演中,黑格尔看到了深刻的思辨意义。与所有以往的一神教相反,这种三位一体的宗教领会到,上帝是运动,是向着特殊的自我超越,且是向统一的回复;他的统一从根本上说是分离的回复,他是三而一的。上帝自身并非静止不动的。

当然,这仍然处于表象(Vorstellung)样式之中。所以神学讲上帝“诞
生了”他的圣子,通过把这件事情放到创世之初,它表象(再现)了这个 490
诞生的必然性。不过它仍然是有道理的。

在爱的演示中,永恒的三位一体与理念相符合。通过对其具体表现的抽象,它本身被采纳于逻辑中。[24]但是理念也必须走出来进入外在的

---

[24] 因此黑格尔在《逻辑学》“导论”中称之为“上帝的表象,因为在自然和有限精神产生之前,他处于其永恒的本质中。”参阅黑格尔:《逻辑学》,第1卷,第31页。

实在。这是我们在《创世记》教条中就具有的内容。这个创世记必须得到展示，也就是说，所有的现实必须从理念中派生出来。如我们看到的那样，黑格尔不允许从一个纯粹事实开始，从纯粹肯定开始。所以，这个教条也与思辨真理相一致。它的表象形式再一次以暂时居先的语言描绘了创世的根本性。创世始于太初。（在太初之时，上帝创造了……）在他不一定去做某件的意义上，创世活动可以被看做上帝的自由活动。但是，如下说法是错误的：理念导致了必然性的外在现实。[25]因为没有这一活动，上帝无法达到对他自身的意识，那种意识是他的根本目标。他就无法真正地成为上帝。“Ohne Welt ist Gott nicht Gott(没有世界的上帝就不是上帝)。”[26]

创世必须不仅产生出自然，而且产生出无限的精神，所以人是被创造出来的。但是，有限的精神作为有限的被斩断了与无限的联系。它足以让有限的精神去认识自身，以某种方式去行动。并且它不可避免地确保了它的有限性。在行动中，人认识到了他自己的意图、目标和理念，并认识到自身是不同于普遍的某物。于是，人堕落了。

不过在这里，表象活动（Vorstellen）也向我们呈现了从一开始就发生的一个偶然事件，以便分享到必然事物和根本事物。因为人无法一直保持天真无辜的状态。只有当他无所作为的情况下他才能保持那种状态。只有寂静无为的状态才是纯然无辜的。[27]

但是，作为必然的事件，堕落不是一个明确的事件。由于分离于上帝，它是邪恶的萌生，是违反上帝的生命意志的肯定。但它也是拯救的开始，和解的开始。人之所以分离于上帝，不仅是因为他是一个自然的存在，并因此是一个有限的存在，而且是因为他是一个有限的主体或意志。无生命的自然或其他动物都不可能是邪恶的。它们不反思作为精神

---

[25] 黑格尔：《宗教的概念》，拉松版(莱比锡，1925)，第146—148页。

[26] 黑格尔：《宗教的概念》，拉松版(莱比锡1925)，第148页。

[27] 参阅黑格尔：《精神现象学》，第7章。

的上帝的圆满性,因为它们做不到这一点;但是这不是邪恶。人是邪恶的,因为他用他的意志与上帝相违抗。

所以,对他的意志的这种肯定也是通往和解之途中的一个重要步骤。为了成为精神之真正自我意识的手段,人务必超拔于他的单纯的自然欲望和目的之上。因此,人区别于动物之处在于他拥有在意志中肯定其有限性的力量。这既是使他脱离于普遍的力量,也是邪恶的源泉。不过与此同时,他也就被归入了精神性存在一类之中,于是可以成为上帝自我认识的工具,而肯定他的意志是在他走上成为上帝的一个适当工具之途中的第一个阶段。除此之外,不存在通往和解的其他道路。不顾创世记故事的推断,人在堕落之前不可能简单地与上帝维持统一;因为 491
维持那种统一也就是作为一个动物存在下去。但是,倘若上帝缺乏一个适当的工具,上帝便不可能达到自我认识,那么上帝就可能成不了真正的上帝。上帝必须借助一个有限的精神,一个意志,才能在其中达到自我认识;但是有限的意志的诞生是堕落。因此,堕落是必然的,是走向与上帝统一的一个本质步骤。或者从思辨的意义上说,精神只有超越来自于自身的异化而返回到自身才能成为精神。除此之外,别无他途。

不仅从主张经由基督而获得的拯救使人提升到了比堕落之前更高境界的基督教神学的谱系中,而且从《圣经》的创世记叙述中,黑格尔把对堕落的这种阐释看做拯救之道的组成部分;"看哪,亚当变成了像我们中的一员。"堕落产生于吃了善与恶知识之树上的智慧果,在这一意义上,人于是变成了像上帝的生命,变成了一个精神性的生命。[28]

人因此只有与上帝一起通过消除分离而自身和解。分离是人作为一个有限精神的有限存在。当然,消除这个有限性的第一种方式是死亡,这因而被看做一个思辨的必然性。诚然,《圣经》告诉我们,原罪的报应是死亡。人因亚当而皆有死。但是人必须找到既消除了他们的有限性

---

[28] 参阅黑格尔:《绝对宗教》,拉松版(莱比锡,1929),第102—109页。

又不抹去他们的自然存在的一种办法。那种办法注定成为他们作为精神生命而存在的根据。不然,上帝无法返回到自身。

所以,人必须发展出一种生命形式,在那种生命形式中,有限性得到了克服,自我被给予了普遍。正如我们已经看到的那样,这种生命形式在国家那里达到了它的极致。这也正是称“伦理”为“至真的崇拜”的原因。但是在宗教领域里,这种回复反映在基督教关于道成肉身和上帝之城的核心学说中。

为了让和解得以发生,人必须痛苦地感觉到他与无限的距离,并由此必须逐渐地认识他原本与无限的主体是统一的;接着他必须对自身进行教化,以便使这种统一在人类共同体中自在自为地成为现实。

但是,按照基督教的核心学说,这个思辨的必然性是已经发生之事,纵使它是以表象活动(Vorstellen)的形式发生的。在适当的时机,当那个适当的时机依上帝的筹划来临之时,上帝变成了人。两个自然在一个人的身上得到了统一。不过当然我们借着思辨之光能够理解,精神无法简单地统一于一个有限的主体。假如这两者得到了统一,他们必然地会再一次地分离,因为没有一个有限的精神能够认识无限。

于是,耶稣死了。但是故事并没有因此而结束。某个事情确定地得到了改变。作为这个道成肉身的结果,人们现在能够发展一种与上帝统
492 一的生活,而这在以前是不可能的。于是耶稣死后,随之而来的是他的复活,他的升天或回复到天父那儿(黑格尔从来没有分开来处理过这两件事情)。这种回复是精神的播撒的机会,精神留居于共同体之中,并且把那个共同体提升为与上帝共在的一种生命,所以道成肉身在教会的生命中得到了延续,教会被看做基督的肉身。

因此,像正统神学的其他伟大环节如创世和堕落一样,基督的死是必然的。在与无限的统一过程中,作为一个特殊的有限主体,基督不得不死,以便这种统一能够超越当下性而成为普遍的。道成肉身不得不中止成为一个单纯的外在统一,且成为内在化的或精神化的。这两个发

展，精神化过程和普遍化过程其实是同一个过程。为了成为我们的所有生命的组成部分，道成肉身不得不被精神化，摆脱一个特殊的、外在的、自然的、现实的束缚而达于自由。但是对这个精神化过程的理解只能缓慢地发生于基督教之中。我们在《精神现象学》里看到，黑格尔如何把十字军东侵解释为恢复与历史上救世主接触的一次（徒劳的）尝试。

借助时间的联系，这些深刻的思辨联系在宗教的表象中得到了再现。作为得到了清除的（aufgehoben）直接性，基督被看做是生活于过去之中的，因为这是再现被清除了的直接性的时间之维。[29]

与此同时，信徒们知道与上帝的统一并没有充分地得到实现，所以，作为再临，他们把那个统一置于来世。思辨的思想当然知道，分离永远地且确定地是统一的一个环节，上帝之城的圆满性恰好构成了这一环节，与上帝的分离便不断地产生着且不断地被克服着。在他的体系中，黑格尔设法重新解释了大量正统的基督教信仰。但是现在的普通信徒仍然不免产生这样一种感觉：他的信仰的含义激进而微妙地得到了转变。尽管黑格尔对正统信仰进行了辩护，但是这种情况仍然发生了。

虔诚的冲动是完全正确的。黑格尔当然没有与自由主义的“消除”新教的“具有神话色彩的活动”为伍。这也许有点儿让我们摸不着头脑。实际上，由于像康德和莱辛这样的启蒙思想家的缘故，在寻求与理性一致的某种宗教中，抛弃教条主义陈词滥调的进程已经取得了很大进展。对莱辛来说，一种理性的宗教似乎将彻底地建立在永恒的真理的基础上。在人与上帝的关系方面发生的重大的历史事件，逃出埃及、道成肉身、复活等等都与此毫不相干。正如在他们能够理解道德的一般原则之前，我们告诉了孩子们一些警世传说那样，在“人类种族的教育”的某个早期阶段，作为神圣的教育学，这些故事也许是有用的。但是随着我们

---

[29] 参阅黑格尔：《逻辑学》第2卷，第3页；请参阅他对“知”和“被知”关系所作的评论。

[30] 参阅莱辛：《论人类历史的起源》。

493 长大成人,我们便超越了这些传说,我们用理性的概念去掌握真理。[30]黑格尔反对对基督教进行非历史化的这种做法，反对它戏弄了基督教信仰的核心教条。因为在黑格尔哲学中,永恒的真理自身必然地呈现在历史中。历史事件不是至多表示了或戏剧化了普遍真理的一个不相干的小动作,而是这些真理认识自身且呈现自身的必然中介。所以,黑格尔哲学声称,这是一种对基督教神学的解释,它恢复了基督教信仰的重大事件所具有的核心历史重要性。因此黑格尔主张,道成肉身必须被看做一个真实的历史事件,是一个在精神历史中起着决定性作用的事件。[31]这与如下事实相一致:黑格尔把基督教的核心教义和最神秘的教条,如三位一体,融入了他的哲学中,那是启蒙运动最感头痛的东西。我们由此可以看到,对于与他处于同一个思想时代的一些人来说,他在多大程度上可以算做是反对启蒙的“理性宗教”而捍卫正统宗教的复兴者。理性宗教只是为了满足“知性”的需要才炮制出来的。他认为自己就是这样的人。[32]

但是,我们不应该被这些表面现象所蒙蔽。实际上,黑格尔的重写抛弃了基督教信仰之最本质的东西,或者说,黑格尔的重写的确抛弃了与亚伯拉罕的上帝相关的任何信仰之最本质的东西。这种哲学的核心宗旨是,作为精神的上帝之生命的惟一栖居地是人,这种精神生命仅仅是概念必然性的展示，完全排除了与信仰相联系的上帝的激进自由的可能性。在黑格尔的体系中,上帝无法让自己向人现身——在创世中没有,在启示中没有,在通过派遣他的圣子的拯救中也没有。把这些看做上帝的行动也就是从表象的中介中来看它们，而使它们成为行动的东西正是属于不适当的叙述中介的东西，我们在哲学中已经超越了那些

---

[31] 参阅黑格尔:《绝对宗教》,拉松版(莱比锡,1929),第130—142页。另请参阅黑格尔:《精神现象学》,第7章。

[32] 黑格尔:《哲学史》,荷夫迈斯特版,莱比锡,第189—199页。

东西。要想正确地看待它们,就是把它们看做一个必然性的派生物,那个必然性既是上帝的必然性也是人的必然性,尽管上帝或绝对是全体或实体,而人只是部分或偶然环节。但是全体没有部分便无法存在,上帝"赋予"了人以生命,但是如下情况也是真实的:上帝只能通过这个生命而成其为上帝,上帝必须作为理性的必然性而存在。上帝向人"泄露"了自身。不过这也是他向他自身的泄露。这个相同的必然过程可以称之为作为上帝的工具的人的自我泄露(自我启示)。

由于缺乏上帝作为给予者的观念,黑格尔无法协调对于基督教信仰来说上帝和人必定是的那种关系。他没有替在适当的基督教意义上的宽免留下地盘。如卡尔·巴思指出的那样:

> 在使逻辑的辩证方法成为上帝的根本本质的过程中,黑格尔使得关于宽免的实际辩证法的知识成为不可能,那种知识在上帝的自由中有其依据。[33]

黑格尔没有替在基督教意义上的神圣的爱留下任何地盘,因为上帝对其生灵的爱不能区分于它在给予中有表现。[34]我们谈论上帝与人的关系,也就是谈论得到充分发展的人与上帝的关系,在那种关系中人逐渐地认识他与神圣的同一性。 494

在对理念的微妙态度中,人对上帝的感恩和赞美的回应蕴含着极

---

[33] 卡尔·巴思:《从卢梭到里奇尔》,(伦敦,1959)第304页。这本书专门讨论黑格尔的那一章,对黑格尔哲学的抱负及其与神学的关系作了透彻的研究。

[34] 在这里我不赞成法肯海姆的见解。参阅法肯海姆:《黑格尔思想中的宗教之维》(不明顿和伦敦,1967),我在其他方面基本上赞成他的富有创见的见解。不过,当法肯海姆把黑格尔的上帝归结为"通过并非一定得如此的某种神圣性,对整个人类的……一种全部的和天生的神圣之爱"(原文为意大利文,第153页)时,在黑格尔著作中,或者在他的体系的整个结构中,我无法找到其根据。

其不同的含义。这两种回应都转变为对于自我与某个宇宙必然性的同一性的认同,并因此必定中止任何意味深长之意义上的感恩(尽管对上帝的荣耀的某种类比仍然保留着,如对理性必然性之雄伟建筑的敬畏之情)。

简言之,一个黑格尔式的哲学家将如何祷告呢?无疑地,虔诚的祷告者对他来说没有意义。他也不会真心诚意地感谢上帝。他所做的事情便是沉思他与宇宙精神的同一性,那是一件极其非同寻常的事情。

因此,从一个基督徒的观点,克尔凯郭尔抗议黑格尔主义对基督教信仰的理解,并且使上帝对人的召唤成为与理性意志的普遍要求(如当上帝命令亚伯拉罕牺牲他自己的儿子的时候)不可相提并论的事情是完全正确的。问题在于,完全地消除神秘,使上帝之事完全地向理性敞开,是否与对于亚伯拉罕上帝的信仰完全不相协调。上帝是生命的赋予者,是把人从原罪中拯救出来的始作俑者,他的做法必须得超越于我们的做法之上。其生命完全可以被我们所理解的上帝将不再是这样一个谈话者,他能够无可争辩地阐明某个非常新颖的关系,把我们从罪恶中摆脱出来而获得新生。用巴思的话来说,上帝的拯救必须是一次"无可理解的和解",[35]否则便丧失了其激进给予和自由创造的特点。

在黑格尔的本体论中,每一事物都可以被理性所把握,因为每一事物都是建立在理性必然性基础之上的。所以黑格尔的本体论在终极意义上不协调于基督教信仰。黑格尔哲学是一个非同寻常的置换,它"保留了"基督教的"现象"(即教义)而抛弃了它的本质。它不是一种有神论,但它也不是一种无神论学说,即,按照这种学说,作为自然生命的人处于万物的精神之巅。它是一种真正的第三立场,这也正是它如此易于被误解的原因。

一旦我们知道了把黑格尔体系同正统基督教区分开来的距离,我

---

[35] 卡尔·巴思:《从卢梭到里奇尔》(伦敦,1959),第302页。

们也就开始注意到并不是所有的教义都得到了“保留”。当然,三位一体学说被给予了一席之地。但是,尽管黑格尔坚信它的历史性,道成肉身实际上被赋予了一个极其不同的意义。我们从上面考察了当做一个历史事件来处理的道成肉身。[36]并且,我们看到,尽管黑格尔或许继续把耶稣看做一个独一无二的个体,以一种史无前例的或在他那个时代里无可匹敌的方式与上帝和睦共处着,但是我们仍然不能这样来谈论他,在
我们大家与上帝同一的意义上,他就是上帝。在自在意义上,就这一方 495
面而言,我们大家都是相同的。耶稣的特殊性在于,他自为地以为他的同时代人所不可能具有的一种方式与这个同一性生活在一起。

而就复活和升天来说,尽管黑格尔从来没有作过任何评论,但是我们仍然得到这样一个印象,他实际上并没有把它们作为历史事件来考虑。它们发生的整个地点都在万神殿里,在那里圣灵向使徒显灵。按照黑格尔的观点,基督之死实现了思辨的必然性:作为人与上帝之间的一个特殊的、外在的联结点,他不得不消失,以便道成肉身得以精神化,并因此而普遍化。在黑格尔的重写中,它似乎起着这样的作用,福音故事就发生于从耶稣受难地到万神殿之间,而圣灵的显现则决定地再一次带来了耶稣受难的胜利的结局,基督教神学把那个结局归功于耶稣复活。因为在他的解释中,这和升天并不是独立地发挥作用的。它们纯粹地属于表象(Vorstellung)的层面。

这样,尽管黑格尔没有站在自由主义新教的后继者之列,但是他处于另一个重要运动的起点上,那个运动把基督教引向了非神话化方向,有人称之为基督教的“非神学化”方向。关于“上帝之死”的当代神学是黑格尔的精神后裔。因为我们已经看到,作为精神显灵和上帝在场的精神化过程且把这个在场转化为共同体之生活的必然基础,基督之死起着重要而必要的作用。人必须先看到专注于一个人的上帝。但是假如如

---

[36] 参阅本书第7章,[边码]第208—210页。

下更加圆满的真理将要产生的话:人把上帝作为一个共同体来支持,上帝既存在于每个人的心中,又超越了每个人,那么这个专注点也不得不消失。上帝就像是从一个壁炉架上的蜡烛传递给另一个壁炉架上的蜡烛之火焰一样,尽管每一支蜡烛都注定地要熄灭,但是惟有那光焰将万世永存。

三

尽管具有表象的样式,作为主体之绝对的真正显现的基督教因此是绝对宗教。只有经历了历史上漫长而充满纷争的发展之后,它才达到
496 了这个阶段。但是,如果基督教是绝对宗教,那么它务必证明自己是黑格尔关于所有以往宗教之意义上的那种真理,即作为它们的成就,从它们中必然地发展起来。这正是黑格尔在他的宗教哲学讲座中试图给予阐明的东西。现在就让我们对此作些探讨。

像他的所有其他著作一样,黑格尔的宗教哲学作出了一些极其出色的研究,到处都充满着有趣的细节。作为比较宗教方面的一个著作,尽管其大多数内容在今天看来已经难以自圆其说,但是它出色地思考了在当时有价值的一些问题。

在对魔力作了简要讨论之后,黑格尔在自然宗教总类之下开始了对人类宗教的讨论:在这里,在人达到把绝对作为自由主体性来理解之前,我们便拥有了宗教。他在这里涉及了其他宗教,其中有中国人的宗教、印度人的宗教、波斯人的宗教、叙利亚人的宗教和埃及人的宗教。这些宗教的共同点不在于自然现实的作用或者象征在人的上帝观念中的作用有多大,而在于如下事实:我们仍然没有达到承认绝对就是自由精神的阶段。因此,在印度教中,绝对被理解为一个纯抽象,超越了所有的规定。但是,与更加自然主义的上帝观——如把上帝比作天空或大地的上帝观——相比,这并没有更加接近作为主体的上帝观。

诚然,对黑格尔来说,这个纯抽象的上帝观和最外在的自然主义的上帝观念之间存在着一个联系。因为他的一个原则是,单纯的内在之物也是单纯的外在之物。也就是说,倘若事物的根基是隐藏的和不可知的,那么我们所知的现实也将是杂乱的和不清楚的。我们对事物的底细知道得越多,我们便越能够在世界的细节联系中来认识它。我们也越不会把这些细节的联系看做纯粹"外在的"联系。"单纯的内在之物,单纯的自在之物和抽象之物,也就是单纯的外在之物。"[37]因此并不令人感到惊奇,印度教也是宗教。按照那种宗教,神圣体现在杂乱无章的外在现实、牛、石头、树等等大杂烩之中。梵天的抽象之物在自然中孕育了神圣性的这种无常混沌(Taumel)。

黑格尔认为,较高的宗教是琐罗亚斯德教。尽管它仍然是一种"自然宗教",但是它已经找到了一种比较纯粹的自然表现形式,光,并相应地具有了一种较高的伦理观。根本的对立是善与恶的对立;每一方都与对方势不两立。对这个对立的超越开始于叙利亚人和埃及人关于众神死亡和复活的宗教。在古埃及人的宗教中,我们正在艰难地通往一种视上帝为自由精神的观念,我们发现它在古埃及艺术中得到了表现,我们已经在上一章对此作了讨论。

由这种宗教产生了两个伟大的宗教,它们以不同的且对立的不适当方式了解到上帝是自由的主体性:犹太人的宗教和古希腊人的宗教。(讲座在这里讨论了三个宗教,罗马人的宗教是作为第三个宗教来讨论的,但是这个宗教其实是古希腊宗教发展的晚期。)

在这里得到描述的第一个宗教是"庄严(Erhabenheit)"的宗教。上 497
帝被视为精神,为主体,并最终作为思想在其纯粹性中得到了把握。但是这是以把上帝置于特殊的自然物世界之上的方式为代价的。上帝是高高在上的,自然之物无法触及到他。相反,上帝与世界的联系是主

[37] 黑格尔:《自然宗教》,拉松版(莱比锡,1927),第173页。

(Herrschaft)的联系。

因此,犹太教第一次达到了世界的真正世俗化,并且通过这种方式而成为现代意识之思潮的源泉之一。不过它的确没有随后形成关于受客观法则主导的启蒙世界观。相反,它为对奇迹的信仰铺平了道路。那些奇迹被看做上帝在极其非世俗的事物进程中的特殊干预。

上帝是主;作为一个主体,上帝是目的;生灵意味着成为上帝的子民,意味着遵从上帝的目的。这样,人的天职就是服务于上帝。道德法则作为上帝的命令呈现。因为人在上帝面前便一无所是,所以人害怕站在上帝的面前。

但是,高高在上的上帝本身是一个普遍目的的主体,这样的上帝仍然是抽象的和不清楚的。这是与世界上的任何具体细节都没有联系的绝对的一个不可避免的特征;他的目的是不能被具体化的,是抽象的。而现在,抽象普遍的命运倒向了最原始的特殊。所以这个高高在上的上帝最终与一个特殊部落联系在一起。这是上帝的人民,上帝的目的事关这个特殊民族的命运和福祉,他们反过来成为上帝的子民,上帝的奴隶。

黑格尔从上帝作为庄严之高高在上者的本性得出犹太教的上帝的民族联系。这种特殊推论使黑格尔在考虑伊斯兰教时遇到了麻烦。就总体而言,黑格尔没有考虑过伊斯兰教,因为它产生于绝对宗教诞生之后,要给它定位很不方便。黑格尔选择了把它考虑为一个与犹太教相关的现象。伊斯兰教因此也被看做一个确定的共同体的宗教,但是它是一种直接的外向性的宗教,一种征服性的宗教。黑格尔认为它是一种先天具有狂热色彩的宗教。

我们再返回到犹太教上来,上帝的子民因此被看做上帝的选民,并且具有了一种以绝对服从来服务于他的使命。黑格尔忧虑地说,他们效命于一种毫无理由的奴役制度。他们把一切都献给上帝,他们献出他们的所有特殊生命服务于上帝,这使他们超越了通常意义上的恐惧,超越了对于经由自然力量或人为力量而导致的损失的恐惧。相反,他们获得了一种信心,在终极意义上,别人无法夺走上帝赐给他们的东西。他们明确地相信,上帝的目的是向着他们的。

但是，黑格尔看到，这种信心也带来了犹太教的如下根本不适当性:它向我们表明,上帝处于所有特殊的万物之上。这些万物无法回复到与上帝的统一,而只能处于非和解状态。所以,《旧约》强调堕落是一次背叛上帝的活动,而不是人也获得了善与恶的知识这一方面。作为惩罚,人不得不为了谋生而耕地;但是这是一种惩罚吗？难道不正是劳动, 498
是对世界的改造,并因此是对自我的改造,使人区分于动物吗？正是劳动使人获得了自由。[38]

人们经常提起黑格尔对犹太教所作的极其消极的、有时是讽刺性的描写。不过与法肯海姆一起,我认为之所以如此的基本原因是他对于古希腊的热爱。作为浪漫派一代的成员,黑格尔对古希腊的上帝与自然之优美统一的破裂如此惋惜和痛心，那种心情也影响了他对犹太人的考虑。犹太教是关于苦恼意识的原创性宗教。后来黑格尔超越了对古希腊衰微感到懊悔的浪漫派情感；他把古希腊文明判断为一种先天不足的文明，并且他将把苦恼意识看做人通往普遍理性道路上的一个本质步骤。这将改变他对正统基督教的看法,但是这没有改变他对犹太教的看法。我们可以说,他把对苦恼意识宗教的整个否定判断都加到了犹太教头上。[39]

不过,黑格尔并没有让这种情感妨碍他对历史重要性的判断。在替基督教的全面到来创造条件方面,与古希腊宗教一起,犹太教是一个重要的阶段。我们可以说,就把基督教看做源于古希腊宗教和犹太教而非

---

[38] 黑格尔:《个体性的宗教历史》,拉松版(莱比锡,1927),第87页。

[39] 参阅本书第2章关于黑格尔早期著作的讨论,尤其是关于“基督教的精神”,在那篇论文中,黑格尔讨论了关于亚伯拉罕的宗教。

仅仅源于犹太教而言,他的观点就已经足够非正统了;但是,这是同黑格尔中间道路的根本非正统性相联系的。

犹太教为道成肉身作好了准备。在犹太教中,上帝的终极高高在上性(庄严性),不具有与人统一的任何希望,最终作为痛苦存留了下来,在痛苦中人感受到了他与万物的始基的分离, 感受到了那个根基的完全的不在场。这个痛苦呼唤着一个拯救者,呼唤着上帝莅临人间。但是与此同时,这个莅临已经由另一个宗教的发展做好了准备,那个发展以其不适当的形式成为犹太教的补充。

正如黑格尔在《个体性的宗教历史》中称呼它的那样,这就是关于优美的个体性,关于必然性和美的古希腊宗教。古希腊人获得了一种视神圣为自由主体的观念。人能够在其中充分感到自由自在,他能够与之合而为一。因此,对众神的典型再现便采取了人的形式。但是他们为此付出的代价是,众神是受限制的;即,存在着许多神灵,其中没有一个能与万物的基础和实体的绝对相等同。

因此我们便具有了与犹太教相辅相成的不适当性。我们可以通过这样的方式来看它:在这个时代的人是受限制的,他们无法提出人本身的观念,普遍主体的观念,他不可能通过理性的人类普遍来规定他的同
499 一性。因此,这些受地方囿限的人只能感到与一个他自身就是地方性的神相统一, 那个神表现了他们的受限制的同一性。尽管存在着许多神灵,但是没有一个是绝对的。他们实际上只是达到了某个高于一切的单一精神的绝对上帝的观念,但是这个上帝在众神之上,人可以毫无疑问地自由自在地生活于其中,或感受到与他的同一;而他仍然是高不可攀地超越于人之上的。这个上帝无法与世界相统一。因为受地方囿限的人无法理解与这个上帝相匹配的世界的目的。他的目的仍然是不可理解的(抽象地普遍的)。于是他们(局部地)认同了那些最极端的特殊,那些被选上的人民。这是受地方囿限的人能够与这个上帝发生联系的惟一途径。但是由于这个上帝实际上是彼岸的,是无法与人统一的,因此归

属于上帝仍然是一种奴役状态,那是一种为古希腊人所没有的状态。

古希腊宗教是人与上帝优美地统一的宗教,是人与上帝自在共处的宗教。我们看到,这与人尚处于他的受地方性囿限的生存状态相关,与他仍然没有达到普遍的反思意识相关。随之而来的是对于他自己的城邦的习惯法的全盘认同。人只是这种公共生命中的一个生灵;这种公共生命反过来认同了上帝,那个上帝创立了城邦,且关注着城邦;我们是上帝的臣民,不过是与之处于某个幸福统一中的臣民,而不是与之处于分离状态和超越状态的臣民。与城邦和上帝的这种无反思的统一,一个仍然具有反思的,并因此是普遍的主体性的统一,规定了这种宗教的本质是一种艺术宗教。[40]但是在它的受地方囿限的特性中,它无法理解的是,人本身是自由的,是统一于神圣的;因此它仍然是一种带有奴隶制度的文明。

作为一种关于艺术的宗教,在经历了对实体力量的朦胧知觉之后,在经历了对在自然宗教中占据支配地位的表现在自然物中的神圣的朦胧知觉之后,它以人的形象达到了对神圣的清晰呈现。精神的主体性战胜了自然的主体性而达到了自由。这是一场斗争的结果。这在古希腊神话中得到了反映。奥林匹克山上的众神通过战胜早期诸神取得了统治地位。那些早期诸神仍然以自然物或半神灵之物来呈现:乌拉诺斯(天空)和克罗诺斯(时间),泰坦。

对众神的崇拜就是对与神圣同一的崇拜。所以在牺牲时我们并没有节制自己,[41]而是享用由供奉者献上的肉食和供品。通过人的形式,不仅是以塑像的形式,而且是活人的仪式行动,上帝呈现在了共同体的面前。包围着人们的,人们与之共生死的那些伟大力量,那些自然力量和

㊵ 参阅黑格尔:《精神哲学》,§557。黑格尔把作为绝对精神之样式的艺术的非反思本质与古希腊伦理的非反思本质,与艺术宗教时代的非反思本质相联系。

㊶ 黑格尔:《个体性的宗教历史》,拉松版(莱比锡,1927),第169—170页。

社会力量，都通过这种崇拜被赋予了人形，人通过它们而产生了一种自在感。这种对神的塑造是一种真正的对美的崇拜。

500 无论如何，古希腊崇拜也有一种普遍的含义。这产生于人与神圣相统一的各种神秘。通过某种方式那个神圣超越了所有的特殊的诸神。但是在这里，古希腊宗教仍然保留着早期自然宗教的象征。它还不可能把这些崇拜带到明确的光天化日之下。在这些神秘中，人格不朽的观念开始孕育。

黑格尔曾经重新考虑过古希腊宗教和命运观念的联系。因为优美的个体不是绝对的个体，所以替一切事物奠定基础的这个普遍力量仍然处于古希腊宗教的黑暗之中。它只是作为命运，作为一种既统摄了诸神又统摄了人的无法逃避的必然性被人朦胧地感受到。在其中，每一个神在一定意义上都处于他无法完全主导的、不甚明了的必然性之中。

这样，历史上的事件的偶然进程也被看做受制于朦胧命运的摆布。一个神明的主体自由只能达到这样的程度，它能够逆命运之线而行。自由主体性塑造着和统治着自然，把我们提升到高于自然宗教的层次，抵达了某个确定之点。彼岸是命运的集合，这可能废除了甚至是众神的目的。这些神是不朽的，他们在人格上仍然是不容冒犯的，但是他们在人中间并不具有自己的忠信之士。众神的自由当然是为了人间的城邦才可能被谈论的，那些城邦与他们相同一，但是这时却难得有所回响，因为人并不是不朽的。

黑格尔于是在两个事情之间建立了某种联系，一个是对于与一个地方之神的统一的寻找，一个是对命运之信仰的必然伴生物。当人逐渐产生了一种不是与一个地方之神相统一，而是与绝对自身相统一，与万物的主宰相统一的感觉时，那冥冥之中的命运观念便将成为过去。由于自由的主体性现在控制了一切，命运被天意的观念所取代。接着，事物的整个过程，甚至偶然的细节，都被看做神圣筹划的组成部分，看做主观目的的表现。[42]

黑格尔由此引导出了古代意识和现代意识之间的一组差异。古代意识并不感到他能够作出一个特殊的决定，一个关于各种事务的决定，在那里，特殊的、偶然的事态进展情况将源自于他自身而影响到结局：现在就开战，旅行，还是举行婚礼。[43]他竭力地去请教神谕，去求证，千方百计地附会来自命运的关于未来的某个兆头。

相比之下，现代人以作为主体的绝对观念为依据；并进而在绝对宗教中获得了与这个绝对统一的信念。所以不存在容得下冥冥之中的命运存在的任何余地。一方面，与万物之根据的统一的确定性在现代世界已经发展成为对理性的信仰，即，人类理性能够科学地理解自然；并因此根据理性的预测来决定，哪些因素通过事物的特殊过程而能够对产 501
生它们的后果发挥作用。冥冥之中的命运的这一方面便赤裸裸地展示在了人们的眼前。另一方面，我们现代人肯定我们的决定是以一个绝对有效的目的为根据的，而不是以一个仅仅是局部的、受限制的、其本身可能是违背正道的或已经被废除的神为根据的。因此，就我们的目的的绝对有效性（最终成功）以及就适当的时间和手段的选择这两方面来看，在识破命运之恶的尝试中，我们都没有必要再去寻求神谕；我们能够作出自我决断。至于在事件中的冥冥之中的偶然因素，尽管它给预测设置了限制，但是我们能够理解这一点，并且认识到任何神谕或占卜都是无济于事的。我们尽量地利用我们的知识来作出最好的决定，并作好了迎接风险的打算。由于我们知道绝对理性终将获胜，尽管它不一定完全按照我们原来打算的那样获胜，因此我们的风险感也随之减低。我们

[42] 当然，这不是说没有真正偶然性存在的地盘；我们已经知道，在黑格尔看来，真正的偶然性是存在的；只是精神的筹划保证了它允许发生的各种偶然事件全都是出于内在的必然性。

[43] 黑格尔：《个体性的宗教历史》，拉松版，第187页。

知道这是经历了我们对天意的确信而获得的，或者经过黑格尔对它的思辨重写而获得的。

因此，这种自我决断的力量是建立在这样一种观念基础之上的：作为主体，绝对具有支配一切的力量，我们自身与它处于统一之中。这种观念反过来当然要求我们逐渐地把自身规定为普遍的主体性。这在古希腊是不存在的。古希腊人沉湎于他的城邦的公共生活之中。因此，两种特殊的决定，一种是他自身不得不作为一个个体的决定，一种是城邦不得不成为一个特殊的城邦的决定，让他感到是超越了他的单独力量的。于是，去乞求神谕便成为必然的事。在事态的进展过程中，不存在内在的自信感，不存在知性，也不存在自在感，这些本该是使得这种决定的自主性成为可能的因素。甚至苏格拉底也根据他的守护神的提示作出特殊的决定。

但是，事情并不就此了结。纵使诸神的目的也得服从命运并且也可能被宣布为无效。因此甚至“得到上帝证明为正当的”[44]目的也能够偏离了正道。与此相对应，古希腊人发展出了对必然性的一种敬畏之情。[45]他既哀怨悲叹，又向它屈躬迁就，把它等同于自己的命运，并把自身的命运看做它的组成部分。通过把这种必然性融入他自身之中，并且把这种必然性看做他的同一性的组成部分，他获得了和解，并因此而获得了一种自由。正如他的无比勇猛和刀枪不入一样，他的早死是构成阿喀琉斯同一性的一部分。在这个同一化过程中，存在着某个优美的东西。像古希腊文明中所有优美的事物一样，黑格尔千方百计地想把它们重新融合进了他的体系中去。[46]

---

[44] 黑格尔：《个体性的宗教历史》，拉松版，第153页。

[45] 参阅黑格尔：《个体性的宗教历史》，拉松版，第150—154页。

[46] 受古希腊人启发的这个与命运和解的观念可以追溯到法兰克福时期《基督教的精神》的手稿。只是在现在它才被确定地归入一个无法恢复的过去，并且被一个更高的和解样式所取代。

相比之下，现代人确信，绝对的目的必定得到实现，无论偶然的事 502
情如何花样迭出，绝对目的终将获得胜利。这使得现代人对时运不济感到了懊恼。他既对此无可奈何，又不甘愿承认；他认为他的目的是绝对的。当然，在黑格尔看来，这也算不得什么高深智慧。当现代人不是简单地把他自己的目的从人的角度看做绝对的日的，而是把它规定为精神的目的的时候，那么他保证可以与这些不济相对抗。因为就精神的目的所关心的而言，那些不济无法推翻那个结果，所以他遭受的任何不济都算不了什么。恢复对必然性之优美的古代认同的惟一真正的途径是承认天意。于是，无论发生什么事情，人都感到了自由和充实。他与事物的进程达成了和解。不过，这已经不再意指像古代人那样他务必去确证一个得到神圣论证的目的的无效性。无论怎样，在这两种智慧形式之间，存在着与现代人诡计的抗争。[47]

在悲剧中，古希腊人开始获得一种预感，关于必然性的样式和理性结构的某个意义。黑格尔认为，这是古希腊人的意识逐渐地达到对于在其生活中的深刻矛盾的自觉的方式。在《安提戈涅》中，“对我而言，那是悲剧的一个绝对典范”，[48]我们看到了两种权利之间的冲突，一种是表现在克瑞翁身上的地方性城邦的权利，一种是普遍道德的权利，以安提戈涅为代表，以家庭之爱的形式表现出来。在悲剧中，降临到人民身上的事件，他们的命运，正在孕育之中。在这里，我们有了这样一些主人公，被认同于实质性的、受神支持的目的的一方，以及失败的一方（安提戈涅和俄狄浦斯）。但是招致他们失败的东西不仅仅被描绘为无法抗拒的命运；还存在着这样一层意义：这个失败的必然性与他们提出的目的纠缠在一起；因为这个目的是片面的，必定与它的另一面发生冲突。这种对片面性的执着是他们的不幸所在。

---

[47] 黑格尔：《个体性的宗教历史》，拉松版，第152—154页。

[48] 黑格尔：《个体性的宗教历史》，拉松版，第156页。

所以悲剧强化了这样一种感觉：人们的确应该从降临到他们身上的事情中去发现他们的同一性。悲剧把这些惊天动地的事件描绘成和人们自身所确认的同一性具有内在联系的事件。通过加深对这个命运悲剧的理解，通过弄清其中的含义，悲剧为人们能够超越这个片面的确认活动（identifications）时刻的到来作好了准备。着手把握他们的冲突的必然机制，并因此着手把握他们的命运的机制，也就是已经开始去超越他们。一旦一个人超越了这些确认活动，他便已经超拔为一个普遍的主体性；他已经抛弃了他的城邦，并因此最终抛弃了城邦的众神。

我们前面在古希腊城邦的衰落中看到过这种情况。这与古希腊宗教的终结是一回事。这两者是从不同方面可以看到的同一个过程。人再也无法认同于囿于地方性之见的东西了，无论是城邦也好，还是城邦的伦理也好，或者是众神也好，都是如此。普遍的主体性诞生了，但是在诞生过程中，它既沾满了伦理的鲜血，也沾满了对统一的优美崇拜的鲜血。个体成为了他自身，但是他栖居于尘世中，栖居于城邦和自然之中，他已经不再与它们处于统一状态之中；他栖居于一个异化的大地上。他萌发了一种强烈的失落感。在一个被上帝抛弃的世界里，犹太人的痛苦和古希腊人的失落感遇到了一起。

503 这种神圣失落的古代晚期的发生地，因道成肉身而终结的处于异化状态下的个体的等待活动的发生地，便是罗马帝国。这是一个普遍的帝国，与之对应的是普遍主体性的产生。随着它们隶属于普遍的帝国，希腊城邦经由普遍主体性从内部的解体与它们从外部被瓦解相对应，罗马帝国是那些帝国的顶点。与众神交往的丧失也与他们被强有力地统一于出于政治考虑的罗马万神殿之中相对应。

在两种情况之下都存在着联合体的丧失。个体无法统一于这个抽象的世俗国家，那是凌驾于他之上的一个单纯权力，他无论如何都无法与之相同一。国家无须个体能够感受到的任何合理理由或目的，就可以随心所欲地保护他或消灭他。与此同时，与众神的统一也丧失了。在罗马帝国,众神不再是自主目的的中心,他们变成了为了实现国家目的而被利用的工具。在罗马帝国晚期的皇帝崇拜中,这达到了它的顶点。

在宗教哲学讲座中，黑格尔把这个阶段作为犹太人和古希腊人之后按三位一体的鼎盛之势发展的第三个阶段。这决不是他让其搜集到的材料能够自圆其说的惟一办法。他在其他地方也曾经从古希腊宗教和犹太教运动到作为其综合的基督教。并且按照黑格尔的术语,这显然是更加顺畅的次序:拟人化的但是地方性的神,绝对的但是分离的神,两者加在一起产生了至上的似人化的神。

但是,在这里存在着一个原始而极不适当的综合:古希腊命运的必然性与犹太教目的的特殊结合到了一种宗教中,在那里,高于众神的必然性是一个特殊的目的,但是它声称凌驾于所有其他的目的之上。这就是罗马人竭力追求的普遍帝国,众神最终被迫替它服务。黑格尔称这种宗教为目的论(Zweckmäβighkeit)的宗教。不过它是一种外在目的论。雅典娜的目的无法通过雅典而得到实现；我们在这里拥有着一种优美的统一，我们也可以在有机体身上或带有内在目的论的任何一个实体身上发现这种统一。但是罗马宗教是一种外在的目的论的宗教。在那里,每一事物都服务于外在于它的某个目的,手段和目的是相互外在的。

已经弄懂黑格尔专用语的读者将明白,按照他的观点,罗马人并不值得给予太多的同情。他将不为其细节而惊讶。在不得不给予罗马人以世界历史的应有荣誉的同时，黑格尔痛苦地发现他们是一些极其令人不快的人物。这种对于外在目的论的残酷热衷不仅表现为一种晚期的偏离正道,而且是他们的宗教从一开始就具有的基础。罗马人对优美的统一一无所知。一切事物从一开始就受到了歪曲,以便去迎合他们的国家的目的。他们给自身提出的不是一个绝对的普遍的目的,而是一个真正有限的目的,是一个民族的普遍帝国。每一事物都无情地屈服于这个目的,没有一个事物具有它自身的目的,自身的必然性,而那种必然性 504
正是美的秘密所在。他们也以这种外在的方式过着他们的生活。角斗士的战斗的确是这种文明的折射。因为在这种战斗中,死亡是冷酷的、毫无意义的,它的整个意义都在它自身之外。

无论如何,古代世界在远离了上帝(犹太人)和丢失了上帝(古希腊人)的这个意义上达到了顶点。世人渴望着统一,所以,当上帝以前面描述过的那种道成肉身的方式活动的时候,这个时机便真正地来到了。

因此,宗教历史在基督教历史中得到了延续。我们从另一个方面曾经接触到这种延续,那是国家的历史,因为这两者是相互联系在一起的。

起初,上帝和人的统一仅仅是自在的统一。基督教共同体(教会)感到它自身仍然是一个异己的团体,仍然居于一个没有上帝的尘世中。但是这并不意味着它永远都将如此。逐渐地,教会与尘世统一了起来。随着罗马被野蛮人所征服,这种情况主要地通过教会活动成为野蛮人王国的导师和教化者才得以发生。但是在教育这些野蛮人的过程中,教会也沾上了他们的某些粗野性;借助于它不得不服从着去完成其使命的世俗力量,它使自身走向了腐败。通过把上帝的在场再一次还原为一个包罗万象的外在世界,归结为在圣餐中,在遗物里,等等,它败坏了和物化了基督的福音。接着,借助于对被过分夸大的修行理想之冥冥来世的向往,它对这种堕落作出了反应。

但是,这种粗野的世俗性以及与之对应的彼岸性皆与人类生活和共同体的充分精神化(spiritualization)不相协调。人类生活的完全精神化意味着,在其常规生活中,人成为精神的充分适当的工具。人必须成为这样一个工具,就像他生活于家庭之中,他为生计而忙碌,他以理性来作出他的选择那样。但是,对贫穷、贞节、服从的修行誓言直接违反着常规生活的这三个维度。这种精神生活(spirituality)因此是一种异常的精神生活。它只能理解为受到严重物化的精神事务(the spiritual)的一个补救。

为此,这些活动必须被废除。精神事务必须从纯粹外在事务中拯救出来,以便熏陶生活,美化生活;因此受到熏陶和美化的生活肯定不再被彼岸的精神生活所拒绝。僧侣生活违反了担当起家庭、工作和责任的基督徒的真正使命。僧侣应该被培养成为为了自身而结婚、工作和选择的人。[49]

第一个阶段是与世界对立的教会,第二个阶段是世俗的权力,因此,第三个阶段必定随之而来。在那个阶段,其主旨再次成为精神化的(spiritualized)主旨。我们已经知道的这个阶段就是新教改革。但是它的冲击力一直延续到了欧洲的启蒙运动。

新教改革的主旨是,基督徒的信仰必须从精神上得到遵守,即,必 505
须融入我们的世俗生活之中,升华我们的世俗生活。这意味着,基督徒主体和绝对的充分和解必须融入伦理生活之中,融入君主的生活方式之中,融入自立的共同体之中。因此,国家变成了上帝王国的制度化实现的特许领地,并不承认天主教,因为天主教通过与世俗国家的分离和对立,宣布世界权力之没有得到救赎的本质和无法得到救赎的本质。天主教的并驾齐驱的权力使世俗国家保持在没有得到救赎的对精神无动于衷的状态之中,那种状态保证拥有最美好的抱负的人去从事神圣的精神事务。新教原则因此在于接受国家的至上性,支持国家,驱使人们与他们的发展中的伦理生活取得完全的认同。

基督教的第一个阶段是与尘世对立的阶段;在第二个阶段,它企图用训导来统治尘世。但是在第三个阶段,人逐渐认识到,尘世必定自由地在它自身中完成精神事务。而这一点,由于得到了充分的完成,便把我们带到了启蒙运动阶段。启蒙运动的原则是,人,世俗的人,必定实现精神的最高目标,他已经是整体的主人,在纯粹地是人类的理性至上性观念中达到了最充分的表现。把自身仅仅作为人来看待的人希望在地上实现理性的至上性。上帝于是完全地变成了一个空洞的至上存在,不

[49] 黑格尔与自由主义新教一样,缺乏对基督徒隐修规章基础的了解。

具有内容,不具有创造力,不具有意志,这是一个自然神论的上帝。

但是,正如我们已经看到的那样,试图从人自身引申出所有人的目标和目的的启蒙运动从根本上讲缺乏内容。它无法找到一个真正的对象性。为了做到这一点,它必须重新发现人与更伟大的精神的联系,与上帝有联系。它必须与一种纯粹的宗教达成和解。这种和解是哲学的任务。人的解放——假如人得以挣脱了所有的限制——导致了作为精神之工具的他的真正自我的发现,而这就是哲学把宗教和启蒙统一起来的地方。

四

所以我们前进到了绝对知识的最高形式——哲学。当它达到其最圆满的发展状态时,哲学表现了与宗教相同的内容。它就是我们已经在绝对宗教中发现的思辨真理。不过哲学采取的是另一种。哲学在概念中把握绝对。哲学看到了内在的必然性。那种必然性曾经奠定了启示宗教内容的基础,并且使之得到了显示。以一种朦胧的形式在表象活动(Vorstellen)中得到显示的东西在这里达到了明确的明晰性,那贯穿始终的必然性。那个必然性揭示了精神的整个结构。但是,精神的本质是思想,是理性的必然性。所以,用概念把握它,就是用最后的、完全适当
506 的形式来把握它。那种形式与内容相同一,那种内容决定自身就是内容,或者由它自身产生出这个内容。它是这些形式的升华(Erhebung)。

> 进入绝对形式之后,那个形式决定它自身作为它的内容,维持着与这个内容的同一性,并因此是那个自在自为的必然性的知识。[50]

[50] 黑格尔:《精神哲学》,§573。

忠信的崇拜者感到上帝的表象牵引着他与绝对打交道。这是“精神的证词”,它告诉他,这个内容就是精神。但是有了哲学之后,这个模糊的感觉被理性的确定性所取代。

这就是处于顶端的哲学。正如我们将在后面更加详细地看到的那样,整个哲学史都是向这种哲学的发展。但是无论在哪一个阶段,哲学都鲜明地自我呈现为从概念上把握绝对的企图。当然,尽管如此,在其早期比较原始的阶段里,它的把握是很不全面的,比宗教阶段更不全面。因为随着基督教的产生,宗教至少在表象活动的形式中显示了整个结构。不过在其最后的思辨发展中,哲学终于在思想中把握了和再现了全部的内容。

我们已经看到,思想是整个明晰性的中介。在思想中,最大限度的反思的明晰性与我们的自觉性相伴随。所以,它是一种最大限度的自觉性。在具有了整个反思的明晰性之后,我们便具有了一种完全的思想的透明性。无论我们出于何种理由去怀疑这种绝对明晰性的可能性,它都是黑格尔的核心主张。

因此,这种哲学是精神自我认识的真正适当的发生地。它是中介。在其中,作为逻辑的理念,在自然和有限的精神中得到外在化的实现之后,它返回到了自我意识。它是“自我思维着的理念”。[51]于是,这个体系涉及到了它的起点。

现在,如我们看到的那样,这种哲学导致了启蒙运动和宗教的和解。在启蒙运动中,人从其宗教的外在权威中解脱出来,只让自身服从自己的理性。但是,由于与权威的决裂和对立,甚至由于与不以人为中介的上帝的精神权威的最终决裂和对立,它片面地追求着这种解放。不再把自身认同于绝对的人类思想,并因此不再把自身认同于理念——那个理念超越了它的对立面并返回到自身——的人类思想,缺乏辩证

[51] 黑格尔:《精神哲学》,§574。

的维度；它是知性(Verstand)而非理性(Vernunft)。在指明和确定差异的过程中，它把思想的明晰性推向了极端，但是它没有超越这种状态，也不可能超越这种状态，它看不到差异扬弃了自身，看不到每一方都向着它的对方转化。启蒙运动是关于差异的明晰性的意识，是关于明晰的差异之最严格、最古板的意识。它无法理解宗教中的辩证真理，因此也无
507 法理解真正哲学中的辩证真理。“启蒙运动，这种知性的无能，是哲学的最大对手。”[52]

由于它千方百计地通过狭隘地得到理解的人类理性来理解每一事物，它愈来愈不把上帝看做主动的精神，它愈来愈把上帝看做一个抽象物。由于它无法理解辩证运动，这使启蒙运动得出了这样一种抽象的观点：上帝是一个空洞的至上存在，根据理性的理解，它既不具有干预自然的力量，也不拥有已经不是一种理性法则的法则的权威。

所以，启蒙运动与宗教相对抗。不过，我们在前面就已经看到，仅仅囿限于知性的这种做法，把人简单地规定为人的这种做法，无法完成理性的使命，并且为自身的意志创造一个适当的内容。一旦启蒙运动利用人反对权威的这一方面，知性的那种进行区分的决定性倾向便会把它推回到一幅关于人的个人主义图画中去。这意味着人的目的要在自身中被找到。但是，在自身中，他实际上找到的仅仅是相互之间不相一致的众多欲望而已，那些欲望因此也不配作为最后的目的。于是，他企图超越这种状态，在一个一般意志观念中达到某个道德的观点(卢梭)。但是，这仍然仅仅是一个一般意志而已，即由所有的个人主义的主体所塑造，它仍然不是这样一个真正的主体，即成为他们的公共实体。为了把握这一点，我们要么务必向理性过渡，提升到思辨思维的高度，要么维持对绝对的信任关系，宗教就仍然维持着对绝对的信任关系。要是缺乏了这些启蒙运动的任何之一者，人便既创造不出具体的行动内容，也创

---

[52] 黑格尔：《绝对宗教》，拉松版(莱比锡，1929)，第225页。

造不出好的行动内容。所以,他只能诉诸康德的空洞形式主义和法国大革命的破坏性狂暴行动。[53]

通过自身的矛盾,启蒙运动注定地要超越自身,注定地要为如下工作铺平道路:用实质性主体代替人类从自我出发所关注的事物的中心地位。但是在实施这项工作的过程中,它便承认了宗教教义的实体。然而,仍然拘泥于条分缕析的知性的人对此进行了抵抗。所以,他们反对哲学。

倘若哲学把启蒙运动带回到宗教,那么它也以完全理性的术语重新表现了宗教。这既使得许多虔信派成员把对立矛头指向了哲学,也引起了启蒙思想家们(the philosophes)的强烈不满。在黑格尔的思辨重构中,他们无法承认他们的信仰的内容(并且,正如我们在上面看到的那样,他们反而很少受到指责)。

但是,更加糟糕的是,这两种对立可能会走到一起。这就是我们在从康德和费希特派生出来的浪漫主义虔诚派一个分支中发现的情况,我们看到,它在耶可比和施莱尔马赫那里得到了反映,而它显然惹火了黑格尔。实际上,宗教哲学讲座开始于反对他们的论辩,也得体地结束于反对他们的论辩。

这些浪漫派把虔诚派和启蒙思想家的对立结合了起来,因为他们 508
攻击哲学(即黑格尔)过分理性化了信仰;他们只要求直观的虔诚和信仰。不过与此同时,他们又不与正统教派站在同一条路线上,他们甚至连这个借口也不要了。他们已经被启蒙运动腐蚀到了这样的地步,他们放弃了去认识上帝的希望。上帝是不可知的,是彼岸的。

与启蒙运动对于我们对神圣知识的怀疑一起,这个浪漫主义的虔诚派也发起了对权威的攻击。它反叛仅仅是"实证的"宗教,主张发自心灵的对上帝的崇拜。

---

[53] 参阅本书第14章和第15章。

但是，像启蒙运动一样，它后来也陷入了绝境之中。无法认识上帝的这个人，无法接受权威的这个人，是同一个“知性”的有限的主体。他只能把握他与无限主体的差异，而却全然不知那超越分离的同一性。他像启蒙运动者一样遭受着相同的无能之苦。他的信仰无法产生任何内容，无法产生能够去表现它的一种生活方式。心灵的法则就像功利主义和康德形式主义那样空洞无物。借助于自身，它得不出任何重要的结论。实际上，它的内容取决于奇思异想，取决于偶然的欲望。它简单地维持着以道德面目出现野蛮的冲动。或者，它完全超脱于外在杂务而专注于纯粹内在的意向；并且以这种形式把一切都消解为无。[54]

浪漫派无法超越他们自身，无法超越自身的情感力量，无法超越自己的道德本能，以达到一个实体性的主体，只有那个主体能够赋予他们的伦理生活以内容。他们丧失的真理在于，人是以这个道德主体为根据的。这是宗教所表象的真理。亏他们叫得出自己是“虔诚的”！我们在这一章一开始就看到，拒绝关于上帝的知识，躲进情感中去的这个浪漫主义的虔诚派如何违反了这种宗教概念。[55]

黑格尔发现这种立场尤为令人恼怒，这不仅是因为它顽固不化地百般抵赖和死不悔改，而且是因为它非常类似于在18世纪90年代他本人的观点。在当时他也攻击实证宗教而赞成一种自发地发自内心的虔诚。他对浪漫派抗拒权威的批判为他本人在那些年的发展提供了一把尺度。当然，浪漫派采纳了新教基督教的基本原则，因此采纳了真正的宗教的基本原则，那个原则必须“产生于信徒自身的忠信，而非产生于对权威的单纯信赖”。[56]黑格尔一生都坚持这个原则。但是现在，他谴责

---

[54] 参阅黑格尔在《精神现象学》第266—274页和第445—472页中分别就“心灵的法律”和“优美的灵魂”所展开的讨论。

[55] 虔诚派的一些分支也在这个指责之下走向了绝路。参阅黑格尔：《绝对宗教》，拉松版，第266页。

[56] 黑格尔：《哲学史》，荷夫迈斯特版，莱比锡，第193—194页。

浪漫派和启蒙运动者都装出了一副正经卫道士的面孔，因为他们指责 509
他盲目地遵从外在的权威。因为他完全受到了内在于他的“精神的证词”的触动,而它产生于绝对的宗教内容。

但是，倘若普通信徒清楚仅仅屈服于实证宗教的指责是怎么一回事的话,那么,那个完全能够避开这种指责的惟一一个人物,就是现在的这位思辨哲学家。无疑地,浪漫派的自由思想家的确难辞其咎。他所能做的一切便是把一些不合理观念和偏见或树为正典,或册封为王,而那是些作为自发情感萌生于他身上的东西。真正自由的思考意味着比仅仅抗拒权威要多得多的东西。它意味着能够证明自己的起点。而这只有哲学能够做到。

哲学现在摆脱了所有的权威。哲学已经完全地掌握了自由思想的原则。哲学诉诸这样的事实:它已经逐渐地把握了自由思想的概念。哲学从自由思想开始。自由思想就是它的原则。所以,倘若一个人的思想或忠信只是他自己的思想或忠信的话，那么他还没有成功地完成如下工作:他已经摆脱了权威。[57]

因此,哲学不得不在两条战线开战,既反对虔诚派,又反对启蒙思想家。而这表明了,他们实际上在自在状态下相安无事,他们体现了同一个真理的不同方面。他们必须“通过概念而得到和解”。黑格尔说,这是他的讲座的目的。[58]但是,进展一直很不顺利。于是引起了一些人对于在自在状态下和解真正能够达到多大程度的怀疑。而黑格尔在两条战线上开展的论辩的力量正好衬托出了对方的现状，反映了对方将如何维持下去以及将如何传播开来的情况。宗教哲学讲座的最后几页甚至提出了一种相当绝望的说法。[59]它们看到了当时与古罗马帝国时代非常

---

[57] 黑格尔:《哲学史》,荷夫迈斯特版,莱比锡,第169页。

[58] 参阅黑格尔:《绝对宗教》,拉松版,第228页。

[59] 参阅黑格尔:《绝对宗教》,拉松版,第229—231页。

相似的一派分裂景象。总而言之，它令人困惑地提到了从哲学向圣所的一种可能的倒退。[60]

这也许反映了一种悲观主义。在其成熟的岁月里，当他对事态的当前原因进行反省的时候，黑格尔似乎会阶段性地带着这种悲观主义。这种悲观主义与他的体系不相协调。用冠冕堂皇的话来说，这种分裂注定要被哲学所超越，哲学通过用理性赋予它真正的形式既收复了宗教又拯救了宗教，并且在这样做的过程中，迫使启蒙超越了自身。

[60] 黑格尔：《绝对宗教》，拉松版，第231页。

第19章
哲　学 510

一

哲学也有历史。而我们已经经历了相互纠缠在一起的许多历史，所以在考察哲学史之前，我们已经对它有了相当的了解。

实际上只有一个历史。那就是精神的历史。通过考察政治社会、艺术、宗教以及哲学的发展，我们一直在探讨着精神的不同方面。历史中的任何一个特定阶段都是一个全体。在其中，同一个精神以所有这些不同的样式显示了自身。于是，一个时代的所有这些不同形式全都归属到了一起。

实质性的范畴是统一范畴，是所有这些不同形式的内在联系。我们必须坚定地把握这一点。只存在着一个精神，一个原则。那个精神，那个原则既影响了政治局势，也在宗教、艺术、伦理、社会事务、商业和工业中显示了自身。因此，所有这些不同的形式都仅仅是同一个主干的分支而已。[①]

哲学是精神的一个方面。哲学是对于时代精神的反映。因此，哲学

① 黑格尔：《哲学史》，荷夫迈斯特版，莱比锡，第148页。

无法超越它的时代。不过，在一定意义上，哲学的确超越了它的时代，因为哲学总是拥有着相同的基本见解。[②]所以，在有的时候，哲学可以被看做对世界必然趋势的预先考虑。例如，新柏拉图学派哲学预见到了基督教将要达到的和解。[③]但是，就哲学自身的发展水平而言，而不是依据哲学所指向的永恒真理所看到的情况而言，哲学无法超越它的时代。

> 哲学其实仅仅是对于它的时代的根本现实的思考；它无法超拔于它的时代之上，而只能在思想中产生这个时代的内容。[④]

但是，一个时代的哲学与那个时代的其他表征并非完全共时地发生。“在特定的精神形式中，哲学嗅到了特定的时代气息，但是哲学对于那个时代的其他方面仍然无所知晓。”[⑤]因为思想是反思性的，它高于直接的生活之流，也否定了直接的生活之流。“因此，思想是对自然生活样式的否定。”[⑥]所以，哲学不是产生于一个时代处于鼎盛之时，不是产生于
511 一个时代处于青年的气血方刚之时，而是产生于一个时代已经行将没落之时。通过一种反思的姿态，哲学削弱了承诺的当下性，助长了衰败的进程。

> 因此，倘若哲学要想从一个民族中产生出来，那么它在现实世界中必定造成某种毁坏。接着，哲学与由思想自身促成的那个残垣断壁达成和解；这个和解发生在理念的世界，精神的世界，当世俗的世界不再令人满意的时候，人便躲藏到了那个世界之中。哲学开始于

② “在整个历史中只有一种哲学。”参阅黑格尔：《哲学史》，荷夫迈斯特版，莱比锡，第124页。

③④⑤　黑格尔：《哲学史》，荷夫迈斯特版，莱比锡，第15页。

⑥　黑格尔：《哲学史》，荷夫迈斯特版，莱比锡，第151页。

一个真实世界的衰落。当哲学捕捉到了这个信息——给灰色涂上灰色——并且展示了它的抽象性的时候，那充满青春与活力的鲜艳色彩便已经暗然褪去而成为过去。[7]

在爱奥尼亚人那里，我们看到了这种情况的一个例子。当爱奥尼亚人的城邦归波斯人统治时，他们便开始走上了哲学化的道路。伟大的古希腊哲学开始于希腊城邦的衰落。罗马人恰好在罗马共和国走向死亡之时产生了哲学。而希腊和罗马时期最伟大的哲学成就，新柏拉图主义，就产生于罗马帝国走向没落之时。[8]

哲学产生于生活。对于一种确定的哲学来说，这似乎也是真实的。哲学是在思想中达成的有限的精神和无限的精神的和解。我们在上一章看到，这种和解以生活的和解为前提，并且依赖于生活中的真正和解。尽管黑格尔看起来似乎认为，在这种情况下，哲学的成熟不是衰败的迹象。相反，为了实践它的原则，新的时代仍然存在着大量的——也许是无止境的——使命有待于去完成。哲学代表着旧时代的衰落，因为它们的原则一旦得到了适当的理解之后便无法继续维持下去。

但是，这是否意味着，我们可以把马克思主义的著名口号，存在先于思维，归功于黑格尔呢？当然不能。对黑格尔来说，现实不能以这种方式被割裂开来。在人的生活形式方面的任何进步都涉及到他们的意志、情感、激情、他们对自身以及世界的意识的变化。正如我们在第14章看到的那样，因为构成某个给定生活方式的实践和机构，同关于人的某些观念，以及人与社会的某些观念，具有一定的联系。对人的存在的改造和对人的意识的改造是一整个全体的两个部分，无法纳入到马克思主

⑦ 这段话同《法哲学原理》序言中的一句名言非常相似。参阅黑格尔：《哲学史》，荷夫迈斯特版，莱比锡，第151页；另参阅黑格尔《法哲学原理》，第13页。

⑧ 黑格尔：《哲学史》，荷夫迈斯特版，莱比锡，第152页。

义者采取的一方引起另一方的某种过分简单化的因果关系之中。

但是情况似乎是这样的，在黑格尔看来，哲学所遵循的意识的特殊样式的确是产生于生活变化之后。无法脱离于生活形式的意识由其他手段来执行。它表现在他们自身的实践中，表现在前面描述过的方式中（第14章），表现在艺术中，也表现在宗教中。就其所扮演的迟到的出场者和重新叙述的角色而言，在对于某个时代的显示者中间，哲学占据着特殊的地位。

512 那么为什么会这样呢？这似乎是因为，就其他表现样式都不是真正的表现样式而言，哲学是一种纯粹的意识样式。我们在上一章看到，宗教在区分意识样式和实际生活方面是如何举棋不定的。在宗教中，关于上帝的见解和崇拜结合在一起，并且通过一种根本的忠信姿态把它们联系了起来。并且在不同的时代，在艺术对于某个文明来说具有根本重要性的地方，例如在古希腊人中间，艺术不能同宗教分离开来。古希腊的宗教艺术具有各种各样的崇拜，它们是艺术的形式，如节日、悲剧。不过相比之下，哲学处于纯粹思想的王国里。它的极其明晰性意味着，它区分于其他的生活水平和情感水平，它是纯粹地沉思的和理论的。

这样，既不同于在其重要阶段的艺术，也不同于宗教，哲学不是整个社会的活动。它体现了单一个体的特性，或者体现了往往不为其时代所真正理解的一些很小的团体（如毕达哥拉斯学派）的特性。因此，哲学的发展不是历史上的生活样式的真实发展的一个因素或手段。而宗教是那样的一个因素或手段。这就是在现代世界里面宗教崇拜仍然是有限的精神和无限的精神达成有效的和解的重要组成部分的原因。在哲学从思想中把握那种和解之前，它必须在生活中被人们所认识。

哲学在历史上无所作为的这个规则只存在一个既抢眼而又明显的例外。那就是苏格拉底，那惟一具有世界历史意义的哲学家。但这是一个例外。这个例外在一定程度上又证明了这个规则。因为苏格拉底的世界历史影响力与希腊城邦的衰落联系在一起。由他所促成的普遍主体性的产生恰好导致了伦理的内在衰败。它并没有产生一个新的伦理,而是带来了个体对他们自身的状况的反思。

理论的真正诞生有助于打破与实体的无反思的统一。但是哲学没有能力创造一个新的世界。它仍然是一小撮各不相同的个体的领地,仍然没有在集体实践中得到表现。有效的和解的诞生,新世界的诞生,还必须等待耶稣的降临。

二

哲学因此是完全沉思的意识样式;思维是精神的真正中介,在思维中,精神是真正地自由的和自为的。从一开始,哲学的使命就是精神在存在的一切事物中完成其自我认识的使命。所以从一开始,哲学就具有这样一种直观:思维不仅是它的中介,而且是它的对象,每一事物都有其思维的根据。

因此,哲学史在一定意义上从不同形式展示了一个单一的哲学。[9]但是这种见解一开始是不明显的。它具有适当的内容,但是没有适当的形式,[10]它被迫通过它的矛盾而发展起来。哲学的发展由矛盾来推动,哲学的发展阶段是必然的。

> 哲学的进步是必然的。每一个哲学都必然地在它实际诞生的时代 513
> 里应运而生;因此,每一个哲学的出现都恰逢其时,没有一个哲学能够跳出它的时代,但是所有的哲学都是在思想中对于其时代精神的把握。[11]

---

⑨ 黑格尔:《哲学史》,荷夫迈斯特版,莱比锡,第124页。

⑩ 黑格尔:《哲学史》,荷夫迈斯特版,莱比锡,第126页。

⑪ 黑格尔:《哲学史》,荷夫迈斯特版,莱比锡,第125页。

但是在一定意义上我们正在探讨的是一个单一的哲学的发展，我们没有丢掉任何一个哲学。作为各个环节，较早的哲学以充分适当的形式被保留了下来。因为精神的真正自我认识是一个摆脱异化回复到自身的过程。在这个回复过程中，不同的哲学是必然的阶段，因此便理所当然地在最后的综合中占有一席之地。

> 哲学[即出现在历史上的哲学]是绝对地必然的，所以它们是全体的必不可少的环节，是理念的必不可少的环节；因此，它们被保留了下来，不仅以记忆的方式，而且以一种肯定的方式被保留了下来。⑫

在东方，精神仍然沉湎于自然之中，⑬思维还不是真正自由的。它是初步的，持着一个关于普遍的绝对抽象观念，那是一个普遍统摄万物的观念。所以哲学在古希腊才有了一个适当的开端。甚至在这里，在城邦因苏格拉底而开始走向衰落之前，哲学也没有真正地进入其正道。

古希腊哲学的第一个运动在阿那克萨哥拉那里达到了顶点。它历经艰险，终于提出了这样一种见解：思维是万物的基础，思维是精神的，是自我运动的。但是一开始，在爱奥尼亚人那里，这种见解仍然是极其不完备的。爱奥尼亚人提出了一个基本的原则，但是它仍然同质料纠缠在一起。它还没有充分地摆脱自然宗教意识的束缚。它缺乏一个内在发展的原则。

而毕达哥拉斯在这两方面迈出了一大步。但是他仍然仅仅具有最外在的和非精神的思维形式——数。正如我们看到的那样，黑格尔认为，数的思想是理性的顶点，正如现代唯理论者达到了理性的顶点那

⑫ 黑格尔：《哲学史》，荷夫迈斯特版，莱比锡，第126页。

⑬ 黑格尔：《哲学史》，荷夫迈斯特版，莱比锡，第229—231页。

样，但是反过来，它又是所有思想领域中最死板最外在的领域。因为算术的领域是一个知性的领域，是一个确定的区分和演绎的领域，它们仅仅展示了它们蕴含的结果。它缺乏具有质的规定的思想的区分，缺乏表现一个质的对立的力量，所以缺乏思辨性，因为只有当人们用质的术语来看待基本对立的时候，他们才能达到这样一种见解：那些对立是相互渗透的。思辨理性无法用算术的术语来表现。

伊利亚派更加接近纯粹思维的原则。他们也是最早提出了辩证法思想的人：他们证明了敌对的立场不仅是相互对立的，而且是自我排斥的。但是他们的辩证法仍然是主观的，它是一种拒斥错误意见的辩证法，而不是存在于事物之中的辩证法。另一方面，赫拉克利特承认现实 514
之中的辩证法。他没有把非存在从存在中排斥出去，并且他认识，存在和非存在一起产生了生成。黑格尔因此在赫拉克利特那里读到了他的《逻辑学》中的一个重大转折点。

不过这种辩证法仍然是抽象的。它没有具体地体现在事物中。相比之下，恩培多克勒具有一种完全具体的对立统一的观点。那就是他的要素理论。但是它反过来缺乏有活力的统一。他的统一观念是混乱的，掺杂着像宗教表象之类的形象。

留基伯和德谟克利特的原子论代表了在具体的客观的现实中探讨概念的重要维度的另一次尝试。原子和虚空理论是存在和非存在的关系的一种具体表现。所以，原子论也以这种方式超越了伊利亚的太一。在一定意义上，这比恩培多克勒的观点是一种更加纯粹的表现。但是它仍然局限于质料原子观中的质料表现。它也过于拘泥于知性的区分：原子和虚空是相互排斥的。导致事物之中质的差异的发展原则仍然不为人所了解。

当然，这种原子论让人回想起了《逻辑学》中的另一个重要阶段：自为存在。的确，这个阶段充满着关于逻各斯的各种提示。《逻辑学》反过来大量引用了这个阶段的哲学家的例子。逻各斯提供了由黑格尔对它们作出的解释的线索。

古希腊哲学的这个最初的运动因阿那克萨哥拉和他的缪斯(心灵)观念而达到了顶点。现在,思维终于被承认为事物的基础。思维不仅在抽象意义上得到了承认,而且作为心灵,被看做运动的源泉,换言之,被看做目的的主体。阿那克萨哥拉具有这样一种直觉:世界将从目的论的意义上得到理解。黑格尔在这里追随于柏拉图,探讨了苏格拉底在阿那克萨哥拉那里所发现的东西。但是阿那克萨哥拉无法真正把这种观点贯彻到底。内在目的仍然与外在世界之单纯肯定的呈现质料格格不入。它没有根据自身来设置这一个。于是,我们过渡到了下一个运动。

接下来的运动是这样一个运动,在那里兴趣的中心转向了主体的自由思想。这是一个由智者派开始的阶段。人的思想被造就为万物的尺度,外在的所有固定的参照物都受到了质疑。以前被毫无疑问地接受的法则现在必须由人的理性来判决。它可能导致一切标准的瓦解,导致随心所欲的意志(Willkür)的膨胀。它的确与一些智者派有所牵连。

但是,苏格拉底转身向内在主体性的深层次中发现了普遍的理性标准。苏格拉底寻求着普遍有效的规则,寻求着善。他是(道德 Moralität)奠基者。

但是,在苏格拉底的策略中存在着一个深刻的矛盾。按照黑格尔的观点,他的辩证法表明,我们无法单纯根据理性主体性原则为我们的伦
515 理规则创造具体的内容。只有当我们了解到共同体的形式是理性要求得到充分体现的对象的时候,我们才能获得某个内容。换言之,只有按照它要求得到实现的一个伦理共同体的观念,理性才能给予我们一个真实的规范内容。我们的义务的具体内容只有按照这个共同体对我们提出的具体要求才能被给出。假如我们试图单纯根据一般规则来引导出一个道德,而完全撇开了社会的背景,那么我们将发现,没有任何一个规则能够经受得住检验;所有的规则都必须承认例外。于是,这样一个问题便产生了:什么时候他们真正地应用那些规则,什么时候他们不

应用那些规则。黑格尔认为,这就是苏格拉底的辩证法所揭示的东西。这当然与后来关于康德的观点遥相呼应。

这个伟大的矛盾是,从一个普遍主体的同一性出发,尽管各时代仍然没有达到对充分理性伦理的展示（他们在长达约2200年的时间仍然没有达到对充分理性的展示),但是苏格拉底的教导有助于摧毁后来存在的伦理,那惟一的伦理。在对苏格拉底的指控中存在着一定的真理。苏格拉底因如下指控而被判处死罪：他的反思性意识导致了古希腊伦理的死亡。

随之而来的是柏拉图。黑格尔对柏拉图的讨论不可能做到真正公正,甚至对亚里士多德的讨论也做不到真正公正。这是他的讲座的一大特点。原因是明显的:黑格尔从这些古代哲学家尤其亚里士多德那里多有汲取。除了简要地说明他看待经由这些哲学家的哲学发展的方式之外,我不想在此多说什么。

柏拉图把前苏格拉底和苏格拉底统一了起来。他把思想不仅看做人的本质,而且看做万物的基础。善的理念是每一事物的根基;理念不仅是一个超感性的现实,而且是一个潜在的理性。这个理性是存在的基础。因此柏拉图已经抓住了思辨的基本真理。他已经对这一个哲学原则,即唯心论的原则,作出了一个纯粹而崇高的表达。理念不是次要的、附属的,而是实质性的、自足的。

其次,柏拉图认识到知识必须产生于自身。他因此洞察到这样一个思辨真理,真正的思想知识不是由外部注入的,而是必须从内部发展起来的。最后,思想必须证明它自身的假定,并因此是完全自立的。当然,柏拉图没有以一种完全清晰的形式把握这一点。真理完全来自于这种回忆说的某个形式。黑格尔只能通过一个德语双关语“Erinnerung(回忆)”来把这种学说同他自己的学说联系起来,“回忆”是一个“内在化的过程”。

第三,柏拉图了解到,暂时性不适合于理念。他的辩证法开始于证

516 明，特殊是如何把自身融入于普遍之中，矛盾在其中得到消解的那个普遍是真正的具体。但是柏拉图在这里没有充分地掌握他自己的见解，辩证法常常导致了一个简单的否定结果。

不过当然地，在那个阶段，柏拉图无法充分掌握思辨哲学。我们可以勾勒出三种相关的失踪见解：理念不是真正主动的，它不产生它的感性内容。理念的秩序不具有一个内在的发展原则，那个原则按照它们的次序发展了所有的理念。换言之，柏拉图的理念世界不是黑格尔的逻辑王国。与此相关，上帝仍然脱离于观念的世界，他仍然是被表象的(Vorgestellt)对象。

在对柏拉图著作的精彩讨论中，黑格尔引用了大量的细节材料。让我只对《理想国》作点说明。黑格尔把《理想国》看做一部真正反动的著作。柏拉图千方百计地否定主体性的原则。那个主体性原则后来既摆脱了又恢复了将不给它以任何地盘的某种伦理。但这是不可能的。现代伦理必须为婚姻、家庭和财产留下地盘。

所以，亚里士多德的伟大之处在于，他在柏拉图难以胜任的两个领域取得了重大突破。在亚里士多德看来，理念是主动的，形式是质料的塑造原则。亚里士多德充分发展了黑格尔体系中最重要的原则之一——内在目的论原则。形式不脱离于事物，但是是事物的塑造原则。感性事物是由形式塑造的。

亚里士多德还有一个更加令人满意的关于上帝的观念：上帝是不动的推动者，他的纯粹的活动是思想，在上帝身上，形式和质料是同一的。为了实现自身，这个最高的思想活动因此不依赖于某个优先存在的质料。由于这一点，黑格尔给予亚里士多德以很高的评价。

亚里士多德把德性看做理性和欲望的相互渗透。他的这种德性观也是黑格尔的思想的另一个重要基础。这种德性观既对立于享乐主义，又对立于黑格尔在康德那里发现的义务和意向之间的鲜明区分。

但是在上面的第三个方面，我们显然不能期待亚里士多德达到当代人的见解:他的形式世界仍然是没有自我创造的内在原则的。它不是逻各斯。相比之下,亚里士多德是形式逻辑之父,是知性逻辑之父。黑格尔继续说:他对于思辨联系的掌握是如此深刻以致他的实际见解往往领先于他的逻辑理论。

所以这两位巨人都缺乏的是一种普遍观念，那个普遍将在整个体系中从自身发展出所有的特殊。在柏拉图那里,理念是抽象的。即使在亚里士多德那里,它发展了一种对它自身进行思想的思想观念,它仍然没有从它自身产生出一切的这个特点。其文化和科学水平仍然是不充分的。

这意味着，在这个世界里，特殊恰好不具有内在联系地依附于普 517
遍。于是我们具有了教条主义,它的对立面是怀疑论。不同的学派只是简单地坚持他们所推崇的原则是每一事物的基础：斯多葛派使思想成为每一事物的基础;伊壁鸠鲁学派使特殊的感觉、特殊的存在、原子成为原则。但是正如怀疑论者正确地指出的那样,其中没有一种观点得到了证明。

但是所有的学派都从他们的先驱者那里借鉴了这样一个观点:事物的原则也将在主体性那里找到。这是伦理共同体已经崩溃,人被扔回给自身,依赖自身的阶段。各种普遍原则无助于人们与现实进行协调,这种情景同普遍主体难以与伦理的世界进行协调相呼应。伦理的世界本来应该赋予他的渴望以内容，他本来应该在那个世界中有一种自在感。这两个维度是紧密地联系在一起的。

所以,斯多葛的道德结束于与自我的空洞符合。那个自我放弃了关于外在世界的所有主张:无论他是带着皇冠还是被锁上了镣铐,斯多葛派智者都是内在地自由的。斯多葛派具有一种仅仅是抽象的普遍的人的道德,而不具有一种具体的有差异的人的道德。具体的有差异的人是在生活和城邦中具有某种情景的人。如下情况是完全可以理解的,人们会思考以纯粹思想为依据的某个伦理。但是伊壁鸠鲁学派并没有好到哪里去。因为他们的伦理也是一种软弱无力的伦理。快乐是目的,但是,对于自我充实和内在满足的重视最终表明,只有最内在的和依赖于思想的快乐才是有价值的。他们也没有对外在的世界提出主张。这场争论部分地呼应于《精神现象学》第7章所作的有趣的推论。

但是这后来引发了古代哲学的第三个运动。我们主要在新柏拉图主义者的身上看到了这个运动。黑格尔认为,第二个阶段的抽象的普遍现在从自身产生了差异,但是那是在纯粹超感性世界的差异。普罗提诺的世界是向亚里士多德的自我思维的思想的回复,但是那种回复带来了一个重大的思辨发展,造就超感性世界的所有形式现在都被看做太一的派生物。在超感性世界中存在着一个自我生成运动的原则。当然那个原则仍然没有适当地发挥作用。它仍然充满了表象的活动(Vorstellen)。首先它仅仅生成了一个超感性世界,还没有对这个超感性世界展开充分的论证。超感性世界和现实之间的和解的深刻真理仍然没有呈现。那是理念、宇宙精神和真实的、具体的、有限的精神的和解。这种和解要到基督教才会产生。但是在某种意义上,在关于思想世界之见解的一种仍不适当的样式中,新柏拉图主义是基督教思辨真理的一种隐约预示。它本身可以看做古老的哲学世界与新生的启示宗教逐渐达成的一次历史性会合。

因此,古代世界的第一个阶段是建立在一个抽象原则基础上的(例如,伊利亚特学派);第二个阶段提出了主体性原则,自我意识原则;第
518 三个阶段变成了具体的,看到了世界生成于思想。但是它仍然是超感性的,它还没有达到在有限主体性中的无限主体性,达到绝对自由,达到在人身上的上帝。

道成肉身一定来临。因为新柏拉图主义者缺少这样一个场所,在那里,真正的对立达到了统一,在那里超感性的世界与真实的外在世界相同一,那是真实的特殊的"这一个"的环节,是"Wirklichkeit(现实)"的环节。这发生在道成肉身的过程中,它是基督教共同体(Gemeinde,教会)

的基础。人类由此而发展出了一种新的宗教。

但是,这是这样一个发展,在其中,人面对着一个已经得到实现的和解,那是他务必给予内化的和解。如我们在前面已经看到的那样,这个和解是一个在他面前得到感性地呈现的事实。它是一个赤裸裸的事实,它不是可以从他自己的思想中产生出来的某个事情,也不是通过思想就能够充分地得到理解的某件事情。

于是,人进入了这样一个阶段。在那里,他必须屈从于一个外在的至关重要的事实,允许自身接受教化,把它的意义充分地内在化。他进入了一个训导时期。但是这与哲学思想不相一致。哲学顾名思义是自由的思维,它诉诸于对合理性说服力的内在确信。相比之下,中世纪的思维是这样一个时期,哲学处于屈从地位,是神学的婢女。正因为基督教不得不训导野蛮民族,教化他们,使他们接近理念,所以它把哲学逼迫到了仆从的地步,利用它来得出它的上帝观的圆满性。因此在某种意义上,我们可以说中世纪不是一个哲学的世纪。只有古代世界和现代世界才是真正的哲学的世纪。在中世纪期间,只有阿拉伯东方人在纯粹理念方面进一步发展了哲学。但是这并不意味着中世纪不具有有趣而重要的思想建构,或者说它对以后的哲学将不产生重大的影响。在哲学史中,它远非没有留下任何东西。人接下来只能从一些给定的假定开始,从关于启示的解说开始,它们没有得到哲学自身的证明。(不过这些神学假说自在地是思辨的。)[14]

---

⑭ 在这些重要观念中,有一个观念是安瑟伦的本体论证明。这是黑格尔主张的真正思辨的证明,因为它从思想开始,从理念开始,然后转入存在,而其他人从存在出发,从偶然事物等等出发,向着上帝运动。他们的形式与他们的内容因此是不适应的,因为他们的形式看起来蕴含着上帝依从于世界而不是相反的意思。只有本体论的证明才是对路的。但是由安瑟伦作出的本体论证明采取了一种不适当的形式。参阅本书第11章的讨论。

三

于是我们来到了现代世界。作为一种独立的活动，哲学获得了新生。因为人重新转向了处于自我依赖状态的他自身。宗教改革代表着拒绝精神仅仅是外在的某物，拒绝精神作为一个物而高高在上，拒绝精神处于神妙莫测的权威之中，拒绝精神存在于遗迹或墓地里。相反，它寻求以一种精神的内在的方式找到与上帝相同一。因此人抛弃了外在的
519 权威，转向了对他自身的精神的内在证明。与此同时，这个精神化过程与世人把更大兴趣转向世俗世界相吻合。中世纪宗教之粗俗而物化的神圣世界与作为它的自然环节的彼岸性相吻合。物化的神圣世界体现了一种粗俗而未受束缚的状况。在这个世界里，最高的精神不得不升到天上去。但是宗教改革的新原则在精神化基督莅临的同时千方百计地要把它渗透到所有生命中去。所以世俗的生命变得重要起来了。

因此，宗教改革是文艺复兴运动的基本组成部分。那个运动大大激起了世人对探索的兴趣，对科学研究的兴趣。在这样的环境下，再一次作为自由而独立地思想活动的尝试，哲学自然地获得了重生。

所以，当我们重新站在苏格拉底立场的时候，我们便确定地发现了在我们的自我意识之中的事物的原则。通过思想，我们能够穿透事物的基础。不过这种确信现在产生了一股更强大的力量。尽管古代人在思想中发现了超感性世界的原则，但是他们从来没有克服与感性世界的二元论状态。现代人依赖于基督教的如下确定性：理念在感性世界得到了充分的反映。换言之，感性世界不仅是精神异化和失落的原因，而且是由精神设置的。这就是在“上帝创造了世界”的基督教教条中所表达的意思。上帝“知道它是好的”。所以基督徒，甚至是受到新柏拉图派影响的基督徒，如奥古斯丁，无法把感性创造物作为否定的东西，作为异化的根源来看待的原因。

包含在这个教条中的思辨冲动奠定了现代哲学的基础，尽管人们在开始时并没有清楚地看到这一点。也就是说，存在着一种本能的确定性：理性思维将发现自身在存在中得到了表现，甚至在最外在的和感性的存在中得到了表现。思维和存在是同一的。存在着受基督教启发的对于这种和解的绝对确信。“和解……已经自在地发生了。”[15]表现在存在着的这个理性是完全能够被有限的主体把握的理性。

因此，现代人有胆识和勇气以最深刻、最激进的形式去表现各种对立，去表现超越那些对立的信心。现代的主要的也是最激烈的对立是存在和思维的对立。不过，这个对立还引起了另一些相关的对立，如自由和必然的对立，心灵和肉体的对立，等等。为了解决这些对立，人们提出了两条基本的途径。一条从自然出发（经验论、自然哲学、从自然引导出来的各种权利），另一条则从观念出发（各种形式的唯心论）。

作为一种点缀，黑格尔通过思考两个很难站得住脚的哲学家培根和波墨来开始其工作。培根被当做经验论的始祖，经院哲学和终极原因 520
的敌人。黑格尔偶尔利用了这种说法，以期表明，经验论为其对立面作好了准备，它发现了对于事物的周密思考，那种考虑后来为我们关于事物如何从一个理念发展而来提供了准备。并且，经验论的确为这种情况的发生准备了一些概念，尽管它是完全不情愿的。

当然，对浪漫派一代来说，波墨是一个重要人物。在波墨的形象而神秘的语言中，黑格尔预见到了思辨哲学的核心真理。尽管人们并不完全清楚为什么应该以这种方式来考虑哲学；除非它是哲学，如果它是神学，那么它不会对把它自身建立在某个肯定的权威的基础上作任何尝试。

于是，我们便真正进入了17世纪的现代哲学运动。不像古代人，这个运动将给经验以荣耀。它将认真地对待并千方百计地关注经验的和

⑮ 黑格尔：《黑格尔全集》，第19卷，第274页。

偶然的外在现实。所以,现代哲学导致了一种欣欣向荣的经验科学。但是与此同时,它竭力在、想要在思想上克服思维和存在的对立。它具有一种把那个对立推到最尖锐程度的勇气，那种勇气来源于它的深刻的出自本能的确信:这个对立是能够被克服的。

所以,现代哲学既是一场科学运动,又是一场形而上学运动,这两个运动时而交错,时而对立。笛卡尔是现代欧洲形而上学的主要开创性人物。笛卡尔把我们带回到了古希腊时代的完全哲学的传统之中。他摆脱了所有的权威。他的诘难活动是激进的。在诘难过程中,他让我们回想起了古代的智者。但是,黑格尔说,其差异是,尽管这些后来的智者把目的定在在诘难过程中获得他们自身的自由的意义，但是笛卡尔想要获得关于客观现实的确定不移的知识。因为作为一个现代人,他关心的是思想和外在现实的统一。

但是笛卡尔的策略完全地是哲学的。他决定把所有知识单纯地建立在思想力量的基础上；不接受任何前提。这是一个方法论怀疑的立场。黑格尔说,思想将是完全地自在的,外在于它的任何东西要想被接受的话首先都将受到质疑。不过,根据黑格尔的判断,如我们将看到的那样,笛卡尔并没有完全地达到这个要求。

所以,他的激进思想从“自我”开始,从作为思想活动的“自我意识”开始。笛卡尔从这里推导出了他的著名的“我思”观念。与他对于现代哲学的整个见解相吻合，黑格尔把这一点看做对于思维和存在的直接同一性的证明:我思,故我在。这种同一性是直接的,因为按照笛卡尔的说法,在这里甚至不存在一个推论。

但是,在这里,思想是纯粹的和抽象的。也就是说,没有一个自我的思想的内容被包容在这个确定性中,正是思想活动本身这个事实,正是思想活动与存在活动之不可分割的并存性这个事实，是对确定性的怀
521 疑的转折点。在这里的思想是一个普遍,脱离于所有的内容。但是,这与黑格尔的《逻辑学》主题非常吻合:否定了它的所有内在规定的思想回

复到了直接性,在其直接性中,它同一于存在,同一于纯存在,那个纯存在是《逻辑学》的起点。在《逻辑学》的结尾,思想转入了存在,因为它的纯粹的自我中介是向直接性的一种回复。

但是,笛卡尔并没有达到这一点。因为他对思想的真正内在的自我论证一无所知,并因此地对来源于思想的存在的真正发展一无所知。他的思想是完全抽象的,缺乏所有的发展原则。所以,每当笛卡尔着手确立与怀疑相反对的经验世界的内容的时候,他不得不破坏他的诺言,向各种假定求助,向各种前提和原理求助,向各种原则求助。他仅仅接受了那些假定、前提和原理, 而无法单纯依靠思想的力量把它们建立起来。那些原则也仅仅是"碰巧遇到的(vorgefunden)"。例如,按照黑格尔的说法,在沉思中,这就是向作为自我的知觉的真实性的担保者上帝求助的做法。笛卡尔当然看不到思想本身向存在转化。他作为出发点的存在仅仅是自我的主观的思想。对万物来说是基础的那个思想,上帝,分离于自我,也高于自我。

这种情况的结果是,笛卡尔果然终结于思想和存在的对立。因为在我思中它们的统一是完全直接的。那种统一仅仅把抽象思想和存在结合了起来。它们的真正统一无法得到表现。与"存在即思想"相反的"我思"是存在的另一种样式,那个存在是激进地非思想的,它就是物质。因此,笛卡尔提出了思想和存在之间的一种激进的非此即彼的对立。就这一点而言, 笛卡尔是整个现代的奠基性思想家。如我们已经看到的那样,那个时代以那个对立为其基本主题,并赋予了那个对立以纯粹的和激进的形式。

与思想处于激进二元分裂状态的笛卡尔的物质自身是极其抽象的,因此是从思想推导出来的。它的本质是广延。广延是物质的属性。广延无法从纯粹思想中推导出来,所以不同于气味、色彩等等仅仅是感觉的其他属性。这是黑格尔经常提到的一个主题,即现代哲学的纯粹物质如此多地涉及了关于思想的见解,而如此少地涉及了关于感性经验,以致它要依赖于它构想出来思想才能发挥作用。在根据物质来思考现实的过程中，哲学家们常常以为自己根据一些非激进的精神的术语作出了解释,以为自己发展了一种彻底的自然主义。但是实际上,这个纯粹物质受到了思想的如此提炼，以致由它而作出的解释恰好可以看做具有相反的意义，看做给予精神活动，给予思想以一个基本的本体论角色。这个物质是一个思想活动(Gedankending),但是不是通常贬义的思想活动,而是它本身触及到了现实的最深处。[16]

522 黑格尔把笛卡尔的物质看做抽象思想向外在现实的转换。因为思想观念是抽象的,不具有丰富的内在发展,物质观念也是如此。简言之,思想在本质上是活动的,而物质单纯地是广延,是运动。根据广延和运动,一切事物都将得到解释。自然中的每一事物都是运动的。运动是对思想的丰富活动性的抽象而外在的转换。通过运动和广延来解释每一事物也就是机械地对它作出解释。并且这已经成为笛卡尔具备的主要的解释范畴。他因此成了机械论之父。但是,由于相同的原因,他无法真正理解生命。可以被称做精神哲学的哲学领域,心理学、政治学等等,在这种思想中都没有获得很好的发展。

相比之下,他发展了一种物理学。但是在这里,笛卡尔和他的同时代人都还没有在他们的物理学中把建立在观察基础上的科学和纯粹从概念来展开其论断的科学之间作出明确的区分。

斯宾诺莎走得更远些。他从笛卡尔出发,从笛卡尔的思想和广延的对立出发,并尝试着把这些对立统一起来。同肯定抽象思想和存在的简单同一相比,这是一项更加意义重大而艰难的事业。在广延方面,我们具有了一个不太抽象的、得到更多展开的关于存在的规定,因此,统一问题变得更加重要,统一观念也变得更加高深、更加发达。

---

⑯ 参阅黑格尔《精神现象学》第6章涉及“启蒙运动的唯物主义”的那个段落中关于纯粹物质和思想之等式的讨论。

对黑格尔思想来说，斯宾诺莎的确是一个重要的哲学家，也许是惟有亚里士多德和康德可以与之相提并论的最重要的哲学家。斯宾诺莎试图把全体看做以上帝为其本体论基础的一个系统，那个上帝把思想和存在统一了起来。因此黑格尔时刻准备站在斯宾诺莎一边，替他被指控为无神论而进行辩护。相反，如黑格尔说的那样，既然唯有上帝是把一切规定皆包容进来的实体，那么我们可以更正当地指责斯宾诺莎恰好犯了与之相反的错误：无宇宙论（acosmism）。

这的确是黑格尔批判斯宾诺莎的要旨所在。对于谢林来说，对于整个浪漫派一代来说，斯宾诺莎当然是一个有重大影响的哲学家。[17]因此，斯宾诺莎是黑格尔至关重要的界碑之一，黑格尔与之针锋相对地规定了自己的立场。

斯宾诺莎的麻烦在于，尽管他把绝对作为一个单一的实体来把握，但是它还不是主体。他看到了，关于世界的所有规定，包括思想和广延的"属性"都可以追溯到一个单一的实体基础，追溯到一个基本的统一。但是斯宾诺莎的这个上帝缺乏在其他方向上的运动：正如黑格尔以理念为例证明的那样，那个上帝没有通过他自身的内在必然性反过来产生关于世界的所有细节。因此，斯宾诺莎的上帝还不是一个有生命的精神。一个有生命的精神必须产生他自身的实体，并且超越那个实体向自
身回复。在他的身上，一切的规定都被废弃了，被清除了，但是它们不是 523
由一个内在的必然性所产生的。在这个意义上，上帝缺乏黑格尔式主体的重点特点。上帝仅仅是实体。上帝的确仅仅是一个"混沌（Abgrund）"，在其中所有的差异都消失了。上帝不是借助于内在的必然性来源于它的一切都可以得到展示一个孕育万物的中心。因此，关于世界的实际规定仍然不是由必然性推导出来，而仅仅是"出于偶然（vorgefunden）"。

通过这种方式，斯宾诺莎，一个犹太人，保留了犹太人的绝对。犹太

---

⑰ 参阅本书第1章。

人的绝对仍然没有与精微的经验世界达成和解，没有与有限的主体性达成和解。那个主体性仍然存在于这种有限性的否定运动之中，没有转向与绝对的和解。不过，斯宾诺莎的见解当然是对这个观念在哲学上作了很多改造的一个转述。就这一方面而言，它可以同伊利亚特学派的静止观相比较。那个观念也缺乏内在发展的原则。

黑格尔充分吸收了斯宾诺莎的一个著名原则：完全的肯定即否定。这是他表达他对斯宾诺莎的感谢的另一种方式。但是在这里我们能够再一次看到他的基本批判。对斯宾诺莎来说，这意味着关于世界的所有的规定的现实似乎都是从全体分离而来。它们经由全体的筛选和对其余部分的否定而获得。充分的肯定因此是完全摆脱了否定的肯定。但是对黑格尔来说，肯定只能是否定之否定。假如没有对于在特殊中得到体现的肯定的否定，那个肯定便无法存在。肯定包含着所有的异化，包含着自我的丧失，因此是对于由此而产生的它的无限性的否定。肯定、上帝、无限、万物的基础，只有通过经历（超越）这些否定才能向自身回复。因此，假如如下情况是真实的，定在是对于绝对或无限的否定，那么如下情况也是真实的，这个无限必定导致这个否定。它必定否定它自身；并且只有通过超越这个否定最终与自身相同一。

在考察斯宾诺莎的属性和样式理论的时候，我们从另一个角度也可以看到了相同的差异。在绝对实体中的这些区分可以看做通过主观思想引入的；绝对以那种方式折射进了有限思想之中。差异不被看做为绝对所固有属性。

黑格尔指出，斯宾诺莎哲学在内容上的如此贫乏与它在形式上的贫乏正相吻合。斯宾诺莎展开的论证过于几何学化。我们已经知道，在黑格尔看来，算术是最贫乏的思想样式，也是最远离思辨的思想样式。这自然地与它没有掌握理念的内在发展原则相联系。所以我们从定义展开论证，从定义得出推论；我们的确不知道如此这般地被定义的这些观念是如何必然地从概念推演出来的，如思想、广延、知性、意志等等。

我们仍然得从一些假定开始来进行论证。

无论如何,像亚里士多德一样,由理论产生的后果往往比理论本身要高明得多。斯宾诺莎的一些定义充满着深刻的思辨内容。黑格尔提到 524
的有,例如,作为自因的上帝观念,斯宾诺莎关于上帝的真无限观念,即上帝是无边无际的全体性。后者同黑格尔自己的观念比较接近。

但是由笛卡尔作出思想和广延之间的区分并没有消除。这种区分的顽固性因与斯宾诺莎的"混沌"相反对的另一个流派,即经验论的辩护而得到了加强。现代世界把思想和存在的统一作为内在原则。不过这也意味着,它真正认真地对待着外在经验世界。在真正思辨哲学的合题产生之前,这两者无法真正有效地被统一起来。于是,它们演变出了具有不同侧重点的不同的哲学,这些哲学因此也是对立的哲学。所以,尽管斯宾诺莎赋予了统一以最高的地位,但是洛克和莱布尼茨——我们将通过另一种方式看到这一点——给予了外在经验现实以真正独立的品格。

所以,洛克的策略是从外在于意识的实存开始,采纳笛卡尔的二分法,赋予广延以至上的地位。普遍不是万物的基础,思想不是实体。相反,entsteht subjektiv aus den Gegenständen(普遍是从外在对象主观地推导出来的)。[18]这意味着,经验思想对于真正的本质来说没有用处,所以从来达不到把对于本质的理解作为"(属 Gattung)"来把握,那个"属"设置了它的经验对象。正如笛卡尔主义者一样,经验论没有从必然性来探讨现实,而是仅仅从"偶然性"来探讨现实。不过现在,这已经得到了公开的承认,并且实际上已经被看做这种哲学的主要价值。

这条途径是一个必要的阶段。在我们能够惟一地返回到概念的活动从而对外在现实知识弃之不顾之前,我们不得不通过观察去获得大量外在现实的知识。在这个阶段,现代意识的经验论者和唯心论者双

⑱ 参阅黑格尔:《黑格尔全集》,第19卷,第419页。

方,强调统一的一方和强调区分的一方,都必须自动地经历它们的充分发展,以便为最后的交汇作好准备。所以,牛顿的经验论努力,或者在另一个领域里,格劳修斯的经验论努力,具有重大的意义。不过必须强调的是,这些思想家常常发现自己无意中运用了一定水平上的思辨概念。牛顿科学大量运用了逻辑学的中项概念,反思项的概念,如力。但是这一点的全部意义只是到了后来才清楚起来。它完全证明了,概念是必不可少的。

莱布尼茨也反对斯宾诺莎的混沌(Abgrund),而主张收复有差异的现实。但是在这里,反叛的主要立脚点是个体,是主体性。莱布尼茨的单子是对于自我观念的深刻的思辨表达。因为它是单一性和差异的真正
525 统一,如自我。它包含着在自身内部运动的原则,否定性的原则。通过那个原则,它不仅是统一的,而且是内在地有差异的。它是一种"在多样性中的单一性,但是是一种与此同时变化着的单一性,是多样性的运动"。[19]它是积极的,它不仅仅是一个再现的主体(vorstellend)。

黑格尔还赞扬了莱布尼茨的不可辩认事物的同一性原则。他从莱布尼茨那里借用了这个原则。但是他也对它作出了更深刻的思辨解释。他说,它意味着所有事物都存在着区分于他物的差异原则。某物与他物的差异不仅在那里中立地存在着,而且积极地坚持着和维护着那个差异。这就是我们在某些动物身上发现确定的特征的原因,例如动物的爪子,因为那是它们通过它得以维持自身的东西。所以,正如我们在前面的逻辑学中看到的那样,差异的边界也就是对立的边界。

但是,莱布尼茨的错误同他的成就紧密地联系在一起。与斯宾诺莎相反,莱布尼茨令人叹为观止地重新恢复了主体性的地位,恢复了积极地进行自我区分的活动的地位,并因此恢复了个体的地位。在他的单子学说中,这个思辨原则得到了深刻的阐发。但是,他付出的代价是,他没

⑲ 黑格尔:《黑格尔全集》,第19卷,第459页。

有给予事物的统一以应有的考虑。那么所有的单子是如何结合到一起的呢？莱布尼茨没有对这个问题作出令人满意的回答。

单子和谐相处的方式，单子的和谐性，从它们自身的性质无法获得理解。它的固有的必然性尚不清晰，但是它被简单地设定为是由外部碰巧给予的，由上帝"预先建立起来的"。我们理解不了的内在必然性的那个统一是由上帝派生出来的。它仍然是不明晰的。诚然，我们根据推测知道上帝在建立这个世界和它的和谐的过程中的目的，我们推测上帝在这样做的过程中创造了最好的可能世界。但是它仍然是纯粹地形式的。我们无法真正地知道为什么这是最好的可能世界。

对莱布尼茨来说，这意味着在世界中的恶对善来说是必然的。但是为什么会如此呢，为什么恶与限有联系在一起呢，为什么限有是必然的，所有这一切都没有得到令人满意的回答。当然，黑格尔将对此作出解释。

换言之，莱布尼茨无法真正掌握联系的内在必然性。在坚持这种观点的过程中，他的概念统一观念仍然过于拘泥于演绎。纵使我们逐渐把所有的规定都看做内在联系的，由于所有的规定都处于某个单一的单子的知觉之中，那个单子从它的观点出发感知着整个世界，因此这也仅仅是无法理解的事物之和谐的这个单子方面的一次再生产而已，而那种和谐得归功于上帝的活动。我们无法把联系的必然性看做源自于有联系的事物的内在本质。我们仍然保留着没有联系的个体的现实。我们诚然获得了个体性，但是我们丧失了全体。

所以，像斯宾诺莎和洛克一样，莱布尼茨以他自己的方式仍然没有达到关于概念的思辨的见解：通过内在的必然性，概念超越自身而展示为现实。

以一种极其迂腐而学究气的方式，黑格尔在这里对作为莱布尼茨 526
解说者的沃尔夫说了一些不中听的话。

但是就这一领域而言，哲学领域的现代趋势正变得更加激进。现代的确定性是,思想或绝对与存在相同一,甚至与外在、经验的世界现实相同一,与有限的主体相同一。这个确定性给哲学带来了活力,也就是说,它不仅被接受为启示宗教的深刻真理,而且它在人的思想中被人们所把握。人似乎重新获得了这种权利。在某种意义上存在着一个三位一体:有限的精神、无限的精神、万物的世界,三者最终处于统一状态之中。在那种状态下,精神和物质相同一。但是有限的精神单独无法也确实没有认识到这个统一,它只有通过无限的精神才能认识到这一点。笛卡尔借助于上帝把我们的心灵与处于知觉确定性中的世界联系了起来;对斯宾诺莎来说,思想和广延在绝对那里相遇;莱布尼茨的单子们则通过上帝而和睦相处着。

但是现在,人类的自我意识提出了一个更激进的主张:在没有上帝帮助的情况下,找到与世界的统一。作为有限的精神,通过揭示世界的秘密,通过按照人类理性重新构造世界,人能够达到这个统一,所以这与他的目的是完全相符。思想和存在的和解,精神和外在现实的和解,将通过前者对后者的主宰而达到,那是一个完全的征服。不过现在这将由有限的精神来达到。我们正在进入一个启蒙运动的时代。

从另一个角度来看,从笛卡尔到莱布尼茨的现代哲学是“形而上学的”哲学。在某种意义上,它通过假定一个支撑起经验世界的超感性存在秩序来统一思想和存在。现在对于人类自我意识的根本自信再也无法接受关于一个彼岸世界的诸如此类的思辨。它抨击形而上学是一种干巴巴的怀疑论。由于这种形而上学是一种知性的形而上学，也就是说,它对源自于理念的现实的发展仍然一无所知,而仅仅教条主义地阐明了思想的本体论至上性,所以它很容易滑向怀疑论。

但是这种怀疑论不仅仅是绝望的或虚无主义的怀疑论，它源于一处深刻的信念:有限的人类精神能够实现和解,它从根本上将与外在现实达成统一。这是关于“思想等于存在”的现代信念的一次重大转折,那个信念把这个成就归功于有限的精神。诚然，与它的形而上学论敌一样,这至多是一种知性理论;它过于拘泥于事物之间的差异,还无法看到内在的联系。它也是片面的。但是它能够大张旗鼓地反对形而上学,因为后者的错误恰恰在于它是一种教条主义的东西。

启蒙运动有两个变种,它们大体上可以区分为英国启蒙运动和法国启蒙运动。英国启蒙运动更偏重于沉思。一个过渡性人物是贝克莱。贝克莱把外在的存在瓦解为我的各种再现。不过这些再现仍然被看做上帝的产物。正如黑格尔指出的那样,这个等式并没有获得思辨的进步。因为正如它们被看做物那样,再现的内在必然性几乎还没有被人们 527
所理解。

休谟代表着经验论的一次真正的突破。以一种激进的方式,涉及经验的每一事物摆脱了所有的必然性。甚至因果关系也被剥夺了它的必然性而被还原为一种主观的联系。黑格尔主张,不应把休谟的主观主义读作对于人类思想的无能性的一种绝望的证明,而是应该把它读作表达了这样一层深刻的含义:与现实基础相关的一切事物都可以被有限的自我意识所利用。

所以,在道德领域里,休谟的怀疑摧毁了所有伦理的客观标准。不过其结果是,我们重新返回到了我们自身的道德意见。从休谟和那个时代的一些其他的思想家那里发展出了一种道德意义理论,那种理论再一次表现了对自我意识的全盘信任原则。黑格尔说道,它表明了精神在这个领域已经达到的教化(Bildung)阶段。

在法国人那里,启蒙运动似乎转向了另一面。它竭力追求实践上的实现。它主张按照由有限的自我意识发展而来的命令和法则来全盘地重构现实的权利。因此它拒绝所有传统道德,拒绝服从上帝,拒绝不被自我意识判定为有效的任何法则。

因此,上帝,假如它继续存在下去的话,便是被掏空了的并且被还原为一个苍白无力的至高存在。此外,启蒙运动还采取了更加激进的步骤,否定有限之外的任何事物。除了外在的、偶然的存在之外,不存在任何事物，那个存在意指终极的、物质的存在。所以激进的启蒙运动走向了唯物主义；有限的精神本身与物质相同一。我们达到了思想和存在相等同的另一种形式。但是在这里，这是又一个直接而荒谬的等式。所以这种启蒙科学与它的先驱者一样，做不到从必然性来解释事物的内在联系，来理解事物的展示过程。这种科学是一种粗俗的经验科学。

正如我们在前面说过的那样，关于至上存在的空洞思想和唯物主义的毫无生气的抽象物质相去并不遥远，这两者都表现了对于有限的自我意识的不受限制的自我肯定，表现了它对于超越它之外的一个无限的、精神的现实的拒绝。所以我们发现启蒙运动把有限描述为绝对的主宰。每一事物都是有限的，关于世界的所有内容，它们自身全是有限的，全都展示在了有限的主体性面前。由于每一事物都是有限的，没有一个事物能够依赖自身而存在。所以，这是一种功利的意识形态，一种普遍功利的意识形态。根据功利来看待事物也就是从他物来看待那个事物的存在理由。由于采取了这样一个有限的立场，启蒙运动是一个功利主义的时代。

但是，这种确信的自我意识还进一步付诸运动。始于路德，在现代继续得到发展的这个运动现在采取了一种极端的形式。不存在超越于有限自我意识之上的任何绝对。路德的观念是，所有人必须从精神上内
528 化真理。不存在必须从外面，从牧师那里接受神圣的信徒。这个原则现在就要被应用到政治世界中。

这导致了对于精神的否定，对于一个更大的秩序的否定，并因此导致了对于伦理活动的真实条件的否定。我们已经对这个灾难性运动作过阐述。它在法国大革命中达到了顶点。它持着一种重要的自由意志观点，一种让外在现实去适应思想的重要观点。但是它又令人痛惜地没有认识到思想或上帝的真正本质。它把这个思想看做纯粹地属于人的，因此无须任何适当的实存就能得到认识。我们要么拥有着一种思想形式，但是其伦理内容恰恰是由赤裸裸的欲望（Trieb）提供的，要么与卢梭一

起，我们拥有着适当的内容，拥有着一般的意志，但是却具有一种会带来灾难性后果的错误形式——全民参政却没有得到论证的形式：伦理国家。我们已经看到了灾难性的后果。

这股主体性狂潮把我们全都推向了彼岸世界。于是，去创造具体，去归顺于上帝的绝对必然性重新萌发了起来。而这是下一个也是最后一个循环的使命。

黑格尔稍微提了一下耶可比。正如我们所知，耶可比代表着关于宗教的浪漫派一支，在启蒙运动的影响下，它主张否定关于上帝的知识。人只有通过直接的信仰才能与上帝打交道。但是拒斥思想的这种宗教并没有对启蒙运动的反信仰性作出回答。理性不得不超越自身。

对黑格尔思想来说具有重大影响的第三个人物是康德。康德采取了另一个重大步骤。康德完全遵循着启蒙运动的路线。他的原则是自由。思想必须在完全自主情况下发展起来，它无法接受任何外在的权威。他赞成如下激进的转折性见解，启蒙运动给出了这样一个现代观念，思想只依赖于能够在自我意识中得到呈现的东西。因此，康德站在休谟一边，拒绝对第二个领域的伟大的形而上学建构，那些建构由莱布尼茨和沃尔夫用德语作出。

不过，康德进一步采取了一个更加重大的步骤，在维护自我意识的同时，他把积极主动性看做思想的真正本质。他赞成休谟的如下见解：必然性联系不是经验问题；但是与休谟不同的是，他进一步认识到必然性联系恰好存在于意识结构之中，存在于概念结构之中。概念不仅不是从经验中抽象出来的东西，而且恰好塑造了经验。康德于是发现了思想的真正本质；思想不是消极被动的。思想不是（唯理论者所认为的）简单的沉思和推导出结论的活动，也不是（经验论者所认为的）对相伴随情况的记录活动。思想是塑造经验事物的积极主动的原则。

但是康德的伟大发现仍然是不全面的。它忽视了一件事情。它仍然把这个思想，这个积极主动的进行着塑造活动的概念，看做主观的，把

529 思想仅仅看做自我意识的思想;然而事实上思想是现实的本体论基础。结果,康德把概念形式看做不得不从外面去接受它的内容的东西。在如下意义上它最终是消极被动的:它不得不受到来自外面的影响才能发挥作用。但是思辨哲学的真理恰恰在于,思想、概念,从它自身产生了它自己的内容。总而言之,所有的一切事物都必须被看做由理念设置的。

于是发生了一个重要的而又奥妙的转换;但是正是这个转换为通往黑格尔体系提供了核心通道。从康德那里走出来,我们似乎已经来到了黑格尔体系的前门。因为许多最重要而关键的黑格尔术语只能被理解为对康德术语的借用。“概念”是这样的术语。在康德那里,概念是形式的,而在黑格尔那里,概念被赋予了本体论地位。“逻辑”是这样的术语。在康德那里,只有当我们把逻辑看做一种先验逻辑的时候,它才能得到理解。“理念”也是这样。理念不仅源自柏拉图,而且来自于康德。理念被康德看做经验现实所倾向的完全形式。对“知性(Verstand)”和“理性(Vernunft)”的区分也是如此。等等,等等。

但是在所有这些例子中,存在着一个系统的转变。对康德来说是心灵的建构的东西,对黑格尔来说变成了一个本体论的基础。概念是万物
530 的基础,理念是设置现实的东西。它并非单纯地是一个没有得到完成的倾向;正是这个倾向比任何其他事情都具有更加根本的意义。黑格尔哲学可以看做对康德哲学的改写。对康德来说仅仅是主体为之奋斗的东西,对黑格尔来说却成为一个完全得到自我维护的全体。

所以,当康德证明“我思”必定伴随着所有我的再现的时候,康德看到了思想的至上性。惟一可能的客观性是由思想建构的客观性。不过他把这看做主观知识的一个要求,而不是一个本体论的原则。他的图式论观念,即思想建构了经验现实的观念,是一个深刻的观念,不过,他应用的批判论观念也同样地深刻。

在一个重要方面,康德仍然与启蒙运动站在一起,即他坚持有限的自我意识是一个不可跨越的立足点。但是在这个领域里,他又向前跨出

了重要的一步。他把思想看做积极主动的,是塑造活动。因此他开始弥补自古以来一直存在着的哲学上的一个不足:他不仅从经验上去规范范畴,而且从合理的结构上去规范范畴。他对范畴三合一形式的探索反映了"概念的伟大本能"。不过他当然无法把这种见解正确地贯彻到首先在逻辑中得以产生的充分的自我发展领域。不管怎样,黑格尔的"范畴"也是一个经过改写了的康德的概念。

但是,康德的致命缺点在于承认外在于意识的现实、自在之物是概念难以企及的,它们区分于概念所塑造的表象。这是一个"令人憎恶的区分"。它为康德哲学的所有错误埋下了祸根。

在先验辩证法中,康德主要优点和主要弱点再一次得到了暴露。在这里,其不朽的功绩是,康德看到了存在于我们的基本范畴中的深刻矛盾。但是具有典型意义的是,他没有看到这些矛盾是本体论的矛盾,而不仅仅是存在于我们的思想中的矛盾。按照黑格尔的说法,康德"对待事物过于审慎"。他把二律背反限定为四个也是错误的。每一个范畴都有一个二律背反。[20]

在道德哲学领域里可以看到相同的基本错误。诚然,按照启蒙运动的原则,实践理性根据自身来决定一切事务。它不接受任何外在的权威,甚至不接受上帝的权威。它要实现充分的自主性。不过再一次地,这个至高无上的自我意识处在了世界的对立面上。经验领域,包括自我的纯粹欲望领域,难以为实践理性所驾驭。理性无法在其中得到圆满的实现。假如我们真正地受纯粹欲望的引导而倾向于善,那么在其自主性方面的道德王国将消失。但是,道德法则的真正本质就在于它是有待于被实现的东西。所以我们拥有着一个法则,它既是有待于被实现的法则,又是永远圆满地实现不了的法则。因此我们永远处于有待状态。我们永

---

⑳ 参阅黑格尔:《逻辑学》,第3部分,第9章的讨论。(因为《逻辑学》不存在"第9章",此处疑有误。——译注)

远处在没有得到实现的应然状态，处在Solen(应该)的状态。我们处于无止境的过程中，通过预设实践理性，我们只能在思想中完成它。对康德的应然伦理的批判是在黑格尔那里一再地重复的主题之一。

与此相联系的是这样一个事实，仅仅从自我意识中引导出来的伦理无法找到内容。它被迫返回到一个纯粹形式的标准，因为在世界中没有任何一个特殊的内容能够提供一个标准，所有的一切看起来都是独断的。一种真正的见解将看到，理性本身产生了一个明确的内容，一个伦理得以留居的共同体。这个共同体给予了我们的伦理以内容。但是只要我们决定脱离所有这些共同体，只要我们单纯地依靠自主而有限的自我意识的源泉，那么我们便只能拥有形式的标准：康德式的不自相矛盾的普遍真理标准。我们已经看到这个标准是空洞的；并且黑格尔在这里重复了关于窃贼和财富的论证。[21]

正因为所有这一切的缘故，假如康德仅仅写了前面两个批判，那么他将为思辨哲学的发展留下一个杰出的地盘。但是他走得更远。他写了《判断力批判》；在这部著作中，他为对他的哲学的二元论持着暧昧态度的一种综合奠定了基础。就理解黑格尔的哲学来说，这个批判甚至比康德的其余著作更加重要。诚然，它是整个后康德发展的起点。

在反思判断的对象中，在艺术品和有生命的存在中，我们达到了形式和内容的统一，内在法则和外在现实的统一，而我们在理论判断和实
531 践判断中坚决地否认那个统一。因为在第三《批判》中得到研究的这些对象中，物质和形式是分离的。在反思判断中，我们并不把一个普遍形

---

[21] 参阅黑格尔：《黑格尔全集》，第19卷，第592页。这个论证有点相似于他在19世纪初的一篇文章中的论证。我们在第14章对此作过讨论。在纯粹化道德意志，捍卫道德意志的自主性，反对自然的任何介入或对上帝的依赖的过程中，康德提出的道德要求使得道德的内容无法确定，使得道德的实现成为不可能。从根本上说，对康德道德哲学的相同批判贯穿于整个黑格尔工作。也请参阅黑格尔：《精神现象学》，第301—312页，第424—444页；《法哲学原理》，§135，及其他地方。

式应用到来自外部的一个特定内容上去。相反,面对着一个内容,一个特殊,我们寻找着对它具有特殊意义的某个形式。我们发现了一个形式,那个形式因此蕴含于内容之中,以一种决非理论判断的方式与内容相统一。不过,这当然把我们带回到了接近于亚里士多德内在目的论的观念,设定了它们自身的样式的内在于事物本身之中的一个必然性。对黑格尔来说,这个内在的必然性就等同于自由。

这是我们在有生命的有机体中看到的那种内在的目的论。我们还看到了,黑格尔把艺术品理解为由这种相同的内在必然性所灌注的方式,不同于有生命的有机体,它展示着自身,并且只为展示这个自由的必然性而存在着。因为这是对于自由的一个证明,我们可以自由地思量它,我们为它而着迷(entrückt)。我们看到黑格尔的美学究竟在多大程度上受到了康德的影响。

不过,康德无法迈出这至关重要的一步。内在目的论的这个伟大见解对他来说仍然是一个空洞的套语;它还不是一个事物自身的现实。但是他已经为超越他自己的立场准备好了基础。

但是康德把思想带到了如此高的高度,以致他唤醒了求达彼岸的不可遏制的强烈渴望;并且这个渴望在两个方向上展开:第一,在一种从一个范畴推导出另一个范畴的连贯方式,完成给思想范畴制定秩序的任务;第二,克服康德内容和形式的二分法;从思想推导出现实。第一个渴望由费希特来回答,第二个渴望由谢林来回答。

在历史哲学的最后八十页左右的篇幅里,黑格尔探讨了费希特、谢林和各种各样相关的不重要的人物。它呈现了黑格尔把什么人物当做他自己的哲学的直接先驱。费希特的企图在于以一个系统的方式展开源自于一个单一原则的所有范畴。费希特的出发点是自我。一切事物都将从自我发展而来。费希特看到,在必然性的统治下,自我设置了一个非我,一个对立的现实。自我和非我相互联系在一起。存在着两种关系形式:当非我处于主动的时候,我们便拥有了一个理论的关系,当自我处于主动的时候,我们便拥有了一个实践的关系。所有的范畴都可以从这些关系的变体中演绎出来。

自我试图不断地废除和克服非我。但是这个二元论最终是不可逾越的。所以像康德一样,费希特有一种关于无止境前进的哲学,一种纯
532 粹的应然哲学。简言之,他克服康德的一个缺点,他第一次充分而系统地把范畴推导和演绎了出来。但是他没有克服另一个缺点。那个缺点仍然是自我意识的立足点,是自我的立足点。所以他的体系是不完备的,还没有达到全体性。

由于他采取了关于自我意识,关于个体意志的这个立足点,费希特的政治哲学像卢梭和康德的政治哲学一样不令人满意。普遍还不是真正的精神,不是个体自由的体现,而仅仅是一股压制它们的消极力量。追随于卢梭和康德之后,费希特试图把国家建立在自由的基础上,但是他达到的恰好是相反的结果。

费希特对自我的崇拜是对浪漫派某些倾向的回应。那些倾向以牺牲理性为代价,推崇内心的情感,抛弃了外在的权威和历史上的行动。黑格尔列举了像谢林和诺瓦利斯这样的人物。我们已经对这些联系做过探讨。[22]

我们于是转向了谢林。谢林是黑格尔体系的直接前厅。黑格尔只是承认,当他与谢林共事几年之后,大约是在《精神现象学》前后,他便和谢林分道扬镳了。谢林最终认识到,有限和无限、主体和客体都不独自为真。惟一的具体的统一是这些对立的统一,那个统一不仅处于简单的同一中,而且处于活生生的过程和运动中。因此谢林发展了一种深刻的自然哲学,黑格尔从中引申出了他的许多观念。

但是他的不足之处在于,他把这个统一看做可以由直观来把握的东西。他仍然没有了解到,这个统一必须在思想中得到把握,它只能从

㉒ 参阅本书第1章和第6章。

思想的纯粹自我中介中被推导出来。他第一次把握了具体的内容,但是,他没有认识到它的适当的发展形式是逻辑形式。他的直观并不易于被证明。所以对谢林来说,理念的最高显示是在艺术品中。在艺术品中,理念向直观敞开。“对精神来说”,艺术品“是理念的最高的和惟一的样式。”但是,对黑格尔来说,思想是更高的,理念仍然必须在思想认识自身。

形式上的这种不足显然对他的体系的内容产生了不良影响。所以,他的自然哲学尽管显示了不断获得的对理念的更高认识，对主体和客体之具体统一的更高认识的尝试,尽管有了一个极其有价值的开端,但是并没有在真正严格的意义上得到贯彻。这种严格性的缺乏允许谢林的追随者们以随心所欲的和不负责任的类比来牵强附会地对待谢林哲学,给自然哲学带来了坏名声。

从另一个角度来看,我们可以说,与费希特一起,我们获得了对于自我意识的自主性的肯定,那个自主性被推到了一个令人失态的极端。自我不再受到另一个自我的限制,它是无限的自我实现过程。它不再与 533
它从来无法占有的现实相对抗。但是恰恰因为它仍然仅仅是一个自我,它总是得有某物与它相对抗。为了达到意识,为了不陷入自我等于自我的空洞性之中,它必须总是得有一个非我来与其对抗。所以它对于非我的占有过程是无止境的。它是关于无限的自我实现的第一个真正的哲学。但是这里的无限是“坏的”无限;其过程决没有达到圆满;它仍然处于应然状态。

正是费希特对于有限主体性的激进肯定显示了这个立足点必须被超越。所以我们不得不返回到有限主体性之外的内容,这只有通过了解到主体性和客观性在一个活生生的全体中的统一才能被完成，那个全体就是无限的主体性。而这就是谢林所做的工作。但是他证明不了它;他没有给思想留下地盘。

我们于是与黑格尔一起走到了终点。黑格尔的确把证明绝对是在自我发展的生命中主体和客体的同一作为最后一个步骤。他证明了绝对将是思想,绝对最终将在思想中被把握。它在它自身的适当中介中认识了自身。谢林的"心智直观"要想成为真正的心智的话就必须成为思想。在这样一个大圆满中,世界精神抛弃了所有异己的、外在的(gegenständlichen)自我理解的样式,把自身作为绝对精神来把握。它证明了那客观的东西是由它自身创造出来的(erzeugt)。

我们现在可以知道,一直以来只存在着一个哲学。它现在达到了它的最后的形式,但是它现在正继续从头开始往前发展着,直到某个时候它的发展走向了衰落,并终于完全消失。思想总是试着把自身作为具体的思想来把握。亚里士多德就已经知道nous(心灵)是思想的思想。

但是这个进步是依阶段进行的。每一个阶段都向我们显示了这个单一的哲学在当时所能达到的最高形式。甚至在存在着不同的竞争哲学的地方,它们作为链环中的一根单一线索形成了一个全体,尽管这要到后来才得以明朗起来。

不过现在我们似乎抵达了一个顶点。"一个新的纪元已经在世界上冉冉升起。"[23]无论如何,精神似乎已经是清晰可辨的了。精神是客观的,它从自身产生自身,并且平静地持有着它的力量。有限的自我意识与绝对的自我意识的斗争似乎已经抵达终点。无限的自我意识不再是无限的,于是绝对的自我意识拥有了它原来缺少的现实。"世界历史似乎已经抵达了它的目标。"[24]

㉓ 黑格尔:《黑格尔全集》,第19卷,第689页。

㉔ 黑格尔:《黑格尔全集》,第19卷,第690页。

第六部分

结　论

第20章

今日黑格尔 537

一

这个雄伟壮观的黑格尔综合已经解体。19世纪20年代和30年代在德国思想界取得非同寻常的优势地位之后，这个体系在1831年黑格尔死后就开始走向衰落。我们把19世纪40年代看做反叛黑格尔体系的伟大时代,青年黑格尔派的时代,费尔巴哈、卢格、斯蒂纳和马克思的时代,也是克尔凯廓尔开始其短暂而紧张的思想生涯的时代。

但是，既然黑格尔体系能够成为受年轻一代思想家们致命攻击的对象,那么这意味着它仍然是人们非常热衷于讨论的一个话题。为此，黑格尔绝对唯心主义将受到更严重的攻击。到了19世纪50年代和60年代,它已经渐渐地被人们所遗忘。在俾斯麦时期的德国,人们只是模糊地记得黑格尔是一位“复辟时期”普鲁士的国家哲学家,一位因置身事外地对普鲁士国家表示赞同而遭受中伤的国家哲学家。在19世纪70年代,马克思和恩格斯之间有过一些有趣的书信往来,他俩对较年轻一代人的无知显得极不耐烦。事情是由一位年轻的社会民主党编辑的一个注解引起的。那位编辑把黑格尔称做“忠诚的普鲁士国家理念”的哲学家。①这个意外事件说明了，甚至在自己运动的内部，马克思和恩格斯思想的黑格尔基础所受到的误解程度。

当19世纪行将结束的时候，黑格尔确实在德国搞了一次“复活”活动。拉松在出版新的更具学术价值的黑格尔著作版本方面所作的批判性工作既引发了这种复活的趣味，也受到了这种复活的趣味的刺激。在关于精神科学之地位的那场伟大德国争论中，狄尔泰使黑格尔成为一个重要的参照点。那场争论既影响了其他人，也影响了马克斯·韦伯。狄尔泰开始通过重新考察黑格尔在18世纪90年代的著述来探讨黑格尔思想的发展。那种探讨一直延续到了今天。与此同时，黑格尔的影响力开始扩散到国外。通过格林、布拉德雷、鲍桑葵和罗伊斯，尽管“黑格尔主义”有着一些令人费解的不同变体，但是它在英国和美国变得日益重要起来。在几十年时间里，它在牛津居于主导地位。在20世纪30年代，对黑
538 格尔的趣味，与对马克思的趣味一起，开始在法国哲学界成长起来；同时，自从19世纪和20世纪之交以来，主要通过克罗齐和金泰尔的工作，黑格尔成了意大利哲学思想中的重要一极。

这种复活的趣味一直到今天仍然不减当年。通过反对英国的“黑格尔派”，这种趣味尽管在盎格鲁—萨克逊语境中被打断，不过仍然在恢复之中。但是，随着所有的这种注意力都集中到黑格尔身上，他的实际综合已经完全死亡。也就是说，没有人相信他的核心本体论命题，即宇宙是由其本质为理性必然性的某个精神设定的。在今天，许多人认为世界原来是由上帝创造的。有些人还对这种观点作出了某种“反神学化的”解释。所有不同类型的唯物主义和自然主义观点都有自己的辩护者。但是没有一个人会信奉黑格尔的本体论。（在我们当代人看来）许多不太“相关的”思想家，如启蒙运动的主流作家——爱尔维修、霍尔巴

① 第280封信和第281封信，马克思和恩格斯：《马克思恩格斯著作选》（柏林，1965），第5卷，第32页，第500页，第503页；引自E.韦尔：《黑格尔与国家》（巴黎，1950），第15—16页。那位编辑是威廉·李卜克内希。那个注脚是他为恩格斯写的一篇文章附加的。

赫、边沁——或者像柏克这样的“反动分子”，在今天反而在如下意义上都可以因自恃拥有追随者而自鸣得意，即人们分享着他们的本体论的或形而上学的观点。

一般而言，开始于19世纪末的黑格尔的复活的确决不是黑格尔核心命题的复活。在1907年发表的名著《黑格尔哲学中活的东西和死的东西》中[②]，克罗齐把黑格尔的《逻辑学》和《自然哲学》归入后一类。狄尔泰同样试图拯救黑格尔对历史形式所作的深刻阐释，同时抛弃了关于在对理性必然性的证明中得到完成的体系的各种断言。历史表现为一系列无限的转变，表现为其意义有待于（在“理解[verstehen]”意义上）“被理解的”诸多形式，但是其中没有一种形式赋予历史以确定的意义。

与黑格尔的本体论辩护相比，英国的黑格尔派的确提出了更加强硬的本体论辩护。但是对其进行更加仔细的考察便可以发现，他们的观点在总体上具有重大的差异。例如，布拉德雷的辩证法以证明如下事实结束：那个惟一完全的、非失真的真理，那个大全的真理，无法从概念上得到阐述。他的结论是直接矛盾于黑格尔的逻辑—本体论的。

黑格尔的核心命题为何已经死亡了呢？与此同时，如我在本书中试图证明的那样，他的哲学为何仍然以各种各样的方式同我们的时代发生着密切的关系，并且在今天仍然俘获住了主流思潮的趣味呢？在这结论性的一章里，我试图对这两个问题作出回答。在通常意义上，人们希望一本讨论黑格尔的著作的结论将详细地阐述他的思想所产生的影响力的继承者以及它所激起的新发展。但是由于这份清单上的核心条目——马克思、克尔凯廓尔、存在主义等等——过于众所周知，这整份清单也过于冗长[③]，使我不值得去做这项工作。通过了解蕴含在他的哲 539

② 克罗齐：《黑格尔哲学中活的东西和死的东西》（伦敦，1915）

③ 纵使我们不赞同梅洛—庞蒂在《可见的与不可见的》（西北大学出版社，1964）中的如下说法：“上个世纪所有伟大的哲学观念——马克思和尼采的哲学、现象学、德国存在主义和精神分析学——都可以在黑格尔那里找到其起点”（第63页），但是，黑格尔的影响的范围无疑是深远的。

学中的基本问题和渴望自从他那个时代以来一直演变下来的方式,试着探索他的连续的相关性将更有用处。而这就是我们需要为我们的双重问题找到一个答案的东西:他的思想仍然是重要的,而他的结论可以被完全地抛弃掉。

为什么黑格尔的本体论必须被抛弃，这个问题的部分答案依赖于现代文明在日益增强的工业化的、技术化的和理性化的方向上的发展。这种文明在某种意义上是启蒙运动的继承者。尽管黑格尔哲学声称要完成启蒙运动的思想,但是他实际上试图把启蒙运动同这一个,同每一个他者,同思想和情感的两个组成部分,结合到一起去。它们原本与启蒙运动的外延是极其对立的。如果我们重新返回到了启蒙运动的这些基本倾向上,我们在第1章里曾经考察过这些倾向,那么黑格尔哲学可以被看做去实现一个综合的一次尝试，那是浪漫派一代当时正孜孜以求的一个综合:把康德式的主体之理性的、自我立法的自由同那个时代所向往的与人、与自然之表现主义的统一结合起来。

黑格尔想要在完全理性的形式中实现这个综合，这种尝试既使他成为启蒙运动的继承人,又标志着他与浪漫派的分道扬镳。但是如下情况仍然是真实的，他受到了超出启蒙运动主要倾向并与之相反的哲学意图的触动,无论那些倾向是泛神论的还是唯物论的。在第1章里,我试图根据一个自我规定的同一性概念来粗略地规定这一点。沿着17世纪的革命路线，人们逐渐地不再根据人曾经与之具有实质联系的某个宇宙秩序的关系来看待自己,而是把自己看做一个中立的、偶然的事件的领域,那个领域取决于对各种相互关系的追溯,并且最终在人类意图的实现过程中被人们所把握。正如我们看到的那样,甚至在它作为我们征服自然的基础而逐渐变得重要起来之前,关于一个对象化的、中立的世界的这种观念曾被看做对新的同一性的一次肯定。

对象化超越了外在的自然,把人类的生活和社会全都包容了进来,结果产生了一种确定的人的观念、一种联想主义的心理学、一种功利主义的伦理学、一种关于社会工程的原子论政治学,并且最终产生了一种关于人的机械科学。

我称做"表现主义"的人类生活观念,由赫德尔和卢梭等人发展起来的那个观念,部分地是对于对象化的一个反动。它反对把人类生活仅仅看做具有诸因素的外在联系的、不具有内在联系的如下观念:人的心理是"诸官能"的集合体,人是肉体和灵魂的组合,社会是诸个体的联 540
结,行为是手段适应外在目的的过程,快感仅仅是一些行为的偶然结果,正确和错误存在于行为的外在结果之中,善与恶是对产生着一个不同的联系网络的环境进行不同联结的结果。表现主义返回到了某些行为或生活方式的内在价值的意义,返回到了善与恶之间的性质差异。这些行为或生活方式被看做整体,看做对于我们的实际状况的真实表现或歪曲。它反对把人一分为二为肉体和灵魂、精神和自然,反对视社会为独立个体的手段的观念,反对把自然仅仅看做人类意图的原始质料的见解。

与此相似,康德的理性自主性观念部分地是对关于人的单向度的功利主义观念的反动。它是对于把善与恶之间的差异简单地归结于目的的较大或较小满足的一次戏仿。它涉及的是一个相当激进的性质差异:作为理性存在的自决性和他律性之间的差异。

但是,自从18世纪以来发展起来的工业的、技术的和理性化的文明在某个重要意义上从实践上和制度上巩固了属于我称做启蒙运动主流倾向的人的观念。这种观念好像反对浪漫派的主张,浪漫派以某种形式把反对启蒙运动的表现主义和自主主义思潮结合到自身之中。工业社会的技术学实施着对自然的越来越广泛的征服。但是更重要的在于,工业文明借着效率和高产的名义强制实施着不断地重新组合社会和人的生活方式。都市化、工厂生产、边远地区有时是整个地区的人口的减少、大宗移民、以牺牲从前的季节性节奏为代价的理性化的严格规定的生活节奏的注入,所有诸如此类的变化,无论是通过计划引入的,还是冒着市场和投资方式的风险而产生的，都在满足生产目的的过程中通过它们的更大效率得到了解释和论证。在这一方面，功利主义观念在我们的实践和制度中得到了巩固，即在某种思维方式中，不同的生活方式不是通过某个假定的内在价值得到了确证，并且确定地不是通过它们的表现意义得到了确证，而是通过它们在生产利益方面的效率得到了确证，那些利益最终为个体所“消费”。在这种文明中，社会关系和实践，还有自然，都逐渐得到了对象化。

这种手段性评估样式为现代工业经济制度所特有。也就是规定这
541 些制度的活动把它们同某个外在的目的，如利润、有效的生产或增长，联系了起来。所有先进的工业社会都以此为标志，甚至苏联也是如此。在苏联，消费者的满足以其他内在目的的名义，如国家安全、“超过资本主义”或将来的满足，而被牺牲掉了。这也并不一定都得如此。例如，中国可能实践着另一种模式。就在这个意义上而言，在中国，经济考虑不是最后的考虑。但是他们也已经把工业文明提上了议事日程。

在西方，用来缓和资本主义经济严酷后果的关于社会的许多补充概念本身就是启蒙运动的旁系，如平等观念、个人之间的再分配观念、对弱者的人道保护观念。当然，浪漫派观念对现代文明也有所贡献。例如，如下表现主义观念是个人自由的当代信念的重要组成部分：每个人的实现都是独一无二的，无法为任何一个别的他者所预见和描述。在关于现代自由的某些得到公认的理论家——洪堡、托克维尔和约翰·斯图尔特·穆勒——的身上，我们可以看到这种联系。

但是浪漫派倾向似乎已经被包容在现代西方文明之中。在其规定的观念中，主要的公共制度在很大程度上反映了启蒙运动概念。对于经济制度来说，这显然是真的。不过，它对于正在成长起来的、理性化的官僚制度来说也是真的，更不用说对于政治结构来说是真的了。那些制度被建立起来，大体上是为了超越个人决定的联系（通过投票）或者团体之间的讨价还价来产生集体的决定。一个先进的工业社会的主要集体

组织至多表现为生产或决定的手段（最坏也就是一些可怕的压迫手段），它们的价值最终取决于它们对个人的处境所产生的影响。浪漫派观念的影响力大体上表现在对于个人实现的规定上。为了这些观念，这些较大的结构才得以建立起来。

因此，除了集体组织日益增长的理性化和官僚化以及对自然的赤裸裸的开发姿态之外，现代文明还看到了私人生活和实现之浪漫派观念的增长。我们可以说，现代社会在其私人的想像的生活方面是浪漫主义的，在其公共的集体的生活方面是功利主义或工具主义的。在形成后者的过程中，最重要的不在于它的结构所表达的东西，而在于它们所完成的东西。现代社会的趣味在于把这些结构作为一个中立的、对象化的领域来对待，在于为了产生最大效果而把它们组织起来，尽管这可能受到强有力的集体主义情绪——主要是民族主义情绪——的遏制，甚至周期性地受到它们的否决。那些情绪在浪漫派时期有其渊源。但是，这 542
些集体组织对私人的浪漫主义情怀的日复一日的主导在对于保持工业转向之轮——例如在许多当前的广告中——的浪漫主义实现形象的揭示之中得到了清楚的证明。

这就是站在浪漫主义的或表现主义的传统立场上的那些思想家，无论他们是卢梭的信徒、托克维尔的信徒，还是马克思的信徒，无论他们是社会主义者、无政府主义者、推崇“参与制民主”的宗派主义者，还是像汉娜·阿伦特这样的古代政治的敬仰者，之所以全部隔膜于现代西方社会的原因。那些以为对它全盘了解的人是启蒙运动主流的继承者。他们在最近（有点过早地）声称“意识形态的终结”，他们把政治体系之类的模式作为一个“保守过程”来接受。他们在近十年的美国政治学家中间非常受欢迎。④

从一个角度我们可以把浪漫主义看做产生于现代工业社会初生之

④ 参阅D.伊斯顿：《政治生活的系统分析》（纽约，1965）。

时的一场危机，它同深刻的社会转型的骚动不安相伴而生，既影响了那场转型也受那场转型的影响。像这场社会骚动不安一样，这场危机随着新社会的建立而得到战胜。浪漫主义被吸收进了私人生活之中，并且被压缩在私人生活中，因此它在新社会里找到了自己的位置。与这个社会吸收过程相并行的是一个思想的吸收过程。19世纪后半个世纪的科学观掺杂着许多表现主义的见解和浪漫主义的思想，尽管它们起初在其中才得以滋长起来的哲学范畴已经被人们所抛弃。

有机的观念影响了一开始更倾向于朝着机械论方向发展的生物学。它们还促成了孔德的社会学。不过孔德把表现主义范畴和终极原因从科学中清除了出去。由于达尔文的缘故，发展的观念变成了正统科学原则中的核心部分。而弗洛伊德本人则指出了他的一些关键概念已经如何预先被浪漫派作家所使用。

所以，在一定意义上，就人对自然的不断改造而言，就人的集体组织而言，就人取得的最受推崇的思想成就——科学——而言，19世纪后半个世纪在欧洲发展起来的这种文明倾向于巩固启蒙运动的人的观念。这在很大程度上向我们解释了黑格尔的综合在19世纪中期之所以解体的部分原因。因为它企图用一种更加屈尊的方式来吸纳表现主义思潮。黑格尔的国家组织以其所表现的和体现的东西而得到理解和评价。但是理念不能从其后果或成就中所表现和体现的东西而得到理解和评价。黑格尔的国家理性化是相当不同于官僚组织理性化的东西。私人的浪漫主义和公共的功利主义的这种现代混合是一个完全世俗的、无法控制的社会，它已经变成了一辆“破烂不堪的汽车”。在动力效率或
543 生产效率的影响下，由于对更高的个人生活水平的追求，工业社会的不断改造产生了对于黑格尔的国家来说具有重要意义的分化，并且称赞个体日益摆脱任何一个局部的团体的束缚。正是由于对这种动力的估计不足，黑格尔在规定即将到来的时代方面犯下了一个最为严重的错误。

不过,毫不夸张地说,这个错误同他的本体论具有直接关系。黑格尔认为,市民社会的溶解力和同化力将被包容进来,因为人们将在理念得到具体化的组织中逐渐地承认他们自身。人们将恢复一种新的德性,并且认同某种更广大的生活。这些力量的持续进步将仅仅意味着这种观念的逐渐衰微,随着新社会的成长,那种观念一定会变成每一个更不真实和更不可能实现的观念。如果说黑格尔是正确的,那么人们将在理性的国家里承认他们自身,而工业国家将不会走上它实际走上的那条道路。

现代社会超出了黑格尔的国家界限,与现代社会的发展相平行的是现代科学的发展。经验科学原本是被包含在“绝对科学”之中的。也就是说,带着其与现实所涉及的水平相当的近似性和不精确性,经验科学的结果将揭示出概念的结构。但是,黑格尔所处时代的科学已经打破了他的诠释强加于它们之上的综合的界限,尽管这种可能性一直从理论上保留着随着每一个新的重要发现去开始一次新的综合化的诠释,但是科学的发展已经使自然哲学的整个筹划显得无用和让人误入歧途。在科学知识日益扩张和多样化的领域里,对某个根本意义之结果的探索必定显得独断。

那么,我们是否可以得出如下结论呢:黑格尔的本体论已经不再是一种富有生命力的选择,因为现代文明使我们大家都变成了带着一种对象化姿态去对待自然和社会生活的自我规定的主体?当然不是。这种解释过于简单了,因为我们实际上一直没有完全地转变过来。自从浪漫主义时期以来,一直存在着对现代同一性的一种不适应性。诚然,许多当代人以为自己首先是具有确定的意图和目的的个体,而社会是生产、交换并且在理想意义上互助的共同体,是为了实现他们的令人尊敬的意图而设置起来的;所以,社会的重要德性是合理的组织、分配的公正以及对个体独立性的维护。

不过,与此同时,许多人——往往是同一些人——受到了对于现代社会的深刻的不适应感觉的触动，那种感觉在浪漫派辩护中有其根源。自从18世纪末以来，一直存在着一股断断续续地反对现代文明的思潮，像腓利斯丁人那样，有些人崇尚一种平庸而安逸的生活，一种羞羞答答的利己生活；所有富于英雄气概的德性都献给了一种“可怜的舒适”，[⑤]
544 那是对创造力的窒息，是对自由的表现力的窒息。一些最出色和最敏感的心灵对这种秩序作出了种种指责或预言。这些心灵来自广泛的领域，从像托克维尔和J.S.穆勒这样非常温和的建设性批评家，到像尼采和索列尔之类最野蛮的局外人，更不用说站在“资产阶级”文明对立面的一大帮作家和艺术家了。

通过不同的方式，这些批评家抨击现代社会在表现方面是一个死了的社会，一个令人窒息的社会，一个表现已终结的社会。它通过一股令人舒适的力量，或者通过到处弥漫的效用性要求，创造了一个世界。在其中，所有的法规、对象、制度都有其用途，但是没有一个表现了人的实际状况，或者表现了人可以具有的状态。这股对立的潮流在18世纪晚期的表现主义思潮中有其根源，并且它的持续的影响力反映了现代同一性没有被可靠地建立起来的程度。

我们或许会以为，这股思潮仅仅触动了少数知识分子和艺术家，大多数“普通百姓”都未曾受到它的影响。然而，这种批判的广泛反响已经证明，任何一个其他的周期性爆发的骚动都未曾对工业文明构成威胁。深刻的表现主义的不满曾经促成了法西斯主义，并且现在正在促使许多青年人去反对当代西方国家的“体系”。

因此，我们不能通过一个驱逐了对于过去的浪漫主义辩护的现代同一性的胜利确立来简单地解释黑格尔本体论解体的原因。这种情况并没有发生。但是问题是，持续高涨的浪漫主义的或表现主义的辩护为什么再也找不到用黑格尔想像力表现的哲学见解了呢?

⑤ F.尼采:《稣鲁支语录》，前言，第3节。

这个问题的部分答案依赖于它是一个辩护这一事实。黑格尔把世界想像成一个与精神相一致的世界。但是,浪漫派的精神是对于与现代社会对立的存在的感悟。它是对过去的缅怀,是对一个仍未实现的希望的向往,是去认识一个前所未有的将来的决定,但是它肯定不是对于实在的合理性的知觉。如果渴望表现主义完结的人感到自己是格格不入于19世纪晚期现代历史过程的,那么他们的当今继承者将不得不去找出他们之所以会这样的更多原因。在1914年以前,市民社会至少为一种确定地建立起来的秩序提供了协同性,注定越来越充分地认识自身的有限的、可怜的和卑下的善的形式。但是自从那时以来的大动荡甚至已经对这一点也表示了怀疑,从而不再把西方文明置于一条表现主义完结的较高级的道路之上。对于"一种可怜的舒适"的真诚探索更多地被匪夷所思的野蛮的横行所打断,而不是被向着一种新的更高级的文化的进发所打断。以一种冷酷的反讽方式,浪漫派辩护本身也对这些可怖 545
事件负有责任。它的各种各样的论题曾经阴差阳错地服务于法西斯主义、斯大林主义,更不用说服务于当今那些专门从事不分善恶的暗杀活动的雇佣兵了。

所以,当代人很容易误把历史看做一个"屠宰场……在那里,民族的命运、国家的智慧和个人的品德都成了它的牺牲品"。[6]令人费解的是,黑格尔在写下这一句话之后竟然仍会把历史看做理性和自由的实现。把我们同那个时代隔离开来的是这样一种感觉:历史的恐怖和噩梦,仍然让牺牲者们感到不可思议的剧烈破坏和极度残酷,都已经离我们而去。这种感觉,黑格尔表达在其哲学中的这种感觉——尽管他有时在私下判断中显得犹豫不决——纵使是我们当代人中的最乐观成员也难以体会到的。

所以,无论是作为一个自信的正在成长中的现代社会的一名成员,

⑥ 黑格尔:《历史哲学讲演录》"导论",第80页。

还是作为这个社会之瓦解的一位见证人，这位浪漫派的传人都不得不感受到异化。他不得不把历史看做精神的展开。与此同时，他再也不能把自然看做精神的派生物。现代技术对自然日益增长的控制，再加上科学前沿的不断扩张，清除了把世界看做各种精神力量或某个神圣原则的证明的观念，那种观念是19世纪晚期表现主义思潮的顶点。那种表现主义的泛神论，"狂飙突进"运动中的"斯宾诺莎主义"，曾经让莱辛误入歧途，几乎征服了赫德尔，并且是歌德和浪漫派的共同财富。但是随着现代文明的确立，它已经不再是一个有生命力的观念。但是，黑格尔的综合就是建立在这种学说的基础上的。如我试图作出解释的那样，它的目的是把作为精神之表现的这种自然观念同对人的一种潜在的要求结合起来：一方面，恢复与自然的表现主义的统一，另一方面，渴望获得理性的自主性。精神，理性必然性中的世界的本体论基础，旨在实现这种综合。它保证人能够使自己同整体取得统一而不丧失他的理性自由。但是，假如这种表现主义泛神论观念衰微了，假如与"整个自然"[7]相统一的渴望不再有意义了，那么，与歌德的原始现象、诺瓦利斯的"魔幻唯心论"以及浪漫派的更加随心所欲的作品一起，绝对理念的这个基础便消失了。

因此，黑格尔的综合之所以在今天无法赢得追随者，这不仅是因为它部分地是建立在表现主义对现代同一性的反动之上的，而当代文明倾向于日益巩固那种同一性，而且是因为它是建立在这种反动的一种较早的且被废除了的样式之上的。尽管它声称要给予我们一种理性获
546 胜的观念，但是它属于理性的对立面；因而，它属于这种对立面不再有生命力的一个阶段。

⑦ 荷尔德林：《赞美诗》，费泽尔版(法兰克福，1962年)第9页。

二

这样，我们至少大体上可以看到黑格尔的核心命题已经死亡的原因，但是为什么他的哲学仍然具有高度的相关性呢？如果我们弄清了浪漫派和表现主义对立的形式，那些形式继承了黑格尔时代的形式，那么这一点将变得更加清楚。

假如回复到与伟大生命之流的统一的目的不再是可行的，甚至同一种螺旋式的历史观结合在一起的目的也是不可行的，在那种历史中重新获得的统一体现了主体的自由；假如从理论上和实践上对象化自然和改造自然的历史经历过于强大，以致自然难以作为一个对话者生存下来；那么反对现代文明的表现主义思潮不得不把注意力集中到人的身上。也就是说，被现代社会所“束缚、幽闭和限制”的，被现代舒适所包围的，被功率大机器打上了印记的，被“体系”压制的，是人的本质，或者更确切地说，是人的创造力和表现力。

但是表现主义的实现必需某种确定的一体化，某种生命的全体性，它不承认肉体和灵魂、意志和取向、精神和自然之间的划分。如果这种实现意味着不再把自然作为精神的体现来交流，那么自然必须仍然以某种方式置于精神之中。

较晚的表现主义形式以两种方式表明了这一点。其一是，实现了的生命形式被看做表现了作为自然存在的我们的较为深层的动机，那个动机被一个人工的、分裂的或压迫的社会所限制、压抑或隐藏。现代社会被看做人的自发性、自然性、感性或“狄奥尼索斯精神”的压迫者。在一定意义上，许多后浪漫派的民族主义可以被纳入这个广泛的类别之中，因为它反对关于人的“抽象的”、“普适性的”观念，千方百计地要把关于人的某些特殊事实——他们的传统、他们生活的土地、他们属于的语言团体——作为一种圆满的人的生活具有核心意义的东西给予恢复。

其二是，人被看做通过改造自然而与自然达成和谐关系的生命。哲学，对自然和历史中的理念的思辨，作为恢复我们与全体的统一的一种“仪式”，对于那些已经丧失了自然的神圣感的人来说可能是没有意义的，而对于那些致力于反对一个死寂的、强迫的和不人道的社会的人来说又似乎必定是无用的。从这个视域的内部来看，使人与人所依赖的自然和社会达到表现主义统一的渴望只有通过人自由地重新塑造自然和社会才能得到实现。根据这种观点，表现主义的统一，如在黑格尔哲学中那样，结合进了一种激进的自由观，但是它是以一种根本不同的方式完成那种结合的。黑格尔的综合似乎是人类学化的综合——是从精神向人的转变。

547 当然，这是由19世纪30年代和40年代的青年黑格尔派发动的一场革命转折。它产生了深远的影响。因为对于现代文明进程的伟大的表现主义的抗议已经掺杂着这样一个观念：对自然——既是人的自然，又是外在的自然——的随心所欲的改造是人的实现的一个本质部分。诚然，对现代文明之表现力贫乏的反作用已经发生了广泛的变化：“Weltschmerz(痛苦的世界)”，一种对于作为被抛弃的、在表现上已经死亡的世界的深刻感受；对于某个较早的无法挽回的时代的缅怀；返回到一个更久远的时代——一个信仰时代——的企图；许多当今的人们对于同自然保持和睦相处的原始状态的“背时的”渴望；重新创造一个不受工作日世界限制的第二人造(艺术)世界的企图。但是这些实际辩护在总体上设想了对于人类生活及其自然基础的实际重构。这不仅对于像马克思主义和无政府主义的左派意识形态来说是真的，而且对于像法西斯主义那样的意识形态来说也是真的，后者也强调解放人身上受到束缚的“基本”力量。法西斯主义的确试图以一种混合的方式把上面“狄奥尼索斯”的精神同“普罗米修斯”的抱负结合起来。

鉴于这种普罗米修斯抱负的重要性，在其关于人——那个人也是最伟大的青年黑格尔派——的理论中，去考察一下它的最有影响的公设是值得的。

许多马克思主义者,还有一些其他人,反对对马克思主义的某种解释。那种解释把马克思主义置于我称做表现主义的传统之中。当然,马克思主义远远地超出了这个传统。但是我仍然认为,如果我们试图抽离这个维度,那么我们便无法理解马克思主义及其影响。

诚然,没有人会否认,通过黑格尔,青年马克思是表现主义抱负的传人。在19世纪40年代早期,这一点已经融入了激进的启蒙运动的冲击力,从而产生了特别强大的马克思主义综合。

青年马克思之所以是激进的启蒙运动的传人,首先在于他的如下观念:人按照自己的意图逐渐地改造着自然并最终改造了社会。马克思之所以是启蒙运动的传人,其次在于他对于当时秩序的非人性化状况的批判。启蒙运动产生了对世界之不公正的一系列新的义愤填膺的指控。在抛弃了旧的宇宙秩序观并把它们通通斥之为至多是一些幻想,或许甚至是一些假象之后,它不作任何论证便丢弃了旧社会的所有的区分、所有的特殊责任和原则。例如,按照上帝和自然约定的事物的等级秩序,一个人似乎只能一再地忍受着作一个农民。但是,假如作为这种宇宙秩序具体化的这样一种社会观被抛到了一边,假如社会成了人们生活在相同的政治背景下去追求幸福的公器,那么对具有某种社会身份的人施压或剥夺其资格便成了一种野蛮的强制,是违反理性和公正的,只有通过欺诈和谎言才能维持下去。他们将求诸上天——如果上天仍然存在的话——以期得到纠正,甚至给予报复。这样,启蒙运动引发了对于非人性化状况的新意识,对于深重的不必要的苦难状况的新意 548
识,以及与之作斗争的坚强决心。因为如果人只是具有抱负的主体,其目的在于那些抱负的实现(如幸福),那么在天上或人间的没有一个事物将为这种幸福的丧失而作出补偿。单方面的没有回报的剥夺是极其令人沮丧的、绝对的丧失。

马克思对非人性化状况作出了这种激进批判。但是,他斥之为剥削和压迫之证据的主要证明神话不是旧宗教，而是这种新的原子主义的、功利主义的启蒙哲学本身，主要是在古典经济学家的理论中得到反映的东西。诚然，相比之下，正统的宗教已经与以前不可同日而语。它是"对一个无情世界的叹息"[8]，它是放在人的枷锁之上的花朵，它是对于人在不正义世界中所遭受的苦难的一种几乎必不可少的安慰——在当前的这个历史阶段，这种不公正直接受到了资产阶级功利哲学的吹捧和支持。

但是，马克思理论的巨大力量来自于他把激进启蒙运动的这种冲击力同表现主义传统结合了起来。如我们在马克思在世时一直没有出版的《1844年经济学—哲学手稿》中看到的那样，在这种理论中，对自然的改造也是一种自我改造。人在战胜他的自然环境的过程中也重新塑造了他自己的"无机的身体"。他遭受了异化之苦，因为首先在阶级社会里，他改造自然的劳动和劳动产品——在如下严格意义上，它们是从属于他的：它们是他的组成部分，他的表现——逃避着他，变成了一个异化的现实，它们自身具有一股抗拒他和反对他的力量。这种异化观念因此内在地属于一种表现主义的思想结构。人的劳动及其产品，由人创造的环境，是他的表现，因此它的丧失不仅是剥夺，而且是自我厌弃；它的恢复不仅是达向幸福的手段，而且是重新获得全体性和自由的手段。因为人的产品是他的"自我创造物（Slebsterzeugung）"。

所以，以他自己的方式，马克思采纳了实际上由批判现代文明的所有表现主义批评家提出的一个共同主题，并且谴责了一个以牺牲表现为代价使财富成为核心的人类目的的社会。对于财富本身的渴望属于这样一个异化的世界，在那里，人的人力是如此地摆脱了人的驾驭，以致它们可以被转让，并且作为财富得以流通起来，这是对于真正的回复

⑧ 卡尔·马克思：《早期著作》，由T.B.博特莫尔翻译和编辑(伦敦和纽约，1964)，第43—44页。

的一次贫乏而失真的替代。“私有财产使我们变得如此愚蠢而片面，以致只有当我们拥有一个对象，当它作为资本为我们而存在的时候，当它以某种方式……被我们所使用的时候，那个对象才是我们的对象。”⑨

激进的启蒙运动和表现主义的这种强有力结合来自于黑格尔的综合，来自于从精神到人的一次转变。在黑格尔的发源地里，理念似乎转 549
变成了自然，并且最初失落在了自然之中。也就是说，它还没有得到一个适当的表现，并因此存在着内在于这个世界的分化和孤立，并且存在着世界和精神之间的分化和孤立，那个精神还无法认清自身。一个适当的实体的发展，并因此精神向自身的回归，是历史的成就。

现在，人们开始把精神解读为人，但是不是把人读作是一个个体，而是读作一个“类本质(Gattungswesen)”。但是，对马克思来说，人的发源地是一个自然的存在。人存在于自然之中，并且只有通过与自然的不断交换过程而得到延续。首先，人居于其中的这个自然混合物根本表现不了他。但是，因为人不同于动物之处在于他能够普遍地和有意识地进行生产，与自然的这个交换过程不仅是一个循环往复的过程，而且也改造了自然。人把自然改造成为他自身的一个表现，并且在这种过程中得体地变成了人。马克思把人通过形成一种适当的外在表现的这个自我创造过程称做“人的类生活的对象化(Vergegenstand-lichung)”。⑩

但是，在需求压力之下，在一个由人造就的世界里实施的最初尝试导致了分工。只有通过重新安排他们的社会关系，人才能达到一种较高类型的与自然的交换关系，或者生产方式，并且在起初普遍存在的落后和贫困条件下，这意味着一些人肯定会高高在上于另一些人，并且剥削另一些人。以一种残酷和反讽的方式，迈出通往一种较高生活的第一

⑨ 参阅卡尔·马克思：《早期著作》，第159页。(参阅马克思：《1844年经济学—哲学手稿》，人民出版社，1985年，第81页。)

⑩ 参阅卡尔·马克思：《早期著作》，第128页。

步，人的真正实现，使人走出原始的共产主义天国，去领受阶级社会的痛苦和残酷。我们强有力地回想起了黑格尔对于堕落的神话的解释。它正是作为一个主体或精神存在，人对于人自身的原始肯定。在原始特殊性的早期条件下，那个主体割断了与共相的联系，走上了一个漫长的教化之路，那个教化过程最终将使他成为精神的一个适当手段。

但是，分化的人无法达到适当的表现，因为改造的主体不是个体，而是“类存在物”，是在自然集合体中确立起来的人类社会。因此，在阶级社会条件下，人控制不了他们自己的表现。它逃避着人，并且实施着自身的一种动力。他们在他们的生活中遭受了异化。这种情况与一种异化意识相呼应。在那种意识中，他们严肃地看待这个陌生的世界，似乎它就是某种异化力量、早期的神圣王国或者资产阶级时期古典经济学的铁的法则的实际所在地。正如在苦恼意识阶段的黑格尔的精神那样，类的人无法在自己的对象化中承认他自己。

但是，如果阶级分化在终极意义上受到贫困的强制，那么只有人们
550 达到了对于自然足够充分的征服，这种分化才能得到克服。在其自身的实体中，类的人将返回到他自身，将进入一个自由的王国，也就是一个完整表现的王国，那个王国将不可分割地属于整个社会，在那个社会中，人将与人和睦相处。共产主义将废除“人类的自我异化，因而是通过人并且为了人而对人的本质的真正占有；因此，它是人向自身、向社会的（即人）复归，这种复归是完全的、自觉的而且保存了以往发展的全部财富的”。[11]

作为一种表现主义的实现，共产主义将扬弃人的生活和思想都一直为之苦恼的分化和对立。

> 这种共产主义，作为一种充分展开了的自然主义，是一种人道主

---

⑪ 参阅卡尔·马克思：《早期著作》，第155页。

> 义;作为一种充分展开了的人道主义,它是一种自然主义。它是对于人和自然之间、人和人之间的矛盾的明确解决,是存在和本质、对象化和自然确证、自由和必然、个体和类之间的冲突的真正解决。它是历史之谜的解答,而且知道自己就是这种解答。⑫

在这份清单中,我们看到了以一种改换的形式所达到的黑格尔的抱负,看到了各种对立的和解;尤其是看到了人在他必须同其保持和谐关系的自然中的必然的对象化与使他起初同自然处于对立状态的自由要求之间的对立的和解。马克思也以自己的方式把表现主义同费希特的激进自由统一了起来。因为马克思意义上的人创造了他自身。但是在黑格尔那里,和解是通过对于大体上已经在那里存在的精神实体的承认而达到的。这种承认需要对人的生活方式实行某种改造。诚然,人在历史上是精神的手段。但是由于这种改造的终极目的是精神的自我承认,甚至被改造了的社会也是基于某种承认之上的:它要求人看到一个较大的秩序,并且把对于社会不同结构的认同看做对于这种秩序的反映。

另一方面,对马克思来说,承认是不存在的。和解是完全被创造出来的。人与自然同一,因为在某种程度上人克服了作为他的表现的自然。对于人类社会的改造不是为了达到对于一个较大的秩序的永恒承认,而是为了在终极意义上征服自然,使之成为人自由创造的一个设计物。

黑格尔谈到了对现实的思辨,而马克思想要改造现实,使得这两位思想家区别开来的这个著名的简要等式最终是以他们的不同的本体论为根据的。对于黑格尔,因为主体是精神,是全体的精神,和解必定通过认知而达到,因为改造整个宇宙是没有意义的。另一方面,马克思的和

⑫ 参阅卡尔·马克思:《早期著作》,第155页。(参阅马克思:《1844年经济学哲学手稿》,人民出版社,1985年,第77页。)

解必须通过改造才能达到。因为他的主体是类的人。不同于神,人在自然中通过劳动而塑造自身之前,他在自然中无法认出自己。当然,马克思的和解将总是不完整的;它从来没有超出未受改造的自然的(一直在
551 萎缩的)界限之外,但是,这是他的自我创造的普罗米修斯观念的代价。

一旦人们完成了从精神向人的这种转变,那么黑格尔的整个不同结构肯定像古代制度结构那样把压迫和不公正充当为神圣秩序。所以,马克思在承认他欠着黑格尔的债的同时自然地把对于激进的启蒙运动的愤怒释放到了黑格尔的国家观之中。黑格尔的综合被抛弃了,因为人们只能在思想上达到这种综合,这种综合伪装了现实的有效分离。在这场论战中,马克思肯定曲解了黑格尔。马克思多次把黑格尔说成是一个似乎只关心"抽象思维"的人,把他说成不是另一种实践的主角。但是,即使在马克思不愿意承认它的情况之下,这种债务是无法否认的,并且是贯穿于马克思的正文之中的。为了达成激进的自由和自然的和解,黑格尔发展了他的如下观念:激进的自由,作为精神,是一切事物的基础。每一事物都是自由的发散。[马克思]只是把这个不寻常的积极分子概念转变为人,从而创造出最强有力的革命学说。

赞成对早期马克思作出这种解释的许多诠释家主张,马克思的成熟的思想是完全不同的,他抛弃了19世纪40年代早期的黑格尔主义和表现主义的见解,以确立一种关于资本主义社会的精致科学,那种科学探讨了资本主义社会内在发展和最终死亡的铁的规律。马克思把《资本论》看做一部科学著作,他所指的"科学"一词具有一般为19世纪晚期所具有的那种意义。我认为这些解释是正确的。所以,我们可以把《资本论》看做那些成熟的科学巨著之一,像达尔文的进化论和后来弗洛伊德的精神分析学一样,包含着早期浪漫派时期的见解。不过,这意味着,在我看来,马克思的观点返回了他在1844至1847年主张的某个立场,这是一个完全没有得到证实的结论。我在上面笼统地阐述的立场来自1844年的巴黎手稿,那个手稿包含着宣言的几个细节。我根本没有看到如下

证据:马克思在任何一个实质性的方面背弃了这个立场,或者感到他有这样做的必要。

成熟的马克思的"科学的"姿态和他的黑格尔的表现主义过渡之间的冲突已经引起了较晚近的诠释家们的注意,在这一点上,他们或许比马克思更加具有洞察力。但是,把关于不相容性的这种感觉归结于马克思本人是一种没有得到证实的推测。事实是,从一开始,他的立场就是激进的启蒙运动——在科学中人具有对象化自然和社会以便驾驭它的力量——和对于全体的表现主义抱负之间的综合。这就是他在谈到共产主义是一个人道主义和自然主义的统一体时所指的意思。当人(类的人)支配自然并且能够把他的自由设计强加于自然的时候,表现的实现才会来临。但是与此同时,他通过在科学实践中对象化它来支配自然。在共产主义条件下,人自由地塑造着和改造着社会安排存在的任何一 552
个事情。他们把它们作为手段来处理。但是与此同时,对于他们的社会存在的这种集体塑造活动是他们的自我表现活动。根据这种观点,自然的对象化和通过它的表现并不是不相容的。他们对于能够把工程技术学应用于创作其作品的一位雕塑家提不出更多的要求。

换言之,由于表现的实现包含着塑造自然的激进自由,它可以同把通过科学技术去支配自然和社会世界的影响最为深远的启蒙运动的渴望结合起来。

我们从青年马克思到成熟马克思那里看到的,不是一种观念的变化,而是某种侧重点的变化:对马克思来说,究竟什么必须一直作为基本上相同的立场出现。在19世纪晚期的气氛下,"科学社会主义"维度自然地趋于支配地位。这个倾向由于马克思主义革命政党在20世纪的成功而终于得到了确认。因为马克思主义不得不扮演起现代化意识形态的角色。在列宁的著名公式中,社会主义等于苏维埃政权加上电气化。这两个目的都要求统治精英们采纳工程师的姿态去处理各种半死不活的和往往棘手的社会问题。于是,马克思列宁主义开始被当做掌握在大建筑师手中的一张蓝图,而不是关于自由的新时代的意识。

但是,正统的马克思主义从来没有简单地反对过这种综合中的表现主义因素。在正统的马克思主义运动中,关于自由和关于马克思主义的人的全面性的见解仍然保留在表现主义的传统之中,正如他们对于资产阶级社会的许多批判仍然保留在那个传统中一样。诚然,对于全面性的这种要求是苏联马克思主义的极权主义倾向的基础,例如,它对于艺术和文化生活提出的要求,以共产党人名义提出的某些新论断的官僚主义作风。

但是,苏联的经验恰好凸现了马克思在表现主义的实现和科学的对象化之间的综合的弱点。雕塑家的榜样肯定地显示出了,人一下子既可以是一个表现主义者,又可以同自然发生某种对象化关系。我们可以想像这样一个和睦相处的团体,为了同时满足效率和表现标准的要求,它塑造着和再塑造着它的社会秩序。但是在这些事件中,人所依赖的是一种工程技术、分配任务的技术或诸如此类的技术。他们在社会中不使用一种关于人的科学,那种科学明确了人的行为的决定因素。因为要是这种科学得到使用的话,那么有些人将控制或支配其他人。

换言之,人的科学的对象化明确了决定着人的行动和情感的因素,那些因素超出了绝大多数人的眼界和所有人的意志。但是它无法实际地成为共产主义社会的实践的基础。这不是说,这种科学肯定将被用作
553 邪恶的目的,或者将妨碍自由事业。相反,它断言,这种科学的、对象化的精神分析学可以被某些人利用来治疗别人,并且无可争辩地增进他们的自由。但是马克思主义的共产主义社会的观念是人们共同决定的观念;这些决定在某种意义上代表着一个一般的意志,它不是一连串个别决定,而是一个真正的共同意图。这不排斥对于人类控制技术的最低限度的利用,譬如,出于治疗疾病的目的。但是社会实施的过程,作为一个自觉的集体决定,不可能是它的决定因素被一门此类应用科学所囊括的一个结果。

现在，假如《资本论》，这部马克思列宁主义的集大成者，给了我们统治资产阶级社会的"法则"，并因此告诉了我们消灭它的最佳途径，那么超越这个社会必定还意味着废除这些法则。由于一门关于资产阶级社会的科学揭示了人们被结构所捕虏的方式，揭示了一种他们既无法理解又无法控制的力量。这门科学无法继续成为以颠覆资产阶级社会为目的的革命实践的基础，否则这种实践将仍然保留同其核心主张相矛盾的做法。

这样，在两个时代之间的革命的交界处，肯定存在着一次飞跃，似乎存在着对于应用于社会的法则的一场变革。在上面描述过的异化理论中，这一点确实得到了阐明。在异化条件下的资产阶级社会的实践遵循着一种自身的动力学，马克思主义科学将去探讨那种动力学，那些实践被带回到对于共产主义的人类控制，使它不受制于相似的外在决定因素，而是真正地取决于在一个自由社会里作出的决定。

当然，为了自由的表现，对于外在决定因素的这种超越在黑格尔哲学的范围中获得了完美的意义。当我们在黑格尔的自然哲学中回溯到不同存在水平的时候，例如，从无机的自然到生命，或者当我们从异化向德性回复的时候，我们就能领略到那种完美的意义。但是它同以启蒙运动为基础确立起来的科学传统没有关系。这可以允许人一方面把自然作为一组中立的手段来对象化，另一方面允许他形成一个表现主义的对象。但是它无法承认一个变化着的边界，借助那个边界，在历史的某个阶段，在对象化和自然法则王国中的东西将越出那个王国，进入另一个历史阶段的表现王国。它不允许它的"被扬弃了的"法则。

用认识论的术语来说，这是成熟的马克思从来没有澄清也许从来没有认识到的模糊性。对于社会法则的这种扬弃发生在历史的某些批判性转折点上，所以，对于解释一个阶段来说是必然的这些术语不能应用于另一个阶段，正如它曾经蕴含在黑格尔思想中那样，这确实是蕴含 554
在青年马克思创造性理论中的东西。它对于马克思的革命观念和向共产主义过渡的逻辑来说仍然是至关重要的。但是它不是这样一种科学模式的组成部分，马克思在撰写《资本论》时似乎要求它应该建立在世界的基础上。

马克思从来没有觉察到这个缺陷。无疑，假如有人曾经向他指出过，那么它似乎就不可能成为一个严重的和“哲学的”问题。他的科学工作被立即发动反对资本主义的革命的迫切实践需要所打断。对于向共产主义过渡的思辨成了偶尔才得以进行的一种奢侈，而对于由这样一个过渡的存在所引起的认识论问题的思辨则还要少得多。

但是，如果人们进行更加深入探索的话，那么他将发现，马克思似乎从来没有提出过这个问题，因为他对于这种过渡有一个极其简单的观点。革命将消灭资产阶级社会，并因此将消灭它的运行法则，一个统一的无产阶级将自由地接受和处理它遗留下来的经济。向着无拘无束的自由的这种飞跃不是一个真正地辩证的扬弃，在辩证扬弃那里，较高阶段的统一总是可以在较低阶段被预见到的，并且存在着两个阶段之间的连续性和中断性。但是这是极其不实际的。马克思似乎知道，在庞大的人类团体中进行沟通和作出决定的不可避免的不明晰性和间接性，他们发生相互作用的方式总是部分地规避着人，甚至在微型的、简单的社会里也是如此，更不用说由一个庞大而复杂的生产体系构筑起来的那些社会了。

这种飞跃的形象，加上更迫切的问题的压力，使得马克思无法去考虑自由的组织。它阻碍着他把共产主义看做具有自身的本质限制的一种社会境况。它尽管比资本主义社会的限制要少一点限制和野蛮，但是限制总归是限制。这样，这些限制同资本主义社会的那些限制的关系的问题便不会产生了。相反，事情似乎是这样的，以如果我们不再使用内燃机那么蒸汽机技术也将丧失意义的方式，资产阶级社会的法则将随着这个社会的消灭而被抛弃。

这种变化可以被最热心的实证主义者所理解。正是这样的观念使得如下情况显得可行:《资本论》预示的对于资产阶级社会的扬弃可以纳入这种古典的科学框架之中。但是与主流科学的这种一致性被向着某个无拘无束的自由飞跃的一个极其不实际的过渡观念所赢得，那种自由只是简单地把旧的限制抛在一边而已。

在启蒙运动科学和表现主义的实现之间的马克思主义的综合最终是行不通的。去确定什么东西将包容在某个辩证的转变之中,去描述某个阶段的社会“法则”和下一个阶段的社会“法则”的关系,这将使我们远远地超出启蒙运动科学的边界。我们将不得不去描述从一个阶段向另一个阶段的过渡。在前一个阶段,人的活动受制于外在的法则,也就是说,遵从着不为任何一个人所希望的或者适当地理解的规范。在第二 555
个阶段,他们受到这样一种处境的限制,他们(部分地)理解了它,并且它调整着他们的选择。但是,这种过渡使我们超越了古典科学的界限。从通过外在法则的某个决定向着由一种有意义的处境的指导的飞跃在黑格尔的辩证过渡的范畴中更容易得到考察。

另一方面,为了使得这种过渡能够被主流科学所掌握,我们还必须不把它看做从盲目法则向有意义处境的飞跃，而是把它看做对于各种限制的简单丢弃。在这种新社会形态中,我们抛弃了作为一个未曾探索过的完全自我性行为领域的主体的性质及其代理机构。

后来的诠释者们正确地指出了马克思的表现主义和他的科学主义之间的分裂。但是这不是青年马克思和成熟的马克思之间的一个差异。相反,马克思没有看到这种分裂已经蕴含在他的最初立场之中,蕴含在从黑格尔的自我确定的精神观念向着人的观念的转变中。创造他自身的实体的一个精神的力量,一旦被归属于人之后,便产生了比以往任何一个观念都要激进得多的自我创造的自由观。一旦异化得到了克服,它便打开了自由地自我创造的类的人的壮观前景，那个人只受到未被征服的(正在退缩的)难以驾驭的自然界限的限制。马克思的自由王国观念使我们远离了去考察这种分裂得以产生的领域。

不过，这不是为马克思所独有的一个盲点。它影响了整个共产主义运动。就在十月革命前的几个月，列宁在《国家与革命》中仍然表达了一种治理共产主义社会的极其简单的观点。带着把人类自由看做对于事物进行毫无问题的管理的这种简单想法，布尔什维克开始了实在的执政历史。苏联共产主义社会多少是以它作为基础建立起来的；所以它不断地反对去形成作为一个社会形态本身的任何一种适当的观念，甚至当它逐渐地在史无前例的范围里把人作为物来“治理”的时候也是如此。

苏联共产主义的可怕历史促使独立的马克思主义者去反思这种理论，并且这引导许多人去重新考察19世纪40年代那些更“具有哲学意味的”著作。早年马克思曾经提出了与许多“修正主义者”决裂的新观点，而这些早期著作被官方的共产主义斥之为不成熟的尝试，还没有完全地摆脱黑格尔的哲学。这并不是说官方的马克思主义试图丢弃这种学说的表现主义因素。相反，他们努力保留马克思在表现主义和科学主义之间所作的已经过时的综合，使它免受仔细的审查。布尔什维克的号召
556 力由如下两个事物之不可能的结合所组成：一方面是一个表现主义的自由的承诺，另一方面是拥有作为历史之工程蓝图的“科学社会主义”。有意思的是，这个运动一直没有探索和解决这个矛盾。一旦这个矛盾得到了解决——像在路易·阿尔都塞的工作中那样，以一种盛气凌人的科学主义形式的名义，阿尔都塞试图清除马克思身上的黑格尔观念——那么其结果便是，作为一种注解，它是不令人信服的，而作为一种政治见解，它是不吸引人的。在社会矛盾之假定的科学的对象化中，由列宁主义政党作出的对于精英统治的证明并没有得到明确的陈述，因而在对当代历史作出反省的读者身上引起了反感。

无产阶级政党是按照历史“法则”从事建设的“工程师”，这个布尔什维克形象是关于人类前景的两个对立画面的结合。它向我们表明了，一方面，人把自己的意志注入历史过程之中，甚至在遇到极其不利的和

困难的情况下也是如此。这是一个"大无畏"的形象。另一方面，辩证唯物主义又确立了统治着人和历史的具有铁的必然性的法则。尽管这两个画面并不是如此地不相容的，但是它们无法用上面提到的方式结合起来。假如我们所指的意思是我们可以撇开人的任何决定去探讨所发生的涉及到人的事情，那么由把其意志强加于事件中的工程师们应用的法则不可能是具有某种铁的必然性的法则。历史发展的真正法则将是这样一个法则：它的前提是无法把握的。它可以帮助我们更加和谐地与事件的过程相协调，清除过渡的障碍，而不是强行注入我们的意志。它不会任由"工程师们"去应用它。

布尔什维克实际上把自己的意志强加于事件之上，不仅在1917年发动革命的过程中是如此，在1928年实行集体化农庄的过程中更是如此。流血冲突和在几乎半个世纪后的苏联农业状况可以测量出这种做法所受到的阻力的严重程度。斯大林及其同僚似乎感到自己受到了必然性的推动：要么他们让农民就范，要么在新经济政策条件下相对自由的农民经济的成长将摧毁他们的政权的基础。这样一种"铁的必然性"，我们的问题或他们的问题，确实同政权的经济基础有关，但是同历史的必然方向无关。相反，它是不确定的。预示着共产主义必然胜利的"历史的法则"终于成为强加于事件的决定性托辞。人们可以对在人类向较高文明必然向前迈进的过程中发生的流血冲突感到懊悔，但是不必对它表示怜悯。

这样，马克思列宁主义实现了不相容的两个事物的联姻，首先是极端的唯意志主义和科学主义的统一——正如物理学对象化了自然那样，历史科学对象化了作为潜在操纵领域的社会——接着与最彻底的决定论结合了起来。对于把一个新方向强加于难以驾驭的大众的精英来说，前两者是一个自然的结合。但是这个实践无法轻易地同马克思主义的表现主义自由观保持一致。所以这种大众的社会工程表现为历史的法则的结果，那些法则从作为他们的必然意志和命运的大众身上呈 557

现出来。在这种立场中存在着一些巨大的矛盾。历史法则不可能是社会工程的基础,并且揭示出事件的必然趋势;唯意志主义和工程的混合没有为自由的增长留下地盘。作为当代历史中的一个政治凝聚力,这种结合是极其强有力的。

马克思主义的修正主义者看到了这三个术语之间的联系。他们看到,作为由意志强行注入的革命形象和作为由铁的必然性决定的革命观念阴差阳错地凑到了一起。在对马克思的某种新解释中,他们起初对这两者都有所突破,通过那种解释,我们可以追溯到促成革命条件的各种活动,不过"只有通过人在不同抉择之间作出的决定才能"把那些革命条件"转变成为现实"。[13]在马克思早期观点的帮助下,对于通往革命改造事物中的联系的重新发现是反对无力说教——一种纯粹的"应然"政治学——的确证,也是反对通过违反本质的武力来强制推行共产主义的企图的确证。它保证,解放将是广大人民群众自发活动的结果,而不只是革命的精英的结果,用于实现共产主义的手段将与其目的相一致。

与此同时,事物中的这种旨趣不是一个铁的必然性,所以这个悖论被通往自由的某个过渡阶段回避了,那种过渡本身不以自由活动为中介。

修正主义者想要重新发现事物中的旨趣——借用莱布尼茨的短语,那种旨趣"不向必然性屈服"——的企图恰好返回到了早期马克思的观念。但是早期的马克思的观念仍然是不够的。因为马克思本人,无论是早期的马克思还是晚期的马克思,主张一种极其不真实的自由观,在那种自由中,社会生活的晦涩性(模糊性)、分裂性、间接性和抵触性得到了完全的克服。这幅不顾场合的自由形象是表现主义和科学主义

⑬ 乔治·卢卡奇,转引自伊斯特凡·米沙洛斯:《卢卡奇的辩证法观念》(伦敦,美林出版社,1972),第44页。

之行不通的综合的基础。它允许布尔什维克把唯意志主义的胡作非为冒充为自由的实现。反之，修正主义的旨趣在于恢复一种自由活动观念，那是在某个确定的处境中主体可以接受也可以拒绝的一种活动。

现在，黑格尔称不受环境制约的这种自由为“绝对自由”。它是这样一种自由观，在黑格尔眼里，它是没有结果的和空洞的，它毫无理由地让我们采取这种方式而不是那种方式去行动。它是破坏性的，因为在它的空洞性中，它迫使我们把其他任何一种积极的工作都斥之为对于自由的妨碍。我在第15章曾经说过，黑格尔在批判绝对自由的时候，同时把矛头指向了法国大革命，他在某种意义上还反过来批判了马克思，尽 558
管在另一种意义上马克思作为黑格尔的传人部分地回避了这些责难。我们现在可以更加清楚地看到，这些判断何以都是真的，并因此看到，早期马克思何以既是修正主义对于有条件的自由定义之研究的一个良好的来源，又是一个不充分的来源。马克思回避了黑格尔的责难，因为与康德不同，他不是从一个纯粹自主的理性意志的观念出发的。相反，人处于同自然交互作用的循环之中：他不是通过摆脱或中立化这个自然而获得自由的，而是通过改造自然而获得自由的。这赋予他一个非常确定的任务：既要战胜自然，又要战胜在这种改造的早期阶段产生的分化和异化。因此，人处于一定的条件之中，他是赋予他以使命的某个更大事物秩序的一部分。通过这种方式，马克思的理论相似于黑格尔的理论，如我们看到的那样，它是对于黑格尔的理论的变换。

从一开始，人就不得不去创造自由的条件。而这恰好给马克思主义者的社会指明了方向。马克思主义者不得不去建设社会主义，为共产主义作好准备。但是，一旦这些条件得到了实现，马克思主义的自由观将不再有什么益处。这不是为自由社会提供一个详尽的蓝图的事情，一个经常遭到合理拒绝的要求。相反，对于所有异化和分化的扬弃才使人摆脱了环境的束缚，并且达到了这个阶段，达到了“前历史”的终结，黑格尔关于绝对自由的空洞性的观点才开始得到应用。

如果说去求索关于共产主义的蓝图是可笑的，那么笼统地追问如下问题便一点也不荒谬：我们如何正视人类的处境将要发生的变化，什么样的限制、分化、紧张、两难、斗争和离间将取代我们今天熟悉的那些样式。古典马克思主义不仅没有对此作出回答，而且它潜在的意思是，答案是不存在的：我们的惟一处境将是类的人的处境，与自然相比之下，人是和谐地统一的。但是这种预示不仅是不可信的，而且从学理上也难以成立。它将是一种完全空洞的自由。

这种无条件的自由观已经造成了很大的危害。它决不是黑格尔预见的那种自由。因为马克思主义社会一直非常关心建设，关心社会主义的基本建设。但是关于“绝对自由”的马克思的变体是布尔什维克的唯意志主义的基础，带着强烈的历史的最终证明，那种唯意志主义极端残酷地扫清了它的道路上的所有障碍，并且再一次酿成了黑格尔带着神妙莫测的洞见力描述过的大恐怖。

559

三

我们已经考察了马克思的普罗米修斯式的表现主义，因为这是在对我们的文明进程的广为传播的现代谴责中最有影响的样式。按照一个自由选择的设计，通过恢复控制世界和激进地重新塑造世界，一下子扬弃我们的世界的不公正和表现主义的死亡，这种观念大大地超出了官方马克思主义的界限，产生了一种深远的吸引力。在我们时下的抗议和解放运动中间，我们几乎到处都可以发现这种观念。

正是在这种观念的如此无处不在中，我们着手来回答我们在前面提到的与黑格尔哲学相关的那个问题。既然对于激进自由的这些渴望受到了马克思的影响，因此那些渴望也是从黑格尔继承过来的。但是更加重要的是，他们遇到了相同的两难，那个两难产生于我们关于马克思主义的讨论。他们面临着同样的空洞性，面临着把他们的方案强行实施于一个顽固世界的同样诱惑，面临着去规定一旦当前的不完美处境被清除之后的某个人类处境的同样无能。在这一方面,1968年五月风暴无异于令他们如此憎恨的那些冷漠的原委。其区别在于后者有一个纲领,那个纲领是建立在社会主义"条件"的上层建筑基础之上的。而前者完全正确地坚信,那种上层建筑迷惑人的时间已经够长了,现在该是进入自由王国的时候了。

但是,这整个传统,无论是马克思主义的、无政府主义的、环境决定论的还是别的什么传统,除了提出一些空洞的套话之外,就自由社会将是一个什么样的社会,是否将是一个充满无限创造力的社会,是否将是一个——无论是在人与人之间,还是人们的内心之中,或者在存在的不同层次之间(游戏与工作的同一,爱情与政治的同一,艺术与生活的同一)——没有分化的、没有高压的、没有表象的社会等等问题,都没有提出任何见解。这些否定的规定不考虑整个人类的处境。因此,毫不奇怪地,这种自由是没有内容的。

在最激烈的斗争中,在路障的后面,存在着表现的真正解放,一个真正的创造活动领域,一种对于各种界限的突破和真正的民主参与。不过当然地,这产生了一个非常真实的情景,一个与现存制度和结构格格不入的情景,一个与"秩序武装"作斗争的情景。但是,在革命胜利的形象中,这种情景也同所有其他情况一起被置之不理。

依照天道发动的1968年五月风暴似乎出于某种反讽意义使旧的革命对立于他们的立场的逻辑。绝对自由的两难是黑格尔探讨过的两难,他所把握的那个基本两难比他的绝大多数后继者要深刻得多。

但是,自由与情景之关系的问题,我们讨论过的这个问题比马克思 560
主义传统甚至革命传统产生了更大的影响。这是一个关于现代表现主义的所有形式的问题,在某种意义上也是整个现代主体性观念的问题。

这种现代的主体性观念已经促成了大量的自由观。那些自由观把主体性作为人通过扫除各种阻力,冲破外在障碍、牵连或纠缠的限制而确立起来的东西。自由就是无拘无束,就是由自己作出行动决定。此外,这种自由观不仅仅是一个注脚,而且是现代主体观念通过它才得到规定的核心观念之一,正如它在如下事实中得到证明的那样:自由是现代最受欢迎的价值之一。从一开始,作为自我规定的主体的这种新同一性是通过摆脱某个庞大的宇宙秩序基础及其断言而获得的。

这种自由观把自由笼统地定义为依赖自我。它同一些较早的(和某些较晚的)自由观形成了对比。那些自由观根据秩序或法权关系来定义自由。例如,与极端无秩序的霸权相反,蕴含在亚里士多德学说中的自由观把自由同和谐、平等、中庸联系了起来。

在某种意义上,这是一种消极的自由观。但是消极的自由观不像常常被人们确认的那样地等同于"消极的自由"。[14]消极的自由通常意指从独立于外在干扰而得到规定的自由,而"积极的自由观"意指主要地根据在行动中实现的自由来规定自由,那种自由来自于真正的自由,或表现了真正的自由。但是,甚至现代的积极的自由观也是关于依赖自我的观念。自由通过突破较低级的自我或自然的束缚而获得,因此我只服从我的(真正的)自我。因此,与对于他人的意志、外在权威或自然的依赖相反,康德——他的理论是许多积极的自由观的起源——把自由规定为对于由理性自我制定的法则的服从。

这样,视自由为依赖自我的这种思想为现代自由观的革命发展奠定了基础。对于从洛克到边沁的古典自由主义的创造性的"消极"自由观来说,对于俄国人视自由为只对自我的服从的观念来说,对于康德的自主性观念来说,对于从这些自由观的后继者一直到马克思的自由王国理想来说,它都是共同的。在马克思那里,人已经克服了所有的异化并且支配着他生活于其中的自然界,那个自然界曾经一再地非其所愿

⑭ 参阅以赛亚·伯林:《两种自由概念》,载于伯林:《自由四论》(牛津大学出版社,1969)。

地决定着他的命运——尽管在这里的这种自由的主体是类的人而不是个别的人。

但是这个根本的观念实际上一直在发展着。其早期的经验主义的或自然主义的观点把自我的目的看做由自然给予的——看做目的或驱 561
动力。后来其各种变体想要完全地抛弃这种被给予性。康德也许是这方面的先驱者。由于黑格尔以及马克思的一再转换,对于激进的自主性的康德式渴望转变成了这样一种观念:人的本质不是一个简单的被给予者,而是一个有待于被改造的东西。要想成为一个真正自由的人就必须重新塑造他自己的本质。

现在,如下情况是说得通的:把自由等同于依赖自我的这种一般观念本身产生了我们在上面考察过的与马克思主义有联系的两难。因为它是以这样一种方式得到规定的:完全的自由将意味着废除所有的条件。也就是说,它是这样一种两难:如果我们想要获得自由的话,那么它要么给我们布置了一个确定的任务,要么要求我们作出一个确定的反应。这种观点可以承认的惟一一种情况是必须给予扫除或抛弃的对于自由自在的行动构成妨碍的情况——外在压迫、由社会强行注入的非本真的渴望、异化、各种自然限制。这种情况要求"解放"。在今天的每一个可以想像得到的语境中,"解放"是一个一再出现的词汇。但是,解放被理解为产生自由的过程。根据这种观点,不存在这样一种情况:它要求引出的反应将是最充分程度的自由,以便为这种行动扫清道路。充分的自由将是不受条件限制的。

据此看来,这种自由是空洞的。完全的自由将是一个真空,在其中,没有一件事情值得去做,没有一件事情值得去顾及任何一件事情。通过肃清所有外在障碍和侵犯而达到自由的自我是无特征的,并因此无论被"合理性"和"创造性"这样一些看似"积极的"术语掩盖得多么深,那个自我是没有明确的目的的。作为人的行为或生活方式的标准,这些术语在终极意义上是完全不确定的。由于脱离了为我们确定目的并因此造就了合理性和提供了创造性意图的某种情景，它们无法用任何内容来规定我们的行为。

通过返回到作为依赖自我的现代自由观的较早的变体，在那种自由观中,我们的目的被假定为是由自然给予的,我们希望能够填补这个真空。因此自由将是意图的不受限制的实现,并且意图的样式将是一个给予物。但是,这是一种极其不适当的自由观。因为假如自由活动无法作为我们的自然和情景的对立面来规定,那么出于对空洞性的厌恶,它无法简单地等同于伴随我们的最强有力的、最坚定的或者最全面的意图而来的东西。因为它将使得如下说法成为不可能:我们的自由受到了我们自身的强制、忧虑、执迷不悟的阻挠;或者说,自由因提高的觉悟和清醒的意图而扩大。这些不仅是我们在对生活进行前哲学反思时会说的事情;它们对于某个表现主义的前景来说也是至关重要的,那个前景涉及到超越非本真的目的和有限的意图的失真,实现充分的自我表现。我们务必有能力把强制、忧虑和执迷不悟同我们全力以赴的那些意图
562 区分开来,我们不仅通过某种量化标准,而且通过某种方法来证明后面这些意图是我们的更加真实的意图。这就是在把我们的本真渴望看做由我们所选择的渴望,看做与简单的被给予物相反的东西的过程中,作为依赖自我的激进的自由观试图做的事情。但是,正是这种激进的自由观陷入了空洞性的两难之中。

黑格尔在批判康德的道德和绝对自由的政治学的过程中揭露了自由自我和纯粹理性意志的空洞性。他希望能够克服这种空洞性,给人以一种情景,但不抛弃理性意志的观念。这项工作将通过证明人是一个宇宙理性的手段,那个理性创造了外在于自身的中介而完成。

但是，一旦根据宇宙精神而作出的这种解决方案变得站不住脚之后,出于我们在前面考察的那些理由,这种两难便产生了,并且在那种两难中,这种自由观越是得到强化,在经历了德国唯心主义阶段及其在马克思那里的唯物主义改造之后,它反而变得越是强制和包罗万象。

表现主义的一个分支转向了这样一种实现观念。它超越了意识合理性的指令性限制，释放了本能的或基本的深刻性。但是这种观念最终一起了结了现代或古代意义上的自由理想。这种“基本的”自由观没有为自我克制留下地盘，因此没有为某种专门的人类自由感留下地盘。

在通往这种“狄奥尼索斯式的”表现主义的道路上，叔本华哲学是一个重要阶段。但是叔本华的理论在某种意义上是对表现主义的悲观主义的倒转。叔本华的“意志”观念以及作为它的“对象化”的肉体观念来自表现主义思潮，但是在这里不存在实现的观念。相反，意志的基本力量只是把人带入了苦难和堕落。以《奥义书》和佛教思想为榜样，叔本华终于看到的惟一希望是，放弃对于世俗事务的所有迷恋的意志。

叔本华的见解为一种深刻的悲观主义的人类自由观提供了榜样。那种自由观是建立在如下意义上的：人的本性既不同于理性自由，也不相容于理性自由，并且人的本性是不可战胜的。这后一个见解使叔本华区别于他的先驱——康德。

要么因为本能自我的这种无拘无束的“自由”似乎纵使不是令人厌恶的，也是不值得的，要么因为与本能相反的自我似乎是相对地懦弱的，这种关于人的观念可能会导致对于作为自我依赖的自由的绝望。

而“绝望”是克尔凯廓尔在他的《致命之症》中用来表示对于他自身的接受的无力性的一个术语。克尔凯廓尔使这种绝望成为向后倒退的起点。从那里出发，他似乎一步一步地走出了作为自我依赖的自由传统。绝望只有通过把自身同外在的权力联系起来才能得到克服，“那种权力构成了整个关系”（即自我对自我的关系），[15]即上帝。 563

但是，对于自由的肯定导致了一个更加深刻的两难。尼采最赤裸裸地表现了这个两难。如果自我依赖的激进自由在终极意义上是空洞的，那么它就存在着终结于虚无主义的危险，即通过抗拒所有的“价值”来

[15] 克尔凯廓尔：《致命之症》，安克尔版(纽约，1954)，第147页。

达到自我肯定。关于生命的诸多权威见解,无论是基督教的见解,还是人道主义的见解,都作为对于意志的束缚而被先继抛弃了。只有权力意志保存了下来。尼采的著作的力量和影响力来自于他对他发挥到极致的这个破坏运动的顽强支持。

不过,尼采似乎还主张,自我规定的人的权力意志将是灾难性的。用稣鲁支的话来说,作为一个纯粹地自我依赖的权力意志的人必须被"克服"。在其永恒的循环观中——那是一种不太好把握的循环——尼采有过一种把人的意志和世界的进程协调起来的观念。但是,他的观念似乎一直是,纯粹的自我肯定必定导致某种绝境,它在紧要关头与对于事物的进程的深刻认可相联系。"救赎出往者,将一切'曾经如此'转变成'我曾要这样'——这在我方叫做救赎。"⑯

现代的自由观因此受到了来自两方面的威胁。一方面,在人的非理性和本能面前,存在着对于自由的实现的绝望,甚至怀疑对自由的渴望有任何意义。另一方面,自我依赖的自由的终极空洞性似乎导致了虚无主义。因此,19世纪的许多哲学思想都探讨了这个问题;如何超越视自我为自我依赖的意志的主体的观念并揭示它在自然——既是我们自身的自然,也是我们周围的自然——中的介入;换言之,如何去设置自由?

这意味着去恢复某种自由活动的观念,它把自由看做由情景引起的反应,那个反应是我们根据我们作为自然存在和社会存在的条件而作出的,或者是根据某种不可回避的使命或意图而作出的。所有这些不同的有条件的自由观念的共同点是,它们把自由活动看做建立在对于我们的确定的情景的接受的基础上的。争取自由的斗争——反对限制、压迫、对内在起源和外在起源的歪曲——受到了把这种确定的情景肯定为我们的情景的推动。这不能被看做有待于克服的一系列限制,或者被看做仅仅是执行自由选择筹划的偶然举动。那种情景完全可以被包

⑯ 参阅尼采:《稣鲁支语录》,第2卷,"救赎"。

容于作为自我依赖的自由观中。

在对情景自由观的探索过程中，关于人的思想和行为的还原机械论是毫无用处的。它们确实把自由活动置于自然之中,因为它是自然体 564
系的一个可能结果。但是,它们这样子做是以返回到把自由规定为目的的无限制实现为代价的,并且我们已经看到,这是不适当的,它不允许我们去做出某些本质性区分。以我们的自然为根据的,并且仍然可以被我们自身的目的或我们的有限渴望所阻挠的自由观念需要一种更加精微的、多层次的人类动机理论。只承认充足因果律的理论能否证明它是值得怀疑的。我们需要在我们的情景中的这样一种嗜好观念,我们既可以追求它,也可以拒绝它;我们既可以重新解释它,也可以歪曲它。这个嗜好不仅必须区别于我们通常称做目的的东西，而且我们可以了解这种嗜好在多大程度可以根据机械论的术语来进行探讨，更不用说把它同我们的目的联系起来了。

还原理论声称要压制把自由同自然联系起来的问题。但是实际上,它们无法回避那个问题。它恢复了——这次是未被承认的——一种说法:对于人类的自然的科学对象化假定了一个科学的主体,他的活动及其关于解释之真理和深度的判断无法在还原论中得到考虑。他保留了居于对象化了的生命之流外面的语言观察者。

情景自由的问题已经变成了一个更加突出的问题，这个事实也许同上一节提到过的政治和社会发展没有关系。在一个运行良好的现代社会里,开发自然和组织社会似乎是为了个体的功利而进行的。人们很自然地以为,作为自主的主体,他们自身的所作所为影响了他们的自由选择的目的和意图。从科学的观点看,他们确实把自己看做受到驱力推动的人,他们的行为是决定论的因果系统的一部分。尽管这两种观点可能是不相容的,但是两者都没有对自由,对自由与自然的关系提出严肃的问题。第一个观点是关于主体的观点,那个主体是对象化了自然。他把自己的自由看做理所当然的,而他的目的取决于这样一种要求:在追求个人幸福的过程中，他在广大的生产事业中所起的作用。根据第二个观点，如我们已经看到的那样，自由与自然的关系问题从一开始就受到了压制。自由伴随于目的的过程，它自身取决于内在于我们的自然和外在于我们的自然。尽管这些目的不是康德意义上自主性的，但是一旦自我认清了自身的自然，它们便是清楚的、毫不含糊的，它们完全明确地属于自我的目的。⑰

565 但是，当这个社会受到挑战的时候，当它的平衡失落的时候，当对于整个自由的更加表现主义的渴望成为一个广泛的呼声的时候，当个人生活和社会生活似乎成为非理性力量的牺牲品的时候——要么是因为社会机构没有按照"合理的"指令发挥作用(例如，在大萧条时期)，要么是因为产生的各种目的和渴望威胁到了从手段上看是合理的合作活动的框架——那么自主的自我观念便不能不产生问题。对绝对自由的要求以最尖锐的形式产生了自我依赖的两难。非理性和破坏性渴望的复活，使我们对自主性观念表示了怀疑，损害着某种明确的目的观念，损害着我们对于在我们身上激发出来的目的的本质的明确认同。如弗洛伊德和其他人教导我们的那样，现代历史的过程使得叔本华的观点变得家喻户晓且大受青睐。

现象学运动的简短历史明确地证明了在哲学领域向着企图设置主体性的转向。在19世纪和20世纪之交，胡塞尔开始替理性主体的自主性进行辩护，反对把逻辑学还原为心理学的心理主义。他接着继续探讨了主体性结构。甚至到了20世纪20年代末，例如在《笛卡尔的沉思》中，胡

---

⑰ 我们可以看到，为什么在接受还原机械论的动机理论同满足对于我们的文明的原子论的、功利主义的和多元论的嗜好之间存在着某种确定的关系。如我们在上面看到的那样，这些理论没有真正的能力通过我们的强制或受到限制的渴望从思想上处理对于自由的自我克制。这样，还原理论更可能得到承认，在那里这个问题不是突出的，也就是说，在那里，人们试图通过社会来实现的这些目的似乎是常规的和自我的。与此相关地，自从卢梭以来的表现主义理论发展了关于自由的自我克制论题。

塞尔在某种程度上仍然把自己看做笛卡尔的传人。不过,他的最后工作转向研究“生活世界”,介入了作为自然的、身体的存在的、在我们的情景中的主体性。他的后继者,如海德格尔和梅洛—庞蒂,继承并发展了这项事业。最后保存下来的是关于身体的思想的见解;于是,现象学本身,作为“纯粹描述”主体性的“方法”,便消失了。

人们也许在盎格鲁—萨克逊哲学中可以看到某些平行的发展。在最近几十年里,在那种哲学中一直存在着一种日益增长的趣味:去追溯思想、感觉、意向等等同它们的身体表现和体验之间的观念联系。

不过,20世纪哲学之最重要的发展也许是对于意义理论和语言哲学的重视。我认为,这也部分反映了在情景中去规定某种主体性观念的意图,这是导致这个新的发展的动机之一。

当然,作为有意识的、论辩性的思维的手段,哲学可以出于各种各样的意图去研究语言。但是,20世纪对于语言的讨论的特点在于意义本身一直是一个问题,也就是说,它们关注这样一个问题:对于语词来说, 566
对于语言来说,或者对于其他符号来说,什么才使得它们具有意义?

就我们的活动是主体的活动来说,我们感觉着和思考着这个世界,这似乎是一个明确的、没有问题的事实。就它涉及与作为活生生的存在的我们所做和所感的其余部分似乎是毋庸置疑的来说,语言的功能也表现出了直截了当性。语词指称事物,我们用语词来考虑事物。通过指示在世界中或者在我们的思想中的事物,语词获得了意义。指称关系的这种没有问题的性质反映了缺乏关于主体性的问题,缺乏关于如下事实的问题:事物向我们呈现为一种明确注意的对象,在那种注意中,我们把名称和描述应用到它们身上。

但是,当关于明确意识的这个事实不再显得是我们会理所当然地认为的那个样子的时候,而是相反,当它显得是一个成就,一个伟大的成就的时候,我们的语言观便发生了变化。因为这个成就只有通过语言才是可能的,语言是它的手段;因此语言成了一个相关的研究对象,不仅作为一组术语,我们通过它们来区分事物,而且作为一组术语,通过它们起初存在着像区分这样的活动,存在着加强着那个明确的意识领域的活动,在那个领域里,通过语词来辨别事物并且把它们确定下来成为可能。在这一方面,意义并非简单地是一个个别地附属于每一个语词的属性,而是关于作为一个整体的话语活动的事实。那个活动在一定意义上先于个别的术语。

一旦我们把语言看做确定的意识样式手段,我们通过言语获得了那种手段,于是便产生了它与其他意识样式的关系问题,与其他机能和生活活动的关系问题,简言之,与"生活场所"的关系问题。如下事情不再被看做理所当然的:我们在语言中的主要作为是辨认和描述事物;这是典型的语言学活动,通过与这种活动的关系,所有其他的活动都将得到解释。相反,也需要语言学意识有待于被实施的其他活动——唤起某种力量,举行某个典礼,引发某些事端,澄清我们的见解,建立一个沟通领域——纵使不是更加基本的,也是同样基本的。也就是说,只有在我们把它们看做存在于这些活动的语境中的情况下,某些术语和表现的意义才能得到澄清。在这些情况下,只有通过把语言置于我们的关心、实践和活动集合体之中的情况下,简言之,只有通过把它同我们的"生活方式"联系起来,意义才得以明确起来。

假如语言学的意识是一个成就,我们通过不太明确的样式赢得了那个成就;此外,假如我们通过语言和符号而从事的活动是多种多样的,那么存在着关于世界的许多种类型和层次的意义,那种意识可以在语词和符号中得到具体化。任何一个给定文化条件下的人从事着许多
567 此类活动,例如,从事着艺术、谈话、礼仪、自我揭示、科学研究等活动,在历史上产生了新的概念活动和新的意识样式。我们在任何一个层次上的思维只能通过它同其他层次的思想的关系而得到理解;尤其是我们的"更高级"、更明确的意识将总是以含蓄的和不假思索的背景为根据。

我们可以在这里轻易地辨认出当代哲学的某些主题。在他讨论关于表面定义的主张中，晚期维特根斯坦使得如下论断变成了常识：语言优先于个别语词。他证明了，意义的明晰性必须终止于对生活形式的指称。波拉尼把我们的明晰性思想描述为一种成就，总是受到某个隐藏的、附属的意识视域的包围。海德格尔把语言学意识说成是“显露”，是创造物在其中得到表现的一个意识领域的活动。他把我们关于事物的意识说成是由我们的“关注”所塑造的。更晚近的“结构主义”思想家们把语言作为体现在某种世界意识中的一个“型”来探讨。

理解语言学思想的这些方法把这种思想设置于“自然”之中，即，设置于作为一个有身体的、社会的存在的人的生活之中。与此同时，通过一种机械主义的因果关系理论——如像行为主义或心理主义那样——它避免了对于语言和意义的还原主义考虑，通过使它们变得不确定起来，那种因果理论超越了在不同的意识样式之间作出的所有区分。它们超越了在原还的机械主义理论和作为脱离现实的思想之主体性的“天真”观念之间的非此即彼的抉择。它们开启了一种在情景中的主体性观念。当然，这是像波拉尼、海德格尔、梅洛—庞蒂和其他“大陆”作者的哲学意向的一部分。但是，自从把行动和情感的论题作为属于实体的代理者来探索的当代作者给予了维特根斯坦晚期著作以重大关注以来，这种联系也渐渐地在盎格鲁—萨克逊世界得到了表现。

那么，黑格尔哲学同这个当代转向具有什么关系呢？如我们看到的那样，对于黑格尔理论来说，基本的东西是实体原则。主体性必然地被置于生命之中，置于自然之中，置于一系列社会实践和制度之中。如我们在第五部分考察的那样，黑格尔把语言和符号看做意识的手段。[18]在艺术、宗教和哲学的各个阶段，他看到了与不同层次相对应的不同

⑱ 把语言看做意识的实体而不是符号的集合的这种观点的一个精辟见解发表在《精神现象学》（第496页）上：“……语言是一个存在，一个无中介的自我意识的存在。”

手段。

在某种意义上，黑格尔可以被置于导向理解语言之当代方式的发展路线之中。那个路线在现代思想中的发源地也许是赫德尔。赫德尔对
568 上面描述的那种情况作了激进的改造。他不再认为指称关系是理所当然的，不认为确定的符号同确定的对象相一致。[19]他集中探讨了这样一个事实：尽管符号是完全存在的，但是就语言学的意识来说，作为一种显著的人类力量，我们还远远没有对它作出适当的理解。语言已经不再仅仅是符号的一个集合，而且是这种意识的手段。如我在第1章提到的那样，赫德尔对孔狄亚克的反动及其建立的语言理论让人联想到了晚期维特根斯坦的某些观点。通过把语言看做表现着某个确定的意识的活动，赫德尔把它置于主体的生命形式之中，因此发展了这样一种观念：不同的语言表现了专门针对讲着这种语言的那个社团而言的每一种见解。

这种见解在浪漫派时期得到了发展，并且它是由受到表现主义思潮影响的一些思想家——如洪堡——发展起来的。但是，在19世纪后半世纪，它似乎一直处于停滞状态。在那个阶段，浪漫派见解正在重新被并入一门扩张的机械主义科学之中。通过对于人的科学的新反思，那种反思开始于狄尔泰，并且以"理解"作为其目的；由于弗洛伊德革命的一个必然的副产品扩大了意义的观念；在由物理学新发展引发的并且由马赫及其维也纳弟子探讨的认识论问题的影响下，19世纪末重新产生了对意义的关注和困惑。

黑格尔可以被置于这条先驱者路线之中，不过在他也与之有所区别的某种意义上，他也应该对19世纪后半个世纪的中断负有部分责任。其理由已经在第17章作了考察。在当代哲学中得到恢复的赫德尔研究语言的方法把言语看做这样一种活动，通过那种活动我们获得了一种

⑲ 参阅本书第1章。

明确的、自觉的关于事物的意识。这种意识总是与无反思的经验有关，那个经验先于意识而存在，意识阐明了并因此改造了那个经验。这就是我在第17章称做“显露”的那个语言维度，它包含着对外在于语言的经验的忠诚。另一方面，把语言看做一组符号的语言观，最重要的是符号的指称作用的语言观，使得另一个维度，那描述的维度，成为重要的维度，实际上成为惟一相关的维度。

黑格尔无疑属于第一股思潮。他把不同的“语言”——艺术语言、宗教语言和论辩思维语言——看做绝对的意识表现。那个绝对刚开始时（在艺术中）是根本无法描述的，并且它从来没有不折不扣地得到描述过，而宗教和哲学的揭示尽管完成了绝对的实现，但是没有不折不扣地描述出绝对。不过话说回来，他的如下论题最终赋予了描述维度以第一性：在概念命题中，绝对最终肯定会达到完全而明白的清晰性。我们的 569
明确意识不再受模糊视域的包围，不再受无反思生命和经验的包围。那个生命和经验试图充满信心地去表达它们，但是它们从来无法得到充分地、适当地和确定地表达过。相反，在黑格尔的综合中，开端的模糊意识本身构成了概念必然性之链的组成部分。正如外在性和偶然性一样，模糊性和不精确性本身表现为一个必然的存在。这种模糊性和不完全性本身派生出了确定的和精确的概念。

使得概念的明晰性取得最后胜利成为可能的当然是黑格尔的本体论。是它的如下论断：我们最终发现的每一个事物的基础是理念，是概念的必然性本身。概念的思维不试图去再现其基础从来无法得到明确辨认的某个现实，它也不是关于某个主体的思维，那个主体的深刻的本能、渴望和意图从来无法得到充分的了解。相反，以现实为基础，像在他自身的深刻性方面那样，主体终于发现了清楚的概念的必然性。

但是，一旦这种本体论从视域中消失，留下来的便是如下观念：描述的概念思维是全能的因而是自足的，也就是说，它最终不必依赖于某个潜在的理解背景。在这一点上，黑格尔似乎是作为在现代主体性核心传统中的那些人的同盟者出场的。那些人把描述的话语完全看做理所当然的东西。由于他们主张，描述的维度只相关于科学的或增进知识的话语，明晰的思维与无反思的经验的关系同意义不相干，但是只能是关于(一种机械的、对象化的)心理学的问题。而那些试图把语言学意识同它在无反思生命的集合体联系起来的那些人——一旦黑格尔的逻辑本体论被抛到一边之后——肯定必然地把明晰性思维看做在某个阴晦的情景的意义上有其根据的，那种情景从来没有得到充分的探讨过。

换言之，与启蒙运动格格不入的，由赫德尔采取的这条新路线提出了我们的语言学意识同更深层无反思经验水平的关系问题。黑格尔在声称精神完全自明性时确实想把这个问题视作得到了明确解决的问题。但是由于他的解决方案渐被淘汰，他以概念思维名义而发表的诸多意义深远的主张把他同我们的当代赫德尔继承者分离了开来。对他们来说，关于我们的情景的无反思经验决不可能得到充分的揭示，这似乎把他同这样一些人连成了一线，对那些人来说，这个问题从来都不应该被提出。

570 ## 四

黑格尔与发端于赫德尔的这个传统的双重关系——既与它具有本质联系又与它不相一致——证明了他与现代哲学的关系。如我在开始时说过的那样，他的结论虽已死亡，但是他的哲学反思过程仍然是非常中肯的。我们现在可以更清楚地看到其之所以会如此的原因。

在现代自由观念的发展过程中，黑格尔哲学是一个重要的步骤。他促成了一种全面的自我创造的自由观念。在他的哲学中，他的确把那种自由惟一地归于宇宙精神。但是，那种自由惟有被改造为人的自由，而这把那种自由观念推向了自我依赖的终极两难之中。因此，他在现代自由观念的冲突的激化方面起着重要作用。因为，通过马克思及其后继者们——他们与黑格尔的借贷关系是不用强调的——的工作，绝对自由已经对政治生活和政治渴望产生了史无前例的影响。尼采——他得出了这种观念的虚无主义结果——的思想来源之一是青年黑格尔派的19世纪40年代的反叛。

与此同时，黑格尔也是自我依赖自由观之最深刻的批评家之一。带着真正非凡的洞察力和先见，他揭露了它的空洞性和潜在破坏性。他既促成了这种现代学说的最极端表现，又证明了使我们介入其中的两难。

但是，最重要的一点是，不是把主体性还原为对象化了的自然的一项功能，而是通过把它与作为实体化的和社会的存在的我们的生活相联系来处置主体性，超越这个两难的当代企图不断地让我们回想起了黑格尔。在某种意义上，对于情景主体性的现代研究，是黑格尔想作出明确回答的浪漫派时期的那个核心渴望——如何把激进的自主性与同自然的表现主义统一的圆满性统一起来——的继承者。[20]因为，对我们而言的自然不再是对那个时代而言的自然，精神力量的表现，时代的合 571

⑳ 因此，海德格尔思想的深刻动机之一在于使我们超越去主宰和对象化自然的敌对姿态，他认为那种姿态潜在于我们的形而上学传统之中，潜在于那个传统的分支的技术学文明之中，并且它开创了(或恢复了)一种存在样式，在其中，最高的意识是"任其自然"，是"去撇"状态。海德格尔声称他发现他的立场在黑格尔的朋友和同时代人荷尔德林——也许是浪漫派一代中最伟大的诗人——那里找到了预示(参阅下一个注脚)。

按照这种观点，毫不奇怪，海德格尔与黑格尔在一个重要立场上具有一致性。他把黑格尔看做"形而上学"传统的集大成者。但是他远不只是海德格尔反对的范式。显然，他从黑格尔那里吸收了许多思想，其中最值得一提的也许是出于遗忘和错误的作为一个回归的本真意识概念。(参阅他在《黑格尔的经验概念》中有关《精神现象学》"序言"的讨论，纽约，1970年；《林中路》第3章的译文，法兰克福，第5版，1972年。)因此，他的基本哲学论题，像黑格尔的基本哲学论题一样，同对于哲学史的解读具有一种难舍难分的联系。但是海德格尔的解读同黑格尔的解读具有系统的差异。因为他反对主体性之完全自明性的黑格尔式顶点。他在这一点上看到了对象化的形而上学姿态之完全极端的、确实无法超越的表现。

力已经再也无法博得我们的忠诚。

但是，那一代人所关心的问题，他们试图给予调解的对立，以不同的形式一直延续到了我们的时代。我们似乎无法把它从现代文明中清除出去。作为启蒙运动的继承者，现代文明不断让人回想起表现主义的主张，并相应地唤起对绝对自由的主张。强加于这些主张的要求使得对于有条件主体性的探索成为最重要的工作。在生态危机——那种危机正在公共意识中得到日益增长的戏剧化——的影响下，这种要求在今天变得更加迫切。我们仍然试图把自由与自然协调起来，这个事实使我们仍然熟悉浪漫派时期。他们向我们证明着他们的学说，无论那种学说在我们当代人看来显得多么古怪。[21]

就对有条件主体性的探索采取了哲学形式来说，黑格尔思想将是它的最必不可少的参照点之一。因为，尽管他的本体论观点已经不再是我们的本体论观点——它似乎确实否认了我们现在了解的那个问题——但是就实体化的主体性而言，就产生于生命之流中的思想和自

㉑ 最后，在浪漫派一代的所有成员中，最相关的一个成员也许是荷尔德林，黑格尔的朋友和在图宾根的同学。荷尔德林也寻求着与自然的某个统一，那个统一将保留克己的明晰性他的神也只是以人类的主体性的方式呈现他们自身。但是他们没有为绝对精神设定一个基础。相反，借助诗歌的力量，他们被人从要素的原始混沌带入了尺度和秩序的光明之中。

这样，荷尔德林似乎打开了这样一个视域，人在其中的最自由的表现伴随着对自然的激励，在某种意义上把自然带入自由的光明之中。但是这个自然不是也从来不可能成为精神的一个发射，它是不会衰亡的和不可改造的，需要创造性活动不断地把它带向光明。

荷尔德林的立场是不易于理解的。无论如何，它证明不了哲学命题人们觉得在他的思想得到成熟的表现之前，疯狂就已经摧毁了他。于是便留下黑格尔一个人去给予他们在图宾根和法兰克福时期共同具有的思想和见解以明确的形式。但是对于希望把黑格尔这一代人的任务继续下去的那些人来说，他的这位英年早逝的朋友也许指出了一条更加可信的道路。

由作出某个见解,在社会存在的形式中找到其表现,并且在与自然和历史的关系中发现它们自身而言，黑格尔的著作提供了最深刻而又深远的尝试。假如设置自由的哲学尝试就是获得人的概念的尝试,在那个概念中，自由活动是对于我们的现状的反应——是对于自然单独向我们发出的召唤的反应，是对于也超越于自然之上的上帝向我们发出的召唤的反应——那么，那种哲学尝试将总是出现于黑格尔为实体化的精神所进行的精诚而敏锐的反思的之后。

附录1

572

黑格尔小传

1770年8月27日，乔治·威廉·弗雷德里希·黑格尔出生于斯图加特。他是符腾堡公国一名政府官员的儿子。他是三个孩子中的老大。妹妹名叫克利斯蒂安娜，黑格尔与之终身保持着密切的关系。弟弟名叫路德维希，后来成为一名军官。1784年，当黑格尔14岁时，母亲去世。

黑格尔在斯图加特上小学，1780年在那里上中学。他是一名勤勉的学生，埋头于古典研究，并以全班第一的成绩毕业。

1788年，他来到图宾根，就读于图宾根大学神学院。这是为年轻人将来服务于政府、教会或教学所准备的。作为一名拿全额奖学金的学生，黑格尔生活在神学院里。他学习了哲学和神学。正是在这里，他开始发展他的民族宗教观念。他在神学院与谢林和荷尔德林结下了友谊。

1793年，从神学院毕业之后，他离开图宾根，到(瑞士)伯尔尼一个贵族家里当家庭教师。这对刚毕业的大学生来说是很正常的。许多著名的大学教师(包括康德和费希特)都曾以这种方式打发其毕业后继续进行研究的最初几年时光。在伯尔尼，黑格尔设法继续进行阅读和思考，但是他感到常常被各种杂务所打断。1797年初，他愉快地接受了荷尔德林为他推荐的在法兰克福的一份相似的工作。

在激动人心的法兰克福环境里，接下来的几年时间是在同荷尔德林和其他一些志趣相投的人交往中度过的。在1799年,他的父亲去世,为他留下了一笔不小的遗产。有了这笔遗产后,黑格尔开始考虑在大学里谋一个教职。也就是在这个时候,他逐渐地感到哲学是他正在寻求的和解的必不可少的中介。他向谢林求助，谢林介绍他到耶拿去教书。1801年,他果然成功了。

在18世纪90年代,耶拿曾经是德国最激动人心的大学。莱辛、费希特、施莱格尔兄弟都曾经在那所大学工作。当黑格尔来到耶拿的时候,正值它走向衰落之中。费希特在1799年已经离开耶拿，谢林本人也在1803年离开了那里。但是,黑格尔在耶拿的日子使他确立了自己的哲学体系的基本框架,并且通过他的几个习作而为哲学界所了解。

起初,黑格尔是一名编外讲师,也就是靠大学生们付小费维持生计的不带薪水的那种讲师。在他的这个阶段的讲座中,他开始阐发后来成为他的逻辑学和政治哲学的早期见解。在耶拿的早期岁月里,黑格尔发表了《费希特和谢林哲学体系的差异》、《信仰和知识》(对康德、费希特和耶可比的批判)和一些论文。

1805年,他终于晋升为耶拿大学编外教授(副教授),并且开始着手建构他的体系。那个体系的第一部分就是《精神现象学》。但是在1806年10月,他的生活被完全打乱了。在耶拿战役之后,拿破仑占领了这座城市。在继起的混乱中,黑格尔带着《精神现象学》手稿的后半部分仓皇奔 573
逃。为了打发在其一生中这段最动荡不安的日子,1807年2月5日,黑格尔在耶拿的房东之妻为他生下了一个私生子,取教名为路德维希。

黑格尔于是重新开始找工作，而他继承的遗产已经花光了。尽管1807年《精神现象学》的出版开始为他带来了声誉,但是在那个动荡的岁月里,他要想在另一个大学谋求到职位是不可能的。黑格尔的朋友尼萨默尔为他找了一份《班堡报》编辑的差使,黑格尔毫不犹豫地接受了。当报纸编辑也曾令他高兴,但是这不是他的专长。因此,第二年,当尼萨默尔推荐他去担任纽伦堡中学校长并讲授哲学时,他便爽快地答应了。

先别急着说好话，黑格尔在那所中学的境遇并不算好。那儿的任务重，他的薪水也时常不能准时给付。但是哲学教学工作，甚至给高中生的哲学教学工作，显然有助于他去集中思考问题。这个阶段（1808—1816）是他的多产阶段。在这个阶段他写作并出版了《逻辑学》（1812—1816）。

他的生活于是理所当然地稳定了下来。他的工作也正日趋成熟；他仍然希望能够得到令人向往的大学教职。1811年，41岁的黑格尔结婚了。新娘是20岁的玛丽·封·塔奇尔，一位纽伦堡参议员的女儿。他们有两个儿子，卡尔和伊曼努尔，还有后来到他们家生活的私生子路德维希。

1816年，黑格尔终于在海德堡大学谋得了一份他盼望已久的哲学教席。与此同时，柏林大学也频频向他发出邀请，自从费希特在1814年去世后，柏林大学的教席一直空缺着。柏林的职位是更丰厚更吸引人的，但是黑格尔就近选择了海德堡。黑格尔终于使自己重返大学讲坛。在海德堡的第一年里，他开讲他的整个体系《哲学全书》，该书在1817年出版。

但是，在柏林，那个教席仍然空缺着。而在德国，黑格尔的声誉正如日中天。普鲁士教育部长封·阿顿斯坦又发来了邀请信，于是黑格尔便接受了邀请。1818年他担任柏林大学哲学教授，一直到他去世为止。

在柏林，黑格尔获得了应有的声望。柏林曾经成为一个重要的文化中心，也是德意志联邦两大“超级政权”的首都之一。这里的一举一动都引人注目。而黑格尔的确是一个举足轻重的人物。他迅速崛起，成为德国哲学的主要人物，他的思想的影响力波及到了其他的相关领域：法律和政治思想、神学、美学、历史等。许多人都来听他的讲座，不少人成为他的信徒。在19世纪20年代和30年代，黑格尔哲学多少主宰着德国哲学。他足够幸运地死于其影响力的极盛之时而非衰微之时。

在柏林时期，黑格尔完成了《法哲学原理》，并且举办了一些伟大的讲座，那些讲座的讲稿在他去世后陆续出版。它们是《历史哲学》、《美学》、《宗教哲学》和《哲学史》。

1829年，他的声望达到顶峰，黑格尔被选为柏林大学校长。1831年11月14日，他突然病逝。当时诊断他死于霍乱，然而更有可能是折磨他多年的胃疾。他被葬在费希特旁边，他的学生、同事和信徒们组成的送葬长列送他走完了人生的最后之旅。

附录2

参考书目

本书目为黑格尔原著及研究著作的相关资料。为便于中文读者检索原著,我们不对其进行翻译。

Ⅰ. HEGEL'S WORKS

Sämtliche Werke, Jubiläumsausgabe in xx Bänden, Ed. Hermann Glockner, Stuttgart, 1927—30.

H. Nohl, Ed. *Hegels Theologische Jugendschriften*, Tübingen 1907—a collection of unpublished MSS of the 1790s; English translation (of parts): T.M. Knox: *Early Theological Writings*, Chicago, 1948.

Differenzdes Fichte'schen und Schelling'schen Systems, Ed.G. Lasson, Leipzig, 1928–Hegel's first published work in philosophy, Jena, 1801.

Glauben und Wissen, Ed. G. Lasson, Leipzig, 1928–published 1802/3 in the *Critical Journal of Philosophy*, which Hegel edited with Schelling in the early Jena period.
This work is a critique of Kant, Jacobi and Fichte.

G. Lasson, Ed. *Schriften zur Politik und Rechtsphilosophie*, Leipzig, 1923–contains a number of Hegel's occasional writings on politics, including 'The German Constitution' and 'The English Reform Bill'. It also includes two unpublished theoretical works of the Jena period, 'Über die wissenschaftlichen

Behandlungsarten des Naturrechts' and 'System der Sittlichkeit'. (This latter has also been published separately, Meiner Verlag, Hamburg 1967.) English translation of the occasional pieces by T. M. Knox, with introduction by Z. Pelczynski, *Political Writings*, Oxford, 1964.

Jenenser Realphilosophie, I, Ed. J. Hoffmeister, Leipzig, 1932–edited lecture notes from 1803/4, unpublished by Hegel.

Jenenser Realphilosophie, II Ed. J. Hoffmeister, Leipzig, 1931 (republished as *Jenaer Realphilosophie*, Hamburg, 1967) –edited lecture notes from 1805/6, unpublished by Hegel.

Phänomenologie des Geistes, Ed. G. Lasson/J. Hoffmeister, Hamburg, 1952 – published 1807, written at the very end of the Jena period; English translation by J.B. Baillie, *The Phenomenology of Mind*, London, 1931.

Another translation is in process by Kenley R. Dove. His translation of the introduction appears in M. Heidegger, *Hegel's Concept of Experience*, New York, 1970.

Walter Kaufmann's translation of the very important Preface to the *Phenomenology* appears in his *Hegel: Texts and Commentary*, Anchor edition, New York 1966.

Nürnberger Schriften, Ed. J. Hoffmeister, Leipzig, 1938–includes the *Philosophical Propaedeutic* of the Nuremberg period.

Wissenschaft der Logik, Ed. G. Lasson, Hamburg, 1963 –published Nürnberg 1812—16. The first volume was revised for a second edition before Hegel's death. Often called 'Greater Logic'. English translations: by W. H. Johnston and L. G. Struthers, *Hegel's Science of Logic*, London, 1929, and by A. V. Miller, *Hegel's Science of Logic*, London, 1969.

Encyclopädie der philosophischen Wissenschaften im Grundrisse, published as *System der Philosophie in Sämtliche Werke*, vols. VIII, IX and X, edited by H. Glockner, Stuttgart 1927—30—first published in 1817 in Heidelberg, with second editions prepared by the author 1827 and 1830. Contains the Logic (the 'Lesser

Logic'), Philosophy of Nature and Philosophy of Spirit. English translations: of the Logic, by William Wallace, *The Logic of Hegel*, Oxford, 1874; of the Philosophy of Nature, by M. J. Petry, *Hegel's Philosophy of Nature*, London, 1970; of the Philosophy of Spirit, by William Wallace and A. V. Miller, *Hegel's Philosophy of Mind*, Oxford, 1971.

Grundlinien der Philosophie des Rechts, Ed. J. Hoffmeister, Hamburg, 1955 – published Berlin 1821. English translation by T. M. Knox, *Hegel's Philosophy of Right*, Oxford, 1942.

Berliner Schriften, Ed. J. Hoffmeister, Hamburg, 1956–lectures, articles, etc. of the Berlin period.

Posthumously edited lecture cycles

On the philosophy of History: in *Sämtliche Werke* XI, also edited by G. Lasson/J. Hoffmeister in 4 volumes: *Die Vernunft in der Geschichte*, Hamburg, 1955; *Die Orientalische Welt*, Leipzig, 1923; *Die griechische und römische Welt*, Leipzig, 1923; *Die germanische Welt*, Leipzig, 1920. English translation: by J. Sibtree, *Lectures on the Philosophy of History*, Dover Edition, New York, 1956; of part of the introduction, by R. S. Hartman, *Reason in History*, New York, 1953.

On Aesthetics, in *Sämtliche Werke*, vols. XII, XIII and XIV, also Lasson, edition of the introductory part, *Die Idee und das Ideal*, Leipzig, 1921. English translation forthcoming by T. M. Knox, O. U. P. 1975.

On philosophy of Religion: in *Sämtliche Werke* XV and XVI, also edited by G. Lasson/J. Hoffmeister in 4 volumes: *Begriff der Religion*, Leipzig, 1925; *Die Naturreligion*, Leipzig, 1927; *Die Religionen der geistigen Individualität*, Leipzig, 1927; *Die absolute Religion*, Leipzig, 1929. English translation: by E. B. Speirs and J. B. Sanderson, *Lectures on the Philosophy of Religion*, New York, 1962, 3 volumes.

On the history of philosophy: in *Sämtliche Werke*, vols., XVII, XVIII and XIX, also Lasson edition of the introductory part, *Geschichte der Philosophie*, Leipzig, 1940. English translation by E. S. Haldane and F. H. Simson, *Hegel's Lectures on the History of Philosophy*, London 1896, 3 volumes.

SUGGESTED FURTHER READINGS

(i) Biography

Fischer, Kuno, *Hegels Leben, Werke und Lehre*, 2 vols., Heidelberg, 1911.

Haering, Th. *Hegel: Sein Wollen und sein Werk*, 2 vols., Leipzig and Berlin, 1929, 1938.

Haym, R. *Hegel und seine Zeit*, Berlin, 1957.

Rosenkranz, Karl, *George Wilhelm Friedrich Hegels Leben*, Berlin, 1844.

Wiedmann, Fr., *Hegel: an illustrated Biography*, New York, 1968.

(ii) General commentary

Bloch, Ernst, *Subjekt-Objekt: Erläuterungen zu Hegel*, Berlin 1951.

Findlay, J. N., *Hegel: a Re-examination*, London, 1958.

Kaufmann, Walter, *Hegel: a Re-interpretation*, New York, 1965.

Kroner, R. *Von Kant bis Hegel*, 2 vols., Tübingen, 1921, 1924.

Marcuse, Herbert, *Reason and Revolution*, New York, 1955.

Mure, G. R. G., *An Introduction to Hegel*, Oxford, 1940.

The Philosophy of Hegel, London, 1965.

(iii)Collections

Grégoire, Franz, *Etudes Hegeliennes*, Louvain and Paris, 1958.

Henrich, Dieter, *Hegel im Kontext*, Frankfurt, 1967.

Hypollite, Jean, *Etudes sur Marx et Hegel*, Paris, 1955; English translation by John O'Neill, *Studies on Marx and Hegel*, New York, 1969.

MacIntyre, A., Ed., *Hegel*, New York, 1972.

Steinkraus, W. E., Ed., *New Studies in Hegel's Philosophy*, New York, 1971.

Travis, D. C., Ed., *A Hegel Symposium*, Austin, Texas, 1962.

(iv)Hegel's development and youth

Asveld, Paul, *La Pensée religieuse du Jeune Hegel*, Louvain and Paris, 1953.

Dilthey, Wilhelm, 'Die Jugendgeschichte Hegels' in vol. IV of his *Gesammelte Schriften*, Stuttgart, 1962—5.

Haering, Th., *Hegel: Sein Wollen und sein Werk*, 2 vols., Leipzig and Berlin, 1929, 1938.

Harris, H. S. *Hegel's Development*, Oxford, 1972.

Lukács, György, *Der junge Hegel*, Berlin, 1954; English translation by Rodney Livingstone, *The Young Hegel*, London, 1975.

Peperzak, Adrien, *Le jeune Hegel et la vision morale du monde*, The Hague, 1960.

Rohrmoser, G., *Théologie et Aliénation dans la pensée du jeune Hegel*, Paris, 1970.

(v)Phenomenology

Heidegger, M. 'Hegels Begriff der Erfahrung' in *Holzwege*, Frankfurt 1950; English translation: *Helgel's Concept of Experience*, New York 1970.

Hyppolite, Jean, *Genèse et structure de la Phénoménologie de l'Esprit de Hegel*, Paris, 1946.

Kojève, Alexandre, *Introduction à la lecture de Hegel*, Paris, 1947; English translation by Allan Bloom, *Introduction to the Reading of Hegel*, New York, 1969.

(vi)Logic

Fleischmann, Eugène, *La Science universelle*, Paris, 1968.

Hyppolite, Jean, *Logique et Existence*, Paris, 1953.

Mure, G. R. G. *A Study of Hegel's Logic*, Oxford, 1950.

(vii)History and politics

Avineri, Shlomo, *Hegel's Theory of the Modern State*, Cambridge, 1972.

Bourgeois, Bernard, *La pensée politique de Hegel*, Paris, 1969.

Fleischmann, Eugène, *La philosophie politique de Hegel*, Paris, 1964.

Hyppolite, Jean, *Introduction à la philosophie de l'histoire de Hegel*, Paris, 1947.

Kaufmann, Walter, Ed., *Hegel's Political Philosophy*, New York, 1970.

Kelly, George Armstrong, *Idealism, Politics and History*, Cambridge, 1969.

Marcuse, H. *Reason and Revolution*, New York, 1955.

Pelczynski, Z. Ed., *Hegel's Political Philosophy*, Cambridge, 1971.

Riedel, Manfred, *Studien zu Hegels Rechtsphilosophie*, Frankfurt, 1969. *Bürgerliche Gesellschaft und Staat bei Hegel*, Neuwied and Berlin, 1970.

Ritter, Joachim, *Hegel und die französische Revolution*, Köln, 1957.

Rosenzweig, Franz, *Hegel und der Staat*, Berlin and Munich, 1920.

Weil, E., *Hegel et l'Etat*, Paris, 1950.

(viii)Aesthetics

Kedney, J.S., *Hegel's Aesthetics*, Chicago, 1885.

Knox, Israel, *The Aesthetic Theories of Kant, Hegel and Schopenhauer*, New York, 1936.

(ix)Religion

Chapelle, Albert, *Hegel et la Religion*, Paris, 1967.

Christensen, Darrel, Ed., *Hegel and the Philosophy of Religion*, The Hague, 1970.

Fackenheim, Emil, *The Religious Dimension of Hegel's Thought*, Bloomington and London, 1967.

黑格尔

Iljin, Iwan, *Die Philosophie Hegels als kontemplative Gotteslehre*, Bern, 1946.
Léonard, André, *La foi chez Hegel*, Paris, 1970.

附录3

主要术语索引

关于一些重要的黑格尔术语的讨论可以在如下页码中找到，本索引页码根据原英文版页码制作而成。

附录4

主要话题索引

黑格尔对于一些重要话题的讨论可以在以下页码中找到。本索引页码根据原英文版页码制作而成。

附录5

人名对照索引

本索引页码根据原英文版页码制作而成,带"n"为原文注脚页码。

译后记

在一个日益功利化的时代里，非功利的纯学术似乎越来越无可奈何地被逼迫到了漂浮无根状态。而"漂浮在语言中"似乎也成了我近几年的基本生存状态。在做了数件译事之后，本欲做他事的我终于挡不住查尔斯·泰勒《黑格尔》的诱惑，把读书时代最为推崇也研读最多的这位德国古典哲学集大成者的思想以译介的形式重新清理了一遍。

虽然反黑格尔哲学是20世纪西方哲学的一个基本倾向，"形而上学"、"基础主义"、"本质主义"、"逻各斯中心主义"、"国家至上的整体主义"、"对理性的过分倚重"、"绝对主义"、"历史主义"、"折衷主义"、"保守主义"等等构成了黑格尔哲学的基本罪过，但是加拿大政治哲学家、社群主义代表人物查尔斯·泰勒力主黑格尔哲学仍然具有顽强的思想生命力。在《黑格尔》中，泰勒对黑格尔哲学进行了全面、细致而富于创见的探讨，对黑格尔哲学的基本合理性作了有力辩护。《黑格尔》篇幅宏大，论述平实而详尽，涉及了黑格尔哲学的广泛领域。泰勒把现代哲学中的分析方法和黑格尔的历史方法很好地结合了起来，且处处据理力争，试图还黑格尔哲学以本来面目，实际上是给出了一个现代性十足的黑格尔。因此，在泰勒眼里，黑格尔是屹立在与现代性哲学话语相关的哲学大厦之巅的守护神。无论我们是否赞成泰勒的见解，《黑格尔》是我们进入黑格尔哲学以至现代哲学的一个重要入口。

朱进东博士原是我在厦门大学哲学系师从张澄清教授攻读德国古典哲学方向研究生时的同门学兄。他去年9月份刚从美国埃默里(Emory University)大学进修回来便愉快接受了参与本译事的邀请。进东兄完成了本书第3部分(第9—13章)的翻译工作。其余部分由我完成。我从去年夏天开始本项翻译工作,到今年6月初完成,为期约一年。在翻译时,凡涉及黑格尔原著之处,我们尽量找到并注明国内已有译本(以商务印书馆译本为主)出处,以便读者查阅和对照。为便于中文读者阅读,凡正文原注一律改为脚注,并在必要之处作了译注;我还根据原著附录制作了必要的索引。全书最后由我进行统校。虽说文责自负,但作为本书主要译者,我对译文负主要责任。不当之处,望学界批评指正。

张国清

杭州·浙江大学法学院

2001年7月15日一稿

2001年11月25日二稿

人文与社会译丛

第一批书目

1.《政治自由主义》(增订版),[美]J. 罗尔斯著,万俊人译 118.00 元
2.《文化的解释》,[美]C. 格尔茨著,韩莉译 89.00 元
3.《技术与时间:1. 爱比米修斯的过失》,[法]B. 斯蒂格勒著,裴程译 62.00 元
4.《依附性积累与不发达》,[德]A. G. 弗兰克著,高铦等译 13.60 元
5.《身处欧美的波兰农民》,[美]F. 兹纳涅茨基、W. I. 托马斯著,张友云译 9.20 元
6.《现代性的后果》,[英]A. 吉登斯著,田禾译 45.00 元
7.《消费文化与后现代主义》,[英]M. 费瑟斯通著,刘精明译 14.20 元
8.《英国工人阶级的形成》(上、下册),[英]E. P. 汤普森著,钱乘旦等译 168.00 元
9.《知识人的社会角色》,[美]F. 兹纳涅茨基著,郏斌祥译 49.00 元

第二批书目

10.《文化生产:媒体与都市艺术》,[美]D. 克兰著,赵国新译 49.00 元
11.《现代社会中的法律》,[美]R. M. 昂格尔著,吴玉章等译 39.00 元
12.《后形而上学思想》,[德]J. 哈贝马斯著,曹卫东等译 58.00 元
13.《自由主义与正义的局限》,[美]M. 桑德尔著,万俊人等译 30.00 元

14.《临床医学的诞生》,[法]M. 福柯著,刘北成译 55.00 元
15.《农民的道义经济学》,[美]J. C. 斯科特著,程立显等译 42.00 元
16.《俄国思想家》,[英]I. 伯林著,彭淮栋译 35.00 元
17.《自我的根源:现代认同的形成》,[加]C. 泰勒著,韩震等译 128.00 元
18.《霍布斯的政治哲学》,[美]L. 施特劳斯著,申彤译 49.00 元
19.《现代性与大屠杀》,[英]Z. 鲍曼著,杨渝东等译 59.00 元

第三批书目

20.《新功能主义及其后》,[美]J. C. 亚历山大著,彭牧等译 15.80 元
21.《自由史论》,[英]J. 阿克顿著,胡传胜等译 89.00 元
22.《伯林谈话录》,[伊朗]R. 贾汉贝格鲁等著,杨祯钦译 48.00 元
23.《阶级斗争》,[法]R. 阿隆著,周以光译 13.50 元
24.《正义诸领域:为多元主义与平等一辩》,[美]M. 沃尔泽著,褚松燕等译 24.80 元
25.《大萧条的孩子们》,[美]G. H. 埃尔德著,田禾等译 27.30 元
26.《黑格尔》,[加]C. 泰勒著,张国清等译 135.00 元
27.《反潮流》,[英]I. 伯林著,冯克利译 48.00 元
28.《统治阶级》,[意]G. 莫斯卡著,贾鹤鹏译 98.00 元
29.《现代性的哲学话语》,[德]J. 哈贝马斯著,曹卫东等译 78.00 元

第四批书目

30.《自由论》(修订版),[英]I. 伯林著,胡传胜译 69.00 元
31.《保守主义》,[德]K. 曼海姆著,李朝晖、牟建君译 58.00 元
32.《科学的反革命》(修订版),[英]F. 哈耶克著,冯克利译 58.00 元

33.《实践感》,[法]P. 布迪厄著,蒋梓骅译 75.00 元
34.《风险社会:新的现代性之路》,[德]U. 贝克著,张文杰等译 58.00 元
35.《社会行动的结构》,[美]T. 帕森斯著,彭刚等译 80.00 元
36.《个体的社会》,[德]N. 埃利亚斯著,翟三江、陆兴华译 15.30 元
37.《传统的发明》,[英]E. 霍布斯鲍姆等著,顾杭、庞冠群译 68.00 元
38.《关于马基雅维里的思考》,[美]L. 施特劳斯著,申彤译 78.00 元
39.《追寻美德》,[美]A. 麦金太尔著,宋继杰译 68.00 元

第五批书目

40.《现实感》,[英]I. 伯林著,潘荣荣、林茂、魏钊凌译 78.00 元
41.《启蒙的时代》,[英]I. 伯林著,孙尚扬、杨深译 35.00 元
42.《元史学》,[美]H. 怀特著,陈新译 89.00 元
43.《意识形态与现代文化》,[英]J. B. 汤普森著,高铦等译 68.00 元
44.《美国大城市的死与生》,[加]J. 雅各布斯著,金衡山译 78.00 元
45.《社会理论和社会结构》,[美]R. K. 默顿著,唐少杰等译 128.00 元
46.《黑皮肤,白面具》,[法]F. 法农著,万冰译 58.00 元
47.《德国的历史观》,[美]G. 伊格尔斯著,彭刚、顾杭译 58.00 元
48.《全世界受苦的人》,[法]F. 法农著,万冰译 17.80 元
49.《知识分子的鸦片》,[法]R. 阿隆著,吕一民、顾杭译 59.00 元

第六批书目

50.《驯化君主》,[美]H. C. 曼斯菲尔德著,冯克利译 68.00 元
51.《黑格尔导读》,[法]A. 科耶夫著,姜志辉译 98.00 元
52.《象征交换与死亡》,[法]J. 波德里亚著,车槿山译 68.00 元
53.《自由及其背叛》,[英]I. 伯林著,赵国新译 48.00 元

54.《启蒙的三个批评者》,[英]I. 伯林著,马寅卯、郑想译 48.00元
55.《运动中的力量》,[美]S. 塔罗著,吴庆宏译 23.50元
56.《斗争的动力》,[美]D. 麦克亚当、S. 塔罗、C. 蒂利著,李义中等译 31.50元
57.《善的脆弱性》,[美]M. 纳斯鲍姆著,徐向东、陆萌译 55.00元
58.《弱者的武器》,[美]J. C. 斯科特著,郑广怀等译 82.00元
59.《图绘》,[美]S. 弗里德曼著,陈丽译 49.00元

第七批书目

60.《现代悲剧》,[英]R. 威廉斯著,丁尔苏译 45.00元
61.《论革命》,[美]H. 阿伦特著,陈周旺译 59.00元
62.《美国精神的封闭》,[美]A. 布卢姆著,战旭英译,冯克利校 68.00元
63.《浪漫主义的根源》,[英]I. 伯林著,吕梁等译 49.00元
64.《扭曲的人性之材》,[英]I. 伯林著,岳秀坤译 69.00元
65.《民族主义思想与殖民地世界》,[美]P. 查特吉著,范慕尤、杨曦译 18.00元
66.《现代性社会学》,[法]D. 马尔图切利著,姜志辉译 32.00元
67.《社会政治理论的重构》,[美]R. J. 伯恩斯坦著,黄瑞祺译 72.00元
68.《以色列与启示》,[美]E. 沃格林著,霍伟岸、叶颖译 128.00元
69.《城邦的世界》,[美]E. 沃格林著,陈周旺译 85.00元
70.《历史主义的兴起》,[德]F. 梅尼克著,陆月宏译 48.00元

第八批书目

71.《环境与历史》,[英]W. 贝纳特、P. 科茨著,包茂红译 25.00元
72.《人类与自然世界》,[英]K. 托马斯著,宋丽丽译 35.00元

73.《卢梭问题》,[德]E. 卡西勒著,王春华译 39.00 元
74.《男性气概》,[美]H. C. 曼斯菲尔德著,刘玮译 28.00 元
75.《战争与和平的权利》,[美]R. 塔克著,罗炯等译 25.00 元
76.《谁统治美国》,[美]W. 多姆霍夫著,吕鹏、闻翔译 35.00 元
77.《健康与社会》,[法]M. 德吕勒著,王鲲译 35.00 元
78.《读柏拉图》,[德]T. A. 斯勒扎克著,程炜译 68.00 元
79.《苏联的心灵》,[英]I. 伯林著,潘永强、刘北成译 59.00 元
80.《个人印象》,[英]I. 伯林著,覃学岚译 88.00 元

第九批书目

81.《技术与时间:2. 迷失方向》,[法]B. 斯蒂格勒著,赵和平、印螺译 59.00 元
82.《抗争政治》,[美]C. 蒂利、S. 塔罗著,李义中译 28.00 元
83.《亚当·斯密的政治学》,[英]D. 温奇著,褚平译 21.00 元
84.《怀旧的未来》,[美]S. 博伊姆著,杨德友译 85.00 元
85.《妇女在经济发展中的角色》,[丹]E. 博斯拉普著,陈慧平译 30.00 元
86.《风景与认同》,[美]W. J. 达比著,张箭飞、赵红英译 68.00 元
87.《过去与未来之间》,[美]H. 阿伦特著,王寅丽、张立立译 58.00 元
88.《大西洋的跨越》,[美]D. T. 罗杰斯著,吴万伟译 108.00 元
89.《资本主义的新精神》,[法]L. 博尔坦斯基、E. 希亚佩洛著,高铦译 58.00 元
90.《比较的幽灵》,[美]B. 安德森著,甘会斌译 79.00 元

第十批书目

91.《灾异手记》,[美]E. 科尔伯特著,何恬译 25.00 元

92.《技术与时间:3. 电影的时间与存在之痛的问题》,
[法]B. 斯蒂格勒著,方尔平译 65.00 元
93.《马克思主义与历史学》,[英]S. H. 里格比著,吴英译 78.00 元
94.《学做工》,[英]P. 威利斯著,秘舒、凌旻华译 68.00 元
95.《哲学与治术:1572—1651》,[美]R. 塔克著,韩潮译 45.00 元
96.《认同伦理学》,[美]K. A. 阿皮亚著,张容南译 45.00 元
97.《风景与记忆》,[英]S. 沙玛著,胡淑陈、冯樨译 78.00 元
98.《马基雅维里时刻》,[英]J. G. A. 波考克著,冯克利、傅乾译 108.00 元
99.《未完的对话》,[英]I. 伯林、[波]B. P.-塞古尔斯卡著,
杨德友译 65.00 元
100.《后殖民理性批判》,[印]G. C. 斯皮瓦克著,严蓓雯译 79.00 元

第十一批书目

101.《现代社会想象》,[加]C. 泰勒著,林曼红译 45.00 元
102.《柏拉图与亚里士多德》,[美]E. 沃格林著,刘曙辉译 78.00 元
103.《论个体主义》,[法]L. 迪蒙著,桂裕芳译 30.00 元
104.《根本恶》,[美]R. J. 伯恩斯坦著,王钦、朱康译 78.00 元
105.《这受难的国度》,[美]D. G. 福斯特著,孙宏哲、张聚国译 39.00 元
106.《公民的激情》,[美]S. 克劳斯著,谭安奎译 49.00 元
107.《美国生活中的同化》,[美]M. M. 戈登著,马戎译 58.00 元
108.《风景与权力》,[美]W. J. T. 米切尔著,杨丽、万信琼译 78.00 元
109.《第二人称观点》,[美]S. 达沃尔著,章晟译 69.00 元
110.《性的起源》,[英] F. 达伯霍瓦拉著,杨朗译 85.00 元

第十二批书目

111.《希腊民主的问题》,[法]J. 罗米伊著,高煜译　48.00 元
112.《论人权》,[英]J. 格里芬著,徐向东、刘明译　75.00 元
113.《柏拉图的伦理学》,[英]T. 埃尔文著,陈玮、刘玮译　118.00 元
114.《自由主义与荣誉》,[美]S. 克劳斯著,林垚译　62.00 元
115.《法国大革命的文化起源》,[法]R. 夏蒂埃著,洪庆明译　38.00 元
116.《对知识的恐惧》,[美]P. 博格西昂著,刘鹏博译　38.00 元
117.《修辞术的诞生》,[英]R. 沃迪著,何博超译　48.00 元
118.《历史表现中的真理、意义和指称》,[荷]F. 安克斯密特著,周建漳译　58.00 元
119.《天下时代》,[美]E. 沃格林著,叶颖译　78.00 元
120.《求索秩序》,[美]E. 沃格林著,徐志跃译　48.00 元

第十三批书目

121.《美德伦理学》,[新西兰]R. 赫斯特豪斯著,李义天译　68.00 元
122.《同情的启蒙》,[美]M. 弗雷泽著,胡靖译　48.00 元
123.《图绘暹罗》,[美]T. 威尼差恭著,袁剑译　58.00 元
124.《道德的演化》,[新西兰]R. 乔伊斯著,刘鹏博、黄素珍译　65.00 元
125.《大屠杀与集体记忆》,[美]P. 诺维克著,王志华译　78.00 元
126.《帝国之眼》,[美]M. L. 普拉特著,方杰、方宸译　68.00 元
127.《帝国之河》,[美]D. 沃斯特著,侯深译　76.00 元
128.《从道德到美德》,[美]M. 斯洛特著,周亮译　58.00 元
129.《源自动机的道德》,[美]M. 斯洛特著,韩辰锴译　58.00 元
130.《理解海德格尔:范式的转变》,[美]T. 希恩著,邓定译　89.00 元

第十四批书目

131.《城邦与灵魂:费拉里〈理想国〉论集》,[美]G. R. F. 费拉里著,刘玮编译 58.00 元

132.《人民主权与德国宪法危机》,[美]P. C. 考威尔著,曹晗蓉、虞维华译 58.00 元

133.《16 和 17 世纪英格兰大众信仰研究》,[英]K. 托马斯著,芮传明、梅剑华译 168.00 元

134.《民族认同》,[英]A. D. 史密斯著,王娟译 55.00 元

135.《世俗主义之乐:我们当下如何生活》,[英]G. 莱文编,赵元译 58.00 元

136.《国王或人民》,[美]R. 本迪克斯著,褚平译(即出)

137.《自由意志、能动性与生命的意义》,[美] D. 佩里布姆著,张可译 68.00 元

138.《自由与多元论:以赛亚·伯林思想研究》,[英]G. 克劳德著,应奇等译 58.00 元

139.《暴力:思无所限》,[美]R. J. 伯恩斯坦著,李元来译 59.00 元

140.《中心与边缘:宏观社会学论集》,[美]E. 希尔斯著,甘会斌、余昕译 88.00 元

第十五批书目

141.《自足的世俗社会》,[美]P. 朱克曼著,杨靖译 58.00 元

142.《历史与记忆》,[英]G. 丘比特著,王晨凤译 59.00 元

143.《媒体、国家与民族》,[英]P. 施莱辛格著,林玮译 68.00 元

144.《道德错误论:历史、批判、辩护》,

[瑞典]J. 奥尔松著,周奕李译　58.00 元

145.《废墟上的未来:联合国教科文组织、世界遗产与和平之梦》,[澳]L. 梅斯克尔著,王丹阳、胡牧译　88.00 元

146.《为历史而战》,[法]L. 费弗尔著,高煜译　98.00 元

147.《语言动物:人类语言能力概览》,[加]C. 泰勒著,赵清丽译(即出)

148.《我们中的我:承认理论研究》,[德]A. 霍耐特著,张曦、孙逸凡译　62.00 元

149.《人文学科与公共生活》,[美]P. 布鲁克斯、H. 杰维特编,余婉卉译　52.00 元

150.《美国生活中的反智主义》,[美]R. 霍夫施塔特著,何博超译　68.00 元

第十六批书目

151.《关怀伦理与移情》,[美]M. 斯洛特著,韩玉胜译　48.00 元

152.《形象与象征》,[罗]M. 伊利亚德著,沈珂译　48.00 元

153.《艾希曼审判》,[美]D. 利普斯塔特著,刘颖洁译　49.00 元

154.《现代主义观念论:黑格尔式变奏》,[美]R. B. 皮平著,郭东辉译(即出)

155.《文化绝望的政治:日耳曼意识形态崛起研究》,[美]F. R. 斯特恩著,杨靖译　98.00 元

156.《作为文化现实的未来:全球现状论集》,[印]A. 阿帕杜拉伊著,周云水、马建福译(即出)

157.《一种思想及其时代:以赛亚·伯林政治思想的发展》,[美]J. L. 彻尼斯著,寿天艺、宋文佳译　88.00 元

158.《人类的领土性:理论与历史》,[美]R. B. 萨克著,袁剑译(即出)

159.《理想的暴政：多元社会中的正义》，[美]G. 高斯著，范震亚译（即出）
160.《荒原：一部历史》，[美]V. D. 帕尔马著，梅雪芹译（即出）

第十七批书目

161.《浪漫派为什么重要》，[美]P. 盖伊著，王燕秋译（即出）
162.《欧美思想中的自治》，[美]J. T. 克洛彭伯格著，褚平译（即出）
163.《冲突中的族群》，[美]D. 霍洛维茨著，魏英杰、段海燕译（即出）
164.《八个欧洲中心主义历史学家》，[美]J. M. 布劳特著，杨卫东译（即出）
165.《记忆之地，悼念之地》，[美]J. 温特著，王红利译（即出）
166.《20 世纪的战争与纪念》，[美]J. 温特著，吴霞译（即出）
167.《病态社会》，[美]R. B. 埃杰顿著，杨靖、杨依依译（即出）
168.《种族与文化的少数群体》，[美]G. E. 辛普森、J. M. 英格尔著，马戎、王凡妹等译（即出）
169.《美国城市新主张》，R. H. 普拉特著，周允程译（即出）
170.《五种官能》，[美]M. 塞尔著，徐明译（即出）